ISBN 978-0-243-32380-7
PIBN 10723964

Forgotten Books is a registered trademark of FB &c Ltd.
Copyright © 2015 FB &c Ltd.
FB &c Ltd, Dalton House, 60 Windsor Avenue, London, SW19 2RR.
Company number 08720141. Registered in England and Wales.

For support please visit www.forgottenbooks.com

1 MONTH OF
FREE
READING

at

www.ForgottenBooks.com

By purchasing this book you are eligible for one month membership to ForgottenBooks.com, giving you unlimited access to our entire collection of over 700,000 titles via our web site and mobile apps.

To claim your free month visit:

www.forgottenbooks.com/free723964

English
Français
Deutsche
Italiano
Español
Português

www.forgottenbooks.com

Mythology Photography **Fiction**
Fishing Christianity **Art** Cooking
Essays Buddhism Freemasonry
Medicine **Biology** Music **Ancient**
Egypt Evolution Carpentry Physics
Dance Geology **Mathematics** Fitness
Shakespeare **Folklore** Yoga Marketing
Confidence Immortality Biographies
Poetry **Psychology** Witchcraft
Electronics Chemistry History **Law**
Accounting **Philosophy** Anthropology
Alchemy Drama Quantum Mechanics
Atheism Sexual Health **Ancient History**
Entrepreneurship Languages Sport
Paleontology Needlework Islam
Metaphysics Investment Archaeology
Parenting Statistics Criminology
Motivational

XAVIER LÉON

FICHTE
ET SON TEMPS

II

Fichte à Berlin
(1799-1813)

PREMIÈRE PARTIE

Lutte contre l'esprit de réaction

(1799-1806)

LIBRAIRIE ARMAND COLIN
103, Boulevard Saint-Michel, PARIS

1924

PRÉFACE

J'avais annoncé la publication de ce second volume pour le courant de l'année 1923. Il paraît avec quelques mois de retard. J'ai remanié tout un chapitre, le dixième, où j'ai cru découvrir, sur le manuscrit primitif, des lacunes; je me suis, en outre, astreint à reprendre, pour les vérifier, après un intervalle de dix ans, toutes mes références. Ce travail a exigé plus de temps que je ne le pensais, mais il n'a pas été inutile, car il m'a permis de relever un certain nombre d'erreurs.

Dans la rédaction de ce deuxième volume, comme dans la rédaction du premier, des amis fidèles ont bien voulu m'assister de leurs conseils. Charles Andler, pour ce qui concerne les rapports de Fichte avec les Francs-Maçons; René Berthelot, pour ce qui concerne les emprunts faits par Fichte, lorsqu'il rédigea son État commercial fermé, aux décrets économiques de la Révolution, m'ont donné, l'un et l'autre, de précieuses indications; Léon Brunschvicg a relu mon manuscrit d'un bout à l'autre et m'a grandement aidé à le mettre au point; Jeanne Jacob, Émile Meyerson ont eu le dévouement, l'une, de revoir et de corriger mes épreuves, l'autre, de contrôler le texte allemand de mes notes. Mais comment trouver les paroles qu'il faudrait pour exprimer ce que je dois à Lucien Herr? Que dire de toutes les difficultés auxquelles je me suis heurté comme philosophe, comme traducteur, comme rédacteur, parfois presque comme typographe, et de la patience qu'il a mise à toujours éclairer mes doutes, lever mes scrupules. Qu'il veuille bien recevoir ici la trop *faible expression de mon affectueuse gratitude pour les services répétés que m'ont rendus sa science et son amitié.*

Ce volume, comme le précédent, contient un certain nombre de documents inédits ; ce sont, au chapitre v les lettres de Schleiermacher, qui ont été transcrites sur les manuscrits de la correspondance de A -G. Schlegel déposée à la Bibliothèque royale de Dresde, et sont relatives à la fondation d'un Institut critique.

LIVRE TROISIÈME

FICHTE A BERLIN

(1799-1813)

———

PREMIÈRE PARTIE

LUTTE CONTRE L'ESPRIT DE RÉACTION
(1799-1806)

PREMIÈRE PARTIE

LUTTE CONTRE L'ESPRIT DE RÉACTION

(1799-1806)

———

CHAPITRE PREMIER

FICHTE ET LA FRANC-MAÇONNERIE

A. FICHTE A BERLIN.
L'ACCUEIL DES SALONS.
Quand Fichte eut décidé de se rendre à Berlin, il écrivit à Frédéric Schlegel pour lui demander conseil. Frédéric Schlegel lui répondit qu'il serait extrêmement surpris si on y troublait son séjour; de plus il le détourna de faire une demande en règle : ce serait le moyen de se créer des difficultés, peut-être même de s'attirer sinon un refus, du moins une réponse ambiguë qui, sans compter les innombrables formalités imposées aux nouveaux venus, laisserait Fichte en suspens; cette demande d'ailleurs, à qui Fichte pourrait-il l'adresser, et qui aurait qualité pour la recevoir? Schlegel ne le voyait pas. Par contre il apercevait un sérieux avantage à ce que Fichte se dispensât de frapper d'avance à telle ou telle porte. Il serait dangereux de prévenir les gens de sa venue; le succès de la tentative exigeait, à son sens, qu'elle fût connue seulement après le fait accompli : si le départ de Fichte était divulgué à Iéna, ne fût-ce même qu'un jour d'avance, Berlin en serait averti[1]. Chacun se mettrait aussitôt en ville à bavarder, et il en résulterait bien des complications.

Il fallait, pensait Schlegel, que la présence de Fichte à Berlin eût, au début, l'apparence d'un simple voyage, d'une visite à des amis, d'une distraction, assez naturelle en somme, au sortir de tant d'épreuves. Il importait qu'on ne pût connaître, dès son arrivée, la durée de son séjour, ni ses projets d'installation; c'est pourquoi il était nécessaire que Fichte vînt d'abord seul. Il était prudent aussi qu'il

———

1. Par Schütz qui l'écrirait aussitôt à Gœdike, ajoutait Schlegel.

attendît, pour entreprendre le voyage, le prochain retour du roi :
en cas de difficultés, le mieux et le plus sûr serait encore de
s'adresser directement à lui, et les amis de Fichte auraient facilement accès auprès de sa personne. On éviterait ainsi la possibilité
d'une interdiction de séjour qui serait d'un exemple désastreux
dans les autres États allemands où il pourrait chercher refuge [1].

Ces précautions n'étaient pas superflues, Fichte le vit bien, en
arrivant, le mercredi 3 juillet 1799, à dix heures du soir. Aux portes
de la ville il dut décliner ses nom et qualités; dès le lendemain
matin, un rapport de police avertissait le Conseil d'État de la venue
du philosophe [2]; on décida aussitôt d'exercer sur sa personne une
étroite surveillance; l'ordre fut donné de décacheter sa correspondance. Le vendredi, Fichte reçut la visite du chef de la police,
qui l'interrogea sur ses intentions, sur la durée de son séjour.
Fichte, conformément aux conseils de Fr. Schlegel, répondit qu'il
voyageait pour son plaisir, qu'il ne savait pas combien de temps il
resterait; mais, au fond, peu rassuré par cet interrogatoire, il avertissait aussitôt sa femme de la suspicion qui pesait sur lui : on
ouvrait ses lettres; elle devait se garder de rien lui dire de compromettant [3].

Durant quelques jours Fichte fut assez perplexe sur le sort qui
pouvait lui être réservé. Le 20 juillet, il écrivait encore à Jeanne :
« Depuis ma dernière lettre (celle du 12 juillet) rien n'est survenu
qui me soit avantageux, rien qui me soit dommageable. J'ai écrit à
Horn, je l'ai prié de me donner des nouvelles de Dohm. J'attends sa
réponse ce mois-ci encore. Si je ne la reçois pas, je prendrai moi-
même mes mesures, au cas où je me déciderais à rester.

« Si je pouvais avoir les assurances les plus précises qu'on me lais-
sera vivre en paix dans des conditions de dignité, et en particulier
faire des cours, j'aurais alors bien envie de patienter ici quelques
années durant.... Si oui ou non cela peut s'arranger, il faudra bien
qu'on le sache le mois prochain [4]. »

Fichte le sut plus rapidement qu'il ne le croyait, et l'arrivée du roi
eut bientôt fait de rendre confiance au philosophe errant. Prévenu

1. *Fichte's Leben*, II. Bd., Zweite Abth., VIII, Fr. Schlegel an Fichte, 2, p. 423-424.
2. Fr. Frohlich met le fait en doute, bien qu'il soit affirmé par Fichte. Il n'y a
pas trace, d'après ses recherches, d'une réunion du Conseil d'État, à la date du
4 juillet. Les procès-verbaux des séances sont des 1, 8, 15, 22 juillet; et il n'y est
pas question de Fichte. Fr. Fröhlich, *Fichtes Reden an* die deutsche *Nation*, p. 36,
note 3.
3. *Fichte's Leben*, I. Bd., II. Buch, 6. Kap., p. 311, lettre de Fichte à sa femme, Berlin,
6 juillet 1799.
4. *Ibid.*, p. 313, Berlin, 20 juillet 1799.

de la présence de Fichte à Berlin et de l'émotion qu'elle y avait
suscitée, Frédéric-Guillaume prononça ces simples paroles ·

« Si, comme je l'entends dire, Fichte est un citoyen paisible,
étranger à toutes les fréquentations dangereuses, je lui accorde
volontiers asile en mes États. On l'accuse, il est vrai, d'être en
guerre avec le bon Dieu : mais c'est là une affaire à régler entre le
bon Dieu et lui. Moi, je m'en lave les mains[1]. »

A dater de ce jour, Fichte vécut en parfaite sécurité. Le 1er août
il vit le conseiller de cabinet Beyme, l'homme qui travaillait journellement avec le roi; il l'entretint de sa situation, lui dit nettement
qu'il était venu à Berlin pour y rester et désirait se savoir en
sûreté, car il comptait faire venir sa famille. Loin de le détourner de
ce projet, Beyme l'assura que l'on considérerait comme « un honneur
et comme un plaisir » de lui offrir l'hospitalité dans la capitale de la
Prusse, « que le roi était inébranlable sur certains principes »[2].

Le mot d'ordre était donné; il fut suivi. Sans peine d'ailleurs.
La société berlinoise n'avait rien de l'étroitesse, de l'intolérance
dont Fichte avait souffert ailleurs. Depuis longtemps, bien avant que
Voltaire fût appelé à Potsdam, l'esprit français l'avait pénétrée. Il
avait été introduit par ces protestants que les persécutions de
Louis XIV chassaient de France. Cinquante ans plus tard, il allait
régner en maître sur un sol tout préparé. « A la mort du brave
caporal qui avait su faire l'armée dont Frédéric II, son fils, devait si
glorieusement se servir, la Cour devint toute française. Dès lors
l'éducation de la noblesse prussienne fut presque exclusivement
française. C'étaient les « philosophes » de Paris qui fournissaient les
précepteurs; un collège français florissait de longue date dans la
capitale du nouveau royaume; l'Académie de Berlin était présidée
par un Français, Maupertuis; tout un quartier de la grande cité
s'appelait la « ville française »[3]

Cette société, respectueuse, jusqu'à la superstition, des « lumières »
de la France, enivrée des idées libérales que propageait le souffle
puissant de la Révolution, indifférente à la religion, — son roi lui en
avait donné l'exemple, — ennemie de l'intolérance, accueillit comme
un martyr de la libre pensée le démocrate persécuté, le philosophe
errant accusé d'athéisme.

L'entrée de Fichte dans le « monde » de Berlin se fit sous les

1. *Fichte's Leben*, I, ii, 6, p. 323-324, lettre de Fichte à sa femme, Berlin,
10 octobre.
2. *Ibid.*, lettre du 2 août, p. 313.
3. K. Hillebrand, *Revue des Deux Mondes. La société de Berlin de 1789 à 1815*,
15 mars 1870, t. LXXXVI, p. 448.

auspices de Frédéric Schlegel, dans les salons d'Henriette Herz ou
dans la « mansarde » de Rahel Levin. A cette heure, en effet, les
salons israélites étaient devenus véritablement les foyers d'où rayon-
nait toute la vie intellectuelle du temps. La tolérance du grand
Frédéric avait permis aux Juifs de sortir de l'espèce de *ghetto* moral
où, jusque-là, des préjugés séculaires les avaient isolés. Enrichis par
la guerre, ils eurent bientôt fait, la paix venue, de profiter de leur
fortune et de leurs loisirs pour acquérir une forte instruction : une
affinité secrète les attirait vers la culture française alors à la mode ;
ils s'en rendirent vite maîtres, plus vite que les purs Allemands. Ne
possédaient-ils pas, comme les Français, « l'esprit proprement dit, la
saillie, le goût des choses finement dites, le ton moqueur et la
promptitude à saisir le ridicule ; puis le bon sens, un certain rationalisme pratique, qui se porte vers l'arrangement même de la vie, et
qui fait le désespoir des natures rêveuses, incapables de le comprendre, partant promptes à le condamner » ? Ce n'est pas tout : « la
sagacité pénétrante, l'intelligence ennemie des nuances qui échappent
à l'analyse comme des sentiments qui n'ont point de caractère
tranché ne se trahissent-elles pas dans la vie des Israélites autant
pour le moins que dans leurs œuvres d'esprit[1] », et ne sont-elles pas
aussi des traits caractéristiques du génie français ?

Française encore, cette « absence totale de préjugés naturelle aux
émancipés d'hier, sans passé ni tradition, dans une société dont ils
ignoraient les lois et les principes[2] » ; française enfin, l'émancipation
intellectuelle et la tolérance religieuse que venait de leur apprendre
un coreligionnaire, le philosophe Moïse Mendelssohn, dont l'action,
soutenue par l'autorité du grand Lessing, contribua si puissamment,
dans les dernières années du siècle, à transformer l'esprit berlinois.
Mendelssohn prêchait d'ailleurs d'exemple, brisant les barrières que
l'orthodoxie, fortifiée par la persécution, avait édifiées entre juifs
et chrétiens ; il leva, pour sa famille, l'interdiction, sous peine de
souillure, de tout commerce avec les non-juifs, il reçut à sa propre
table des chrétiens, sans peur d'être détourné par eux de ses devoirs
et de sa religion ; il ne jugea pas non plus nécessaire à sa foi,
pourtant sévère (il observait encore la lettre même du mosaïsme), de
condamner la vie moderne ; il ne refusa pas à ses filles Henriette et
Dorothée, avec la liberté de tout lire, celle de fréquenter le monde,
la ville, les théâtres, et de se parer pour y plaire. Exemple vite suivi
par les riches banquiers de Berlin, les Cohen, les Itzig, les Ephraïm,
les Meyer, fiers de mettre leurs palais et leur luxe à la disposition

---

1. K. Hillebrand, *Revue des Deux Mondes*, art. cité, p. 448-449. — 2. *Ibid.*, p. 449.

Dans ces milieux entièrement nouveaux pour lui, Fichte, introduit par son ami Frédéric Schlegel, fut présenté à l'élite de la société berlinoise. On le fêta, comme philosophe et comme proscrit. Il noua des amitiés précieuses dans les lettres, avec des hommes d'État ou des diplomates, avec des princes. Il perdit plus d'un vieux préjugé, en premier lieu ses préventions contre les Juifs[1]. Depuis qu'il avait connu Henriette, Rahel, et surtout Dorothée Mendelssohn, l'épouse incomprise de Veit, récemment devenue l'amie très intime de Fr. Schlegel, il était revenu de son ancienne conviction, il l'avouait maintenant sans ambages. Quand les deux amants durent quitter Berlin pour aller retrouver à Iéna A.-G. Schlegel, Fichte n'eut pas d'hésitation ; à la différence du docteur Herz qui prétendait interdire à Henriette de revoir son amie[2], Fichte crut bon de recommander à sa propre femme la fréquentation de Dorothée, en dépit d'une situation irrégulière que, par sympathie pour la fille de Mendelssohn, le monde, à quelques exceptions près, avait acceptée et que Fichte lui-même n'osait pas blâmer.

Vivant dans la familiarité de Schlegel, Fichte avait appris à connaître Dorothée, à l'apprécier, et, parlant d'elle, il écrivait en toute sincérité : « Elle a de l'intelligence à un degré rare, et une culture assez exceptionnelle, peu ou vraiment pas de brillant extérieur, une absence complète de prétention, et beaucoup de bonté naturelle. On n'apprend à l'aimer que petit à petit, mais alors c'est de tout cœur[3]. » Il lui devait bien ce témoignage d'estime et de reconnaissance. Dorothée lui avait adouci de son mieux les amertumes de l'exil ; elle l'invitait presque tous les jours à sa table, en compagnie de Schlegel et de Schleiermacher, un autre intime de la maison. Fichte y arrivait à une heure, après s'être habillé et s'être fait friser — oui, friser, avouait-il à sa femme, friser et poudrer avec une queue. A cinq heures, il allait avec ses amis à la comédie ; quand il n'y avait pas comédie, il se promenait avec eux dans les environs de la ville, au jardin zoologique, ou devant sa porte sous les Tilleuls. D'autres fois il faisait avec Schlegel et sa maîtresse des parties de campagne ; on y buvait, à la santé de Mme Fichte et du jeune Hermann, sinon du vin qui souvent manquait, du moins de la bière aigre ; on n'y faisait

---

1. On se souvient du jugement porté par lui sur les Juifs dans ses *Beitrage*. Plus récemment, il écrivait encore à sa femme qu'à son avis rien de bon ne pouvait sortir de la race juive.

2. J. Fürst, *Henriette Herz. Ihr Leben und ihre Erinnerungen*; IV. Dorothea von Schlegel, p. 111. A quoi Henriette avait répondu : « Vous êtes maître chez vous ; hors de chez vous, je verrai mon amie. »

3. *Fichte's Leben*, I, II, 6, lettre à sa femme, 20 août 1799, p. 322.

pas les difficiles : un morceau de jambon à moitié passé déjà, une tranche de pain noir sur laquelle on étalait du beurre rance tenaient lieu de repas ; par politesse pour ses hôtes, Fichte trouvait belles et bonnes des choses à peine mangeables. Mais Dorothée lui faisait oublier ces repas peu confortables en lui préparant pour souper, quand il revenait, son petit pain au lait et son verre de Médoc. Et elle le choyait de son mieux[1].

Fichte se laissait faire, et Jeanne, au ton de ses lettres, devinait sa satisfaction ; aussi lui écrivait-elle, non sans quelque malice, « qu'il lui faudrait sans doute un effort pour se réhabituer à l'entourage de sa femme et de son fils[2] » ; Fichte prit d'ailleurs la plaisanterie assez mal.

B. FICHTE CHEZ LES FRANCS-MAÇONS. FESS-LER ET LA RÉFORME DE LA LOGE ROYALE-YORK. Il ne faudrait pas croire cependant que, dans ces « délices », Fichte amolli ne songeât plus qu'à se laisser vivre. Il était loin de demeurer oisif. Chose assurément remarquable, l'année où il venait de s'installer à Berlin fut peut-être la plus remplie de son existence. Méditation, propagande, polémique, organisation scientifique, projets politiques, il semble qu'en un an Fichte ait tour à tour tout essayé, comme si l'épreuve qu'il venait de subir avait encore stimulé son énergie, comme si, nouveau venu à Berlin, décidé à braver le sort contraire, il brûlait de refaire d'un seul coup sa fortune, de prouver la fécondité de son esprit, d'imposer enfin sa gloire à ceux qui, depuis qu'il était tombé, osaient douter de son génie.

Le hasard servit ses desseins. Quelques semaines après son arrivée, le 20 septembre 1799, il eut l'occasion de rencontrer le franc-maçon Rhode avec lequel il eut un long entretien sur l'Ordre et sur l'organisation des Loges à Berlin. La Franc-Maçonnerie y était alors puissante. Elle comptait parmi ses membres ou ses patrons de très hauts, de très influents personnages ; elle était un foyer de libéralisme. Fichte, d'autant plus avide de prédication et d'action qu'il avait été persécuté pour les idées dont il s'était fait le missionnaire, Fichte, déçu dans son espérance d'emmener avec lui d'Iéna un certain nombre de transfuges, professeurs et étudiants, et de fonder avec eux une sorte d'Institut modèle, une école de philosophie morale et religieuse, Fichte, traqué par les Églises, chassé par les gouvernements, crut sans doute possible de réaliser à Berlin, dans

---

1. *Fichte's Leben*, I, II, 6, lettre du 20 juillet 1799, p. 314.
2. *Ibid.*, lettre du 17 août, p. 317.

un milieu nouveau, sous une forme nouvelle, avec des éléments nouveaux, le rêve de toute sa vie. La Franc-Maçonnerie ne lui offrait-elle pas, grâce aux influences politiques de hauts personnages, un appui contre l'arbitraire et, grâce à son organisation morale et sociale, un instrument de propagande tout prêt pour ses idées? Fichte n'y songeait-il pas, quand il écoutait avec complaisance Rhode, un des hauts dignitaires de la Royale-York, lui expliquer le système de cette Loge où il allait bientôt entrer? Un rapide exposé de ce qu'était alors la Loge permettra de s'en convaincre aisément.

La Loge Royale-York avait commencé par s'appeler la Loge de l'Amitié. C'était une Loge française, fondée en 1752 par quelques-uns des savants et des artistes que Frédéric le Grand avait appelés à Berlin [1].

Elle était devenue la Loge Royale-York de l'Amitié le 27 juillet 1765, après une visite du duc d'York qui, lors de son séjour à Berlin, y avait reçu l'investiture maçonnique pour les trois premiers grades et s'en était depuis fait le protecteur [2]. La Loge, qui n'avait pas de Constitution régulière, en obtint ainsi une de la Grande Loge de Londres ou Loge suprême [3], la plus ancienne des Loges, la seule dont la reconnaissance fût une consécration. Son brevet lui parvint le 24 juin 1767 [4].

Pendant plus de vingt-cinq ans, les travaux de cette Loge, constituée par des Français, s'étaient faits en français; le premier travail allemand qu'on y accepta est du 14 janvier 1778; mais, à partir de cette date, l'usage de l'allemand devint de plus en plus fréquent, la plupart des membres récents ignorant la langue française.

Le changement de langage introduisit à la Loge un changement de mœurs; sous l'influence purement allemande, un esprit nouveau anima bientôt la Loge Royale-York de l'Amitié [5]. Ni le Code français, ni le Rituel, ni la Constitution ne pouvaient plus satisfaire des hommes imbus des idées de leur siècle. Une revision parut néces-

---

1. *Taschenbuch für Freimaurer, Jahrbuch der Maurerey*, II. Bd., 1799, Cöthen bei Joh. A. Aue. *Kurzgefasste Geschichte der grossen Mutterloge Royale York zur Freundschaft in Berlin*, p. 124-125. La Franc-Maçonnerie existait en Prusse depuis 1738, mais comme société secrète, à cause de l'hostilité de Fr.-Guillaume Ier. Elle fut officiellement reconnue, à l'avènement de Frédéric, par le nouveau roi initié lui-même aux mystères maçonniques.
2. *Ibid.*, p. 127-128.
3. *Ibid.*, I. Bd., 1798, p. 6, note, *Geschichte der Trennung der grossen Loge* der Freimaurer *von Deutschland zu Berlin, von der höchsten grossen Loge zu London*.
4. *Ibid.*, II. Bd., 1799, *Kurzgefasste Geschichte...*, p. 128.
   Ibid., p. 132-133.

saire; elle fut confiée à un personnage dont le nom faisait autorité en matière maçonnique, à Fessler[1].

Ignace-Aurèle Fessler était d'origine hongroise (de Czorndorf). Confié par sa mère aux jésuites de Raab, puis, lors de la menace d'expulsion de l'Ordre, à un parent, lecteur des capucins à Otten, le jeune Aurèle, séduit par la vie du cloître, prononça ses vœux en 1773[2]. Ordonné prêtre, envoyé à Vienne, persécuté par ses chefs pour avoir dénoncé les scandales de la justice ecclésiastique, il dut à la protection de l'empereur Joseph II d'être nommé, en 1783, professeur de langues orientales et d'exégèse à Lemberg, en Galicie[3]. C'est là qu'il devint franc-maçon. Il entra, le 1er mai 1783, dans la Loge allemande le *Phénix de la Table Ronde* (Phönix zur runden Tafel)[4]; il était d'ailleurs versé depuis trois ans dans les secrets de la Maçonnerie : il avait été, à Vienne, en relations suivies avec des francs-maçons de marque, et la confession lui avait permis de connaître l'essentiel de la doctrine[5].

A Lemberg, il dut de l'approfondir à un membre de la Loge Saint-Louis d'Alsace. C'était un ancien étudiant de Strasbourg, intrépide voyageur, qui avait parcouru la France et l'Angleterre, séjourné en Russie et en Suède d'où il avait rapporté de précieux documents sur le rite suédois, sur l'alchimie, la théosophie, la magie[6], documents dont Fessler eut connaissance[7]

Après un voyage à Vienne, en 1785, où il étudia la constitution et l'état actuel des Loges, Fessler écrivit un *Traité des Loges, ce qu'elles sont, ce qu'il faut qu'elles soient* (Die Freymaurerlogen, was sie sind, und was sie seyn sollen), traité dont les principes tout rationnels cherchaient à exclure de la Maçonnerie les pratiques contraires à la raison, notamment les serments barbares, alors en usage dans la plupart des Loges[8]

Bientôt après, en 1788, une fois mort l'Empereur qui l'avait protégé jusque-là, redoutant les persécutions des jésuites, ses

1. *Taschenbuch für* Freimaurer, II. Bd., 1799, p. 134, et Fessler, *S. Schriften über Freymaurerey, wirklich als Mns. für* Brüder, Dresden, 1804, II. Bd., I. Abth., I, *Maurerischer Zustand der St. Joh. Loge Royale York zur Freundschaft bey meiner Affiliation den 2ten Juni 1796*, p. 6 et suiv.

2. *Taschenbuch für Freimaurer*, III. Bd., 1800, Literatur, 5, *Jahrbücher der grossen Loge Royale York zur Freundschaft in Berlin*, p. 323-326.

3. *Ibid.*, p. 328-332.

4. Fessler, *S. Schriften über Freymaurerey*, Zweyte Auflage, Freyberg, bey dem Br. Gerlach, 1805. Briefe (*Fessler's maurerische Laufbahn*), Erster Brief, B., den 18. Jun. 1797, p. 276-282.

5. *Ibid.*, p. 274-276. — 6. *Ibid.*, Zweiter Brief, B., den 26. Jul. 1797, p. 308-309. — 7. *Ibid.*, p. 326-328. — 8. *Ibid.*, Erster Brief, p. 293-305. Voir aussi : Abhandlungen. v. Die *Freymaurerlogen, was sie sind, und was sie seyn sollen*, p. 168-190.

anciens maîtres, Fessler dut quitter sa chaire de Lemberg. Il se
réfugia en Prusse, terre plus libérale; il y devint précepteur chez
le prince de Carolath, en Silésie, où il écrivit quelques-uns des
ouvrages qui le firent avantageusement connaître : *Marc-Aurèle,
Aristide et Thémistocle, Attila*[1]; il se mit aussi à l'étude de Kant.

Depuis bien des années il ne croyait plus; il cherchait dans la
philosophie la paix de la conscience. Une première fois il s'imagina
l'avoir trouvée dans le panthéisme de Spinoza; la lecture des *Lettres*
de Jacobi *sur la doctrine de Spinoza* ébranla ses convictions nouvelles; mais la *Critique* de Kant fut alors pour lui comme une révélation. Trop occupé à ce moment pour l'approfondir, il en reprit
l'étude avec ardeur, quand, chez le prince de Carolath, il eut
quelques loisirs, et cette fois il trouva dans le kantisme une doctrine
qui le satisfit sans réserves.

« Le contenu de la *Critique de la Raison pure* et *de la Raison
pratique* m'était, par un effort incessant, devenu si familier, écrit à
ce moment Fessler, que je croyais, à la limite de tout savoir rationnel,
avoir trouvé dans le fini le seul point de vue certain qui pût me permettre, sur les ailes d'une foi de raison, de me rapprocher de l'Infini
et de l'Éternel. Je me considérais comme parfaitement heureux
dans la foi que je m'imaginais posséder, et, dans mon enthousiasme
en éveil, je voulais amener tous ceux que j'aimais à cette croyance
aux postulats de la Raison pratique. Lois, Postulats de la Raison,
Devoir, au sens kantien, étaient pour moi des mots sacrés, des éclairs
grâce auxquels je voulais foudroyer en moi et chez les autres tout
ce que l'égoïsme et le penchant au bonheur avaient de contraire
à eux. »

Il ajoute que, parvenu à cette certitude et à cette paix que lui
donnait la philosophie de Kant, il tremblait de les perdre et redoutait toutes les attaques directes contre la philosophie critique comme
autant de menaces pour sa sécurité personnelle. Le kantisme devint
chez lui un fanatisme[2]

Le jour donc où, sur la recommandation du peintre de portraits
Darbes qui le connaissait depuis 1790 (lors d'un premier voyage de
Fessler à Berlin)[3], les hauts dignitaires de la Loge Royale-York, le

1. *Taschenbuch für* Freimaurer, III. Bd., 1800, Lit. 5. *Jahrbücher der grossen Loge
R. Y. zur Fr. in* Berlin, p. 333-335.
2. Fessler, *Rückblicke auf seine siebzigjährige Pilgerschaft*, Leipzig, 1851, Verlag von
Carl Geibel, III. Kap., p. 159-160.
3. Fessler, *S. Schriften über Freymaurerey*, II. Bd., I. Abth., II, *Meine Affiliation bey
der St. Joh. Loge R. Y. z. Fr.*, p. 58. Le prince de Carolath avait perdu sa fortune, et
le ministre von Haym, chargé de la direction de l'Instruction publique, avait confié
à Fessler une mission qui l'amenait à Berlin, le 6 mai 1796.

Grand-Maître Delagoanère et l'orateur Schlicht en tête, profitèrent du séjour de Fessler à Berlin[1] pour l'affilier à la Loge, lui demandant de reviser le Rituel suranné et d'établir un projet de Constitution[2], c'est dans le sens et dans l'esprit de la philosophie kantienne que Fessler opéra la réforme de la Loge, et on appelait alors couramment cette réforme : « le système de Fessler » ou « le dernier système maçonnique[3] ».

Fessler commença par réviser le Rituel des trois grades johanniques; il y travailla toute une année (la refonte du premier grade est du 15 décembre 1796, celle des deux derniers, du 19 janvier 1797[4]). Sa rédaction, approuvée après une discussion longue et animée par la commission de six membres chargée de l'examen du nouveau Rituel, fut adoptée à la presque unanimité[5]. Prié alors de réviser les grades supérieurs au troisième[6], en dépit de la difficulté qu'il éprouvait à introduire dans les anciens Rituels français, dans « ce fatras d'insanités », comme il les appelle, un sens rationnel, Fessler parvint, tout en conservant les figures, les cérémonies, les signes, les mots, les poignées de mains de ces ordres de chevalerie burlesques, à leur donner une signification morale[7].

1. *Taschenbuch für* Freimaurer, III. Bd., 1800, Lit. 5, p. 336. Fessler, *S. Schriften, über Freymaurerey*, II. Bd., I. Abth., II, *Meine Affiliation...*, p. 58-59.

2. Fessler, *S. Schriften über Freymaurerey*, II. Bd., I. Abth., I, *Maurerischer Zustand der St. Joh. Loge R. Y. zur* Freundschaft *bey meiner Affiliation, den 2ten Jun. 1796*, Schreiben des Brs. Schlicht an den Br. St...r, vom 27. Jun. 1799, p. 7-24.

3. *Taschenbuch für* Freimaurer, IV. Bd., 1801, *Ueber einige neue Erscheinungen im Frei-Maurerorden*, p. 212, et III. Bd., 1800, *Das neueste System in der Maurerey*, p. 76.

4. Fessler, *S. Schriften über Freymaurerey*, II. Bd., I. Abth., III, *Das Conseil Sublime und erste Revision der Rituale der 3 St. Joh. Grade*, p. 83-88.

5. *Ibid.*, II. Bd., I. Abth., I., *Maurerischer Zustand...*, p. 26.

6. De ces grades, la Loge en possédait quatre, celui des Élus des neuf, des quinze et de Pérignan, celui des Écossais rouges et des Écossais verts de Saint-André, celui des Chevaliers de l'Orient, celui des Chevaliers de l'Aigle ou Princes souverains de Rose-Croix.

7. Fessler, *S. Schriften über Freymaurerey*, II. Bd., I. Abth., *1797*, IV, *Stiftung des Innersten Orients*, p. 90-91, et VI, *Umarbeitung der höhern Grade*, p. 121. C'est ainsi qu'ayant dû finalement renoncer à trouver un sens à l'Élu des neuf, des quinze et de Pérignan et au Chevalier de l'Orient, il en découvrit un au quatrième grade de l'Écossais rouge : il en fit le symbole du maçon parfait, construisant le sanctuaire d'un ordre moral du monde. La Loge, à ce grade, devenait une école de culture morale, préparant l'avènement du « Règne des Fins », du règne absolu de la loi morale. Son but était le progrès de la conscience, de la vie intérieure, la suprématie du divin dans l'homme, et la tendance de ce grade se définissait pour Fessler : la culture de la pure moralité, développée par la pureté de l'intention, par l'obéissance à la loi. Le cinquième grade, celui de l'Écossais vert de Saint-André, avait pour fonction de permettre aux Frères coupables d'infraction à la loi la réparation de leur faute, la victoire sur l'égoïsme par l'amour d'autrui; sa formule était : renouvelle ton effort de perfection intérieure, prends conscience de ton imperfection et de tes fautes, aime ton prochain, sois-lui indulgent; et le sixième grade, l'Élu du Tombeau, préparait l'homme à l'éternité, il lui enseignait l'oubli des biens temporels, l'aspiration aux biens éternels, à la véritable patrie des esprits.

Mais cette aspiration à l'éternité et à l'infinité avait besoin, pour ne se pas perdre

Son dessein, en élaborant les Rituels et en déterminant la hiérarchie des grades, n'est pas douteux; il se propose de réaliser cette Cité morale, ce Règne de la Raison dont Kant avait tracé le plan, en 1793, dans la *Religion*, et de faire, des affiliés à la Maçonnerie, les bons ouvriers de cette grande œuvre[1]

dans le vide, de la représentation d'un Idéal qui la fixât. Cet Idéal, le septième grade le fournissait, le grade du Chevalier de la Croix ou de l'Aigle, destiné à rappeler les souvenirs des grands éducateurs de l'humanité; parmi ces éducateurs, le plus grand, celui en qui, plus excellemment qu'en tous les autres, s'était réalisé l'Idéal sublime, c'était Celui qui avait fait le don de lui-même pour la réalisation de cette sainteté à laquelle il avait d'ailleurs si activement travaillé. Le Christ, voilà l'Idéal qu'en fin de compte Fessler proposait à la Maçonnerie, et la fête instituée — à ce grade — en l'honneur du Christ était, pour le parfait maçon, à la fois un exemple et un réconfort. Il y retrouvait le symbole de la Foi (foi rationnelle), de l'Espérance (en l'immortalité), de la Charité (amour), de la Croix (signe de la victoire de la vérité).

Mais l'idéal du Christ, c'est, en dépit des déformations introduites dans sa doctrine par les concepts de la philosophie grecque, déformation d'ailleurs prévue par lui-même, l'idée du Royaume des Cieux, c'est-à-dire du règne de la moralité. Tel est le secret que le Christ avait confié à ses meilleurs disciples pour en transmettre le dépôt aux générations successives; ce secret, les maçons l'avaient pieusement recueilli le jour où, dans l'Église corrompue, s'était perdu le vrai sens du Christianisme. C'étaient eux désormais qui en conservaient intégralement le dépôt pour les élus de l'avenir, pour ceux qui auraient compris l'hiéroglyphe de notre vie : le devoir de nous unir à l'Éternel dans l'Unité morale. [Fessler, *S. Schriften über Freymaurerey*, II. Band, Erste Abth., vi, *Umarbeitung der höhern Grade*, p. 119-121, et *Taschenbuch für Freimaurer*, 1805, VII. Bd., ii, *Was für eine Tendenz hat das maurerische System der Loge R.Y.*, *so wie es Br. Fessler aufgestellt hat?* p. 156-174. L'ordre des Grades que nous avons donné ici est indiqué par Fessler dans sa « refonte des grades supérieurs ». Dans l'*Annuaire de la Maçonnerie* auquel nous avons emprunté l'explication de ces grades, le grade de l'Élu du Tombeau (Chevalier du Tombeau) est le septième, le sixième étant consacré à la commémoration du Christ. Mais, dans ce même *Annuaire*, l'énumération des grades qui précède l'explication correspond à celle de Fessler : l, Écossais rouge (4e grade de la Loge R.-Y.); II, Écossais vert de Saint-André (5e grade); III, Chevalier du Tombeau (6e grade); IV, Chevalier de la Croix (7e grade); *Taschenbuch für Freimaurer, loc. cit.*, p. 130-132.]

1. *Taschenbuch für* Freimaurer, VII. Bd., 1805, ii, *War für eine Tendenz...*, p. 175. Si l'exposé de la réforme de la Loge Royale-York pouvait laisser le moindre doute à cet égard, il suffirait, pour le dissiper, d'ouvrir l'*Essai d'un code général des Maçons et des Loges* (Versuch eines allgemeinen Maurer-und Logenrechts) que le même Fessler publia, deux ou trois ans plus tard, et son *Traité sur la mission du franc-maçon* (Der Beruf des Freymaurers) qui est de l'année 1798.

La Franc-Maçonnerie, telle que prétend la définir Fessler dans son *Essai d'un code général des Maçons et des Loges*, est une institution qui a pour objet essentiel le perfectionnement moral des hommes en société. Indépendante à la fois de l'État et de l'Église, qui ont leurs fins spéciales, distinctes de la sienne, elle s'oppose tout ensemble à la religion et à la morale. [Fessler, *S. Schriften über Freymaurerey*, zweyte Auflage, 1805. *Versuch eines allgemeinen Maurer-und Logenrechts*, I, Freymaurey, § 1, p. 16.]

La religion suspend, en effet, la détermination de la conduite humaine à la connaissance des relations de l'homme avec Dieu, connaissance sujette à l'erreur et infiniment variable, appuyée tantôt sur les sens, tantôt sur la raison. Quant à la morale, elle est sans doute la science des lois fournies par la raison pour la détermination de la conduite humaine, mais une science purement abstraite; au contraire la Maçonnerie échappe à l'erreur des religions, parce qu'elle est par essence une connaissance vraie et pure, la connaissance absolue de la raison; elle dépasse les abstractions de l'École, parce qu'elle est précisément l'art moral, l'art d'appliquer les

Que ce dessein, exposé par Rhode, ait trouvé en Fichte un auditeur complaisant, on l'imagine sans peine; il reconnaissait des idées
qui lui étaient familières et qu'il avait puisées à la même source

règles abstraites de la raison à la conduite, et qu'elle entre dans la réalité ; elle aecom-
plit ainsi notre perfection dans la société et dans l'État. [*Ibid.*, § 4, p. 18-19.]

Instruire ses adeptes dans cet art; produire par là une société dont tous les
membres auraient spontanément, en dehors de toute contrainte, une conduite publiquement conforme à la moralité, et réaliser ainsi ce Règne de la Vertu, cette Cité
éthique dont l'idée est la fin que la raison propose à chacun de nous et dont l'incessante approximation est l'objet même du devoir, tel est le but spécial que poursuit
l'association maçonnique. Elle réalise, à l'intérieur de l'État, cette communauté
éthique que, livrés à eux-mêmes et soumis aux lois du droit public, les hommes
restent sans doute parfaitement libres de constituer, comme ils restent libres aussi
de demeurer dans la situation où ils se trouvent; elle les oblige à ce que, vraisemblablement, on ne peut attendre de leur seule bonne volonté, à sortir de la conception
d'une société purement civile pour tendre à la formation d'une société vraiment morale.

La mission du franc-maçon, c'est donc, partout où il le peut, partout où il lui est
loisible d'agir, de travailler pour la majesté de la Raison et de la Vertu, et par une
instruction appropriée, qui exerce l'indépendance de l'entendement, qui applique
librement les forces de l'esprit, qui enseigne le vrai, le bon et le juste, de former des
adorateurs de la Vertu, des citoyens du règne de la Raison. [*Ibid.*, Abhandlungen IV,.
Der Ber*uf des Freymaurers*, p. 148-149.]

Mais l'art maçonnique est un art difficile, et qui exige une singulière prudence
pour conduire progressivement les hommes à la Raison et à la Vertu. Il s'y faut
préparer par un ensemble de maximes dont l'esprit est d'adapter sans cesse la
majesté de la Raison à l'humaine faiblesse. L'homme ne croit pas sérieusement à
l'absence au moins partielle de sa culture morale; il ne veut pas être moralement
un mineur. Il est comme un enfant qui n'aime pas à s'entendre traiter d'enfant. Il
ne faut donc pas, sous peine de manquer le but, se présenter à lui en magister
moral, en censeur de sa conduite; il faut se montrer indulgent à ses fautes, entrer
dans ses vues et, partageant ses jeux de mineur, il faut l'élever peu à peu, insensiblement, aux occupations sérieuses; d'où cette première maxime : agir avec prudence. [*Ibid.*, p. 150.]

Dans l'ordre moral, comme dans l'ordre naturel, les sauts sont dangereux; tout ce
qu'il y a de vraiment bon dans l'homme ne peut venir que de sa propre liberté, de
sa propre réflexion. On ne force pas les convictions d'autrui, on l'amène à se les
former par les raisons qu'on lui expose. Cela demande du temps et un certain
degré dans le développement de l'esprit; il faut donc aller à pas comptés, et c'est la
seconde maxime. [*Ibid.*, p. 151.]

La troisième est d'éviter que notre zèle pour la vérité et la justice puisse jamais
être taxé d'égoisme orgueilleux et de vain désir de briller. [*Ibid.*, p. 151.]

Mais ce qui importe davantage encore, c'est de laisser intacts aux hommes leurs
biens les plus chers, leurs opinions, leurs symboles, leurs costumes, et c'est la quatrième maxime. Ils y attachent leurs idées religieuses, morales, politiques; et ce
sont là choses du goût, lequel est l'expression de notre jugement; vouloir les renverser, c'est blâmer leur goût et c'est mettre en doute leur jugement, c'est blesser
leur fierté dans ce qu'elle a de plus susceptible, et c'est se priver de tout moyen efficace pour agir sur eux moralement. [*Ibid.*, p. 151-152.]

La cinquième maxime est de ramener peu à peu et insensiblement l'opinion des
hommes à des principes. Une opinion erronée est un préjugé qui repose sur l'autorité ou que maintiennent des raisons incomplètes. Laissons à ceux qui se trompent
l'opinion qu'on respecte leurs opinions; cherchons seulement à enlever insensiblement à l'autorité son importance, à la rendre douteuse; la peur de l'inconséquence,
inhérente à la nature humaine, agira d'elle-même contre le préjugé où l'on se tient,
le battra en brèche, et, avec le moindre secours du dehors, en triomphera. Ou, sans
attaquer l'opinion, montrant clairement ce qu'ont d'incomplet les raisons sur lesquelles elle se fonde, la peur de l'inconséquence fera son œuvre encore et produira
dans l'âme de qui se trompe ce que n'aurait pu accomplir la plus persuasive
éloquence. [*Ibid.*, p. 152-153.]

que Fessler. Mais Fichte se trouvait être pour Rhode autre chose encore : il était un auditeur compétent. Il avait fait preuve des connaissances maçonniques les plus étendues, de connaissances qui ouvraient sur les Ordres des vues lointaines. Lui-même, en effet, était franc-maçon; il avait été reçu, le 6 novembre 1794, à une Loge du rite écossais, la Loge *Günther au Lion debout : Rudolstadt* (Günther zum stehenden Löwen : Rudolstadt), et, durant son séjour en Saxe, il avait, sans aucun doute, étudié les principes de l'Illuminisme. Weishaupt, le fondateur de l'Illuminisme, chassé d'Ingolstadt,

Apprendre aux hommes à donner à leurs symboles un sens élevé, non pour blâmer le sens vulgaire qu'ils y attachent, mais pour vivifier ces symboles et leur restituer une actualité, est la sixième maxime de l'éducation maçonnique. [*Ibid.*, p. 153-154.]

Et la septième consiste à tourner leurs coutumes à des fins élevées. La plupart d'entre elles, surtout celles qui concernent la religion, ont des buts égoïstes : obtenir la rémission de nos péchés, la grâce de Dieu, des titres à la vie future. Ne commençons point par traiter ces coutumes de ridicules, par nous moquer de ces croyances, par mépriser les Églises et renverser Dieu ; montrons-nous respectueux des habitudes et tolérants ; mais laissons comprendre le sens symbolique de ces usages ; leur nécessité dans la constitution du culte et des Églises, et par là même leurs limites. Cet enseignement fera naître le doute sur la valeur absolue de ces usages et ressortir l'insuffisance du culte des Églises : ce sera le premier pays vers la croyance rationnelle et la vraie religion, car le Royaume de Dieu, c'est le Royaume de la Raison. [*Ibid.*, p. 154-156.]

Voici la huitième maxime : ne pas méconnaître, dans nos opérations, l'ordre approprié à la nature humaine. Tous les progrès vers la raison et la moralité la plus haute ne peuvent se produire que par la succession des degrés suivants. Premier degré, l'égoïsme réfléchi dont la règle est : dans tout ce que tu fais, aie pour but ta tranquillité, ta satisfaction, ton bonheur. Deuxième degré, le sens social avec cette règle : dans tout ce que tu fais, comprime tes inclinations égoïstes et ne considère que ce qui est universellement utile. Troisième degré, l'homme sent déjà davantage dans sa conduite la connaissance de ce qui est bien. Est bien ce qui ne contredit pas la loi morale. La loi morale est donc ici la règle de toute activité. Quatrième degré, celui de la maturité morale ou de l'entière conformité à la raison : ici l'homme n'agit que d'après sa connaissance de ce qui est bien, parce que c'est bien. Est bien ce qui s'accorde avec la loi et se fait uniquement par respect pour la loi ; tout ce qui accomplit la loi non à cause des avantages qu'on en tire, mais parce que c'est la loi et parce que c'est une prescription de notre nature raisonnable dans son perfectionnement. On peut appeler les deux premiers degrés les degrés de l'entendement, parce que la valeur ou la non-valeur des actions se mesure uniquement aux conséquences; les deux derniers degrés, degrés de la raison, parce que la valeur ou la non-valeur des actions s'y mesure non aux conséquences, mais à la connaissance préalable de ce qui est juste et bon. [*Ibid.*, p. 157-159.]

Ajoutons que ce progrès de la raison, qui est le même chez tous les hommes, rencontre un triple obstacle dans la paresse naturelle de l'esprit, dans la foi en l'autorité, dans le gaspillage du temps. Triompher de ces obstacles est une des œuvres essentielles du franc-maçon. [*Ibid.*, p. 160-161.]

Tels sont les bienfaits de la Maçonnerie, bienfaits non pas purement matériels et passagers, mais bienfaits d'ordre tout spirituel méritant la reconnaissance qui vient de l'éveil à une vie nouvelle et plus haute, et du respect que nous impose la majesté de la Raison. [*Ibid.*, p. 163-164.]

C'était là l'enseignement que, de son propre aveu, Fessler, dès 1798 (date de ce *Traité*), inculquait aux membres de la Loge Royale-York, dont il avait prétendu faire la Loge modèle.

en 1785[1], pour avoir violé la loi du 22 juin 1784 sur les sociétés secrètes[2], avait gagné la Saxe; il avait trouvé en Ch.-Auguste d'abord un protecteur, puis un adepte[3]. L'Université d'Iéna, devant ce haut exemple, était elle-même devenue un foyer d'Illuminisme; les Corporations d'étudiants, notamment celle des Amicistes, s'étaient affiliées à la secte, et Fichte en personne est clairement désigné par l'abbé Barruel, dans ses *Mémoires pour servir à l'histoire du Jacobinisme*, comme un de ces jacobins, disciples du dieu Kant, qui introduisent dans l'enseignement public les mystères les plus secrets de l'Illuminisme[4]

Or, au moment même où Rhode entretenait Fichte des choses maçonniques, il était chargé du rapport sur un projet de Constitution définitive pour la Royale-York[5]. Voyant Fichte si renseigné, il pen-

1. Voir Barruel, *Mémoires pour servir à l'histoire du Jacobinisme*, Hambourg, chez P. Fauche, 1893, T. IV, p. 272.

2. *Ibid.*, p. 227. — 3. *Ibid.*, p. 274.

4. *Ibid.*, T. V, p. 229-230 et note; p. 244-245. « En Saxe, par exemple à *Iéna*, on souffre qu'un professeur enseigne à la jeunesse que les *Gouvernements sont contraires aux lois de la raison et de l'humanité; et que par conséquent il n'y aura dans vingt, dans cinquante ou dans cent ans, plus de gouvernements dans le monde.* » [Mémoires sur le Jacobinisme en Allemagne, année 1794.]

5. Fessler, *S. Schriften über Freymaurerey*, II. Bd., I. Abth., *1800*, XIII, *Revision der Fundamental-Constitution*, p. 315.

Fessler, invité par les dignitaires de la Loge Royale-York à leur révéler les hautes connaissances maçonniques dont son maître K.....y lui avait découvert les secrets, et expressément autorisé par celui-ci à leur conférer le 8° grade [Fessler, *op. cit.*, II. Bd., I. Abth., *1797*, IV, *Stiftung des innersten Orients*, p. 90-92. *Ibid.*, VIII, *1798*, *Vereinigung mehrerer St. Johannis-Logen zu einer Grossen Loge unter der Firma : Grosse Loge der Freymaurer zu Berlin, R. Y. z. F. genannt*, p. 243] (grade où le récipiendaire, par sa soumission absolue à la loi morale et son respect de la divinité, acquérait le droit de cité dans le Royaume des Cieux, avec le titre de : l'élu de la nouvelle Jérusalem), avait rédigé, sous le nom de Grand-Orient (*Innerstes Orient*), une Constitution pour les futurs dignitaires de ce grade (3 juin 1797) [*Ibid.*, IV, *Stiftung des Innersten Orients*, p. 94-101, et v, *Fundamental-Constitution*, p. 117]. Peu après et pour apaiser les rivalités entre les différents collèges de la Loge (Loge maîtresse, Collège écossais, Conseil sublime, Grand-Orient) il avait rédigé une Constitution générale de la Loge, fixant les attributions et la hiérarchie des collèges. [*Ibid.*, I, *Maurerischer Zustand...*, p. 28-29, et V, *Fundamental-Constitution*, p. 111-112.] Cette Constitution, promulguée après un vote unanime des membres de la Loge, le 3 août 1797, déniait à la Franc-Maçonnerie le droit d'être une société secrète, proclamait que tous les usages, toutes les lois maçonniques devaient être subordonnées au droit social naturel, aux prescriptions de la morale, aux lois de l'État, elle interdisait à ses membres de faire partie d'associations politiques [*Taschenbuch für Freimaurer*, 1800, III. Bd., 12, Literatur, Die *gute Sache der Frei-Maurerey in ihrer Würde dargestellt*. II Anhang, *Auszug aus der Fundamental-Constitution der altschottischen Mutterloge R. Y. zur Fr.*, p. 284-285]. Elle obtint ainsi l'agrément du roi, ce qui permit à Fessler d'avoir pour la Loge Royale-York la reconnaissance officielle et les mêmes prérogatives que les autres Loges de Berlin (4 janv. 1798). Voici le texte du décret :

« Je ne vois pas de difficultés à faire savoir à la Loge R. Y. que je lui confère, à elle et à ses filiales, la jouissance de tous les droits que j'ai conférés aux autres Loges Mères d'ici par les *Protectoria* qu'elles ont précédemment obtenus et que cette Loge est par conséquent libre d'exercer en tout temps les privilèges d'une personne morale, en particulier au point de vue de ses locaux. » (Fessler, *S. Schriften über Freymaurerey*, II. Bd., I. Abth., *Königliches Protectorium*, p. 129-132, II. Abth.,

sait sans doute trouver en lui un auxiliaire précieux pour la Loge en voie de transformation. Il s'en ouvrit à Fessler, le 20 septembre 1799, le jour même où il venait d'avoir avec Fichte la conversation que l'on sait. Deux jours plus tard, le 22 septembre, par une heureuse coïncidence, un autre haut dignitaire de la Loge, le F∗∗∗ Basset, qui, lui aussi, avait fait la connaissance de Fichte, entretenait à son tour Fessler de la même question[1]. Il s'adressait à lui comme au Vice-Grand-Maître, car, depuis la fondation du Grand-Orient, Fessler était chargé des intérêts supérieurs de la Loge pendant les absences du Grand-Maître Delagoanère[2].

Basset, après Rhode, invitait Fessler à entrer en relations avec Fichte dont on pouvait attendre beaucoup pour la Loge ; il se portait garant de la haute intégrité du philosophe, et, pour vaincre la résistance de Fessler ainsi que son aversion à l'égard de tous les savants de profession, Basset avait affirmé que Fichte était plus qu'un savant de profession, un homme.

Devant cette insistance Fessler se laissa fléchir ; le soir même il accepta de se rencontrer dans un banquet avec Fichte. Il prétendait d'ailleurs ne pas le connaître personnellement, et, le surlendemain, il recevait, déclare-t-il, sa première visite[3].

Mais il faut considérer comme mensongères ces dernières allégations, contenues dans le récit où Fessler a consigné, jour par jour, à l'usage des francs-maçons, l'histoire de ses rapports avec Fichte.

Nous savons par une lettre de Fichte, et d'ailleurs aussi par un aveu postérieur de Fessler, que celui-ci avait connu Fichte dès l'arrivée du philosophe à Berlin, bien avant qu'il fût question de

Beylage, I, II, III, p. 316-319, et *Taschenbuch für* Freimaurer, II. Bd., 1799, *Kurzgefasste Geschichte der grossen Mutterloge R. Y. zur Freundschaft in Berlin*, p. 134-135, et III. Bd., 1800, Literatur, 1, Anhang, p. 296 marquée par erreur 662.

Cette Constitution d'ailleurs ne devait être valable que pour une durée de trois ans, jusqu'à la Saint-Jean 1800, Fessler s'étant vu forcé, à cause de l'état d'anarchie où se trouvait la Loge, de ne point établir, de prime abord, la Constitution idéale qu'il rêvait, la Constitution conforme au droit social pur, et de commencer par apporter une Constitution bâtarde tenant le milieu entre le droit pur et l'anarchie, Constitution provisoire, destinée à préparer l'avènement de la Constitution parfaite. (Fessler, *S. Schriften über Freymaurerey*, II. Bd., Erste Abth., v, *Fundamental-Constitution*, p. 116-119.)

C'est à l'élaboration de cette Constitution idéale que travaillait Rhode au moment où il s'entretenait avec Fichte.

Sur ce point, voir, pour plus de détails, le mémoire que j'ai présenté au *Congrès* de Heidelberg (Fessler, *Fichte et la Loge Royale-York à Berlin*) et publié en novembre 1908 dans la *Revue de Métaphysique et de Morale*, p. 813-843.

1. Fessler, *S. Schriften über Freymaurerey*, II. Bd., I. Abth., xiv, *Meine maurerische Verbindung mit den Bn. Bn. F...e und F...r.*, p. 320-321.
2. *Ibid.*, II. Bd., I. Abth., iv, *Stiftung des Innersten Orients*, p. 96-101.
3. *Ibid.*, II. Bd., I. Abth., xiv, *Meine maurerische Verbindung mit den Bn. Bn. F...e und F...r.*, p. 320-321.

son affiliation à la Loge Royale-York; nous savons que Fichte et Fessler cachaient leurs relations aux membres de la Loge.

« Il y a déjà longtemps, écrit Fichte à sa femme le 28 octobre 1799, que nous sommes intimes; je me suis fait fabriquer par lui des plans confidentiels; nous avons conclu ensemble les conventions les plus secrètes, alors que, publiquement, nous agissions comme si nous ne pouvions pas nous souffrir, au point que Fessler se faisait reprocher par un autre supérieur de l'Ordre sa négligence à mon égard, et se faisait prier, sinon ordonner, d'entrer en relations personnelles avec moi. C'est ce qui vient tout récemment d'avoir lieu. Dans la droiture de ton cœur tu diras : A quoi bon tout cela? Je te réponds que Fessler, en ce qui le concerne, a de bonnes raisons pour agir ainsi[1]. »

Les « bonnes raisons » auxquelles fait allusion Fichte, et qui expliquent l'intérêt que le Vice-Grand-Maître de la Loge Royale-York avait à cacher son intimité avec Fichte, étaient des raisons politiques concernant à la fois la situation de la Loge Royale-York et la situation personnelle de Fessler.

La Franc-Maçonnerie, qui avait joui de la protection du grand Frédéric et de son successeur, était vue d'un œil peu favorable par Frédéric-Guillaume III; c'était l'heure où venait d'être rendu l'Édit du 20 octobre 1798, relatif à l'interdiction des sociétés secrètes qui pourraient être dangereuses pour la sûreté générale. Cet Édit, en vue de parer à la propagation d'idées fausses et destructrices de l'ordre public, exigeait de toutes les associations une déclaration indiquant leur objet, le but de leurs réunions, interdisait celles dont la fin ne se concilierait pas avec le bien public et paraîtrait susceptible d'être dommageable au repos, à la sûreté des citoyens, et non seulement toutes celles qui, de près ou de loin, pourraient bien tendre à une modification de la Constitution (I), mais encore celles où l'on jurait obéissance sous serment, verbalement, par écrit ou par simple poignée de mains, à des supérieurs inconnus (II); celles où l'on jurait, même à des chefs connus, une obéissance aveugle quoi qu'exigeassent l'État, la Constitution, la Religion, la

---

1. *Fichte's Leben*, I, ii, 6, p. 327. Lettre du 28 oct. 1799. Note. Fichte confirme donc ici le récit de Fessler, en même temps qu'il révèle ce que les assertions de Fessler ont de volontairement inexact. Fessler d'ailleurs, de son côté, justifie la confidence de Fichte. Le jour où, accusé d'avoir dilapidé les fonds de la Loge et communiqué à Fichte des secrets maçonniques, Fessler dut donner sa démission, il déclara pour sa défense (le 27 mars 1802) qu'il avait montré les rituels à Fichte *longtemps avant l'affiliation de celui-ci à la Loge R. Y.*, et lui-même souligne ces mots (Fessler, *S. Schriften über Freymaurerey*, II. Bd., II. Abth., xxii, *Mein Austritt aus dem Innersten Orient*, p. 36).

Morale (III); celles où l'on imposait aux membres le secret sur les révélations qui leur étaient faites (IV); celles qui avaient des mystères, ou qui, pour un dessein qu'on consentait à révéler, se servaient de moyens occultes, de signes mystiques, d'hiéroglyphes. Et, comme si la Franc-Maçonnerie n'était pas suffisamment désignée par là, le décret ajoutait expressément (§ 3) que dans la Franc-Maçonnerie trois Loges seules étaient autorisées, que, hormis celleslà, toutes les Loges maçonniques étaient interdites, et pas uniquement toutes les Loges, mais toutes les réunions secrètes, cela sous les peines les plus sévères : prison, travaux forcés, et même, en certains cas, la mort [1]

Or. sans doute, la Loge Royale-York était une des trois Loges autorisées (avec celle des trois Globes et avec la Grande Loge Nationale); elle devait cette autorisation à l'habileté de Fessler qui, prévoyant les événements, et en vue d'obtenir pour la Loge Royale-York la reconnaissance officielle dont jouissaient depuis longtemps les deux autres, avait eu ce trait de génie, devançant les prescriptions qui allaient être édictées, de violer les us jusqu'alors consacrés de la Franc-Maçonnerie et de soumettre sans réticence au roi, non seulement la Constitution de la Loge, mais la liste de ses membres et la nature de ses travaux [2]. Cependant la protection royale, même une fois acquise à la Loge, n'avait pu triompher des jalousies, des rancnnes, des craintes qu'avait suscitées la réforme de Fessler. Les Loges rivales, la Grande Loge Nationale en particulier, accusaient formellement la Loge Royale-York d'hérésie maçonnique et rompaient officiellement avec elle [3].

1. *Taschenbuch für Freimaurer*, III. Bd., 1800, *Edikt wegen Verhütung und Bestrafung geheimer Verbindungen, welche der allgemeinen Sicherheit nachtheilig werden könnten*, p. 168-180.
2. *Ibid.*, II. Bd., 1799, *Kurzgefasste Geschichte der grossen Mutterloge R. Y. zur F. in Berlin*, p. 135.
3. Fessler, *S. Schriften über Freymaurerey*, 1800, II. Bd., I. Abth., x, *Trennung der Logenverhältnisse zwischen der grossen Landes-Loge und der grossen Loge R. Y. z. Fr.*, p. 282-283, et *Taschenbuch für Freimaurer*, III. Bd., 1800, *Aktenstücke zur Geschichte der Trennung der grossen Landesloge von Deutschland zu Berlin von der grossen Loge R. Y. z. Fr. daselbst*, p. 124-161. La Grande Loge déclarait qu'en modifiant, de sa propre autorité, la Constitution anglaise que lui avait jadis octroyée la Grande Loge de Londres, la Loge Royale-York avait détruit de ses mains son existence légale, et elle posait simplement ces trois questions :
1° Est-ce de la Franc-Maçonnerie?
2° Est-ce la voie que la Franc-Maçonnerie a tracée pour ses fins?
3° Est-il permis de s'écarter de la voie tracée?
La réponse, on le prévoit, était négative et concluait que cessaient d'être francsmaçons ceux qui s'écartaient des lois de la Franc-Maçonnerie, que c'était abuser malhonnêtement d'un nom usurpé que de désigner sous ce vocable quelque chose d'excellent peut-être, mais de tout à fait étranger à l'usage, et, caché sous un manteau d'emprunt, de vouloir paraître quelque chose d'autre que ce qu'on était, ajoutant qu'il n'y avait pas d'erreurs et de méchancetés qu'on n'eût répandues sous le nom

Et ce ne sont pas seulement les Loges qui s'en prennent au « système de Fessler » (car ce sont à coup sûr les « nouveautés » de Fessler que dénonce la Grande Loge Nationale[1]); à son tour la presse signale le danger. En 1798, il se publie à Paris un écrit anonyme, *Les États prussiens avant et depuis le 19 novembre 1797*, où l'auteur déclare que la Franc-Maçonnerie n'a besoin ni de modifications ni d'améliorations; que, en eût-elle eu besoin, la Loge Royale-York n'aurait pas le droit d'entreprendre cette réforme; que cette prétendue amélioration est d'ailleurs tout à fait défectueuse, tant au point de vue de sa matière que de sa forme[2]. La même année paraît à Zulli-chau une *Exposition de la bonne cause de la Franc-Maçonnerie dans sa dignité* (Die gute Sache der Freimaurerei in ihrer Würde dar-gestellt), où se trouve discuté « le dernier système maçonnique », celui de la Loge Royale-York, et contestée la légitimité de la nou-velle Constitution[3]. Enfin le *Génie du temps* (Genius der Zeit), en septembre 1799, s'attaque aussi à la Constitution de la Loge Royale-York, et plus généralement à la Franc-Maçonnerie; ces attaques servent de prétexte aux accusations des adversaires de Fessler, de ceux qui lui reprochent d'avoir nié le secret maçonnique[4]

Pourquoi toute cette polémique? Pourquoi la simple réforme d'une Loge de Berlin devient-elle ainsi un événement public?

C'est d'abord parce qu'il s'agit au fond du procès intenté par les partisans des *Lumières* aux « nouveautés », à l' « esprit du siècle », de la lutte entre la Tradition et la Révolution; car c'est bien une révolution qui, sous l'influence des penseurs de la lignée de Rousseau et de Kant, s'opère dans la conscience publique; et ce

---

respectable de la Franc-Maçonnerie, qu'on avait vu s'affubler de ce manteau alchi-mistes, visionnaires, athées, papistes, révolutionnaires, empoisonneurs; ce scan-dale, la Grande Loge Nationale l'attribuait à ceux qui, d'une main téméraire et crimi-nelle, avaient ébranlé la Constitution première de l'Ordre dont ils osaient modifier et soi-disant améliorer les dispositions et les usages, répandant ce principe perni-cieux que l'Ordre vénérable des francs-maçons était forcé de se soumettre, lui aussi, à l'esprit de réforme des temps nouveaux. C'est ainsi que, petit à petit et actuelle-ment encore étaient nés, à l'instigation directe ou indirecte des ennemis les plus mortels de l'Ordre, des ennemis de la vérité, les innombrables systèmes et la foule des soi-disant grades supérieurs, cancer toujours plus dévorant de l'Ordre, dont ces implacables ennemis savaient faire un usage si avisé et si persévérant pour atteindre leur grande fin, l'extirpation de la Franc-Maçonnerie [*Taschenbuch für Freimaurer*, III. Bd., 1800, *Aktenstücke...*, p. 136-141] ».

1. *Taschenbuch für Freimaurer*, IV. Bd., 1801, *Ueber einige neue Erscheinungen im Frei-Maurerorden*, p. 212.

2. *Ibid.*, III. Bd., 1800, Lit., 5, *Jahrbücher der grossen Loge R. Y. z. Fr. in Berlin*, II, *Ueber die Beschuldigungen eines Ungenannten Schriftstellers, die Absichten und Constitution der grossen Loge R. Y. z. F., betreffend*, p. 337.

3. *Ibid.*, III. Bd., 2, *Das neueste System in der Maurerey*, p. 76-123.

4. *Ibid.*, IV. Bd., 1801, p. 176-191, *Clubs der Frei-Maurerei* (*Genius der Zeit*, Sept. 1799, p. 109 et suiv.).

procès, cette lutte dont l'affaire de la Loge Royale-York n'est qu'un
épisode, ont une portée dont on n'a pas besoin de souligner ici
l'importance. Que tel soit bien le nœud du débat en question, il est
aisé de s'en convaincre.

Fessler est un disciple passionné de Kant, un « fanatique » de la
Critique, l'expression est de lui; tout, dans la réforme qu'il a entreprise de la Franc-Maçonnerie, porte l'empreinte de la *Philosophie
nouvelle*, comme on appelait alors la philosophie kantienne, tout, —
le sens, la langue, les formules, — et c'est ce qu'on appelait le
« pédantisme » de Fessler[1].

Fessler d'ailleurs, en donnant sa Constitution à la Loge Royale-
York, avait l'intention formelle de substituer à la *Philosophie des
Lumières*, au plat rationalisme de Nicolaï et des Nicolaïtes, alors
souverains dans la Franc-Maçonnerie, l'esprit de la philosophie de
Kant. N'avait-on pas inscrit dans la Constitution fondamentale ce
paragraphe caractéristique — le second — qui peut dispenser de
tout commentaire :

« Les véritables *Lumières* ne pouvant être obtenues et atteintes
que par l'exercice propre de notre raison, toute autre voie ne pouvant par contre qu'augmenter le nombre des perroquets sans cervelle, dangereux pour le bien public; de plus, les soi-disant propa-
gateurs des *Lumières* pensant toujours plus à eux-mêmes qu'à la
vérité et qu'au bien des hommes, la Loge mère Royale-York de
l'Amitié déclare expressément, une fois pour toutes, qu'elle ne
permettra jamais de comprendre au nombre de ses buts ou de ses
moyens ce qu'on appelle la propagation des *Lumières*[2]. »

Animé de pareilles intentions à l'égard des *Lumières*, fervent du
Kantisme, on aperçoit l'intérêt qu'avait Fessler à lier partie avec
Fichte, continuateur de Kant, et qui servait de cible aux épigrammes
de Nicolaï. Nul plus que Fichte n'était imbu de « l'esprit nouveau »;
au moment où Fessler rêvait pour la Loge de grands desseins, aucune
collaboration ne pouvait être pour lui plus précieuse; mais il avait
lieu de croire qu'elle ne pouvait être efficace qu'à condition de
demeurer secrète, car nombreux étaient dans les Loges les partisans des *Lumières*, les adversaires des « temps nouveaux », qui
traitaient les Kantiens de pédants, d'ennemis de la vérité, qui
voyaient des criminels dans les réformateurs préoccupés d'adapter
la Franc-Maçonnerie « à l'esprit du siècle »; qui étaient prêts à pro-

1. Fessler, *S. Schriften über Freymaurerey*, II. Bd., I. Abth., v, *Fundamental-Constitution*, p. 118-119.
2. *Taschenbuch für Freimaurer*, III. Bd., 1800, *Das neueste System in der Maurerey*,
p. 118-119.

fiter des moindres imprudences pour perdre la Loge Royale-York considérée par eux comme une usurpatrice.

Au sein même de cette Loge s'étaient manifestées, entre traditionalistes et réformateurs, des divisions dont Fessler avait eu peine à triompher; l'aveu de ses attaches avec Fichte, l'aveu de sa collaboration surtout, eût suffi, aux yeux de quelques-uns, à discréditer d'avance, et peut-être à faire échouer, les réformes que Fessler avait à cœur de réaliser [1].

Ce n'est d'ailleurs pas la seule raison pour laquelle Fessler prétendait cacher à ses collègues ses relations avec Fichte. si souvent accusé de jacobinisme.

On prêtait volontiers à la Loge Royale-York une tendance révolutionnaire; on laissait entendre qu'elle n'était qu'un club jacobin clandestin [2]; le bruit s'en était même répandu au dehors, et l'abbé Barruel avait pu écrire dans ses *Mémoires pour servir à l'histoire du Jacobinisme* : « Ce n'est pas une circonstance à mépriser dans les dispositions des Frères que la résolution à laquelle vient de se soumettre la Loge *Royale-York*. On sait par les nouvelles publiques que cette Loge a établi dans son sein *un Directoire, un Sénat des Anciens et un Sénat des Jeunes*, selon le modèle du gouvernement français actuel [3]. »

Ajoutons que Fessler lui-même venait tout justement d'échapper à une accusation de haute trahison. La société des Évergètes, fondée à Carolath en vue de la culture morale et scientifique de ses membres, dissoute après le départ des trois plus éminents d'entre eux, avait donné lieu à une poursuite publique. Un libelle publié contre un ministre de la Silésie avait été l'occasion d'une perquisition au domicile de l'un des trois Évergètes; et cette perquisition avait fait saisir toute une correspondance de Fessler. Bien qu'au dire de Fessler cette ligue n'eût aucun caractère politique, le gouvernement en avait pris ombrage, et il avait prétendu y découvrir bel et bien une conspiration ourdie contre l'État. L'affaire fut portée devant le roi, avec les noms des cinq conjurés; Fessler en était. Le roi, heureusement, avait lu le *Marc-Aurèle* de Fessler, sur la recommandation de Bichofswerder; il biffa de la liste des conjurés le nom de Fessler en disant : « Celui-là n'est pas un cerveau brûlé, il a l'âme monarchique, son *Marc-Aurèle* en est la preuve »; mais les autres

1. Fessler, *S. Schriften über Freymaurerey*, II. Bd., I. Abth., ɪ, *Maurerischer Zustand... Schreiben des Brs. Schlicht*, p. 28-29, et xɪv, *Meine maurerische Verbindung mit den Bn. Bn. F...e und F...r.*, p. 331.

2. *Ibid.*, II. Bd., I. Abth., vɪɪ, *Königliches Protectorium*, p. 129-132.

3. Barruel, *Mémoires pour servir à l'histoire du Jacobinisme*, T. V, p. 241.

furent mis en prison, et Fessler lui-même, en dépit de la protection royale, demeura quelque temps sous la surveillance de la haute police. Cette aventure était bien faite pour enseigner à Fessler la prudence, et c'est sans doute la meilleure des « bonnes raisons » pour lesquelles Fessler avait demandé à Fichte de ne point ébruiter leur intimité.

Car Fichte arrivait à Berlin avec une réputation établie, avec une réputation compromettante. Son prétendu athéisme n'avait été qu'un prétexte; c'est au démocrate qu'on en voulait, à l'ennemi du trône et de l'autel, à celui que l'*Eudæmonia* avait publiquement accusé d'être chargé de répandre à travers toute l'Allemagne, avec l'esprit de la philosophie kantienne, les principes du jacobinisme, les principes destructeurs de l'ordre public, de la religion établie, de la moralité, et, fauteur d'anarchie, de proclamer le droit des peuples à la Révolution, d'instituer enfin, sur les ruines du culte officiel chrétien, la religion de la Raison[1].

Cela explique mieux encore pourquoi Fessler tenait, aux yeux de tous, à paraître ignorer Fichte, pourquoi il se fit en quelque sorte forcer la main pour le rencontrer publiquement et entrer en relations ouvertes avec lui[2].

En consignant dans son journal l'histoire de ses rapports maçonniques avec Fichte, ceux qu'il pouvait maintenant avouer, Fessler a eu bien soin de noter à la fois l'insistance de ses collègues et sa propre réserve. Rhode est le premier à parler de Fichte à Fessler· mais la froideur avec laquelle celui-ci accueille les propositions de Rhode explique l'intervention de Basset, le surlendemain; elle explique aussi le besoin que Rhode éprouve de se porter garant de la haute honorabilité de Fichte et, devant la répugnance de Fessler pour les savants de profession, de faire cette déclaration que Fichte est plus qu'un savant, un homme, un homme qui impose le respect[3].

1. *Eudæmonia*, 1796, II. Bd., Erstes Stück, II, p. 28-35 et p. 46, 51, 53; voir aussi III. Bd., Erstes Stück, IV, p. 64-67.
2. Ce qui est confirmé dans la lettre du 28 octobre 1799, que nous avons citée plus haut et où Fichte raconte à sa femme l'histoire de ses premières relations avec Fessler, leur apparente hostilité réciproque destinée à faire illusion aux Frères, la longue résistance opposée par Fessler à l'entrée de Fichte dans les Loges de Berlin et finalement son acquiescement. (*Fichte's Leben*, 1, II, 6, p. 327.)
3. Fessler, *S. Schriften über Freymaurerey*, II. Bd., 1. Abth., xiv, *Meine maurerische Verbindung mit den Bn. Bn. F...e und F...r.*, p. 320.

C. *FICHTE GRAND-ORA-TEUR DE LA ROYALE-YORK.* C'est donc, en apparence au moins, sur l'invitation formelle et sur les instances pressantes de ses collègues que Fessler entre publiquement en pourparlers avec Fichte. Après deux ou trois conversations sur l'objet de la Franc-Maçonnerie, après un échange de vues sur l'Ordre, Fessler sollicite officiellement le concours de Fichte pour la Loge. Fichte se fait d'abord prier; mais, devant l'insistance de Fessler, il finit, le 10 octobre, par promettre un discours pour une des prochaines séances de la Loge. Il le prononce le 14. après avoir, la veille, soumis son plan à Fessler. L'assemblée nombreuse des Frères fut émerveillée; les hauts dignitaires ne purent cacher leur étonnement à Fessler, et, soupçonnant Fichte de posséder des connaissances maçonniques profondes, inconnues d'eux, ils prièrent Fessler d'essayer d'obtenir que Fichte entrât dans la Loge; Fessler, d'accord avec eux, de s'écrier : « Ah! si seulement cet homme voulait se laisser affilier [1]! »

Dès lors les entretiens entre Fessler et Fichte se multiplient; ils portent sur l'état d'esprit des Loges, sur les réformes à y introduire (21 octobre), on y trouve l'aveu public que Fessler a reçu de Fichte des documents capitaux.

« Fichte, écrit Fessler, me raconta comment la communication de documents de la plus haute importance lui avait permis de connaître très suffisamment les secrets de l'Ordre; il me fit part de la majeure partie de ces documents, et je dois reconnaître que Fichte en sait, sans comparaison, beaucoup plus long sur la hiérarchie des grades supérieurs, sur les mystères les plus cachés et sur l'essence de la Franc-Maçonnerie que n'en savent et que n'en sauront jamais tous les membres réunis du Grand-Orient [2]. »

Fichte mit à son acceptation une condition formelle : la communication sans réserves du formulaire des hauts grades en usage à la Loge. Il connaissait déjà, sans doute par des livres ou des rituels imprimés, les grades de la Chevalerie française de la Loge; il n'ignorait pas que, dans sa refonte, Fessler avait dû conserver le mécanisme, les cérémonies, les symboles de ces grades français; mais il voulait savoir quelle forme et quelle tendance Fessler leur avait données, connaître par là même l'esprit de la Loge et voir s'il valait la peine, en ce qui le concernait, de s'occuper d'elle. Ce furent ses propres expressions [3]

---

1. Fessler, *S. Schriften über Freymaurerey*, II. Bd., I. Abth., xiv, *Meine maurerische Verbindung mit den Bn. Bn. F...e und F...r.*, p. 321-322.
2. *Ibid.*, p. 322-323.
3. *Ibid.*, p. 323-324. Fessler semble, en rapportant ce fait, vouloir prévenir l'accusation, qui d'ailleurs fut effectivement plus tard portée contre lui, d'avoir commu-

Fessler communiqua donc à Fichte les rituels de la Loge. Le 23 octobre, ils lurent ensemble le rituel des 4e et 5e grades, le 26, celui du 6e grade, les 5 et 9 novembre, ceux des 7e et 8e grades[1]. Il fit plus, il pria Fichte d'assister aux délibérations mêmes de la Loge, et le philosophe dut consentir à subir l'examen de rigueur pour avoir accès aux séances. Fessler l'introduisit donc au milieu de ses confrères, en saluant en lui ces sentiments, ces mœurs, cette conduite dont la droiture, la moralité, la dignité avaient été publiquement proclamées, même par les adversaires de sa philosophie méconnue : preuve, déclarait-il, que les plus hautes connaissances de l'Ordre n'étaient point restées un ornement stérile dans son esprit, qu'elles avaient porté leurs fruits au plus pur de son Moi ; il ajoutait que la participation de Fichte aux travaux de la Loge ne provenait ni de la curiosité, — Fichte n'avait rien à y apprendre, — ni du désir de briller, — il était trop respectueux de la morale qui interdit la passion de l'orgueil. Le seul respect de la sainteté, le seul amour des grandes causes que défendait la Maçonnerie avaient pu conduire Fichte à la Loge. Son exemple confirmait une vérité connue : un savoir étendu, mais superficiel traite la Maçonnerie de jeu vain ; ceux qui n'ont du philosophe que l'apparence se tiennent éloignés d'elle ; mais la vraie philosophie échauffe le cœur de ses élus d'un beau zèle et le remplit d'un profond respect pour elle.

Après ces paroles de bienvenue, Fichte avait écouté les explications données par les Frères présents. Interrogé par l'un d'eux, le frère Natorp, il avait déclaré qu'elles étaient bonnes sans doute, tout en laissant entendre qu'il en existait de meilleures. « Faites-nous espérer, avait interrompu Natorp, que vous trouvez le terrain assez bon pour en recevoir la semence. — Peut-être bien ; nous verrons », avait répondu le philosophe[2].

C'est après son retour d'Iéna — où il avait été chercher sa femme et son fils — que, devant l'insistance pressante de Fessler, Fichte se décida. Et, le 11 avril 1800, il postula son inscription à la Loge. Il fut élu à l'unanimité le 17, en assemblée plénière, sur la présentation élogieuse de Fessler, après une courte discussion. Ceux-là même qui, à l'annonce de sa candidature, avaient manifesté des sentiments

niqué à Fichte les secrets de la Loge, en établissant d'une part que cette exigence de Fichte était la condition de l'affiliation qu'on souhaitait, et d'autre part que Fichte était, antérieurement à cette communication, parfaitement instruit des secrets et de la réforme de la Loge. Par qui ? N'était-ce point par Fessler lui-même dans les entretiens secrets qu'ils avaient eus ? C'est ce qu'on peut se demander.

1. Fessler, S. *Schriften über Freymaurerey*, II. Bd., I. Abth., xiv, *Meine maurerische Verbindung mit den Bn. Bn. F...e und F...r.*, p. 324-327. — 2. *Ibid.*, p. 325-327 et note.

hostiles et ouvertement annoncé leur démission avaient fini par
voter pour lui[1]

Inscrit le 8 mai, Fichte était nommé aussitôt membre du Grand-
Orient; le 23, il devenait Grand-Orateur, avec la mission de faire
tous les quinze jours, le dimanche, des conférences sur la Franc-
Maçonnerie[2]

D. CONFLIT ENTRE FICHTE ET FESSLER. LA DIALECTIQUE ET L'HISTORISME. — Si, en introduisant Fichte dans la Loge,
Fessler avait cru trouver en lui un auxiliaire
pour ses desseins, il fut vite détrompé. Quand
Fichte entrait quelque part, ce n'était pas
pour y être à la suite; il se croyait né chef.

Il ne pouvait donc pas lui suffire de prononcer des discours, même
retentissants; là où il passait, il voulait mettre sa marque personnelle.
Réformateur il avait été à Iéna, réformateur encore il entendait rester
à Berlin.

Le 26 mai, le surlendemain de sa nomination de Grand-Orateur,
Fichte alla chez Fessler et lui exposa ses vues au sujet du
Grand-Orient. C'était le moment où la Loge allait procéder à la
revision de la Constitution du 3 août 1797, conformément à la sage
prescription de Fessler. Sans aucun souci de toutes les difficultés
qu'avait eu à surmonter Fessler pour triompher de la rivalité des
différents Collèges de la Loge, au moment où il avait institué le
grade suprême, le Grand-Orient, Fichte voulait étendre encore
les droits de ce Grand-Orient, accroître son influence, en faire le
conseil directeur de la Loge. C'était réveiller toutes les suscepti-
bilités jalouses des diverses hiérarchies et provoquer volontairement les plus graves discordes. Fessler qui le savait s'éleva donc
avec la dernière énergie contre le projet de Fichte, lui rappelant l'histoire des dernières années de la Loge, les embarras qu'il
avait eus, lui affirmant que la moindre tentative pour étendre les
prérogatives du Grand-Orient discréditerait à jamais ses auteurs,
leur ferait perdre toute la confiance qu'on avait pu leur accorder,
compromettrait à jamais l'œuvre si laborieusement accomplie;
et cela juste à la veille du jour où il fallait lui donner une consécration définitive. Fichte ne voulut rien entendre. Le 6 juin,

1. Une lettre de Fessler à Bottiger, du 3 mai 1800, fait allusion à l'affiliation de
Fichte à la Loge *Pythagore à l'étoile fulgurante* (Pythagoras zum flammenden Stern).
V. Dr Hans Schulz. *Aus Fichtes Leben*, Berlin, Reuther und Reichard, 1918, p. 29.

2. Fessler, *S. Schriften über Freymaurerey*, II. Bd., I. Abth., xiv, *Meine maurerische
Verbindung mit den Bn. Bn. F...e und F...r.*, p. 328-330.

dans le comité de quatre membres où se discutaient les derniers
détails de la nouvelle Constitution qui allait être proposée à
la Loge le soir même, une violente altercation se produisait entre
Fessler et lui ; elle était relative aux rapports du Grand-Orient et de
la Grande Loge, à l'extension, demandée par Fichte, des droits et
des pouvoirs du Grand-Orient. L'affaire fut plus chaude encore à la
réunion du soir, Fessler parle d'une « véritable explosion » [1]. Mais
c'est seulement dix-sept jours plus tard, le 24 juin, à la fête de la
Loge, le jour de la Saint-Jean, qu'éclata le scandale : Fichte atta-
quant publiquement Fessler. Ce fut un *tolle* général à la suite
duquel, on le verra, Fichte dut quitter la Loge.

La chose n'était une surprise qu'en apparence ; quiconque connaissait la polémique qui se poursuivait depuis quelques semaines
entre Fichte et Fessler pouvait prévoir leur prochaine rupture.

Fessler, on l'a dit, avait pris l'initiative d'une réforme profonde
de la Loge Royale-York ; cette réforme consistait essentiellement
dans une refonte des rituels et des grades. Profitant des connaissances maçonniques toutes spéciales et très rares qu'il devait soit
à des recherches minutieuses, soit au hasard des circonstances, — on
se souvient des « secrets » que lui avait confiés K... à Lemberg, —
Fessler avait essayé d'introduire dans sa doctrine des Loges un ordre
systématique, rationnel : il avait en particulier cherché et cru trouver
une interprétation des rituels et des symboles qui concordât avec
l'esprit de la morale kantienne dont il était pénétré. En « fanatique »
de la *Critique*, il croyait que l'introduction du Kantisme dans les
Loges y susciterait une véritable rénovation de la Franc-Maçonnerie.
C'était le « système de Fessler », pour l'appeler par son nom. Mais
Fessler, quoique kantien, restait attaché au traditionalisme maçonnique ; il devait précisément l'autorité singulière dont il jouissait
dans les Loges à ce qu'on le considérait comme détenant des secrets
précieux ; c'est la révélation de ces secrets qu'on attendait de lui en
le nommant Grand-Maître. Il persistait donc à considérer la philosophie maçonnique comme un ensemble de règles plus ou moins
secrètes transmises par ceux qui avaient le privilège de les posséder ;
attitude d'autant plus nécessaire qu'il avait besoin, pour faire passer
sans protestation dans la Loge les nouveautés qu'il apportait, de se
couvrir du manteau de la tradition. Il fallait de vieilles outres pour
y verser le vin nouveau.

La méthode qu'il prétendait suivre consistait essentiellement à

1. Fessler, *S. Schriften über Freymaurerey*, II. Bd., I. Abth., xiv, *Meine maurerische Verbindung mit den Bn. Bn. F...e und F...r.*, p. 330-331.

exposer, avec le degré de vraisemblance, de crédibilité ou de certitude qu'ils comportaient, les documents ou les témoignages qu'au cours de ses travaux il avait pu recueillir; à y chercher, par une interprétation appropriée, l'explication rationnelle la plus haute des secrets, des rites, des grades de la Maçonnerie.

Or, Fichte, dès son entrée dans la Loge, avait contesté le bien fondé, non pas sans doute des idées de Fessler, mais de sa méthode. Il niait à la fois la valeur des matériaux fournis par Fessler au point de vue de l'histoire, et la possibilité — au cas même où la vérité historique pourrait être atteinte en ces matières — d'en tirer une explication satisfaisante des secrets de la Maçonnerie. Et, comme complément à sa critique, il opposait au système de Fessler son propre système. En dialecticien qu'il était, il prétendait appliquer à la Maçonnerie la méthode même de la *Théorie de la Science*; il s'agissait de fournir une explication génétique de la Maçonnerie, d'en opérer la déduction; si cette déduction était exacte, elle devait, dans ses résultats, coïncider avec le fait même qu'il s'agissait d'expliquer, avec les mystères de la Maçonnerie.

Ce système, Fichte l'avait exposé dans deux conférences au Grand-Orient, d'abord le 13 avril 1800, quelques jours avant son affiliation officielle (elle est du 17 avril), puis dix jours après, le 27 avril [1]. Nous en reproduisons ici l'essentiel, afin d'expliquer, non seulement le sens et la portée du différend qui s'était élevé entre Fichte et Fessler, mais le rôle que Fichte assignait à la Maçonnerie, et l'usage qu'il rêvait d'en faire pour la propagation de la *Théorie de la Science*.

Les conférences de Fichte, bien que Fessler n'y soit pas une fois

---

1. Dans les conférences recueillies par Fischer, l'éditeur des *Eleusinien des 19. Jahrhunderts* oder *Resultate vereinigter Denker über Philosophie und Geschichte der Freimaurerei*, ☐ R. Y..., Berlin, 1802-1803, 2. Bdchn, bei Heinrich Fröhlich, sous ce titre : *Philosophie der Maurerei, Briefe an Constant*, se trouvent exposées les idées de Fichte. Fischer a d'ailleurs lui-même précisé les conditions de cette publication dans son avertissement.

« Voici, déclare-t-il, les idées d'un philosophe du premier rang, d'un penseur universellement respecté. Il les a produites, il y a quelque temps, sous la forme de conférences orales dans lesquelles il a établi les principes philosophiques de la Maçonnerie, même pour ceux qui ne sont pas maçons; il en a fait don sans condition à l'éditeur des *Eleusinien*. Celui-ci n'y a mis de son crû que quelques amplifications, par exemple, la seconde lettre (le premier fascicule contenant cinq *Lettres à Constant*, le n° 1 du second fascicule les *Lettres* VI à XVI), quelques adjonctions explicatives, et ce qu'exigeait la forme d'exposition adoptée (la forme des lettres); mais ce n'est pas à lui que revient ni la pénétration de la déduction, ni la nouveauté et la fécondité des idées, dont tout lecteur qui pense ne manquera pas d'être frappé dans les *Lettres* qui suivent. Certainement elles ne resteront pas sans influence bienfaisante, et c'est aussi un phénomène surprenant que, dans l'essentiel, les résultats d'une recherche historique et critique coïncident presque exactement avec celles d'une déduction purement philosophique. » (Bücherei für Freimaurer 7/8. *Maurerische Klassiker*, I. *Fichte* von Albin Freiherr von Reitzenstein, Berlin, Verlag von Franz Wunder, *Philosophie der Maurerei, Briefe an Constant*, Vorbemerkung, p. 17-19.)

nommé, sentent à plein la polémique; en apportant sa méthode, c'est, chemin faisant et presque à chaque pas, la méthode de Fessler qu'il combat. Qu'on en juge.

« En fait de connaissance de l'Ordre, déclare l'orateur tout au début, je ne vous demande qu'une chose, c'est que vous m'accordiez son existence. La connaissance que vous voulez tirer de vos livres, au sujet du mode de cette existence, je ne peux déjà pas l'admettre pour cette raison que toutes ces lectures, faites à bâtons rompus, ne vous ont pas donné un savoir, et n'ont fait que vous plonger dans les contradictions et le doute. Auquel de vos écrivains devez-vous donc vous fier, puisque vous n'avez pas de mesure à laquelle vous puissiez les rapporter, ni de moyen terme qui permette de les unir? Et, quel que puisse être le degré de votre croyance ou, pour employer vos expressions, le degré de vraisemblance que la critique vous permette d'atteindre, j'en appelle à votre conscience quand j'affirme que votre véritable connaissance de la chose, à la prendre au pied de la lettre, ne va pas au delà de son existence. »

Le degré de croyance ou de vraisemblance des connaissances historiques, en fait de Maçonnerie, c'étaient les termes mêmes qu'employait Fessler dans ses discussions avec Fichte; l'inconsistance de la pure histoire, c'était le fond même du débat. Fichte, lui, prétendait partir de l'existence de la Maçonnerie comme du seul fait certain; il se souvenait qu'il n'y en avait pas d'autre pour Fessler lui-même. Il se demandait, non pas précisément ce que l'Ordre de la Franc-Maçonnerie était en soi et pour soi, — il y avait des livres pour cela et en particulier le *Franc-Maçon anéanti* (der zerschmetterte Freimaurer) —, mais ce qu'il pouvait et devait être en soi et pour soi; et cette connaissance-là, on pouvait la puiser à une meilleure source, celle de la Raison.

On a dit des francs-maçons, poursuivait alors Fichte, que leur grand secret, c'est qu'ils n'en ont pas; on pourrait dire à meilleur droit que le secret le plus manifeste et pourtant le plus mystérieux des francs-maçons, c'est qu'ils existent et continuent d'exister, en dépit des persécutions dont les prétextes furent les plus divers (Fichte en appelle ici à l'histoire), en dépit des accusations les plus perfides, en dépit des révélations de leurs secrets, en dépit même de leurs divisions intestines.

Mais ce sont peut-être des faibles d'esprit qui se sont associés, ou des visionnaires, ou des fourbes, ou des intrigants, ou des ambitieux? Non. A toutes les époques ce sont les plus sages, les plus honnêtes, ce sont les hommes les plus respectables par le talent,

les connaissances, le caractère. Et alors la question suivante se
pose : s'il est vrai qu'un homme, indiscutablement sage et vertueux, s'occupe de la Franc-Maçonnerie, alors la Franc-Maçonnerie
n'est pas un jeu, elle a un but sérieux et élevé, bon et raisonnable. Quel est-il[1]? Évidemment celui que poursuit le sage, l'homme
vertueux, c'est-à-dire le but même de l'humanité. Or, le seul but de
l'existence humaine sur terre, ce n'est ni le ciel, ni l'enfer, c'est
seulement l'humanité que nous portons en nous, à son plus haut
degré de perfectionnement, de culture. Ce but peut-il être vraiment
poursuivi dans la société humaine telle qu'elle s'est constituée? La
société, à mesure qu'elle s'est développée, a opéré entre ses
membres une division du travail et des fonctions telle que, dans
cette spécialisation à outrance, les fins générales de l'humanité
disparaissent devant ses fins particulières. Chaque individu ne songe
plus, dans sa formation et dès sa première jeunesse, qu'à se perfectionner dans et pour l'état qu'il a choisi. Et sans doute cette spécialisation offre pour le bien-être commun des avantages qui sont trop
évidents; mais elle a aussi ses inconvénients graves. Tel homme,
par exemple, n'est plus simplement un savant, c'est un théologien
ou un juriste, ou un médecin; tel autre n'est plus simplement un
religieux, c'est un catholique, un juif, un mahométan; tel autre
enfin n'est plus simplement un homme, c'est un politicien, un marchand, un soldat. Bref, partout la culture professionnelle la plus
parfaite empêche le perfectionnement général le plus haut de l'humanité; la spécialisation est ainsi pour l'individu un danger et une
déchéance; la culture générale et vraiment humaine, les fins qui
font de l'homme un homme, au sens véritable du mot, sont négligées;
il en résulte des vues étroites qui n'envisagent qu'un côté des
choses, des vues qui tournent ordinairement à la pédanterie, car il y
a une « pédanterie » de chaque métier.

Or, c'est précisément la tâche de cette petite société qu'est la
Maçonnerie d'obvier à ce vice de la grande société humaine, de remplir une fonction pour laquelle la grande société n'est pas faite, de
supprimer les inconvénients de la culture spécialisée, en alliant
cette culture spéciale à la culture générale, totale de l'homme.

Et cette tâche qui est sa mission propre, — hors de laquelle il
n'y en a pas pour elle, — la Maçonnerie l'accomplit en réunissant
les hommes dont les spécialités sont les plus diverses, en les
mettant en contact, en les faisant mutuellement profiter les uns des

---

1. *Maurerische Klassiker*. I. *Fichte, Briefe an Constant*, I. Bd., erster Brief, p. 20-29.

autres. Ce n'est pas en se repliant sur lui-même et en s'isolant que l'homme acquerra la nature humaine, c'est en étendant sa culture par le commerce avec les hommes qui n'ont pas sa spécialité. Chacun donnera, chacun apportera ce qu'il a : le penseur, des idées claires et précises; l'homme d'action, la souplesse et l'habileté dans l'art de vivre; l'homme religieux, son sens religieux; l'artiste, son enthousiasme. Chacun donnera ce qu'il a, non dans cet esprit de pédanterie dont on parlait tout à l'heure, mais en faisant, autant que possible, abstraction de sa spécialité, pour n'en communiquer que l'esprit dans ce qu'il a d'universel, de profitable à tous[1].

Cette action et cette culture réciproques, voilà précisément ce que réalise l'association maçonnique. Et la société particulière qu'est la Maçonnerie a été fondée uniquement parce que le but qu'elle se propose ne pouvait être atteint dans la société humaine telle qu'elle existe actuellement. Mais ce qu'elle est actuellement, la société humaine ne l'est pas en vertu d'une nécessité. Du point de vue de la Raison, elle peut être tout autre qu'elle n'est, notamment en ce qui concerne la spécialisation des individus et de leur culture; bien plus, elle doit faire des progrès vers le mieux, et ce mieux consiste précisément dans l'égalité et dans l'harmonie de l'éducation des individus. Dans la mesure même où se fera ce progrès, la société particulière qu'est la Maçonnerie deviendra de moins en moins nécessaire, et, dans la mesure où son but serait atteint, elle deviendrait superflue et même illicite. On pourrait dire que le but de l'ensemble de l'humanité est de former une seule grande association, telle que la Maçonnerie devrait actuellement en fournir le modèle. Mais la simple existence de la Maçonnerie prouve que cette fin en soi n'est pas encore atteinte, car elle est précisément un moyen pour la réaliser[2]

Le but de la Maçonnerie étant ainsi défini, une double question se pose : Quelle est l'influence de l'Ordre sur le maçon? — Quelle est l'influence de l'Ordre sur le monde?

Et d'abord, si la société maçonnique n'est pas absolument vaine, celui qui s'y trouve doit, quelque degré qu'il ait atteint, acquérir plus de maturité, plus de culture générale qu'il n'en aurait eu comme individu isolé et en dehors d'elle.

Son esprit est absolument clair, affranchi de toute espèce de préjugés; il est maître des concepts, et l'horizon de la vérité humaine s'étend pour lui aussi loin qu'il est possible. Mais, à ses yeux, la

1. *Maurerische Klassiker*. I. *Fichte, Briefe an Constant*, I. Bd., dritter und vierter Brief. p. 42-48 et 49-57. — 2. *Ibid.* fünfter Brief, p. 59-0

vérité est absolument une, elle forme un tout indivisible; il n'y a pas un de ses aspects qui soit préférable à l'autre; et la culture de l'intelligence n'est, selon lui, qu'une partie de la culture totale. La science n'est pas tout pour lui, il y a la vertu, une vertu dénuée d'artifice et pleine de pudeur; il y a aussi la croyance. Déjà ici-bas il vit par la croyance dans un monde meilleur, et, à ses yeux, cette croyance seule donne à sa vie terrestre sa valeur, son sens et sa beauté; mais il n'impose cette croyance à personne; il la porte en lui-même comme un trésor caché.

Voilà l'image de l'homme accompli et l'idéal du maçon. Une perfection supérieure à celle qu'en toute chose il peut atteindre en tant qu'homme, il ne la désirera pas, il ne s'en vantera pas; sa perfection ne peut être qu'une perfection humaine, que *la* perfection humaine.

Et sans doute on ne prétend pas que tous les maçons y atteignent; on dit seulement que c'est leur devoir d'y atteindre. On ne prétend pas davantage qu'il soit impossible à un homme d'y atteindre hors de la Maçonnerie, dans la société; on affirme seulement que le même homme, s'il était devenu, dans la Maçonnerie et par elle, ce qu'il s'est fait lui-même dans la société, serait plus à même d'y élever les autres, que toute sa culture serait plus sociale, plus communicable, et que son esprit serait autre[1]

Mais que dire de l'action de la Maçonnerie sur le monde? L'homme qui, dans l'Ordre même, sera celui qu'on vient de définir, ne pourra manquer d'exercer hors de l'Ordre, dans sa famille, dans sa profession, dans la société, une influence bienfaisante. Ainsi personne dans la vie ne remplit mieux sa fonction que celui dont le regard peut dépasser sa position et n'est pas strictement borné à elle. C'est tout justement le rôle de la Maçonnerie d'élever les hommes au-dessus de leur condition spéciale pour leur donner une culture vraiment humaine, et les rendre par là plus utiles à la société. Ce n'est pas tout. La société humaine doit être dans un incessant progrès. Or, le perfectionnement continuel des individus est la tâche essentielle de la Maçonnerie et par là aussi la Maçonnerie sert le progrès social; elle le sert plus directement encore en effaçant entre ses membres les distinctions de fouctions et de classes, qui ont été jusqu'ici l'obstacle le plus puissant aux progrès de l'humanité. Tous les maçons sont frères, sont égaux, quelle que soit leur origine, quelle que soit leur situation et quelle que soit leur fonction. Cette égalité transportée par le maçon dans la société, en

---

1. *Maurerische Klassiker*. I. *Fichte, Briefe an Constant*, II. Bd., sechster Brief, p. 61-67.

supprimant la lutte des classes, la jalousie et la haine des uns, le mépris et l'orgueil des autres, serait le ferment le plus efficace du progrès [1].

Telle est d'une façon générale, aux yeux de Fichte, la mission et la signification de la Maçonnerie. Pour que les principes dont elle a la garde eussent leur application à l'état présent des choses, pussent servir à juger les rituels, les lois et règlements en vigueur, les relations des Frères et des Loges, bref pour qu'ils permissent cette réforme à laquelle travaillait Fessler, Fichte croyait nécessaire de les formuler d'une manière explicite.

Premier principe : le but final de l'existence humaine n'est pas en ce monde. Cette première vie n'est que la préparation et le germe d'une existence plus haute dont nous sentons intérieurement la certitude, bien que nous ne puissions rien penser au sujet de cette existence.

Deuxième principe : les buts posés dans la vie présente et cette vie même, n'acquièrent pour nous de valeur et de sens que parce que ces buts nous sont imposés comme des devoirs, que parce que cette vie est pour nous le lieu de la réalisation de ces buts. Toute la conduite se présente à nous et ne peut être présentée que comme le moyen d'accomplir ce qu'exige la fin suprême de la vie présente. Il n'y a pas de préparation directe à l'Éternité ; on s'y prépare et on l'acquiert ici-bas déjà par le seul fait qu'on accomplit avec une volonté droite les devoirs de la vie présente.

Nous n'avons donc affaire immédiatement qu'à la vie présente ; le but de cette vie est le seul concevable ; il peut être envisagé à un triple point de vue :

1° L'humanité entière ne doit former qu'une seule communauté, une communauté croyante et purement morale. C'est là le but de l'Église, de l'Église idéale bien entendu, car l'Église réelle et visible n'offre encore rien de pareil.

2° L'humanité entière ne doit former qu'un seul État, un État absolument conforme au droit. C'est là le but de toutes les législations à l'intérieur des États particuliers, de toutes les alliances, de tous les traités des peuples entre eux.

3° L'être raisonnable doit avoir la suprématie absolue sur la nature privée de raison, et le mécanisme mort doit être subordonné à la loi d'une volonté. C'est ce que nous enseignent les arts mécaniques et une bonne partie des sciences.

Ce triple but, dans la société humaine, est en quelque sorte réparti entre des organismes différents et spéciaux ; il semble

---

1. *Maurerische Klassiker.* I. *Fichte Briefe, an Constant*, II. Bd., siebenter Brief, p. 67-73.

qu'ainsi la culture y demeure une culture partielle, que nulle part
on ne trouve de culture intégrale et vraiment humaine. Il reste
donc dans la société une tâche à accomplir, qu'elle ne remplit pas :
fusionner les cultures spéciales et, pourrait-on dire, professionnelles
en une culture universelle, réunir en quelque sorte plusieurs personnes en une seule qui serait l'homme parfait, l'homme tel qu'il
doit être.

C'est justement là ce que se propose la culture maçonnique[1].

Quel en sera l'esprit aux trois points de vue qu'on vient d'examiner, et d'abord au point de vue de la pure moralité et de la pure
religiosité?

On ne saurait vraiment dire qu'il y a ainsi une moralité maçonnique, une moralité dont la Maçonnerie aurait le privilège. La moralité est chose purement intérieure, elle vient du fond le plus intime
de nous-mêmes; elle est vraiment une création de notre liberté;
elle ne saurait être imposée du dehors. Il y a donc des objets qui
ne peuvent relever de la culture sociale, ni par conséquent de la
culture maçonnique, des objets dont personne d'autre ne peut être
juge que notre conscience ou que Dieu, et à l'égard desquels toute
subordination à la Maçonnerie serait une profanation. Telle est la
moralité. Ce qui ne veut pas dire qu'il n'y ait pas des devoirs maçonniques, comme il y a des devoirs sociaux. S'il n'y a pas de moralité maçonnique, il y a une religion maçonnique ou plus exactement
une préparation maçonnique à la religion (à la religion morale,
non à la religion ecclésiastique). En quoi consiste cette formation? A supprimer toutes les distinctions nées des cultes différents et
des religions particulières, à purifier la religion de toutes les adul-
térations qu'y ont introduites les diverses théologies, pour en
dégager ce qui en fait la substance même, ce qui constitue, à proprement parler, le sens religieux, le sens de l'infini, du supra-
sensible, de l'éternel, de ce qui est caché sous le voile de la terre
et à quoi l'homme aspire.

Pour quiconque est pénétré de ce sens, la religion est comme
l'éther où tous les objets sont plongés; le monde entier, la conduite
entière prennent une signification religieuse.

Certes il ne s'agit pas ici d'utiliser la religion pour gouverner
les hommes, d'exploiter l'espoir des récompenses ou la crainte
des châtiments éternels qui constituent pour d'aucuns — les malheureux! — tout l'essentiel de la religion. Ceux-là n'ont point de place
dans la Maçonnerie; ils profanent ce qu'il y a de plus sacré pour

---

1. *Maurerische Klassiker.* I. *Fichte, Briefe an Constant,* II. Bd., achter Brief, p. 76-82.

l'homme, le divin; ils se représentent Dieu à l'image d'un prince de la terre.

Le maçon, lui, doit faire le bien et éviter le mal par pur sentiment du devoir, ou tout au moins par sentiment de l'honneur, quand bien même il ne saurait rien de Dieu et de la religion, quand bien même il n'y croirait pas; il doit le faire, non pas même en tant que maçon, mais en tant qu'homme.

Il s'agit donc de tout autre chose que de rites et de grades; il s'agit d'inspirer à l'homme le sentiment religieux, de résoudre ainsi la contradiction même d'où est né le besoin religieux, la contradiction entre la soumission au devoir et le cours aveugle des choses. Ce sentiment, qui extirpera pour toujours de son cœur le doute naît de la conviction de l'existence d'un ordre supra-sensible, d'un ordre intelligible, ou le devoir a ses justes conséquences. Dès lors la religion n'est plus pour l'homme une fin de son action, quelque chose d'extérieur et d'étranger à lui, une *chose* à atteindre, elle est bien plutôt le ressort intime de toute sa conduite l'esprit qui, à son insu, l'anime tout entier. Elle est l'œil qu'il ne voit pas sans doute, mais par lequel il voit tout ce qu'il voit[1]

Passons au second point de vue, le point de vue civil. Quel sera sous ce rapport l'esprit maçonnique? L'esprit maçonnique, c'est celui qui cherche à tout ce qui est terrestre son sens éternel, qui, dans le phénomène, voit une expression de l'idéal. Alors pour le véritable maçon toutes les lois, toutes les ordonnances de l'État n'ont de sens ni de valeur que dans leur relation à l'ensemble du genre humain. Cela ne veut pas dire que l'homme ainsi formé doive nécessairement devenir un cosmopolite froid et lâche; cela signifie simplement que, dans son cœur, le patriotisme et le cosmopolitisme sont inséparablement unis. L'amour de la patrie est son acte, le sens cosmopolite sa pensée. L'amour de la patrie, c'est le phénomène; le sens cosmopolite, c'est l'esprit qui anime ce phénomène, c'est ce qu'il y a d'immuable dans ce qui se voit.

Le cosmopolitisme qui exclut le patriotisme est insensé. Le tout n'existe que par les parties, l'humanité est constituée par les différentes nationalités; cela, le maçon le sait, et c'est pourquoi son cosmopolitisme se traduit par l'action la plus efficace possible à la place même où il est né.

Quelque défectueuses que puissent être et lui apparaître les lois de sa cité, il leur obéit comme si elles exprimaient le verdict

1. *Maurerische Klassiker*. I. *Fichte, Briefe an Constant*, II. Bd., zehnter und elfter Brief, p. 89-98 et 98-100.

même de la Raison pure; car il sait que des lois et une Constitution
défectueuses sont préférables à l'absence de lois et de Constitution,
et que des lois imparfaites sont une préparation à des lois meilleures, qu'enfin personne n'a le droit de les modifier ou de les
détruire sans le consentement de tous. Il n'y a qu'un cas, un seul,
où l'on comprend qu'il refuse d'obéir aux ordres que l'État lui
donne, dût-il lui en coûter la vie; c'est celui où ces ordres seraient
directement et indiscutablement contraires au droit. Or, cela, il le
fera non pas en sa qualité propre de maçon, mais simplement en sa
qualité d'homme intègre [1].

Reste le troisième point : la subordination de la nature dépourvue
de raison à la volonté raisonnable, la domination de l'être raisonnable sur le mécanisme mort. Que peut ici l'esprit maçonnique?
Reconnaître et enseigner que tout ce qui est de la nature est
du même ordre, ne comportant aucune différence de dignité; que
la seule dignité, à l'égard de toutes les branches de l'activité humaine
qui ressortissent à la nature, réside dans l'attitude de l'homme vis-
à-vis de son métier, dans la conscience avec laquelle il l'exerce, dans
sa probité professionnelle. Il n'y a ni petite ni grande position, pour
le maçon; il n'y a qu'une chose d'appréciable : la loyauté dont il fait
preuve. Le travail mécanique le plus infime égale à ce point de
vue le travail spirituel le plus haut, car l'un comme l'autre contribuent à étendre la domination de la Raison. Le paysan ou
l'artisan qui, par devoir, accomplit sa tâche avec un zèle et une
attention véritables exerce, au point de vue de la Raison, une
fonction supérieure à celle du savant ou du philosophe incapables
de remplir, comme il faut, la leur [2].

Si la fonction de la Maçonnerie est bien celle qui est indiquée :
substituer à la culture spécialisée et étroite qui est nécessairement
celle de la société en général, une culture universelle et vraiment
humaine, le besoin auquel répond la Maçonnerie a toujours existé;
il est infiniment probable que, de tout temps, à côté et en dehors de
la société proprement dite, de la société publique, il a existé des
sociétés étroites, des sociétés fermées et secrètes, qui se sont proposé de remplir la même mission que la Maçonnerie en vue du perfectionnement général, et d'avoir la même influence. N'est-ce pas une
action de ce genre, par exemple, que Pythagore et son association
exercèrent en Grèce [3]? Et, dès les origines de la civilisation, ne
trouve-t-on pas chez les différents peuples des mythes, des mystères,

1. *Maurerische Klassiker*. I. *Fichte, Briefe an Constant*, II. Bd., zwölfter Brief, p. 108-113.
— 2. *Ibid.*, p. 113-114. — 3. *Ibid.*, dreizehnter Brief, p. 115-119.

qui généralement attestent l'existence très vraisemblable de ces sociétés secrètes, dirigées par des prêtres? De même que dans l'histoire proprement dite, celle qui raconte le développement des sociétés connues, il existe un progrès continu et une chaîne ininterrompue, de même il est infiniment vraisemblable qu'à côté de cette histoire officielle de la civilisation, il existe une chaîne continue de la culture secrète, une chaîne qui remonte à l'antiquité la plus reculée et dont les derniers anneaux se forment de nos jours; il est infiniment probable que les mystères de l'Orient ont ainsi pénétré le Christianisme et se sont transmis jusqu'à nous[1].

Mais comment la tradition de ces doctrines a-t-elle pu se perpétuer jusqu'à nos jours? Ce n'est point par des livres. Le caractère secret des associations où était donnée cette culture, elle-même plus ou moins divine et mystérieuse, leur interdisait tout autre enseignement qu'un enseignement oral. Les mystères, à l'origine au moins, se prêtaient mal à une mise en forme des idées par écrit. D'ailleurs un enseignement livresque et didactique, un enseignement tout de discussion et de raisonnement, n'eût pas du tout convenu aux personnes auxquelles s'adressaient ces associations; il fallait leur apporter la doctrine sous forme de récit, la connaissance sous forme de révélation; il fallait leur dire : les choses sont ainsi, parce qu'elles sont ainsi, nous le savons, et quiconque deviendra notre égal le saura. Il n'y avait pas à les discuter. Il fallait les accepter ou les rejeter; il fallait ou être initié ou rester incrédule.

« Je sais très bien, ajoutait Fichte, tous les inconvénients de la transmission orale et toute la difficulté qu'on éprouve à élever la série des termes d'une pareille tradition jusqu'à la hauteur d'une vérité démontrable, mais je sais aussi que la simple réflexion, sans érudition historique, permet de trouver des moyens de remédier à ces inconvénients et d'alléger ces difficultés, bref, qu'il existe certainement une preuve de l'exactitude de cette transmission orale. La donner nous entraînerait trop loin. Ce qu'on peut dire seulement, c'est que, comme bien souvent les membres de ces sociétés secrètes ont été aussi des personnages de marque dans l'histoire officielle, il est à présumer que l'histoire officielle pourrait bien souvent aussi s'expliquer par l'histoire secrète. Et, si l'on demande enfin ce qui fait la valeur et la justification de cet enseignement oral, il faut répondre que c'est sans doute parce qu'il enferme les trésors de la sagesse humaine depuis les temps les plus reculés; c'est justement

---

1. *Maurerische Klassiker*. I. *Fichte, Briefe an Constant*, II. Bd., vierzehnter Brief, p. 110-121.

cette sagesse des nations dont la Franc-Maçonnerie est l'héritière, et elle en conserve le dépôt sacré pour le transmettre aux générations futures [1]. »

On ne saurait s'y tromper; la doctrine que Fichte avait exposée ainsi, les 13 et 17 avril 1800, aux membres du Grand-Orient, comme la véritable clé des mystères de la Franc-Maçonnerie, c'était son propre système. Il ne serait pas difficile (et le travail a été fait d'ailleurs par le baron de Reitzenstein dans le volume des *Classiques de la Maçonnerie* où il reproduit les *Lettres à Constant* volume auquel nous ne pouvons que renvoyer le lecteur) de rapprocher du texte de ces discours de nombreux passages de la *Destination de l'homme* (qu'il écrivait au même moment) et de la *Destination du savant*; on y retrouverait les mêmes idées et parfois jusqu'aux mêmes formules.

Si Fichte constate avec tant de complaisance l'accord entre sa doctrine et les mystères de la Maçonnerie, s'il tient tant à voir dans ces mystères les trésors accumulés de la sagesse humaine, le recueil de ce qu'à chaque époque de la civilisation ont enseigné les meilleurs des hommes, s'il met une insistance si particulière à établir le caractère nettement secret et par suite la transmission simplement orale de la tradition maçonnique, c'est encore assurément par esprit de système.

D'une part la *Théorie de la Science* lui apparaît tout justement comme l'aboutissement de la sagesse humaine; d'autre part il considère les associations secrètes, et le rôle qu'elles ont joué, avec leurs mystères, à travers les âges, au milieu de la civilisation officielle, comme l'exacte représentation de cette Société des Savants dont il a déterminé l'office dans sa *Théorie de la Morale*. La Société des Savants détient le flambeau de la Raison, elle travaille au perfectionnement des symboles de l'Église; mais elle demeure une société fermée, au milieu de la société humaine, et elle ne pourrait sans péril, en l'état de la civilisation du temps, communiquer au public, directement et sans l'intermédiaire des symboles de l'Église, le dépôt dont elle a la garde et qu'elle doit transmettre aux générations futures. Si la Maçonnerie est vraiment l'héritière de ces vieilles institutions, si elle entretient à son tour le culte des mystères, sa mission n'est-elle pas identique, et Fichte ne sera-t-il pas tenté d'y voir l'organe tout prêt à recevoir et à communiquer les secrets de la philosophie nouvelle?

Fichte, en prétendant imposer ainsi d'autorité à la Loge le système

1. *Maurerische Klassiker*. I. *Fichte. Briefe an Constant*, II. Bd., fünfzehnter und sechszehnter Brief, p. 122-125 et 127-129.

de la *Théorie de la Science*, comme explication et comme expression dernière et absolue des mystères maçonniques, devait inévitablement se heurter aux résistances de Fessler, car, lui aussi, se croyait un novateur qui cherchait à introduire à la Royale-York quelques-unes des idées de Kant. Mais, homme prudent et habile, loin de présenter son système avec l'imperturbable assurance de Fichte, comme une déduction *a priori* des faits de l'histoire maçonnique, Fessler don nait son interprétation des mystères de la Maçonnerie comme le fruit de son immense érudition; toutefois, en historien scrupuleux, il diseutait le degré d'authenticité de ses sources. Cette méthode était peut-être plus sûre et plus ingénieuse pour persuader et pour convaincre les FF∴⁎⁎ de la Royale-York sans éveiller leur méfiance et sans raviver des discussions qui, à plusieurs reprises, avaient compromis l'existence de la Loge [1]

Entre les deux méthodes il y avait toute la différence qui séparait les deux caractères. Quand bien même Fessler et Fichte se fussent accordés sur le fond des choses (l'un et l'autre, somme toute, cherchaient à introduire dans les Loges l'esprit de la morale kantienne), entre les deux hommes le choc était inévitable, et il devait devenir irrémédiable. Il ne fut pas d'abord public; tout se borna, une fois les conférences de Fichte terminées, à un échange d'observations, à une discussion parfois assez aigre sur la valeur comparée des deux méthodes.

On en trouve la trace dans une correspondance entre Fichte et Fessler, publiée par Lenning dans l'*Encyclopédie de la Franc-Maçonnerie*.

Dès le 26 mai 1800, quelques jours après sa nomination de Grand-Orateur, un mois tout juste après son second discours, Fichte écrivait à Fessler une lettre attestant qu'une polémique s'était engagée entre eux.

« Frère aimé, en vous envoyant les remarques promises, je vous prie d'y réfléchir à fond, sérieusement et méthodiquement, autant

---

1. Dans la correspondance et les remarques échangées entre Fichte et Fessler, Fessler déclare que sa méthode, de tout temps et partout, a consisté à *convaincre*, ce qui était plus important pour lui que de démontrer; car il y a des démonstrations qui n'emportent pas la conviction, et seule la conviction, en ces matières, était importante, car seule elle déterminait la volonté. [Lenning, *Encyclopædie der Freymaurerei*, Erster Bd., Leipzig, Brockhaus, 1822, Schreiben Fichte's an Fessler'n « Zu III », p. 228, col. II, et « Zu IV » p. 229, col. I, II, p. 230, col. I, II.] C'est à cette méthode que Fichte, dans ses discours, faisait évidemment allusion, quand il affirmait que, pour son compte, il ne connaissait que deux manières d'agir sur l'homme, l'instruction qui donne la science, le bon exemple qui pousse à l'action, mais Fichte savait qu'il en était une troisième qu'on employait aussi, la persuasion qui touche le cœur et qui émeut, et ce moyen, il le condamnait ouvertement le traitant de dangereux et de vain. (*Maurerische Klassiker*. I. *Fichte Briefe an Constant*, II. Bd., neunter Brief, p. 87-88.)

qu'il faudra, soit pour vous convaincre de leur vérité, soit pour être en mesure, et vis-à-vis de vous-même et vis-à-vis de moi, de les réfuter et de les rejeter; mais je ne souhaite pas une décision hâtive. A mon brûlant désir de travailler en commun avec vous au perfectionnement du genre humain, vous pardonnerez peut-être d'ajouter cette prière et cette adjuration, très vraisemblablement superflues : qu'entre nous il n'y ait ni *ergotage*, ni *jalousie de savants*, ni *résistance à quelque sacrifice*.

« J'ai fait à nouveau mon complet examen de conscience, je me crois animé du plus pur amour de la vérité, je souhaite que vous ayez raison et que j'aie tort, tout prêt à en faire l'aveu dès que je serai éclairé et à entrer avec ardeur dans vos plans; je m'arracherais de la poitrine mon cœur mensonger, s'il me trompait à cet égard.

« Votre Fichte [1]. »

« Je souhaite que vous ayez raison et que j'aie tort. » La phrase est significative, elle dit assez l'opposition qui existait entre Fichte et Fessler.

La réponse de Fessler n'est pas moins claire : « Proposez votre système qui nécessairement doit être différent du mien. Montrez-en la justesse et l'efficacité avec toute la puissance d'éloquence qu'une bonne cause donne à son avocat. Et je vous jure, par tout ce qui est sacré, que je ne combattrai pas votre système, que je ne défendrai pas le mien, que j'en ferai le total sacrifice, non seulement avec une résignation tranquille, mais avec la ferme conviction que le vôtre vaut mieux [2]. »

Cette opposition, une série de remarques de Fichte et de contre-remarques de Fessler vont la mettre en pleine lumière, et ceci dès la première observation de Fichte.

« Pourquoi, écrit le philosophe, le maçon veut-il une histoire de

---

1. C. Lenning, *Encyclopædie der Freimaurerei*, Erster Bd., Schreiben Fichte's an Fessler'n, p. 218, col. II, p. 219, col. I. A quoi Fessler répondait que de son côté il n'y aurait ni ergotage, ni jalousie de savant, ni sacrifice quelconque.

Pas d'ergotage, car il ne demanderait jamais ni à Fichte ni à aucun Frère d'adopter ses idées sur la Maçonnerie. Il continuerait à faire ce qu'il avait fait jusque-là, à exposer ses vues dans ses plans, dans ses projets, dans ses travaux, sans se soucier de ce que voudraient en faire les Frères.

Pas de jalousie de savants, car, dans leurs relations maçonniques, il n'était pas du tout question de science, pas du tout question de Spinoza, de Kant et de Fichte, mais de connaissances maçonniques, de connaissances exactes.

Pas de sacrifice, car le système introduit à la Loge R.-Y. devait demeurer intangible dans sa totalité et dans toutes ses parties, ou rejeté entièrement et remplacé par un autre (*Ibid.*, Fessler's Antwortschreiben, p. 219, II, p. 220, II).

2. *Ibid.*, Fessler's Antwortschreiben, p. 220, col. I, II.

son Ordre qui ait, en outre, pour lui, la valeur d'une explication dernière? Est-ce simplement, comme le ferait l'historien érudit, pour apprendre un chapitre de l'histoire humaine, un chapitre sur les associations secrètes, qui n'est pas particulièrement intéressant, je ne le pense pas, c'est plutôt pour voir comment ces usages particuliers et ces formules particulières qui lui ont été transmises sont nés, et pour lui permettre de les comprendre à fond. Son histoire doit être une déduction génétique des mystères existants, comme une histoire politique doit être nécessairement une déduction génétique des Constitutions existantes [1]. »

A quoi Fessler répondait que les FF∴ n'en demandaient pas tant; ils voulaient cette histoire pour satisfaire la curiosité de leur entendement. En outre, la connaissance des errements de l'esprit humain dans les associations secrètes leur paraissait instructive et amusante; ils voulaient cette histoire, parce que Fessler la leur avait promise; ils la voulaient, non pas à titre d'explication dernière absolue, mais comme l'explication la plus satisfaisante que Fessler pût leur donner. Quant à Fessler lui-même, il voyait dans l'histoire la majeure partie et la plus importante de la Gnose, car elle permettait, par la connaissance des différents systèmes maçonniques, par la révélation de leurs grades supérieurs, par leur comparaison avec les rituels existants, de comprendre l'origine et le sens des formules ou des us actuellement en vigueur [2].

De la plus haute antiquité aux temps modernes, l'histoire forme une chaîne ininterrompue où chaque anneau a son explication dans l'anneau précédent. Si l'histoire pouvait être entièrement connue elle fournirait l'explication foncière et intégrale [3].

Fessler n'entendait donc nullement construire un système original : il se bornait, dans la Gnose proposée, à apporter les résultats de longues années d'études sur les sources qui lui étaient familières; il ne prétendait pas davantage avoir découvert ces données, il se bornait à les transmettre en leur conférant le degré de probabilité et de crédibilité qu'autorisaient les sources auxquelles il avait puisé [4] Et il n'avait aucune raison de le cacher : il donnait comme possible ce qui était possible, comme vraisemblable, ce qui était vraisemblable; il laissait béants les trous là où il ne croyait pas pouvoir les combler sans entorse à la vérité ou sans fiction [5]

1. Encyclopædie der Freimaurerei, Erster Bd., Fichte's Bemerkungen I, p. 221, col. II, p. 222, col. I. — 2. Ibid., Fessler's Gegenbemerkungen « Zu I », p. 222, col. II. — 3. Ibid., p. 223, col. I. — 4. Ibid., p. 223, col. II. — 5. Ibid., Fessler's [Gegenbemerkungen « Zu II », p. 225, col. II, p. 226, col. I.

Mais (répliquait Fichte qui tenait pour nécessaire la tradition secrète et la transmission purement orale), si le secret maçonnique se réduisait tout entier à une histoire de la Maçonnerie, on pouvait acquérir cette histoire hors de l'Ordre, et alors il posait à Fessler la question suivante :

« Peut-on raisonnablement se faire admettre dans un Ordre secret pour n'en obtenir finalement rien de plus que ce que chacun peut tout aussi bien acquérir hors de l'Ordre, par l'étude [1] ? »

Fessler de répondre aussitôt : « C'est tout aussi raisonnable que de fréquenter les Universités et d'écouter les conférences d'un grand penseur, quoique finalement on ne doive rien en tirer de plus que ce qu'on avait déjà pensé soi-même auparavant et peut-être même déjà exprimé avec d'autres formules, rien de plus que ce que chacun peut aussi apprendre hors de l'Université ou de la conférence; cela est même très raisonnable, parce qu'une grande partie de la Gnose consiste en choses que l'étude ne permet pas d'acquérir en dehors du système de la Loge. »

D'ailleurs, en admettant que la matière qui constitue la connaissance maçonnique pût aussi s'acquérir hors des Loges, il n'en resterait pas moins aux Ordres une fonction propre : celle de faciliter l'acquisition de cette connaissance, ce qui est déjà sans doute quelque chose d'assez appréciable.

Et, quand Fichte affirmait que le but propre de la Maçonnerie était de substituer à la culture unilatérale et partielle la culture générale, la culture vraiment et purement humaine, Fichte croyait-il personnellement, ou s'imaginait-il pouvoir faire admettre à n'importe quel observateur vraiment initié à la réalité que, hors de l'Ordre, il n'y avait absolument pas moyen de passer d'une culture spéciale à la culture générale et proprement humaine [2]?

Fessler, en ce qui le concernait, s'était assigné pour tâche de rendre plus facile l'acquisition des connaissances maçonniques, de faire pour les FF∴ le travail de compilation et de systématisation dont ils étaient incapables par eux-mêmes. Les données dont il partait n'avaient sans doute rien de mystérieux, on pouvait les trouver inscrites dans des documents publics; mais il se croyait actuellement seul capable de les rassembler et de les combiner, de manière à constituer pour les FF∴ une histoire de l'origine des divers systèmes maçonniques, une explication et une révélation de leurs buts, de leurs moyens, de leurs grades supérieurs.

---

1. *Encyclopædie der Freimaurerei*, Erster Bd., Fichte's Bemerkungen II, p. 223, col. II. — 2. *Ibid.*, p. 223, col. I.

Fessler était donc à ce point de vue, si l'on voulait, un professeur d'histoire qui transmettait les documents, les témoignages dont il avait eu communication; ceux qui recevaient ses explications, des étudiants, la Maçonnerie, un collège d'histoire. Mais, quand Fichte, dans une fête où l'on célébrait les mystères maçonniques, faisait un discours où il exposait et démontrait ses théories, en était-il moins un professeur de philosophie ou de morale? Ceux qui l'écoutaient en étaient-ils moins des étudiants? La Maçonnerie en était-elle moins un collège de philosophie ou de morale [1]?

Fichte cependant ne se laissait pas convaincre par l'argumentation, ajoutant que, dans ces conditions, un historien pourrait se donner exactement la même tâche que Fessler, fournir du problème une solution à peu près identique et publier son ouvrage. Et il revenait toujours à sa question : à quoi bon alors le secret sur une chose qui peut être imprimée demain? Fichte allait plus loin et soutenait que nulle part Fessler, quand il s'expliquait oralement, ne donnait ses explications comme une suite de vérités historiques; cela se comprenait d'autant mieux qu'au fond la majeure partie de ses recherches s'appliquait à un domaine où la vérité historique n'avait que fort peu à intervenir [2]; en réalité, il y avait des choses auxquelles Fessler croyait plus fermement qu'à la pure histoire [3], les choses qui précisément étaient l'objet propre, le secret de la Maçonnerie et dont il cherchait dans l'histoire l'interprétation. Or, si, en faisant de l'histoire, on avait déjà en vue, avant toute recherche, ce qu'on voulait prouver, si on acceptait tout ce qui était utile à la cause qu'on défendait, si on négligeait tout ce qui lui était contraire, on pouvait prouver n'importe quoi; Fichte pariait tout ce qu'on voudrait que par cette méthode il pourrait démontrer de façon tout aussi solide et tout aussi concluante qu'il descendait d'Alexandre le Grand [4].

Quant à l'histoire elle-même, Fessler croyait-il assez fermement à sa certitude pour oser parier que les choses s'étaient passées comme il les affirmait? Oserait-il imprimer et publier sa déduction historique du monde sans crainte pour sa République des savants [5]?

Fessler protestait en déclarant Fichte mal venu à juger de la nature de ses recherches et de leurs applications, alors qu'il ignorait, dans une grande mesure, la formation de sa culture littéraire, histo-

1. *Encyclopædie der Freimaurerei*, Erster Bd., Fessler's *Gegenbemerkungen* « Zu II », p. 225, col. II, et p. 226, col. I. — 2. *Ibid.*, « Zu II », p. 226, col. II, et Fichte's *Bemerkungen* III, p. 226, col. II, et 227, I. — 3. *Ibid.*, Fessler's *Gegenbemerkungen* « Zu III », p. 227, col. I, II. — 4. *Ibid.*, Fessler's *Gegenbemerkungen* « Zu III », p. 228, col. I. — 5. *Ibid.*, Fessler's *Gegenbemerkungen* « Zu III », p. 228, I.

rique, philosophique[1]; sans doute Fessler ne méconnaissait pas le caractère particulier de la vérité historique dont la certitude est, pour ainsi dire, en raison inverse du temps écoulé, les événements les plus rapprochés étant les plus certains[2]; mais Fessler donnait l'histoire pour ce qu'elle était : il apportait ses preuves, il énumérait ses sources, il disait leur degré de crédibilité, il enseignait ce à quoi il croyait, il aurait eu honte d'enseigner ce à quoi il ne croyait pas; dans ces conditions, il n'avait rien à renier de son enseignement : il l'imprimerait et le publierait sans crainte pour la République des savants. Il repoussait avec indignation l'accusation de truquer l'histoire. D'où Fichte savait-il que Fessler suivait cette voie; qu'il ne pouvait y en avoir d'autre; qu'il fallait s'engager dans celle-là? D'où tenait-il que Fessler, avant toute recherche, savait d'avance ce qu'il voulait prouver et, l'ayant devant les yeux, bouleversait toutes les bibliothèques à seule fin de trouver ce qu'il voulait démontrer[3]?

Fichte cependant insistait encore. En accordant à Fessler qu'il fût l'historien qu'il prétendait être, il restait, aux yeux de Fichte, que l'histoire, l'histoire inscrite dans les documents publics, ne pouvait en rien servir à l'explication de la Maçonnerie : l'histoire de la Maçonnerie, Fichte en revenait toujours à cela, était une histoire secrète qu'on ne trouvait pas dans les livres. Cette histoire secrète pouvait, il est vrai, d'ailleurs, dans une large mesure, servir à rendre compte de l'histoire officielle, ainsi que Fichte l'avait exposé dans sa seconde conférence. Il y renvoyait Fessler[4]

Mais Fessler répondait ceci : l'appel de Fichte à l'histoire secrète était, au fond, un appel au principe d'autorité, un refus d'expliquer et de s'expliquer; Fichte demandait tout simplement qu'on le crût sur parole.

Cependant une expérience de quatre années avait précisément montré à Fessler que les FF.˙. ne se laissaient pas imposer une croyance sur parole : ils ne respectaient un homme que s'il leur apportait les raisons de ses affirmations. quand bien même ils ne faisaient pas leur *sa* vérité, quand bien même ils ne se laissaient pas convaincre.

Cette soi-disant histoire secrète n'était d'ailleurs, aux yeux de Fessler, qu'un ramassis de fictions ou, si l'on veut, d'allégories; or les hommes auxquels on avait affaire dans le Grand-Orient étaient d'esprit beaucoup trop prosaïque, trop pondéré, trop sain, ils manquaient beaucoup trop de génialité et de sensibilité poétique pour

---

1. *Encyclopædie der Freimaurerei*, Erster Bd., Fessler's Gegenbemerkungen ‹ Zu III ›, p. 227, col. I. — 2. *Ibid.*, ‹ Zu III ›, p. 227, col. II. — 3. *Ibid.*, ‹ Zu III ›, p. 228, col. I, II. — 4. *Ibid.*, Fichte's Bemerkungen IV, p. 228, col. II.'

être accessibles à la fiction et à l'allégorie : avec eux cette méthode ne servirait absolument à rien; l'avantage du système de Fessler sur celui de Fichte était précisément de se passer de toute fiction, de toute allégorie, d'être une explication purement rationnelle.

Fessler terminait ses observations par ces mots : « Pas de fiction, pas d'autorité, pas de croyance aveugle. On peut conduire au bien la volonté des hommes sans qu'ils s'en aperçoivent, cela est humain; mais je ne peux pas jouer avec leur entendement, car c'est un jeu aussi dangereux que dégradant[1]. »

Ainsi s'affirmait de plus en plus nettement l'opposition entre les deux points de vue; Fichte, dans une nouvelle série de remarques, qu'il adressait à Fessler le 10 juin 1800, avec une seconde lettre, la précisait en ces termes :

« Mon opposition au système de Fessler au sujet des dernières explications données se réduit aux deux chefs suivants :

1º Dans la voie où il s'est engagé on ne peut trouver de vérité historique;

2º Même si la découverte d'une pareille vérité était possible, ce ne serait pas une explication satisfaisante pour un Ordre secret. »

Et il ajoutait à la première remarque ces paroles significatives ·

« En rétractant par écrit la déclaration qu'il m'avait faite oralement que, pour lui, il n'y avait nulle part encore de vérité historique, le F∴ Fessler montre, en fait, que, sans qu'il en ait sans doute la claire conscience, il manque totalement d'un concept de la vérité historique; au fond, pour lui, il n'y en a absolument pas.

« Et qu'on ne ressuscite point ici (comme Fessler) le spectre de concepts malheureusement encore usités : la vraisemblance, avec, d'une part, une croyance qui est une croyance vraie, totale, et une autre croyance qui n'est pas, elle, totale, mais pourtant encore une croyance importante, comme si jamais la vérité pouvait être composée de morceaux de principes, mesurée à l'aune. »

Dans la conviction de Fichte, philosophiquement démontrable, il n'y avait, en histoire aussi, qu'une alternative : savoir ou ne pas savoir; dans le premier cas savoir qu'une chose a été ou n'a pas été ; ici non plus il n'y avait pas d'intermédiaire et pas de flottement entre l'être et le non-être; l'homme dont la pensée est sérieuse se résigne froidement et fermement à ne *rien savoir*, à ne rien *vouloir savoir*, de ce dont il sait bien qu'on ne peut rien savoir.

1. *Encyclopædie der Freimaurerei*, Erster Bd., Fichte's Bemerkungen IV und Fessler's Gegenbemerkungen « Zu IV », p. 228, col. II, p. 229, col. I, II, p. 230, col. I, II.

Un fait, c'est tout simplement ce qui tombe sous les sens de l'homme. L'histoire est la transmission de ces impressions des sens à d'autres hommes qui ne les ont pas perçues. Est seul prouvé historiquement un fait sans lequel un autre qui tombe sous mes sens ne pourrait être ce qu'il est. Tout fait qui ne remplit pas la dernière condition est indémontrable; on n'en peut rien affirmer. Tout fait dont l'hypothèse implique qu'un certain phénomène ne pourrait être ce qu'il est en réalité est *démontré faux*. Ainsi, en dernière analyse, toute vérité historique se réduit donc à une impression sur les sens : et cette impression n'est pas quelque chose de composé de parties, c'est quelque chose de positif et d'indivisible, qui est ou qui n'est pas [1].

Et voici l'application de ces principes à la question présente : les faits qui tombent sous nos sens à tous, ce sont les usages, les for-mules, les rituels maçonniques. Si elle est une histoire véritable et non pas une opinion (Meinen) ou une rêverie (Wahnen), bref une fiction, dont l'auteur ne fait que se duper lui-même avant d'essayer de duper les autres, l'histoire de la Maçonnerie doit établir forcément, elle aussi, les faits réellement tombés sous les sens des hommes; et ces faits seuls justifient l'existence de ces usages, de ces formules, de ces rituels. Il faut que l'*état actuel* et l'origine historique qu'on cherche de cet état s'adaptent si exactement qu'aucun homme sain d'esprit ne puisse concevoir cet état sinon comme issu de cette origine, qu'inversement on puisse déduire et conclure de cette origine cet état sans l'intervention d'aucune perception directe.

« Or, déclarait Fichte à Fessler, que vous n'ayez même jamais envisagé ceci, que vous ne puissiez le faire, que vous ne deviez jamais le faire, vous l'avouez si ouvertement vous-même dans les passages entre tirets [2] de votre réplique que sur ce point il n'est plus besoin de discussion entre nous. Nous ne sommes pas en désaccord sur l'application des principes, nous sommes en désaccord sur les principes mêmes. Le sain bon sens humain auquel vous avez affaire dans la Maçonnerie est ici du côté du philosophe sans qu'il s'énonce exactement dans les mêmes termes. Il veut de la certitude, il ne veut pas de simples conjectures. Vous verrez à l'épreuve que vous ne lui donnez pas satisfaction [3]. »

Ce désaccord qu'il affirmait hautement dans sa correspondance

---

1. *Encyclopædie der Freimaurerei*, Erster Bd., Weitere Bemerkungen Fichte's, p. 234, col. I et II, p. 235, I.

2. Ce sont les passages où Fessler définit la nature de la vérité historique.

3. *Encyclopædie der Freimaurerei*, Erster Bd., Weitere Bemerkungen Fichte's, p. 236, col. I.

avec Fessler, Fichte tenait, semble-t-il, à ce qu'il ne devînt pas public. C'eût été la ruine de l'alliance secrète sur laquelle, on l'a vu, il avait fondé son espoir de faire de la Loge Royale-York un organe de propagande pour la *Théorie de la Science*. Aussi écrivait-il à Fessler dans sa lettre du 10 juin :

« Je compte fermement que la constatation des divergences qui nous séparent, de quelque nature qu'elles soient, restera entre nous deux. En ce qui me concerne personnellement, je n'en laisserai rien transpirer dans la Loge. » Et il déclarait à Fessler qu'il était prêt à poursuivre le débat avec lui aussi longtemps qu'il le voudrait oralement — ce qui épargnerait du temps — ou par écrit [1]

E. *DÉMISSION DE FICHTE*. Or, justement il crut voir, dans un discours prononcé par Fessler à la Loge, des allusions formelles à leur différend, et ce fut l'origine du scandale qui éclata le 24 juin 1800, à la Saint-Jean, le jour de la fête de la Loge.

Déjà, dans la correspondance précédemment citée, on pouvait s'apercevoir que le débat théorique qui s'était élevé entre eux prenait facilement une tournure personnelle. Fichte, dans sa première lettre, n'avait-il pas parlé d'ergotage, de jalousie de savants? Dans sa seconde lettre, n'envisageait-il pas l'éventualité où il pourrait se trouver de voir s'amoindrir une partie de la considération qu'il avait pour Fessler? Enfin, dans les remarques qui suivaient, n'avait-il pas été jusqu'à mettre en doute la sincérité de son adversaire? Il l'accusait de rétracter par écrit ses affirmations orales relatives à l'inexistance de la vérité historique [2], à l'origine de ses connaissances maçonniques [3]. Il en appelait au témoignage de ceux qui avaient assisté à leurs conversations (Darbes et Fischer), il le taxait ainsi de contradiction, voire de mensonge [4]. Fessler répondait avec âpreté que Fichte déformait à plaisir leurs conversations pour les besoins de la cause, lui prêtant même des observations qu'il n'avait jamais faites.

Au degré d'aigreur où en étaient arrivées leurs relations on pouvait attendre que Fichte surveillât les moindres paroles de Fessler et, s'il se croyait visé par elles, qu'il se défendît énergiquement comme il l'avait annoncé.

1. *Encyclopædie der Freimaurerei*, Erster Bd., Zweites Schreiben Fichte's an Fessler'n. V. H., d. 10. Juni 1800, p. 233, col. II. — 2. *Ibid.*, Weitere Bemerkungen Fichte's, Ad. I, p. 234, col. I. — 3. *Ibid.*, p. 239, col. II. — 4. *Ibid.*, p. 236, col. II, et p. 237, col. I.

Le 15 juin Fessler avait parlé sur la prudence et la justice[1]. Il
prétendait répondre ainsi à une démarche compromettante pour la
Loge faite auprès du roi par un de ses membres, un nommé Held,
ancien Évergète. Held n'avait pas craint de manifester son étonnement au sujet de la tournure qu'on avait donnée en haut lieu à l'affaire des Évergètes de Silésie, quand on savait, disait-il, que le professeur Fessler avait formé sa Loge Royale-York sur le modèle de
l'Évergétisme. Or, on se souvient que, dans cette affaire, Fessler
avait été impliqué et décrété coupable de haute trahison[2]

On conçoit donc l'irritation et même les appréhensions qu'une
pareille imprudence avait pu susciter chez lui, et l'on s'explique
aisément la vivacité de ses paroles. Elles s'adressaient à Held;
Fichte crut qu'elles le concernaient, qu'elles se rapportaient à la
divergence qui avait surgi entre Fessler et lui, et qu'elles exprimaient un blâme à son adresse.

De ce jour il manifesta envers Fessler une froideur et une réserve
qui ne pouvaient passer inaperçues et que Fessler ne manqua pas
de constater le 19 juin, en le rencontrant à la Loge. Pour apaiser
l'irritation de Fichte, qu'il attribuait au souvenir de leur désaccord,
Fessler l'avait prié de prendre la parole le mardi suivant, jour de la
fête de la Loge. « Certes, je parlerai », avait répondu Fichte sur un
ton de colère contenue[3].

Il parla, en effet, et tout son discours ne fut qu'une amère diatribe
contre les paroles prononcées le 15 par Fessler, paroles qu'il traita
d'injurieuses, de méchantes, de blessantes. Cela déchaîna la tempête. Les amis de Fessler protestèrent violemment; Fichte fut forcé
de s'interrompre. Fessler répondit avec un grand calme; il déclara
s'étonner que Fichte eût pu se considérer comme visé, alors que les
choses auxquelles lui, Fessler, avait fait allusion ne concernaient
en rien Fichte, il pouvait en donner sa parole de maçon. Il faisait
sur ce point appel au témoignage des autres FF∴ et, pour édifier
leur jugement, il se proposait, leur dit-il, d'imprimer son discours
tel qu'il l'avait prononcé. Il renouvela ces déclarations deux jours
plus tard, à un banquet où assistait Fichte, affirmant qu'il ne se
sentait pas atteint par les paroles du philosophe, qu'il était prêt à
publier partout qu'il n'avait jamais songé à lui, que tout ce différend provenait d'un simple malentendu. Fichte — en manière de

---

1. Fessler, *S. Schriften über Freymaurerey*, II. Bd., I. Abth., xiv, *Meine maurerische
Verbindung mit den Bn. Bn. F...e und F.∴r*, p. 332-333. — 2. Fessler, *Rückblicke auf
seine siebzigjährige Pilgerschaft*, IV. Kap., p. 173-174. — 3. Fessler, *S. Schriften über
Freymaurerey*, II. Bd., I. Abth , xiv, p. 333.

réconciliation — se leva et vint serrer la main de Fessler ; mais entre Fichte et la Loge le charme était désormais rompu [1].

Fessler se vit reprocher d'avoir introduit Fichte à la Loge. Pour se justifier il communiqua aux Frères l'histoire de ses relations avec Fichte telle que la consignait son journal ; ce fut bien pis encore ; on l'accusa de trahison, voire de parjure, pour avoir livré à Fichte les rituels des hauts grades [2].

A l'assemblée du 27 juin où fut distribué l'exemplaire imprimé du discours de Fessler, l'hostilité des FF∴ à l'égard de Fichte se manifesta bruyamment. L'un des vénérables ne craignit même pas de lui administrer publiquement une sévère admonestation. La réponse ne se fit pas longtemps attendre ; le lendemain Fessler recevait, écrite de la main de Fichte, sa démission de Grand-Orateur.

. Mais les choses n'en restèrent pas là. Le 3 juillet, le membre de la Loge qui avait publiquement blâmé Fichte déposa contre lui une plainte en règle. Blessé profondément dans sa dignité d'homme et de maçon, Fichte, dès le 4, confiait à Fessler sa résolution de renoncer pour toujours et à l'égard de toutes les Loges à la qualité de maçon. Il lui adressait, comme au Vice-Grand-Maître, sa démission officielle, le 7 juillet, dans une lettre dont les termes étaient très vifs. « Ainsi, conclut Fessler, au terme de sa relation, les chers FF∴ viennent une fois encore de décapiter leur corps languissant, de le priver d'une tête capable de le ranimer. Et ce sera finalement le sort de toutes les têtes à la Loge Royale-York [3] », ajoute-t-il mélancoliquement, comme s'il pressentait qu'il serait bientôt forcé lui-même de démissionner, et que ses relations avec Fichte deviendraient la cause principale de son expulsion [4]

F. LA FRANC-MAÇONNERIE ET LA « THÉORIE DE LA SCIENCE. » La rupture de Fichte avec la Loge Royale-York et, de son propre aveu, avec toutes les Loges fut la fin d'un rêve que le philosophe caressait depuis quinze ans.

De très bonne heure, en effet, Fichte s'était intéressé à la Franc-Maçonnerie ; dès le début, il y voyait à la fois un moyen de se créer des amitiés efficaces et un moyen de réformer la société corrompue de son temps.

Dans une lettre à Theodor von Schön, du 30 septembre 1792, tout en se déclarant convaincu, autant qu'un non-initié pouvait l'être, que la Maçonnerie n'a pas un but universel, que son principal effort

---

1. Fessler, S. Schriften über Freymaurerey, II, Bd., I. Abth., xiv, p. 335-336. — 2. Ibid., p. 336. — 3. Ibid., p. 338-339. — 4. Ibid., II. Bd., Zweite Abth., xxii, p. 36, xxiii, p. 66-68 et 83, xxvi, p. 165.

consiste à le chercher et à essayer de le découvrir dans les vieux symboles de ses rites, Fichte lui conseille de s'affilier à l'Ordre « pour se faire des amitiés et des relations utiles ». Il ajoute qu'il songe lui-même à devenir maçon, qu'il le sera peut-être bientôt, parce que, dans ce siècle de perdition, la Franc-Maçonnerie est très nécessaire ; elle peut être pour la société la « semence du bien », et jouer à peu près le rôle qui, jadis, revenait à la Chevalerie et aux Tribunaux secrets. Sans doute, dans sa constitution actuelle, elle n'était pas encore cela, mais tel était au fond le but qu'enveloppaient ses mystères. Fichte se proposait déjà de « contribuer » à l'y faire tendre ; de ce qui n'était alors, comme il le disait, qu'un « rêve » de jeunesse, Fichte, dix ans plus tard, à Berlin, allait tenter de faire une réalité[1].

Rappelons-nous ce qu'écrivait Fichte à sa femme, le 28 octobre 1799, à propos de Fessler : « Je fais semblant de lui servir d'instrument, jusqu'à ce que je l'aie complètement confessé ; je l'ai confessé déjà maintenant en grande partie, je sais ce qu'il a fait, je tiens à savoir seulement ce qu'il a encore en tête et, en fin de compte, j'aurai avancé mes desseins en me servant de lui[2]. » Comme sa femme s'étonnait du rôle que Fessler avait fait jouer à Fichte, notre philosophe ajoutait qu'il l'avait subi — il se défendait d'y avoir pris une part active — et qu'il avait voulu mettre Fessler à sa merci, parce qu'il aurait besoin de lui[3]

Quels étaient ces plans auxquels Fichte fait ici allusion, c'est ce que nous révèlent les mémoires de Varnhagen von Ense.

« J'avais entendu dire, déclare Varnhagen, que Fichte, n'ayant pu parvenir à pénétrer ni chez les savants ni dans le grand public, en était arrivé à confier sa doctrine à l'Ordre des francs-maçons pour la recueillir et pour la propager ; à conférer par là même à cet Ordre une nouvelle consécration. Cette société pleine de mystère, qui depuis longtemps semblait égarée dans sa propre histoire et dans sa propre signification, paraissait par là même forcée de prêter sa masse aux formes vagues et malléables, suivant les circonstances, tantôt à des désirs impatients et aventureux, tantôt à des généralités humanitaires. L'idée de faire de cette confrérie, dont l'action s'exerçait à travers toutes les parties de l'univers, un organe de la philosophie, de déterminer les degrés de ses ordinations conformément aux lumières de la science, et, en même temps, de faire revivre de

---

1. *Aus den Papieren des Ministers Theodor von Schön*, I. Anlagen, B. 8, p. 32-33. Lettre de Fichte, du 30 septembre 1792, à Krockow.
2. *Fichte's Leben*, I. Bd., II, 6, p. 326-327, lettre du 20 oct. 1799. — 3. *Ibid.*, note, p. 327.

nos jours un Institut à la Pythagore, une pareille idée avait certes une grandeur et un attrait capables de servir justement les desseins et de combler les espoirs les plus vastes d'un Fichte[1]. »

Ce que Varnhagen rapportait par ouï-dire, en parlant de ses amitiés de jeunesse à Berlin, en 1803-1804, il en reçut la confirmation de la bouche même de Fichte en 1811, aux eaux de Töplitz où il le rencontra.

Fichte lui avoua qu'il était devenu franc-maçon à Iéna et avait été, dans une certaine mesure, *empoigné* par ce nouveau caractère[2]. Presque aussitôt après il avait eu l'idée de découvrir quelque chose qui, comme l'analyse pour le calcul, fût un instrument infaillible pour la pensée, une arme de l'esprit, donnant à celui auquel on l'aurait remise une force singulière. Il s'était dit alors qu'en cas de réussite, il confierait volontiers à la Maçonnerie sa découverte pour qu'elle en conservât le dépôt[3]. Et Fichte ajouta qu'il avait juste ment tenté, quelques années plus tard, d'introduire dans les Loges de Berlin la *Théorie de la Science*

Aveu précieux à retenir, car il explique précisément pourquoi Fichte avait lié partie avec Fessler, préparant avec lui « des plans mystérieux » et des « conventions secrètes »; pourquoi il se prêtait complaisamment à la « comédie » que lui faisait jouer Fessler en public, devant les affiliés de la Loge; pourquoi enfin Fichte avait déclaré à Rhode, le 20 septembre 1799, « qu'il fallait que la Franc-Maçonnerie ne fût rien d'autre qu'un conservatoire (Niederlage) pour les Idées[5] », un sanctuaire où il fallait « abriter les Idées que le public était dans l'impossibilité de comprendre ou dont il risquait de faire un mauvais usage[6] ».

Or, Fichte avait cru découvrir dans la Loge Royale-York, telle que la réforme de Fessler l'avait instituée, l'organe que précisément il cherchait depuis longtemps. Quand Fessler lui avait communiqué le rituel des hauts grades, Fichte avait pu, par la lecture de l'introduction, se convaincre de l'esprit tout kantien du « nouveau système ». L'auteur y déclarait périmée, en vertu des progrès néces-

---

1. Varnhagen von Ense, *Denkwürdigkeiten des eignen Leben's*, Zweite Auflage, I. Bd., Erster Theil, Leipzig, Brockhaus, 1843, *Jugendfreunde, Berlin, 1803-1804*, p. 289-290.
2. Faut-il, à ce propos, rappeler que, au dire de l'*Eudæmonia*, Fichte, dès avant son arrivée à Iéna, était en relations suivies avec les *Jacobins* et les *Illuminés*, et que, pendant son séjour à Zurich, il aurait été l'intime de *Gorani* et même son collaborateur? (*Eudæmonia*, II. Bd., I, St., *Verunglückter Versuch im Christlichen Deutschlande eine Art öffentlicher Vernunft-Religions-Uebung anzustellen.*)
3. Varnhagen, *Denkwürdigkeiten des eignen Leben's*, II. Bd., Zweiter Theil, *Töplitz 1811*, p. 329.
4. *Ibid.*, p. 329.
5. Fessler, *S. Schriften über Freymaurerey*, II. Bd., I. Abth., XIV, *Meine maurerische Verbindung mit den Bn. Bn. F...e und F...r*, p. 320. — 6. *Ibid.*, p. 321.

saires de l'esprit humain, l'antique conception de la Maçonnerie comme conservatoire de secrets; celle-ci devait maintenant s'orienter vers l'action pour le bien général de l'humanité, en remplissant une mission que, dans leur état actuel, ni l'Église ni l'État, ni aucune des autres institutions humaines n'étaient en mesure d'accomplir, mission nécessaire pourtant à l'éducation morale, sociale, politique de l'humanité. Bref, la Maçonnerie devait préparer ses membres, par une culture appropriée, au règne absolu de la justice et de la moralité, élever leur esprit à la croyance rationnelle en la liberté, en Dieu, en l'immortalité [1].

Comme confident des projets les plus intimes de Fessler, Fichte n'avait pas ignoré non plus le petit *Traité* de 1798 *sur la mission du franc-maçon*, où l'œuvre de la Maçonnerie était représentée comme poursuivant en dehors de la société civile, sans égard aux fins spéciales des Églises confessionnelles, l'institution d'une Cité de la Raison, d'une société purement morale, d'un Règne de la Vertu.

Si tel était l'esprit du « Système de Fessler » et de la réforme de la Loge Royale-York, il était naturel que Fichte y cherchât l'instrument de propagande qu'il avait toujours rêvé pour sa philosophie.

N'était-ce point là, en effet, cette société d'hommes d'élite où, hors du contrôle de l'État et de l'autorité des Églises, la science pouvait s'élaborer et se discuter librement, en vue de perfectionner la Constitution de l'État et de purifier de plus en plus le symbole de l'Église? N'était-ce point là que la science pouvait, une fois faite, se communiquer et se répandre? N'était-ce point là cette Société fermée dont l'institution permettait seule, aux yeux de Fichte, la conciliation entre la liberté absolue de la pensée, l'affranchissement de toute autorité qu'exige la science, et le respect de l'ordre établi, la foi collective que réclame l'existence même de la communauté [2]

Fichte pouvait donc croire que la Loge Royale-York allait lui fournir les moyens de mener à bien cette réforme morale, qui avait été la pensée maîtresse de son œuvre et de sa vie; il pouvait croire qu'elle était traversée de ce souffle de liberté et d'égalité dont la Révolution avait montré la puissance pour soulever le monde, qu'elle pratiquait ce culte de l'Idéal, qu'elle était animée par cette aspiration à l'avènement d'un Règne purement moral, dont Fessler parlait

---

1. *Taschenbuch für Freimaurer, Jahrbuch der Maurerey*, VII. Bd., 1805, II, *Das maurerische System der Loge R. Y., so wie es Br. Fessler aufgestellt hat. I.* Ist das maurerische System, welches Br. Fessler bei der Loge R. Y. einführte, wirklich Maurerei. p. 145-147.

2. Fichte, *S. W.*, IV. Bd., *Sittenlehre*, Drittes Hauptstück, Zweiter Abschnitt, § 18, V, p. 248-252.

en de si excellents termes. et dont la *Théorie de la Science*, d'accord avec l'esprit véritable du Christianisme, avait fait la fin suprême de la philosophie.

Son espoir fut déçu; on a vu comment, suivant les expressions mêmes de Varnhagen, « les choses échouèrent au premier contact, et l'on s'aperçut qu'on s'était complètement trompé sur la capacité de l'Ordre aussi bien que sur l'état d'esprit de ses membres; les fins, les habitudes, les passions, les luttes des Loges étaient à cent mille lieues de la *Théorie de la Science*[1] », et la tentative de Fichte pour intro duire sa philosophie dans la Loge Royale-York aboutit à sa rupture avec toutes les Loges.

La foi de Fichte en l'efficacité réformatrice de la Maçonnerie n'en fut cependant pas ébranlée, il le disait lui-même à Varnhagen dans leur conversation de Töplitz. Les Loges de Berlin avaient eu beau repousser outrageusement les plans qu'il avait élaborés pour renon veler, en les élevant, les principes de la Maçonnerie, il n'en rendait pas responsable l'institution elle-même. Il louait la Maçonnerie d'avoir été une école d'humanité et de noblesse pour beaucoup d'hommes qui n'auraient pas eu, sans elle, de culture générale ; il affirmait que, dans les temps qui suivirent la guerre de Sept ans, des centaines d'officiers prussiens avaient puisé uniquement dans les Loges les connaissances capables d'éclairer leur intelligence; il ajoutait enfin, quant au rôle philosophique qu'il souhaitait de voir jouer à la Franc-Maçonnerie : « Dans l'histoire du développement de l'esprit, à côté de l'enchaînement exotérique de la science (par exemple de la filiation entre Kant et Hume, entre Fichte même et Kant), il était possible de concevoir un enchaînement ésotérique dont une société secrète pourrait très bien avoir pour objet et pour mission d'être dépositaire. Dans quelle mesure cela pouvait-il être réellement la tâche de la Franc-Maçonnerie, dans quelle mesure celte tâche avait-elle été accomplie, Fichte, en ce moment, ne voulait pas l'examiner, il lui suffisait d'admettre pour elle la possibilité d'un pareil objet [2]. »

Que les vues de Fichte sur la Franc-Maçonnerie lui eussent été inspirées par son propre système, et qu'elles ne vinssent point des Loges, cela ressort assez, semble-t-il, de ce qui précède; Varnhagen qui reproduit les paroles de Fichte l'affirme avec énergie contre ceux qui, comme Fr. Schlegel et F. Baader, attribuaient à la connais sance des plus profonds mystères de la Maçonnerie l'origine d'une grande partie de la philosophie de Fichte[3]

1. Varnhagen, *Denkwürdigkeiten des eignen Leben's*, I. Bd., Erster Theil, *Jugendfreunde,* Berlin, *1803-1804*, p. 290. — 2. Ibid., II. Bd., Zweiter Theil, *Töplitz, 1811*, p. 328. — 3. Ibid., p. 328-329.

CHAPITRE II

L'ÉTAT COMMERCIAL FERMÉ

A. LE MOUVEMENT ÉCO-NOMIQUE EN PRUSSE. L'impuissance de Fichte à faire de la Franc-Maçonnerie l'organe de la *Théorie de la Science*, l' « Institut à la Pythagore » destiné à « favoriser ses plans », ne découragea pas cependant son dessein de propagande. Il se tourna vers un autre milieu. Les sociétés secrètes n'avaient point voulu répondre à son vœu de réforme morale et sociale : Fichte en appela au public; il en appela au gouvernement dont il avait éprouvé le libéralisme. Dans ce dessein, quelques mois à peine après sa rupture avec la Loge Royale-York, « à l'occasion des propos stupides qu'il lui avait fallu entendre autour de lui[1] » vraisemblablement dans cette Loge même, Fichte avait été amené à écrire un ouvrage politique. A cette heure où, en Prusse, le problème économique se posait avec une acuité singulière, où le mercantilisme chancelant était battu en brèche par un libre-échangisme d'ailleurs assez bâtard, il s'adressait au ministre des Finances pour lui proposer du problème une solution si audacieuse, qu'aux yeux de ses contemporains, elle allait passer pour une utopie. Cette solution — une sorte de socialisme d'État — était la systématisation philosophique des principes économiques de la Révolution française; elle se trouvait d'ailleurs conforme à tout l'esprit de la *Théorie de la Science*; elle s'en déduisait.

En présentant cet ouvrage au public, Fichte attestait, une fois de plus, son souci de ne point séparer la pensée de l'action. Il n'oubliait pas, en effet, que « le philosophe qui tient sa science non

1. Éd. *Gœthe-Jahrbuch*, L. Geiger, Frankfurt a/M, Rütten und Lœning, 1894, XV. Bd., ı, Mittheilungen aus dem Gœthe-und Schiller-Archiv. 5. Zwei Briefe von Fichte an Schiller, hgg. von R. Steiner, VIII, Berlin, den 18, August 1803, p. 43.

pour un simple jeu, mais pour quelque chose de sérieux, n'admet
ou ne suppose en aucun cas que ses projets soient absolument inapplicables ; car alors il emploierait sans aucun doute son temps à
quelque chose de plus utile qu'à ce qu'il aurait reconnu lui-même
pour un pur jeu de concepts[1] ». C'est en ces termes précis que
Fichte dédiait au ministre des Finances Struensée, économiste réputé,
auteur, à son tour, d'un récent *Traité sur les principaux objets de
l'économie politique*[2]. son *État commercial fermé* (Der geschlossene
Handelsstaat), « une application à la politique économique des principes
de sa philosophie du Droit ». Le livre avait paru dans les derniers
mois de l'année 1800[3]. Fichte y attachait lui-même une importance
capitale ; il le considérait, — son fils déclare le tenir de source sûre —
comme le meilleur de ses ouvrages, comme un des plus médités[4] ; les
précautions dont il enveloppe sa pensée dans sa dédicace à Struensée
ne doivent pas faire douter de la valeur pratique qu'il lui attribuait.

Fichte reconnaît bien sans doute que son projet pourrait demeurer,
lui aussi, un pur exercice d'école sans conséquences pour le monde
réel, un anneau dans la chaîne du développement progressif de son
système ; il dit qu'il lui suffirait, en le faisant connaître, d'avoir
donné à d'autres l'occasion de réfléchir plus profondément sur ces
questions, ou de susciter peut-être un jour quelque découverte utile
et applicable[5], mais ce n'est pas qu'il le juge utopique : il connaît
son siècle et il prévoit les résistances que lui opposeront ses contemporains[6], il accomplit peut-être aussi la formalité nécessaire pour
oser présenter au premier ministre de l'État — du seul État où il
ait trouvé un refuge en Allemagne — une œuvre qui, si elle passait pour autre chose qu'une utopie, pouvait effrayer par sa hardiesse ceux qui voyaient toujours en Fichte le missionnaire de la
Révolution française.

En prenant les précautions qu'exigeaient les circonstances, le philosophe n'entendait cependant à aucun degré abdiquer ses droits
d'examiner et de juger les problèmes de la politique courante.
Qu'on en juge :

« Le reproche d'être sans application *immédiate* adressé jusqu'ici

1. Fichte, *S. W.*, III. Bd., *Der geschlossene Handelsstaat*. Dédicace à Struensée, p. 390.
2. A Berlin, en 1800.
3. A la fin d'octobre ou au commencement de novembre ; la lettre où Struensée accuse réception de l'ouvrage, envoyé l'avant-veille, est du 9 novembre 1800. *Fichte's Leben*, II. Bd., Zweite Abth., XVIII, 29. Minister Struensee an Fichte, Berlin, d. 9. Nov. 1800, p. 549.
4. Fichte, *S. W.*, III. Bd., Vorrede des Herausgebers, p. xxxviii.
5. Ibid., *Der geschlossene Handelsstaat*. Dédicace à Struensée, p. 393.
6. Ibid. Les lignes qui précèdent dans cette dédicace ne peuvent laisser de doute à cet égard ; elles résument les opinions journalières des contemporains de Fichte.

aux projets des théoriciens de la politique, dit Fichte dans cette
même dédicace, n'a rien de déshonorant pour les auteurs de ces
projets, quand ceux-ci sont restés volontairement cantonnés dans
un monde idéal, quand ils le reconnaissent expressément ou le
montrent en fait. De tels projets sont par leur nature même destinés
à demeurer purement abstraits, sans rapport avec la situation réelle
où se trouve le praticien politique qui exerce le pouvoir [1]. »

Mais c'était justement la prétention du vrai philosophe de ne pas
s'en tenir à une science qui consistât en une pure fiction de l'esprit et
d'y voir, au contraire, une réalité qui valût qu'on s'en occupât. Fichte
ne pouvait donc proposer un plan qu'on jugerait *absolument* sans
objet; il reconnaissait seulement que des principes aussi généraux
que ceux de la pure théorie pouvaient, en raison de leur généralité
même, n'être pas susceptibles de s'appliquer à des cas déterminés, et
qu'il fallait, pour les adapter aux circonstances données, en fixer
davantage l'acception.

Cette acception précise, il considérait qu'elle était l'œuvre de la
science politique, qui, comme science, relevait de la philosophie
spéculative. A ce point de vue, et la déclaration de Fichte est à
retenir, il y aurait donc au contraire pour un écrit politique une sorte
de honte à mériter le reproche de présenter des projets sans application possible et à s'en voir administrer la preuve.

Maintenant quelle méthode devait suivre la Politique comme
science? Elle ne partirait pas de la considération d'un État abso-
lnment déterminé (elle n'aurait pas de caractère général, c'est-à-
dire scientifique), mais de ce qu'il y a de commun, par exemple, à
tous les États de la grande République européenne, dans le siècle
où elle se constitue. L'application de la règle générale aux cas particuliers serait ensuite l'art et l'œuvre de l'homme d'État [2].

Une politique appuyée sur la connaissance exacte de la situation
actuelle, ayant pour fondements des principes constitutionnels fermes
et dont les raisonnements seraient corrects, ne devrait paraître inutile qu'au pur empirique, hostile à tout concept et à toute prévision,
qui se fierait uniquement à la sanction de l'expérience immédiate,
et rejetterait cette politique, parce qu'elle n'est pas la constatation
pure et simple de faits, qu'elle consiste seulement en concepts et en
calculs de faits, bref parce qu'elle n'est pas de l'histoire. Pour un
homme d'État de ce genre il n'y aurait d'autres règles que celles de

1. Fichte, *S. W.*, III. Bd., *Der geschlossene Handelsstiat*. Dédicace à Struensée,
p. 390.
2. Ibid., p. 390-391.

l'expérience, d'autre culture que celle de la mémoire. Faudrait-il
pourtant lui rappeler que tout ce qui apparaît aujourd'hui comme
vieux a eu son heure de nouveauté? Faudrait-il lui montrer que le
progrès de l'humanité a changé bien des choses et rendu nécessaires
des mesures nouvelles, dont ni l'idée ni l'application ne se seraient
produites aux siècles précédents? On pourrait instituer devant lui
une enquête instructive sur la question de savoir ce qui dans le
monde a causé le plus de mal, les nouveautés audacieuses, ou l'inerte
stagnation dans des mesures vieillies, devenues, à une certaine heure,
inapplicables ou insuffisantes [1]

En terminant cette dédicace, Fichte se demandait — question
significative encore — si son présent ouvrage satisfaisait aux con
ditions requises pour être un traité solide de politique. Il déclarait
qu'il n'appartenait pas à l'auteur de répondre. Cependant ne répon
dait-il pas en montrant à quels problèmes de l'heure présente l'*État
commercial fermé* prétendait apporter une solution? En dénonçant
les méfaits du mercantilisme avec son cortège de monopoles et de
corruption, avec l'oppression des colonies par la métropole, avec la
traite des esclaves; en combattant également le remède proposé par
le libre-échangisme naissant [2]?

Est-ce à dire que Fichte se fît grande illusion sur le succès de la
réforme qu'il proposait? Il serait téméraire de l'affirmer. Mais ce
n'était point qu'elle lui parût utopique, c'était qu'il connaissait le
mauvais vouloir du monde au milieu duquel il vivait.

« Pour supprimer la raison de ce refus obstiné, il faudrait montrer,
disait-il, l'impossibilité de maintenir un rapport tel que l'Europe le
soutient à l'égard du reste du monde, un rapport qui n'est pas fondé
sur le droit et l'équité », et cette preuve ne rentrait pas dans les
limites de son présent objet. Mais, une fois même cette preuve faite,
on pourrait encore lui dire : « Jusqu'ici au moins ce rapport a duré,
jusqu'ici l'assujettissement des colonies aux métropoles dure, la
traite des esclaves dure, et, de notre vivant, nous ne verrons pas cesser
cet état de choses. Laissez-nous-en les profits tant que cela durera.
Les âges où ce régime sera aboli verront à se tirer d'affaire. A eux
d'examiner alors, au besoin, s'ils peuvent faire sortir quelque chose
de votre pensée; nous, nous ne pouvons vouloir ce but que vous
poursuivez, nous n'avons donc pas besoin qu'on nous montre les
moyens qui y conduisent. » « A cela, déclarait Fichte avec une ironie
cinglante, je reconnais que je n'ai pas de réponse [3]. »

1. Fichte, *S. W.*, III. Bd., *Der geschlossene Handelsstaat*. Dédicace à Struensée,
p. 391-392. — 2. Ibid., p. 392-393. — 3. Ibid., p. 393.

Et dans cette réplique perce la pensée intime du philosophe : la question politique, économique, sociale est, au fond, pour lui, une question morale. L'*État commercial fermé* n'est donc pas, ne veut pas être une utopie : c'est la protestation de la conscience contre un ordre économique qui est un outrage à la moralité et qui doit être aboli. On va voir en quel sens Fichte projette de transformer le monde économique du XIXᵉ siècle naissant, et comment il fut le premier à proposer un socialisme d'État. Le regard prophétique du philosophe annonçait déjà l'avenir.

Mais, pour comprendre toute la portée et toute la hardiesse de cette tentative, il faut rappeler brièvement quelle était alors la situation économique de la Prusse.

I. *MERCANTILISME ET MONOPOLE.* Le régime du mercantilisme y était depuis longtemps installé comme dans le reste de l'Allemagne; il s'adaptait parfaitement à l'absolutisme monarchique, au système de l'équilibre politique réclamé par la constitution d'États fermés les uns aux autres, enfin aux besoins d'argent rapidement croissants [1]

Il y avait revêtu la forme dite « caméraliste ». Frédéric-Guillaume Iᵉʳ, que, pour son esprit de système et pour le style de ses ordonnances, l'économiste W. Roscher compare à Colbert [2], avait, de sa main un peu rude, nivelé les différences régionales pour constituer l'unité économique de la Prusse, comme il avait créé son unité politique [3]. Croyant, avec tous les mercantilistes, que l'argent fait la richesse d'un pays, il avait pris les dispositions les plus favorables à l'accumulation d'une encaisse métallique; pour faciliter l'entrée de l'or, pour entraver sa sortie, il avait établi une réglementation policière minutieuse de la production, de la consommation, des échanges, des exportations et des importations. Mais il ne s'était pas borné à ces mesures pratiques; il avait conçu la nécessité d'un enseignement méthodique de la science économique et fondé les deux premières chaires « caméralistes » à Halle et à Francfort-sur-l'Oder, qui furent occupées, l'une, par le juriste Gasser, l'autre, par l'historien Dithmar.

Le grand Frédéric ne fit guère ici que développer, améliorer, parfois adoucir, les mesures prises par Frédéric-Guillaume Iᵉʳ

Convaincu, lui aussi, que la fortune se mesure à la quantité du

1. W. Roscher, *Geschichte der National-Œkonomik in Deutschland*, R. Oldenbourg, München, 1874. Zweite Periode, XII. Kap., 57, p. 234-235. — 2. *Ibid.*, XVIII. Kap., 83, p. 360. — 3. *Ibid.*, p. 363.

métal précieux accumulé, et désireux sans doute, à son tour,
d'accroître en vue des guerres futures le trésor de la Prusse, il
avait pour principe et pour devise que, si l'on prend chaque jour de
l'or dans sa bourse sans y rien déposer en retour, elle se vide
bientôt. Aussi multiplia-t-il les règlements destinés à empêcher la
circulation de l'or : interdiction de sortir du royaume sans
permission expresse du roi; interdiction, sous peine d'exclusion de
toutes les fonctions civiles et ecclésiastiques, de fréquenter plus
d'un trimestre les Universités des pays voisins [1]; entraves de toutes
sortes à la liberté du commerce, prohibition relative ou absolue
d'importer, sauf pour les produits manquants; prohibition relative
ou absolue d'exporter les matières premières tirées du sol ou les
produits fabriqués dans le pays (par crainte d'une pénurie ultérieure
pour les besoins nationaux, conséquemment d'un appauvrissement
dû à l'achat de ces objets au dehors); inversement, faveurs ou
primes accordées à toutes les industries capables d'enrichir le pays;
création (au besoin avec le concours d'étrangers) d'industries
nouvelles destinées à restreindre encore les importations (fabrication
des soieries, par exemple, ou du sucre); constitution de compagnies
à monopoles pour le commerce ou le transport des denrées et
objets de première nécessité, toujours dans le but d'éviter les intermédiaires et la concurrence, c'est-à-dire le risque de laisser sortir
l'argent (et ces compagnies accapareront bientôt directement ou
indirectement tous les échanges dans la Monarchie); création d'une
monnaie purement fictive, mais seule valable à l'intérieur du
royaume, qui, par le change à l'étranger, permet encore un enrichissement de l'État [2]. Enfin, pour achever ce tableau de la
situation économique de la Prusse sous Frédéric II, mentionnons
la prépondérance accordée par lui à l'agriculture qui est, à ses yeux,
l'origine de toutes les richesses; aussi le roi considère-t-il qu'elle
doit, plus que toute autre branche de l'économique, être protégée
et réglementée; cette protection, cette réglementation pouvant
seules assurer l'alimentation, c'est-à-dire la vie même du peuple.

1. W. Roscher, *Geschichte der National-Œkonomik in Deutschland.* Zweite Periode,
xix. Kap., 90, p. 396.
2. Pour se faire une idée de la complication de toute cette organisation économique du royaume de Prusse, de toutes les lois prohibitives, de toutes les faveurs,
de tous les monopoles, de tout ce qui concerne la production ou les échanges, il
faut lire le beau livre du comte de Mirabeau (Londres, 1778), *De la monarchie prussienne
sous Frédéric le Grand*, en particulier les volumes III, liv. iv, V, et IV, liv. vi,
consacrés aux Manufactures, au commerce, aux revenus et dépenses; on y trouvera
le détail des faits singulièrement instructifs que nous ne pouvons reproduire ici,
mais qui justifient nos affirmations.

De là toute une série de décrets relatifs à la production, à la vente, à l'importation, à l'exportation, au transport des grains, décrets inspirés par le souci de maintenir constante la relation entre la production et la consommation, de favoriser, dans les cas d'abondance, l'exportation qui enrichit l'État, mais de régler et, au besoin, d'interdire la vente à la première apparence de cherté, toute importation entraînant pour lui une perte sèche. Et, afin d'éviter cette extrémité, des magasins généraux continuèrent d'être édifiés, où s'accumulait le surplus des récoltes, pour obvier à la disette durant les années maigres, suffire à l'alimentation générale du pays, et garantir une sensible égalité dans le prix courant du pain, l'État, personnifié par le roi, devenant ainsi, conformément à l'idéal de Frédéric II, le père de famille de son peuple [1].

II. *LA LUTTE CONTRE LE MERCANTILISME.* Cependant, à l'heure même où florissait en Prusse le système des prohibitions et des monopoles, cortège ordinaire de la politique mercantile, un grand courant d'idées, une fois encore venu de France, allait précipiter la chute du mercantilisme : l'école des Physiocrates, la première école proprement économique, publiait alors, en effet, une série d'ouvrages qui bouleversaient les idées régnantes.

Le principe essentiel en était qu'il existe entre tous les phénomènes sociaux un ordre naturel, reconnaissable à son évidence même, qu'il s'agit et qu'il suffira de découvrir pour établir la science économique. Cet ordre naturel est d'ailleurs un ordre surnaturel, un ordre providentiel, l'ordre établi par Dieu pour le bonheur des hommes.

Par là même il emprunte à la divinité, avec un caractère d'universalité, d'immutabilité, une autorité qui s'élève fort au-dessus de la contingence des faits et de l'arbitraire des rois; et, s'il est établi que tout l'ancien régime économique n'est que l'effet de cette contingence et de cet arbitraire, ce régime est condamné sans appel.

Mais cette condamnation résulte précisément de la découverte de l'ordre en question, qui est le renversement du système mercantile.

Dans le mercantilisme, c'est le commerce, le commerce extérieur en particulier, qui tient le premier rang, parce qu'un tel commerce procure à l'État cette accumulation de numéraire où le mercantilisme voit la richesse du pays. Or, les Physiocrates s'efforcent

---

1. W. Roscher, *Geschichte der National-Œkonomik in Deutschland*, xix. Kap. 91, p. 398 et 405.

d'établir que le commerce n'est créateur d'aucune richesse réelle, qu'il est bien plutôt une dilapidation de la richesse à cause du prélèvement opéré par le trafiquant. Le commerce est improductif, il est stérile, parce que l'unique source d'un « produit net », d'un excédent de la richesse créée sur la richesse consommée, est dans l'industrie agricole. La terre a seule une vertu créatrice ; elle rend en blé plus que les semailles ne consomment et plus que ne consomme, pendant l'année, le laboureur qui la travaille. Dans cette vertu de la terre, et de la terre seule, les Physiocrates voient précisément encore l'efficacité de la puissance divine, comme ils voient dans la stérilité de toutes les productions humaines la preuve que l'homme est sans aucun pouvoir de création.

Une pareille conception entraînait le renversement des valeurs économiques admises jusqu'alors. Renversement de la thèse fameuse de la balance du commerce : l'enrichissement en numéraire d'une nation ne pouvant s'opérer que par l'appauvrissement des nations voisines, la balance aboutirait, en dernière analyse, à sa destruction, à la cessation de toute exportation — les pays étrangers n'étant plus capables d'acheter — et à la nécessité des importations, de la sortie du numéraire, en raison de la cherté excessive où monteraient alors les objets de consommation. Renversement de la thèse suivant laquelle les droits de douane seraient payés par l'étranger : ces droits ne feront qu'élever les prix des marchandises importées, au détriment des acheteurs du pays où sont établies les taxes, qui paieront la différence. Renversement de la thèse de la réciprocité : les représailles en matière de douanes ne sont pas un remède. En quoi le fait qu'à un tarif frappant l'entrée de vos produits vous répondez par un tarif frappant les produits de la nation qui vous a ainsi tarifés, peut-il contribuer à améliorer vos rapports économiques? En quoi la guerre de tarifs profitera-t-elle à l'écoulement des produits prohibés?

En un mot, renversement de toute la conception protectionniste et prohibitive qu'entraînait le système de la balance du commerce à la fois illusoire et immoral; illusoire, puisque le prétendu enrichissement poursuivi n'était qu'un leurre, et immoral puisque enfin toutes ces mesures vexatoires tendaient à détruire l'ordre naturel, à favoriser l'industrie aux dépens de l'agriculture en développant l'exportation des produits manufacturés, mais en prohibant l'exportation et en entravant la libre circulation intérieure des grains ou des autres matières premières, meilleure façon d'assurer les bénéfices des manufactures, par le bas prix des denrées de première

nécessité entraînant le bas prix de la main-d'œuvre. Substitution
à cette conception erronée, d'un régime d'absolue liberté, seul
conforme à l'ordre naturel, qui ne connaît pas de frontières; seul
conforme aux lois nécessaires de la production, de la consommation,
des échanges; seul capable d'assurer le *bon prix*. Enfin, comme
dernière conséquence, limitation des fonctions de l'État en matière
économique.

Telles étaient les vues que les Physiocrates opposaient au mercantilisme régnant.

A leur suite, en modifiant profondément et en dépassant certaines
de leurs thèses, Adam Smith reprit le combat et multiplia les
attaques contre l'édifice déjà branlant de l'économie politique
traditionnelle, pour créer, sur ses ruines, l'économie politique
moderne.

A. Smith révère les Physiocrates et leur rend pleine justice; il ne
nie pas la valeur évidente et la situation privilégiée de la production agricole, la seule où les forces de la nature collaborent
avec le travail de l'homme et, par là, assurent un rendement
supérieur à la simple rémunération normale du capital et du travail,
une « rente du sol », mais il oppose à la thèse que « l'agriculture
est la source de toutes les richesses de l'État et de celles de tous
les citoyens » (Quesnay), l'idée que c'est, non pas la terre, mais
l'activité de l'homme, mais le travail, qui crée la richesse. Or, le
travail n'est pas l'apanage d'une seule branche de la production
économique, à l'exclusion de toutes les autres, il comprend le travail
de l'ensemble de la nation.

Ainsi s'efface la distinction qu'avaient établie les Physiocrates
entre la classe productive et les classes soi-disant stériles; toutes les
classes collaborent par leur labeur commun à l'établissement de la
fortune publique.

Comment, dans les sociétés humaines, cette collaboration s'est
réalisée sous la forme de la division du travail, d'une division qui,
par la spécialisation, augmente la productivité totale, économise la
dépense des efforts individuels, rend solidaires tous les membres de
la communauté dont elle fait un véritable organisme, favorise et
facilite les échanges, ce n'est pas ici le lieu de le montrer. Il nous
suffira de rappeler qu'en faisant de ce phénomène économique et
social fondamental la base de tout son système, A. Smith renversait la
conception, au fond théocratique, des Physiocrates, et substituait à
leur « ordre naturel », qui n'était qu'un ordre providentiel, un ordre
rationnel et simplement humain, un ordre de phénomènes résultant

du développement spontané des tendances individuelles ou collec-
tives, de la nature de l'homme et du jeu de ses intérêts.

Ajoutons que, si, pour A. Smith, la Providence n'a pas en quelque
sorte de toute éternité inscrit dans les consciences la législation
économique, une « législation unique, éternelle, invariable, universelle, une législation évidemment divine et essentielle », elle
a cependant créé la nature humaine avec ses inclinations, ses
tendances, avec ce désir du bien-être qui est le ressort essentiel
de toute l'organisation économique présente, et qu'en ce sens, mais
en ce sens seulement, on peut dire que nos institutions économiques ont quelque chose de providentiel, qu'elles sont bonnes par
leur essence même.

D'un tel naturalisme doublé d'un pareil optimisme, A. Smith devait
tirer le libéralisme économique. Les institutions économiques résultant du jeu naturel et spontané des intérêts individuels, il serait
absurde autant que vain de vouloir réglementer artificiellement
l'activité économique. Le système de prohibition, la conception de
l'État-Providence sont définitivement condamnés. A. Smith consacre toute une longue partie de la *Richesse des Nations* à dresser
contre le mercantilisme le plus violent, le plus passionné et aussi
le plus documenté des réquisitoires.

Après les Physiocrates, il réclame le libre-échange, la liberté
entière du commerce, mais dans un sens plus radical encore. Ceux-ci,
avec l'espèce de dédain où ils tenaient les classes stériles, ne
voyaient guère dans le commerce — dans le commerce extérieur
surtout — qu'un « pis-aller »; le libre-échange était simplement, à
leurs yeux, la condition du développement de l'agriculture; pour
A. Smith, qui, par sa théorie de la division du travail, réhabilite
le commerce, les échanges internationaux ont une valeur en eux-
mêmes.

Loin donc d'admettre cette balance du commerce qui devait
enrichir un État aux dépens des autres, A. Smith établit que la
liberté du commerce entre les nations profite aux pays qui échangent.
Il montre aussi que la monnaie n'a pas en soi de valeur privilégiée :
elle n'est qu'un signe de la valeur, elle n'est qu'un instrument de la
circulation des richesses, un moyen commode d'échange et de
transport, une marchandise comme les autres, et par là même il
ruine à sa base le « préjugé populaire » que la monnaie, c'est la
richesse, préjugé sur lequel reposait précisément la thèse mercan-
tiliste de la balance du commerce.

Le puissant mouvement de réaction contre le mercantilisme en

France et en Angleterre devait forcément avoir sa répercussion en Allemagne. Il y eut des Physiocrates allemands parmi lesquels on peut citer un Mauvillon, un Krug, un Schmalz (celui-là même qui, en 1807, à Memel, où il professait depuis 1802, alla trouver le roi et lui suggéra l'idée de fonder, à Berlin, l'Université dont il devait être le premier recteur). Schmalz, le dernier des Physiocrates allemands, au dire de Roscher, mais non le moins ardent, comparait tout simplement le Colbertisme au système de Ptolémée, la Physiocratie à celui de Copernic; il était convaincu que Quesnay avait trouvé la vérité définitive et qu'elle était sur le point de triompher bientôt partout. Il en voulait à Adam Smith de ne s'y être pas tenu; il voyait en lui une sorte de Tycho-Brahé entre Colbert et les Physiocrates. Il était impossible à A. Smith de méconnaître la force de la vérité qui éclatait chez eux comme chez Copernic, mais il ne la voyait pas entièrement, il ne pouvait se débarrasser complètement de ses pré- jugés colbertiens, enfin il n'était pas sans chercher la gloire d'une découverte originale et il caressait le rêve de concilier tous les partis [1].

Ce jugement défavorable n'empêchait pas d'ailleurs les idées d'Adam Smith de pénétrer en Allemagne avec les traductions de Weidmann (1792) et de Garve (1re édition, 1794; 2e édition, 1799).

Il est à remarquer toutefois que les idées nouvelles ne sortaient guère du domaine de la théorie et rencontraient difficilement du crédit dans les sphères du monde politique; le mercantilisme, avec l'Étatisme, avec les prohibitions et les monopoles, dominait toujours le régime économique.

Il est vrai qu'en Prusse, au début de son règne, Frédéric-Guil- laume II, ce prince qui donnait au peuple de grandes espérances. avait eu quelques velléités de libéralisme.

Au moment même où mourait le grand Frédéric, le comte de Mirabeau était à Berlin en mission extraordinaire; on comptait sur son ascendant personnel et sur son éloquence pour acquérir à la France l'amitié du nouveau roi. Et Mirabeau lui écrivit une lettre demeurée fameuse qui était tout un programme de gouvernement. Il y était question notamment de la réforme économique et de l'intro- duction en Prusse du système physiocratique dont Mirabeau était un ardent défenseur. Mirabeau recommandait au roi l'abolition des entraves à l'importation, la suppression de la colonisation étrangère. l'autorisation d'exporter les métaux précieux, le remplacement des

---

1. W. Roscher, *Geschichte der National-OEkonomik in Deutschland*, XXI. Kap , 3, p. 498-499.

douanes et des impôts de consommation par un impôt foncier direct,
la facilité des transports, la suppression des monopoles.

Le roi fut-il sensible à la séduction de Mirabeau? Perçut-il l'écho
des plaintes et des revendications pressantes d'un peuple opprimé[1]?
Ou suivit-il plutôt les conseils, prépondérants sur son esprit, de
Wöllner qui se piquait d'être un économiste, et, à cette heure encore,
un économiste libéral, réformateur[2]? Toujours est-il qu'au début de
son règne il sembla favoriser les projets les plus hardis.

Un de ses premiers actes de souverain fut de nommer, le 28 août 1786,
une commission chargée, sous la présidence du ministre Werder,
de reviser toute l'économie des impôts alors régnants pour pouvoir
affranchir la Prusse de la régie à la française, instituée par le grand
Frédéric en 1766, odieuse au peuple, et pour supprimer les mono
poles non moins odieux du tabac et du café[3]. Cette réorganisation,
fondée, comme le voulait Mirabeau, sur le principe d'un impôt
direct, devait être liée à un adoucissement du système de protection
à outrance et d'entraves au transit intérieur et extérieur établi sous
les régimes précédents. Le roi avait donné ordre en particulier à la
commission de rechercher les voies et moyens qui pourraient, avec
le plus de succès, engager de nouveau l'étranger à faire prendre à
ses marchandises et à ses biens, d'après la situation de chaque lieu
d'expédition, le chemin plus court des États prussiens[4]; et cet ordre
du roi de travailler aux améliorations concernant la police économique devait servir d'amorce à un projet de réforme plus important
encore, établissant la franchise du commerce des grains. Cette fran
chise que demandaient les Physiocrates en France, le grand écono
miste allemand J. Moser l'avait déjà réclamée, lui aussi, à la même
époque. Dix ans environ avant le projet en question, dans ses
Fantaisies patriotiques (Patriotische Phantasieen, Berlin, 1774-1778),
il affirmait que la liberté entière du commerce en général, et en particulier du commerce des grains, était le moyen le plus sûr et le
plus efficace de prévenir ou de pallier toutes les disettes. Mieux
encore, en Prusse même, Ch. Auguste Struensée, le traducteur
d'Isaac Pinto, l'auteur du *Bref exposé du commerce dans les prin-*

1. M. Philippson, *Geschichte des preussischen Staatswesens vom Tode Friedrich des
Grossen bis zu den Freiheitskriegen*, Leipzig, Verlag von Veit und Cⁱᵉ, 1880, I. Bd.,
II. Kap., p. 98-99.

2. Wöllner en 1776 avait, pour se faire connaître du roi Frédéric, écrit un
ouvrage sur les questions économiques (*Die Aufhebung der Gemeinheiten in der Mark
Brandenburg nach ihren grossen Vortheilen ökonomisch betrachtet*), qui enfermait des vues
assez nouvelles et avait été traduit en français. Voir M. Philippson, *Geschichte des
preussischen Staatswesens*, I. Bd., I. Kap., p. 71.

3. M. Philippson, *Geschichte des preussischen Staatswesens*, I. Bd., II. Kap., p. 101. —
4. Ibid., p. 104.

cipaux États d'Europe et du *Traité sur les principaux objets de l'économie politique* (Abhandlungen über wichtige Gegenstände der Staatswirtschaft, Berlin, 1800), essayait de mettre en application quelques-unes des idées de la doctrine libérale.

Charles-Auguste Struensée, tour à tour professeur de philosophie et de mathématiques à l'Académie des Chevaliers de Liegnitz (en 1757, à 22 ans), puis conseiller intime à la justice et intendant des Finances à la cour de Danemark où, en 1769, l'avait appelé son frère Jean-Frédéric (médecin et favori du roi Christian VII, avant d'être, en 1771, son premier ministre), s'était, après la mort tragique de ce frère exécuté en 1772[1], retiré dans ses terres d'Alzenau, près de Haynau en Silésie; il s'était entièrement consacré à ses travaux scientifiques et économiques, il avait en particulier cherché à mettre à exécution, jusque dans les détails, sur ses domaines, les vues libre-échangistes préconisées par les Physiocrates et par Moser, du moins en ce qui concernait le commerce des grains[2]. Encouragés et endoctrinés par lui, les négociants de Breslau réclamèrent alors à grands cris la suppression des prohibitions relatives au commerce des grains.

1. Jean-Frédéric Struensée avait été accusé de conspiration par ceux qu'avaient inquiétés ou lésés ses réformes radicales, en particulier par la reine douairière et le comte de Rantzau-Aschberg ; on lui prêtait pour complice et pour maîtresse la propre femme du roi, la reine Caroline-Mathilde. Struensée et la reine furent arrêtés ; Struensée, mis en jugement après avoir avoué, dit-on, ses relations intimes avec Caroline-Mathilde, fut condamné à être décapité.

2. Struensée est, en effet, plutôt un éclectique qu'un doctrinaire. Sans doute il croit encore assez volontiers, avec les partisans de l'ancien système, à la balance du commerce; il admet qu'une balance défavorable pourrait drainer tout l'or d'un pays (Struensée, *W.*, I, 76), et n'autorise d'emprunt à l'étranger que dans la mesure où l'emprunt ne peut nuire à cette balance; mais il n'est plus un adepte du mercantilisme; il sait et déclare nécessaire une décadence et une ruine progressives, après le plein épanouissement du peuple sous l'influence du commerce extérieur, de l'industrie, de la circulation de l'argent, des colonies lointaines, des conquêtes, des emprunts d'État (I, 382); il reconnaît comme absolument sans danger la libre exportation de l'argent et de l'or; il est libre-échangiste en matière de grains et se refuse à voir dans l'exportation du blé une cause de déficit; il combat en conséquence l'institution des magasins nationaux, capables tout au plus de retarder le dommage résultant d'un abaissement ou d'une élévation des prix et toujours par les expédients les plus nuisibles; il réclame pour le bien général du commerce et de la nation la liberté des échanges à l'intérieur du pays, liberté nécessaire à la circulation de l'argent, mais il ne requiert pas une liberté sans réserves (Roscher, *Geschichte der National-Œkonomik in Deutschland*, xxiv. Kap., 132, p. 580-582). Il croit encore, pour maintenir la prospérité commerciale du pays, à l'efficacité d'une protection contre les marchandises étrangères (Freymark, *Zur preussischen Handels-und Zollpolitik von 1648-1818*; Halle an d. Saale, 1897, ii. Kop., p. 24-25); il considère que les Physiocrates qui ont en quelque sorte condamné l'industrie et exigé le libre-échange absolu, ont perverti les esprits en France et égaré le gouvernement (Roscher, *Geschichte der National-Œkonomik in Deutschland*, xxiv. Kap., 132, p. 581). Bref, Struensée apparaît comme un opportuniste, sympathique aux idées libérales, mais prudent dans les applications, sachant qu'en matière d'économie politique il n'y a pas de lois universellement valables et sans exceptions. (*Ibid.*, xxiv. Kap., 132, p. 580; voir aussi Philippson, *Geschichte des preussischen Staatswesens*, II. Bd., iii. Kap., p. 95-97).

C'est à leur instigation que le directeur général des Finances proposa au roi Frédéric-Guillaume, le 31 octobre 1786, l'abrogation de tous les impôts qui pesaient sur l'importation et sur l'exportation des grains [1], avec une réserve cependant : les magasins militaires ayant coutume de s'approvisionner en Pologne où le blé était à très bon marché, on pouvait craindre que le régime de la porte ouverte et de la libre concurrence ne fît singulièrement monter les prix et n'appauvrît d'autant le Trésor ; il fut donc décidé qu'on frapperait d'un droit les blés polonais pour en rendre l'achat plus onéreux aux acquéreurs autres que l'État [2]. Ces promesses de réforme n'eurent, malheureusement, qu'un commencement d'exécution : la seule annonce de la suppression des monopoles du café et du tabac, et de la refonte des droits de douane sur les grains, avait déchaîné, chez les commerçants, comme un esprit de révolution. Les négociants de Breslau, notamment, dont les vues, en matière économique, grâce aux enseignements de Struensée, étaient singulièrement avancées, non contents de leur première victoire, exigeaient maintenant l'extension du libre-échange à tout le trafic international, pour le plus grand bien, disaient-ils, de leur province si commerçante. D'autre part le public simpliste, entendant parler de suppression de monopoles, escomptait une mesure générale abolissant toutes les prohibitions relatives à l'entrée des produits étrangers, se refusait aux visites douanières et réclamait des abaissements de prix. Enfin les cultivateurs de tabac se livraient à la contrebande. On fit tant et si bien que la commission chargée de la revision douanière dut y mettre bon ordre et proposer des pénalités sévères : le roi, auquel ces menées avaient donné à réfléchir. s'émut [3] et, en dépit de ses premières velléités de libéralisme, finit par céder aux adversaires du projet de réformes [4].

III. *LA RÉACTION POLITIQUE ET ÉCONOMIQUE DE WÖLLNER.* Ce fut le triomphe de la réaction et de Wöllner, devenu conservateur en matière d'économie politique, comme en d'autres matières il était devenu clérical. La commission de revision fut licenciée le 30 janvier 1787 ; on revint à un mercantilisme encore aggravé ; on établit une série de tarifs nouveaux accroissant d'une façon singulière les droits de consommation sur les objets de première nécessité (on en escomptait un revenu annuel de deux millions

1. M. Philippson, *Geschichte des preussischen Staatswesens*, I. Bd., II. Kap., p. 109, et II. Bd., III. Kap., p. 95-97. — 2. *Ibid.*, I, II, p. 110. — 3. *Ibid.*, p. 114, 115 et 121. — 4. *Ibid.*, p. 116 et suiv.

d'écus), au risque de faire baisser la consommation et de menacer
le bien-être national. L'exportation de toutes les matières premières
fut à nouveau interdite. Interdites furent nombre d'industries, et
toutes les contributions augmentées[1]. Est-il besoin d'ajouter que la
liberté du commerce des grains sombra dans la tempête? Les
paysans, craignant que la libre entrée des blés étrangers n'amenât
une dépréciation de la valeur de leurs produits, les consommateurs
même, redoutant de voir sortir de la liberté des échanges, de la
liberté de l'offre et de la demande, un renchérissement des prix
fixés pour les denrées, se firent les complices de la réaction. Dès
janvier 1787, un règlement de police interdisait « l'accaparement
des grains » et cherchait à limiter les transactions des spéculateurs.
La peur d'un envahissement des marchés de la Silésie par les blés polonais et de la ruine de l'agriculture en ce pays dictait au roi un
ordre de cabinet du 4 février 1787 (contresigné par Hoym) interdisant
dans cette province l'importation et l'exportation des grains. Les
militaires se mirent de la partie et protestèrent, au nom de la défense
nationale. contre la liberté du commerce des grains, qui rendait les
approvisionnements plus difficiles et plus coûteux[2]

Circonvenu de tous les côtés et de plus en plus apeuré, le roi,
dans un nouvel ordre de cabinet du 8 janvier 1788, déclarait que
l'expérience de deux années était concluante : le libre commerce des
grains faisait sortir du pays une quantité énorme de blé, vidait les
magasins de leurs réserves de paix et de guerre et menaçait, en
cas de mauvaise année, la nation de disette; en conséquence il
appelait l'attention de la Direction générale sur ce fâcheux état de
choses.

Pour essayer de sauver ce qui restait du libre-échange, les partisans de la réforme à la commission de revision firent la part du feu :
ils proposèrent d'établir une barrière douanière contre l'invasion des
blés de Pologne et d'assurer à l'administration de la guerre le monopole du commerce des grains dans les districts où elle avait ses
magasins.

Struensée faisait partie des conseils de la Direction générale;
il allégua qu'on ne pouvait juger le système du libre-échange sur une
expérience d'un an et demi, et sur une expérience aussi restreinte;
il multiplia les raisons décisives en faveur de la liberté illimitée du
commerce et contre toutes les barrières, montra qu'en accordant à
la Pologne le libre passage, Stettin et toute la Poméranie y gagne-

1. M. Philippson, *Geschichte des preussischen Staatswesens*, I, III, p. 248-250. — 2. Ibid.,
p. 253-254.

raient de devenir des centres d'exportation de grains, que toute la marine marchande en bénéficierait, et non seulement la marine, mais le commerce entier, car les marchands polonais viendraient alors s'approvisionner en Prusse. Ce fut en vain : la commission avait son siège fait. Jugeant impossible d'aller à l'encontre de la volonté du roi et s'imaginant qu'il fallait se contenter des concessions accordées pour diminuer la résistance de la réaction, elle fit la sourde oreille aux arguments de Struensée, ou plutôt elle crut habile de les réfuter.

Puérile tentative. Le roi était emporté par le courant; les moyens termes lui parurent des faiblesses; il rejeta le projet de la commission et céda aux sollicitations de plus en plus pressantes des militaires.

Sans même consulter au préalable la Direction générale, il signa, le 19 octobre 1788, un premier décret frappant l'exportation des grains d'un droit si formidable qu'il équivalait déjà presque à une prohibition; il alla plus loin encore, et, malgré les efforts de la Direction générale, les propositions de Werder, les doléances des intéressés, le 10 janvier 1789, il donnait le coup de grâce aux réformes libérales par lesquelles s'était annoncé son règne : il interdisait purement et simplement d'une façon absolue dans toutes les provinces de la Prusse, par mesure de protection, disait-il, l'exportation de toutes les sortes de grains [1].

IV. *LA RÉFORME DE STRUENSÉE ET DE STEIN.* — Quand, en octobre 1791, la situation politique et financière du royaume contraignit la camarilla des Rose-Croix, des Wöllner, des Hilmer, des Hermès et des Bichoffswerder, tout-puissants auprès du roi, à accepter, en dépit de leurs sentiments intimes, le concours de Struensée comme ministre des Finances, il put sembler que les choses allaient changer et que le nouveau ministre aurait à cœur de réaliser au pouvoir les réformes qu'il avait préconisées comme économiste. Malheureusement Struensée avait fait en Danemark un apprentissage qui l'avait rendu trop prudent. L'exemple de son frère lui avait enseigné le danger de briser les coteries, de rompre en visière avec les préjugés, et de menacer les intérêts de ceux qui avaient l'oreille des rois. Il savait les répugnances et les résistances que ses projets réformateurs rencontraient chez ses collègues, il savait les haines qui le guettaient, il savait la versatilité du monarque : après avoir soutenu la réforme économique libérale pour

---

1. M. Philippson, *Geschichte des preussischen Staatswesens*, I, III, p. 259-261.

laquelle Struensée avait mené le combat, Frédéric-Guillaume II avait tout abandonné et tout cédé à la réaction sans cesse grandissante.

Pour triompher de tels obstacles il eût fallu un courage et une fermeté de caractère que Struensée n'avait pas. Il ne pouvait, il ne voulait pas lutter contre « dix États antiques, vingt greffes, cinquante constitutions, cent privilèges, et d'innombrables intérêts personnels »; il préférait « se laisser porter sans secousses par le flot du monde ». Convaincu que, pour triompher des résistances de la vieille organisation douanière, il faudrait un coup d'État, qu'il ne désirait pas tenter, il se consolait à l'idée « qu'il y aurait du foin au râtelier quelque temps encore ». Il se borna donc à faire du mieux qu'il put — et sans éclat — sa besogne de financier [1]

A l'issue de la campagne de France, après les victoires des armées révolutionnaires sur le sol même de l'Allemagne, à la fin de l'année 1794, Struensée, invoquant l'état lamentable où se trouvait financièrement et économiquement la Prusse, avait bien essayé de rétablir la liberté du commerce des grains. Il alléguait que la récente acquisition des provinces du Sud, essentiellement productrices de grains, en modifiant les conditions économiques, permettrait d'abaisser les prix, si la liberté du commerce était assurée entre ces provinces et les autres; et il obtint, le 30 janvier 1794, l'approbation du roi sous réserve de certaines mesures destinées à préserver les anciennes provinces d'un abaissement trop rapide de prix, ruineux pour elles.

Victoire éphémère des vues chères à Struensée. Une liberté, même restreinte, du commerce était incompatible avec le système étatiste de la création des magasins et des réserves.

Une fois encore le conseil supérieur de la guerre fit entendre ses doléances : la liberté du commerce des grains, loin d'abaisser les prix, les ferait monter, car elle permettrait leur sortie; les achats pour les magasins de l'État deviendraient onéreux, les réserves seraient entamées, la défense nationale compromise. Et le 6 mai 1794, moins de quatre mois après que la liberté avait été rétablie, un ordre du roi supprimait à nouveau la libre sortie des grains [2].

Cependant, dans les derniers temps de son règne, la question fut encore une fois agitée. Un ordre du cabinet du 29 juin 1797 appelle l'attention des ministres sur les inconvénients que présentent, au point de vue du commerce intérieur, la diversité et la multiplicité des taxes douanières de province à province, voire au dedans de la

---

1. M. Philippson, *Geschichte des preussischen Staatswesens*, II. Bd., III. Kap., p. 97-99. — 2. *Ibid.*, II, III, p. 112-113.

même province, et exprime la volonté de supprimer entièrement les
barrières artificielles à l'intérieur du royaume pour ne conserver
que les octrois aux frontières et vis-à-vis de l'étranger. Le même
ordre de cabinet demande enfin aux directions compétentes d'examiner la question des pertes que causerait au trésor une réforme
complète ou partielle du système des douanes intérieures, celle aussi
des bénéfices que procureraient au trésor les douanes de frontières [1]. Comme il était à prévoir, les directions compétentes, la
direction des douanes en particulier, tout en reconnaissant la réforme
désirable, alléguèrent qu'elle était grosse de dangers et ruineuse pour
les finances publiques [2]

Il fallut pour vaincre ces résistances attendre la mort du roi
(16 novembre 1797) et l'avènement de Frédéric-Guillaume III. Celui-
ci, dont le libéralisme connu allait jusqu'à le faire passer pour un
démocrate capable de réaliser dans l'ordre et progressivement ce
pour quoi les Français avaient fait une Révolution [3], paraissait
décidé à mener à bien la réforme économique projetée depuis si
longtemps et tant de fois remise en question.

En dépit des observations de la direction des douanes qui déclarait encore le 20 décembre 1797 que, si la réforme aboutissait, on ne
trouverait pas de recettes pour combler le déficit [4], il pressa les
choses autant qu'il put; mais la réforme n'aboutit qu'avec le
ministère de Stein, successeur aux finances de Struensée et disciple
décidé d'Adam Smith [5]. Un décret du 26 décembre 1805 annonçait,
en effet, qu'elle serait appliquée à partir du 1er janvier 1806 [6]

Cependant, si l'honneur d'avoir signé la réforme revient au roi et
à Stein, il est difficile d'oublier que Struensée en avait eu, sous le
règne précédent, l'idée et l'initiative premières, et qu'il ne tint pas
uniquement à lui de ne pas l'avoir accomplie. Qui donc, sinon
Struensée, avait pu inspirer à Frédéric-Guillaume II mourant l'ordre
de cabinet du 29 juin 1797, proposant d'abolir toutes les prohibitions
intérieures pour ne laisser subsister que les douanes des frontières,
ordre de cabinet repris par Frédéric-Guillaume III dès son avènement, et dont le décret du 26 décembre 1805 n'était que la consécration définitive?

Les réformes économiques du nouveau roi et du nouveau ministre

1. H. Freymark, *Zur preussischen Handels-und Zollpolitik von 1648-1818*, II, p. 25.
2. Berlin, Dir. 7. Juli 97, Dir. 3. Juli 98.
3. H. von Treitschke, *Deutsche Geschichte im neunzehnten Jahrhundert*, I. Theil, Dritte
Auflage, Leipzig, Hirzel, 1882, I, 2, p. 149 et 151.
4. Freymark, *Zur preussischen Handels-und Zollpolitik von 1648-1818*, II, p. 25. Zoll.
Dir. 20. Oct. 97; Dir. Küstrin 10. April 98. — 5. *Ibid.*, p. 27. — 6. *Ibid.*, p. 26.

ne furent donc que la réalisation des idées que Struensée avait eu
le mérite d'être le premier à annoncer. Il ne lui manqua sans doute
pour les faire aboutir plus tôt qu'un peu de cette audace et de cette
énergie dont Stein allait donner mainte preuve.

B. ANALYSE DE « L'ÉTAT COMMERCIAL FERMÉ ». En dédiant à Struensée son *État commercial fermé*, à l'heure où, avec le nouveau roi, la question de la réforme économique était à l'ordre du jour et le projet de refonte des douanes soumis à la discussion des hommes du métier, l'année même de la publication du *Traité sur les principaux objets de l'Économie politique* de Struensée, Fichte n'ignorait ni le sens de la réforme, ni les sentiments et le caractère du ministre ; il ne paraît donc pas douteux qu'il espérait, dans son ardente ambition d'action et de réformes, collaborer à l'œuvre qui se préparait, en opposant ses projets de réglementation économique aux propositions du libéralisme naissant.

L'*État commercial fermé* n'est, en dépit des apparences, nullement une utopie, une fantaisie de philosophe ; il prétend fournir la solution originale d'un problème économique posé par les faits : c'est ce qui ressort avec évidence de la courte introduction où Fichte définit le rapport de l'État conforme à la Raison avec l'État réel. Il prend soin de dire que la construction de la Cité vraiment rationnelle à partir des concepts du Droit pur fait abstraction de tous les rapports juridiques, ou du moins de tous les rapports en tenant lieu, qui auraient pu exister antérieurement entre les hommes.

Or, en fait, les hommes vivent sous une Constitution qui n'est sans doute l'œuvre ni de la réflexion, ni de l'art, mais bien plutôt du hasard ou de la Providence. L'État réel, en présence de cette situation, ne peut procéder à la destruction soudaine de cette Constitution sans disperser les membres de la communauté, sans les rendre à la sauvagerie, et par conséquent sans aller à l'encontre du but même qu'il poursuit : l'édification de l'État conforme à la Raison.

Tout ce qui est possible, c'est, partant de la situation de fait, de procéder progressivement et par étapes à la réalisation de cet État ; la question qui se pose n'est pas une question de droit, mais une question d'opportunité. C'est ici qu'intervient la politique avec sa fonction propre : elle tient le milieu entre l'État actuel et l'État conforme à la Raison, elle décrit la ligne continue suivant laquelle du premier on passe au second.

Précisant, d'après ces principes, le but qu'il se propose dans l'*État commercial fermé*, Fichte ajoutait :

« Celui qui entreprend de montrer les lois qu'il s'agit d'établir en ce qui concerne les échanges commerciaux au sein de l'État a donc une triple tâche à remplir : chercher ce que, dans l'État conforme à la Raison, le droit exige relativement au commerce; exposer ce qui, à cet égard, est d'usage dans les États existants; tracer enfin la voie suivant laquelle un État peut passer de la situation de fait à la situation de droit. Je ne m'en défends pas, je parle d'une science et d'un art visant à l'établissement progressif de l'État conforme à la Raison.

« Tout le bien qui peut échoir à l'homme en partage doit être forcément produit par ses propres moyens suivant les lois de la science : telle est sa destinée. La nature ne lui donne rien d'avance que la possibilité d'appliquer ses ressources naturelles [1]. »

Par là se trouve nettement défini le dessein de Fichte dans l'*État commercial fermé*, et justifiée la division même de l'ouvrage : *Philosophie*, ou établissement des principes qui, au point de vue du droit pur, doivent, dans l'État conforme à la Raison, gouverner les relations commerciales. *Histoire* : situation des relations commerciales, dans les États actuellement existants. *Politique* : procédure pour conformer à la constitution requise par la Raison les relations commerciales d'un État donné, ou fermeture de l'État commercial.

Une analyse rapide des trois chapitres qui constituent ainsi la matière de l'*État commercial fermé* fera ressortir tout à la fois l'originalité du penseur et le caractère pratique de cet écrit, où Fichte prétend apporter une solution précise et rationnelle du problème économique posé à cet instant même en Prusse, et que les hommes d'État cherchaient à résoudre d'une manière purement empirique.

Disons-le tout de suite, pour Fichte, la Raison ou, si l'on préfère, la Science exige, au nom de la pure justice, dans le domaine économique, l'établissement de ce que nous appelons aujourd'hui une constitution socialiste : voilà ce que Fichte, le premier du moins en Allemagne, proclame et entend démontrer. Et cette conclusion est conforme à la logique de son système.

En effet, la *Théorie du Droit* enseigne que l'exercice de la libre activité de l'individu dans le monde sensible, son droit primordial, est seulement possible sous la garantie de l'État et par la constitution d'un contrat d'association. Par ce contrat l'individu se trouve intégré dans une société; il devient membre d'un organisme dont toutes les parties sont solidaires, en réciprocité d'action. Ce contrat

1. Fichte, *S. W.*, III. Bd., *Der geschlossene Handelsstaat.* Einleitung, p. 397-398.

ne repose d'ailleurs pas sur une pure fiction ou sur une simple convention; la société n'est pas un tout imaginaire, une création plus
ou moins arbitraire, c'est un tout existant et vivant, un organisme
véritable. La vie en société, qui est aussi réelle et aussi naturelle
que la vie individuelle, — car il n'y a pas plus d'individus hors de la
société qu'il n'y a de société sans individus, — reconstitue ainsi dans
le monde sensible, à travers la nécessaire division et la nécessaire
multiplicité des consciences individuelles, l'unité que la Raison exige,
ou plutôt elle est l'incarnation même de cette unité. Dans le tout
organisé et organique que constitue la société, la Raison se réalise
comme *Humanité une*; la société civile exprime donc une fonction
naturelle d'unification qui fournit déjà, dans la Nature même, une
communauté véritable des individus, base sur laquelle pourra s'édifier
ultérieurement l'unification morale du genre humain, le Règne des
Fins; une communauté sans laquelle l'humanité se perdrait dans le
désordre et l'anarchie des appétits individuels.

C'est le caractère de l'*organisme social* qui est, à proprement parler,
le trait essentiel de la théorie du droit chez Fichte.

Le droit, c'est, au fond, pour lui, l'affirmation que l'homme individuel n'est un homme que parmi des hommes, qu'il est membre
d'une société organique, où tous les individus sont solidaires;
l'homme est ainsi le concept d'un genre, non celui d'un individu, et
l'individu isolé de l'humanité n'est qu'une fiction de l'imagination [1]

Cette conception de l'État, de la Société, comme organisme, est
une conception originale de Fichte qui s'oppose au point de vue
encore individualiste, au fond, de Rousseau et de Kant, et introduit,
en morale, une valeur nouvelle, le Social.

Or, cette substitution même du point de vue social au point de
vue individuel dans le contrat civil conduit, pour toute l'économique, à une conception nettement socialiste. Par la définition
de la propriété d'abord : du moment que, dans l'État, l'individu
n'existe qu'en fonction de la société dont il fait partie intégrante, il
ne peut y avoir pour l'individu un droit primitif et absolu de propriété sur les choses, comme le prétend le droit moderne, issu du
droit romain; car la propriété conçue comme purement indivi
duelle ou individualisée aboutit, en dernière analyse, à la justification de la grande propriété foncière, à une espèce de féodalité agra
rienne, directement contraire aux intérêts de la communauté. Il est
clair, sans qu'il soit besoin d'y insister, que la répartition entre

---

1. Fichte, *S. W.*, III. Bd., *Grundlaje des Naturrec'ts*, Erstes Hauptstück, §3, Zweiter
Lehrsatz, Corollaria, p. 39, et II. Theil, § 17, B, p. 203-209.

quelques gros propriétaires du sol, source des subsistances nécessaires à la vie, — ce sol limité en quantité, — exclut le reste des
membres de la société de la jouissance des biens auxquels leur
donne droit le fait même d'appartenir à cette société.

Tous les membres de l'État ayant exactement le même droit à
la vie, la justice exige qu'ils aient tous le moyen de vivre ; une
constitution sociale qui confère à quelques-uns aux dépens de tous
l'appropriation des conditions de toute la subsistance, est une constitution mauvaise et que condamne l'État conforme à la Raison.

La seule conception admissible est celle qui détermine la propriété en fonction, non plus de l'individu, mais de la communauté
des individus ; elle suppose que le droit de propriété soit défini,
non plus comme la possession exclusive d'une *chose donnée*, mais
comme l'attribution d'une certaine sphère d'action, comme la condition nécessaire de toute existence dans le monde physique, d'un
mot, comme la production du travail qui permet à chaque homme
de vivre.

Une pareille définition, fondée d'une façon manifeste sur les prin
cipes de l'ensemble de la *Théorie de la Science*, n'oppose pas le droit
d'un individu aux droits des autres individus ; elle implique la coexistence des droits de tous les individus en affirmant pour *tout* individu
la nécessité de trouver les moyens de vivre et de vivre de son travail[1].

Déjà, dans sa *Théorie du Droit*, Fichte avait écrit : « Le but
suprême, le but universel de toute activité libre est de pouvoir
vivre. Ce but, chacun de nous l'a en vue ; il lui est garanti dans la
mesure ou la liberté en général lui est garantie. S'il n'arrivait pas à
ce but, la liberté et la conservation de la personne ne seraient pas possibles..., la faculté de vivre est le bien inaliénable, absolu de tout
homme[2]. »

Dès les premières pages de l'*État commercial fermé* il revient sur
cette idée ·

« Le but de toute activité humaine est de pouvoir vivre. Tous
ceux que la nature a jetés dans la vie ont le même droit à revendi
quer cette possibilité de vivre. La répartition doit donc être néces
sairement faite de telle sorte que tous y puissent trouver leur subsistance[3]. »

C'est précisément sur l'obligation, au point de vue social. d'assurer

1. Fichte, *S. W.*, III. Bd., *Der geschlossene Handelsstaat*, I. Buch, 1 Cap., I, II,
p. 401-403, et 7 Cap., p. 440-445.
2. Fichte, *S. W.*, III. Bd., *Grundlage des Naturrechts*, II. Theil, 2, § 18, p. 212.
3. Fichte, *S. W.*, III. Bd., *Der geschlossene Handelsstaat*, I, 1, II, p. 402.

la vie à tous les membres de la Cité, sans exception aucune, que reposent, en principe, la division des produits et la réglementation du travail.

« Chacun veut vivre aussi confortablement que possible. Or, comme chacun le demande à titre d'homme et que personne n'est homme à un degré plus ou moins grand que le voisin, tous ont le même droit à émettre cette prétention. Il faut que la répartition se fasse conformément à cette égalité de leur droit, de telle sorte que chacun d'eux et tous ensemble puissent vivre aussi confortablement que possible, si on veut que cette masse d'hommes qui s'y trouvent puissent coexister et subsister dans la sphère d'action donnée, c'est-à-dire que tous puissent vivre dans un confort approximativement égal. »

« Posez comme première grandeur une somme déterminée d'activité possible dans une certaine sphère d'action. Le confort de vie résultant de cette activité est la valeur de cette grandeur. Posez comme seconde grandeur un nombre déterminé d'individus. Divisez la valeur de la première grandeur par parts égales entre les individus; vous aurez ce que, dans les circonstances données, chacun doit recevoir. Si la première somme grandissait, si la seconde diminuait, la part de chaque individu augmenterait, vous n'y pouvez rien changer, ce que vous pouvez faire, c'est tout simplement de partager également *ce qui est donné*[1]. »

Cette arithmétique économique est l'œuvre propre de l'État; elle aboutit, suivant Fichte, à une division et à une réglementation du travail, telles qu'elles puissent assurer à l'ensemble des citoyens le maximum de bien-être; telles qu'elles puissent aussi prévenir le désordre économique et conséquemment l'injustice qui naîtraient forcément de la liberté anarchique.

Visiblement inspiré à la fois des travaux des Physiocrates et de l'ouvrage d'A. Smith (la seconde édition de la traduction allemande par Garve venait de paraître), Fichte, dans son économique, d'une part insiste d'abord sur la valeur éminente des produits naturels, des produits du sol, comme condition première de tout gain, de toute richesse dans la cité, et comme unité de la valeur. Le prix de tout objet se mesure en particulier, soit à la quantité de blé qui aurait pu être produite pendant le temps qu'on a consacré à le faire, soit à celle qu'aurait exigée pendant ce temps la vie de l'artisan[2]

L'agriculture et, avec elle, l'extraction et l'exploitation de tous les produits naturels sont, dit-il, le fondement même de l'État, la norme

---

1. Fichte, *S. W.*, III. Bd., *Der geschlossene Handels*staat, I, 1, ii, p. 402-403.
2. Ibid., I, 2, v, p. 416-417.

qui règle les prix de tout le reste. Le bien-être et le luxe plus ou moins grands de la société dépendent des conditions plus ou moins favorables de la production, du degré d'avancement ou d'enfance de l'exploitation [1].

La première place, dans la division des branches de l'activité humaine, appartient au travail qui concerne les produits naturels, à la classe des *producteurs* opposée à celles des *non-producteurs*, suivant l'expression que Fichte emprunte aux Physiocrates. Les *pro ducteurs*, détenant les produits naturels, sont les seuls qui pourraient, à la rigueur, se passer de toute aide étrangère; il suffit d'opérations, en somme assez simples, pour transformer ces produits en nourriture et en vêtements. Au contraire les artisans ne peuvent se passer de ces produits naturels à la fois pour leur subsistance et pour leurs travaux; ajoutons que le but de l'artisan ne se trouve nullement dans son travail même (comme pour celui qui récolte des produits naturels), son but, c'est de vivre de son travail, et, si sa vie n'est pas assurée par son travail, il n'y a pour lui rien d'assuré. La première condition, la condition nécessaire pour que l'existence soit possible dans l'État, c'est que les producteurs obtiennent une quantité de produits suffisante pour subvenir à la nourriture de l'ensemble des membres qui constituent la société [2].

Mais, en reconnaissant avec les Physiocrates la part privilégiée de l'agriculture et de ses annexes, source même de la richesse de l'État, Fichte, comme A. Smith, estime que la division du travail est un fait économique et social de première importance : il permet d'acquérir dans la société le maximum de bien-être avec le minimum d'effort.

Fichte admet la distinction, alors courante, de cette division du travail en trois grandes classes : Producteurs, Artisans, Commerçants, chacune de ces classes étant susceptible elle-même de subdivisions plus ou moins nombreuses [3]

Il exige seulement entre ces différentes classes le rapport suivant : d'une part les producteurs doivent être en nombre suffisant pour entretenir, avec l'existence de leur propre classe, celle des deux autres, pour fournir aussi aux artisans les matériaux nécessaires à la fabrication; d'autre part les artisans doivent livrer aux producteurs la quantité d'objets fabriqués dont l'usage leur est habituel, au prix

1. Fichte, *S. W.*, III. Bd., *Der geschlossene Handelsstaat*, I, 2, II, p. 408.
2. Ibid., I, 2, I, p. 404, et II, p. 408.
3. Par exemple, les producteurs comprennent des agriculteurs, des maraîchers, des jardiniers, des forestiers, des éleveurs, des pêcheurs, etc.; de même les artisans se divisent en presque autant de catégories qu'il y a d'objets fabriqués, et les branches du commerce sont également multiples. (Ibid., I, 2, II, p. 406-408).

fixé par la valeur et par la qualité du produit; enfin les commerçants, qui servent d'intermédiaires entre ces deux classes et leur épargnent la peine et le temps de se chercher mutuellement, doivent renoncer entre eux à tout commerce direct, source de tous les accaparements et de tous les monopoles, véritable plaie inhérente au mercantilisme; ils doivent cesser d'être soit marchands et producteurs ou artisans, soit les deux à la fois, et rester toujours pourvus, en tout temps, des objets qu'on leur demande. En échange, les deux autres classes s'engagent à leur remettre le superflu de leurs produits ou de leurs objets fabriqués à un prix qui permette aux marchands de vivre de leur commerce aussi confortablement que les membres des autres classes vivent de leur travail [1]

Il convient d'ajouter que cette division ne se fait pas arbitrairement et au hasard : elle exige une réglementation minutieuse par l'État, seul capable de déterminer, suivant les besoins de la communauté, le nombre respectif des travailleurs de chaque classe, d'établir, au cas où une branche manque de bras, un système de primes pour attirer les travailleurs, d'interdire aux incapables l'exercice public de tel ou tel métier [2], de fixer les prix des échanges en fonction de la quantité des marchandises et du nombre des consommateurs, de surveiller enfin la régularité des opérations commerciales et de punir la fraude [3].

Bref la tâche de l'État est d'assurer à tous les citoyens, par cette réglementation du travail, avec le maximum de bien-être national ou de richesse publique, à la fois l'égalité du confort qu'exige la justice et le maximum de confort compatible avec une situation donnée [4].

Remarquons d'ailleurs que cette égalité de confort n'entraîne pas, dans l'esprit de Fichte, une égalisation des individus.

Sans doute, il convient, déclare-t-il, que tous aient une vie également agréable; mais il ajoute : proportionnellement agréable, c'est-à-dire telle qu'on obtienne l'espèce de force et de bien-être dont chacun a besoin pour ses fonctions propres. Par exemple, l'homme occupé à de profondes méditations et dont l'imagination doit prendre son élan pour la découverte n'aurait pas même le nécessaire, s'il devait se nourrir comme l'agriculteur qui, au jour le jour, fait un travail tout mécanique, et ne dépense que des forces physiques. Celui-ci peut, sans inconvénient, les jours où il travaille, apaiser sa

1. Fichte, *S. W.*, III. Bd., *Der geschlossene Handelsstaat*, I, 2, I, p. 404-405; Voir aussi I, 7, p. 447. — 2. Ibid., I, 2, II, III, p. 408-411. — 3. Ibid., I, 2, IV, p. 413. — 4. Ibid., I, 3, p. 423.

faim avec une quantité d'aliments végétaux qu'il digérera en plein air; de plus, un vêtement fin et soigné serait, dans ses occupations, bien vite perdu. Au contraire celui qui exécute, assis dans sa chambre, un travail manuel, a besoin d'une nourriture dont une petite quantité le rassasie; et celui qui, soit dans les arts supérieurs, soit dans la science, doit faire des découvertes a besoin d'une nourriture plus variée et plus réconfortante, il lui faut constamment devant les yeux, au dehors, cette pureté et cette noblesse qui doivent régner intérieurement en lui[1].

Il convient enfin de remarquer que cette proportionnalité de confort, loin de tendre, dans l'esprit de Fichte, à un matérialisme médiocre, a, au fond, pour but de rendre accessible à *tous* le loisir destiné à l'élévation spirituelle qui, dans l'ordre économique actuel, est le privilège, singulièrement mal employé, de quelques oisifs.

« Ce n'est pas simplement pour l'humanité un pieux désir, c'est la revendication inéluctable de son droit et de sa destinée qu'elle vive sur la terre aussi aisément, aussi librement, aussi maîtresse de la nature, aussi véritablement *humaine* que le permet la nature. L'homme doit travailler, mais non pas comme une bête de somme, qui s'endort sous son fardeau et qu'après la réfection nécessaire de ses forces épuisées, on réveille en sursaut pour porter de nouveau la même charge. L'homme doit travailler sans l'aiguillon de la peur, avec plaisir et avec joie, conservant du loisir afin de lever son esprit et son regard vers le ciel pour la contemplation duquel il est formé. Il ne faut pas qu'il mange pour ainsi dire avec sa bête de somme, sa nourriture doit être aussi différente du foin, son habitation de l'écurie, que sa conformation est différente de celle de sa bête de somme. Il possède ce droit, parce qu'il est un homme[2]. »

Et voici le point important. Cette réglementation assurant à tous les membres de la Cité une égalité dans le ·confort et dans la participation à la vie spirituelle qui est la condition même de la Justice, ne devient possible qu'à l'intérieur d'un État commercial fermé, car toute introduction de produits étrangers à l'État romprait nécessairement l'équilibre maintenu avec tant de labeur entre les différentes branches du travail[3].

« Si vraiment il n'est pas entièrement indifférent à l'État de savoir de quelle manière le citoyen est parvenu à l'acquisition de ce que l'État doit reconnaître et garantir comme sa propriété; si le citoyen, dans ses acquisitions, se voit refuser à une certaine limite, la limite

1. Fichte, *S. W.*, III. Bd., *Der geschlossene Handelsstaat*, I, 2, v, p. 418. — 2. Ibid., I, 3, p. 422-423. — 3. *Ibid.*, I, 2, vi, p. 420.

du vol à main armée, la liberté sans obstacles qui permettrait que l'un s'emparât de tout sans que l'autre n'eût rien; si vraiment le devoir du gouvernement ne consiste pas seulement à veiller d'une certaine manière sur les stocks accumulés et à empêcher celui qui n'a rien d'obtenir quelque chose; si c'est bien plutôt la véritable fonction de l'État d'aider tous les citoyens à acquérir ce qui leur appartient comme membres co-partageants de l'humanité..., alors il faut que tout le commerce soit réglé de la manière qui a été dite; il faut, pour que cette réglementation soit possible, qu'on puisse faire abstraction de l'influence de l'étranger sur lequel on n'a pas de prise; et alors l'État conforme à la Raison est un État commercial fermé aussi bien qu'il est un royaume fermé quant à ses lois et aux individus qui le constituent [1]. »

Mais trois choses peuvent compromettre, à l'intérieur même de l'État fermé, l'équilibre de la justice : c'est, en premier lieu, l'existence d'une classe de citoyens qui ne sont ni producteurs, ni fabricants, ni commerçants, la classe des fonctionnaires qui consomment sans produire, fabriquer ou échanger, diminuant le bien-être général sans compensation; c'est en second lieu l'impossibilité de prévoir le rendement annuel des produits naturels, et par suite la menace d'un déficit dans la production; c'est enfin la nécessité de recourir à la monnaie comme valeur d'échange, et la possibilité de constituer avec elle une richesse purement fictive.

Mais d'abord les fonctionnaires assurent les services publics; ce sont eux qui garantissent à tous les citoyens la jouissance de leurs droits : il est à la fois nécessaire et juste qu'ils aient dans l'État leur place et dans la fortune publique leur part; il faut donc, dans le calcul économique qui règle le rapport des classes et le degré du confort commun, commencer par opérer la déduction de la somme qu'exige l'entretien des fonctionnaires; c'est là le principe même des impôts; et sans doute la fortune publique et le bien-être de tous en sont diminués, sans doute le prix des denrées s'en trouve augmenté d'autant, mais l'équilibre commercial n'en est pas rompu [2].

En second lieu, l'équilibre pourrait être modifié non pas sans doute par une perturbation dans la quantité des produits fabriqués, puisque ceux-ci peuvent toujours être réglementés suivant le calcul des besoins, mais par une insuffisance dans la production annuelle, insuffisance sur laquelle nulle réglementation n'a de prise.

Pour y obvier l'État n'a qu'une ressource : calculer, sur un espace

1. Fichte, S. W., III. Bd., Der geschlossene Handelsstaat, I, 2, VI, p. 420. — 2. Ibid., I, 4, p. 424-427.

de cinq ans environ, la moyenne de la production et de la consommation annuelle; créer des magasins où il mette en réserve dans les années de surproduction le surplus des produits nécessaires à l'alimentation normale, et obliger les producteurs soit à verser dans les magasins de l'État, soit à conserver par devers eux, après déclaration préalable, ce surplus qu'on inscrit à leur crédit et qui sera payable au moment de la livraison [1].

Mais c'est surtout l'introduction de l'argent, de l'or, des métaux précieux, condition des échanges, qui est susceptible de troubler l'équilibre économique de l'État en modifiant la valeur même des produits, le rapport entre la quantité des objets de consommation et le prix en argent qu'ils représentent étant alors essentiellement variable; visiblement Fichte dénonce ici les méfaits du mercantilisme qui considérait la quantité accumulée de métal précieux comme la richesse même d'un pays [2].

Or, sans doute Fichte ne va pas jusqu'à interdire toute introduction de monnaie dans l'État conforme à la Raison; mais il va s'efforcer de montrer que, dans un État commercial fermé où les citoyens n'ont pas d'attaches directes avec l'étranger, l'argent ne peut avoir par lui-même de valeur réelle, il ne doit avoir qu'une valeur purement fictive, celle d'un signe, d'un simple instrument d'échange, d'un nouvel et commode intermédiaire, parce que plus maniable, dans le troc des marchandises [3].

Dans l'État commercial fermé la quantité d'argent en circulation, pour parler le langage ordinaire, n'a aucune importance; le plus ou le moins n'a aucun sens, sa valeur n'a qu'une valeur fictive, celle que l'État lui donne; la somme totale de l'argent en circulation représente exactement la somme totale des denrées en circulation publique dans le commerce, la dixième partie de l'argent, la dixième partie des marchandises, la centième de l'un, la centième des autres. Peu importe donc qu'on appelle *Thaler* une fraction quelconque de l'argent, car, quelle que soit la fraction en question, elle ne pourra jamais servir qu'à se procurer la même fraction de marchandises. La fortune d'un individu dépend, non pas du nombre de pièces d'argent qu'il accumule, mais de la fraction de la totalité de l'argent en circulation que ce nombre exprime, c'est-à-dire au fond de la fraction des denrées et marchandises qu'il représente.

Il suit de là que la quantité d'argent, c'est-à-dire de signes mis en circulation par l'État, est absolument arbitraire. Grande ou petite,

---

1. Fichte, *S. W.*, III. Bd., *Der geschlossene Handelsstaat*, I, 5, p. 428-431. — 2. Ibid., I, 6, p. 432. — 3. Ibid , I, 6, p. 433.

aussi grande ou aussi petite qu'elle soit, elle a toujours exactement
la même valeur; elle représente toujours exactement la quantité de
blé qui, comme unité, mesure, tant en nature qu'en valeur d'équiva-
lence, la nourriture et l'entretien global des membres de la Cité.

Tant que ce rapport entre l'argent et les marchandises en circulation subsiste, les prix ne peuvent changer; ils ne changeraient que
si, en présence de la même masse d'argent, les marchandises en
circulation augmentaient en quantité ou en valeur interne, que si,
en présence de la même valeur des marchandises, la masse d'argent
augmentait ou diminuait. Dans le premier cas chaque partie de
l'argent en cours aurait plus de valeur puisque le tout dont il est
une part représenterait une valeur, supérieure; dans le second cas
chaque pièce d'argent perdrait ou gagnerait de sa valeur, puisqu'elle
ne serait plus la même fraction de la totalité qui, après comme
avant, représente la même valeur des marchandises [1].

Si donc l'État est seul à pouvoir fabriquer la monnaie, si la con-
trefaçon en est impossible, — et ce sont là deux conditions indispensables, — l'équilibre commercial ne peut être changé à l'insu de
l'État; il ne peut être augmenté sans sa volonté expresse, et il ne
doit l'être que pour rétablir l'équilibre des prix en cas d'augmentation de la valeur des denrées. Mais est-il possible qu'il soit diminué?

On peut envisager deux causes de diminution : l'usure par l'usage,
l'épargne. L'usure par l'usage n'entre pas en ligne de compte, si la
monnaie est faite de matière durable, et si, pour les rares pièces
devenues par le temps hors d'usage, l'État, à mesure qu'elles rentrent
dans ses caisses, les retire de la circulation et les remplace par de
nouvelles. Reste l'épargne. Si l'épargne est généralisée et si elle est
considérable, il est clair qu'il en résulte une diminution appréciable
de l'argent en circulation.

Cependant, à y regarder de plus près, cet argent n'est que momen-
tanément soustrait à la circulation; car le but de l'épargne n'est pas
l'épargne même, c'est le désir d'assurer l'aisance des vieux jours,
l'aisance de ceux qui nous sont chers. Tôt ou tard l'argent écono-
misé fera retour à la masse; et la compensation s'établit assez régulièrement, chaque année, entre les nouvelles épargnes et le retour à
la circulation des économies antérieures; l'État d'ailleurs agirait
sagement en tenant compte, dans son calcul annuel des prix des
marchandises (du rapport entre les denrées et l'argent), de la somme
moyenne que l'épargne retire de la circulation [2]

1. Fichte, S. W., III. Bd., Der geschlossene Handelsstaat, I, 6, p. 434-436. — 2. Ibid.,
I, 6, p. 436-439.

Toute cette théorie monétaire repose sur une hypothèse, celle d'une monnaie d'État dont la fabrication lui appartient, monnaie qui n'a cours qu'au sein de l'État. Il est trop évident que l'importation de l'argent étranger romprait l'équilibre établi, puis qu'il ne permettrait plus à l'État de régler l'émission de la monnaie suivant l'exacte proportion des marchandises en circulation.

Cette introduction de l'argent étranger n'est d'ailleurs pas possible dans l'État commercial fermé, puisque les citoyens d'un tel État ne peuvent faire de commerce qu'entre eux, tout trafic avec l'étranger leur étant, par hypothèse, interdit [1].

Telle est, dans ses traits essentiels, l'esquisse que Fichte présente de ce qu'il appelle sa philosophie de l'économique, ou de l'État absolument conforme à la Raison.

Absolument conforme à la Raison, dans quelle mesure? Il paraît légitime d'admettre, avec Mme Marianne Weber, dans son excellente étude sur *Le Socialisme de Fichte et ses rapports avec la doctrine marxiste* (Fichte's Sozialismus und sein Verhältnis zur Marx'schen Doktrin), que le philosophe, au lieu de s'en être tenu à établir un idéal d'État construit d'après des normes *a priori*, un idéal universellement valable et précisément pour cela sans caractère historique et sans application possible à aucun temps, ait été poussé par le désir, si conforme à son tempérament d'homme d'action, de pouvoir faire descendre du ciel sur la terre, quelque jour et quelque part, peut-être même en Prusse, son État conforme à la Raison. C'est pourquoi il a entrepris un examen détaillé des moyens économiques et techniques appropriés à la réalisation pratique de son idéal, se donnant à lui-même l'illusion qu'il le déduisait de la pure Raison, leur attribuant la valeur d'axiomes, comme à des actes nécessaires de l'esprit [2].

« Aussi, sans en avoir conscience et sans tracer de division nette entre la norme et la réalité, passe-t-il de la sphère des lois universelles dans la sphère de la causalité historique, donnant cependant une valeur normative à tout le détail de ses conditions économiques nécessaires, spécialement à l'exigence de la fermeture de l'État commercial qui, autant que sa réalisation en pouvait être envisagée, n'avait de valeur que pour un certain temps, dans des hypothèses très déterminées, comme moyen de rétablir des conditions de vie morale [3]. »

---

1. Fichte, *S. W.*, III. Bd., *Der geschlossene Handelsstaat*, I, 6, p. 433.
2. Marianne Weber, *Fichte's Sozialismus und sein Verhältnis zur Marx'schen Doktrin*, Tubingen, Verlag von J.-C.-B. Mohr (Paul Siebeck), 1900, II, 3, p. 61. — 3. *Ibid.*, p. 61-62.

Le glissement auquel Fichte semble se laisser entraîner confirme l'hypothèse que l'*État commercial fermé*, loin d'être l'utopie sans réalité que les contemporains ont cru y voir, est bien, comme nous le disions au début, une œuvre de circonstance, une tentative pour donner à la réforme économique à laquelle travaillait Frédéric-Guillaume III, une orientation nouvelle, l'orientation que Fichte croit seule conforme à la Raison.

L'impression est encore accentuée par les deux premières parties de l'ouvrage : celle où Fichte examine la situation économique du temps, celle où il prétend appliquer à cette situation les principes même de l'État idéal.

La situation économique d'un temps ne se comprend que par le passé. C'est l'erreur de celui qui n'a pas l'habitude de la réflexion de se limiter au présent, à l'immédiat, et c'est son ordinaire illusion de croire en conséquence que les idées et les mœurs du peuple auquel il appartient, du siècle où il vit sont, pour tous les peuples et dans tous les siècles, les seules mœurs possibles [1].

Mais le philosophe, qui connaît la contingence des choses, comprend la nécessité, pour rendre compte du présent, de considérer les événements qui l'ont déterminé et de faire appel à l'histoire pour s'expliquer comment tel fait, qui aurait pu être différent, s'est produit. « L'histoire, au sens propre du mot, ne peut et ne doit rien être d'autre qu'une réponse génétique à la question de la causalité, à la question de savoir comment s'est réalisé l'état actuel des choses, pour quelles raisons le monde est fait comme il se trouve l'être sous nos yeux [2]. »

Ce qui caractérise le monde ancien, au moins jusqu'à l'Empire romain, c'est qu'il est constitué par une foule de peuples nettement distincts les uns des autres. Pour eux l'étranger est un ennemi ou un barbare. Au contraire, les peuples de la nouvelle Europe chrétienne se considèrent comme une seule et même nation. C'est à l'intérieur de cette Unité que, par une série de circonstances dont on ne peut exposer le détail, les différents États modernes se sont peu à peu constitués.

Leur formation ne répond pas à l'origine que, dans la théorie du droit, on attribue généralement à la constitution de l'État : la réunion et l'assemblage d'individus sans lien sous l'unité de la loi. Elle a été la séparation et la division d'une seule et même grande masse d'hommes, dont le lien était seulement très faible; rien d'étonnant à

---

1. Fichte, *S. W.*, III. Bd., *Der geschlossene Handelsstaat*, II. Buch. Zeitgeschichte, 1. Cap., Vorerinnerung, p. 448. — 2. Ibid., p. 449.

ce que cette séparation, de date encore récente, ne soit pas achevée, qu'il subsiste toujours des traces visibles de l'assemblage d'autrefois, et qu'une partie de nos concepts et de notre organisation paraisse supposer comme encore subsistant cet assemblage qui a été détruit[1].

Or, précisément à l'époque où régnait l'unité de l'Europe chrétienne, s'est constitué un système commercial qui, au moins dans ses traits essentiels, durait encore au temps où vivait Fichte. Chaque région du grand Tout fabriquait ce que sa position naturelle rendait le plus aisé, l'envoyait sans entraves à travers l'Europe chrétienne, et les prix s'établissaient d'eux-mêmes.

Le lieu d'origine était en quelque sorte la marque de fabrique des objets; comme moyen d'échange commun, on employait la monnaie d'or et d'argent, dont le cours était sensiblement le même dans toutes les parties de ce grand État commercial et qui y circulait librement. Il n'existait pas de statistique de l'ensemble de la production, car il n'y avait pas de véritable gouvernement commun, mais bien plutôt partout l'anarchie. Bref, dans cet état de choses, liberté absolue du commerce sans aucune limitation.

Cette liberté convenait bien au régime d'alors; tous les citoyens de l'Europe chrétienne pouvaient se considérer comme les membres d'un seul et même État commercial, libres par conséquent dans leurs transactions réciproques.

L'application à la situation actuelle était facile : si toute l'Europe chrétienne. en y ajoutant les colonies et les comptoirs dans les autres parties du monde, constituait toujours un Tout unique, le commerce devait rester libre, comme il l'était originellement.

Si, au contraire, l'Europe actuelle était divisée en une diversité d'États constituant des Touts par eux-mêmes, avec des gouvernements distincts, elle devait être divisée en autant d'États commerciaux entièrement fermés les uns aux autres.

Mais qu'en est-il dans la réalité? Il fallait reconnaître que l'organisation politique de l'Europe ne présentait pas alors de caractère aussi nettement tranché.

Assez longtemps dans l'Europe moderne il n'y a pas eu d'États; et l'on assiste, précisément, au temps de Fichte, à la tentative faite pour en constituer, mais on se débattait encore dans une espèce d'anarchie, anarchie politique et, bien plus encore, anarchie commerciale.

Les systèmes qui réclament la liberté du commerce, le droit

---

1. Fichte, *S IV.*, III. Bd., *Der geschlossene Handels*staat, II. Buch Zeitgeschichte, 1, 2. Cap., p. 450-452.

d'acheter et de vendre dans tout le monde connu étaient, selon
Fichte, une survivance de la mentalité de nos ancêtres à laquelle ils
étaient adaptés; ces revendications qu'ils nous ont transmises, nous
les avons acceptées sans examen, nous nous y sommes habitués, il
n'est pas pour nous sans difficultés de leur en substituer d'autres [1].

Or, à quoi conduit l'anarchie commerciale qui résulte de la liberté
sans limites? Tant que les relations économiques ont été trop simples pour permettre l'accumulation des stocks, l'inondation des
marchés, les crises commerciales, l'insécurité économique et les
catastrophes financières, cette anarchie n'a pas causé de graves
dommages, mais avec le progrès de la civilisation et de la production, avec la complication de plus en plus grande de la vie, avec
le raffinement des désirs, avec la croissance des besoins, les relations
économiques, en présence de cette anarchie foncière, ont pris de
plus en plus le caractère d'une guerre, plus âpre et plus redoutable
que la guerre en armes, car c'est une guerre sans issue, la guerre
des appétits [2].

« De là une guerre sans fin de l'ensemble des commerçants contre
tout le reste du public, la guerre des acheteurs et des vendeurs;
cette guerre devient plus acharnée, plus inique, plus dangereuse dans
ses conséquences à mesure que le monde se peuple, que l'État commercial fait des acquisitions toujours nouvelles, que la production
et l'industrie grandissent, qu'ainsi, la quantité des marchandises en
circulation augmentant, les besoins de tous augmentent avec elle.
Des privations qu'on pouvait accepter sans grande injustice et sans
grande vexation, lorsque les habitudes de vie des nations étaient
simples, deviennent, quand les besoins se multiplient, l'injustice la
plus criante et une source de grande misère.

« L'acheteur cherche à extorquer ses marchandises au vendeur;
voilà pourquoi il réclame la liberté du commerce, c'est-à-dire la
liberté pour le vendeur de transporter les marchandises sur les
marchés de l'acheteur aux risques de ne pas trouver de débit et
d'être forcé de vendre fort au-dessous de la valeur des objets; voilà
pourquoi il réclame une âpre concurrence entre fabricants et commerçants, afin que l'accroissement du débit et la nécessité d'avoir de
l'argent comptant forcent le vendeur à lui livrer les marchandises
à n'importe quel prix. S'il réussit, l'ouvrier s'appauvrit, des familles
travailleuses tombent dans la misère ou quittent par émigration une
nation injuste. Contre cette tyrannie le vendeur se défend : il s'em-

---

1. Fichte, S. W., III. Bd., Der geschlossene Handelsstaat, II. Buch, Zeitgeschichte,
2. Cap., p. 430-434. — 2. Ibid., II, 3. Cap., p. 434-437.

pare du stock des approvisionnements par les moyens les plus divers, par les accaparements, par le renchérissement artificiel, etc. Il met par là l'acheteur en danger d'être subitement lésé dans ses besoins habituels, ou, pour les satisfaire, de payer beaucoup plus cher qu'il n'en a l'habitude et par suite d'être forcé de se restreindre à d'autres points de vue. Ou bien encore, quand on rogne sur le prix des marchandises, il rogne sur leur qualité. Et l'acheteur n'obtient pas ce qu'il croyait ; il est trompé....

« Bref, personne ne possède la moindre garantie que sa position actuelle lui sera conservée alors que se poursuivra son travail ; car les hommes veulent être absolument libres de se ruiner les uns les autres [1].... »

Telle est, sous ce régime de la liberté pure, la situation mutuelle des individus dans le grand État commercial formé par le monde moderne, considéré comme un seul Tout. Que deviennent alors les relations réciproques des nations entre elles ?

Tant que les gouvernements des États particuliers peuvent couvrir leurs frais avec le revenu des domaines sans imposer directement les membres de la Cité, la situation pécuniaire de ceux-ci n'intéresse pas l'État : la richesse ou la pauvreté de chacun ne regarde que lui-même.

Mais tout change le jour où l'État exige des citoyens des impôts payables en monnaie universelle, et autant d'impôts qu'il peut (un État conforme à la Raison exigerait seulement autant d'impôts que besoin est).

Ce jour-là l'intérêt de l'État est que ses membres possèdent autant d'argent que possible, afin qu'il puisse leur en soutirer le plus possible : la fortune en numéraire des individus mesure alors la richesse de l'État. De là toute la théorie de la monnaie et de la balance du commerce, qui caractérise le mercantilisme.

Trois cas sont à envisager. Premier cas : le pays importe autant qu'il exporte ; c'est l'équilibre absolu. L'État ne s'appauvrit ni ne s'enrichit, il conserve intact l'argent en circulation ; le gouvernement peut donc continuer à percevoir les mêmes impôts.

Deuxième cas : la nation, en ce qui concerne sa production et sa fabrication, trouve dans les besoins habituels de l'étranger des débouchés assez nombreux et assez avantageux pour que le chiffre de ses exportations dépasse de beaucoup celui des importations nécessaires à la satisfaction de ses propres besoins ; elle reçoit beau-

---

1. Fichte, *S. IV.*, III. Bd., *Der geschlossene Handelsstaat*, II. Buch, Zeitgeschichte, 3. Cap., p. 457-458.

coup plus d'argent qu'elle n'en donne; l'argent en circulation s'accroît
périodiquement : elle est riche en numéraire. Et cette richesse est
durable tant que les sources de sa production ne se tarissent pas,
tant que les besoins de l'étranger restent les mêmes. Alors de deux
choses l'une : ou cet excédent de richesses servira à améliorer le bien-
être général de la nation, aux dépens de l'étranger qui s'appauvrira
toujours davantage; ou, ce qui est plus probable. le gouvernement
augmentera les impôts pour drainer, au profit des fins de l'État, cet
accroissement de la richesse publique.

Dernier cas : un pays importe constamment plus qu'il n'exporte.
Son argent, de plus en plus, passe à l'étranger : d'année en année il
s'appauvrit. Si le gouvernement, en présence de la pauvreté générale,
par souci de conserver le bien-être général ou par nécessité abaisse
ses impôts, il s'affaiblit; s'il les maintient, ce serait aux dépens du
bien-être de la nation, et il verrait tôt ou tard sa population diminuer,
soit par restriction volontaire de la natalité, soit par l'émigration de
ses nationaux; il aura peut-être ainsi l'illusion de conserver sa situation, au fond il prépare sa propre aliénation, il se vend en quelque
sorte lui-même [1].

Tous les gouvernements qui ont ouvert les yeux sur ce rapport
de leur nation avec les autres dans le grand État commercial du
monde, et ne se sont pas contentés de laisser les choses aller à la
dérive, ont pris presque les mêmes mesures pour tourner artificiellement à leur profit ce rapport, autant que faire se pouvait : faveurs
accordées à l'industrie nationale; par contre, entraves à l'importation des produits fabriqués hors du pays pour éviter l'écoulement de
l'argent à l'étranger, soit par une interdiction absolue, soit par des
droits prohibitifs [2].

Mais ce système atteint-il vraiment son but? Si un État donné ne
peut s'enrichir qu'aux dépens des autres, s'il cherche pour lui des
avantages exclusifs, les autres gouvernements. lésés par lui, se
défendront; ils emploieront à leur tour des mesures de rigueur, ils
s'entendront et feront tout leur possible pour affaiblir sa prépondérance et rétablir l'équilibre; et, s'ils ne peuvent entamer d'emblée sa
puissance, ils chercheront à leur tour leur fortune dans la ruine d'États
plus faibles qu'eux; la tendance à l'inimitié que tous les États ont déjà
vis-à-vis les uns des autres, à cause de leurs frontières territoriales.
s'accroîtra d'une hostilité nouvelle, l'hostilité liée aux intérêts com
merciaux; et ce sera, en secret, une guerre commerciale universelle

1. Fichte, S. W., III. Bd., Der geschlossene Handelsstaat, II, Buch, Zeitgeschichte,.
4. Cap., p. 459-464. — 2. Ibid., II, 5, p. 465-466.

Cette guerre secrète se changera en violences, et en violences qui n'ont rien d'honorable. On favorisera la contrebande dans les pays voisins, on l'encouragera publiquement. La rivalité des intérêts commerciaux est souvent la véritable cause de guerres auxquelles on donne un autre prétexte, on soulève ainsi la moitié du monde contre les principes politiques d'un peuple, et c'est du moins ce qu'on dit, alors qu'au fond la guerre est dirigée contre son commerce et cela au détriment des nations qu'on y a gagnées [1].

Enfin l'intérêt commercial produit des idées politiques qui pourraient bien n'être pas aventureuses, et de ces idées sortent des guerres dont on ne cache plus, dont on étale ouvertement aux yeux la vraie raison.

De là cette domination des mers, lesquelles, à l'exception de la portée des côtes des pays habités, devraient sans aucun doute être aussi libres que l'air et que la lumière. De là le monopole du commerce avec un peuple étranger, tandis que le droit au commerce ne devrait pas plus appartenir à une des nations commerçantes qu'à une autre ; et, à propos de cette domination, à propos de ce monopole, des guerres sanglantes [2].

Ce n'est pas tout. Si la sécurité de ses habitants est à la fois pour l'État un devoir de prudence et un devoir de justice, si c'est là son premier but, il faut bien reconnaître que le système économique en vigueur est intenable ; car un État qui compte sur la vente à l'étranger et qui règle sur cette vente son industrie n'est pas sûr du lendemain, puisque ce lendemain ne dépend pas de lui ; il est à la merci de tous les hasards, de tous les changements de ressources, de goûts, d'intérêts, etc., des étrangers.

Tous les désavantages de la liberté absolue du commerce subsistent après comme avant cette hybride et incomplète limitation.

Voici les maximes ordinaires qui expriment ce point de vue : l'argent doit rester dans le pays ; il faut draîner dans le pays l'argent étranger.

Sans rabaisser en rien les intentions paternelles et bienfaisantes de tant de gouvernements à l'égard de leurs sujets, on peut bien admettre que ces dispositions visent moins à maintenir la situation de leurs administrés qu'à conserver ou qu'à élever le taux des impôts dont ils les peuvent frapper, et, grâce à ces impôts, leur puissance guerrière vis-à-vis d'autres États.

---

1. Fichte, *S. W.*, III. Bd., *Der geschlossene Handelsstaat*, II. Buch, Zeitgeschichte, 6. Cap., p. 467-468. Allusion significative aux procédés de l'Angleterre à l'égard de la France. — 2. *Ibid.*, II, 6, p. 468.

De là toutes les mesures qui caractérisent le mercantilisme, accroissement des exportations et conséquemment de l'argent qu'on tire de
l'étranger, encouragement à l'agriculture, pour avoir des produits à
exporter, primes pour favoriser cette exportation, appel aux ouvriers
étrangers pour la création d'industries nouvelles dans le pays, inter
diction d'exporter les produits bruts et les denrées de première néces
sité. Ces demi-mesures qui, dans la nation même, lèsent sans réel
profit des intérêts particuliers, apparaissent comme des mesures vexa
toires uniquement destinées à enrichir l'État aux dépens des citoyens ·
elles insufflent au cœur des sujets la haine des gouvernements ; elles
donnent lieu à la fraude et à la contrebande organisées contre le
gouvernement, contre l'ennemi — avec la complicité de tous. De
son côté le gouvernement prend des mesures de défense : contre les
fraudeurs il dresse l'armée des douaniers et des agents du fisc, de
tous les fonctionnaires qu'il multiplie au détriment de la fortune
publique ; et c'est la guerre à l'intérieur, comme c'était la guerre au
dehors.

Bref, ce système de fermeture incomplète à l'égard du commerce
étranger, sans la possibilité de calculer avec précision la quantité
de denrées à mettre sur le marché en présence des besoins de la
nation, n'atteint pas son but et introduit des maux nouveaux [1].

Après le libéralisme économique — la liberté anarchique — c'est donc
le mercantilisme d'alors — la réglementation anarchique — que Fichte
combat. Les deux systèmes économiques régnants sont condamnés
au nom de la Raison : il reste à fournir la solution du problème ;
c'est l'objet du dernier livre, c'est la politique proprement dite, l'application à la situation commerciale d'un État déterminé de la constitution économique réclamée par la Raison.

Cette solution, c'est la fermeture totale de l'État à l'égard de tout
commerce avec l'étranger.

L'État forme alors un corps commercial séparé, comme il formait
déjà un corps juridique ou un corps politique séparé.

Une fois obtenue cette fermeture, tout le reste va de soi : la régle
mentation économique qu'exige l'État conforme à la Raison devient
possible ; les mesures à prendre relèvent non plus de la politique,
mais de la législation civile : ce sont celles qui ont été exposées au
premier livre.

Seule la question de la fermeture commerciale de l'État est l'objet
de la politique ; seule elle reste à examiner ici.

1. Fichte, *S. W.*, III. Bd., *Der geschlossene Handelsstaat*, II. Buch, Zeitgeschichte,
6. Cap., p. 460-473.

Il se pourrait qu'à raison de leur situation historique antérieure de membres libres dans la grande République commerciale, les individus et l'État, comme partie d'un grand Tout auquel un hasard l'a arraché, eussent un ˉdroit de revendication légitime à exercer, que les citoyens de l'État conforme à la Raison et cet État lui-même, dans leur idée *a priori*, n'auraient pas; il se pourrait qu'avant de fermer totalement l'État et de le séparer complètement du reste du monde habité, il fallût donner satisfaction à ces revendications. C'est une nouvelle question à examiner [1].

Et d'abord tout citoyen, par son travail et par l'argent qu'il en a tiré, a acquis le droit d'obtenir tout ce que la nature et l'industrie humaine peuvent produire dans une partie quelconque de la grande République commerciale. De là une première revendication en face de laquelle se trouve l'État qui veut fermer ses frontières commerciales : cette revendication des individus est un droit absolu; il faut qu'il y donne satisfaction. Le citoyen qui antérieurement était membre participant de tout le commerce mondial a légitimement le droit de continuer à jouir de l'ensemble des biens que jusqu'alors il pouvait se procurer dans la grande République commerciale européenne, à en jouir *dans la mesure où le pays qu'il habite est capable de les produire ou de les confectionner*. Les confectionner, il le pourra toujours, avec l'éducation et l'habitude, s'il possède les matières premières. Les produire, c'est une autre question; mais on peut admettre que les produits dont un pays est privé à cause du climat ou pour toute autre raison, il en trouvera l'équivalent sur son sol. Il faudrait donc que le gouvernement qui a l'intention de se fermer commercialement fût en mesure de fournir en quantité suffisante à ses membres, par la fabrication nationale, tous les objets dont ceux-ci ont coutume de se pourvoir et qui ont créé pour eux des besoins. Et il ne le pourra que s'il a acquis ses frontières naturelles, parce que c'est seulement dans les limites de ces frontières que se trouveront l'ensemble des produits indispensables à la vie nationale.

Quant aux objets dont la production ou la confection seraient absolument impossibles dans le pays, ils devraient être retirés progressivement, et non brusquement, afin de ne pas troubler les habitudes. Il y aurait lieu d'ailleurs de distinguer à cet égard entre les objets qui apportent en réalité un supplément de bien-être, par exemple le thé, les fourrures en hiver, les vêtements légers en été,

---

1. Fichte, *S. W.*, III. Bd., *Der geschlossene Handel*sstaat, III. Buch, Politik, 1. Cap., p. 475-477.

et ceux qui ne l'apportent que suivant l'opinion; par exemple on ne voit pas pourquoi une fourrure devrait être nécessairement de la zibeline, ou un vêtement, en soie [1]

Après les revendications légitimes des individus, les revendications légitimes de l'État.

S'il est vrai qu'il y a sur la surface du globe des territoires dont visiblement la nature a elle-même tracé les frontières (fleuves, mers, montagnes) pour en constituer des unités politiques, si l'on consi dère d'autre part que les divisions de la République européenne moderne sont le résultat d'un hasard aveugle et qu'à défaut de l'histoire, la nature des choses fait suffisamment voir que les États seront toujours plus ou moins en guerre les uns contre les autres, les plus faibles chercheront des alliances contre les plus forts, contre ceux par lesquels ils auront été lésés; on ne conclura la paix que pour pouvoir recommencer la guerre [2].

« De tout temps ç'a été le privilège des philosophes de gémir sur la guerre. L'auteur, déclare ici Fichte, n'aime pas plus les guerres qu'un autre; mais il croit apercevoir qu'elles sont inévitables dans l'état actuel des choses, et il considère comme malséant de se lamenter sur l'inévitable. Si l'on veut que la guerre disparaisse, il faut que la raison des guerres disparaisse. Il faut que chaque État obtienne ce qu'actuellement il demande à la guerre et ne peut raisonnablement obtenir aujourd'hui que par elle, à savoir ses frontières naturelles [3]. »

Et tout État qui forme le projet de se fermer commercialement doit, au préalable, avoir conquis ces frontières-là. Il le doit, parce que, en général, il pourra ainsi suffire par lui-même à toutes les exigences de ses nationaux, sans recours à l'étranger, l'étendue d'un pays ainsi déterminé lui permettant de trouver sur son propre sol tous les produits nécessaires à assurer le bien-être de ses habitants. Il le doit, parce qu'une fois fermé il perdra toute capacité d'exercer sur l'étranger une action efficace; il le doit, parce qu'il faut qu'il donne et qu'il puisse donner à ses voisins l'assurance qu'il ne cherche pas à s'agrandir. Et seul, en somme, l'État commercial qui se ferme peut donner aux autres cette garantie; car tout État qui adopte le système commercial courant cherche la prédominance du commerce et a un perpétuel intérêt à étendre ses limites pour étendre son commerce et accroître sa fortune [4].

1. Fichte, S. W., III Bd., Der geschlossene Handelsstaat, III. Buch, 2. Cap., p. 477-480. — 2. Ibid., III, 3, p. 480-482. — 3. Ibid., III, 3, p. 482. — 4. Ibid., III, 2, p. 481-483.

Supposons réalisées ces conditions préalables à la fermeture de l'État; pour que cette fermeture soit accomplie une chose est requise et suffit : l'interdiction de tout commerce entre un citoyen du présent État et l'étranger; et cette interdiction ne peut être efficace que si ce commerce est, en fait, impossible.

Il sera impossible, si l'on y supprime l'instrument et le véhicule de l'échange international, l'or et l'argent monnayés ayant cours dans le monde entier.

La solution du problème serait donc la suivante : retirer de la circulation tout l'argent ayant cours mondial, tout l'or et l'argent monnayés qui se trouvent aux mains des membres de la Cité, et le changer contre un nouvel argent, un argent national ayant cours dans le pays, mais n'ayant cours que dans le pays; et la chose est facile à réaliser [1].

Il suffit à l'État de décréter qu'à un jour dit tout l'or et tout l'argent deviendront inutilisables dans le pays et ne pourront servir qu'à être échangés contre la monnaie nationale, la seule qui puisse servir aux achats nécessaires à la vie [2].

Voici enfin ce que Fichte explique dans les derniers chapitres de son *État commercial fermé*.

Le décret qui promulgue l'établissement d'une monnaie nationale, seul instrument d'échange au sein de l'État, doit être suivi d'une série de mesures destinées à substituer l'État aux particuliers dans les marchés conclus avec les étrangers, sous l'ancien régime monétaire, l'État étant alors seul détenteur de l'argent ayant cours mondial. D'autre part, l'État qui se ferme doit tendre de plus en plus à s'affranchir du tribut que, par le commerce extérieur, il paye à l'étranger; il doit chaque année restreindre ce commerce, non par misère, mais par indépendance (il aura su se créer les ressources nécessaires pour se passer du secours que lui fournissait jusqu'alors l'Étranger; il aura, par exemple, attiré à prix d'or, pour développer son industrie nationale, les chimistes, les physiciens, les mécaniciens, les artistes, les fabricants étrangers capables de lui apporter le secret des industries anciennes ou récentes de leurs pays respectifs; ou encore il aura su, en ce qui concerne les matières premières que son sol ou son climat ne pourraient fournir, leur trouver des équivalents; il sera de la sorte devenu capable de suffire aux besoins de son peuple et d'assurer à ses concitoyens le maximum de bien-être). L'État doit en même temps obtenir ses

---

1. Fichte, *S. W.*, III. Bd., *Der geschlossene Handelsstaat*, III. Buch, 4. Cap., p. 484-485. — 2. *Ibid.*, III, 4, p. 489.

frontières naturelles, soit en les acquérant à prix d'argent, soit, au
besoin, en employant la force des armes, puis, une fois en possession
de ces frontières et devenu essentiellement pacifique, il doit licencier
toute armée régulière, sauf les troupes nécessaires au maintien de
l'ordre public, et organiser un système d'armée nationale permettant,
en cas d'agression, d'opposer à l'ennemi tous les hommes valides
capables de porter les armes[1]

Tel qu'il vient d'être résumé dans ses lignes essentielles,
l'ouvrage présente un sens très clair : il est d'abord une protestation
contre le mercantilisme. On se souvient de l'accent avec lequel,
dans sa préface, le philosophe en a dénoncé l'immoralité et l'injustice.

Le ressort essentiel du mercantilisme, c'est, en somme, la balance
du commerce; or, la balance du commerce, c'est l'amour de l'or pour
l'or; mais l'amour de l'or pour l'or est corrupteur pour les États
comme pour les individus; Fichte y découvre la racine de tous les
vices que le mercantilisme entraîne avec lui : au dehors la colonisation avec ses guerres de conquêtes, avec ses crimes, avec, par-
dessus tous les autres, l'esclavage, ce défi au droit de l'humanité;
au dedans, les compagnies à monopole, dont l'État tire le meilleur
de ses revenus, les compagnies à monopole avec l'ensemble de
leurs privilèges abusifs, avec l'exploitation tyrannique de tout le
pays, car leur fortune est faite de la ruine des particuliers. Souvenons-nous ici de ce passage du second livre de l'*État commercial
fermé*, où, avec une force singulière, Fichte a exposé les méfaits
de cette trop fameuse théorie de la balance du commerce, où il
montre l'incohérence du système de fermeture partielle qu'elle exige,
les risques de guerre étrangère et de guerre civile qu'elle entretient d'une façon permanente, la ruine finale à laquelle l'État ne
peut échapper, car elle est dans la logique des choses.

Quant au libéralisme économique, Fichte, dans le même chapitre,
a montré que la liberté anarchique doit forcément conduire à la
lutte et à la guerre aussi, non plus sans doute à la guerre civile et à
la guerre étrangère, mais à la guerre universelle, à la guerre de tous
contre tous; l'ère de la libre concurrence est également l'ère de l'avi-
lissement des cours et, par représailles, l'ère des accaparements et
des hausses artificielles, l'ère des fraudes et des falsifications.

Protection anarchique, liberté anarchique, péril équivalent pour

---

1. Fichte, *S. W.*, III. Bd., *Der geschlossene Handels*staat, III. Buch, 6. Cap., p. 495-
503, III, 7, p. 504-509.

l'économique. Pourquoi? Sans doute parce que l'une et l'autre sont, au fond, l'expression d'un même mal, le mal moral. Des deux côtés c'est le principe de l'égoïsme qui vicie le mercantilisme comme le libre-échangisme; égoïsme de l'État dans un cas, égoïsme des particuliers dans l'autre; dans un cas et dans l'autre absence de cette discipline qu'est la Raison pratique, absence de cette subordination de la partie au Tout, de l'individu à la Société, de l'État à l'Humanité, par où la moralité s'exprime. Or, c'est à réintégrer la partie dans le Tout, à substituer au point de vue purement individualiste et égoïste le point de vue de la personnalité morale, que vise, en effet, la doctrine de Fichte. Sa politique économique porte tout justement la marque de cette préoccupation fondamentale. Elle a pour objet d'imposer aux individus cet ordre où les libertés, au lieu d'être anarchiques et en perpétuel conflit, deviendront harmoniques et complémentaires, où l'action d'un individu, comme membre d'un véritable organisme social, sera en perpétuelle réciprocité avec l'ensemble des individus, l'activité commune étant nécessaire à l'activité de chacun et inversement l'activité de chacun nécessaire à l'activité générale; où tous les individus, sans exception, pourront vivre de leur travail, vivre une vie aisée et, par surcroît, jouir d'un égal loisir, du loisir nécessaire à l'exercice de la vie spirituelle. Fichte d'ailleurs a très bien compris que, en dehors de la Cité morale qui est une cité purement idéale, la constitution de cet ordre dans le monde réel, dans le monde où s'agitent les individus que la nature a séparés et opposés les uns aux autres, ne pouvait s'accomplir par la bonne volonté individuelle, qu'il y fallait la contrainte des lois, de cette puissance supérieure aux individus qu'est l'État. La justice qu'exige la moralité doit être imposée aux individus par force, tel est le sens profond de l'*État commercial fermé*. La liberté, l'égalité, ces grands principes qu'au nom de la conscience la Révolution française avait inscrits dans sa *Proclamation des Droits de l'Homme* ne sont que des mots tant qu'ils n'ont pas une matière à laquelle ils se puissent appliquer; il leur faut un milieu où vivre. L'ambition de Fichte fut de créer ce milieu par la transformation d'un État économique et social qui était jusqu'ici totalement étranger à ces principes. Il comprit l'impuissance du libéralisme économique à les réaliser dans une société si éloignée de la moralité, la nécessité par suite d'adapter les principes à la situation donnée, c'est-à-dire la nécessité d'imposer la liberté et l'égalité par la toute-puissance de l'État. Il a ainsi, par un trait de génie, défini l'essence profonde du socialisme.

Mais l'État n'est capable d'imposer la discipline de la justice que s'il est le premier à s'y soumettre. La fermeture de l'État commercial n'est pas seulement la condition de la justice à l'égard des citoyens : elle est la condition de la justice à l'égard des autres États, la garantie de leurs droits, l'affirmation du respect de leur nationalité et de leur indépendance. C'est donc le caractère de la réglementation socialiste de n'être plus, comme dans le mercantilisme, l'œuvre arbitraire d'un État égoïste, cupide, tyrannique, mais l'expression même de la Raison installée par force dans le monde à une époque où elle ne peut encore être voulue librement.

Visiblement le socialisme d'État apparaît ici à Fichte comme l'exigence même de la moralité; il est le système qui, à ses yeux, concilie l'existence de la société avec le respect de la personne, le communisme avec l'individualisme; il réalise dans la vie économique, juridique et politique, en présence du conflit des intérêts et des passions égoïstes, une image de la Cité morale, une discipline de la Raison qui établit l'accord des activités et l'harmonie des intérêts, qui donne le milieu et les moyens sans lesquels l'ensemble des individus de la communauté ne pourraient acquérir à la fois la liberté et l'égalité.

A un ordre économique où le droit primitif de la personne humaine n'est pas respecté, où la fortune des uns est faite de la misère des autres, où c'est au prix de la peine et du travail incessant du grand nombre que s'achète le loisir de quelques privilégiés. le socialisme substitue la constitution d'un ordre économique nouveau : la propriété n'est plus ici en conflit avec le droit de tous à l'existence; elle est, au contraire, la sphère d'action du droit de chacun, la condition du travail dont l'individu tire sa vie. La division du travail permet à l'ensemble de la production et de la fabrication de suffire à la consommation de tous, l'intensité de cette production et de cette fabrication étant d'ailleurs réglée de manière à ne jamais amener de crises économiques, mais à assurer un maximum de bien-être à l'ensemble des citoyens.

Pourtant ce bien-être — et ceci est encore un trait caractéristique du socialisme de Fichte — n'est pas tout : il n'est pas même l'essentiel. La vie ne vaut d'être vécue que par la poursuite des fins morales de l'humanité. Ces fins morales exigent l'affranchissement spirituel, la liberté de l'esprit suppose la sécurité matérielle de l'existence, sans laquelle il n'est point de loisir pour la réflexion. Assurer la vie de quiconque porte figure humaine pour lui permettre de participer à la dignité de l'esprit, d'exercer la fonction qui fait vraimeut de lui un homme, tel est, en dernière analyse, l'idéal du socialisme de Fichte, et ce souci de maintenir, au sein de la communauté, à travers les exigences et les contraintes de tout ordre qu'elle implique, la dignité de la personne, le respect de la valeur morale, éclate presque à chaque page de l'*État commercial fermé*[1]. Suivant le mot de G. Schmoller, Fichte est « le premier à avoir introduit dans l'Économie nationale, avec le socialisme qui l'impose du dehors comme une contrainte, la Morale économique et politique[2] ».

C. *PORTÉE HISTO-RIQUE DE L'OUVRAGE* « *L'ÉTAT COMMERCIAL FERMÉ* », *EXPRESSION ÉCONOMIQUE DE LA RÉVOLUTION FRANÇAISE. FICHTE ET BABEUF.*

Pour avoir apporté, l'année même où s'ouvrait le xixe siècle, cette solution encore inédite du problème économique, Fichte a vraiment été en Allemagne un prophète et précurseur.

Mais lui-même ne croyait pas sans doute tant devancer l'heure, et il paraît bien avoir jugé son système immédiatement applicable. L'auteur de l'*État commercial fermé* est aussi l'auteur de la *Revendication pour la liberté de penser*, l'auteur des *Contributions destinées à rectifier les jugements du public sur la Révolution française*; politiquement, socialement, Fichte vivait les yeux tournés vers la France révolutionnaire, sa pensée était imbue de l'esprit démocratique; en Prusse, à cette heure et dans son siècle, il était déjà du temps nouveau qu'annonçait la Révolution et qui commençait d'être le temps présent; l'idée d'un État socialiste était déjà formée en France, et, pour en avoir le premier proposé la réalisation, Gracchus Babeuf venait de monter à l'échafaud (5 prairial an V, 24 mai 1797).

Or, que Fichte, en écrivant son *État commercial fermé*, ait songé aux événements de France, qu'il fût au courant des idées de Babeuf, on a les plus sérieuses présomptions de le penser.

D'abord il est impossible de ne pas être frappé de certaines analogies de doctrine. Babeuf, avant Fichte, avait proclamé que « chaque homme a un droit égal à la jouissance de tous les biens »,

1. C'est ce que fait, et à juste titre, ressortir Mme Marianne Weber dans l'opuscule déjà cité. Elle montre comment le socialisme de Fichte repose sur l'individualisme, entendu dans le sens où l'implique la liberté morale, sur le respect de la personne. La conception organiciste de l'État (*Fichte's Sozialismus und sein Verhältnis zur Marx'schen Doktrin*, p. 36), la substitution au droit de propriété sur les choses du droit au travail (p. 39 et suiv.), la division du travail qui en résulte, la reconnaissance et le maintien des différences d'aptitudes individuelles et de manières de vivre, voire d'alimentation (p. 41); la théorie de la monnaie et du capital (p. 56-58), etc., en sont, à ses yeux, autant de témoignages.

2. *Jahrbücher für Nationalökonomie und Statistik*, hgg. von Bruno Hildebrand, Fünfter Bd, Iena, Druck und Verlag von Fr. Mauke, III, 1865. G. Schmoller, *Johann Gottlieb Fichte. Eine Studie aus dem Gebiete der Ethik und der Nationalökonomie*, p. 42.

que « le but de la société est de défendre cette égalité... et d'augmenter, par le concours de tous, les jouissances communes [1] »; que dans une véritable société il ne doit y avoir ni riches ni pauvres [2]; qu' « il y a oppression quand l'un s'épuise par le travail et manque de tout, tandis que l'autre nage dans l'abondance sans rien faire » [3]. Babeuf, avant Fichte, avait proclamé, à côté du droit à l'égalité, le droit de vivre de son travail et l'obligation, pour tout homme faisant partie de la société, de travailler pour vivre (« la nature a imposé à chacun l'obligation de travailler; nul n'a pu sans crime se soustraire au travail [4] »); en même temps il avait admis la division et la spécialisation des travaux [5], il avait admis que « dans chaque commune les citoyens sont divisés par classes, qu'il y a autant de classes que d'arts utiles, que chaque classe est composée de tous ceux qui professent le même art [6] ».

« Mais qu'entend-on par communauté du travail? Veut-on que tous les citoyens soient astreints aux mêmes occupations? Non, mais on veut que les différents travaux soient répartis de manière à ne pas laisser un seul valide oisif; on veut que l'augmentation du nombre des travaillants garantisse l'abondance publique, tout en diminuant la peine individuelle; on veut qu'en retour chacun reçoive de la patrie de quoi pourvoir aux besoins naturels et au petit nombre de besoins factices que tous peuvent satisfaire [7] »; et la solution du problème économique lui paraît être celle-ci : « *Trouver un état où chaque individu, avec la moindre peine, puisse jouir de la vie la plus commode* [8] ». Il avait admis aussi l'existence, à

1. Ph. Buonarroti, *Conspiration pour l'Égalité dite de Babeuf*, Bruxelles, à la Librairie Romantique, t. II. Pièces justificatives, 8ᵉ pièce. *Analyse de la doctrine*, art. 1, p. 137, et art. 2, p. 141.
2. *Ibid.*, art. 7, p. 147. Voici la preuve que Babeuf en donne (art. 3, preuVes, p. 142). I. « Le traVail est pour chacun un précepte de la nature : 1° Parce que l'homme isolé dans les déserts ne saurait, sans un traVail quelconque, se procurer la subsistance; 2° Parce que l'activité que le travail modéré occasionne est, pour l'homme, une source de santé et d'amusement. » II. « Cette obligation n'a pu être affaiblie par la société ni pour tous ni pour chacun de ses membres : 1° Parce que sa conserVation en depend; 2° Parce que la peine de chacun n'est la moindre possible que lorsque tous y participent. »
3. *Ibid.*, art. 5, p. 144. — 4. *Ibid.*, art. 3, p. 142.
5. Cette diVision du traVail est d'ailleurs Voisine de celle que Fichte propose. Babeuf distingue comme traVaux utiles : ceux de l'agriculture, de la Vie pastorale, de la pèche, de la naVigation; ceux des arts mécaniques et manuels; ceux de la Vente au détail (c'est la diVision en agriculteurs, artisans, commerçants); il y ajoute ceux du transport des hommes et des choses, ceux de la guerre, ceux de l'enseignement et des sciences (*Ibid.*, 28ᵉ pièce. *Fragment d'un projet de décret de police*, art. 3, p. 301). — 6. *Ibid.*, *Fragment d'un projet de décret économique*, 29ᵉ pièce. Des traVaux communs, art. 4, p. 308. — 7. *Ibid.*, *Analyse de la doctrine*, 2ᵉ pièce 4, art. 4, explication, p. 143.
8. *Ibid.*, suite de la 13ᵉ pièce. *Réponse à une lettre signée M. V., publiée et adressée, le 30 pluviôse dernier, à G. Babeuf, tribun du peuple*, p. 220.

côté des classes de travailleurs spécifiés, d'une classe de magistrats ou de fonctionnaires chargés de la surveillance, de la répartition, de la direction des travaux des autres classes[1]; et, si l'on objectait à son système d'égalité la nécessité d'un Étatisme pour assurer la réglementation économique[2], Babeuf répondait que « les personnes chargées de conserver ce système devraient être regardées comme des travailleurs nécessaires au bonheur commun, et que, ne pouvant jamais obtenir plus de jouissances que les autres citoyens, trop intéressés à les surveiller, il ne serait pas à craindre qu'ils fussent tentés de conserver leur autorité au mépris de la volonté du peuple[3] ». Cette conception de l'État comme seule puissance capable d'imposer l'organisation économique conforme à la justice avait conduit Babeuf, avant Fichte, à l'idée de l'État comme grande communauté nationale, comme véritable détenteur de la richesse publique[4]; et Babeuf, avant Fichte, avait conçu l'obligation pour l'État de « réunir toutes les richesses publiques actuelles sous la main de la République », de « réunir continuellement dans les dépôts publics toutes les productions de la terre et de l'industrie[5] »; il avait exigé que le recensement de tous les objets (de la production naturelle ou artificielle) des travaux communs fût régulièrement communiqué à l'administration supérieure[6], que les magistrats fissent déposer dans les magasins de la communauté nationale les « fruits de la terre et les productions des arts susceptibles de conservation[7] », que « l'administration suprême prélevât tous les ans et déposât dans les magasins militaires le dixième de toutes les récoltes de la communauté », qu'elle pourvût « à ce que le superflu de la République fût soigneusement conservé pour les années de disette[8] ». Enfin Babeuf, avant Fichte, proposa la fermeture de l'État commercial. Il voulait que « tout commerce particulier avec les peuples

1. Ph. Buonarroti, *Conspiration pour l'Égalité dite de Babeuf*, t. II. Pièces justificatives, 29e pièce, *Fragment d'un projet de décret économique*. Des travaux communs, art. 5, p. 308.
2. La loi détermine et distribue la production (Ibid., Suite de la 13e pièce. *Réponse à une lettre signée M. V.*, p. 222; voir aussi 29e pièce. *Projet de décret économique*. De la distribution et de l'usage des biens de la communauté, art. 8 et 9, p. 312, et : De l'administration de la communauté nationale; art. 4, 6, 7, 8, 9, p. 313-314), fixe la durée journalière des travaux (*Projet de décret économique*, Des travaux communs, art. 6, p. 309), les instruments et les modes du travail (Des travaux communs, art. 8, p. 309), surveille l'état des travailleurs de chaque classe, de la tâche à laquelle ils sont astreints (Des travaux communs, art. 9, p. 309), ordonne leurs déplacements d'une commune à l'autre d'après la connaissance des forces et des besoins de la communauté (Des travaux communs, art. 10, p. 309). — 3. Ibid., suite de la 13e pièce. *Réponse à une lettre signée M. V.*, etc., p. 224. — 4. Ibid., 29e pièce. *Projet de décret économique*, art. 1 et 2, p. 305. — 5. Ibid., 13e pièce. *Réponse à une lettre signée M. V.*, etc., p. 221-222. — 6. Ibid., 29e pièce. *Projet de décret économique*, Des travaux communs, art. 13, p. 310. — 7. Ibid., art. 12, p. 310. — 8. Ibid., De l'administration de la communauté nationale, art. 10 et 11, p. 314.

étrangers fût défendu; que les marchandises qui en proviendraient fussent confisquées au profit de la communauté nationale; que les contrevenans fussent punis [1] »; avant Fichte, il avait soutenu que l'État doit, en ce cas, aux citoyens les objets que la production nationale est incapable de fournir, qu'il lui convient de se les procurer à l'étranger, le commerce avec l'étranger lui étant exclusivement réservé; il avait déclaré que « la République doit procurer à la communauté nationale les objets dont elle manque, en échangeant son superflu en productions de l'agriculture et des arts contre celui des peuples étrangers [2] », que « l'administration suprême traite avec les étrangers au moyen de ses agens, qu'elle fait déposer le superflu qu'elle veut échanger dans les entrepôts où elle reçoit des étrangers les objets convenus [3] », et, comme conséquence de cette fermeture, Babeuf, avant Fichte, avait aperçu la nécessité de substituer l'État aux individus dans les transactions commerciales avec l'étranger, *pendant la période de transition*, (« la République se charge des dettes des membres de la communauté envers les étrangers [4] »), et de supprimer la monnaie, sinon dans les rapports commerciaux de l'État avec l'Étranger où elle est le seul instrument possible de l'échange du moins dans les relations économiques entre les nationaux.

« La République ne fabrique plus de monnaie, inscrit Babeuf dans son *Projet de décret économique;* les matières monnayées qui écherront à la communauté nationale seront employées à acheter des peuples étrangers les objets dont elle aura besoin; tout individu non participant à la communauté qui sera convaincu d'avoir offert des matières monnayées à un de ses membres sera sévèrement puni; il ne sera plus introduit dans la République ni or, ni argent [5]. »

De telles analogies, et si précises dans les détails, en dépit de la différence fondamentale des conceptions de Fichte et de Babeuf [6], donnent lieu de croire que Fichte n'a pas ignoré les idées de l'auteur de la *Conjuration des Égaux* [7]; cette conjecture se trouve confirmée

---

1. Ph. Buonarroti, *Conspiration pour l'Égalité dite de Babeuf*, t. II. Pièces justificatives, *Fragment d'un projet de décret économique*, Du commerce, art. 1, p. 314-315. — 2. Ibid., art. 2, p. 315. — 3. Ibid., art. 4, p. 315. — 4. Ibid., Des dettes, art. 4, p. 318. — 5. *Ibid*, Des monnaies, art. 1, 2, 3, 4, p. 318-319.

6. Babeuf, dans son égalitarisme, est communiste; il est eudémoniste et veut le nivellement des individus. La tendance de Fichte — qui est avant tout morale — est bien différente : elle maintient perpétuellement, en face de la société, le droit de la personne et les différences individuelles, et son socialisme cherche à concilier les deux points de vue; d'autre part ce n'est point l'égalité de la vie matérielle agréable, du bonheur, mais bien l'égalité dans la jouissance de la vie spirituelle, qui est pour Fichte le but de l'économique.

7. Voir Marianne Weber, *Fichte's Sozialismus und sein Verhältnis zur Marx'schen Doktrin*, II, p. 18.

par la lecture des journaux contemporains qui étaient sous la main de Fichte.

La *Conjuration des Égaux*, le procès de Babeuf sont, en effet, longuement et minutieusement relatés dans la presse allemande du temps.

Une feuille intitulée la *France en 1796*, composée principalement de lettres d'Allemands résidant à Paris, et qui avait pour devise « la vérité, rien que la vérité, toute la vérité » (en français), consacre à l'histoire et à l'action de Babeuf un long article; elle analyse les numéros du *Tribun du peuple*, où elle voit d'ailleurs une « prédication d'anarchie, de cette théorie immorale, destructrice de tout ordre civil, prédication faite avec une éloquence sauvage[1] ». Après avoir exposé le système de la vraie égalité, elle ajoute ce commentaire : « On se croit transporté au temps de Marat, et l'on se demande avec étonnement si le gouvernement n'existe pas encore en France, ou s'il est d'accord avec les anarchistes pour permettre de répandre, sous ses yeux, à des milliers d'exemplaires, de pareils écrits…. Ou plutôt la faute n'en est pas au gouvernement qui, si puissant qu'il soit, ne se permet pourtant rien qui ne soit conforme aux lois. Il ne peut réprimer la licence de la presse, parce qu'il n'y a pas encore de loi qui permette de restreindre la liberté de la presse[2]. »

L'année suivante, la *France en 1797* publie un long récit de la Conjuration, appuyé sur les pièces authentiques de ce procès que l'auteur (Fontanes lui-même) déclare avoir sous les yeux, il cite en particulier la correspondance de Babeuf avec ses complices[3], qui est, dit-il, un des monuments les plus remarquables de notre Révolution :

« Ici se concentrent. comme en un foyer central, tous les éléments révolutionnaires; les passions les plus détestables y sont excitées avec un art infernal, et l'on voit les grands progrès faits par les doctrines de Marat, de Robespierre, de Saint-Just et de Hébert depuis leur mort.

« Ils n'avaient fait que prêcher de temps à autre et de façon subreptice le partage des terres et la communauté des biens. Ce principe destructeur de toute grande société est la clé de voûte de la nouvelle Conjuration méditée par Babeuf, ou, si l'on préfère, par ceux qui se

---

1. *Frankreich im Jahre 1796*, Aus den Briefen Deutscher Männer in Paris, mit Belegen, Altona, 1796, Drittes Stück, ix, Gracchus Babeuf, p. 259. — 2. *Ibid.*, Drittes Stück, ix, Gracchus Babeuf, p. 261.
3. *Frankreich im Jahre 1797*, Viertes Stück, iii; Fontanes : *Ueber die von Babeuf und die von Villeurnois und Brottier angezettelten Verschwörungen*, p. 320.

servent de son nom. Babeuf invite à la conquête de la propriété tout ce qui vit de son travail, de son salaire journalier; il montre, à tous les voleurs dont nous avons été si longtemps les victimes, les richesses de la France comme une proie qui leur a échappé et dont il faut qu'ils s'emparent à nouveau. Ne croyez pas que Babeuf voile le moins du monde ses opinions; il est fier de ce qui vous révolte; les actions qui vous paraissent abominables sont élevées pour lui [1]. »

Aux yeux de Fontanes, Babeuf, Bodson, Germain et leurs comparses de moindre envergure sont une nouvelle espèce de fanatiques, des Ravaillac et des Jacques Clément tout purs, et encore plus dangereux.

Quant à la doctrine de Babeuf, elle se réclame sans cesse de Mably, de Rousseau, de Diderot, et il faut avouer que Babeuf paraît tirer les conséquences de leurs principes avec la plus rigoureuse logique; Fontanes en donne ici des exemples, pris de Rousseau et de Diderot même, et il ajoute que Babeuf semble se considérer comme le prophète qu'annonce Diderot [2]

Bien loin d'approuver un Rivarol qui, dans une feuille publique, entreprit de défendre Babeuf et de montrer qu'on ne pouvait punir des opinions si elles ne s'accompagnent pas d'actes justiciables de la loi, Fontanes conclut au danger réel que fait courir la Conjuration de Babeuf, et propose à tous les citoyens, à quelque opinion qu'ils appartiennent, de s'unir contre cette horde qui ne respire que sang et que massacres [3].

Ce n'est point le seul Fontanes qui signale avec horreur au public allemand le nom et l'œuvre de Babeuf. Un autre journal, la *Minerva*, de mai à octobre 1796, publie sur la *Conjuration des Égaux* toute une série de documents. Dans le numéro de mai, sous la signature de A. et sous le titre *Principes du terroriste Babeuf*, on peut lire ceci :

« On le sait, le forcené Babeuf, en mars 1796 encore, a eu le toupet d'inciter les pauvres au soulèvement, non seulement dans son journal le *Tribun du peuple*, mais même sur des affiches placardées dans les rues de Paris et, comme moyen le plus efficace pour les soulever, de leur prêcher le pillage, doctrine qui révolta les malheureux habitants de Paris à ce point que quelques-uns d'entre eux furent parmi les premiers à lacérer sur les murs ces abominables affiches. L'effronterie de ce terroriste provoqua enfin cette loi sage qui, sans

---

1. *Frankreich im Jahre 1797*, Viertes Stück, III; Fontanes : *Ueber die von Babeuf und die von Villeurnois und Brottier angezettelten Verschwörungen*, p. 320-321. — 2. *Ibid.*, p. 322-323. — 3. *Ibid.*, p. 326 et 333.

restreindre la bienfaisante liberté de la presse, définit la responsabilité des écrivains [1]. »

Et l'auteur donne une analyse de la *Doctrine* [2], qu'il extrait soit
de cette affiche, soit du *Journal* de Babeuf : il y voit, au point de
vue de l'extravagance sans bornes de son contenu, une des productions les plus remarquables de la Révolution.

Dans le numéro de juillet, un article de Courtois sur le 9 Thermidor
parle « du *grand égaliseur Babeuf* dont l'absence sur les *galères* de
Toulon marque une place vide, et qui désespère maintenant (il est en
prison) d'inoculer dans les veines du Français ingrat quelque chose
de sa République fondée sur la *loi agraire* [3] ».

Le même numéro contient des pièces authentiques sur l'histoire
de la Conjuration.

C'est d'abord le procès-verbal de l'interrogatoire de Babeuf par
le ministre de la police Cochon, les 21 et 22 Floréal an IV (10 et
11 mai 1796) [4]

Puis c'est l'acte d'*Insurrection* [5] : c'est le *Mémoire* de Babeuf
aux membres du Directoire (où, essayant de traiter d'égal à égal
avec le Directoire, il leur insinue qu'il est de leur intérêt et de l'intérêt
du pays de ne pas ébruiter la Conjuration qu'ils ont découverte, car
s'ils répudient le parti des patriotes ils se trouveront face à face
avec les royalistes [6]); c'est encore l'interrogatoire de Babeuf par
A. Gérard, un des directeurs du jury d'accusation du canton de Paris.
Enfin c'est un article du 12 septembre 1796, par de Lacretelle le
cadet, sur *Les dernières conjurations de Paris* [7]. Et, pour terminer
cette nomenclature, dans le numéro de mars 1797, un second
article du même auteur sur *La dernière et l'avant-dernière conjuration* [8].

. Tels sont quelques-uns des documents publiés en Allemagne
durant les années 1796 et 1797 au sujet de la Conjuration et de la
doctrine de Babeuf; ils attestent l'importance que la presse et l'opinion allemandes y attachaient. Il serait bien invraisemblable, dès
lors, que l'auteur des *Considérations destinées à rectifier les jugements
du public sur la Révolution française*, le philosophe réputé jacobin,
et dont les attaches avec les Français étaient patentes (les lettres à
C. Perret et à Yung, le projet relatif à l'Université de Mayence

1. *Minerva, Ein Journal historischen und politischen Inhalts, hgg. von Archenholz,*
Hoffmann, Hamburg, 1796, II. Bd., May, 1796, 8, p. 323-324.
2. Il en reproduit un certain nombre d'articles. — 3. *Minerva*, III. Bd., July 1796, 7,
p. 106. — 4. Ibid., 10, p. 162-167. — 5. Ibid., p. 169. — 6. Ibid., August 1796, 5,
p. 291-298. — 7. Ibid., IV. Bd., Oct. 1796, 5, p. 120-127. — 8. Ibid., 1797, I. Bd.,
März 1797, 17; p. 513-532.

l'attestent), fût resté ignorant des actes et des textes qui avaient alors en Allemagne un pareil retentissement.

Mais, mieux informé ou plus clairvoyant que ses compatriotes et même que les Français qui renseignaient les journaux en question, il ne portait pas sur l'œuvre de Babeuf le jugement indigné dont on vient d'entendre les échos. Il ne lui paraissait pas que le système égalitaire fût si méprisable et si éloigné de toute réalisation possible. Il savait les événements qui, depuis la Révolution, s'étaient déroulés en France; il savait qu'à côté des revendications politiques la question économique y avait joué un rôle prépondérant.

N'était-ce pas Marat qui, tout juste un mois avant le 10 août, le 10 juillet, avait poussé contre l'inégalité sociale ce cri retentissant : « Voyons les choses plus en grand. Admettons que tous les hommes connaissent et chérissent la liberté; le plus grand nombre est forcé d'y renoncer pour avoir du pain; avant de songer à être libres, il faut songer à vivre [1] »? Et ne lisait-on pas dans un journal du temps (*Journal de Prudhomme*, n° 15, 22 septembre) ces lignes significatives : « Un jour viendra, et il n'est pas éloigné, ce sera le lendemain de nos guerres; un jour, le niveau de la loi réglera les fortunes [2] ? »

La loi ne régla pas les fortunes; mais elle tâcha de pourvoir aux nécessités les plus urgentes de l'heure : assurer la vie et l'alimentation du peuple, en réprimant les accaparements et l'agiotage, en établissant un système monétaire destiné à maintenir l'équilibre des échanges et à prévenir la hausse des marchandises, en réglementant enfin le commerce des grains et d'une manière plus générale la vie économique de la nation. Or c'est là précisément la réalisation de quelques-unes des idées chères à la fois à G. Babeuf et à Fichte.

Les accaparements du blé remplissent une grande partie du rapport de la Commission des Vingt-quatre sur Louis XVI (séance du 6 novembre 1792 [3]). Dans les papiers saisis aux Tuileries on avait cru trouver la preuve qu'un agent financier du roi spéculait pour son compte sur les blés avec une maison d'Amsterdam [4]

En tout cas, à côté du roi, il y avait, pour spéculer sur les grains et sur les denrées, les industriels qui approvisionnaient les armées, les gros fermiers qui, pour faire hausser les prix du blé, le conservaient dans leurs greniers.

La loi du 26 juillet 1793 contre l'accaparement, en même temps qu'elle atteste le mal, prétend y porter remède. Elle oblige les

---

1. Jaurès, *Histoire socialiste. La Convention.* p. 137. — 2 *Ibid.*, p. 139. — 3. *Ibid.*, p. 288. — 4. *Ibid.*, p. 284 et suiv.

détenteurs de marchandises et de denrées à les déclarer et à les vendre au fur et à mesure des besoins.

Le texte est caractéristique :

« La Convention Nationale, considérant tous les maux que les accapareurs font à la Société par les spéculations meurtrières sur les plus pressants besoins de la vie et sur la misère publique, décrète ·

« L'accaparement est un crime capital.

« Sont déclarés coupables d'accaparement ceux qui dérobent à la circulation des marchandises ou denrées de première nécessité qu'ils altèrent et tiennent enfermées dans un lieu quelconque sans les mettre en vente journellement et publiquement.

« Sont également déclarés accapareurs ceux qui font périr ou laissent périr volontairement les denrées et marchandises de première nécessité.

« Les marchandises de première nécessité sont le pain, la viande, le vin, les grains, farines, légumes, fruits, le beurre, le vinaigre, le cidre, l'eau-de-vie, le charbon, le suif, le bois, l'huile, la soude, le savon, le sel, les viandes et poissons secs, fumés, salés ou marinés, le miel, le sucre, le papier, le chanvre, les laines ouvrées et non ouvrées, les cuirs, le fer et l'acier, le cuivre, les draps, la toile et généralement toutes les étoffes ainsi que les matières premières qui servent à leur fabrication, les soieries exceptées. »

Presque tous les produits de la terre et de l'industrie tombent donc sous le coup de la loi, tous les magasins, tous les entrepôts, tous les greniers, toutes les caves, l'État révolutionnaire se réserve de les inspecter, de les contrôler.

Par quelle méthode, nous n'avons pas à l'étudier ici; retenons-en seulement un point dont il semble bien que Fichte se soit directe ment inspiré. Pour maintenir, par la fermeture, l'équilibre écono mique, Fichte et Babeuf exigent de ceux qui détiennent les denrées ou les marchandises une déclaration de la quotité des produits disponibles en magasins et de leur valeur, de manière à pouvoir en exiger la remise à l'État et la vente au prix établi, au fur et à mesure des besoins de la consommation publique.

Or, dans sa loi contre les accaparements, la Convention proposait précisément une mesure de ce genre.

« Si le propriétaire (des denrées ou marchandises) ne veut pas ou ne peut pas effectuer ladite vente (au détail à tout venant), il sera tenu de remettre à la municipalité ou section copie des factures ou marchés relatifs aux marchandises vérifiées existantes dans le dépôt; la municipalité ou section lui en passera reconnaissance et

chargera un commissaire d'en opérer la vente, suivant le mode
ci-dessus indiqué, en fixant les prix de manière que le propriétaire
obtienne, si possible, un bénéfice commercial d'après les factures
communiquées; cependant, si le haut prix des factures rendait ce
bénéfice impossible. la vente n'en aurait pas moins lieu sans inter-
ruption au prix courant desdites marchandises; elle aurait lieu de
la même manière, si le propriétaire ne pouvait livrer aucune facture.
Les sommes résultant du produit de cette vente lui seront remises
dès qu'elle sera terminée, les frais qu'elle aura occasionnés étant
préalablement retenus sur ledit produit [1]. »

« C'est, dit Jaurès, auquel nous empruntons ces documents, c'est
la police révolutionnaire de la vente poussée presque jusqu'à la
nationalisation du commerce. Ici, en effet, ce n'est pas seulement un
mode de vente qu'elle impose. C'est elle qui détermine le prix, qui
mesure le bénéfice [2]. »

Or, ces mesures sont celles que préconisait Fichte, comme l'avait
fait avant lui Babeuf.

Ce n'est pas tout. Ainsi que l'écrivait Roux, l'accaparement n'était
pas la seule cause des malheurs de la Révolution, le discrédit du
papier-monnaie y entrait pour une part peut-être plus grande encore,
car il était au fond de tous les agiotages.

On sait que, pour se créer des ressources immédiates, et devant
l'impossibilité de réaliser, autrement qu'à longue échéance, la vente
des « domaines nationaux », la Constituante avait émis un papier-
monnaie, les assignats, dont ces biens constituaient la garantie;
mais, à la suite des guerres et des troubles intérieurs, le désordre
des finances et les dépenses énormes de l'État, de plus en plus à
court d'argent, avaient contraint les gouvernements successifs à
multiplier les émissions bien au delà de la valeur du gage. Alors
qu'en 1789 les biens du clergé étaient estimés 4 milliards, il fut émis.
de 1789 à 1796, 45 milliards et demi d'assignats. Résultat : l'assi
gnat de 100 livres, accepté pour 100 livres de numéraire en 1789
pour 91 en 1791 ne valait plus que six sous en 1796.

Une pareille baisse de l'assignat par rapport à la monnaie
d'or devait troubler profondément tout l'équilibre des échanges
et amener la hausse de toutes les marchandises. Et ce trouble
causé par la baisse de l'assignat avait été singulièrement
aggravé encore par le lancement des « billets de confiance » émis,
dans les grandes villes principalement, par les « caisses patrio-

1. Jaurès, Histoire socialiste, La Convention, p. 1659-1661. — 2. Ibid., p. 1661.

tiques », ces billets de confiance étant à leur tour gagés par des assignats.

Cette situation faisait dire à Saint-Just dans un discours du 29 novembre 1792 :

« Ce qui a renversé en France le système du commerce des grains depuis la Révolution, c'est l'émission déréglée du signe. Toutes nos richesses métalliques et territoriales sont représentées ; le signe de toutes les valeurs est dans le commerce, et toutes ces valeurs sont nulles dans le commerce, parce qu'elles n'entrent pour rien dans la consommation. Nous avons beaucoup de signes, et nous avons très peu de choses.

« Le législateur doit calculer tous les produits dans l'État et faire en sorte que le signe les représente ; mais, si les fonds et les produits de ces fonds sont représentés, l'équilibre est perdu, et le prix des choses doit hausser de moitié : on ne doit pas représenter les fonds, on ne doit représenter que les produits. »

Saint-Just ajoutait : « La cherté des subsistances et de toutes choses vient de la disproportion du signe ; les papiers de confiance augmentent encore la disproportion....

« Voilà notre situation ; nous sommes pauvres comme les Espagnols par l'abondance de l'or ou du signe et la rareté des denrées en circulation. Nous n'avons plus ni troupeaux, ni laines, ni industrie dans le commerce

« Enfin je ne vois plus dans l'État que de la misère, de l'orgueil et du papier [1]. »

A ce mal quel remède appliquer ? D'abord retirer de la circulation tous les billets de confiance, et ce fut l'objet d'un décret de la Convention à la date du 8 novembre 1792.

Il s'agissait « d'arrêter le plus tôt possible la circulation des billets au porteur payables à vue, soit en échange d'assignats, soit en billets échangeables en assignats, qui étaient reçus de confiance comme monnaie dans les transactions journalières, afin d'éviter les troubles que cette circulation pouvait occasionner ». A cette fin des commissaires étaient chargés de se faire représenter les fonds et toutes les valeurs qui servaient de gages aux billets. Une série d'articles du décret concernait l'interdiction de continuer à émettre ou à faire circuler ces billets (article 6 par exemple : « Le jour de la publication du présent décret, les corps administratifs et municipaux cesseront l'émission desdits billets ; ils briseront les planches

---

1. Jaurès, *Histoire socialiste, La Convention*, p. 362-363.

qui auront servi à leur fabrication; ils retireront immédiatement ceux qui seront en circulation, et ils les feront annuler et brûler en présence du public »); le décret, pour obliger les porteurs de ces billets à se faire rembourser dans un délai déterminé, fixait au mois de janvier 1793 le retrait de la circulation pour tous les billets [1]

En second lieu, pour rétablir l'équilibre entre le signe et les marchandises, Condorcet se demandait si, « en supprimant la valeur fictive de l'argent, on n'attaquerait pas radicalement l'agiotage qui, avec le signe du numéraire, attirait le papier-monnaie et avec celui-ci toutes les matières d'approvisionnement jusqu'à ce qu'enfin il pompât toute la substance du peuple ».

Condorcet croyait précisément qu'il ne fallait pas considérer la hausse des denrées comme un effet direct des assignats; il croyait voir dans la monnaie de métal, plus facile à accaparer que toute autre marchandise, la cause principale de la baisse des assignats; et, dans la hausse de l'argent, par contre-coup, la cause de l'élévation des autres marchandises. Pour obvier à ce mal il voulait, supprimant la monnaie de métal, instrument principal de l'agio, mettre en communication directe les assignats et les denrées [2].

Ici encore on ne peut manquer d'être frappé de la parenté entre le décret de la Convention ou le projet de Condorcet et les vues de Babeuf et de Fichte sur la monnaie. Comme Condorcet, Fichte veut que la monnaie soit la représentation exacte de la valeur des marchandises; comme Condorcet, et avec Babeuf, il veut un papier-monnaie d'État, il veut la suppression de la monnaie métallique, cause de tous les troubles dans les échanges; et, quand il demande que l'on retire de la circulation des billets payables en monnaie internationale, parce que cette monnaie troublerait l'équilibre économique, il propose des mesures qui semblent inspirées du décret de la Convention.

Il y a plus encore. Pourquoi ces mesures contre les accapareurs, pourquoi ces lois ou ces projets sur la monnaie? Le but n'en est pas douteux. Il s'agit d'obvier à la disette, de prévenir le renchérissement des grains et des denrées de première nécessité, de pourvoir à l'alimentation du peuple, de remplir les greniers publics.

Ce fut, en effet, la préoccupation constante des hommes de la Révolution d'assurer au peuple le pain du travail quotidien. Tout appuyés sur les classes laborieuses, ils sentaient, ils savaient que la

1. Jaurès, *Histoire socialiste, La Convention*, p. 274-276. — 2. Ibid., p. 314-315.

misère était pour la Révolution la pire des menaces, la menace de l'émeute, suivie probablement de la victoire de la tyrannie.

Aussi la Convention prit-elle toute une série de mesures protectrices relatives au commerce dés grains. Dès le 3 novembre 1792 le cri d'alarme avait été poussé par deux députés de Lyon : des troubles avaient éclaté dans cette ville — ils disaient des scènes d'horreur — causés par la fermeture des usines, par le chômage, par la cherté excessive du pain et la crainte, malheureusement trop fondée, d'en manquer absolument[1]. Cette cherté du pain, grave parce que le pain était à la base de l'alimentation populaire, parce qu'aussi le prix du blé était en quelque sorte l'étalon de la valeur de toutes les autres marchandises, ne fit que s'accroître avec les guerres de la Révolution, avec les accaparements, avec la dépréciation des assignats[2]; elle était d'autant plus redoutable qu'entre les différentes régions les variations de prix étaient énormes, parfois du simple au double, comme le constata Roland, au début de 1793, dans son rapport à la Convention[3].

Le remède avait été vite aperçu. Si, en janvier 1792, la délégation des Gobelins, protestant devant la Législative contre le renchérissement des denrées, n'osait pas formuler encore l'idée d'une taxation légale et se bornait à réclamer des mesures contre les accapareurs, dans la séance du 19 novembre 1793 la députation du corps électoral de Seine-et-Oise se montrait plus hardie, et formulait sans hésiter ce vœu devant la Convention :

« Citoyens, disaient les représentants de ce département, le premier principe que nous devons vous exposer est celui-ci : la liberté du commerce des grains est incompatible avec l'existence de notre République. De quoi est composée notre République? D'un petit nombre de capitalistes et d'un grand nombre de pauvres. Qui fait le commerce des grains? Ce petit nombre de capitalistes. Pourquoi fait-il le commerce? Pour s'enrichir. Comment peut-il s'enrichir? Par la hausse du prix des grains dans la revente qu'il en fait au consommateur.

« Mais vous remarquerez aussi que cette classe de capitalistes et propriétaires, par la liberté illimitée maîtresse du prix des grains, l'est aussi de la fixation de la journée de travail; car, chaque fois qu'il est besoin d'un ouvrier, il s'en présente dix, et le riche a le choix; or, ce choix il le porte sur celui qui exige le moins : il lui fixe le prix, et l'ouvrier se soumet à la loi, parce qu'il a besoin de pain et

---

1. Jaurès, *Histoire socialiste, La Convention*, p. 264. — 2. *Ibid.*, p. 294. — 3. *Ibid.*, p. 280-281 et suiv.

que ce besoin ne se remet pas pour lui.... La liberté illimitée du
commerce des grains rend également maître de la subsistance de première nécessité ce petit nombre de capitalistes et de propriétaires.....
De là, sort nécessairement l'oppression de tout individu qui vit du
travail de ses mains.... La liberté illimitée du commerce des grains
est oppressive pour la classe nombreuse du peuple. Le peuple ne
la peut donc supporter. Elle est donc incompatible avec notre
République.... Nous voici donc parvenus à une seconde vérité : la
loi doit pourvoir à l'approvisionnement de la République et à la
subsistance de tous.

« Quelle règle doit-elle suivre en cela? Faire en sorte qu'il y ait des
grains; que le prix invariable de ces grains soit toujours propor-
tionné au prix de la journée de travail; car, si le prix du grain varie,
le prix de la journée ne variant pas, il ne peut y avoir de proportion
entre l'un et l'autre. Or, s'il n'y a pas de proportion, il faut que la
classe la plus nombreuse soit opprimée; état de choses absurde et
qui ne peut durer longtemps.

« Législateurs, voilà donc des vérités constantes. Il faut la juste
proportion entre le prix du pain et la journée du travail; c'est à la
loi à maintenir cette proportion à laquelle la liberté illimitée est un
obstacle.

« Quels sont les moyens qui doivent être employés?... Ordonnez
que tout le grain se vendra au poids. Taxez le maximum.... Interdisez
le commerce des grains à tout autre qu'aux boulangers et meuniers,
qui ne pourront eux-mêmes acheter qu'après les habitants des
communes, au même prix, et qui seront obligés de faire leur commerce à découvert.... Ordonnez que chaque fermier sera tenu de
vendre lui-même son grain au marché le plus prochain de son
domicile.... que les grains restants à la fin du marché seront constatés par les municipalités, mis en réserve, et exposés les premiers
en vente.... Remettez ensuite le soin d'approvisionner chaque partie
de la République entre les mains d'une administration centrale
choisie par le peuple, et vous verrez que l'abondance des grains
et la juste proportion de leur prix avec celui de la journée de
travail rendra la tranquillité, le bonheur et la vie à tous les
citoyens [1]. »

Cette idée de fixer un maximum au prix des grains, pour assurer
à l'ouvrier un minimum de salaire, pour établir entre le salaire et le
prix du pain un juste rapport, après avoir soulevé les plus vives pro-

1. Jaurés, *Histoire socialiste*, *La Convention*, p. 316-319.

testations et heurté les sentiments de tous ceux qui, élevés à l'école de Turgot et d'Adam Smith, défendaient les principes de la liberté du commerce et qui évoquaient le spectre d'une loi agraire, finit par triompher[1]

Mais après combien d'hésitations! Les premiers projets de réglementation présentés à la Convention par les comités d'agriculture et de commerce, les 3 et 16 novembre 1792 (rapport de Fabre de l'Hérault), portent qu'en aucun cas et sous aucun prétexte on ne pourra taxer le prix des grains. Fabre se borne à proposer d'obliger tout propriétaire, fermier ou dépositaire, à faire devant la municipalité du lieu de sa résidence la déclaration de la quantité de grains qu'il possède dans ses réserves, de forcer les marchands qui voudraient faire des achats hors de leurs communes à se pourvoir d'un certificat de la municipalité constatant la quantité de grains qu'ils ont dessein d'acheter, les lieux de leur destination, enfin d'obliger tous les détenteurs de grains à porter sur les marchés la quantité jugée nécessaire[2].

Il fallut la pression des événements, il fallut la menace d'un soulèvement populaire pour vaincre les résistances de la Convention; le 3 mai 1793, elle promulgua une loi fixant le maximum des grains et des farines; le 29 septembre 1793, trois semaines après qu'ent commencé le régime de la Terreur, comprenant que seule la taxation légale des denrées pouvait assurer la subsistance du peuple, elle rendait le grand décret qui tarifait toute la vie écono mique de la nation, les marchandises et les salaires[3].

Ici encore, on ne peut pas ne pas songer au projet de *Décret économique* de Babeuf et à la réglementation de l'*État commercial fermé* de Fichte. Les prétendues utopies du grand communiste révolutionnaire, les conceptions du philosophe jacobin apparaissent ainsi comme singulièrement plus proches des faits que leurs contemporains n'étaient tentés de le croire.

Mais, s'il fallait une preuve indiscutable de l'influence exercée alors sur l'esprit de Fichte par les événements de France et des origines jacobines de l'*État commercial fermé*, il suffirait de rappeler sa théorie des frontières naturelles, tout inspirée du souffle de Danton déclarant la France inachevée et les limites où elle devait atteindre « *marquées par la Nature* à l'Océan, au bord du Rhin, aux Alpes, aux Pyrénées ».

Fichte pouvait-il affirmer plus ouvertement, plus catégoriquement,

1. Jaurès, *Histoire socialiste, La Convention*, p. 319. — 2. Ibid., p. 348. — 3. Ibid., p. 1676-1677.

plus clairement qu'il approuvait les guerres entreprises par le gouvernement jacobin?

Au courant, comme il l'était, des événements de la Révolution,
Fichte avait donc écrit son *État commercial fermé* en pleine connaissance de cause et avec le sentiment très net des réalités; il avait
voulu composer un livre d'une application possible et immédiate;
ce que la Convention avait pu tenter en partie, la Prusse, avec sa
forte organisation centrale, ne pourrait-elle l'accomplir le jour où
elle le voudrait?

D. *L'INDIFFÉRENCE DES CONTEMPORAINS.* Fichte ne fut. pas compris; le public fit à
peine attention à l'ouvrage; ceux qui le
lurent y virent une utopie et volontiers le
raillèrent; personne n'en soupçonna la portée[1], et le gouvernement
lui-même resta sourd à l'appel de Fichte.

Struensée, le ministre auquel était dédié l'*État commercial fermé,*

---

1. Il convient cependant de signaler un compte rendu paru dans le *Journal littéraire d'Erlangen,* au mois de mai 1801, où l'auteur, qui se déclare, pour sa part,
entièrement convaincu de la vérité et de la rigueur logique de la théorie de Fichte,
attire l'attention du public sur l'*État commercial fermé* et signale son importance.
Il l'appelle une contribution hautement précieuse pour la distinction précise des
limites entre le domaine du droit naturel et celui de la morale; il déclare qu'il
répond aux plus pressants besoins du temps, à la nécessité de réformer des Constitutions qui ne sont pas ce qu'elles devraient être, qu'il y répond en découvrant
précisément la vraie source du mal, en apportant les vrais principes capables d'y
remédier, et cela, sans s'en tenir à des projets chimériques et inapplicables, mais
en restant sur le terrain de la réalité et en fournissant des moyens de réalisation
pratique.
Cependant il est permis de se demander si l'auteur de ce compte rendu a réellement
compris la portée de l'ouvrage et en a bien saisi le véritable sens. L'analyse pure
et simple qu'il fait de l'*État commercial fermé* ne permet pas de l'affirmer, et l'attitude même qu'il prête aux adversaires possibles de la doctrine n'est pas beaucoup
plus édifiante à cet égard. Il reconnaît que la seule manière sérieuse de combattre
la théorie de Fichte serait de prouver la fausseté de ses principes relativement à
la destination de l'État en ce qui concerne la propriété, l'aisance assurée à tous
les citoyens, la conception du droit au travail substituée à celle de la possession
des choses, la division du travail, la fermeture de l'État; il ajoute qu'il faudrait
montrer que Fichte, d'après ses propres principes, accorde trop de puissance à
l'État et met par là en danger la liberté naturelle de l'homme, que l'État a un
but différent de celui qui a été proposé, que ce but peut être atteint, que la destruction des Constitutions jusqu'ici régnantes comme contraires au droit peut être
obtenue par d'autres moyens. Tout cela n'est pas très clair et n'indique pas que
l'auteur ait aperçu la nouveauté et l'originalité de l'*État commercial fermé,* comme
socialisme (*Literatur-Zeitung,* Erlangen, 1801, I. Bd., n° 86; Montags, am 4. May 1801,
p. 681-688, et n° 87, Dienstags, am 5. May 1801, p. 689-696).
Signalons encore une polémique entre Fichte et Biester, l'éditeur de la *Neue
berlinische Monatsschrift,* à propos de l'expression de rêverie (Träumerei) qui avait
été appliquée à l'*État commercial fermé.*
Dans le numéro de juin 1801 (V. Bd.), à la page 435, sous le titre : *Deux citations,* on avait pu lire ceci : « Ein Land, das nach dem Zeugniss aller Geographen
und Reisebeschreiber, unter dem mildesten Himmelsstrich liegt, und einer über-
flüssigen Fruchtbarkeit geniesst; ein Land, wo die Träumerei des *geschlossenen Han-
delsstaats* bei weitem leichter, als in irgend einem des gesammten Europa, ins Werk

répondit à Fichte par une lettre qui, derrière les remerciements et les éloges de politesse, laisse percer le plus entier scepticisme.

« Vous m'avez fait, écrivit-il à Fichte le 9 novembre 1800, en

zu setzen wäre. » (*Neue berlinische Monatsschrift*, hgg. von Biester, Berlin und Stettin bei Friedrich Nicolai, V. Bd., 1801 Junius, 4. *Zwei Zitazionen*, p. 435.)

Fichte, blessé au vif par l'expression de « Träumerei », avait été trouver Biester. Après lui avoir parlé de l'amitié et des convenances qui devraient être la règle des rapports entre écrivains habitant la même ville, il avait déclaré à Biester qu'il sommait l'auteur de la malencontreuse expression d'avoir à s'expliquer et avait chargé Biester de lui transmettre cette sommation (*Neue berlinische Monatsschrift*, VI. Bd., 1801, Oktober, 5, Der sich selbst setzende Richter. Oder : Gegenerklärung über Hrn. Prof. Fichte, p. 296-297). Non content de cette démarche, il avait publié, dans le fascicule de juillet du *Kronos*, p. 204-210, le récit de son entrevue avec Biester, et adressé publiquement à l'auteur de l'expression, — à moins que ce ne fût Nicolai, auquel cas il renoncerait à sa requête, — sommation d'avoir à la justifier dans l'espace de deux mois, sous menace, s'il ne le faisait pas, de lui donner de ses nouvelles. Fichte ajoutait qu'il n'admettrait pas de faux-fuyant, par exemple celui qui consisterait à prétendre que l'expression incriminée s'appliquait à l'idée d'un *État commercial fermé* en général et non pas à l'ouvrage de Fichte. Cette sommation portait la date : Berlin, 26 juillet 1801 (*Neue berlinische Monats-schrift*, VI. Bd., 1801, Oktober, 5, p. 290-291). Biester avait répliqué avec aigreur dans le numéro d'octobre de son *Journal* : « La mine impérative de cet homme qui s'érige lui-même en juge est si comique, disait-il, que les lecteurs en auront l'âme assez divertie. » A la sommation de Fichte, au délai qu'il avait fixé pour la justification, il répondait en lui demandant quelles dispositions juridiques il pourrait bien invoquer pour forcer l'auteur à s'y soumettre; il reconnaissait d'ailleurs que l'expression visait bien le livre de Fichte; il déclarait aussi que Nicolaï n'en était pas l'auteur. Il se refusait à répondre aux injonctions de Fichte, lui faisant observer ironiquement qu'il avait attendu pour le lui dire que les deux mois fixés par lui fussent largement passés : il attendait tranquillement que Fichte, comme il l'en avait menacé, donnât de ses nouvelles. Il n'ajoutait qu'un mot, et c'était pour faire honte à Fichte de ses procédés. Il n'avait pas suffi au philosophe irascible d'afficher à nouveau sa puérile vanité, sa trop bonne opinion de soi-même, il avait montré sa grossièreté et son mépris pour les autres écrivains; il avait fait pis encore, une chose qui ne prêtait plus à rire, qui n'était pas même simplement honteuse et que Biester n'avait pas envie de qualifier de son vrai nom. Il y avait beau temps que, depuis Cicéron jusqu'aux temps modernes, la publication d'une correspondance privée passait pour chose peu estimable; mais que dire de la révé-lation d'un entretien, d'un entretien dont on reproduit plus ou moins fidèlement les termes (il ne s'agit même plus ici d'un texte exact, comme pour une lettre)? Et, dans le cas présent, Fichte, au dire de Biester, lui avait attribué maintes choses qu'il n'avait pas dites, qu'il n'avait pas pu dire.

Un homme qui agissait ainsi de votre confiance était un homme dangereux. Comment peut-on se garer de celui qui fait imprimer ce qu'il entend, alors qu'on n'a pas toujours un notaire sous la main? D'une seule manière : en lui interdisant, de la façon la plus courtoise, de jamais remettre les pieds chez vous. Et c'était la conclusion à laquelle s'arrêtait Biester (*Ibid.*, p. 292-299; cette réplique à Fichte est datée du 27 septembre 1801).

Signalons enfin parmi les articles suscités par l'*État commercial fermé* un compte rendu singulièrement violent d'Adam Müller, paru en décembre 1801. Adam Muller, dans sa *Théorie des antithèses*, avait déjà pris à partie la *Théorie de la Science* et cherché à montrer « la totale inutilité de l'étude de la doctrine de Fichte », la radicale absurdité d'un Non-Moi prétendu opposé au Moi, qui n'est rien de plus que le *Nihil irrepræsentabile*, c'est-à-dire le comble du non-sens (der Unsinn des Unsinns); et pourtant Fichte en avait fait la base même de sa philosophie. Il avait aussi consacré toutes ses forces à briser le Baal qui était le Dieu de Fichte. Et Gentz, qui l'affirme à Brinkmann, déclare que son respect pour Muller lui est venu jus-tement de sa haine à l'égard de Fichte; il s'étonne que Brinkmann puisse accorder

m'envoyant hier .votre ouvrage sur l'*État commercial fermé*, un
agréable présent, et, puisqu'il vous a plu de me le dédier publiquement, je vous en témoigne toute ma reconnaissance.

son estime de Müller avec son amour pour Fichte (Fr.-C. Wittichen, 1910, *Briefe von
und an F. v. Gentz*, II. Bd., Gentz an Brinkmann, 128, Wien, den 13. April 1803,
p. 118 et 129, Wien, den 25. April 1803, p. 124-125).

On s'étonnera moins, sachant ce qui précède, du ton sur lequel A. Müller parle
de l'*État commercial fermé* et de son auteur :

« Dans aucune espèce de science, disait-il, on peut le constater habituellement,
l'inexpérimenté n'émet aussi facilement la prétention de porter un jugement qu'en
matière de science politique » ; et il ajoutait que jamais la prétention n'avait été
plus grande que chez Fichte ; il écrivait son compte rendu pour tâcher d'éveiller
dans l'esprit des centaines de combattants, prêts non seulement à jurer sur la
parole et sur le signe du maître, mais presque à tirer l'épée pour lui, un doute
sur son infaillibilité, et il se déclarait satisfait d'avoir écrit ces lignes, si elles
avaient pour résultat d'éloigner toujours davantage de Fichte et de ses adeptes
des hommes d'intelligence claire et saine, et de répandre le sens de l'activité vraie,
pratique. A ses yeux l'*État commercial fermé* restait, en dépit de la gravité de son
auteur, une des farces les plus divertissantes qu'ait vues le siècle des Visionnaires.

Dans ce siècle où la philosophie avait tout fait pour détruire la foi, cet ouvrage
était un acte de foi ; on y trouvait même des *visions* et de l'enthousiasme à un
degré tel que l'auteur en oubliait totalement sa mission de logicien, titubant d'une
contradiction dans l'autre, se proclamant détenteur de grands secrets économiques,
et incapable, en fin de compte, de les dévoiler, d'ailleurs encore inébranlablement
convaincu que, dans un siècle animé d'un mouvement comme celui du siècle actuel,
la même illumination (Erleuchtung) qui, dans dix ans, devait amener l'avènement
du Dieu-Raison ferait de cet État commercial une réalité où son fondateur, avec
son secret, aurait une situation appropriée à sa découverte.

Adam Müller continuait longuement sur ce ton. Il affirmait que l'État conforme
à la Raison ne pouvait être un État fermé, que par conséquent un État commercial fermé était, dans ses principes mêmes, un État de déraison. Il raillait
Fichte de s'élever contre la colonisation sous prétexte de sauvegarder les droits
des habitants incultes, comme si le commerce avec l'Europe n'était pas pour eux
la condition même de la civilisation, de leur droit à la culture, comme si le prétendu respect de leur liberté n'équivalait pas ici à la perpétuité de leur abêtisse-
ment. Il raillait encore Fichte pour son ignorance en matière de connaissances
positives, historiques ; il lui appliquait ses propres conseils : quand on parle publiquement d'un objet de science, c'est un devoir et c'est une nécessité de se mettre
au courant des ouvrages le concernant ; or, Fichte paraissait tout au plus connaître
quelques essais de Hume et les écrits d'Adam Smith ; pour le reste il ne savait les
choses que par ouï-dire, par des récits de voyages, par des observations d'économie
domestique familiale, par des conversations sur des questions pendantes : le protectionnisme, par exemple.

A. Müller ajoutait en guise de conclusion : « Pour donner aux lecteurs qui n'ont
encore rien vu de pareil une idée de l'ignorance qui règne dans ce livre, disons
qu'on n'y trouve nulle part le concept du capital » ; et, sans insister autrement sur
tous les miracles qu'opérait Fichte à l'intérieur de son édifice, A. Müller préférait
ne pas le troubler dans son laboratoire et le laisser tout entier à sa magie noire ;
pour attribuer à un pareil ouvrage quelque signification, il avait fallu toute l'impudence d'une immense présomption jointe à tout autant d'ignorance (*Neue berlinische
Monatsschrift*, VI. Bd., 1801, Dez. 1801. 2. *Ueber einen philosophischen Entwurf von
Herrn Fichte*, betitelt : *Der geschlossene Handelsstaat*, p. 436-458).

Tel est le ton sur lequel fut accueilli l'*État commercial fermé* par les contemporains de Fichte, et telle est la perspicacité avec laquelle il fut alors jugé. Il est
juste de dire que Gentz, peu suspect cependant de tendresse pour Fichte, n'approuva
pas le ton de l'article de Müller et lui reprocha de ne pas lui avoir demandé conseil
avant de s'être résolu à publier son article.

« Comment, lui écrivait-il, avez-vous pu, en le faisant sous votre nom, car la dureté

« En ce qui concerne le contenu de l'ouvrage, je me réserve de m'en entretenir plus tard avec vous. Je suis convaincu d'y avoir trouvé beaucoup de bon, et, autant que je puis en juger dès maintenant, j'y vois représenté l'idéal d'un État, l'idéal auquel tout fonctionnaire qui participe à l'administration aurait le devoir de tendre. Que cet idéal puisse jamais être atteint, vous en doutez vous-même; mais cela n'enlève rien à la perfection de l'ouvrage[1]. »

Ouvrage utopique, chimérique assurément. Mais n'est-il pas permis, après avoir montré par où il s'enracine dans la réalité, de montrer aussi par où il prépare l'avenir? Si l'on prétendait faire passer, sans réserves, l'auteur de l'*État commercial fermé* pour le précurseur du socialisme moderne on soulèverait de très légitimes observations. Quel rapport entre le socialisme de Fichte, étroitement borné aux limites des frontières naturelles et étrangement protectionniste, et le socialisme internationaliste, libre-échangiste qui est commun à Karl Marx, à Bakounine et à tous les révolutionnaires du xixᵉ siècle? Mais il est un autre socialisme dont Fichte inaugure la tradition, c'est le socialisme gouvernemental, bureaucratique dont Rodbertus, Lassalle, A. Wagner, Bismarck dans une certaine mesure, seront, en Allemagne, les grands ouvriers. Struensée, fonctionnaire prussien, pressentait peut-être confusément cet avenir de son peuple, quand, dans sa lettre de remerciements à Fichte, il écrivait : « Je vois représenté dans votre ouvrage l'idéal d'un État, l'idéal auquel tout fonctionnaire a le devoir de tendre. » Si ces observations sont justifiées, il était intéressant de faire voir comment cette tradition

de la chose consiste justement en ce que ce ne fut pas une critique anonyme, parler sur ce ton d'un homme comme Fichte?

« Je ne dis rien de ce que le procédé a d'impolitique.... Mais ne sentez-vous pas vous-même ce qu'il y a de démesuré, de choquant, d'offensant en soi et pour soi dans ce ton? Ne sentez-vous pas que vous avez émoussé la pointe de votre attaque en ne laissant même pas pressentir que celui que vous maltraitiez ainsi était, au demeurant, un des cerveaux les plus pénétrants de son temps. Vous auriez, au contraire, atteint pleinement votre effet si, d'un côté, vous lui aviez rendu pleine justice, et si vous aviez fait ressortir la monstruosité du fait qu'un pareil homme peut en arriver à de pareilles folies.

« Voilà, ou à peu près, croyez-m'en, ce que sera, plus ou moins enveloppé, le jugement de tous les lecteurs de votre article qui n'aiment pas Fichte. Quant au nombreux parti de ses amis, il s'emparera du côté faible de votre article, qui, à mon sens, consiste précisément et uniquement dans ce ton déplacé (le fond est bon et parfois excellent, disait un peu plus haut Gentz), pour s'en servir contre vous et vous faire toucher terre. Quel misérable et quel faible cerveau est donc ce Biester, puisque sa fureur contre Fichte l'a aveuglé au point de pouvoir lire votre article sans sentir cela et sans vous y rendre attentif? » (Fr.-C. Wittichen, *Briefe von und an F. von Gentz*, II. Bd., Gentz an A. Müller, 101, Berlin, den 15. Dezember 1801, p. 363-364.)

1. *Fichte's Leben*, II. Bd., Zweite Abth., XVIII, 29, p. 549-550, Minister Struensee an Fichte, Berlin, den 9. Nov. 1800.

économique de l'Allemagne moderne a pris naissance chez Fichte par la combinaison d'un idéal prussien et d'un idéal jacobin.

Fichte ne s'étonna pas de rester incompris. Il savait que les hommes de sa génération étaient incorrigibles; il savait, il l'a dit lui-même, pourquoi les idées exposées dans l'*État commercial fermé* devaient profondément déplaire à tant de gens.

Cette génération ne voulait rien tenir d'une discipline, elle désirait tout acquérir par la ruse et au petit bonheur, la vie était pour elle comparable à un jeu de hasard. Elle criait sans cesse à la liberté, à la liberté du commerce et des grains, à la liberté vis-à-vis de toute surveillance et de toute ingérence gouvernementale, à la liberté à l'égard de tout ordre, à la liberté à l'égard des mœurs. Tout ce qui impliquait une règle stricte, un état de choses fixe, absolument régulier, lui apparaissait comme une atteinte à la liberté naturelle[1]

---

1. Fichte, *S. W.*, III. Bd., *Der geschlossene Handels*staat, III. Buch, 8. Cap., p. 510-511.

CHAPITRE III

PÉRIODE DE POLÉMIQUES

A. _KANT DÉSAVOUE_
LA « THÉORIE DE LA
SCIENCE ».

L'accueil fait à l'_État commercial fermé_ n'était
qu'un symptôme, au milieu de tant d'autres
du discrédit où était maintenant tombée la
Théorie de la Science. Au moment de la
célébrité de Fichte à Iéna, on attendait avec fièvre les ouvrages du
philosophe; aussitôt parus on les admirait avec passion; ceux qui se
permettaient des critiques, et ils étaient rares, passaient pour des
jaloux ou pour des « philistins ».

Ces temps n'étaient plus. La _Théorie de la Science_ était maintenant
méconnue, elle était de toutes parts battue en brèche. Les ennemis
de Fichte avaient d'ailleurs la partie belle. L'auteur de la _Critique_, en
qui Fichte reconnaissait pourtant l'initiateur et le maître dont la
Théorie de la Science ne faisait que poursuivre et parachever l'œuvre,
Kant lui-même, ne venait-il pas de leur donner l'exemple?

Fichte était à Berlin depuis un mois à peine, quand parut, dans le
Journal littéraire universel, une annonce qui fit sensation. Kant
infligeait à Fichte un désaveu retentissant :

« Je déclare, — écrivait-il en réponse à l'invitation que lui avait
adressée, au nom du public, l'auteur du compte rendu de l'_Esquisse
de la philosophie transcendantale_ de Buhle (Entwurf der Transcendentalen Philosophie) dans le 8ᵉ numéro du _Journal littéraire d'Er-
langen_, — je déclare que je considère la _Théorie de la Science_
de Fichte comme un système absolument intenable. Car, une pure
théorie de la science n'est ni plus ni moins qu'une pure _logique_
dont les principes ne parviennent pas jusqu'à la matière de la
connaissance, mais qui, en tant que pure logique, fait abstraction
du contenu de la connaissance; vouloir, à force de l'éplucher, en
extraire un objet réel est une tentative vaine et une chose encore

inédite ; il y faut tout d'abord, s'il s'agit de la philosophie transcendante, faire un saut dans la métaphysique. Or, en ce qui concerne
les principes de la métaphysique de Fichte, je suis d'autant moins
disposé à en accepter ma part que, dans une réponse que je lui ai
adressée, je lui ai conseillé de laisser les subtilités vaines (*apices*)
de la métaphysique pour cultiver ses heureux dons d'exposition
dans la mesure où la *Critique de la Raison pure* permet de les
appliquer avec fruit; il m'a poliment éconduit en me déclarant
« qu'alors il ne dépasserait pas la Scolastique ». A la question de
savoir si je tiens pour Criticisme authentique l'esprit de la philosophie
de Fichte, il a répondu suffisamment lui-même, sans que j'aie eu
besoin de me prononcer sur sa valeur ou son absence de valeur,
puisqu'ici la question porte, non sur un objet de jugement, mais
sur le sujet qui juge, et qu'il me suffit de me dégager de toute participation à cette philosophie.... »

A l'assertion qu'il ne faut pas prendre la *Critique* « à la lettre », mais
que quiconque veut comprendre la *Critique* est forcé de commencer
par se rendre maître de son véritable point de vue (celui que lui
attribue Beck ou Fichte), parce que la lettre du Kantisme, comme
de l'Aristotélisme, en tue l'esprit, Kant répliquait : « Je déclare, une
fois encore, que la *Critique* doit être comprise à la lettre.... »

Et Kant concluait : « Un proverbe italien dit : mon Dieu, préserve-
nous de nos amis; quant à nos ennemis, nous nous en chargeons
bien nous-mêmes. Il y a, en effet, des amis sincères, bien inten-
tionnés à notre égard, mais qui s'y prennent de travers sur le choix
des moyens destinés à favoriser nos vues; il y a aussi parfois de
prétendus amis, des trompeurs, des perfides qui, sous les espèces
d'un langage bienveillant *(aliud lingua promtum, aliud pectore
inclusum gerere)*, veulent notre perte. A leur égard on ne saurait trop
se tenir sur ses gardes, et on doit redouter les pièges qu'ils vous
tendent. Malgré tout la philosophie critique, en vertu de son irrésistible tendance, se sent forcément appelée à satisfaire la Raison tant
au point de vue théorique qu'au point de vue pratique et moral,
si bien que ni le changement des opinions, ni aucune amélioration
ou aucune construction théorique formée par ailleurs ne constitue
pour elle une menace, mais que le système de la *Critique*, reposant
sur un principe entièrement assuré, est à jamais fixé et indispensable
aux fins suprêmes de l'humanité pour tous les siècles à venir [1]. »

---

1. *Intelligenz*blatt *der A. L. Z.*, 1799, n° 109, Mittwochs, d. 28. August 1799, Literarische Nachrichten, II. Erklarung, p. 876-878. *Fichte's Leben*, II. Bd., Zweite Abth.,
I, 13, p. 161-162.

Le compte rendu auquel répondait cette annonce datait de six mois; il avait paru en janvier et passé inaperçu; Kant lui-même ne l'avait alors pas jugé digne d'une réplique. Mais, depuis le mois de janvier, Fichte avait été poursuivi pour athéisme, il avait été condamné, exilé de Saxe; il était maintenant à Berlin, qui n'est pas loin de Königsberg. Après les démêlés que Kant avait eus avec la censure, ce voisinage sans doute paraissait au vieux philosophe compromettant pour sa tranquillité.

La remarque est de Schelling, dans une lettre du 12 septembre, où il demandait à Fichte, au nom de ses amis, de ne point laisser sans réplique la note de Kant.

« Devez-vous hésiter, écrivait-il, quand cet homme, dans son total aveuglement sur ce que vous êtes et sur ce que notre siècle vous doit déjà, parle de vous et de votre philosophie sur ce ton tranchant, quand, après avoir eu d'abord la naïveté de vous l'écrire, il n'a pas honte maintenant de répéter, à la face du monde entier, que vous devez vous borner à commenter la *Critique*, comme si un homme de votre envergure n'avait pas mieux à faire?

« En réalité il ne pouvait rien arriver de plus heureux pour votre philosophie que cette déclaration dont le style fera voir clair comme le jour à l'homme le plus obtus l'absurdité et l'étroitesse incroyables. Il est temps pour vous de rompre avec Kant ces relations équivoques qui vous ont nui peut-être plus que tout le reste; vous avez la bonne chance que Kant lui-même rompt, cela suffit. Kant ne mérite plus maintenant d'être exposé d'une manière aussi transcendantale que s'il avait dit inconsciemment ce qu'il n'a jamais dit, nous le savions bien tous, avec pleine conscience, et ce qu'il était incapable de dire. Il est évident : 1° qu'il ne sait de votre *Théorie de la Science* que le titre; par conséquent il parle de quelque chose qu'il ne comprend, ni ne connaît; 2° qu'il vit dans la douce illusion que le siècle en est encore où il en était il y a dix ans, à répéter machinalement, comme une prière, la *Critique*, et c'est tout crûment ce qu'il demande; 3° qu'il croit que la *Critique* a atteint, non seulement pour le temps présent, mais pour tous les siècles à venir, les colonnes d'Hercule de la pensée : par là il s'est annihilé lui-même, vous n'avez qu'à reconnaître sa propre annihilation et à l'accepter pour en tirer profit. La philosophie de Kant, vous en êtes nécessairement convaincu (je le sais et par vos propres déclarations et par l'évidence de ma conviction personnelle), si elle n'est pas nulle et contradictoire en soi, affirme exactement ce qu'affirme la vôtre; Kant, par sa rupture brutale avec l'esprit de votre philosophie, atteste de la

manière la plus éclatante, que pour lui est déjà venue l'heure de
la postérité (c'est ce qu'il dit lui-même quelque part de Platon),
l'heure où elle le comprendra mieux qu'il ne se comprend lui-
même. Or, puisque chacun ne peut discuter qu'avec son temps,
incapable qu'il est de sortir de ses limites, Kant a perdu par là
tout droit de continuer à parler; philosophiquement, il est mort. Il
a parfaitement raison de dire qu'au delà de la *Critique* rien n'existe
pour lui. Mais, comme cet au-delà de la *Critique* n'est pas seulement
une possibilité, comme c'est une réalité actuelle, il existe donc
quelque chose qui se trouve tout à fait hors de son horizon, quelque
chose qui, pour lui, appartient dès maintenant à la postérité, au sujet
de quoi il n'a plus de voix au chapitre. Un dernier mot. La seule
considération qui pouvait encore vous lier les mains, c'est le respect
dû à l'âge et aux grands services de Kant; mais considérez, je vous
prie, ceci : Kant dit s'expliquer à la demande d'un obscur rédacteur du
Journal littéraire d'Erlangen. Cette demande est de janvier; cependant
Kant attend d'abord que les cris poussés au sujet de votre athéisme
aient commencé à se faire entendre. Il se tait encore, il attend
que vous avez quitté votre chaire. Ce n'est pas assez, il attend que
vous soyez à Berlin (*Jam proximus arsit Ucalegon*). Vous êtes arrivé
à Berlin au commencement de juillet : cette déclaration tardive a été
écrite en août. Quel masque honteux que le prétexte de ce compte
rendu, paru depuis huit mois et dès longtemps oublié, pour donner
à sa déclaration une apparence qui ne fût pas trop lamentable aux
yeux du public. et lui fournir une occasion meilleure que l'occasion
réelle : visiblement, il n'a eu qu'une préoccupation : *sa* tranquillité;
probablement parce que, de Berlin, on lui a fait craindre d'être
rangé sous la même étiquette que vous et d'être obligé de supporter
avec vous la faute qu'on vous a reprochée..... Ces raisons, je l'espère,
vous convaincront avant tout que c'est l'intérêt de votre *cause*, je
ne dis pas de votre personne, de répondre. Et le plus tôt sera le
mieux[1]. »

Fichte avait devancé les sollicitations de ses amis. Dès qu'il avait
eu connaissance de la note de Kant, il avait jugé une protestation
nécessaire. Mais, au lieu de répondre à Kant directement. il écrivit à
Schelling une lettre qui se croisa avec les conseils pressants de celui-
ci[2]. en l'autorisant à la rendre publique : Fichte se bornait à citer
les passages de sa correspondance avec Kant, où le maître le couvrait

1. *Fichte's Leben*, II. Bd., Zweite Abth., IV, 5, Schelling an Fichte, Iena, den.
12. Sept. 1799, p. 301-303.
2. *Ibid.*, Fichte an Schelling, Berlin, den 20. Sept., p. 304.

de fleurs ; il les citait par cœur, car les originaux se trouvaient encore dans ses papiers à Iéna ; il rappelait en particulier qu'en lui accusant réception de la *Seconde Introduction à la Théorie de la Science* Kant l'avait félicité d'avoir traversé pour n'y plus revenir les sentiers épineux de la Scolastique, et félicité de son talent d'exposition, un talent où la vie s'unissait au don d'une forme accessible au grand public. Kant engageait Fichte à cultiver ce don d'une application si utile pour les principes de la *Critique de la Raison pure*. Fichte avait pris le conseil au sérieux ; il n'y voyait aucun persiflage, comme Kant le laissait entendre maintenant. Il lui semblait naturel que Kant, après une vie de travail si remplie, se crût incapable, à son âge avancé, d'entrer dans des spéculations toutes nouvelles.

Fichte ajoutait : « Si je vous renvoie aux déclarations de Kant même dont j'ai fait mention, ce n'est pas pour me disculper, c'est pour mettre mieux encore en lumière ce que Kant, avec une aimable équité, dit dans sa déclaration, à savoir : qu'il n'est pas disposé à prendre part aux recherches nouvelles, qu'il se dégage de toute participation à leurs résultats et que, partout ici, il n'est pas question de l'objet du jugement, mais du sujet qui juge [1]. »

Fichte soutenait qu'il était entièrement d'accord avec Kant sur la nature de la logique pure ; cependant, pour lui, la *Théorie de la Science* avait le sens nullement de logique, mais de philosophie transcendantale ou de métaphysique ; entre eux le débat était donc purement verbal. Il terminait sa lettre par ces mots : « Il est dans la règle, mon cher Schelling, à l'heure où les défenseurs de la métaphysique anté-kantienne n'ont pas encore cessé d'accuser Kant de s'occuper à de vaines subtilités, que Kant nous adresse le même reproche ; dans la règle que, lorsque ceux-ci assurent contre Kant l'intégrité, la perfection, l'immutabilité de leur métaphysique pour toute l'éternité, Kant soutienne la même chose de la sienne contre nous. Qui sait où maintenant déjà travaille le jeune et ardent cerveau qui essayera de dépasser les principes de la *Théorie de la Science*, de montrer ce qu'elle a de faux et d'incomplet? Le ciel nous accorde la grâce de ne pas nous borner à affirmer que ce sont de vaines subtilités et que nous n'entendons pas les choses de cette oreille-là ; mais puisse l'un de nous ou, à notre défaut, si nous ne devons plus

1. *Fichte's Leben*, II. Bd., Zweite Abth., I, p. 163-164. Après avoir vu la lettre en question, Schelling écrivait à Fichte : « L'original de la lettre de Kant montre de toute évidence que Kant, l'auteur de la déclaration, est un tout autre Kant que l'auteur de la lettre. Je conjecture un manque total de mémoire. Exposer cette duplicité autrement qu'avec les ménagements dont vous avez usé, aurait été une impiété. » (*Fichte's Leben*, II. Bd., Zweite Abth., IV, 6, Schelling an Fichte, den 10. Sept. 1799, p. 304.)

en être capables, un de nos disciples se trouver là, soit pour démontrer le néant de ces nouvelles découvertes, soit, s'il ne peut y
parvenir, pour les accepter en notre nom avec reconnaissance [1]. »

Cette lettre, remise par Schelling le 17 septembre 1799 au *Journal
littéraire universel*, fut publiée dans la *Feuille d'annonces*, nᵒ 122.
Schelling y avait ajouté, en guise de justification, le mot suivant :
« Je publie la présente lettre, parce que, pour des raisons que le
lecteur comprendra lui-même, il n'y a pas d'autre réponse possible
à la déclaration de Kant compatible avec le respect qui lui est dû ;
je la publie, bien entendu, en reproduisant dans son entier l'original
et après avoir reçu l'autorisation de mon ami. On laisse à chacun le
soin de juger [2]. »

Le jugement fut décisif. La lettre de Fichte reçut l'approbation de
tous, même de ses adversaires, même à Iéna [3].

Fichte n'avait pu laisser sans réponse ce désaveu retentissant que
rien de sa part ne justifiait ; mais, tandis que, venu d'un autre, il eût
considéré un tel acte comme une offense personnelle, il n'en conçut
à l'égard de Kant aucun ressentiment. La publication de sa réplique
l'atteste déjà : ce n'est point le ton coutumier de ses ripostes, la
modération avec laquelle Fichte présente sa défense contraste avec
la singulière violence de l'attaque.

Est-ce là une simple attitude destinée à mettre le public de son
côté ? La correspondance même de Fichte ne permet pas de douter
au contraire qu'il s'agit d'un sentiment sincère. En réponse à la lettre
où Schelling lui signalait la déclaration de Kant et l'appréciait en
termes si sévères, Fichte disait :

« Vous prenez la chose comme on peut sans doute la prendre et
comme je n'ai pas le droit de la prendre moi-même. Je suis certainement tout à fait convaincu que la philosophie kantienne, à moins de
la considérer comme nous le faisons, est tout entière un non-sens.
Mais, pour la justification de Kant, je pense qu'il se fait tort à
lui-même ; sa propre philosophie, que d'ailleurs il n'a jamais pos-
sédée couramment, il ne la sait ni ne la comprend plus actuellement ;
et, quant à la mienne, il n'en connaît sûrement que ce qu'il a
attrapé au vol dans des comptes rendus partiaux [4]

« En ce qui concerne le dernier point de votre lettre (le temps mis

1. *Fichte's Leben*, II. Bd., Zweite Abth., I, p. 164. — 2. Ibid., II. Bd., Zweite
Abth., IV, 6, Schelling an Fichte, Iena, den 16. Sept. 1799, p. 303-304. — 3. *Ibid.*, I. Bd.,
II. Buch, 6. Kap., p. 325.
4. Dans une lettre à Tieftrunk, datée du 5 avril 1798, Kant, en effet, déclare
expressément ne connaître la *Théorie de la Science* que par le compte rendu du
Journal littéraire universel *d'Iéna* (Fritz Medicus, *Fichtes Leben*, p. 130).

par Kant pour répondre au compte rendu du *Journal d'Erlangen* et les coïncidences de cette réponse avec l'arrivée de Fichte à Berlin), il faut dire, à la décharge de Kant, qu'à Königsberg, j'en ai fait l'expérience lors de mon séjour là-bas, on ne reçoit souvent les nouveautés littéraires que fort tard, peut-être le *Journal littéraire d'Erlangen* ne pénètre-t-il pas jusque-là, peut-être Kant n'a-t-il eu communication que par un de ses correspondants de la mise en demeure qui lui était adressée. Voilà ce qu'on pourrait dire; mais les choses ont pu être autres et telles aussi que vous les dites, car le vieillard est assez craintif et assez sophistique; je sais, de source sûre, que, tout à fait en dehors de mon affaire et antérieurement à elle, on l'a beaucoup calomnié auprès du roi. Peut-être l'a-t-il su[1] ? »

Quoi qu'il en soit des raisons qui déterminèrent Kant à renier toute paternité dans la conception de la *Théorie de la Science*, son acte ne pouvait manquer d'être exploité par ceux des ennemis de Fichte que retenait encore la crainte de passer pour des contempteurs de la *Critique*, s'ils attaquaient la *Théorie de la Science*, et la modération de Fichte paraît ici d'autant plus louable que le coup lui était plus sensible.

C'était l'heure, en effet, où, profitant du désarroi jeté dans les esprits par l'accusation d'athéisme, tous les adversaires de Fichte s'étaient redressés en face de ceux qui, pour répondre à l'*Appel*, avaient soutenu sa cause devant le public.

B. BROCHURES ANONYMES.
I. « LES FRANCHES PENSÉES AU SUJET DE L'APPEL DE FICHTE ».

Nous n'insisterons pas sur les brochures de simple polémique, tels les *Deux mots pour l'édification de M. l'ex-professeur Fichte*[2] (Ein paar Worte zur Belehrung an den Herrn Ex-Prof. Fichte). Grüner, accusé d'avoir été l'auteur de la fameuse *Lettre d'un père*, et par conséquent l'initiateur de l'accusation d'athéisme, se défend avec énergie; il décoche, en passant, à Fichte quelques dures vérités. Telles les *Franches pensées au sujet de l'Appel de Fichte* (Freymuthige Gedanken über Fichte's Appellation gegen die Anklage des Atheismus und deren Veranlassung), du secrétaire intime L. G.

L'auteur des *Lettres confidentielles et impartiales sur le séjour de Fichte à Iéna* voit dans la « totale incapacité de cet écrivain à s'entretenir avec les philosophes » un témoignage de la grossière incompréhension dont L. G... fait preuve à l'égard de Fichte. A ses

1. *Fichte's Leben*, II. Bd., Zweite Abth., IV, 7, Fichte an Schelling, Berlin, den 20. Sept. 1799, p. 304-305.
2. 102 pages avec un appendice de 63 pages.

yeux, « quiconque n'a pas acquis sur le point en question de la spéculation des concepts plus exacts et prétend porter, à l'aide de ses concepts inexacts, un jugement sur les objets en connexion avec la question, commet un péché mortel contre la philosophie[1] ». Telle enfin *La quintessence et l'apologie de l'Appel de Fichte* (Fünftel-Saft und Apologie der Ficht'ischen Appellation, 1799), une brochure de 24 pages, dont les « vers. lamentables » tournent en dérision les assertions ou les prétentions de Fichte dans l'*Appel*.

II. « *L'APPEL AU BON SENS HUMAIN* ». Signalons, en passant, l'*Appel au bon sens humain en quelques aphorismes au sujet de l'Appel du professeur Fichte au public* (brochure de 47 pages sans lieu d'origine) (Appellation an den gesunden Menschenverstand in einigen Aphorismen über des Herrn Professor Fichte Appellation an das Publikum). « Le bon sens, y lit-on presque au début, appartient aussi bien à l'homme d'affaires qu'au savant le plus profond. » L'auteur avoue sans artifice qu'il n'est justement qu'un homme d'affaires nullement versé dans les secrets de la nouvelle philosophie transcendantale, ajoutant « qu'il ne sait pas jusqu'où il faut être parvenu dans cette philosophie pour manier la langue des dieux et pour pouvoir dire un mot aux hommes de l'École » ; cet aveu suffit à juger l'écrit sans y insister davantage[2].

III. « *AU SUJET DE L'AP- PEL AU PUBLIC DU PROF. FICHTE* ». Nous relèverons une brochure plus importante : elle est de G.-F. Schäffer, prédicateur en chef de la Cour, à Gotha, et témoigne d'une singulière intolérance : *Au sujet de l'Appel au public du professeur Fichte concernant les principes athées qu'on lui a imputés* (Ueber des Herrn Prof. Fichte Appellation an das Publikum und die ihm beigemessenen atheistischen Grundsätze betreffend). L'auteur est un esprit capable de saisir toute l'excellence des philosophes anciens et modernes, même les plus modernes ; son ouvrage, une satire des plus cinglantes. Veut-on un exemple de sa philosophie, le voici :

« Mais quoi, déclare l'auteur, est-il donc seulement possible en soi que le monde supra-sensible puisse être réellement une divinité véritable ? Je réponds non ! Le concept de la divinité comme monde supra-sensible, ou du monde supra-sensible comme divinité est tout à fait impossible ; c'est un concept contradictoire. Car notre propre moi supra-sensible, Fichte même l'affirme. Conséquemment le monde supra-sensible consiste en êtres supra-sensibles unique-

1. *Vertraute unpartheiische Briefe über Fichtes Aufenthalt in Iena*, p. 176.
2. *Ibid.*, p. 143-150.

ment particuliers, singuliers, existant pour eux-mêmes, reliés entre eux par un ordre moral commun. Seulement notre être ou notre moi supra-sensible a certaines limites qui lui sont essentielles et dont il ne peut se défaire. Le sieur Fichte lui-même les connaît et les sent, quand il dit, page 46 : « les limites primitives de mon être sont, dans leur origine, absolument inconcevables ». — Parfaitement, elles le sont quand on ne croit pas à un Dieu qui a posé ces limites aux êtres supra-sensibles dépendant de lui, qui leur a fixé une sphère dans la série des choses et un cercle d'action. »

Voici un exemple de l'esprit satirique de Schäffer :

« L'affirmation de Fichte suivant laquelle tous les objets extérieurs sont des produits de notre représentation est vraiment quelque chose de tout à fait extraordinaire! Ainsi nous serions, en fin de compte, tout-puissants, il nous suffirait d'un souffle pour détruire le monde entier. C'est ce qui paraît ressortir de ce que Fichte déclare ici. D'où donc peut venir que, d'après tous les enseignements de l'expérience, nous soyons cependant assez impuissants pour ne pouvoir même pas détruire, en soufflant dessus, un de ces essaims de mouches qui, en été, nous sont souvent si insupportables? Ou peut-être est-ce que, seul, Monsieur Fichte peut accomplir de si grandes choses? Oh! alors cet homme serait excellent à employer dans la guerre, car il serait capable d'anéantir toute une armée ennemie d'un seul souffle, comme étant son produit, sa création, une pure apparence [1]. »

IV. *LA PLAQUETTE SUR « LE RAPPORT DE L'IDÉALISME ET DE LA RELIGION ».* Dans une plaquette anonyme sur le *Rapport de l'Idéalisme et de la Religion* (Vom Verhältniss des Idealismus zur Religion), on déclarait franchement que l'Idéalisme n'était pas fait pour les écoliers et les étudiants des gymnases, que ce n'était pas même l'objet d'un enseignement utile pour l'auditoire des Universités, pour les futurs juges, professeurs ou médecins. Il leur fallait, dans ces années précieuses, des études moins stériles que la spéculation pure, que des théories exposées en raisonnements bien enchaînés dont on ne doit pas perdre une syllabe, si on veut les comprendre. Un tel enseignement dépassait la portée de cerveaux de vingt ans, inaptes encore à la méditation; et, s'il se trouvait par hasard quelques esprits nés pour la philosophie et capables de suivre l'élan du maître vers les hauteurs transcendantales, à quoi cela pouvait-il bien les mener? Ne leur fallait-il pas redescendre sur la

1. *Vertraute unpartheiische Briefe*, p. 158-165.

terre dès qu'ils voulaient parler et agir au milieu de leurs sem--
blables, dès qu'ils voulaient travailler pour se donner un métier?
Combien plus sages étaient les professeurs de philosophie qui, en bons·
et prudents pères de famille, se bornaient à un empirisme susceptible
de faire voir à leurs élèves clair en eux-mêmes, à une esthétique
théorique et pratique, capable de former leur goût et leur jugement, à
une morale lumineuse et facile qui donne à leur cœur les principes
nécessaires, la bonne conduite et fortifie leur foi, leur amour, leur
respect envers l'être saint, envers le suprême bienfaiteur[1].

C. *HEUSINGER, DEDE-*
KIND, EBERHARD.
I. « *LES APHORISMES*
SUR LE SYSTÈME IDÉA-
LISTE ATHÉE DU PRO-
FESSEUR FICHTE », DE
HEUSINGER.

Une autre brochure : *Quelques aphorismes*
sur le système idéaliste athée du professeur
Fichte (Ueber das idealistisch-atheistische
System des Herrn Professor Fichte in Iena.
Einige Aphorismen), mérite une mention
spéciale, et parce qu'elle porte la signature
d'un Kantien authentique, d'un Kantien orthodoxe, le Dr. J.-G. Heusinger, et parce que Fichte y a répondu. Heusinger combat Fichte
au nom de l'orthodoxie kantienne. La prétention d'avoir voulu améliorer le Kantisme est, à ses yeux, une abomination, et, derrière le
prétendu athéisme de Fichte, c'est tout son système qu'il attaque.
Comparant le nouvel Idéalisme de Fichte avec celui de Kant, il propose de montrer leurs différences essentielles, d'établir que la *Théorie*
de la Science n'est nullement l'achèvement de la *Critique*, qu'elle·
repose, en somme, sur des principes tout différents. L'auteur termine
en affirmant que la doctrine de Fichte est bien un athéisme, et il lui
adresse un double reproche : celui d'avoir appuyé l'existence de
l'ordre moral du monde sur la simple conscience de la loi morale en
nous, ce qui n'était pas une garantie suffisante, celui d'avoir fait du
Dieu-substance une notion contradictoire, ce qui était abuser d'une·
fausse dialectique; le concept de substance n'implique nullement,
en effet, une détermination purement spatiale ou temporelle, ainsi
que la *Critique* de Kant l'avait suffisamment prouvé en le rangeant
au nombre des catégories[2]

II. « *L'ESSAI » DE DEDE-*
KIND « POUR METTRE
D'ACCORD FICHTE ET SON
PUBLIC ».

Puis ce fut encore le professeur Dedekind
de l'Université de Halle, celui dont Fichte
avait jadis invoqué l'exemple et l'autorité
pour justifier ses conférences du dimanche,
qui s'en prit à la théologie nouvelle dans son *Essai pour mettre*·

1. *Neue allgemeine deutsche Bibliothek*, 57. Bd., 1801, 2. St., 6. Heft, p. 392-393.
2. Ibid., p. 393-396, et *Vertraute unpartheiische Briefe*, p. 166-171.

d'accord, au point de vue de son athéisme, Fichte et son public (Versuch Herrn Fichte mit seinem Publikum in Absicht seines Atheismus auszugleichen[1]). Il déclarait impossible que la Raison pratique nous découvrît rien d'un ordre moral du monde; Fichte n'avait pu passer outre qu'au prix d'une inconséquence et en se plaçant, quoi qu'il en dît, au point de vue de la Raison théorique l'idée d'un ordre, celle d'un rapport dans cet ordre, d'une cause de cet ordre impliquent des catégories (quantité, relation, cause) qui n'appartiennent pas à la Raison pratique et qu'il lui a bien fallu emprunter à la Raison théorique. La Raison pratique suffit si peu du reste à justifier l'existence de cet ordre qu'il faut, pour l'expliquer, l'intervention de Dieu. Au fond, tous les subterfuges de cette dialectique dissimulent mal l'impossibilité de séparer la Raison pratique de la Raison théorique. C'est également à cette distinction arbitraire qu'il faut rapporter l'argumentation de Fichte sur le Dieu-substance. Fichte déclare que croire à un pareil Dieu, c'est perdre l'entendement; sans doute pour la Raison pratique, isolée de tout rapport avec la Raison théorique, il ne peut exister de substance, mais c'est précisément parce qu'on a ainsi artificiellement *perdu l'enten dement*[2]

III. *LA BROCHURE D'EBERHARD SUR « LE DIEU DE M. LE PROFESSEUR FICHTE ET LE FAUX DIEU DE SES ADVERSAIRES ».*

Il faut insister davantage sur une autre brochure, celle du prof. J.-A. Eberhard, également de l'Université de Halle, sur le *Dieu de M. le prof. Fichte et le faux dieu de ses adversaires* (Ueber den Gott des Herrn Professor Fichte und den Götzen seiner Gegner), parce que la valeur philosophique des arguments y est incontestable, parce qu'Éberhard était le représentant autorisé de l'École Wolfienne, parce que Fichte lui-même a montré, en lui faisant aussi l'honneur d'une réponse, le prix qu'il y attachait.

Après avoir remarqué que l'aune à laquelle on mesurait les écrits philosophiques avait entièrement changé; qu'autrefois c'était la profondeur, la lumière, la précision et, quelquefois, une beauté supérieure de composition liée à ces perfections, tandis que maintenant c'était l'originalité, toujours l'originalité, rien que l'originalité; après avoir déploré cet état d'esprit d'où était né l'enthousiasme pour la philosophie nouvelle, Eberhard rappelait les bases sur

1. Hildesheim bei Geutenberg, 32 pages in-8, 1799.
2. *Neue allgemeine deutsche Bibl.*, 57. Bd., 1801, 2. St., 6. Heft., p. 404-406.

lesquelles Kant avait édifié sa croyance en l'existence de Dieu; il
rappelait aussi que, dès ce moment, on avait manifesté la crainte
qu'une croyance fondée simplement sur les faibles étais de la Morale
eût peine à se tenir longtemps debout. Cette crainte avait été vite
justifiée, et par Fichte lui-même, en niant brutalement l'existence en
soi de Dieu [1].

On peut, suivant Eberhard, résumer dans les thèses suivantes les
objections que Fichte adresse à la théorie de Dieu ·

1° A l'homme est nécessaire la croyance en un ordre moral du
monde pour affirmer la dignité de la Raison;

2° Cet ordre moral est un ordre supra-sensible;

3° C'est une conséquence de la finitude de son entendement qu'il
rassemble et fixe dans le concept d'un être existant qu'il lui est loisible d'appeler Dieu, les rapports de cet ordre à lui et à sa conduite,
quand il doit en parler aux autres;

4° Le concept de Dieu, comme substance particulière, est un concept impossible et contradictoire [2].

La première question que Fichte soulève ainsi est de savoir si
l'ordre moral supra-sensible est Dieu.

Mais, déclare Eberhard, l'ordre moral ne peut être que le système
intégral des lois pratiques qui déterminent la conduite des êtres raisonnables, s'ils doivent être bons moralement. Ces lois sont des vérités
nécessaires et éternelles, mais des vérités exigent un entendement
qui les pense; si ce sont des vérités éternelles, il faut que ce soit
un entendement éternel. Serait-ce le mien? Alors je serais l'Être
éternel. Mais j'ai commencé dans le temps, j'ai donc une durée. Il
faut alors que ces vérités aient été pensées par un Être éternel,
distinct de moi, qui existe pour soi. L'ordre moral supra-sensible
n'est donc pas Dieu, mais il conduit à Dieu.

Si, comme Fichte l'affirme, au dire d'Eberhard, Dieu n'était que le
système des vérités morales, et si celles-ci n'existaient que dans mon
entendement, il faudrait dire que la divinité n'est qu'un mode de
l'esprit humain. Ce serait un nouveau Spinozisme, un Spinozisme
renversé, plus monstrueux que l'ancien [3]

Ce n'est pas tout : Fichte se refuse à admettre un Dieu absolument indépendant de nous, un Dieu ayant une existence en soi et à
soi; il ne conçoit la divinité que dans son rapport immédiat à

1. J.-A. Eberhard, *Ueber den Gott des Herrn Professor Fichte und den Götzen seiner Gegner. Eine ruhige Prüfung seiner Appellation an das Publikum in einigen Briefen*, Halle, bey Hemmerde und Schwetschke, 1790, br. de 64 pages, p. 5-7. — 2. Ibid., p. 11-12. — 3. Ibid., p. 12-15.

notre conscience. Or, ceci suggère à Eberhard les remarques
suivantes :

1° Il existe une relation de la divinité à nous. Mais qu'est-ce que
cette divinité? C'est déjà une relation. Elle serait donc une relation
de relation à nous;

2° Toute relation exige au moins deux termes dont l'un se rapporte
à l'autre. Où se trouve ici ce second terme? Car la divinité n'est que
la relation même;

3° D'où provient notre connaissance des relations que les choses
ont entre elles? Fichte combat chez ses adversaires la prétention
qu'elle provienne des choses mêmes qui sont en relation. C'est pour
lui une donnée immédiate;

4° Comment donc nous est fournie cette connaissance de la relation entre nous et la divinité? Par le sentiment. Vouloir connaître
Dieu autrement, c'est-à-dire par la déduction d'un concept de son
essence, est pour Fichte une énormité. « Changer ce rapport, vouloir faire dépendre le sentiment du concept, c'est dans un cas faiblesse de tête et dans l'autre faiblesse de cœur. » Il ajoute que
celui-là donnerait à rire à tout homme raisonnable qui ne voudrait
pas croire avoir froid ou chaud sans tenir entre les mains un morceau
de la substance du froid ou du chaud.

Mais ne confond-il pas ici deux ordres de sentiments : le sentiment-
sensation (purement sensible) et le sentiment moral? Ne voit-il pas
que, si la première espèce de sentiment est une donnée immédiate,
le sentiment moral exige une culture préalable, qu'il n'est point
inné, que par conséquent il a besoin, pour se développer, des con
cepts? Ce qui peut expliquer son erreur, c'est que, chez l'homme
civilisé pour qui la conscience morale est une habitude acquise et
transmise, le travail du jugement qu'a exigé sa formation n'apparaît
plus à ses yeux; mais ce n'est là qu'un résultat.

Il faut donc reconnaître que le sentiment moral n'est, au fond,
que l'expression d'une *connaissance* : la connaissance de l'être qui
nous impose sa loi absolue, la perfection morale; la vertu suprême
est fille de la suprême sagesse [1].

D'ailleurs de quel droit identifier moral et supra-sensible? N'existe-
t-il pas, hors de la moralité, une infinité de vérités supra-sensibles ·
les vérités ontologiques, arithmétiques, algébriques, les vérités de
la mathématique et de la dynamique supérieures? Or ces vérités-là

---

1. J.-A. Eberhard, *Ueber den Gott des Herrn Professor Fichte und den Götzen seiner
Gegner. Eine ruhige Prüfung seiner Appellation an das Publikum in einigen Briefen*,
p. 18-25.

ont, elles aussi, une relation immédiate à nous ; cette relation à nous n'est pas, sans aucun doute, une relation immédiate à notre sentiment moral ; c'est une relation à notre entendement ou à notre raison ; pourquoi donc voudrait-on que les vérités morales fissent exception à la règle? Ce sont des vérités, donc elles se manifestent au bon sens et à la raison, qu'elles soient morales ou non, d'une seule et même manière, *in abstracto* : les vérités morales, pas plus que les autres, ne peuvent toucher le sentiment, si elles n'ont pas commencé par exister dans l'entendement et dans la raison.

On peut tirer de là une autre conséquence encore

1° Si toutes les vérités éternelles supra-sensibles, morales ou non, constituent un système unique et indivisible, il faut qu'elles existent en pleine lumière et en toute intelligibilité dans un entendement éternel. Or, mon entendement n'est pas éternel : donc il faut admettre l'existence réelle, hors de moi, d'un entendement éternel ;

2° Le nombre de ces vérités supra-sensibles, éternelles est infini, mon entendement est fini : il faut donc que, de toute éternité et pour toute l'éternité, elles soient présentes dans un entendement infini existant réellement hors de moi ;

3° Les vérités morales ne peuvent toucher *immédiatement* le sentiment, il faut qu'elles existent dans la raison pour que le sentiment puisse les révéler, car elles ne forment avec les vérités spéculatives qu'un seul système. Que serait donc un Dieu qui ne devrait être que le rapport avec nous de l'ordre moral supra-sensible du monde [1]?

Venons-en maintenant aux objections que Fichte adresse au Dieu-substance et au Dieu dispensateur du bonheur ; demandons-nous s'il est vrai que Dieu est une idole quand je me le représente comme une substance ; s'il est, comme substance, un être sensible ; si tous ceux qui le considèrent comme une substance ne songent qu'à leur bonheur ; si Dieu enfin, parce qu'il est bon et veut le bonheur des hommes, est nécessairement encore un faux-dieu.

A toutes ces questions que Fichte résout par l'affirmative, Eberhard répond : non !

Le Dieu-substance, une idole, parce que toute substance est d'ordre spatial et temporel? Toute substance finie peut-être. Mais qu'on consulte Baumgarten, on y trouvera une définition de la substance qui ne contient pas la moindre trace d'espace ou de temps ; d'ail-

---

1. J.-A. Eberhard, *Ueber den Gott des Herrn Professor Fichte und den Götzen seiner Gegner. Eine ruhige Prüfung seiner Appellation an das Publikum in einigen Briefen*, p. 28-32.

leurs les théologiens qui ont défini le concept de la substance divine par abstraction des substances réelles existant dans le monde ont eu soin de le définir *per eminentiam*, en niant de cette substance toute limitation, donc l'espace et le temps ; et cette première réponse implique la seconde : pour être une substance Dieu n'est pas nécessairement un être sensible.

Mais, dit Fichte, ce Dieu-substance et personne est conçu comme le dispensateur du bonheur ; cela suffit à faire de lui un faux-dieu.

Est-il donc nécessaire de bannir tout bonheur du monde ? Qu'on y prenne garde, on doit sans doute bannir de la morale la jouissance purement sensible ; toutes les philosophies rationalistes sont d'accord sur ce point ; mais il y a une jouissance d'un ordre supérieur, qui est liée à la pratique de la vertu, et qu'on appelle la félicité : loin de l'exclure, il faut la rechercher ; le penchant à la félicité, qui fait partie de la nature humaine, est aussi essentiel à la moralité que la conscience, il est le mobile de notre action. Et de cette félicité pourquoi Dieu ne serait-il pas le dispensateur ? Il doit l'être, s'il est le Dieu juste et le Dieu bon [1].

1. J.-A. Eberhard, *Ueber den Gott des Herrn Professor Fichte und den Götzen seiner Gegner. Eine ruhige Prüfung seiner Appellation an das Publikum in einigen Briefen*, p. 39-60.

Le même Eberhard, dans un « Essai pour préciser le débat entre le professeur Fichte et ses adversaires », *Versuch einer genauern Bestimmung des Streitpunkts zwischen Herrn Prof. Fichte und seinen Gegnern*, 92 p., Halle, reprend ces arguments sous une autre forme.

Fichte prétend, déclare-t-il, que Dieu n'est susceptible d'être perçu que par le sentiment, par un sentiment qui ne peut s'exprimer en concepts, tout concept étant une détermination, c'est-à-dire une limitation qui répugne à l'Absolu. Mais, répond Eberhard, l'argument repose sur une équivoque toute verbale : le mot allemand *Begreifen* (concevoir) implique sans doute, dans son sens ordinaire, l'idée d'une détermination ou d'une limitation, mais d'une part son sens originel signifie aussi tâter, toucher (*Betasten*), et implique par suite une appréhension directe de son objet, et d'autre part le mot concept, dans les autres langues, par exemple en latin (notio), ne contient rien de limitatif, enfin une limitation dans le concept n'entraîne pas nécessairement de limitation dans l'objet.

Le second argument de Fichte, que toute détermination se fait par négation, n'est pas plus valable. Fichte déclare que l'existence de Dieu hors du monde est posée par opposition au monde, qu'ainsi la détermination de son concept est une détermination par négation, que par suite elle exclut l'infinité, donc la divinité. Singulière conclusion, objecte Eberhard. Dieu est posé comme négation du monde, c'est-à-dire de l'ensemble des choses finies, et la négation du fini ne serait pas l'infini ? Mais c'est précisément parce qu'il n'est pas fini, parce qu'il est infini qu'il n'est pas le monde.

Quand Fichte ajoute : une chose, par cela même qu'elle devient objet de concept, cesse d'être Dieu, et tout prétendu concept de Dieu est celui d'une idole, Eberhard réplique : concevoir une chose et avoir d'une chose un concept n'est pas une identité ; il y a concept de tout le possible sans que pour cela nous le concevions. Un homme ordinaire a un concept de la montre quand il sait qu'elle est un instrument destiné à marquer le temps, mais il ne conçoit pas pour cela de quelle manière et par quel moyen cela se fait.

De même nous pouvons avoir un concept de l'Être infini sans pour cela le concevoir, au sens propre du mot. Il y a plus : à la suite de tous les mystiques Fichte confond l'infini et l'indéterminé ou l'universel. Or, aucun concept ne peut définir

D. « *LETTRE* » *DE*
JACOBI (MARS 1799).

Enfin, de tous les écrits nés de cette polémique, le plus retentissant fut, sans contredit, la *Lettre* que Jacobi crut devoir
adresser publiquement à Fichte. Ce fut aussi, de tous, celui qui
toucha Fichte le plus au vif; car, « s'il y avait en Allemagne un
penseur avec lequel il souhaitait et espérait de s'accorder dans ses
intimes convictions, c'était assurément Jacobi[1] ».

Mais, pour bien comprendre la portée de cette *Lettre* et le rôle qu'elle
a joué dans le développement ultérieur de la pensée de Fichte, il faut
rappeler la tâche que s'était alors assignée Jacobi.

En révélant à Mendelssohn étonné le Spinozisme de Lessing,
Jacobi, dans ses *Lettres sur la doctrine de Spinoza* (Ueber die
Lehre des Spinoza, in Briefen an Herrn Moses Mendelssohn), n'avait
pas pour unique but de contribuer à enrichir le livre sur la *Vie et
les Opinions de Lessing*, que préparait alors le philosophe de Berlin ;
il entendait surtout faire appel à l'autorité de Lessing pour jeter le
discrédit sur la *Philosophie des Lumières* mise à la mode par les
Nicolaï et les Mendelssohn, qui, afin de propager leur « plat rationalisme », s'étaient abrités à l'ombre de ce grand nom. N'était-il pas
piquant de faire entendre à Mendelssohn cette parole de Lessing « qu'il
n'y avait pas d'autre philosophie que la philosophie de Spinoza[2] » ?

l'indéterminé, qui alors perdrait son indétermination, et un pareil être n'existe
nulle part dans la nature, c'est une abstraction de notre entendement ; en définissant
Dieu de la sorte on en fait un *ens ratiocinantis*. Le véritable infini, c'est l'ensemble de
tout le réel compossible. Fichte, en outre, ne veut pas d'un Dieu-substance, parce qu'un
tel Dieu deviendrait matière étendue, une chose qu'on peut voir, entendre, sentir.
Mais, objecte, à bon droit, Eberhard, c'est là un abus de mots, que ni la langue
vulgaire, ni la langue philosophique n'autorisent à aucun degré. D'abord il y a, dans
le monde, une autre espèce d'existence que celle de l'étendue : il existe des sentiments, des désirs, des aspirations qui n'ont rien de matériel ; ensuite le concept de
substance, loin d'être un concept « sensible, est l'un des plus supra-sensibles », il se
définit un être qui peut exister sans détermination de quoi que ce soit d'autre ; or,
qu'y a-t-il de plus supra-sensible que les concepts d'être et de détermination ? Enfin
Fichte refuse à Dieu la conscience et la personnalité, parce que le concept de notre
propre conscience impliquant une limitation ne saurait convenir à Dieu. Eberhard
répond que, si notre conscience est limitée, il ne s'ensuit nullement que Dieu n'ait
pas de conscience, mais que la conscience de Dieu ne ressemble pas à la nôtre. On
l'a déjà dit, car Dieu est pour nous inconcevable ; un entendement fini ne peut s'en
faire une idée claire.
　Et ainsi les raisons pour lesquelles Fichte refuse à Dieu les prédicats de substance,
d'intelligence, de conscience, d'existence ne sont nullement satisfaisantes. (*Neue
allgemeine deutsche Bibliothek*, 57. Bd., 1801, 2. St., 6. Heft, p. 401-404.)
　1. Ce sont les expressions mêmes de Fichte, dans la première lettre qu'il
adressait à Jacobi, quand, en septembre 1794, sur la recommandation et grâce à
l'introduction de G. de Humboldt, il lui avait envoyé les premières feuilles de son
premier livre. (*Fichte's Leben*, II. Bd., Zweite Abth., II, 1, Fichte an Jacobi, Iena, den
29. Sept. 1794, p. 165.)
　2. F.-H. Jacobi, *S. W.*, IV. Bd., Erste Abth., Leipzig, bey Gerhard Fleischer, 1819.
Ueber die Lehre des Spinoza, in Briefen an Herrn Moses Mendelssohn, Pempelfort
bey Düsseldorf, den 4. Nov. 1783, p. 55.

C'est précisément cette affirmation que Jacobi allait reprendre à son compte pour établir l'insuffisance de toute philosophie et proclamer la nécessité de la foi. La doctrine de Spinoza est, aux yeux de Jacobi, l'expression parfaite du rationalisme dogmatique, le point de vue de l'intelligibilité absolue de l'être, l'explication intégrale de l'univers en partant de l'unité du premier principe. Toute philosophie qui prétend à la dignité d'un système, d'une unification des choses, doit, pour être conséquente avec elle-même, se ramener à celle-là[1]. Or, si Jacobi reconnaît toute la profondeur du Spinozisme, s'il admire volontiers la rigueur impeccable de sa méthode[2], s'il en goûte particulièrement le sens religieux[3], s'il parle avec enthousiasme de la paix qu'il procure[4], il le combat cependant avec énergie. Il le combat au nom de la liberté que sa volonté affirme ; le rationalisme spinoziste ne peut rendre l'univers intelligible que dans la mesure où il le réduit à un pur mécanisme, la nécessité universelle en est la clé de voûte[5]. Il le combat au nom du Dieu personnel auquel son cœur aspire[6] ; en dépit de l'esprit vraiment religieux qu'il trouve chez Spinoza, le mécanisme spinoziste exclut, avec la création et la finalité, l'idée d'un Dieu surnaturel, doué d'intelligence et de volonté[7] ; en cela, le Spinozisme, « c'est l'athéisme[8] ». Et, en effet, le rationalisme conséquent doit aboutir à l'athéisme · ceux qui, comme Mendelssohn et ses amis, ont cru possible d'édifier, sur les bases de la *Philosophie des Lumières*, la religion naturelle, le déisme, n'ont fait qu'attester leur insuffisance ou leur hypocrisie.

Jamais la preuve ontologique ne leur a permis de dépasser le Spinozisme, l'affirmation de l'Être nécessaire et immuable, de la Substance absolue ; jamais elle ne les a autorisés à conclure à l'existence d'un Dieu personnel, distinct du monde, créateur du monde.

Si donc le Dieu vivant existe, si la liberté qu'exige notre action n'est pas, comme l'affirme Spinoza, une pure illusion, il y a des réalités, et ce sont des réalités suprêmes, qui dépassent la raison raisonnante, qui ne se laissent point enserrer dans les cadres tout abstraits de notre intelligence. « Si nous ne pouvons pas les comprendre, c'est

1. Il essaye même d'établir que le système de Leibniz, pour rester jusqu'au bout d'accord avec ses principes, aboutit au Spinozisme. F.-H. Jacobi, *S. W.*, IV. Bd., Erste Abth., *Ueber die Lehre des Spinoza*, p. 63 et suiv.
2. F.-H. Jacobi, *S. W.*, IV. Bd., Erste Abth., *Beylage zu dem vorhergehenden Briefe, Copie d'une lettre à M. Hemsterhuis à la Haye*, p. 125. — 3. Ibid., *Ueber die Lehre des Spinoza*, p. 73. — 4. Ibid., p. 69. — 5. Ibid., p. 55-56, et *Copie d'une lettre à M. Hemsterhuis à la Haye*, p. 134-153, *Beylage an den Herrn Moses Mendelssohn*, IV, p. 223. — 6. Ibid., *Ueber die Lehre des Spinoza*, p. 59. — 7. Ibid., *Copie d'une lettre à M. Hemsterhuis à la Haye*, p. 161. — 8. Ibid., *Beylage an den Herrn Moses Mendelssohn*, I, p. 216.

uniquement parce que nous ne sommes pas en mesure de les construire[1]. » Pour saisir les réalités premières et inexplicables il faut
renoncer aux explications; il faut sortir de la raison et recourir au
saut périlleux (salto mortale)[2] dans l'inconnaissable. Ici, l'organe
de la connaissance, ce n'est plus l'intelligence qui comprend, c'est le
cœur qui sent, c'est l'intuition qui saisit directement son objet, d'un
mot c'est la foi. Et, si, comme l'affirme Jacobi, la grande tâche du
penseur consiste à « découvrir et à manifester la présence de ce qui
est[3] », il ne faut pas demander cette révélation aux détours du
raisonnement, à l'abstraction de la logique, mais à l'immédiate certitude de la croyance. La croyance est le principe élémentaire de toute
la connaissance et de toute l'activité humaines[4].

« Nous sommes tous nés dans la croyance, force nous est d'y
rester, écrivait Jacobi à Mendelssohn, en réponse à ses observations.
Comment aspirer à la certitude, si nous ne savons pas déjà ce qu'est
la certitude? Et comment le savoir sinon par ce dont nous avons
déjà la certitude? Ceci nous conduit au concept d'une certitude
immédiate qui, non seulement n'exige pas de preuve, mais qui
exclut toute preuve véritable et qui possède en elle-même sa raison
(l'accord de la représentation avec la chose représentée). La conviction par démonstration est une certitude de seconde main; elle
repose sur la comparaison et ne peut jamais être en fait assurée et
parfaite. Si donc toute opinion qui ne provient pas d'un raisonnement est croyance, il faut que la conviction, née du raisonnement,
provienne, elle aussi, de la croyance et puise en elle seule sa force[5]. »

C'est cette croyance qui nous permet d'atteindre directement à la
possession de Dieu, c'est elle qui permet à Jacobi de définir l'esprit
dans lequel il conçoit la religion : « L'homme pénètre en Dieu, parce
qu'il vit en lui; il y a une paix divine supérieure à toute raison; une
paix où siègent l'intuition et la jouissance d'un amour indicible[6]. »

L'affirmation que « toute connaissance humaine dérive de la
révélation et de la croyance » devait faire scandale dans le monde
philosophique. Jacobi fut vite accusé d'être un « ennemi de la
Raison », un « prêtre de la croyance aveugle », un « contempteur
de la science et surtout de la philosophie », un « visionnaire », voire
un « papiste[7] ». Il se défendit. Le dialogue : David Hume. La

---

1. F.-H. Jacobi, S. W., IV. Bd., Zweite Abth., Beylage VII. p. 153. — 2. Ibid.,
IV. Bd., Erste Abth., Ueber die Lehre des Spinoza, p. 59. — 3. Ibid., p. 72. — 4. Ibid.,
IV. Bd., Erste Abth., Beylage an den Herrn Moses Mendelssohn, VI, p. 223. — 5. Ibid.,
p. 210. — 6. Ibid., p. 212-213.
7. F.-H. Jacobi, S. W., II. Bd., David Hume. Ueber den Glauben, oder Idealismus und
Realismus. Ein Gespräch. Vorrede zugleich Einleitung, p. 4.

croyance, ou l'Idéalisme et le Réalisme (David Hume. Ueber den
Glauben oder Idealismus und Realismus), publié comme suite à ses
Lettres sur la doctrine de Spinoza, est la réponse à ces critiques,
Jacobi en fait lui-même l'aveu un an et demi plus tard, au prin-
temps de 1787[1].

Le débat entre Jacobi et ses adversaires se réduit, au fond, à la
vieille querelle du réalisme et de l'idéalisme.

Le réalisme affirme l'existence des choses en dehors de notre
esprit, l'existence des *Choses en soi*; il en fait l'objet d'une immédiate certitude, et à cette certitude il donne le nom de croyance. On
l'accuse pour cela de mysticisme aveugle[2], on l'accuse de vouloir
enlever au protestantisme son meilleur soutien : l'esprit de la libre
recherche, l'usage de la raison; de vouloir subordonner les droits
de la raison et de la religion aux verdicts d'une autorité humaine
et, par sa théorie de la croyance et de la révélation, d'exiger le
catholicisme[3].

Que vaut l'accusation? L'exemple de Hume permet de répondre,
car Hume fait appel à la croyance exactement dans le même sens
que Jacobi. Pour lui comme pour Jacobi, la croyance, expression
que chacun comprend dans la vie courante, c'est l'adhésion de l'esprit à un sentiment naturel, indépendant de notre vouloir, qui est
l'appréhension immédiate du réel; ce sentiment ne peut se définir,
mais il porte en soi, avec la vivacité de l'impression, l'évidence qui
distingue le réel du fictif[4]. Et la philosophie ne peut rien découvrir
de plus; il faut qu'elle s'en tienne à ce fait que la croyance est quelque
chose de senti par l'âme, quelque chose qui distingue les affirmations du réel, et sa représentation, d'avec les fictions de l'imagination[5]
Pour l'avoir dit, pour avoir attribué à la croyance une extension plus
grande encore peut-être que ne la lui prête Jacobi, Hume a-t-il jamais
été accusé d'être un mystique et un papiste?

Ce n'est pas tout. Sur quoi se fonde, en somme, cette croyance
« sans laquelle nous ne pouvons aller devant la porte, sans laquelle
nous ne pouvons nous mettre à table ou au lit[6] », cette croyance
naturelle à l'existence réelle des choses? Est-ce sur une faculté
intermédiaire entre les choses et l'esprit, de quelque nom qu'on
l'appelle, sensibilité ou imagination, qui transmettrait en quelque
sorte à l'esprit sous forme de représentation, d'image, l'impression

1. F.-H. Jacobi, *S. W.*, II. Bd., *David Hume. Ueber den Glauben, oder Idealismus und Realismus. Ein Gespräch. Vorrede zugleich Einleitung*, p. 3. — 2. Ibid., *David Hume. Ein Gespräch*, p. 137. — 3. Ibid., p. 138. — 4. Ibid., p. 160-163. — 5. Ibid., p. 163. 6. Ibid., p. 164.

du contact des choses? Mais un pareil intermédiaire est inconce-
vahle : entre l'existence réelle et la représentation de cette existence
l'abîme est infranchissable; il y a là deux ordres distincts, sans lien
possible entre eux. Le point de vue de la représentation ne permet
pas de sortir de l'idéalisme : il exclut le réalisme. La seule manière
d'expliquer la croyance à l'existence des choses, c'est d'admettre une
perception directe, une appréhension immédiate du réel, et cette
appréhension, sans doute miraculeuse, porte un nom : révélation [1].
« On dit, en effet, en allemand d'ordinaire, que les objets se révèlent
à nous par les sens. On le dit aussi en français, en anglais, en latin
et dans plusieurs autres langues [2]. »

Pour n'avoir pas aperçu cette nécessité d'une révélation directe
de l'existence des choses, pour n'avoir pas cru à la possibilité de tirer
cette existence des concepts, toute la métaphysique dogmatique,
tout le rationalisme est caduc : rien n'atteste mieux son impuissance que son effort suprême, dans l'argument ontologique, pour
déduire l'existence de Dieu de son idée. Ce n'est point par l'idée de
Dieu que nous acquérons la certitude de l'existence de Dieu, c'est
l'existence de Dieu qui impose à notre pensée sa certitude; si Dieu
n'existait pas, nous n'en aurions jamais eu l'idée. Ce renversement
de l'argument ontologique, Kant l'a opéré dans un article paru
dans la XVIIIᵉ partie des *Lettres sur la littérature contemporaine*
(Briefe, die neueste Litteratur betreffend), p. 69 et suiv., sous ce titre
*De la seule preuve fondamentale possible pour une démonstration de
l'existence de Dieu* (1763) (Einzig möglicher Beweisgrund zu einer
Demonstration vom Daseyn Gottes). Il y déclare que l'existence
n'est nullement un prédicat ou une détermination d'une chose,
quelle qu'elle soit; elle est la position absolue d'une chose, par là
elle se distingue de tout prédicat qui, comme tel, implique toujours un rapport à une autre chose. L'existence ne peut donc
être considérée comme un rapport à une chose : c'est la chose même,
le sujet qui supporte toutes les propriétés désignées par le nom de
la chose.

« Il faut donc, non pas dire : Dieu est une chose qui existe, mais, au
contraire : une certaine chose qui existe est Dieu, ou : à cette chose
appartiennent toutes les propriétés que nous concevons sous le nom
de Dieu. *La possibilité interne suppose toujours une existence.* S'il n'y
avait pas de matière, de donnée à penser, on ne pourrait penser de
possibilité interne.... La suppression de toute existence supprimerait

---

1. F.-H. Jacobi, *S. W.*, II. Bd., *David Hume*, Ein Gespräch, p. 165-167. — 2. Ibid.,
p. 165.

la position de tout absolu et en général de tout donné..., chaque possibilité interne a, *quoad materiam*, le fondement de sa réalité dans l'existence de la chose.

« Tout possible supposant une réalité qui fournisse la matière de toute pensée, il faut qu'une certaine réalité existe, dont la suppression même supprimerait toute possibilité interne. Ce dont la suppression détruit toute possibilité est absolument nécessaire. Il y a donc *une chose* dont l'existence est absolument nécessaire[1]. »

La joie de Jacobi, quand il lut cette page de Kant, alla jusqu'au battement de cœur, — c'est lui-même qui le raconte, — et, avant de pouvoir achever, il dut s'arrêter plusieurs fois pour retrouver l'attention et le calme nécessaires à la lecture[2]. Il venait, en effet, de découvrir, dans ces lignes, l'argument encore inédit qui ruinait définitivement tout le rationalisme dogmatique, toute l'ancienne métaphysique, avec sa croyance à la possibilité d'atteindre, par l'entendement absolu, le supra-sensible; ce grand acte suffisait, à ses yeux, pour valoir à Kant l'immortalité.

Il fournissait à Jacobi la confirmation qu'il ne se trompait pas en déclarant impossible l'accession, par la connaissance de l'entendement, à la réalité absolue; cette connaissance ne pouvait dépasser le point de vue de la représentation, nous faire sortir de nous-mêmes et nous donner de la réalité autre chose que des images, des copies pâles et vides. Il fallait donc renoncer définitivement à chercher, dans la représentation du réel, l'objectif, il fallait reconnaître que le réel n'est pas un produit de notre entendement, que son originalité est justement d'être une chose qui existe en dehors de la représentation et s'impose à nous; s'il peut être connu, ce n'est donc que par une appréhension directe et immédiate[3]. « Le réel ne peut pas plus être exposé hors de la perception immédiate de lui-même que la conscience hors de la conscience, la vie hors de la vie, la vérité hors de la vérité; la perception du réel et le sentiment de la vérité, la conscience et la vie sont une seule et même chose[4]. » Consentir à réduire toute la connaissance en concepts, à faire dépendre les choses de notre représentation et non notre représentation de la perception directe des choses, c'est consentir à perdre tout contact avec la réalité, c'est s'enfoncer toujours davantage dans un monde purement subjectif, c'est renoncer vraiment à l'état de veille pour vivre un simple rêve; mais le rêve du philosophe n'est pas un rêve auquel on s'arrache, en fin de compte, comme dans les songes

1. F.-H. Jacobi, *S. W.*, II. Bd., *David Hume*, Ein Gespräch, p. 189-191 et note. — 2. Ibid., p. 191. — 3. Ibid., p. 230-232. — 4. Ibid., 232-233.

ordinaires; c'est un rêve qui devient de plus en plus profond, qui s'achève en somnambulisme. Supposez un somnambule qui, monté au sommet d'une tour, rêverait qu'au lieu de se trouver sur la tour, supporté par elle, la tour est attachée à lui, qu'à la tour est attachée la terre, et qu'il soutient en l'air à la fois la tour et la terre[1].

Mais ce rêve perpétuel est une absurdité : pour qui n'aurait jamais connu la veille, il n'y aurait pas de rêve; il est impossible qu'il y ait un rêve originel, une originelle illusion[2]

Ce rêve, c'est précisément celui de l'idéalisme, et voilà pourquoi Jacobi le combat avec tant d'ardeur. Descartes, avec son *cogito ergo sum*, en est, dans les temps modernes, le véritable créateur. Toutefois son idéalisme se restreint au monde du sujet : Descartes est dualiste. Kant va plus loin : il a cherché à réduire l'objet même au sujet, à faire de la pensée, non plus seulement la condition d'existence du moi, mais la condition d'existence du monde. Ainsi rien n'existe plus en dehors du sujet. L'idéalisme de Kant est un idéalisme universel ou intégral. Et, à ce titre, l'œuvre de Kant, à laquelle, par ailleurs, Jacobi a tressé une couronne, mérite le titre de « Nihilisme[3] ».

Ainsi, Jacobi a nettement aperçu le sens véritable de la *Critique*; le premier, il en a signalé, avec sa pénétration coutumière, en même temps que la valeur inestimable, le vice fondamental. Le grand mérite de Kant, pour lequel Jacobi lui a rendu l'hommage qu'on doit au génie, c'est d'avoir établi l'impossibilité, pour la connaissance de l'entendement, d'atteindre l'être en soi, alors qu'il proclame cependant la nécessité de l'existence absolue, de la *Chose en soi*. On ne pouvait formuler d'une manière plus nette et plus saisissante l'antinomie fondamentale de l'idéalisme et du réalisme. Le malheur de la *Critique* est de n'avoir pu sortir de cette antinomie, d'avoir tout ensemble exigé, comme le réalisme, l'existence de la *Chose en soi* à titre de cause dernière des modifications de la sensibilité, et abouti, comme l'idéalisme, à sa négation en construisant, sans faire le moindre appel à cette *Chose en soi*, avec les données de l'intuition sensible et les catégories de l'entendement, tout l'édifice de la connaissance, d'une connaissance qui impose aux choses la forme de notre représentation. Cela est si vrai que Kant traite d'idéalistes inconscients, d'idéalistes qui réalisent leurs rêves, ceux qui, se croyant d'excellents réalistes, prennent naïvement pour des

1. F.-H. Jacobi, *S. W.*, II. Bd., *David Hume*, Ein Gespräch, p. 236. — 2. Ibid., p. 233. — 3. Ibid., Vorrede, p. 19.

Choses en soi les objets, c'est-à-dire, au fond, leurs propres représentations[1].

Mais, si l'on va jusqu'au bout de l'idée critique, il faut reconnaître,
déclare Jacobi, qu'elle exclut l'hypothèse de la *Chose en soi*; c'est
seulement au prix d'une inconséquence que Kant a pu parler de
cette inconnue qui est la cause de nos impressions; « car, d'après la
théorie de Kant, l'objet empirique, toujours un phénomène, ne peut
exister en dehors de nous et être autre chose qu'une représentation;
de l'*objet transcendantal* nous ne savons quoi que ce soit, et jamais
il n'en est question quand on considère les objets; son concept
est, au suprême degré, un concept problématique *qui repose sur la
forme toute subjective de notre pensée, forme adaptée seulement à
la sensibilité qui nous est propre*; l'expérience ne le donne pas, elle
ne peut le donner d'aucune manière, puisque ce qui n'est pas un
phénomène ne peut jamais être un objet d'expérience.... »

« D'autre part l'entendement confère bien sans doute au phénomène
l'objectivité en liant la diversité de ses éléments en une conscience, et
*nous disons que nous connaissons l'objet quand, dans la diversité de
l'intuition, nous avons introduit l'unité synthétique; le concept de
cette unité est donc la représentation de l'objet* = X. Mais cet X n'est
nullement l'objet *transcendantal*, car de l'objet transcendantal nous
ne savons pas même qu'il est X, l'hypothèse qui est la cause intelligible du phénomène en général n'intervient que pour donner un terme
correspondant à la sensibilité, en tant que réceptivité[2]. »

Ce n'est pas tout, la manière dont la *Chose en soi* exercerait son
action et nous affecterait n'est pas plus claire que son existence
même : rien dans la théorie de Kant ne nous permet de le comprendre; il serait, d'ailleurs, contraire à la lettre du Kantisme de parler
d'une causalité de la *Chose en soi*, car les catégories n'ont d'application que dans le champ des phénomènes, et l'on ne peut apercevoir
aucune relation entre la succession de nos états internes et la *Chose
en soi* qui en serait la cause; admettre cette relation serait la ruine
de toute la *Critique*.

Si donc le Kantisme veut être conséquent, il faut qu'il rejette
entièrement l'existence de la *Chose en soi*; il faut qu'il s'affirme
comme un pur idéalisme, qu'il ne redoute pas l'accusation d'être
un égoïsme spéculatif[3]

Mais le peut-il? Peut-il, sans se renier, renoncer à la *Chose en soi*?
Il ne le semble pas, car l'existence de la *Chose en soi* est justement

---

1. F.-H. Jacobi, *S. W.*, II. Bd., Beylage. *Ueber den transcendentalen Idealismus*,
p. 299, note. — 2. Ibid., p. 301-303. — 3. Ibid., p. 306-310.

la limite qu'il impose au phénoménisme et sans laquelle la théorie
kantienne de la connaissance perdrait sa signification[1]

Tel est le cercle vicieux où se meut la *Critique* : elle implique une
hypothèse où elle ne peut se tenir. « Il me faut avouer, dit Jacobi,
que ces difficultés ne m'ont pas médiocrement arrêté dans l'étude de
la philosophie kantienne; plusieurs années de suite, il m'a fallu
recommencer, recommencer encore, recommencer toujours, depuis
le commencement, la *Critique de la Raison pure*, parce que jamais
je n'arrivais à m'expliquer comment, *sans* cette hypothèse, il m'était
impossible d'entrer dans le système, et *avec* cette hypothèse, il
me devenait impossible de m'y tenir[2]. »

Ce que Jacobi reproche à Kant, en définitive, c'est de n'avoir
échappé à l'idéalisme qu'au prix d'une inconséquence, car la *Critique de la Raison pure*, si l'on en développe logiquement les prémisses et si l'on en saisit le véritable sens, conduit à l'idéalisme.

Mais de cette inconséquence Jacobi sait encore gré à Kant : elle
atteste, dans sa philosophie même, l'insuffisance de l'idéalisme; à la
connaissance purement phénoménale, la Raison même, avec son
exigence d'Absolu, impose une limite, elle marque la place, vide
pour notre savoir, de l'Être en soi. La *Critique* fait même de cet
Être, non pas sans doute, eu égard à l'absence de toute intuition intellectuelle, un objet de la Raison, du moins un postulat de la Raison,
une exigence pratique, une croyance; il semble ainsi que dans ses
résultats, en dépit de sa méthode et de ses inconséquences, la *Critique*
confirme les propres vues de Jacobi et justifie le réalisme[3].

En dénonçant le vice fondamental qui, à ses yeux, rendait le
Kantisme inacceptable, Jacobi, le premier, avait découvert son sens
profond, comme il avait, deux ans plus tôt, restitué l'esprit véritable
du Spinozisme qu'il combattait aussi.

1. F.-H. Jacobi, *S. W.*, II. Bd., *David Hume.* Vorrede zugleich Einleitung, p. 35.
2. *Ibid.*, Beylage. *Ueber den transcendentalen Idealismus*, p. 304.
3. Il est intéressant de noter ici que Jacobi, après la lecture de la *Critique,* donne
un sens nouveau dans sa doctrine à la Raison. Jusqu'alors il ne la distinguait pas
de l'entendement où il voyait une faculté purement logique et discursive, et il la
confondait dans le même mépris d'unification; maintenant, il en fait proprement
une faculté d'intuition, de l'intuition qui nous révèle immédiatement et directement
l'être; mais cette intuition n'est pas *connaissance*, elle est *sens*, le sens du supra-sensible. Et sans doute cette conception n'a rien de kantien, la Raison, chez Kant,
n'étant pas une faculté intuitive et réceptive, mais un acte; cependant, il est remarquable qu'après avoir rabaissé la Raison, Jacobi, sous l'influence de Kant, déclare
s'être trompé sur son véritable caractère et l'exalte, en reprochant aux partisans des
lumières, aux rationalistes, d'en méconnaître la Valeur, d'en faire une faculté de
raisonnement; c'est sa réponse à ceux qui accusaient sa philosophie d'être un défi
à la Raison et une concession aux doctrines d'autorité. (*David Hume.* Vorrede zugleich
Einleitung, p. 7-14 et 59-63).

Un penseur de race, comme Fichte, ne s'y était pas trompé; mais quand, avec tant d'insistance, il témoignait à Jacobi son désir d'entente avec lui, il n'exprimait pas seulement son admiration pour le pénétrant interprète de Spinoza et de Kant, son respect « pour un homme qu'il considérait en ce siècle comme le plus beau modèle de la pure humanité[1] », il exprimait également sa reconnaissance à l'ennemi déclaré de la « mauvaise » philosophie dont il avait, lui aussi, connu les attaques [2]; il croyait sincèrement trouver en Jacobi un allié pour le triomphe de la philosophie vraie.

Il avait, comme Jacobi, désiré connaître Spinoza autrement que par cette réfutation de Wolff, que lui avait jadis mise en mains un pasteur soucieux de préserver son inexpérience; comme Jacobi, après avoir lu l'*Éthique*, il s'était enthousiasmé pour le génie de Spinoza; mais, le jour où, sous l'inspiration de Kant, il avait eu la révélation de la liberté, il avait, comme Jacobi encore, compris l'impossibilité de concilier le fatalisme de Spinoza avec la croyance à la liberté et au devoir; devenu disciple de Kant, il avait justement développé le Kantisme dans la voie où Jacobi avait montré que la *Critique* devait s'engager pour demeurer conséquente avec elle-même; il avait rejeté la *Chose en soi;* il avait affirmé l'*Idéalisme transcendantal* plus radicalement que Kant : chez Kant il restait toujours « une diversité de l'expérience », tandis que Fichte montrait, en termes très nets, dans cette diversité même, le produit d'une faculté créatrice [3].

Mais cet *Idéalisme transcendantal* enveloppait chez Fichte un réalisme pratique, il n'aboutissait pas, comme chez Kant, à un pur formalisme; par là s'accomplissait la promesse de la *Théorie de la Science*, l'entière réconciliation de la philosophie avec le sens commun.

« A quoi bon, déclarait Fichte, la spéculation et, avec elle, la philosophie tout entière, sinon à la vie même? Certes, une humanité qui n'aurait jamais goûté de ce fruit défendu pourrait se passer de la philosophie tout entière. Mais il est inhérent à sa nature de vouloir contempler la région qui dépasse l'individu, non pas seulement à la lumière de la réflexion, mais directement en elle-même. Le premier

---

1. *Fichte's Leben*, II. Bd., Zweite Abth., II, 4, Fichte an Jacobi, Iena, den 26. April 1796, p. 169.
2. C'est elle qu'il accusait d'enseigner « la honteuse doctrine de l'égoïsme pratique », confondant le « Moi absolu » avec l'individu, sans voir qu'au contraire le Moi pur, loin de se confondre avec l'individu, lui est extérieur et s'appelle Dieu. (*Ibid.*, 2, Fichte an Jacobi, Osmannstädt bei Weimar, den 30. August 1795, p. 166.) — 3. Ibid., p. 166.

qui souleva la question de l'existence de Dieu brisa les bornes de
l'individualité, ébranla l'humanité jusque dans ses bases les plus
profondes et l'engagea dans une lutte intérieure qui n'est pas encore
terminée, qui ne peut se terminer qu'en marchant hardiment de
l'avant jusqu'au sommet d'où la spéculation et la pratique apparaissent réconciliées. Nous avons commencé à philosopher par orgueil,
et nous avons par là perdu notre innocence ; alors nous avons vu
notre nudité, depuis nous philosophons par nécessité pour trouver
notre salut[1]. »

Entre l'*Idéalisme transcendantal* et le réalisme, il n'y a donc pas
l'opposition qu'observe déjà un regard superficiel, que le regard
pénétrant de Jacobi accentue encore. Fichte, au contraire, se plaît à
faire observer à Jacobi qu'il a été frappé dans son roman, la *Correspondance d'Allwill*, « par la singulière conformité de leurs convictions.
philosophiques[2] ».

Et, après avoir lu le nouveau roman de Jacobi, *Woldemar*, il croit
l'alliance conclue, il le croit d'autant plus que Jacobi lui avait
exprimé, quelques mois plus tôt, son ardente sympathie et son désir
d'être aussi près de lui qu'il le souhaitait[3]

Jacobi et Fichte ne combattent-ils pas d'ailleurs les mêmes
ennemis, les doctrinaires du « plat rationalisme » dont le despotisme
rendait ses décrets par la plume des rédacteurs de la *Bibliothèque
allemande universelle*? L'outrecuidante prétention de la philosophie
régnante — le positivisme du temps — d'imposer à tous les esprits la
commune mesure de la saine raison, la piètre et mesquine raison des
défenseurs des *Lumières*, devait susciter une explosion d'individualisme : révolte de l'indépendance contre la tyrannie, de l'originalité
en face de la platitude. *Allwill* et *Woldemar* sont nés de cet état
d'âme ; leurs proclamations du droit de tout individu à obéir à sa
conscience ou à suivre les inclinations de son cœur retentissent
comme des cris de guerre contre la domination du formalisme à
la mode.

Allwill déclare qu'il étouffe sur ces hauts sommets voisins du
ciel qu'habitent seuls nos philosophes, sommets purs de toute
vapeur, avec l'infini du vide tout autour d'eux. Ils sont trop loin
de la terre ; et trop loin de la vie[4]. On ne vit pas d'abstractions.
et les concepts sont trop souvent des formules creuses ; entre

---

1. *Fichte's Leben*, II. Bd., Zweite Abth., II, 2, Fichte an Jacobi, Osmannstädt bei
Weimar, den 30. August 1793, p. 167. — 2. Ibid., p. 166. — 3. Ibid., Jacobi an Fichte,
Tremsbüttel, den 24. Dec. 1793, p. 168.
4. F.-H. Jacobi, *S. W.*, I. Bd., *Allwills Briefsammlung*, IX, Ed. Allwill an Clemens
von Wallberg, p. 73.

l'image et la réalité l'abîme est infini comme entre le concept et l'intuition[1].

Il faut le dire, les concepts ne sont que des mots, les mots ne peuvent que rappeler des choses déjà connues; dans le mot tout est mort, tout est lettre vide de sens sans l'esprit que révèle l'intuition de la connaissance immédiate : *incertain pour les raisonneurs, mais sûr et certain pour les sages*[2].

Les sages font comme Socrate, ils n'hésitent pas à s'insurger contre la tradition de l'École, quand parle le démon qui les inspire, le Dieu qui est en eux[3]. Ce ne sont point les formules imposées qui peuvent être pour l'esprit une source de vie, c'est l'instinct original et créateur[4], l'instinct qui est la communion avec la vérité.

Et Woldemar ne tient pas un autre langage. Au formalisme de la raison raisonnante, Woldemar, comme Allwill, oppose la certitude immédiate du sentiment et de la conscience, source de toute vérité et de toute moralité.

La nature a mis en nous une science et une conscience immédiates qui nous permettent de décider dans notre for intérieur de l'être et du non-être, de ce qu'il faut faire et de ce dont il faut s'abstenir, d'en décider originellement d'une manière absolue par oui et par non, sans autre preuve. Et ce verdict suprême s'impose à la raison, qui, par elle seule, ne peut trouver ce qui est vrai, ni ce qui est bien[5].

En montrant ainsi à l'origine de la connaissance et de la moralité un sentiment, la conscience immédiate de l'être, Jacobi prétend restaurer, contre l'uniformité du « sens commun » des philosophes du temps, l'originalité des individus.

C'est encore Woldemar qui rappelle ces paroles de Hemsterhuis « La perfection du sentiment moral varie chez tous les hommes, il n'y a pas deux hommes sur terre dont les devoirs, à les bien entendre, ne seraient pas différents. Différents, non pas aux yeux des lois accidentellement mécaniques de la société civile, mais aux yeux des lois de la société naturelle et éternelle[6]. »

Enfin, dans *Woldemar*, comme dans *Allwill*, il y a, formellement exprimé par Jacobi (dans la lettre où il explique à Hamann le sens de l'ouvrage que celui-ci n'avait pas bien saisi), le dessein d'afficher

1. F.-H. Jacobi, *S. W.*, I. Bd., *Allwills Briefsammlung*, XX, Ed. Allwill an Luzie, p. 196-197. — 2. Ibid., XVI, Ed. Allwill an Cläre, p. 146-147. — 3. *Ibid.*, p. 142 et suiv. — 4. Ibid., XV, Cläre an Sylli, p. 122-123. — 5. Ibid., V. Bd., *Woldemar*, Zweiter Theil, p. 436. Jacobi, sous l'égide du Stagirite, dont il prétend restituer l'esprit, met ces paroles dans la bouche d'un personnage du roman, Dorenburg. — 6. Ibid., Erster Theil, p. 112.

son mépris pour la philosophie du temps, la philosophie de boue,
qui en est l'abomination [1]

Même haine contre la platitude de la philosophie à la mode, même
revendication des droits de la conscience individuelle, de la dignité
et de la valeur du moi contre le nivellement égalitaire de la raison
commune. Par là Fichte et Jacobi étaient sans doute d'accord, mais
il y avait autre chose encore dans *Allwill* et dans *Woldemar :* il y
avait une philosophie de la vie, un sens du réel, qui s'opposait à la
philosophie des concepts, à la construction des abstractions purement
logiques. Ici Jacobi ne combattait plus seulement le plat rationalisme, il s'en prenait à la dialectique née de la philosophie critique,
il s'attaquait à Fichte lui-même. Dans *Allwill*, Jacobi décrit une gravure qui orne un livre de Berkeley : un enfant cherche à saisir
son image dans un miroir, la prenant pour une réalité; assis
près de lui, un austère philosophe rit de son erreur; sous la gravure quelques mots latins s'appliquent au philosophe : ris de toi-
même [2].

Le philosophe, en effet, ressemble ici à l'enfant de la gravure : il
prend une ombre pour la réalité; il construit le monde avec ses
sensations, avec ses représentations; il oublie que ses sensations,
que ses représentations sont purement subjectives et, comme telles,
sans valeur; elles ne sont quelque chose que par la réalité qu'elles
expriment et qui est non pas en elles, mais derrière elles; cette réalité, c'est la vie que nous saisissons directement dans sa vérité et dans
son essence par l'intuition et par l'instinct; ou plutôt nous sommes
cette vie même, et notre entendement qui essaie de la fixer en concepts
ne fait que l'appauvrir et la vider de son contenu [3]. Quoi qu'ils fassent
les philosophes qui veulent tirer la réalité de leurs concepts n'abou-
tiront pas : ils ne peuvent sortir des abstractions.

Cependant Jacobi propose à ces idéalistes un terrain d'entente. Pour
donner un sens à cette prétendue réalité, au moyen de l'enchaînement systématique des principes, les voies leur sont irrévocablement
coupées. Le vrai terrain solide, c'est, pour l'homme, celui d'une
négation décidée, omniprésente, éternelle, de tout au delà. S'ils le
reconnaissent, s'ils se bornent à couvrir leurs frontières et à les
déterminer de mieux en mieux, une paix est possible entre nos antagonistes et nous, déclarait Allwill, et même une espèce d'alliance :
d'ennemis nous pourrons devenir amis [4].

1. F.-H. Jacobi, *S. W.*, I. Bd., *Briefe an Verschiedene*; VI, an Johann-Georg Hamann,
Pempelfort, den 16. Juny, 1783, p. 365. — 2. Ibid., I. Bd., *Allwills Briefsammlung*, XV,
Cläre an Sylli, p. 113. — 3. Ibid., p. 113-124. — 4. *Ibid.*, p. 124.

Cette paix et cette alliance, Fichte s'était empressé d'en accepter l'augure.

Il avait écrit à Jacobi :

« .Pourvu que les idéalistes transcendantaux veuillent bien se contenter de couvrir leurs propres frontières et de les bien déterminer, Allwill leur donne l'espérance de la paix et même d'une espèce d'alliance. Je crois avoir déjà maintenant rempli cette condition ; si j'arrivais jamais en outre, sur le terrain même qui est considéré comme celui des hostilités, à garantir et à fortifier pour le réalisme son propre domaine, j'aurais légitimement le droit de compter non pas simplement sur une espèce d'alliance, mais sur une alliance à tous les égards [1]. »

En Woldemar Fichte avait cru trouver cet allié à tous les égards.

Sans doute, là encore, Jacobi avait traité en termes assez méprisants ces systèmes de formes (Formen-Systeme) [2] qu'ébranle le moindre souffle de la réalité et de la vie ; cette raison incapable de rien produire par ses syllogismes qui n'ait été enfermé déjà dans ses prémisses, et dont le seul rôle, avec son art logique, est celui de « médiatrice » ; cette raison à laquelle échappe ce qui est vraiment premier et vraiment dernier, et qui, en fin de compte, ne peut être source de vérité et de sagesse [3].

Sans doute encore il avait déclaré qu'à son sens la philosophie du temps (et celle de Fichte se trouvait ici dans une véritable impasse) négligeait, par delà l'explication des choses, les choses mêmes, ce qui rendait à coup sûr la science très claire, les intelligences très lumineuses, mais, dans la même mesure, la science vide et les intelligences superficielles. Il ajoutait qu'à son jugement le plus grand mérite du chercheur était de dévoiler la présence de l'être (Daseyn zu enthüllen), l'explication n'étant pour lui qu'un moyen, une voie pour aller au but, son but dernier étant ce qui ne peut s'expliquer : le simple, l'indissoluble [4].

L'alliance était ailleurs ; elle était dans la « volonté de mettre en lumière l'indépendance de l'esprit par rapport à la chair [5] », dans l'affirmation que la philosophie spéculative, « un grand trou dans

1. *Fichte's Leben*, II. Bd., Zweite Abth., II, 2, Fichte an Jacobi, Osmannstädt bei Weimar, den 30. August 1795, p. 167.
2. F.-H. Jacobi, *S. W.*, V. Bd., *Woldemar*, Erster Theil, p. 176.
3. *Ibid.*, p. 124. Voir Zweiter Theil, p. 436-437. « Alles was *zwischen* dem Ersten und Letzten, zwischen den *Principien* und dem *Zweck der Zwecke* liegt, gehört zum Gebiete der *Vernunft*, deren eigenthümliches Vermögen und Geschäft ist, — *Nach erhaltenem Maasse* Maass *zu geben*. »
4. Ibid., I. Bd., *Briefe an Verschiedene*; VI, an J.-G. Hamann, Pempelfort, den 16. Juny 1783, p. 364, lettre sur *Woldemar*. — 5. *Ibid.*, p. 365.

lequel nous regardons en vain[1] », dit Jacobi, ne se suffit pas à elle-
même, qu'elle n'atteint pas le réel, que seuls le cœur, la conscience,
sources de la vie morale, de la liberté, de la personnalité, nous mettent directement en présence de la réalité et de la vie véritables,
expriment en nous la divinité, nous assurent la possession de l'immédiate certitude, du vrai et du bien[2]

Voilà pourquoi Fichte se crut autorisé à écrire à Jacobi après
avoir lu *Woldemar :*

« Oui, nous sommes tout à fait d'accord : plus que tout au monde,
cet accord avec vous me prouve que je suis dans la bonne voie. Vous
aussi, vous cherchez toute vérité là où je la cherche, dans le sanctuaire le plus profond de notre être. Vous vous bornez, vous, à saisir
et à exprimer, autant que le permet le langage humain, l'esprit en tant
qu'esprit; ma tâche, à moi, est de mettre la vérité sous forme de système pour l'introduire dans l'École à la place de la fausse science.
Or, dans ce long détour de l'esprit au système, que ne risque-t-on pas
de perdre? Tout. Vous allez droit au point central; moi, j'ai maintenant principalement affaire aux éléments, je veux me borner à
aplanir les voies. Il se pourrait donc très bien que tout autre que
vous n'aperçût pas notre accord aussi net et aussi clair qu'il l'est
pour moi. Tout autre que vous, dis-je; car vous avez montré, à
propos de Spinoza, que vous êtes capable de dépouiller un système
de son appareil factice, d'en dégager purement l'esprit[3]. »

Le jour où Fichte en avait appelé, de la condamnation prononcée
par la Cour de Saxe, au tribunal de la science, le seul vraiment

---

1. F.-H. Jacobi, *S. W.*, I. Bd., *Briefe an Verschiedene*; VI, an J.-G. Hamann, p. 366.
2. Ibid., V. Bd., *Woldemar*, Erster Theil, p. 87, 98, 192, Voir aussi Zweiter Theil,
p. 436 et 451.
3. *Fichte's Leben*, II. Bd., Zweite Abth., II, 4, Fichte an Jacobi, Iena, den
26. April 1793, p. 169.
De cet accord Jacobi d'ailleurs ne voulut jamais convenir. Quand paraîtra la *Destination de l'homme*, où Fichte accentue le caractère moral et religieux de sa doctrine, où il subordonne nettement la science à la conscience, la spéculation à la
vie morale, la raison théorique à la foi pratique, où il va jusqu'à déduire des devoirs
les déterminations du monde, donnant à tout son système, avec une sorte d'enthousiasme lyrique, l'allure d'un panthéisme moral, on verra Jacobi se fâcher tout
rouge en criant : au plagiat, à la parodie! Il ne se trompait d'ailleurs pas tout à
fait. La *Destination de l'homme* reproduisait la doctrine, non pas de Jacobi sans doute,
mais des romantiques qui relevaient, en un certain sens, de Jacobi, mais qui relevaient aussi de Fichte. L'accord entre Jacobi et Fichte s'accuse une fois de plus ici.
En combattant, au nom de la conscience morale, au nom de l'esprit vraiment religieux, le naturalisme mystique où sombrait, à ses yeux, le romantisme, Fichte
pouvait, sans la moindre ironie, se croire encore en communion de pensée avec
Jacobi; il exprimait, sous une forme plus populaire et moins systématique qu'il ne
l'avait fait jusqu'alors, ses plus intimes convictions, et, si Jacobi put y voir un plagiat des siennes, c'est peut-être que Fichte ne se trompait pas quand il se croyait
en unanimité de sentiments avec lui.

compétent, quand il avait déclaré que le public des savants ne pouvait pas se laisser déposséder de son droit de juger ses pairs, pas plus que chaque savant de son droit d'être jugé par eux, faut-il donc s'étonner que notre philosophe, dans la lettre d'envoi qui accompagnait l'*Appel*, ne se soit pas borné à prier Jacobi de contribuer à la revendication de ce droit, en exprimant de vive voix ou en lui adressant par écrit son précieux suffrage, et d'user effectivement de ce droit, en répandant l'écrit autour de lui? Il ajoutait, en effet, que, si en composant son *Appel* il avait souvent et ardemment pensé à quelqu'un, s'il avait souhaité de pouvoir lui plaire, c'était bien à Jacobi, dont il attendait mieux qu'une marque d'intérêt ou une intervention, dont il attendait tout simplement l'amitié[1]. Il ne doutait donc pas de l'approbation de Jacobi. Sa déception fut d'autant plus vive le jour où il reçut la *Lettre* que Jacobi lui adressa d'Eutin les 3, 6 et 21 mars 1799[2].

Après avoir payé à celui qu'il appelait le « vrai Messie de la Raison pure[3] » un tribut mérité d'éloges, Jacobi, dans la première partie de sa *Lettre*, reprochait d'abord à la *Théorie de la Science* de n'être au fond qu'un Spinozisme renversé. Son principe, l'identité du sujet et de l'objet, n'était rien d'autre que la substance de Spinoza : l'union inséparable de la pensée et de l'étendue; son esprit, tout comme dans le Spinozisme, était « celui d'un matérialisme sans matière, une *mathesis pura* où la conscience nue et vide tient lieu de l'espace mathématique[4] »; sa méthode, comme celle de Spinoza, consistait en une dialectique dont la prétention était d'engendrer l'univers, de le reconstruire idéalement, véritable manière de le connaître scientifiquement, de le comprendre. Mais seul l'Esprit absolu serait capable de créer le réel par la simple vertu de sa pensée; une pareille dialectique, oublieuse des limites de l'esprit humain, prenait donc pour la réalité le jeu d'abstractions où notre entendement s'exerce jeu de dupes, laissant précisément échapper la vérité, la réalité qu'il veut expliquer[5]. Jacobi en concluait que « dans l'esprit humain il fallait admettre un étage supérieur à l'étage de la connaissance scientifique », et que « le point de vue suprême de la spéculation n'était pas le point de vue de la vérité[6] »

Pour atteindre la vérité, l'homme devait renoncer à une science tout abstraite et en somme tout illusoire, reconnaître, par l'appréhen-

---

1. *Fichte's Leben*, II. Bd., Zweite Abth., II, 5, Fichte an Jacobi, Iena, den 18. Jan. 1799, p. 170-171.
2. F.-H. Jacobi, *S. W.*, III. Bd., *Jacobi an Fichte*, p. 9 à 57. — 3. *Ibid.*, *Jacobi an Fichte*, p. 9. — 4. *Ibid.*, p. 11-12. — 5. *Ibid.*, p. 20-22 et 29-30. — 6. *Ibid.*, p. 26-27.

sion immédiate et instinctive de la raison, par une intuition supérieure à toute démonstration, l'existence, indémontrable pour la
science, de la réalité absolue, qui seule donne sa valeur au monde et
son sens à la vie[1]. L'existence de l'inconnaissable, de l'inconcevable,
s'impose ainsi à la raison ou au cœur de l'homme, — ce qui est tout
un, — avec une certitude immédiate, se passe des preuves d'un raisonnement toujours infirme, parce que toujours abstrait. Dieu est
vraiment sensible au cœur, comme l'a dit Pascal, et notre amour
l'atteste là où notre science demeure forcément impuissante et silen-
cieuse[2].

En conséquence, déclarait Jacobi, la science, avec son but
suprême, l'unité, n'est pas l'être; ce n'est pas le vrai. L'unité, en
elle-même, est stérile, vaine et vide. Aussi sa loi ne peut-elle jamais
suppléer le *cœur* de l'homme, qui seul l'élève vraiment au-dessus de
lui-même et qui est, à proprement parler, la faculté des Idées
fécondes. « Ce cœur, ajoutait-il, je ne veux pas que la philosophie
transcendantale me l'arrache de la poitrine pour y substituer tout
simplement une pure tendance au Moi, à l'esprit (*Ichheit*). Je ne me
laisse pas affranchir du joug de l'amour pour trouver ma félicité
dans l'orgueil[3]. »

C'est, en effet, aux yeux de Jacobi, la grande erreur de Fichte,
l'erreur de l'idéalisme, de vouloir tout expliquer et tout com
prendre, même ce qui par essence est inexplicable et incompréhen
sible : l'Absolu; de prétendre formuler une doctrine de l'Absolu et
de tomber nécessairement ou dans le naturalisme ou dans le panthéisme. La vraie science consiste, non pas à tout savoir, mais à
savoir que le savoir a ses limites; la philosophie du savoir, l'idéalisme est, en réalité, le savoir d'un néant : c'est un nihilisme[4]; la
vraie sagesse consiste à accepter sans récrimination cette limitation
nécessaire de l'esprit humain, à s'incliner avec humilité devant le
mystère de l'Absolu, à reconnaître que le Dieu auquel nous croyons
avec toute la conviction et toute l'évidence de notre foi, est un Dieu
dont le secret échappe à notre intelligence.

Ce dualisme, Fichte, dans l'orgueil de son rationalisme, refusait
de le reconnaître; en prétendant identifier l'homme et Dieu, il avait
fait, au fond, de Dieu un fantôme[5]; en cela il s'était trompé, comme
Spinoza s'était trompé; il fallait appeler sa doctrine un athéisme,
comme il fallait appeler un athéisme[6] la doctrine de Spinoza, toute
doctrine qui ne reconnaissait pas la dualité de l'homme et de Dieu,

1. F.-H. Jacobi, *S. W.*, III. Bd., *Jacobi an Fichte*, p. 33-36. — 2. *Ibid.*, p. 35. —
ε. *Ibid.*, p. 41. — 4. *Ibid.*, p. 44. — 5. *Ibid.*, p. 48-49. — 6. *Ibid.*, p. 45.

qui n'admettait pas un Dieu personnel, extérieur à l'esprit humain un Dieu vivant qui existe en soi et pour soi. « Et cependant, déclarait Jacobi à Fichte, je ne vous considère pas pour cela person nellement comme un athée, comme un sans-Dieu. Celui dont l'es prit sait réellement dominer la nature, élever son cœur au-dessus de ses désirs avilissants, celui-là voit Dieu face à face, et c'est trop peu dire de lui qu'il se borne à croire en lui. La philosophie d'un pareil homme, ses opinions auraient beau être athées, au jugement exact, selon moi, de la raison naturelle, qui traite de non-sens un Dieu qui n'est pas personnel, un Dieu qui n'est pas, cet homme lui-même aurait beau appeler de ce nom son système, son péché serait pourtant encore tout verbal, il ne consisterait que dans la maladresse de l'artiste à forger les idées et les mots; un égarement de l'abstrac-teur de quintessence, non pas de l'homme. Ce n'est pas l'essence de Dieu, c'est seulement son nom qu'il aurait nié..., le Dieu vivant n'est alors nié que par les lèvres... [1]. » Jacobi rappelait ici ce qu'il avait écrit à Mendelssohn au sujet de Spinoza dans ses fameuses *Lettres* : « Sois béni, grand, saint Benedictus, quelles qu'aient pu être tes pensées philosophiques sur la nature de l'Être suprême, quelles qu'aient pu être tes erreurs verbales : en ton âme siégeait sa vérité, et son amour était ta vie [2]. »

Jacobi avait d'abord écrit cette *Lettre* sans aucune arrière-pensée de publication, pour échanger ses idées avec le philosophe auquel il s'adressait [3]; il y avait épanché son cœur en toute liberté, attendant de savoir comment Fichte l'accueillerait [4]. Reinhold, qui en avait reçu communication, désirait vivement la voir publier. Auteur lui-même d'une *Lettre* à Fichte, où précisément il cherchait à concilier la thèse de Jacobi et celle de Fichte, auteur d'une *Lettre* à Lavater, où il tentait de laver Fichte de l'accusation d'athéisme, il aurait voulu faire paraître ensemble les trois *Lettres :* il avait déjà demandé à Fichte l'autorisation d'imprimer, à la suite de sa *Lettre à Lavater* [5], la *Lettre* qu'il lui avait adressée; il lui avait exprimé le vœu que la *Lettre* de Jacobi fût jointe aux deux autres [6]· Il allait au-devant du désir secret de Fichte. Celui-ci, en effet, lui écrivait : « Jacobi ne m'a pas dit s'il

1. F.-H. Jacobi, S. W., III. Bd., Jacobi an Fichte, p. 45-46. — 2. Ibid., p. 46-47. 3. Ibid., Vorbericht, p. 3.
4. E. Reinhold, K.-L. Reinhold's Leben, Auswahl von Briefen, III, Jacobi 6, p. 243. Lettre à Reinhold, 26 févr. 1799. Lettre antérieure à l'envoi de la Lettre où Jacobi fait part à Reinhold de son projet.
5. Fichte's Leben, II. Bd., Zweite Abth., III, 17, Reinhold an Fichte, Kiel, den 16. April 1799, p. 247.
6. E. Reinhold, K.-L. Reinhold's Leben, Auswahl von Briefen, III, 7, p. 246, lettre du 13 mai 1799.

destinait sa *Lettre* à l'impression. Ce n'est pas à moi qu'il convient de l'y engager car, à certains points de vue, elle est beaucoup trop élogieuse pour moi. Mais, s'il veut la faire imprimer, je lui donne mon consentement sans hésitation[1]. »

Dès lors Jacobi n'eut plus de scrupules. Convaincu qu'une fois sa *Lettre* rendue publique Fichte pourrait mieux s'expliquer en lui répondant qu'en parlant en l'air[2], il décida de l'éditer « pour éviter les faux bruits et les citations faites de mémoire[3] »

A cette *Lettre*, dont il avait remanié la conclusion au point d'en accroître la dimension d'un tiers[4], il joignit, en guise de supplément, un certain nombre de propositions sur la nécessité et sur la liberté chez l'homme, qu'il avait d'abord publiées dans la préface de la deuxième édition des *Lettres sur la doctrine de Spinoza*[5].

1. *Fichte's Leben*, II. Bd., Zweite Abth., III, 20, Fichte an Reinhold, Iena, den 22. Mai 1799, p. 262.
2. E. Reinhold, *K.-L. Reinhold's Leben, Auswahl von Briefen*, III, 7, 13 mai 1799, p. 247.
3. F.-H. Jacobi, *S. W*, III. Bd., *Jacobi an Fichte*, Vorbericht, p. 3.
4. E. Reinhold, *K.-L. Reinhold's Leben, Auswahl von Briefen*, III, 8, Jacobi an Reinhold, Eutin, d. 10. Sept. 1799, p. 249.
5. F.-H. Jacobi, *S. W.*, IV. Bd., Erste Abth., *Ueber die Lehre des Spinoza. Vorbereitende Sätze über die Gebundenheit und Freiheit des Menschen*, p. 16-36.
En Voici le résumé :
Les vingt-trois premières propositions constituant la première partie de l'écrit ont pour objet l'établissement de cette thèse : l'homme n'est pas libre.
C'est la thèse du déterminisme, suivant laquelle la possibilité de l'existence de toutes les choses qui nous sont connues est en rapport de coexistence avec d'autres choses, sans que nous soyons capables de nous élever à la représentation d'un être existant pour lui-même isolément. Ces rapports, chez les êtres vivants, s'expriment par des sentiments, les rapports sentis entre les conditions internes d'existence d'une nature vivante et les conditions externes de cette existence ou simplement le rapport senti de l'interaction des conditions internes est lié mécaniquement à un mouvement que nous appelons désir ou répulsion (Erste Abth., i, ii, iii, p. 17). A la base de tous les différents désirs d'une nature vivante se trouve ce que nous appelons un penchant naturel dont tous ces désirs ne sont que des modifications, en sorte que ce penchant primitif serait comme le désir a priori (v, p. 18). Le penchant originel de l'être raisonnable consiste, comme celui de tout autre être, dans l'effort incessant pour conserver et accroître sa puissance d'existence (viii, p. 19). A la différence de toutes les autres natures, l'existence des natures raisonnables s'appelle existence personnelle. Elle consiste dans la conscience qu'a l'être de son identité (ix, p. 19). Le penchant naturel de l'être raisonnable, le désir rationnel tend à l'élévation de degré de la personnalité ; ce désir rationnel s'appelle volonté (xi, p. 19). La loi de la volonté est d'agir par principes, c'est la faculté des principes pratiques (xiii, p. 20). Chaque fois que l'être raisonnable n'agit pas d'accord avec ses principes, il n'agit pas conformément à sa volonté, il suit un désir non pas rationnel, mais irrationnel (xiv, p. 20); la satisfaction d'un désir irrationnel brise l'identité de l'existence raisonnable, détruit la personnalité, diminue d'autant la quantité de vie (xv, p. 20). Quand, entraîné par un désir irrationnel, l'homme a violé ses principes, il a coutume de dire, en éprouvant les conséquences fâcheuses de son action : c'est bien fait pour moi, car, ayant conscience de l'identité de son être, il faut qu'il se considère comme l'auteur de l'état pénible où il se trouve. Cette expérience est la base de tout le système de la Raison pratique en tant que basé sur un penchant fondamental (xvii et xviii, p. 21).
· Si l'homme n'avait qu'un seul désir, il n'aurait aucun concept du juste et de l'injuste. Mais il a plusieurs désirs qu'il ne peut satisfaire également et dont la satis-

. Fichte ne pouvait s'offenser d'une publication qu'il avait lui-même souhaitée. Il dut ressentir cependant quelque déplaisir en constatant qu'il n'avait été tenu aucun compte du double vœu qu'il avait

faction réciproque se contrarie. Si tous ces désirs ne sont que les modes d'un désir originel, ce désir fournit le principe qui permet de mesurer entre eux les désirs différenciés et de déterminer le rapport suivant lequel ils peuvent être satisfaits sans contradiction pour la personne (XIX, p. 21-22).

L'idée d'un droit tout interne se forme ainsi mécaniquement pour chacun, et le droit externe, le pacte que font les hommes pour se réunir en société, n'est jamais qu'une reproduction de ce droit interne (XX, p. 22).

La perfection supérieure à laquelle parvient le droit interne n'est qu'un effet du mécanisme qui a constitué le droit primitif. Tous les principes reposent sur les désirs et l'expérience, ils supposent une activité déjà déterminée par ailleurs, ils ne peuvent jamais être une cause première (XXI, p. 22-23). Le principe des principes est le désir rationnel de l'Être raisonnable de conserver sa propre existence, sa personnalité et de se subordonner tout ce qui peut détruire son identité (XXII, p. 23). De ce penchant découlent un naturel amour envers autrui et une naturelle obligation d'être juste envers autrui. Comme être raisonnable, un être raisonnable ne peut se distinguer d'un autre. L'amour de la personne limite donc l'amour de l'individu (XXIII, p. 23). Et ainsi le penchant originel lié à la raison se développe en vertu d'un simple mécanisme — sans l'ombre de liberté (XXIII, p. 24).

La seconde partie, comprend les propositions 24 à 52 et soutient la thèse inverse l'homme est libre.

La représentation d'un être absolument dépendant est tout aussi impossible que celle d'un être existant absolument par soi et pour soi. Un être absolument dépendant devrait être entièrement passif, pourtant il ne pourrait pas l'être, car pour être déterminé, il faut déjà être en quelque manière (Ibid., Zweite Abth., XXIV, p. 25); mais alors le pur mécanisme (l'action qui n'est jamais que médiatée) n'est pas concevable, absolument parlant, il suppose à sa base une spontanéité pure (XXV, p. 26). La spontanéité absolue exclut donc la médiation, et, comme la médiation est la condition de toute connaissance distincte, elle exclut toute connaissance distincte (XXVIII, p. 27). On ne peut donc connaître sa possibilité, mais sa réalité est l'objet d'une conscience immédiate, d'une croyance spontanée et se prouve par le fait (XXIX, p. 27).

On appelle cette spontanéité absolue, par opposition au mécanisme, liberté. Parmi les êtres vivants, seul l'homme doué de la conscience de sa spontanéité est capable de liberté (XXX et XXXI, p. 27). La liberté ne consiste donc pas dans un pouvoir absurde de se déterminer sans raison, ni dans le choix du meilleur ou du désir raisonnable, — un pareil choix est encore du mécanisme, — elle consiste dans l'indépendance de la volonté à l'égard des désirs (XXXII, p. 27).

La volonté est la pure spontanéité élevée à ce degré de conscience que nous appelons raison. L'indépendance et la toute-puissance interne de la volonté ou la domination possible de l'être intellectuel sur l'être sensible est attribué en fait à tous les hommes. Les sages de l'antiquité, surtout les Stoïciens, savaient qu'entre les choses du désir et les choses de l'honneur il n'y a pas de comparaison possible, car entre le principe des désirs (l'agréable, le calcul des intérêts) et le principe de l'honneur (la perfection de la nature humaine en soi, la spontanéité, la liberté) il n'y a point de commune mesure.

Ils appelaient libre celui-là seul qui est parfaitement maître de soi, esclave celui dont les désirs sont maîtres (XXXIII, p. 27, et XXXIV, XXXV, p. 28). Si élevé que puisse être notre siècle des Lumières au-dessus des rêveries ou du mysticisme d'un Épictète et d'un Marc-Aurèle, nous n'en sommes pas encore à ce point de clarté et de réalisme achevé que nous ayons perdu tout sentiment de l'honneur. Et tant qu'une étincelle de ce sentiment brillera dans l'âme humaine, il restera en elle un témoignage de la liberté, une croyance indéracinable à la toute-puissance de la volonté. L'homme pourra nier cette croyance des lèvres, elle demeurera inscrite dans sa conscience (XXXVI, p. 29), ou plutôt il ne pourra même pas la nier des lèvres, elle s'imposera à lui dans tous les jugements qu'il portera sur sa propre conduite et sur celle des autres, — des jugements apodictiques — et pourquoi apodictiques, sinon

exprimé : celui de voir disparaître certains passages un peu tran-
chants, en particulier celui où sa philosophie était qualifiée d'athée
(ce qui, à un certain point de vue, était vrai, Fichte l'accordait, mais
ce que trop peu de lecteurs comprendraient, au sens où Jacobi et
Reinhold l'entendaient) ; celui où il reproduisait, comme appendice à
la *Lettre*, un fragment que Fichte avait adressé à Jacobi par l'entre-
mise de Reinhold [1]. Mais surtout le philosophe ne put se méprendre

parce que nous supposons, avec l'existence du devoir, la liberté (xxxvii, p. 30 et
xxxviii, p. 31). Il est aussi impossible à l'homme de mentir à la pure Raison que
de nier que les trois angles d'un triangle sont égaux à deux droits (xxxix, p. 31).
Si l'on peut se fier à l'honneur, si l'homme peut tenir sa parole il faut que règne
en lui un autre esprit que le pur esprit du syllogisme, et cet esprit-là, c'est le souffle
de Dieu sur la terre. D'ailleurs qu'est-ce qui fait la force du syllogisme quand il tire
la conclusion des prémisses? Cet esprit, et lui seul, présent dans les actes de la
liberté (xxxix, p. 32). Ce principe divin que révèle à notre conscience la moralité
(l'honneur) est l'objet d'un pur amour, et le respect du divin est à la base de toute
vertu (xlvi, p. 33).
Si l'univers n'est pas Dieu même, mais la création de Dieu, s'il est l'œuvre d'une
libre intelligence, il faut que la direction originelle de chaque être soit l'expression
d'une volonté divine, et cette expression est la loi fondamentale de cet être, une loi
qui ne peut être comparée aux lois de la nature, — effets de simples relations, —
et, comme tout être est plongé dans la nature, il obéit ainsi à une double législation,
à une double direction : la direction vers le fini (le penchant sensible), la direction
vers l'éternel (le penchant intellectuel), le principe du pur amour (xlviii-xlix, p. 34).
Les actions qui découlent de ce dernier principe, nous les appelons divines et divin,
le sentiment dont elles procèdent. Une joie les accompagne, qui ne peut se comparer à aucune autre : c'est la joie qu'éprouve Dieu à exister, car la joie est le
sentiment de jouissance qui accompagne toute existence, comme la douleur est le
sentiment de peine qui accompagne toute atteinte à l'existence. Sa source est la
source de toute vie et de toute activité. Si elle se rapporte à une existence passagère, elle est elle-même passagère: c'est la joie purement animale. Si elle a pour objet
l'éternel, elle est la force même de Dieu : sa conquête est l'éternité (li et lii, p. 35-36).
On le voit, Jacobi, dans cet ensemble de propositions, opposait au point de vue
intellectualiste et déterministe, celui de Spinoza, le point de vue fidéiste, le sien,
en empruntant à la doctrine kantienne ce qui, à son sens, méritait d'en être
retenu : l'affirmation de la liberté, de Dieu, de l'immortalité de l'âme, comme
croyances rationnelles. Mais il entendait cette croyance tout autrement que Kant.
Ce qui, pour Kant, est un postulat de la Raison, une exigence pratique dont, en
l'absence de toute intuition, la réalité demeure inaccessible à notre intelligence,
est, pour Jacobi, un objet d'intuition immédiate : Dieu, l'immortalité, la liberté sont
saisis directement par le sentiment, et la croyance qui les affirme est un ordre de
certitude supérieur à celui de la science, loin d'être un substitut imparfait de la
connaissance. Mais, si Jacobi s'éloignait déjà foncièrement de Kant, il s'opposait
encore plus à Fichte, qui avait justement cherché à rendre intelligibles le devoir, la
liberté, à découvrir la racine commune du monde sensible et du monde supra-sensible, à montrer le lien qui unit la Raison théorique et la Raison pratique; à Fichte
pour qui la conception d'un Dieu personnel, créateur et législateur du monde était
une idolâtrie. C'est sans doute pour formuler cette opposition irréductible des
deux doctrines qu'il avait joint ces propositions à la *Lettre* où, en raison des circonstances, et pour donner à Fichte accusé d'athéisme son suffrage dans ce grand
débat, il avait, autant que possible, atténué les divergences et essayé de montrer
que Fichte, en dépit de l'athéisme professé par sa doctrine, demeurait un esprit
profondément religieux.
1. *Fichte's Leben*, II. Bd., Zweite Abth., III, 20, Fichte an Reinhold, Iena, den
22. Mai 1799, p. 262. Il s'agit d'un fragment du printemps 1799, publié après sa
mort, dans les *Rückerinnerungen, Antworten, Fragen*. Fichte l'avait envoyé à Reinhold
en appendice à sa lettre du 22 avril 1799.

sur le sens du verdict de Jacobi : le désaveu, pour être enveloppé de fleurs, n'en était pas moins formel, et l'alliance que Fichte escomptait déjà, en lisant la *Correspondance d'Allwill*, était repoussée.

Sans doute Jacobi avait tenu à distinguer entre la philosophie et l'homme; mais la distinction était vraiment inacceptable pour celui qui avait écrit jadis : « La philosophie qu'on a dépend de l'homme qu'on est[1] », et dont l'ambition avait toujours été de mettre « son intelligence, sa tête d'accord avec son cœur »

Fichte cependant ne se tint pas pour battu : il fit appel à Reinhold du jugement de Jacobi; il tenta de lui prouver, en dépit de la *Lettre*, l'accord possible de la *Théorie de la Science* avec la doctrine de son contradicteur.

La première fois qu'il écrivit à Reinhold après la réception de la *Lettre* de Jacobi, il s'exprimait ainsi :

« Je souscris aux assertions de Jacobi dans toute leur extension; tout ce qu'il dit là, je le sais depuis longtemps, je l'ai dit en termes exprès; autant je me réjouis, en mon for intérieur, que Jacobi ait écrit pour moi cette excellente *Lettre*, autant je ne puis comprendre comment il a pu croire qu'il l'écrivait contre moi. Lui qui connaît si profondément l'essence de la spéculation, et si profondément l'essence de la vie, pourquoi ne peut-il pas s'élever froidement au-dessus de l'une et de l'autre, tenir entre elles la balance égale? Pourquoi faut-il qu'il soit, ou tellement prisonnier du point de vue de la spéculation qu'il ait honte d'exprimer vis-à-vis de lui-même ses objections contre mon système, ou, à un autre moment, si enfoncé dans le point de vue de la vie qu'il y plaisante la spéculation parfaite, la spéculation dont il reconnaît lui-même qu'elle est achevée, qu'il la maudisse et qu'il l'abhorre[2]? »

Fichte proclamait alors, une fois de plus, l'indépendance de la philosophie à l'égard de la vie. « La vie, écrivait-il, ne peut organiser que ce qui vient de la vie, l'idéalisme est véritablement le contraire de la vie. Son but propre est le savoir pour le savoir, son utilité pratique n'est que médiate, pédagogique, au sens le plus large du mot[3]. »

Il ajoutait que vouloir rapporter, à cet égard, comme le faisait Jacobi, la philosophie à des sentiments, à des intuitions, était, à ses yeux, un non-sens absolu. « Je ne comprends pas la question de savoir si la philosophie comme telle est athée ou non; elle est pour

---

1. Fichte, *S. W.*, I. Bd., *Erste Einleitung in die W. L.*, p. 434.
2. *Fichte's Leben*, II. Bd., Zweite Abth., III, 18, Fichte an Reinhold, Iena, den 22. April 1799, p. 248. — 3. *Ibid.*, p. 250.

moi absolument équivalente à celle-ci : un triangle est-il rouge ou
vert, doux ou amer? Dans l'accusation d'athéisme portée contre un
système vraiment et purement philosophique, et je considère le mien
comme tel, je ne puis trouver qu'un sens, celui-ci : cette philosophie
est le fondement d'une pédagogie (théorie de la religion) athée, elle
conduit à une mentalité vraiment athée[1]. »

Ainsi donc, mettre en opposition avec la vie telle ou telle philosophie, comme on oppose une doctrine à une doctrine, et comme l'avait
fait Jacobi, c'était ne rien dire du tout. La philosophie était tout
simplement une *explication* de la vie : c'est comme une explication
de la vie, de cette vie dont Jacobi avait l'intuition et l'expérience si
profondes, que se présentait l'*Idéalisme transcendantal*. Il était donc
véritablement oiseux de chercher à concilier, dans un point de vue
intermédiaire, Fichte et Jacobi[2]

E. « *LETTRE* » *DE
REINHOLD (AVRIL 1799)*. Cette dernière remarque répondait à une
préoccupation de Reinhold qui, depuis son
séjour à Eutin, près de Jacobi, n'était plus
du tout convaincu de l'accord entre la *Théorie de la Science*, dont il
s'était fait jadis l'adepte, et les vues de celui qui exerçait alors sur
son esprit une influence si profonde. Tout en continuant, pour
quelque temps encore, à soutenir la philosophie de Fichte, *leur*
philosophie, contre les fausses interprétations, Reinhold était obligé
d'avouer maintenant (la chose lui apparaissait clairement depuis son
entretien avec Jacobi), que, pour comprendre complètement et Fichte
et lui-même, il fallait qu'il se plaçât à un point de vue intermédiaire
entre celui de Fichte et celui de Jacobi. Jacobi avait affranchi l'imagination de Reinhold, encore en partie enchaînée à la lettre du
Kantisme, qui lui était si familier. Fichte avait enseigné à Reinhold
l'esprit du Kantisme, Jacobi lui avait appris à mieux connaître l'esprit
même du système de Fichte, et, depuis qu'il avait compris ce que
Jacobi appelait son Non-Savoir, il croyait pouvoir s'avancer d'autant
plus sûrement et d'autant plus librement dans le chemin du Savoir,
que Fichte lui avait ouvert et aplani[3].

Ce point de vue intermédiaire, il l'exposait dans cette même *Lettre*
qu'il avait demandé à Fichte l'autorisation de rendre publique en la
joignant à la réponse qu'il adressait à Lavater[4]

Fichte donna l'autorisation que sollicitait Reinhold; ainsi parut la

1. *Fichte's Leben*, II. Bd., Zweite Abth., III, 18, p. 250. — 2. *Ibid.*, p. 249. — 3. Ibid., 16,
Reinhold an Fichte, Eutin, d. 27. März 1799, p. 244. — 4. *Ibid.*, p. 245 et 17, Reinhold
an Fichte, Kiel, den 16. April, 1799, p. 247. Lavater, en effet, deux mois plus tôt,
avait exprimé ses craintes à Reinhold dans les termes que voici : « *L'Appel* de

Lettre à Lavater et à Fichte sur la croyance en Dieu (Sendschreiben an J.-C. Lavater und J.-G. Fichte über den Glauben an Gott) « destinée à entreprendre quelque chose contre les fausses interprétations dont philosophes et non-philosophes se rendent coupables envers leur philosophie » (la philosophie de Fichte et de Reinhold)[1]. Dans la *Lettre à Lavater* Reinhold admet avec Jacobi une croyance en Dieu naturelle et fondamentale, résultat de notre union directe avec la divinité, union qui était la réalité première, immédiatement donnée à notre conscience[2], le πρῶτον Ἀληθές[3]. Cette croyance, *don immédiat* de Dieu, qui se révèle ainsi directement à nous, infaillible et objective[4] en raison même de son origine, est une réalité absolument indépendante de toute spéculation et qu'aucune spéculation, aucun effort de réflexion, aucun artifice ne peut produire ou détruire : elle est ce qu'elle est, en dehors de toute science, elle s'affirme non par des théories, mais dans la pratique, en conformant notre conduite à la volonté de Dieu, en agissant en tout et pour tout conformément à l'amour de Dieu[5] ; « la religion ne se distingue de la moralité que dans la spéculation, nullement dans la réalité, même la spéculation ne l'en distingue que pour montrer qu'elle en est inséparable ». Ceux qui fondent leur conviction religieuse sur l'explication de Dieu par l'intelligible, c'est-à-dire par la nature (l'objet propre du savoir), les naturalistes, pour les appeler par leur nom[6], et les supernaturalistes qui, se refusant à admettre la possibilité d'expliquer Dieu par la nature, croient à une révélation directe de Dieu, mais à une révélation dont ils cherchent la preuve ailleurs que dans leur conscience, c'est-à-dire dans les faits extérieurs, dans les miracles et dans l'histoire, ont commis une même erreur. Ils ont confondu l'explication scientifique de la croyance en Dieu avec cette croyance même dans sa réalité vivante, au fond de nos consciences ; cela est si vrai, si palpable est l'indépendance de la croyance et de la science, que le naturalisme théorique, dont l'aboutissement inévitable, en l'absence

Fichte me fait souffrir plus que je ne puis l'exprimer à cause de ses parties excellentes, à cause de ses parties monstrueuses. Nous pensons, Gessner et moi, qu'un mot de Votre sagesse aurait les plus bienfaisantes conséquences. Puisse l'esprit divin Vous l'inspirer! Un Dieu qui ne veut pas dire : je suis; un Dieu sans personnalité, sans existence, qui ne crée rien et ne donne rien, ce n'est pas un Dieu, aussi vrai qu'il y a un Dieu vivant, un Dieu esprit, une lumière sans ombre et un amour tout vivifiant. Dans les choses les plus saintes s'amuser avec des paroles magiques, vides de sens, c'est le plus impie des jeux. » (E. Reinhold, *K.-L. Reinhold's Leben, Auswahl von Briefen*, VI, 1, *Lavater*, 3, Zurich, den 16. Febr. 1799, p. 410.)

1. *Fichte's Leben*, II. Bd., Zweite Abth., III, 17, Reinhold an Fichte, Kiel, den 16. April 1789, p. 247.

2. C.-L. Reinhold, *Sendschreiben an J.-C. Lavater und J.-G. Fichte über den Glauben an Gott*, Hamburg, bei Perthes, 1799. An Lavater, Kiel, 1. May, p. 19. — 3. Ibid., p. 17. — 4. Ibid., p. 17-20. — 5. Ibid, p. 23-25, 28-32. — 6. Ibid., p. 32 et 42-43.

et par la négation de toute révélation intérieure de la divinité, est
l'athéisme (la nature ne pouvait conduire à Dieu, le fini, à l'Infini),
a été, par son horreur de la superstition, parfois singulièrement plus
religieux dans la pratique, « plus supernaturaliste », que le « supernaturalisme » théorique; celui-ci, falsifiant sa propre vérité, la révélation, sombre pratiquement dans le plus épais naturalisme, dans le
formalisme le plus vide, dans les superstitions les plus grossières, dans
l'anthropomorphisme le plus éhonté[1]. Est-ce à dire que la science
doive être mise en contradiction avec la croyance et qu'il faille
prononcer leur divorce? Nullement. La science et la conscience sont
vraiment inséparables. La science, qui a pour objet la connaissance
du monde, implique, comme la règle même de sa recherche, la conscience; on peut dire que celui que blesse la Raison et qui ne cherche
pas la vérité en tout désintéressement offense Dieu[2], et inversement
les progrès même de la science doivent conduire à fortifier notre
croyance en Dieu; il ne peut y avoir de divorce entre la science et la
conscience, sinon pour une fausse science[3]. C'est ici qu'il faut
admirer la révolution opérée en philosophie par la *Critique de la
Raison pure*, continuée par la *Théorie de la Science*. La philosophie la
plus récente affirme, en effet, la distinction de la spéculation et de
l'expérience ou de la conscience, de ce qui appartient à la pure Raison
et de ce qui est indépendant d'elle[4]. Elle a mis un terme aux discussions sur l'existence de Dieu, à la vieille lutte entre le naturalisme et le supernaturalisme, en montrant l'inanité des raisonnements
faits pour établir l'existence divine, l'affirmation de cette existence ne
relevant plus de la pure théorie, mais bien de la pratique, de la conscience ou de la croyance.

Maintenant, en restituant à la croyance en Dieu son véritable
sens et sa véritable place, la philosophie la plus récente renonçant
définitivement à produire (ou à détruire) la croyance naturelle, inaccessible au doute, a du moins la prétention de l'expliquer[5]. Elle
l'explique en montrant dans l'existence de la moralité le fondement
de cette croyance en un Dieu infini[6] et dans les représentations
anthropomorphiques de la divinité, qui personnifient l'égoïsme humain
en l'élevant à l'absolu, une conception frauduleuse de Dieu[7], née
justement des prétentions illégitimes de la raison spéculative, en
quête d'un Infini qu'il n'est pas en son pouvoir d'atteindre[8]. Ainsi,

---

1. C.-L. Reinhold, *Sendschreiben an J.-C. Lavater und J.-G. Fichte über den Glauben
an Gott*, An Lavater, Kiel, 1. May, p. 41-48. — 2. *Ibid.*, p. 37-38. — 3. *Ibid.*, p. 40.
4. *Ibid.*, p. 52-53. — 5. *Ibid.*, p. 53-61. — 6. *Ibid.*, p. 71-73. — 7. *Ibid.*, p. 65-66.
8. *Ibid.*, p. 67.

tandis que la *demi-philosophie*, celle des dogmatiques et des sceptiques[1], écarte l'homme de Dieu, la philosophie intégrale doit l'y
ramener[2]

Ce primat de la foi sur la science justifié par la science même,
c'est donc, aux yeux de Reinhold, la grande découverte de la philosophie nouvelle; il s'en était expliqué avec Fichte dans deux *Lettres*,
datées, l'une, d'Eutin, le 27 mars, l'autre, de Kiel, le 6 avril 1799. De
ces deux *Lettres* qu'il avait précisément demandé à Fichte la permission de rendre publiques[3], voici quel était le contenu essentiel :

Déjà, sous l'influence de Jacobi sans doute, Reinhold avait déclaré
que seule la foi nous permet d'affirmer Dieu, car seule elle exprime
le sentiment de l'union réelle de l'homme et de Dieu, le rapport entre
le fini et l'Infini. Mais cette foi qui dépasse le Savoir, ce domaine de
l'inconcevable, du Non-Savoir, antérieur et supérieur au Savoir,
Fichte, à maintes reprises, ne les avait-il pas affirmés[4]? Il s'agissait,
pour lui, dans l'œuvre de la réflexion spéculative, non pas d'en établir
ou d'en contester la *réalité*, mais d'en justifier la *possibilité*[5]. Cette
justification consistait essentiellement à établir l'existence d'un ordre
où régnât l'infinité et qui, par suite, échappât aux prises de la
réflexion, avec sa limitation nécessaire, ordre des conséquences du
devoir, ordre de la moralité[6]. Mais elle distinguait avec soin l'intelligible du réel, l'explication philosophique de la croyance, celle-ci
atteignant directement dans le sentiment l'infinité de la liberté inaccessible à la science. Par là se révèle à nous l'absolument inconcevable,
l'absolument réel. Dieu était donc la source de toute vérité, l'origine
de cette tendance infinie à l'Infini, marque de la raison humaine[7];
il s'exprimait à la fois d'une part dans l'expérience, grâce à la perception des sens et à la pensée qui s'y rapporte, comme fini au sein
de l'Infini, comme nature, d'autre part dans la conscience, grâce à la
perception supra-sensible et à la croyance qui s'y rapporte, comme
l'Infini au sein du fini, comme Dieu. Dans la conscience naturelle les
deux éléments sont toujours inséparablement unis; sans doute le
philosophe, pour spéculer, dissocie non seulement l'un de l'autre ces
deux éléments, mais le couple même des termes qui constituent
chacun d'eux (fini-Infini); il prétend faire abstraction de tout senti-

1. C.-L. Reinhold, *Sendschreiben an J.-C. Lavater und J.-G. Fichte über den Glauben
an Gott. An J.-G. Fichte, Eutin, d. 27. März, p. 77. — 2. Ibid., an Lavater den 1. May,
p. 61.
3. *Fichte's Leben*, II. Bd., Zweite Abth., III, 17, Reinhold an Fichte, Kiel, den 16.
April 1799, p. 247.
4. C.-L. Reinhold, *Sendschreiben an J.-C. Lavater und J.-G. Fichte*. An J.-G. Fichte,
Eutin, den 27. März, p. 79. — 5. Ibid., p. 80-82, et Kiel, den 6. April, p. 107. — 6. Ibid.,
p. 104. — 7. Ibid., Eutin, den 22. März, p. 84 et 86.

ment, donc aussi du sentiment primitif de l'union du fini et de l'Infini; pourtant, sciemment ou non, il s'en sert, quand il fait appel à
une croyance à la liberté, indépendante, en somme, de sa philosophie [1].
En dehors de ce sentiment, rien de réel, et sans réalité le Dieu que le
philosophe construirait pour les besoins de la pensée, en substituant
à la liberté originelle, révélée à notre conscience par ce sentiment, la
liberté absolue dont l'existence est créée de toutes pièces par la spéculation [2]; ou plutôt sa réalité est celle que lui confère la pensée
spéculative, la réalité d'une conception. Cette conception est, au point
de vue objectif, celle d'un ordre moral du monde; elle fait naître en
nous, au point de vue subjectif, une croyance [3]. Mais cette croyance,
simple produit du savoir, est quelque chose de tout artificiel, ce n'est
nullement une croyance spontanée, comme celle qui provient de la
raison naturelle [4]. Elle ne va donc que jusqu'où peut aller le savoir,
jusqu'à ce qui est explicable [5]. Au fond elle laisse échapper le mystère même de l'union de Dieu avec l'homme, elle ignore le secret de
la vie. Ainsi la philosophie peut et doit justifier la foi en montrant
qu'elle n'a rien de choquant pour la raison, mais elle est impuissante
à établir la réalité de son objet.

Il faut donc conclure que l'homme, comme philosophe, ne sait rien
de Dieu — sinon qu'il doit croire à Dieu; il faut conclure encore que
cette croyance n'est possible que par l'intermédiaire de la raison, et
par suite conclure enfin que cette croyance, autant qu'il est permis à
la raison de la déduire, ne peut être conçue que comme croyance à un
ordre moral. Si cette croyance, non pas en tant que produit de la
pensée spontanée ou réfléchie, mais en tant que croyance vivante et
sous forme de devoir, comme expression de Dieu dans l'action (de
Dieu perçu par la raison), est réelle, si elle n'est possible que dans la
mesure où elle est réelle, cela, le philosophe n'en sait rien; il le croit
à titre d'homme, parce qu'il y est contraint par un sentiment originel, le sentiment éthico-religieux, qui élève sa raison naturelle au-
dessus de sa raison spéculative. Il croit donc, avec Jacobi, que, sans
ce sentiment, son savoir pur ne serait pas seulement spéculation
pure, la seule chose qu'il puisse être d'ailleurs, mais spéculation vide,
ce qu'il ne doit être à aucun prix [6]

Ainsi se dissipe le malentendu qui a pu conduire certains adeptes de
la philosophie la plus récente, hérétiques ou pauvres de foi, à
l'athéisme. Quiconque a bien compris la *Théorie de la Science* doit

1. C.-L. Reinhold, *Sendschreiben an J.-G. Lavater und J.-G. Fichte*. An J.-G. Fichte,
Kiel, den 6. April, p. 96-98. — 2. Ibid., p. 103-104. — 3. Ibid., p. 105-106. — 4. Ibid.,
p. 107 et 109. — 5. Ibid., p. 107. — 6. Ibid., p. 111-113.

nécessairement voir et savoir par elle que l'explication du philosophe, loin de prétendre substituer à la foi naturelle une conception tout artificielle de la divinité, suppose la croyance primitive, exige qu'elle conserve, dans la sphère qui est celle de la vie, sa valeur pleine et entière [1].

Reinhold, dans une préface introductoire, avait déclaré qu'il considérait le point de vue de Fichte comme le seul possible, comme le seul conséquent, dans le domaine du savoir spéculatif, de même qu'il considérait le point de vue que Jacobi y oppose, comme celui de la vivante conviction de la conscience : son point de vue propre était seulement celui d'un homme qui, après avoir reconnu l'indépendance du savoir spéculatif et de la croyance vivante, les compare ensuite et, pour les comparer, s'élevant au-dessus d'elles, oscillant entre elles, est ainsi conduit à affirmer maintes choses incompréhensibles et même sans vérité pour ceux qui n'ont d'œil que pour l'un ou l'autre seulement de ces points de vue [2]

Un pareil compromis ne pouvait être accepté de celui qui affirmait l'impossibilité de confondre la philosophie et la vie. Il devait plutôt, à ses yeux, passer pour une fausse manœuvre susceptible de « conduire à de nouvelles erreurs [3] »; Fichte le déclara tout net à Reinhold en lui reprochant d'avoir toujours considéré l'utilité pratique, au lieu de reconnaître, avec le véritable idéalisme, que le savoir a sa fin en lui-même, que sa recherche est toute désintéressée [4]

L'attitude que va prendre Fichte est ici fort intéressante : elle marque un tournant de sa philosophie. Elle répond au reproche que Jacobi avait fait à la *Théorie de la Science* d'être un tissu d'abstractions sans contact avec la réalité. C'était là sans doute, en apparence du moins, le point faible de la doctrine de Fichte : tour à tour tous ses adversaires allaient y insister. Pour Jacobi cette réalité, c'était la vie, pour Schelling ce sera la nature, pour les romantiques, le sentiment de l'Infini, de l'Absolu. Et le public, « assoiffé de réalisme », l'expression est de Fichte lui-même, suivait les détracteurs de Fichte; il exigeait de la réalité. Fichte, à ce moment, sentant la popularité lui échapper pour aller à d'autres doctrines qui donnaient satisfaction aux aspirations réalistes du public, à des doctrines qui rétablissaient contre l'*Idéalisme critique*, une philosophie de l'Être, éprouva le besoin de justifier la *Théorie de la Science* contre cette accusation

1. C.-L. Reinhold, *Sendschreiben an J.-C. Lavater und J.-G. Fichte*. An J.-G. Fichte, Kiel, den 6. April, p. 104-105. — 2. *Ibid.*, Vorbericht, p. 6 et 7.
3. *Fichte's Leben*, II. Bd., Zweite Abth., III, 18, Fichte an Reinhold, Iena, den 22. April 1799, p. 249. — 4. *Ibid.*, p. 250.

d'être une philosophie de purs concepts, une philosophie formelle; il comprit que, pour la sauver de la ruine qui la menaçait, il lui fallait faire sa part au *réel*. Et il s'efforça de montrer en quel sens l'*Idéalisme transcendantal* était aussi un Réalisme; il pouvait le faire d'autant plus sincèrement qu'il se préoccupait précisément à cette époque des applications morales, politiques, sociales de la *Théorie de la Science*, que, dans ces applications, — l'*État commercial fermé* en est une preuve suffisante, et la *Théorie du Droit* l'attestait déjà, — il manifestait un souci et un sens singulier du réel, que, dans l'accord de ses principes avec l'expérience, il croyait précisément trouver la vérification de la *Théorie de la Science*.

Qu'on ne s'étonne donc point du langage nouveau dont Fichte va désormais se servir; qu'on ne l'accuse point trop vite d'avoir changé de doctrine et d'avoir emprunté ou plagié celle de ses adversaires. On verra bientôt que le Réalisme dont parle Fichte n'est pas contradictoire avec son Idéalisme, que c'est, au fond, le Moralisme; on verra que la position qu'il prend, sous prétexte de se défendre, est une position de combat. On verra qu'il se propose, sous la nouvelle forme qu'il donne à sa doctrine, de maintenir la validité de la philosophie critique contre l'ontologisme renaissant.

F. *RÉPLIQUE DE FICHTE AUX OBJECTIONS.* « *RAPPELS, RÉPONSES, QUESTIONS* ». C'est dans les *Rappels, Réponses, Questions* (Rückerinnerungen, Antworten, Fragen), « un écrit destiné à préciser le débat, un écrit que quiconque veut participer à la récente querelle sur la théorie de Dieu était invité à lire sous peine d'exclusion », qu'apparaît pour la première fois cette préoccupation de Fichte [1]

L'ouvrage s'ouvre par cette déclaration : « Ce que manifestement aucun de ceux qui, dans cette affaire, ont écrit contre moi n'a possédé et ce qui, pourtant, est seul décisif, c'est la connaissance de l'essence véritable ou de la tendance de la philosophie critique ou transcendantale [2]. »

Et Fichte invite le philosophe *acritique*, avant de discuter, à commencer par s'entendre avec lui sur les principes; le philosophe *critique*, qui est d'accord avec lui sur les principes, mais qui l'attaque sur les conséquences, à accepter le combat sur le terrain où Fichte le conduit : c'est la seule condition d'un duel scientifique, autrement

---

1. Fichte, *S. W.*, V. Bd., *Rückerinnerungen, Antworten, Fragen*, p. 335, titre. Cet écrit, qui date des premiers mois de 1799, ne fut d'ailleurs pas entièrement achevé et n'a été publié qu'après la mort de Fichte dans l'édition complète de ses œuvres.
2. *Ibid.*, *S. W.*, V. Bd., *Rückerinnerungen, Antworten, Fragen*, 4, p. 339.

l'adversaire, de son épée, n'atteindra jamais Fichte, il ne pourfendra qu'un fantôme, car il ne saura pas où le toucher[1].

Le premier des adversaires auxquels Fichte répond dans ses *Rappels*, c'est celui dont les critiques l'ont le plus vivement ému : Jacobi [2]

Fichte, au dire de Jacobi, dont c'était la principale objection, aurait voulu substituer, en matière de religion, à la croyance naturelle et spontanée en Dieu, au sentiment religieux, seul vraiment réel, seul vraiment efficace, je ne sais quelle connaissance réfléchie de la divinité : connaissance impossible pour un esprit relatif comme l'esprit humain, et n'ayant d'autre aboutissement que la destruction de toute foi. C'était l'orgueilleuse et vaine tentative pour transformer la vie en science. Mais, répond Fichte, il ne faut pas confondre le point de vue de la vie, qui est celui de la conscience spontanée où l'objet est une donnée immédiate, et le point de vue de la science, celui de la conscience réfléchie, où l'objet de la pensée est la pensée même. C'est à ce dernier point de vue que se place la philosophie transcendantale à laquelle précisément Fichte a donné le nom de *Théorie de la Science* pour éviter de la confondre avec la pensée réelle, avec la vie [3]. Cette doctrine s'oppose à l'ancienne métaphysique qu'elle prétend avoir totalement ruinée, parce qu'elle nie la possibilité d'accroître la connaissance en créant des objets nouveaux, par la vertu de la seule pensée, elle ne tient pour réel que ce qui est fondé sur la perception interne ou externe.

« Notre pensée philosophique n'a pas en elle-même le moindre contenu ; son contenu lui vient tout entier de la pensée spontanée sur laquelle elle réfléchit [4]. »

Ainsi donc, toute la réalité est en dehors de la philosophie, elle est d'ordre non philosophique, soit que l'on ignore encore l'abstraction philosophique, soit que, descendu de ses hauteurs, le mécanisme de la vie vous ait repris, et inversement, dès qu'on s'élève à la pure spéculation, cette réalité nécessairement s'évanouit [5]. De même que le fait de vivre est un néant de philosophie (Nicht-Philo-

1. Fichte, *S. IV.*, V. Bd., *Rückerinnerungen, Antworten, Fragen* : Declaration, 2, p. 338.
2. Dans sa lettre du 22 avril 1799, Fichte annonce à Reinhold qu'avant même d'avoir reçu la *Lettre* de Jacobi il travaillait à un petit ouvrage (précisément les *Rückerinnerungen*) qui peut-être viendrait au jour sous une autre forme, et dont faisait partie un passage (les paragraphes 5 à 8) dont, faute d'avoir eu le temps ou l'envie de lui donner une meilleure forme, il envoyait à Reinhold le brouillon pour être sans doute communiqué à Jacobi. C'était une réponse anticipée aux objections de la *Lettre*. (*Fichtes Leben*, II. Bd., Zweite Abth., III, 18, Fichte an Reinhold, Iena, den 22. April 1799, p. 247.)
3. Fichte, *S. IV.*, V. Bd., *Rückerinnerungen, Antworten, Fragen*, 5, p. 339. — 4. Ibid., 6, p. 340-341. — 5. *Ibid*, 7, p. 342.

sophiren), de même le fait de philosopher est en dehors de la vie, c'est proprement le non-vivre (Nicht-Leben); l'un est l'intégralité de l'être raisonnable, côté objectif; l'autre est l'intégralité de l'être raisonnable, côté subjectif. Il y a là une antithèse complète, et il est impossible de trouver entre les deux termes un trait d'union [1].

Est-ce à dire que la philosophie entende se passer de la vie, du réel? A aucun degré. La vie, le réel est son objet même; non pas sans doute la vie de la pure nature, la réalité corporelle dont l'art s'occupe et qu'il reproduit, mais la vie spirituelle, la réalité de la conscience commune [2]. C'est des données de la conscience que part la philosophie, c'est aux données de la conscience qu'elle doit aboutir, si sa marche a été correcte. Mais cette marche même, qui est un tissu d'abstractions, n'a rien à voir avec la réalité : on ne connaît pas directement l'ordre dans lequel on est engagé; pour le connaître, il faut s'élever par la réflexion au-dessus de lui, il faut en sortir : la spéculation est justement ce point de vue extérieur à la vie réelle et qui implique qu'on en sort [3]. La philosophie, même dans son achèvement, ne peut fournir, ni produire la moindre sensation : c'est la sensation qui est le véritable principe vital. Kant l'avait déjà dit; c'est l'esprit même de sa philosophie. Jacobi, dans sa lutte contre Mendelssohn, contre un partisan d'une philosophie où la spéculation produirait l'être, l'a dit aussi, tout à fait en dehors de Kant et croyant être en désaccord avec lui. Fichte de même, et dès ses premières explications, mais on ne l'a pas entendu [4]. Il faut donc le répéter une fois de plus : la vie est en dehors de la philosophie, et la philosophie est en dehors de la vie, l'une est justement ce que l'autre n'est pas. L'antithèse est absolue. La vie est sa fin à elle-même : elle se suffit. On peut vivre et même vivre conformément à la raison sans spéculer; on peut vivre sans connaître la vie; mais, pour connaître la vie, la spéculation est nécessaire, elle est le moyen de la connaître, cette connaissance est son objet propre; car, sans la vie, la philosophie n'aurait pas de contenu; ainsi la philosophie est ce qui rend la vie intelligible, ce qui l'explique et la justifie [5]. Réduite à ce rôle, reconnaissant l'impossibilité où elle se trouve de féconder en rien la vie, d'y rien ajouter, la philosophie ne fait-elle point faillite à ses engagements? Ne trompe-t-elle pas les espérances qu'elle avait fait concevoir? Oui sans doute, s'il s'agit des promesses de la vieille métaphysique dogmatique, soi-disant créatrice de réalités nouvelles. Promesses trompeuses dont Kant a fait voir l'inanité en même temps

1. Fichte, *S. IV.*, V. Bd., *Rückerinnerungen, Antworten, Fragen*, 8, p. 343. — 2. *Ibid.*, 6 et 7, p. 341. — 3. *Ibid.*, 8, p. 342. — 4. *Ibid.*, 9, p. 343-344. — 5. *Ibid.*, 8, p. 342-343.

qu'il découvrait à la philosophie et sa véritable tâche : la critique, la réflexion de l'esprit humain sur ses opérations, la reconnaissance de ses limites, — et sa valeur éminemment pédagogique : elle est la méthode et la discipline de l'esprit, elle est, à proprement parler, l'enseignement de la Raison[1].

Si l'on applique ces principes à la question en jeu, à la question religieuse, il en ressort que la philosophie de la religion n'est pas une doctrine religieuse, encore moins prétend-elle supplanter le sens religieux; elle est simplement la théorie de la religion. Ici encore son but est critique et pédagogique. Elle a pour mission d'écarter les doctrines sur Dieu qui sont inintelligibles, inutiles, confuses et qui, par là même, offrent prise à l'irréligion, et de montrer au contraire comment se produit dans le cœur humain le sens religieux, comment il s'y développe et s'y fortifie[2].

Elle est une justification du fait, elle implique donc le fait, mais elle s'élève constamment au-dessus du fait par là même qu'elle en est l'explication. Elle ne peut donc jamais entrer en conflit, et elle n'entre jamais en conflit avec les affirmations de la conscience spontanée, avec le sens religieux de l'homme : elle n'est pas en contact avec lui, elle se meut dans une autre sphère.

Il est donc absolument déraisonnable, ainsi que l'ont fait la plupart des adversaires de Fichte, de juger la *Théorie de la Science* comme s'il s'agissait d'une doctrine de vie[3].

Or, c'est l'attitude de ceux qui parlent d'un Dieu de Fichte, ou d'un Dieu de Jacobi, ou d'un Dieu de Spinoza. Fichte, Jacobi, Spinoza et leur philosophie font deux. Le philosophe n'a pas de Dieu et ne peut en avoir. Il n'a qu'un concept du concept ou de l'idée de Dieu. De Dieu et de religion, il n'en existe que dans le domaine de la vie : le philosophe, comme tel, n'est pas l'homme tout entier, il est l'homme faisant acte d'abstraction, il lui est impossible de n'être que philosophe. La religion et la croyance en Dieu sont des données de la Raison, elles sont donc identiques en tous. A ce point de vue il n'y a pas plusieurs religions, ni plusieurs dieux, il n'y a absolument qu'un Dieu[4].

C'est encore l'attitude de certains autres adversaires de Fichte, et en particulier de celui qui a signé l'*Appel au bon sens humain*. Ils cherchent à opposer la *Théorie de la Science* au Christianisme, à réfuter l'une au moyen de l'autre.

1. Fichte, S. W., V. Bd., *Rückerinnerungen, Antworten, Fragen*, 10, p. 345, et 13, p. 347. — 2. *Ibid.*, 11, p. 345. Voir aussi 19, p. 351. — 3. *Ibid.*, 13, p. 347. — 4. *Ibid.*, 15, p. 348.

Le Christianisme est une doctrine de vie, au sens le plus vrai et le plus élevé du mot; il ne peut vouloir être autre chose sans perdre son rang et son éminence. Avec le Christianisme ainsi entendu la *Théorie de la Science* ne peut entrer en conflit, car elle se borne à une explication de la doctrine de vie, elle ne prétend pas la supplanter [1].

C'est enfin l'attitude de ceux qui veulent juger et prédire l'influence de cette philosophie sur le cœur et les sentiments de l'homme. Les propositions particulières à une théorie transcendantale sont en elles-mêmes mortes et n'ont pas d'influence bonne ou mauvaise, pas plus qu'un tableau ne peut vivre et se mouvoir.

Cette même confusion entre les deux sphères entièrement distinctes de la vie et de la spéculation a encore été commise par l'auteur de l'*Appel au bon sens humain*, auquel on ne peut même pas en vouloir et qu'on ne peut même pas réfuter, tant il est manifestement un ignorant en philosophie, si même il est, ce qui semble douteux, un homme d'études, au sens ordinaire du mot, car il paraît être bien plutôt un de ces bretteurs (*Canzellist*) qu'on a suscités en haut lieu pour justifier, auprès du public croyant de Hanovre, l'interdiction par le gouvernement du *Journal philosophique* [2].

Enfin, n'est-ce pas toujours une confusion entre deux domaines indépendants, que celle d'Eberhard quand il reproche à Fichte de faire de Dieu l'objet, non d'un concept (qui implique une détermination, c'est-à-dire une limitation), mais d'un sentiment, et quand il soutient la possibilité d'une connaissance de Dieu comme substance « supra-sensible »?

« Mais, répond ici Fichte à Eberhard, le vrai nœud du débat entre ma philosophie et les théories opposées, c'est justement le rapport entre la connaissance (la connaissance pure et simple appliquée aux objets) et la vie réelle (le sentiment, la faculté du désir, l'action). Les systèmes adverses font de la connaissance le principe de la vie, et c'est le cas d'Eberhard. Ils croient que la pensée, dans la liberté de sa création, peut produire de toutes pièces certaines connaissances et certains concepts, les inculquer à l'homme par le raisonnement; ces connaissances produiraient à leur tour des sentiments, affecteraient la faculté du désir; finalement ils détermineraient l'homme à l'action. Pour eux la connaissance est ce qui prime; la vie est subordonnée à la connaissance, et elle en dépend.

« Ma philosophie, au contraire, fait de la vie, du système des sentiments et des désirs, le primitif et l'essentiel; elle ne laisse partout à

---

1. Fichte, *S. W.*, V. Bd., *Rückerinnerungen, Antworten, Fragen*, 16, p. 349. — 2. Ibid , 18, p. 351.

la connaissance que le rôle de spectatrice. Ce système des sentiments est une donnée *immédiate* de la conscience entièrement déterminée, ce n'est nullement une connaissance produite par le raisonnement, la conclusion d'une déduction. La réalité n'appartient donc
qu'à cette connaissance immédiate, qui, seule issue de la vie, peut
mettre en mouvement la vie. Si donc la philosophie doit prouver la
réalité d'une connaissance, elle ne peut le faire qu'en établissant que
cette connaissance se rattache immédiatement à un *sentiment*. Tout
ce que peut le raisonnement pur, c'est d'en pénétrer le contenu, de
l'expliciter, d'en distinguer et d'en unir les différents éléments; il ne
peut rien y ajouter, il ne peut accroître sa matière ou la modifier.
L'immédiat seul est donc vrai; le *médiat*, le raisonnement ne l'est
que dans la mesure où il repose sur l'immédiat. En dehors de la vie,
c'est le règne des chimères. Notre connaissance nous est donnée pour
toute l'éternité d'un seul coup, de toute éternité nous ne pouvons
qu'une chose : en développer le contenu tel qu'il est[1]. »

Quand Eberhard déclare que le sentiment moral dépend de la culture de la raison, Fichte lui répond : pas du tout, la raison dont vous
parlez et qui est la raison théorique, la faculté de connaître, peut
bien nous dire ce qu'est une chose et comment elle est; elle ne peut
prescrire de règle à l'action, elle ne peut en rien modifier le réel, et
je voudrais bien voir le prestidigitateur qui pourrait faire sortir une
pareille réalité de son analyse, sans l'y avoir introduite auparavant.
Or, c'est là justement la prétention d'Eberhard, lorsqu'il veut faire
dépendre le sentiment du concept : il croit à la possibilité, par la
vertu du syllogisme, de forcer soi-même et autrui à éprouver un sentiment qu'on n'a pas originellement, il croit à la possibilité de produire par le raisonnement une donnée immédiate de la conscience [2]

Quel est maintenant le sentiment sur lequel se fonde notre
croyance en Dieu, le sentiment qui nous garantit la réalité de cette
croyance? Distinguons du sentiment purement sensible un sentiment intellectuel qu'Eberhard et les philosophes de son école paraissent ignorer totalement : le sentiment de la certitude, sans lequel il
n'y aurait pas de certitude immédiate, sans lequel la certitude se
perdrait dans une régression à l'infini.

En quoi consiste, au juste, ce sentiment? Le sentiment n'est jamais
que l'accompagnement d'un acte; il s'y ajoute; mais, à la différence
de tous les sentiments connus, qui sont des plaisirs ou des peines et
impliquent un acte dont l'objet appartient au monde sensible, le

1. Fichte, *S. W.*, V. Bd., *Rückerinnerungen, Antworten, Fragen*, 20, p. 351-352.
2. Ibid., 21, p. 352-353.

sentiment dont il s'agit présente un caractère paradoxal : c'est un
sentiment purement *intellectuel*; un pareil sentiment exige donc que
l'acte auquel il se superpose ait un objet purement intelligible, ait
pour objet un Idéal. Or, l'acte qui a pour objet l'Idéal porte un nom :
le devoir, c'est l'acte moral. Nous comprenons dès lors le caractère de
la certitude. L'acte moral emporte avec soi le sentiment de l'infaillibilité, parce qu'il exprime, autant qu'il est en nous, à titre d'exigence
absolue, l'autonomie de l'esprit, la causalité intelligible, c'est-à-dire
en somme l'identité de l'objet et du sujet, qui est la forme même de
la vérité. C'est en ce sens que la conscience morale est *Gewissen*,
est certitude, certitude immédiate, et même le seul type à nous
connu de certitude immédiate; c'est en ce sens aussi que l'on peut
dire de cette certitude morale, de ce sentiment intellectuel primitif,
qu'il est le fondement de toute réalité, de toute objectivité [1]

Maintenant, si le devoir a pour fin l'accomplissement de l'ordre
de la Raison ou, en d'autres termes, du Royaume de Dieu, il apparaît
que ce sentiment de la certitude est ce qu'il y a pour nous dans la
religion d'immédiat et de fondé sur la nature même de l'esprit
humain : la croyance en Dieu, loin de provenir d'une construction de
la pensée, s'impose à la pensée comme sa réalité immédiate.

Expliquer comment la croyance religieuse sort ainsi du sens moral,
c'est la tâche qui incombait encore à Fichte pour compléter la
réponse aux objections de ses adversaires; tel est l'objet de la *Lettre
privée* (Aus einem Privatschreiben) qu'il adressait, quelques mois
plus tard, « à un ami ». Elle parut dans le numéro de janvier 1800
du *Journal philosophique*.

Fichte y réplique visiblement à l'auteur honnête, impartial, plein
d'amour pour la vérité [2] des *Aphorismes sur le système idéaliste athée
du professeur Fichte,* au Dr J.-G. Heusinger. Hensinger avait déclaré
insuffisante à la religion la conception d'un ordre moral du monde
qui n'aurait d'autre appui que la conscience de l'être humain, d'un
être fini; pour que le système pût se défendre de l'accusation
d'athéisme, il aurait fallu donner à cet ordre moral un fondement
extérieur à nos consciences. Mais, affirme Fichte, cette objection
repose sur un malentendu, sur une fausse conception de ce qu'il
appelle un ordre.

Heusinger entend par ordre une réalité donnée toute faite, l'existence d'une divinité posée dont les éléments seraient en rapport de

1. Fichte, *S. W.*, V. Bd., *Rückerinnerungen, Antworten, Fragen*, 24 et 25, p. 355-358.
2. Fichte, *S. W.*, V. Bd., *Aus einem Privatschreiben.* Im Jänner 1800, p. 377-396.
(*Philosophisches-Journal*, IX. Bd., p. 358-390, 1800.)

coexistence ou de succession (*ordo ordinatus*); quand il entend Fichte
parler de Dieu comme d'un ordre moral du monde, c'est ce sens
qu'il lui attribue; et il accuse alors le système, sinon précisément
d'athéisme, du moins de panthéisme, parce qu'il identifie Dieu et cet
ordre, Dieu et le monde, au lieu de chercher en Dieu, en un Dieu
personnel, actif, vivant, l'auteur même de cet ordre [1].

Mais, pour Fichte, un tel ordre n'existe justement pas. Ce serait un
ordre tout fait, un ordre inerte et mort, alors qu'à ses yeux tout acte
est mouvement et vie; l'ordre de la moralité est précisément un ordre
vivant, il est l'ordre même de l'action (*ordo ordinans*). A pareil ordre,
point d'auteur étranger : il est son propre auteur, il se donne à lui-
même sa loi; il ne la reçoit pas du dehors, comme un être ou une
créature de son créateur; il est vraiment quelque chose de premier
et d'absolu [2]. Ainsi donc, pour qui comprend le caractère de la
liberté morale, son essentielle autonomie, l'objection d'Heusinger n'a
pas de sens. Il faut aller plus loin; non seulement l'ordre de la moralité porte en soi-même sa garantie et n'a pas besoin d'un auteur, d'un
Dieu qui le fonde; mais c'est lui qui seul peut être, pour nous, le
fondement de la croyance en Dieu. En effet, le lieu de la religion
n'est rien de plus que celui des conséquences de la moralité. L'homme
de devoir ressemble au semeur qui jette le grain dans le sillon, il
dépend de lui de préparer son terrain et d'y mettre la semence, il
ne dépend pas de lui que la semence germe : c'est l'effet de la fécondité de la nature; et c'est sur elle qu'il compte pour faire fructifier
son champ. De même pour l'homme bien intentionné : il dépend de lui
d'accomplir son devoir; les conséquences lui en échappent; c'est un
ordre qui ne dépend pas de sa volonté; il lui est extérieur; pourtant
il en attend la réalisation des fins conformes à ses intentions. Cet
ordre est précisément le règne de la moralité, l'ordre intelligible.
Et sans doute sa conscience n'a pas besoin d'appui; elle se suffit,
mais son intelligence, dès qu'elle s'applique à comprendre le devoir,
exige que nos bonnes intentions produisent leurs effets. Cette
réflexion sur la moralité qui postule le règne des fins constitue le
fondement même de la religion. Le lieu de la religion, c'est exactement l'ordre intelligible qu'exige nécessairement notre pensée pour
l'accomplissement des conséquences du devoir. Cet ordre, l'insuffisance de notre intelligence ne nous permet pas de nous le représenter; il devient alors pour nous l'objet d'une croyance rationnelle,
la croyance en Dieu. La croyance religieuse est donc le substitut de

---

1. Fichte, *S. W.*, V. Bd., *Aus einem Privatschreiben*, p. 380-381.   2. *Ibid.*, p. 382.

l'intuition, absente chez l'être limité que nous sommes, de l'ordre
où la moralité s'accomplit [1].

Toute croyance au divin qui contient plus que ce concept de
l'ordre moral est donc une imagination, une superstition inoffensive
peut-être, mais cependant indigne en tout cas d'un être raisonnable,
par suite, absolument suspecte. Toute croyance qui contredit ce
concept, qui prétend introduire dans le monde un désordre immoral,
la volonté arbitraire d'un être tout-puissant, une volonté qui userait
ainsi de sortilèges insensés, est une superstition condamnable qui
fait la perdition de l'homme [2]

Une pareille croyance n'est-elle pas justement celle des défenseurs
du Dieu personnel, du Dieu créateur? N'est-elle pas celle d'Heusinger, d'Eberhard? N'est-elle pas celle de tous les adversaires de
Fichte? N'est-elle pas enfin la croyance du sens commun?

Rectifier cette fausse conception générale de la religion; éclairer
le grand public sur le sens vrai de la religion, telle est l'œuvre à
laquelle Fichte voulait se consacrer désormais : l'ouvrage qu'il était
en train d'écrire, *La Destination de l'homme*, et dont il annonce la
publication prochaine en terminant sa *Lettre à un ami* en est le
témoignage [3].

1. Fichte, *S. W.*, V. Bd., *Aus einem Privatschreiben*, p. 387-394.   2. *Ibid.*, p. 394-396.
— 3. Ibid., p. 396.

APPENDICE

Peut-être n'est-il pas sans intérêt de confronter la théorie de la religion de Fichte, telle qu'elle ressort des écrits relatifs à l'accusation d'athéisme et dont on vient d'exposer le sens dans ce chapitre, avec la conception qu'il s'était faite jusqu'alors de Dieu. C'est ce qu'a tenté Friedrich Büchsel dans son introduction à la réédition d'une des brochures suscitées par l'*Appel* de Fichte et intitulée : *Quelque chose du Professeur Fichte et en sa faveur, édité par un maître d'École ami de la vérité*, Baireuth, 1799 (Etwas von dem Herrn Professor Fichte und für Ihn. Herausgegeben von einem wahrheitliebenden Schulmeister)[1]. Nous avons déjà eu l'occasion, dans notre premier volume (p. 518-519), de citer cette brochure. Nous en avions fixé la date (hiver 1797-1798) et indiqué le sens d'après l'ouvrage de L. Noack : *J.-G. Fichte nach seinem Leben, Lehren und Wirken*. Nous n'avions pas connaissance alors de la plaquette de Friedrich Büchsel, qui date de 1914, époque à laquelle la première partie de notre ouvrage était déjà composée.

Cette plaquette nous apporte, outre le texte même des leçons de Fichte éditées par le maître d'École, ami de la vérité, que nous n'avions pas eues sous les yeux, des renseignements précieux sur ce « maître d'École », sur la date probable des leçons de Fichte, sur leur signification dans l'évolution de la théorie de la religion de Fichte.

Friedrich Büchsel nous apprend d'abord le nom du maître d'École qui a tiré d'un cahier de cours les deux leçons de Fichte sur l'*Idée de Dieu* et sur *notre croyance à l'immortalité* (Ideen über Gott. Ueber unsern Glauben an die ewige Fortdauer). Il s'appelait Christian-Wilhelm-Friedrich Penzenkuffer ; il était de Nuremberg où il vécut de 1768 à 1828. Il avait étudié la théologie à Altdorf ; il s'occupait aussi de langues orientales ; enfin il était versé dans la philosophie de Kant. Il voulait être professeur de théologie ; sa mauvaise santé l'avait longtemps empêché de briguer une chaire officielle, et il était professeur privé. Il devint plus tard professeur de Gymnase, à Nuremberg, où il enseigna les langues modernes de 1809 à 1824. Il ne fut jamais l'élève de Fichte ; le manuscrit qu'il

---

1. J.-G. Fichte, *Ideen über Gott und Unsterblichkeit*. Zwei religionsphilosophische Vorlesungen aus der Zeit vor dem Atheismusstreit. Mit einer Einleitung herausgegeben von Friedrich Büchsel, Privat-dozent der Theologie in Halle. Leipzig, Verlag von Felix Meiner, 1914, 56 p.

publia est très vraisemblablement le cahier de cours d'un de ses frères immatriculé à l'Université d'Iéna en octobre 1749 [1].

Sur la date exacte de ce cours on ne peut que faire des conjectures, fondées sur des raisons internes et tirées des idées qu'elles exposent. A ce point de vue il apparaît qu'elles sont antérieures à l'accusation d'athéisme : elles contiennent des formules que Fichte n'aurait pas employées après 1798. Elles sont postérieures à 1794 : elles supposent l'exposition de la *Théorie de la Science* et ne peuvent provenir même des leçons faites à Zurich. Elles se placent donc entre 1795 et 1798. Friedrich Büchsel, en raison de certaines tendances kantiennes, estime que leur date est plus proche de 1795 que de 1798. Dans les programmes des cours de Fichte à Iéna, on trouve deux mentions relatives à des leçons sur la philosophie de la religion dans les semestres d'été 1795 et 1799. Mais ces leçons n'ont jamais été faites. Durant l'été de 1795 Fichte était à Osmannstädt, et l'été de 1799 il n'était déjà plus à Iéna. En outre, les deux leçons en question traitent le problème de manière trop restreinte pour faire partie d'un cours spécial sur la religion. Suivant toute probabilité ces leçons sont tirées d'un cours sur la Logique et sur la Métaphysique, que Fichte, à partir de 1795, faisait chaque été, et qui prenait pour texte les *Aphorismes* de Platner, où se trouvent précisément des réflexions sur Dieu et l'immortalité [2].

Elles ont ceci de remarquable que, pour la première fois depuis la *Critique de toute Révélation*, qui est antérieure à l'élaboration de sa doctrine, Fichte y expose, avec quelque développement, ses vues personnelles sur la Religion : comme elles sont antérieures à l'accusation d'athéisme, elles permettent un parallèle avec les idées soutenues par Fichte à cette période capitale de l'histoire de sa pensée.

Si l'on examine en elles-mêmes les leçons sur Dieu et sur l'immortalité, qu'y trouve-t-on? L'impossibilité d'affirmer l'existence d'un Être supérieur, d'un Être infini, sans par là même le poser relativement à notre pensée finie, par suite sans le limiter, sans lui donner une forme qui contredit l'idée que nous nous en faisons. La seule façon pour nous de réaliser cette Idée que nous portons en nous-mêmes, c'est d'en faire une exigence de notre action. L'idée de l'Infini n'est donc point pour nous l'expression d'un besoin théorique, mais d'un besoin pratique; elle est une affirmation de notre conscience morale, elle s'impose à nous d'une façon tellement irrésistible que nous ne pouvons concevoir notre finitude que par rapport à l'Infini. Si nous étions parvenus à la sainteté, nous n'aurions pas besoin d'un Dieu ; mais le fait que nous sommes et que nous restons des êtres sensibles rend pour nous sans signification l'invitation à ne pas croire en Dieu : cela nous est impossible.

Prétendre, ainsi que le proposent certains philosophes, opérer une déduction théorique de Dieu comme cause du monde, c'est faire un emploi transcendant des catégories, c'est aboutir à une représentation de Dieu qui n'a plus aucun caractère moral, de Dieu comme puissance terrestre.

1. J.-G. Fichte, *Ideen über Gott und Unsterblichkeit.* Zwei religionsphilosophische Vorlesungen aus der Zeit vor dem Atheismusstreit. Mit einer Einleitung herausgegeben von Friedrich Büchsel, Privat-dozent der Theologie in Halle. I. Literaturgeschichtliches, 3, p. 7-9. — 2. *Ibid.*, 4, p. 9-11.

Maintenant, du moment que l'essence de l'homme est non dans la pensée, mais dans l'action, du moment où son bonheur et son bien consistent dans la réalisation de sa bonne volonté dans le monde, une question se pose : il n'y a pas de lien nécessaire, de lien visible, entre sa volonté et les conséquences de ses actes dans le monde; ses intentions ne se réalisent pas toujours. De là le sentiment de sa dépendance à l'égard d'une puissance étrangère à lui, inconnue de lui, qu'il appelle le Destin. Cette idée d'un Destin, d'un maître inexorable, est insupportable à l'homme; d'où l'impérieuse nécessité pour lui, afin d'assurer la satisfaction de ses vœux et de son bonheur, soit de se concilier ce Destin, soit de connaître d'avance ses intentions, car on n'attend d'une pareille puissance mystérieuse rien que d'aveugle et que d'arbitraire; c'est la source de toutes les superstitions, de toutes les croyances aux miracles. Faire du bonheur le bien suprême; s'imaginer que par des cérémonies on peut l'obtenir et plaire à Dieu, c'est de l'idolâtrie, et, du point de vue moral, c'est proprement l'athéisme.

Pour la croyance morale, au contraire, la volonté ne dépend de rien d'arbitraire; elle est uniquement obéissance à la loi morale. Cependant ici surgit un nouveau problème : il ne dépend pas de l'homme isolé que la moralité se réalise; la moralité exige une participation de la communauté aux fins de la Raison : l'homme, au point de vue moral, est fonction de l'humanité. Mais il n'a aucun pouvoir sur la liberté d'autrui, la liberté est tout intérieur, elle ne s'impose pas du dehors. Toutefois la réalisation de la moralité est, pour chacun de nous, un devoir inéluctable; la croyance à la possibilité du succès de la moralité est donc aussi une exigence de la conscience. La seule garantie de ce succès, c'est l'existence de Dieu comme puissance morale suprême capable de dominer la nature et d'assurer le progrès continu de la moralité dans le monde, d'un Dieu que les lois de notre pensée nous font concevoir comme substance et comme volonté morale, mais dont il serait antiphilosophique de se demander comment s'exerce et comment est possible son action moralisatrice sur la nature. La véritable croyance est donc la croyance pratique, la croyance à la possibilité de réaliser le « Règne de Dieu »; cette croyance n'est pas une prescription spéciale de la moralité; elle est incluse dans l'intention morale elle-même. Quiconque agit moralement croit pratiquement que la loi morale s'accomplit, il croit en Dieu, et il prononce la prière du Juste: Seigneur! que ta volonté soit faite!

Toute autre croyance, toute croyance qui ne repose pas sur la conviction morale, est superstition; superstition notamment, la croyance en un Dieu, Prince de la Terre, dispensateur des récompenses et des châtiments; superstition, la religion qui prétend fonder la moralité, alors qu'elle repose sur elle; superstition enfin, la religion consolatrice des maux et des peines. La seule consolation que la religion puisse apporter, c'est la consolation qui naît du doute où nous sommes de l'accomplissement possible du Règne de la Raison, c'est l'assurance que ce Règne doit s'accomplir [1].

1. J.-G. Fichte, *Ideen über Gott und Unsterblichkeit*. Zwei religionsphilosophische Vorlesungen aus der Zeit vor dem Atheismusstreit. Mit einer Einleitung herausgegeben von Friedrich Buchsel, Privat-dozent der Theologie in Halle. Text, I, Ideen über Gott, p. 43-52.

La seconde leçon de Fichte concerne notre croyance à l'immortalité.
Il est clair que celui qui n'existe plus ne souffre plus; l'anéantissement
de l'existence terrestre ne saurait donc être envisagé comme un mal.
Pourtant l'homme considère avec effroi la cessation de l'existence, il la
considère comme une peine; il souffre à l'idée de ne plus sentir, de ne
plus agir : illusion sans doute, car, pour souffrir de cet état d'anéantissement, il faudrait en avoir conscience, c'est-à-dire au fond continuer
d'exister, mais illusion tenace, parce que ce qui préoccupe l'homme, c'est,
en somme, la perpétuité de son existence finie, de son existence dans le
monde. De la perpétuité de l'existence du Moi, de l'esprit comme tel,
l'homme ne doute vraiment pas, il la suppose, et avec raison, car en lui-
même le Moi est indestructible, il est hors du temps, acte pur, pure éternité. Le temps lui-même n'est qu'un produit du Moi, ou plutôt il est la
forme de l'intuition du Moi empirique, du Moi fini.

Au fond, c'est l'affirmation de cette éternité du Moi pur, principe de
notre vie spirituelle, qu'exprime notre croyance à l'immortalité. Le Moi
pur prend, dans la conscience humaine et limitée, la forme du devoir,
de la loi morale, il nous impose la réalisation d'un but qu'aucun temps
ne peut accomplir et qu'il est cependant pour nous obligatoire d'accomplir. De là le besoin de poursuivre notre tâche au delà du temps, l'aspiration à l'éternité. La croyance à l'immortalité fait partie intégrante
de la conscience morale. En ce sens on peut dire qu'à l'homme sans
moralité les fins terrestres suffisent, que, pour lui, tout finit avec la
mort, qu'il n'a aucune idée de l'au-delà.

Cependant, comment concevoir cette immortalité? Il ne peut s'agir de
la continuation de notre vie sensible après la mort : notre corps est
poussière, et retourne à la poussière. Seule est concevable la perpétuité
de l'esprit, du Moi, mais la condition de l'existence du Moi, c'est l'action,
et la condition de l'action, l'existence d'un corps, d'un monde. Comment
est possible cette perpétuité de notre durée indéfinie dans l'univers, au
sujet de laquelle le doute n'est pas permis, c'est le secret de Dieu qui
domine la nature et qui peut accomplir ce qui est impossible à la nature.
Peut-être y a-t-il un corps plus subtil que le corps terrestre, un corps
d'une espèce différente, avec lequel notre corps et toute la nature sont
déjà en connexité, — comme le soleil, — qui serait à la base de notre organisation physique et qui, après notre mort, fournirait la matière d'un
nouvel organisme dans une nouvelle sphère d'existence[1].

Telle est la conclusion assez singulière à laquelle aboutissent ces
réflexions sur l'immortalité.

En examinant le contenu de ces deux leçons de Fichte, Friedrich
Büchsel constate qu'elles se placent entre la conception encore toute
kantienne de la religion qu'on trouve dans la *Critique de toute Révélation*
et le pan-moralisme qu'attestent les écrits religieux relatifs à la période
de l'accusation d'athéisme; elles établiraient ainsi le passage d'une phase
à l'autre.

1. J.-G. Fichte, *Ideen über Gott und Unsterblichkeit*. Zwei religionsphilosophische
Vorlesungen aus der Zeit vor dem Atheismusstreit. Mit einer Einleitung herausgegeben von Friedrich Büchsel, Privat-dozent der Theologie in Halle. Text, 2, Ueber
unsern Glauben an die ewige Fortdauer, p. 52-56.

Qu'il y reste des traces de kantisme, cela est évident : par exemple l'idée d'un Dieu personne, substance et cause, omniscient et tout-puissant qui domine et gouverne la nature, fonde l'ordre moral du monde et garantit l'immortalité. Cependant elles dépassent visiblement la *Critique de toute Révélation* : la moralité, dans le devoir, coïncidant avec la vie même de Dieu.

Il n'y est plus question du souverain bien, de l'accord du bonheur et de la vertu : la conception d'un Dieu fait pour assurer le bonheur est déjà tenue — comme dans la période de l'accusation d'athéisme — pour athée, pour contraire à la moralité ; elle est déjà qualifiée de système de l'idolâtrie. Dans le kantisme et dans la *Critique de toute Révélation* la religion est imposée par la nature sensible de l'homme ; elle est nécessaire pour appuyer la moralité dans sa lutte contre la nature ; elle est nécessaire pour apporter à la sensibilité comprimée la garantie d'une satisfaction qui dépasse notre entendement fini. Supposons la sainteté atteinte, la sensibilité entièrement soumise à la Raison, la religion ne serait plus nécessaire. Ici le point de vue est bien différent : la religion est intégrée dans la moralité. Sans doute Fichte ne conçoit pas encore dans toute sa pureté l'idée qui s'affirme avec éclat dans les écrits de la phase relative à l'accusation d'athéisme, l'identification de Dieu avec l'ordre moral du monde, l'*ordo ordinans*. Sans doute, tout en étant une puissance morale, Dieu, par une espèce d'inconséquence, ou mieux, comme Fichte l'avoue lui-même, par suite des limites de notre compréhension, apparaît encore comme extérieur à la moralité qu'il garantit, comme substance et comme cause dépassant la nature et agissant sur elle. Cependant Fichte s'approche déjà singulièrement de la conception qui va dominer la période de l'accusation d'athéisme ; il apporte notamment une idée qui est le germe du développement ultérieur de sa théorie de la religion : l'idée que, la moralité ne dépendant pas uniquement de l'individu et impliquant la liberté, la moralité de la communauté des hommes, il faut, pour satisfaire tout ensemble à l'existence de notre conscience et à l'incapacité de notre volonté isolée, admettre l'existence d'une puissance morale qui garantisse, avec les « conséquences du devoir », le progrès de l'humanité et l'accomplissement d'un Règne moral. Et cette puissance, c'est Dieu [1].

En ce qui concerne l'immortalité de l'âme, la comparaison avec les écrits antérieurs ou postérieurs n'offre pas le même intérêt. Ni dans la *Critique de toute Révélation* ni dans les écrits de la période de l'accusation d'athéisme, Fichte ne s'est étendu sur la question. Dans la *Critique de toute Révélation*, le point de vue kantien domine encore : l'immortalité, postulat de la Raison pratique. Dans les écrits relatifs à l'athéisme, il n'est question de l'immortalité qu'en passant : la vie éternelle y est affirmée comme déjà actuelle ici-bas, quand la moralité s'accomplit. Dans la leçon éditée par Penzenkuffer, Fichte va beaucoup plus loin : il combat avec énergie toutes les conceptions de l'immortalité qui ne reposent pas

1. J.-G. Fichte, *Ideen über Gott und Unsterblichkeit*. Zwei religionsphilosophische Vorlesungen aus der Zeit vor dem Atheismusstreit. Mit einer Einleitung herausgegeben von Friedrich Büchsel, Privat-dozent der Theologie in Halle. II. Philosophiegeschichtliches, 2, p. 18-29.

sur la moralité; il apporte, dans la façon d'envisager cette immortalité, la
précision singulière d'une vie perpétuée qui aurait encore pour organe
une espèce de corps, vue moins surprenante qu'elle ne le paraît au premier abord, si on se reporte à la déduction du corps comme instrument
de la liberté, telle qu'elle ressort des *Fondements du droit naturel*[1]

De ces considérations sur l'évolution de la pensée religieuse de Fichte,
Fr. Büchsel tire la conclusion que, chez Fichte, la théorie de la Religion
opère le passage du Criticisme à l'Idéalisme.

La *Critique* de Kant avait essayé de s'affranchir du dogmatisme, elle
n'y était pas entièrement parvenue. Sans insister ici sur le rôle de la
Chose en soi dans la philosophie théorique et dans la philosophie pratique
de Kant, on peut dire que c'est notamment dans sa philosophie religieuse
que s'était refugié le dogmatisme. Son Dieu substance et cause, auteur du
Monde, transcendant à l'esprit humain, demeure encore, si amendé qu'il
soit par le scepticisme de la *Critique*, le Dieu du Déisme dogmatique. Fichte,
dans la *Critique de toute Révélation*, ne dépasse sans doute pas le kantisme;
mais la *Critique de toute Révélation* est antérieure à l'élaboration de la
Théorie de la Science. Dans la *Théorie de la Science*, le résidu de dogmatisme
de la philosophie kantienne est totalement éliminé, la *Chose en soi* définitivement rejetée. Chez Kant, bien que conçu déjà comme principe, le
Sujet, le Moi, reste une activité toute formelle qui suppose, pour sou exercice
même, une donnée, une matière qui lui est étrangère. Pour Fichte l'activité du Moi n'est plus simplement formelle : elle est réelle et productrice.
Le Moi est créateur de la matière aussi bien que de la forme de la connaissance : il n'y a plus d'En-soi, tout est relatif au Moi, et l'apparence du
donné s'explique par une activité inconsciente de l'esprit. Dans un tel
Idéalisme, que devient le problème religieux? C'est la pierre d'achoppement du système. L'Idéalisme fichtéen — qui reste un Idéalisme critique
immanent à la Raison — semble confiné dans le Moralisme, et son point
de vue du Devoir est proprement le lieu de l'esprit fini que nous
sommes. Comment, sans dépasser la position de l'immanence, poser un
Dieu qui ne soit pas un pur Idéal? La difficulté n'est-elle pas insurmontable? Il ne semble point que Fichte s'en soit beaucoup préoccupé avant
l'accusation d'athéisme. Sa philosophie théorique ou pratique n'a pas
creusé le problème, elle n'a guère fait que l'effleurer notamment dans
la *Sittenlehre*. C'est seulement dans les leçons sur Dieu et sur l'immortalité recueillies par Penzenkuffer qu'apparaît un effort méritoire pour
faire sortir l'idée religieuse de la conscience morale, pour fonder la
croyance sur la certitude du Devoir, enfin pour garantir son accomplissement qui, impliquant la moralité de la communauté, dépasse la capacité
de la bonne volonté individuelle. La conviction morale entraîne inséparablement la croyance à une puissance spirituelle capable d'assurer la
communion morale des esprits et les conséquences du Devoir. Cependant nous avons vu que, pour méritoire qu'il soit, cet effort aboutit
encore ici à la conception contradictoire d'un Dieu à la fois Esprit et

1. J.-G. Fichte, *Ideen über Gott und Unsterblichkeit*. Zwei religionsphilosophische
Vorlesungen aus der Zeit vor dem Atheismusstreit. Mit einer Einleitung herausgegeben von Friedrich Büchsel, Privat-dozent der Theologie in Halle. II. Philosophiegeschichtliches, 3, p. 29-31.

Chose. Les traces du Déisme dogmatique subsistent toujours; Fic
lui-même a peut-être conscience de cette inconséquence, quand il décl
qu'il serait antiphilosophique de répondre à la question de savoir c
ment est possible l'action de Dieu sur le monde.

Il faut en venir aux écrits relatifs à l'accusation d'athéisme p
trouver l'idée de Dieu comme pur Esprit, comme Règne moral, com
principe et lien vivant des esprits finis en qui communient et avec leq
s'identifient les esprits finis quand ils obéissent au Devoir.

Cette conception de la religion est l'achèvement de l'Idéalisme, d
Idéalisme non plus simplement formel, mais réel.

Comment, dans une troisième phase, Fichte complétera ce point
vue par une véritable théologie qui déterminera plus précisément
rapports de Dieu et du Monde, ce n'est pas le lieu de l'indiquer ici
d'ailleurs Fr. Büchsel n'y insiste pas [1].

1. J.-G. Fichte, *Ideen über Gott und Unsterblichkeit*. Zwei religionsphilosophis
Vorlesungen aus der Zeit vor dem Atheismusstreit. Mit einer Einleitung herau
geben von Friedrich Büchsel, Privat-dozent der Theologie in Halle. II. Philosop
geschichtliches, 4, p. 31-42.

CHAPITRE IV

CONTROVERSE AVEC LES ROMANTIQUES

A. *L'ORIENTATION NOU-VELLE DU ROMANTISME.*
La Destination de l'homme (Die Bestimmung des Menschen) — c'est le titre de l'ouvrage que Fichte venait d'achever à la fin de l'année 1799 — a une signification plus haute que d'être une simple réponse aux objections de ses adversaires ; elle est une protestation de l'Idéalisme critique contre un mysticisme auquel sans doute l'influence de Jacobi avait ouvert les voies, mais dont la vogue, alors si répandue dans le public, était sans contredit l'œuvre du romantisme.

On peut s'en étonner d'abord, si l'on se souvient qu'à ses origines le romantisme paraît issu de la *Théorie de la Science* ; on le comprendra plus aisément, quand nous aurons montré ce que, moins de trois ans après la fondation de l'*Athénée*, le romantisme était devenu.

Il avait suffi, pour en faire un mysticisme naturaliste, de l'impulsion de deux adeptes ; ils s'appelaient, il est vrai, Novalis et Schleiermacher.

I. *NOVALIS ET LE SYM-BOLISME DE L'IDÉALISME MAGIQUE.*
Dès le 14 juin 1797, Novalis écrit à Frédéric Schlegel :

« Pour Fichte, tu as certainement raison. J'adopte de plus en plus tes vues au sujet de sa *Théorie de la Science*.... Fichte ne peut sortir de la *Théorie de la Science*, du moins il ne le peut sans se renier lui-même, ce qui me paraît impossible.... Fichte est le plus dangereux de tous les penseurs que je connaisse. Il vous tient à jamais dans son cercle enchanté.... Tu es élu pour protéger contre le pouvoir magique de Fichte ceux qui s'efforcent d'être des penseurs originaux [1]. »

1. Novalis, *Briefwechsel mit Friedrich und August-Wilhelm, Charlotte und Caroline Schlegel*, Mainz, Verlag von Franz Kirchheim, 1880, éd. J.-M. Raich. 12, Novalis an Fr. Schlegel in Iena, Wiederstädt, d. 14. Junius 1797, p. 38.

Aussi bien, Novalis connaissait-il par expérience le « pouvoir magique » de Fichte : il était entré, lui aussi, dans le cercle enchanté, il avait failli n'en plus sortir, malgré toute l'originalité de sa pensée.

Il l'avait franchi cependant le jour où il comprit l'insuffisance du rationalisme pour atteindre le Sujet pur, l'Absolu qui reste pour la philosophie un « problème », un « idéal ». Il lui apparut alors que la philosophie avait un rôle tout provisoire, celui de délivrer l'esprit de ses préjugés, de ses traditions, de ses habitudes ; de dénoncer les idoles des faux dogmes, d'enseigner l'universel relativisme, en faisant voir le caractère illusoire de la réalité. A cette œuvre toute négative de la pensée réfléchie allait succéder, chez Novalis, une croyance positive : il devait trouver dans le sentiment l'intuition que la philosophie n'avait pu lui fournir, l'union intime, mais obscure du Moi avec le principe de l'univers. Et le sentiment, tel que l'entendait Novalis, c'était, au fond, le génie poétique. Sous le souffle du génie, l'art transforme le monde, et l'illusion devient la réalité. A cette heure l'Idéalisme moral qu'avait inspiré à Novalis la *Théorie de la Science* fait place à l'Idéalisme poétique ou, pour parler comme lui, à l'*Idéalisme magique*.

Dans un fragment curieux qui paraît dater de l'année 1799, Novalis reproche à Fichte de « ne pas comprendre l'hypostase, ce qui fait qu'il lui manque l'autre moitié de l'esprit créateur », et il ajoute que, « sans l'extase, sans cette fascination de la conscience qui supplée à tout, la philosophie tout entière ne vaut pas grand'chose [1] ».

Hypostase, extase, deux notions qui supposent l'évanouissement de la conscience réfléchie, qui opèrent l'union mystérieuse du Moi avec l'univers. C'est à pénétrer le sens de cette union que va s'efforcer Novalis. Il faut le reconnaître : la prodigieuse tentative de Fichte pour arracher son secret à l'imagination productrice, « ce pouvoir merveilleux sans lequel rien ne saurait s'expliquer dans l'esprit humain et sur lequel pourrait bien reposer tout son mécanisme [2] », son effort pour découvrir le moyen, en identifiant la nature et l'esprit, de rendre l'univers tout entier intelligible, avait, en somme, échoué, et devait échouer. Le point de vue purement moral, celui de son idéalisme, impliquait, en dernière analyse, l'irréductibilité de la nature à l'esprit, le conflit, sans cesse renaissant, de l'une avec l'autre comme condition même du devoir. Un effort impuissant pour spiri-

1. Novalis, *Schriften*, Reimer, Berlin, 1901, édition Heilborn, II. Bd., I, *Fragmente*, 1799, p. 199.
2. Fichte, *S. W.*, I. Bd., *Grundlage der gesammten W.-L.*, p. 208.

tualiser le monde, la poursuite d'un idéal, au fond inaccessible, tel
était le sort de sa doctrine ; si d'ailleurs son idéal pouvait jamais
devenir une réalité, l'identité à laquelle elle aurait abouti n'eût
point été l'égalité de la nature et de l'esprit, mais le triomphe
définitif de l'esprit sur la nature, la suppression radicale de la
nature.

Ce qu'une pareille doctrine avait de singulièrement contraire au
sens artistique, on l'aperçoit sans peine. A moins de confiner tout
l'art au cercle étroit de l'humanité, comme Fichte l'entendait d'ailleurs,
et de le réduire à n'être que le vestibule de la morale, elle revenait
à supprimer purement et simplement le domaine particulier de l'art ;
n'est-ce pas, en effet, dans la nature proprement dite — dans la nature
transfigurée sans doute, mais tout de même dans la nature sensible —
que se trouve principalement son objet? Mieux encore, et comme
Kant l'avait bien aperçu, le jugement esthétique ne nous ensei-
gne-t-il pas que la beauté atteste, en fait, l'union réelle et profonde
du sensible et de l'intelligible?

Pourquoi dès lors, puisqu'il affirme ainsi la pénétration mutuelle
de l'esprit et de la nature, l'art ne réussirait-il pas tout justement à
révéler le secret qui avait échappé jusqu'alors à la philosophie, et à
devenir le véritable démiurge du monde? Ce fut la thèse du romantisme. L'idée en vint à Novalis ; et peut-être, après avoir esquissé, sans
s'y arrêter, le système philosophique que l'on sait, est-ce en ce sens
qu'il se crut appelé à « fichtéiser » mieux que Fichte, à transformer
son Idéalisme moral en « Idéalisme magique ».

L'Idéalisme moral oscille impuissant entre la nature — dont il fait
une apparence, mais qui, par une sorte de paradoxe, impose à l'esprit, sans possibilité pour lui de jamais s'en affranchir totalement,
un véritable esclavage — et l'idéal dont il proclame la vérité absolue,
la réalisation obligatoire, mais qui, par un nouveau paradoxe, reste
à jamais une Idée non réalisée ; la philosophie reste donc ainsi éternellement suspendue dans le vide. A l'art, dans sa puissance créatrice, revient le privilège de résoudre l'antinomie de la nature et
de l'Idée, parce qu'il opérera la transfiguration du monde des
apparences en réalité absolue. C'est le propre du génie artistique
d'apercevoir une existence supra-sensible et de nous découvrir un
monde supérieur.

« Le sens de la poésie a beaucoup d'affinité avec le sens du mystère. Il représente l'irreprésentable ; il voit l'invisible ; il sent l'in-
sensible…. Le sens de la poésie est proche parent du sens prophétique et du sens religieux, du délire en général : le poète met en

ordre, combine, choisit, découvre, sans qu'il puisse lui-même comprendre pourquoi il procède ainsi et pas autrement [1]. »

Ce sens de l'art, que le poète ne « comprend pas lui-même », la
réflexion critique cherche à l'expliquer. La tentative séduit Novalis ·
il déclare, en effet, que, « si nous avions une *fantastique* comme nous
avons une logique, l'art de l'invention serait trouvé [2] », et justement
il voudrait parachever l'œuvre de la *Théorie de la Science* en constituant les bases de cette *Esthétique* ou de cette *Fantastique universelle*; en montrant comment « de l'imagination créatrice il faut
déduire toutes les facultés et toutes les forces du monde intérieur,
toutes les facultés et toutes les forces du monde extérieur [3] ».

Ce travail de l'imagination, on l'aperçoit d'abord dans le rêve, où
sans doute le jeu de l'imagination productrice apparaît parfois
déréglé, mais qui est souvent prophétique, et dont il ne faut pas
médire, car on y découvre à nu l'action spontanée de la vie intérieure,
le mécanisme de l'association [4].

A côté du rêve proprement dit, du rêve qui prolonge le sommeil, il
y a d'ailleurs toute une gradation de rêveries qui accompagnent la
veille; ces rêveries obscures sont sans doute la source inépuisable où
s'alimente l'inspiration et où s'opère, dans le mystère de l'inconscient,
le miracle de l'invention, la production même du génie : c'est là que
s'accomplit vraiment la communion de l'âme individuelle avec l'universel, « là que l'identité du Moi et du non-Moi est le principe
suprême à la fois de la science et de la poésie [5] », là que « l'homme
qui pense retourne à la contemplation créatrice, atteignant le point
où produire et savoir ont les plus singulières relations [6] ».

Esprit et nature, esprit ne faisant plus qu'un avec la nature, n'est-
ce point la fusion à laquelle l'art aspire et qu'il cherche à réaliser?
Dans ce chaos primitif où domine le sentiment dans toute son indétermination, où se confondent toutes les puissances fondamentales
de l'être, toutes ses aspirations encore sans objet, toutes ses tendances encore sans but, où se heurtent toutes les possibilités, où
chantent des émotions que nous ne savons distinguer, où se
pressent et se déroulent des images confuses, où cependant de tous

1. Novalis, éd. Meissner, III. Bd., *Fragmente über Aesthetisches*, p. 26-27, et éd.
Heilborn, II, I, *Fragmente*, 1800 (?), p. 379.
2. Novalis, éd. Meissner, III, *Fragmente über Ethisches, Philosophisches und Wissenschaftliches*, p. 90.
3. Novalis, éd. Heilborn, II, II, *Materialen zur Encyclopädie*, p. 565.
4. Novalis, éd. Meissner, III, *Fragmente über Ethisches, Philosophisches und
Wissenschaftliches*, p. 242. — 5. Ibid., p. 103. — 6. Ibid., II, *Die Lehrlinge zu Sais*,
p. 208.

ces éléments épars résulte une sorte de résonance qui est, à chaque
moment, comme le ton, comme le diapason de notre âme, de ce que
les Allemands appellent *Gemüth*, et qui donne, pour ainsi dire,
leur qualité, leur timbre et leur sens à nos états conscients; dans ce
jaillissement de vie et de pensée où rien n'est distingué, mais où tout
se fait, dans ces richesses que ne soupçonne pas la conscience réfléchie, le génie puise à plein la matière dont il pétrit ses trésors. On
comprend dès lors comment l'art n'est ni une figuration, ni même
une transfiguration du réel, mais le réel lui-même dans son fond le
plus intime, comment Novalis peut dire que « la poésie est le réel
absolu [1] », comment enfin, après avoir ramené toute poésie au conte
(*Märchen*), comme à sa règle [2], il assimile le *Märchen* à « un rêve
sans lien [3] ».

Cependant la poésie n'est nature que parce qu'elle est en même
temps spiritualité, parce qu'elle est « expression de l'âme tout
entière, du monde intérieur dans sa totalité [4] », et qu'elle représente,
suivant l'expression de Novalis, « au sens le plus strict du mot, le
Sujet-Objet, l'âme (*Gemüth*) et le monde [5] ».

Il semble bien ainsi que « les deux systèmes de sens, le corps et
l'âme que nous possédons, pour différents qu'ils puissent paraître,
sont entremêlés l'un dans l'autre de la manière la plus intime, que
tous deux vibrent à l'unisson; qu'entre les deux mondes, au fond,
règne l'harmonie [6] »; « pour comprendre le monde il faut que nous
nous comprenions nous-mêmes; le monde et nous, nous formons
des parties intégrantes d'un même tout [7] ».

On aperçoit donc qu'il puisse suffire à l'artiste de contempler son
rêve intérieur pour constituer un univers aussi fécond, aussi vivant.
aussi réel que l'univers perçu par nos sens; ce n'est pas la nature
qui fournit à l'artiste la matière dont il tisse la trame de son œuvre,
c'est l'âme de l'artiste qui donne à la nature son esprit et sa vie, sa
poésie; voilà pourquoi sans doute le « poète comprend la nature
mieux que le savant [8] »; l'artiste a cultivé en lui les germes d'une
vie originale; « il a accru la sensibilité de ses organes par rapport
à tout ce qui est *spirituel*; il est en état, sans sollicitation extérieure,
de répandre à flot des idées, de s'en servir comme d'instruments pour
modifier à sa volonté le monde réel [9] ».

1. Novalis, éd. Meissner, III, *Fragmente üb. Aesthetisches*, p. 40. — 2. Ibid., p. 40.
— 3. Ibid., p. 37, et éd. Heilborn, II, ɪ, *Fragmente*, 1799, p. 186. — 4. Ibid., III, *Fragmente üb. Aesthetisches*, p. 27. — 5. Ibid., p. 27. — 6. Novalis, éd. Heilborn, II, ɪ,
Fragmente, 1799 (?), p. 306. — 7. *Ibid.*, p. 308. — 8. *Novalis*, éd. Meissner, III, *Fragmente
üb. Aesthetisches*, p. 40. — 9. Novalis, éd. Heilborn, II, ɪ, *Fragmente*, 1799, p. 164.

On peut dire de l'artiste, comme de l'homme primitif, qu'il est un visionnaire : tout lui apparaît comme esprit[1]

C'est, au fond, sur cette sorte de création esthétique de la nature que repose, avec son· symbolisme, tout l'Idéalisme magique de Novalis.

Que trouve-t-on d'abord à la base de ce symbolisme sinon une capacité d'expression d'un des ordres par l'autre : l'esprit interprète la nature, et, dans une certaine mesure, il devance, et il devine la réalité ; d'autre part, la nature, à son tour, rend l'esprit capable de se formuler : l'esprit reste impénétrable à lui-même, dans ce qu'il a de plus intime, mais aussi de plus mystérieux, il a besoin de la nature pour y retrouver sa propre puissance et comme pour s'y contempler ; c'est la nature qui éveille en lui des sentiments cachés, qui lui découvre des profondeurs insoupçonnées. Il n'y a plus entre la nature et l'esprit cet abîme infranchissable qu'une philosophie superficielle a creusé : il y a communication ; en chaque âme individuelle retentit l'âme de tout l'univers. Dès lors, il est possible de concevoir que ceux en qui cette âme universelle habite plus particulièrement, les poètes de génie, puissent, d'un regard tout intérieur, anticiper la nature. Le poète communie ainsi en quelque manière par un lien de sympathie et d'amour avec la nature, il est comme suspendu entre deux mondes : l'esprit de la nature se révèle à lui, et il nous le révèle, il est leur médiateur[2]. Le poète restitue donc à l'univers sa véritable signification que les hiéroglyphes des sens ne nous permettent pas de déchiffrer[3] : il devient ainsi vraiment le créateur, le démiurge du monde.

Et, si la magie consiste précisément dans cette puissance d'évoquer l'univers par l'esprit, de communier avec lui, d'agir sur lui sans recourir à un intermédiaire physique, de le construire sans sortir de soi-même, le poète mérite bien le nom de Mage.

On aura peine à reconnaître ici les vestiges du rationalisme et du moralisme de Fichte. Loin d'admettre la possibilité de rendre compte du réel par les subtiles déductions de la *Théorie de la Science*, c'est à la magie que Novalis demande le secret de l'univers ; car seule la magie peut expliquer l'expérience[4], et, à son tour, le secret de la magie se trouve au delà des distinctions que crée la réflexion, au delà des divisions imaginées par une fausse psychologie. La soi-

1. Novalis, éd. Meissner, III, *Fragmente üb. Aesthetisches*, p. 38. — 2. *Ibid.*, *Fragmente üb. Ethisches...*, p. 114-115 et 195; éd. Heilborn, II, ı, *Fragmente*, 1799 (?), p. 310-311. — 3. Novalis, éd. Meissner, III, *Fragmente üb. Ethisches...*, p. 127. — 4. *Ibid.*, p. 130.

disant Psychologie « est, elle aussi, un de ces spectres qui ont usurpé, dans le sanctuaire, la place réservée aux images des vrais dieux.... Entendement, imagination, raison, voilà les pauvres échafaudages de l'univers en nous. Pas un mot de leurs singuliers mélanges, de leurs formations, de leurs transformations. Personne n'a songé à chercher des forces encore innommées, à suivre la trace de leurs rapports, de leurs associations. Qui sait quelle merveilleuse union, quelles merveilleuses générations sont encore près de se produire dans notre for intérieur[1]? »

Ainsi le génie du poète, frappé surtout de l'obscurité mystérieuse des choses, trouve dans le sentiment la seule expression possible de l'Infini; au règne de la raison succède la domination du cœur. En même temps, Novalis recule jusque dans les profondeurs de l'inconscient le principe de la réalité; il en fait, à défaut d'un objet de connaissance, un objet d'appréhension immédiate; il dénie à la logique, à l'intelligence abstraite, le pouvoir d'atteindre le réel; c'est l'intuition qui lui révèle, au delà de la surface de la conscience claire, la vie intérieure et profonde, c'est en elle qu'il croit saisir directement l'unité absolue de l'être. L'opposition de la nature et de l'esprit s'efface en tant qu'elle est liée à l'artifice de la réflexion; l'identité foncière du non-Moi et du Moi réapparaît ici. Le principe suprême, étant le cœur, est amour, mais l'amour, c'est justement la puissance de création qui identifie l'objet au sujet, en le dédoublant. Parce qu'il participe à cette puissance de création, parce qu'en son fond il est amour aussi, le génie pénètre le sens de l'univers; il restitue en réalité, pour l'homme, l'état paradisiaque d'innocence, l'inspiration prophétique, il vit en Dieu; car la nature, dans son essence vraie, est la vie divine elle-même, elle est la manifestation de Dieu. La véritable religion, l'affirmation et l'adoration de Dieu, consiste à rendre à l'univers cette signification que lui avaient fait perdre les cadres artificiels où, pour le comprendre, avait prétendu l'enfermer la réflexion, une réflexion qui, par là même, nous éloignait de Dieu.

L'Idéalisme magique aboutit ainsi à un naturalisme, à un idéalime réaliste; et, avec Novalis, le naturalisme restaure, en face du moralisme rationaliste de la *Théorie de la Science*, le panthéisme ontologique et mystique de l'*Éthique*[2].

---

1. Novalis, éd. Meissner, III, *Fragmente üb. Ethisches...*, p. 119.
2. Voir aussi : V. Delbos, *Le problème moral dans la philosophie de Spinoza et dans l'histoire du spinozisme*, deuxième partie, chap. V, *Novalis*, p. 317-330.

II. *SCHLEIERMACHER.*
LES « DISCOURS SUR LA
RELIGION ».

C'est dans un sens analogue que Schleiermacher, à son tour, allait bientôt développer le romantisme, dont il fut, lui aussi, un ouvrier de la première heure.

A peine Frédéric Schlegel l'eut-il rencontré, presque dès son arrivée à Berlin, dans le salon d'Henriette Herz, qu'ils devinrent amis intimes[1], et Schleiermacher joue un rôle actif dans la préparation de l'organe qui doit exprimer les idées de la nouvelle École.

« Mon ami Schleiermacher, écrit Frédéric à son frère, dans une lettre du 31 octobre 1797, prend une part enthousiaste à mon projet[2]. » Il en discute avec lui le plan, le titre ; après avoir songé un instant à celui de *Freya*[3], il en a été dissuadé par Schleiermacher qui proposait les *Parques*[4] ; d'un commun accord on a choisi celui d'*Hercule*[5]. Frédéric soumet à Schleiermacher les *Fragments* destinés à une publication prochaine ; et Schleiermacher, avoue-t-il, les a pris à cœur autant que Guillaume lui-même[6] ; il affirme que Schleiermacher — et c'est un fait — peut devenir « populaire[7] » ; sa seule crainte est que, cédant à cette indifférence naturelle qui est son péché favori, il ne fasse pas tout ce qu'il peut. Frédéric se propose donc de le pousser et de le tourmenter chaque fois qu'il le verra. Schleiermacher est d'ailleurs, au dire de Frédéric, un homme en qui l'humanité est cultivée et qui appartient à une caste supérieure (par opposition à Tieck, homme ordinaire et fruste) ; « il n'a que trois ans de plus que moi, ajoute-t-il, mais par la maturité morale il me dépasse infiniment. J'espère encore apprendre beaucoup de lui[8] ».

Rien ne montre mieux l'étroite collaboration de Frédéric et de Schleiermacher dans les démarches préliminaires à la fondation de l'*Athénée* (Athenæum) que la lettre du 15 janvier 1798, écrite à Guillaume par Schleiermacher, servant de secrétaire à Frédéric Schlegel, pour le mettre au courant de leurs communs projets : il y est question de l'éditeur du futur journal, du titre auquel on s'est définitivement arrêté (l'*Athénée*), de l'introduction à faire, des premiers articles et des premiers numéros[9].

Comment expliquer cette intimité si rapide ? Par une communauté

---

1. Haym, *Die romantische Schule*, Zweite Auflage, 1906, Weidmannsche Buchhandlung, 1906, Drittes Buch, drittes Kapitel, p. 414.

2. *Fr. Schlegel's Briefe an seinen Bruder August-Wilhelm*, éd. Walzel, Berlin, Verlag von Speyer und Peters, 1890, III (Berlin, *1797-1799*), 91, den 31. Oktober 1797, p. 301. — 3. Ibid., p. 302. — 4. Ibid., p. 302 et 95, Berlin, den 28. November 1797, p. 319. — 5. Ibid., 91, p. 302. — 6. Ibid., 91, p. 304. Voir aussi 102, Berlin, den 17. Feb. 1798, p. 351. — 7. Ibid., 95, Berlin, den 28. Nov. 1797, p. 321. — 8. Ibid., p. 322. — 9. Ibid., 99a, Berlin, den 15. Jan. 1798, p. 343-347.

de doctrine? Mais d'abord le romantisme n'existe pas alors à l'état de doctrine, et d'ailleurs Schleiermacher n'a encore rien écrit de saillant qui puisse le sacrer romantique. Il y faut une autre raison. Elle se trouve, on n'en peut douter, dans une culture commune, dans un accord vite aperçu entre les idées philosophiques de Fr. Schlegel et celles de Schleiermacher : la *Critique* fut le lien qui, dès leur première rencontre, cimenta leur amitié.

Schleiermacher avait abordé l'étude de Kant, à l'école de Barby, par la lecture des *Prolégomènes*, interprétés à la lumière des critiques d'Eberhard, son maître à Halle, l'un des plus éminents représentants de l'École wolffienne[1]; mais les dispositions naturelles de son esprit, son goût pour les problèmes essentiels de l'éthique, l'acuité de son sens moral l'avaient conduit bien vite à approfondir la doctrine kantienne; ce fut de dix-neuf à vingt-sept ans sa principale occupation[2]; il y puisa ses vues directrices : l'idée de fonder sur la raison la législation morale, et, par là même, de combattre l'empirisme de la *Philosophie des Lumières*, telle du moins qu'elle régnait alors en Angleterre et en France[3]; l'idée, chère à son esprit très positif, de la science comme fondement de l'expérience, mais d'une science purement phénoménale, et, conséquemment, la restriction de la portée de notre entendement, l'impossibilité d'une connaissance du supra-sensible, par suite encore la vanité des tentatives de l'École wolffienne pour démontrer le contenu essentiel de la religion, l'existence d'un Dieu personnel, souverainement bon et sage, créateur du monde, l'immortalité de l'âme et la vie future[4]. Seulement, Kant, après avoir pour jamais, par sa *Critique*, ruiné cette métaphysique, n'avait-il pas lui-même essayé de restaurer ces réalités supra-sensibles à titre de croyances rationnelles et comme postulats de la Raison pratique? Sans doute, et c'est ici justement que Schleiermacher se séparait de lui, prenant nettement position contre la *Critique*.

Dans un premier travail où il détermine le souverain bien à la

1. W. Dilthey, *Leben Schleiermachers*, Druck und Verlag von G. Reimer, 1870, I. Buch, 4. Kap., *Die Universität*, p. 32-33. Le journal d'Eberhard, le « Magasin philosophique » (*Das philosophische Magazin*), parut encore avant que Schleiermacher ne quittât l'Université.

2. Ibid., I, 9. *Kant's kritischer Standpunkt als Grundlage der Entwicklung Schleiermachers*, iv, p. 102; et 11. *Schriften und Weltansicht Schleiermachers in dieser Epoche*, p. 129-130.

3. Ibid., I, 8. *Die moralisch-religiöse Weltansicht der Aufklärung und Schleiermachers Stellung innerhalb derselben in dieser Epoche*, p. 79-82 et 85. L' « Aufklärung » présentait en Allemagne un caractère différent : c'était un rationalisme théologico-philosophique très dogmatique.

4. Ibid., I, 9. *Kant's kritischer Standpunkt als Grundlage der Entwicklung Schleiermachers*, iii, p. 97, iv, p. 101-102, et 8, p. 79.

manière de Kant, Schleiermacher rejette le raisonnement par lequel Kant prétend conclure de la moralité de l'homme à une providence divine et à l'immortalité de l'âme ; il fait voir, impliquée dans cette démonstration, une liaison de la vertu avec le bonheur qui, dans la conception du souverain bien, adultère la pureté de la raison et y réintègre au nom de l'idée cosmique de la justice divine, mais au prix d'une contradiction, cet élément empirique et sensible éliminé d'abord [1]

C'est encore à purger le point de vue moral de toute considération cosmique ou métaphysique que vise un *Essai sur la liberté*, datant de la même époque. Schleiermacher, analysant la conscience morale, s'efforce d'établir que, dans sa double manifestation de l'obligation et de la responsabilité, elle peut s'expliquer en somme par un déterminisme psychologique et moral, par une motivation purement rationnelle qui n'exclut pas le sentiment d'une liberté, au moins apparente, mais qui ne recourt jamais au miracle d'une liberté transcendante. Ajoutons que l'idée de sanction, liée à l'idée de la liberté et de la responsabilité, est aussi, dans cet article, l'objet d'une critique pénétrante : Schleiermacher considère l'attribution de récompenses et de châtiments spirituels comme un grossier anthropomorphisme [2]

Le rejet de tout « Au-delà » de l'expérience, de toute croyance de la raison au supra-sensible, telle est la conclusion à laquelle aboutit Schleiermacher, dans son examen des postulats de Kant ; au nom même des principes de la *Critique*, il réfute ce qu'il considère comme une inconséquence de la doctrine, comme une réhabilitation, plus ou moins déguisée, des rêves de cette métaphysique dont l'accès avait été par Kant même interdit à l'esprit humain ; c'est donc au positivisme de la *Critique de la Raison pure* que paraît s'en tenir alors Schleiermacher. Est-ce du moins peut-être pour séparer plus nettement le domaine de la science de celui de la foi et pour laisser le champ libre au jugement en matière de religion [3] ? Il ne le semble pas, car, à ce moment de sa carrière, Schleiermacher s'exprime, à l'égard de la théologie et du Christianisme lui-même, en termes d'un singulier scepticisme ; il semble réduire toute la religion au sens moral, sans que la morale elle-même puisse dépasser les limites strictes de la raison.

Il fait à Brinkmann la déclaration suivante : « Mon parti est pris

1. W. Dilthey, *Leben Schleiermachers*, I, 11, *Schriften und Weltansicht Schleiermachers in dieser Epoche*, I, *Ueber das höchste Gut*; p. 132-134. — 2. Ibid., I, 11, II, *Von der Freiheit*, p. 134-139. — 3. Ibid., I, 11, p. 130.

irrévocablement. et, quand Wizenmann et Socrate en personne se
lèveraient pour la défense du Christianisme, ils ne me ramèneraient
pas ». Il va jusqu'à douter de l'immortalité [1]· Dès 1786, à seize ans,
il avait perdu la foi au dogme de la divinité du Christ et du rachat
de l'humanité par sa mort; il écrivait à son père en 1787 : « Je ne
puis croire que ce soit le Dieu éternel, le Dieu vrai qui se soit appelé
lui-même le fils de l'homme; je ne puis croire davantage que sa mort
soit comme l'expiation et le rachat du péché de l'homme, car il ne l'a
jamais dit expressément, et je ne puis croire qu'elle ait été nécessaire :
Dieu, ayant manifestement créé les hommes, non pour la perfection,
mais pour l'aspiration à la perfeçtion, n'a pu vouloir leur infliger
un châtiment éternel, parce qu'ils ne sont pas devenus parfaits [2]· »
   Comment ce radicalisme logique, comment ce rejet des dogmes
théologiques n'éloignèrent-ils pas à jamais Schleiermacher du pas-
torat, ce n'est point ici le lieu de le dire; il nous faut, au contraire,
constater que l'exercice des fonctions. de pasteur, en le forçant à
réfléchir sur le sens du Christianisme, l'amenèrent à modifier son
attitude : le sentiment religieux, de si bonne heure cultivé chez lui
et au fond si puissant, mais un moment étouffé par l'outrance de
son esprit critique, par l'ardeur de ses luttes contre tout « au-delà »
philosophique ou théologique, se réveilla; il reconnut dans cette
disposition intime de l'âme qu'est la bonne volonté, dans l'intention
qui échappe aux démonstrations de l'entendement, mais a seule une
valeur infinie et absolue, le miracle de la religion et l'expression même
en chacun de nous de la vivante action du Christ. La nécessité d'une
confrontation nouvelle de sa conception purement morale du monde
avec les principes du Christianisme s'imposa donc à sa pensée [3].
Cependant, bien plus encore que les obligations de sa fonction,
une nouvelle influence philosophique devait orienter définitivement
Schleiermacher vers la foi religieuse, celle de Spinoza. C'est aux
environs de l'année 1794, par la lecture des fameuses *Lettres* de
Jacobi, que Schleiermacher, comme la plupart de ses contemporains, connut d'abord l'*Éthique*; mais, à travers les critiques de
Jacobi, il sut tout de suite en saisir la profondeur et le véritable
sens.
   Il comprit que Spinoza s'était posé exactement le même problème
dont la solution ne cessait de le préoccuper : celui des rapports de
l'Infini et du fini, de l'Être universel et des êtres particuliers, de Dieu

1. W. Dilthey, *Leben Schleiermachers*, I, 11, IV, p. 144. — 2. *Ibid.*, I, 3, *Religiöse
Befreiung*, p. 24. — 3. *Ibid.*, I, 11, IV, *Predigten : das Christenthum als die höchste-
erziehende Macht in der moralischen Welt*, p. 142-146.

et du monde; il devina du premier regard ce qu'il y avait de con
forme à ses propres aspirations dans l'esprit qui animait l'*Éthique*.

En même temps il constata, et il essaya de montrer que, en dépit
des différences de formules et de méthode, la philosophie de Spinoza
n'était pas si éloignée qu'on le pensait de la *Critique* de Kant : l'idée
d'un inconditionnel comme raison dernière de tout le conditionné,
l'idée d'un fondement nécessaire du monde empirique est une idée
qui se retrouve chez les deux penseurs, et, comme le dit Schleiermacher, « le monde des noumènes paraît être, pour Kant, cause du
monde, à la manière dont, pour Spinoza, la Substance infinie est
cause des choses finies ». Ils diffèrent bien, semble-t-il, au premier
aspect, par la manière dont ils conçoivent le rapport de l'Infini au
fini. Cependant, ici même, ils se complètent mutuellement : la
théorie kantienne de l'espace et du temps, comme formes de la sensibilité, permet de rectifier ce qu'il y a d'inacceptable dans la conception
spinoziste de l'inhérence des modes à la Substance, l'espace et le
temps étant encore pour Spinoza des réalités, bien qu'il ait déjà
compris la finitude qui leur est inhérente ; de même encore l'effort de
Spinoza pour donner une détermination positive de l'Absolu est caduc :
Kant triomphe quand il établit que l'Être en soi est irreprésentable
et incompréhensible; mais, inversement, le kantisme, bien compris et
débarrassé de ses contradictions, aboutit au spinozisme : l'affirmation
d'un Dieu personnel, cause transcendante du monde, l'affirmation
d'une pluralité de noumènes, causes intelligibles du caractère phénoménal des individus, sont de véritables paralogismes, au sens
même où l'entend la *Critique* : ni le principe de causalité ne peut
s'appliquer, pour nous, hors du monde sensible, ni la pluralité des
individus donnée dans la conscience empirique ne peut s'attribuer à
l'Être intelligible. Ce sont là encore, de la part de Kant, des concessions au vieux dogmatisme. Le vrai Kant, le Kant conséquent,
est un Kant spinoziste : il affirme l'immanence de l'Absolu et son
unité foncière ; or, c'est précisément cette immanence de l'Absolu-Un
à nos consciences individuelles que la loi du devoir exprime.

Ainsi se précise, pour Schleiermacher, le résultat de la double étude
critique de Spinoza et de Kant : en des sens divers les deux doctrines soulèvent le même problème, celui des rapports de l'Être universel avec les individus particuliers ; elles posent — sans la résoudre
— la question qui est, en somme, l'essence même de la religion [1]

1. W. Dilthey, *Leben Schleiermachers*, I, 12, *Spinoza*, p. 148-152. Voir aussi Delbos,
Le problème moral dans la philosophie de Spinoza et dans l'histoire du spinozisme, deuxième partie, chap. VI, *Schleiermacher*, p. 331-335, et Schleiermacher, *Kurze Darstellung des spinozistichen Systems*.

Au moment où l'étude de Spinoza venait ainsi d'enrichir, pour lui, les enseignements de la *Critique* et de préciser, dans son esprit, le sens du problème religieux, Schleiermacher rencontra Frédéric Schlegel et devint son plus intime ami, celui qui allait prochainement habiter sous son toit [1]. Or, ce qu'il trouvait de précieux dans le commerce de Schlegel, c'était, de son propre aveu, l'échange de leurs vues philosophiques [2].

Schlegel initiait Schleiermacher aux profondeurs d'une doctrine qu'il ignorait encore : il lui révélait les secrets de la *Théorie de la Science* [3]. Après l'étude de Kant et de Spinoza, la connaissance de Fichte présentait pour Schleiermacher un singulier intérêt : la pensée de Fichte ne s'était-elle pas formée, elle aussi, à cette double école? Son système n'était-il pas précisément un effort pour transposer dans le langage de la *Critique* et conformément à son esprit le problème même qu'avait posé l'*Éthique* : le problème moral et religieux? Si l'originalité de Spinoza avait été de découvrir l'unité profonde de Dieu et du monde, l'immanence de l'Infini dans le fini, n'était-ce pas à une conclusion identique qu'aboutissait le moralisme de Fichte? Œuvre inconsciente de l'Esprit absolu, le monde était destiné, en prenant conscience de soi, à réaliser l'Infini que, sans le savoir, il portait en lui-même, ou, plus exactement, l'Esprit absolu sortait progressivement de son inconscience, pour se réfléchir et se réaliser à travers les déterminations du monde.

Ce n'est pas tout : la doctrine de Fichte répondait par ailleurs encore aux convictions les plus intimes de Schleiermacher. Elle résolvait le problème religieux en s'en tenant au point de vue strictement moral; elle le résolvait sans le recours à un Dieu transcendant ni à un monde futur, en supprimant la *Chose en soi*, dernier vestige, dans la *Critique*, de la vieille métaphysique, à laquelle, en dépit de ses intentions, Kant avait encore sacrifié la rigueur de ses principes. La définition de Dieu comme idéal moral du monde permettait d'expliquer le fait religieux sans sortir, à aucun moment, du terrain ferme de la raison : elle écartait la double question de l'existence d'un Dieu personnel, extérieur au monde, auteur du monde et de l'immortalité, qui avait toujours été, pour Schleiermacher, la pierre d'achoppement de la religion.

Il semblerait donc que les idées de Fichte eussent dû exercer une

1. *Fr. Schlegel's Briefe an seinen Bruder August-Wilhelm*, éd. Walzel, III (*Berlin, 1797-1799*), 94, p. 316.
2. *Aus Schleiermacher's Leben. In Briefen*, Berlin, Reimer, 1858, éd. W. Dilthey, I, Bd., II, Lettre du 22 oct. 1797 à sa sœur Charlotte, p. 169.
3. Haym, *Die romantische Schule*, Drittes Buch, drittes Kapitel, p. 414.

grande influence sur la pensée religieuse de Schleiermacher. Il est ainsi d'autant plus remarquable de voir qu'il n'en fut rien; que, dès le début de sa carrière, Schleiermacher ne prit contact avec la *Théorie de la Science* que pour la « dépasser »; l'esprit rationaliste du moralisme et de la religion de Fichte rencontra en lui un adversaire irréductible. Schleiermacher n'avait retenu de la philosophie critique que la distinction essentielle entre le domaine de la raison et celui de la foi. En cela il était fidèle à ses convictions premières : quand il louait la *Critique* d'avoir ruiné la théologie rationnelle, quand il lui reprochait, comme une trahison envers elle-même, de chercher, au nom d'une exigence de la Raison pratique, un biais pour en restaurer les dogmes, il pressentait déjà cette distinction, il n'était sans doute pas encore fixé sur la nature du sentiment religieux, mais il avait l'intuition que la raison n'était pas faite pour y appliquer ses catégories.

En effet, dès que sa réflexion porta ses investigations sur la religion, en suivant la méthode et l'esprit de la *Critique*, Schleiermacher jugea insuffisante la solution proposée par l'Idéalisme transcendantal; il crut découvrir que l'essence du phénomène religieux, l'union de l'être fini avec l'Infini, était inaccessible au formalisme de notre raison discursive, qu'il fallait, pour l'entendre, recourir à une faculté d'un autre ordre, à l'intuition du cœur, au sentiment pur. C'était aller directement contre l'esprit de la *Théorie de la Science*, la preuve en est dans les *Discours sur la Religion à ceux, parmi ses contempteurs, qui sont des hommes cultivés* (Ueber die Religion. Reden an die Gebildeten unter ihren Verächtern). Sans doute ces *Discours* sont d'abord une protestation contre les préjugés imaginaires (peur de la vie éternelle, espoir en l'autre monde) ou les insuffisances de l'enseignement donné par la *Philosophie des Lumières* (borné à l'histoire des systèmes relatifs à la religion) qui ont provoqué ce mépris [1]. Cette *Philosophie des Lumières*, avec sa prétention de tout réduire à l'aune de l'entendement humain, est, en réalité, destructrice de toute religion; elle ne connaît que les concepts clairs et que l'action utile; elle ignore la vie profonde, la vie obscure de l'âme, elle néglige la conduite désintéressée, elle taxe de rêveurs ou de visionnaires ceux qu'animent les plus hautes aspirations de l'esprit et prétend les ramener au niveau de la règle et de la médiocrité communes [2]; mais Schleiermacher ne combat pas seulement,

1. Schleiermacher, *Ueber die Religion. Reden an die Gebildeten unter ihren Verächtern* Vierte Auflage, Berlin, Reimer, 1831, Erste Rede, *Rechtfertigung*, p. 16-25.
2. Ibid., Erste Rede, p. 16-21, et Dritte Rede, p. 150-157.

au nom de l'esprit religieux, la *Philosophie des Lumières*; quand il
cherche, appliquant à la religion l'épreuve et l'épuration de la philosophie critique qu'elle n'a pas encore subies, à définir la vie religieuse dans son autonomie[1], il trouve qu'elle a un point de vue
propre qui n'est ni celui de la science ou de la métaphysique (point
de vue de la connaissance), ni même celui de la moralité (point de
vue encore tout formel du devoir), ni celui d'un compromis entre les
deux, mais celui du *sentiment pur*, le sentiment de la piété — où se
compénètrent immédiatement, intimement, indissolublement l'individu et l'universel point de vue qui dépasse à la fois l'intelligence
et l'activité[2]. Ce sentiment tout intime, incommunicable de sa
nature, exclut sans doute la conception ordinaire de la religion
comme Église régie par des prêtres à la manière d'une société civile[3],
il ne s'apprend pas dans les livres, il ne s'enseigne point dans les
temples, mais il n'exclut pas l'Église pure, l'Église invisible où communient les âmes pieuses, où chaque fidèle est prêtre, il l'appelle au
contraire de ses vœux, car l'homme pieux cherche à réaliser la Cité
des Saints; la piété est communicative et contagieuse. Cependant
nulle part l'exemple de la piété n'est aussi constamment ni directement efficace que dans la famille — et c'est pourquoi Schleiermacher
fait de la famille l'élément essentiel, la cellule de la société religieuse[4]. De même encore le sentiment de la piété exclut la conception des dogmes, — contenu ordinaire de la religion, — mais il
n'exclut pas, il réclame la découverte, par la réflexion, de la vérité
religieuse dont les dogmes sont les symboles et que seul le sentiment
religieux peut vivifier[5]; le miracle[6], l'immortalité de l'âme[7],
l'existence et la nature même de Dieu[8] reçoivent alors du pur esprit
de la religion un sens plausible et une interprétation véridique.

Par le sentiment religieux ainsi caractérisé comme intuition de
l'Infini chez l'être fini, Schleiermacher prétend échapper au panthéisme de Spinoza pour qui l'être fini s'absorbait dans l'Infini; il
prétend également fournir à la science ou à la métaphysique et à la
morale ce « réalisme supérieur » sans lequel l'idéalisme — même le
plus parfait — demeure une abstraction vide et fait de l'univers une
pure allégorie, l'ombre d'une ombre[9]. La religion seule est ainsi
capable d'affranchir l'homme de sa limitation et de lui conférer

1. Schleiermacher, *Ueber die Religion. Reden an die Gebildeten unter ihren Verächtern*,
Erste Rede, p. 16-29, et Zweite Rede, p. 41-52, p. 66-67. — 2. *Ibid.*, Zweite Rede,
p. 41-44; 49-54, 69-70, 72-74. — 3. *Ibid.*, Vierte Rede, p. 183-206. — 4. *Ibid.*, Zweite
Rede, p. 94, et Vierte Rede, p. 174-186 et p. 189-213. — 5. *Ibid.*, Zweite Rede, p. 110.
— 6. *Ibid*., p. 105-106. — 7. *Ibid*, p. 118-120. — 8. *Ibid.*, p. 111, 112, 120. — 9. *Ibid.*,
p. 41-47, 52-55, 66-67.

l'universalité, l'infinité; elle dépasse donc la philosophie confinée dans le phénoménisme de la science et dans le formalisme de la morale. Si l'idéalisme est philosophiquement le point de v̦ue du sujet, la religion, au sens où l'entend Schleiermacher, est un effort pour dépasser le point de vue du sujet, sans toutefois sortir du sujet, pour élever le sujet à la hauteur de l'Absolu[1].

Les *Discours sur la Religion,* qui avaient commencé par une protestation contre la *Philosophie des Lumières,* aboutissent donc à une protestation contre l'esprit que prête Schleiermacher à la *Théorie de la Science.*

Ils portent, à vrai dire, des traces certaines de l'inspiration de Fichte; il y a dans l'Idéalisme critique une doctrine d'immanence qui permet de découvrir au fond du Moi humain l'infinité de l'Absolu; il y a une conception de la subjectivité pure, de l'intériorité de la vie spirituelle, de son autonomie, de son inépuisable productivité, telle qu'aucune philosophie ne l'avait encore enseignée; il y a aussi, dans son moralisme, un monisme panthéistique qui *renverse* le spinozisme en transportant au Sujet, à la Liberté, le caractère de la Substance, de la Chose — et ce sont là des traits que l'on retrouve dans l'analyse que fait Schleiermacher de la religion. Mais ils ne peuvent faire illusion sur le caractère vrai des *Discours* qui proclament le primat du sentiment à l'égard de l'intelligence, la subordination de la raison à la foi, le triomphe du pur mysticisme sur le rationalisme dont Schleiermacher était parti d'abord.

Les *Discours* désavouent donc la pensée maîtresse de l'Idéalisme critique et portent déjà, de toute évidence, la marque du nouveau romantisme. Suivant le mot de Frédéric Schlegel qui en parlait en connaissance de cause, la synthèse de Gœthe et de Fichte ne pouvait rien donner d'autre qu'une religion[2].

*
**

Fichte, au moment où il préparait sa *Destination de l'homme,* n'ignorait point cette orientation de la jeune École. C'est au printemps de 1798 que Hardenberg fit paraître, dans l'*Athénée,* sous le pseudonyme de Novalis et sous le titre de *Poussière d'étamines* (Blüthenstaub), ses premiers *Fragments* sur la Nature, où se trouve

1. Schleiermacher, *Ueber die Religion. Reden an die Gebildeten unter ihren Verächtern,* Zweite Rede, p. 47. Voir aussi, pour cet exposé des *Discours* : Haym, *Die romantische Schale,* Drittes Buch, drittes Kapitel, p. 417-442, et Delbos, *Le problème moral dans la philosophie de Spinoza,* II, vi, *Schleiermacher,* p. 335-346.
2. Novalis, *Briefwechsel,* éd. J.-M. Raich, 26, Fr. Schlegel an Novalis in Freiberg. Berlin, 2. Dez. 1798, p. 57.

esquissée la conception mystique, magique et symboliste de l'univers, que le romantisme allait mettre à la mode[1].

Intimement lié avec les deux Schlegel et avec Hardenberg, Fichte eut sous les yeux les premiers des numéros de l'*Athénée*. Une lettre écrite à sa femme, de Berlin, le 2 août 1799, prouve d'ailleurs qu'il les avait lus avant cette date. Il la charge, en effet, de son bonjour et de ses remerciements cordiaux pour « Hardenberg (Novalis)[2] ». Il eut même probablement connaissance des *Fragments* (Fragmente) avant leur publication ; car il résulte de la correspondance échangée alors entre Frédéric et son frère Guillaume que celui-ci recevait fréquemment les *Fragments* de l'*Athénée* en manuscrit ou en épreuves et qu'il les communiquait souvent à Fichte[3].

Nous savons d'autre part, grâce aux lettres de Novalis à Guillaume, que ce dernier eut entre les mains ce que Novalis appelait *un cahier de ses Fragments mystiques* (ein Bogen mystischer Fragmente)[4], avant leur apparition dans l'*Athénée*. Dans une lettre du 24 février 1798, Novalis parle à Guillaume des *Fragments* qu'il lui adresse par le même courrier. Il s'en remet à lui et à Frédéric de juger s'ils ne sont bons qu'à brûler; personnellement il s'en désintéresse totalement. Il leur demande seulement, au cas où ils auraient envie d'en faire publiquement usage, de les signer du pseudonyme de Novalis[5]

Comment Guillaume les aurait-il cachés à Fichte, à l'heure même où Novalis déclarait à Frédéric Schlegel que l'idée à laquelle il travaillait lui paraissait une idée très grande et très féconde, une idée pratique capable de jeter un rayon de lumière d'une incomparable intensité sur le système de Fichte[6], quand nous savons par ailleurs que Caroline Schlegel communiquait à Fichte les lettres qu'elle et son mari recevaient de Novalis, *à cause de la grande affection que Fichte lui portait*[7]?

1. Haym, *Die romantische Schale*, Zweites Buch, drittes Kapitel, p. 279.
2. *Fichte's Leben*, I. Bd., II. Buch, 6. Kap., p. 316, lettre du 2 Août 1799.
3. *Fr. Schlegel's Briefe an seinen Bruder August-Wilhelm*, éd. Walzel, III (*Berlin, 1797-1799*), 105, p. 365-368. Voir en particulier lettres 100, 102, 103, 104 ; Voir surtout lettres 105 (où il est question de la « précieuse *poussière d'étamines* » (Blüthenstaub) d'Hardenberg, dont Guillaume a corrigé les épreuves pour le premier numéro de l'*Athénée*) et 106 (où il parle de communiquer à Fichte des fragments philosophiques : « Wenn Du etwa Fichte oder Niethammer oder Hülsen meine φ Fragmente im 5ten Bogen mittheilst, so thu es doch ja ohne den mindesten Akzent drauf zu legen. Ich lege ihn selbst nicht drauf. » p. 378).
4. Novalis, *Briefwechsel*, éd. J.-M. Raich, 16, Novalis an Fr. Schlegel in Berlin, Siebeneichen bei Meissen, 26. Dec. 1797, p. 50.
5. *Ibid.*, 18, Novalis an A.-W. Schlegel in Iena, Freiberg, 24. Februar 1798, p. 58-59.
6. Ibid., 19, Novalis an Fr. Schlegel in Berlin, Freiberg, 11. Mai 1798, p. 63.
7. *Ibid.*, 34, Caroline Schlegel an Novalis in Freiberg, Iena, 20. Februar 1799, p. 118.

Mais Fichte était-il également renseigné sur les travaux de Schleiermacher?

·Sans doute Schleiermacher, initié par Frédéric Schlegel à la *Théorie de la Science*, se plongeait alors avec ardeur, sur la recommandation de son ami, dans la philosophie de Fichte[1]; il travaillait même pour l'*Athénée* à une *Critique de la Morale* dont la pointe devait être dirigée contre Kant et Fichte.

Fr. Schlegel lui écrivait, au mois de juillet 1798, à propos de cette *Critique de la Morale* dont le ton déterminerait la place dans l'*Athénée* « soit comme article de fond, s'il était trop polémique, soit comme revue rhapsodique de seconde main des points de vue historiques de la philosophie, s'il restait historique » : « que tu sois attelé à Kant, c'est divin; mais ne perds pas de vue le *Fichte*; peut-être le mieux serait-il de lui montrer que son système de la Morale et du Droit est, dans son ensemble du moins, *identique* à celui de Kant, comme je le soutiens. A sa mystique de la légalité, à son esprit d'équité poussé jusqu'à l'amabilité, on peut facilement rendre la justice et les égards qui leur sont dus, puisque c'est là question purement individuelle et que ce n'est pas pourtant l'essentiel[2]. »

Et il ajoutait le 6 juillet ·

« Je me réjouis, plus que je ne peux dire, de ta *Critique de la Morale*[3]. »

En dépit des intentions de Schlegel, l'article de Schleiermacher ne parut ni dans les deux premiers numéros de l'*Athénée*, sous la forme d'une critique de la *Métaphysique des mœurs* de Kant, comme il l'annonçait à son frère, dans une lettre du 18 décembre 1797[4], ni sous la forme d'un article sur Kant et Fichte, qui devait être prêt pour le quatrième fascicule[5].

Les idées dont se préoccupait alors Schleiermacher furent donc sans doute ignorées de Fichte, à ce moment. Si Fichte en avait été informé par l'intermédiaire des Schlegel, il semble bien qu'il n'aurait pas parlé de Schleiermacher comme d'un étranger le jour où il le rencontra chez Dorothée Veit, à Berlin[6]

Toutefois, on peut établir que Fichte connut les *Discours* au

1. *Aus Schleiermacher's Leben. In Briefen*, éd. W. Dilthey, III. Bd., II, été 1798; lettre sans date de Frédéric Schlegel à Schleiermacher, p. 86-87.
2. Ibid., été 1798; lettre sans date de Fr. Schlegel à Novalis, p. 79.
3. Ibid., Dresden, den 6. August 1798, p. 85.
4. *Fr. Schlegel's Briefe an seinen Bruder August-Wilhelm*, éd. Walzel, III (*Berlin, 1797-1799*), 98, Berlin, den 18. December 1797, p. 332-333.
5. *Ibid.*, 111, den 29. September 98, p. 393.
6. *Fichte's Leben*, I. Bd., II, 6, lettre du 20 juillet 1799 : «... und gehe um 1 Uhr zu Madame Veit, wo ich Schlegel, und einen reformirten Prediger, Schlegel's Freund, treffe », p. 314.

moment même où il travaillait à sa *Destination de l'homme*. Schleiermacher a écrit ses *Discours* de janvier à avril 1799 ; le 22 février 1799,
il parle à Henriette Herz de la communication de son premier
Discours à Sack, le censeur pour les écrits concernant la religion [1] ;
à la fin de mars, il lui demande si elle a bien reçu le quatrième
Discours et ce qu'elle en pense [2] ; Dorothée Veit, de son côté, dans
une lettre du 8 avril, fait allusion au cinquième *Discours* qu'Henriette Herz a déjà reçu [3].

D'autre part, au lendemain de l'arrivée de Fichte à Berlin, dès les
premiers jours de juillet, Schleiermacher écrit à Henriette Herz :

« Je crains vraiment un peu que Fichte n'ait l'occasion de lire les
Discours ; je ne crains pas qu'il ait sans doute beaucoup d'objections
à y faire, cela, je le sais d'avance, et ce n'est pas ce qui m'inquiète,
je crains seulement de ne pas savoir où diable me tomberont sur le
dos toutes ses objections et de ne pas être capable de pouvoir en
discuter convenablement avec lui [4]. »

La chose redoutée de Schleiermacher ne pouvait manquer de se
produire, et Fichte eut sous les yeux les *Discours* entre le mois de
juillet et le mois de septembre ; Frédéric Schlegel écrit, en effet, à
Schleiermacher à la fin de septembre :

« Pour tes *Discours*, il en est de Schelling à peu près comme de
Fichte [5]. »

Or, c'est au mois de juillet que Fichte, pour la première fois,
annonce à sa femme qu'il travaille à la *Destination de l'homme* [6] ; le
20 août, il déclare qu'il en est à la moitié, qui sera prête à paraître à
la Noël [7] ; le 28 octobre, il estime à environ quinze jours le temps qu'il
lui faudra pour l'achever [8]. Il est donc certain que les *Discours* de
Schleiermacher pouvaient être présents à l'esprit de Fichte au
moment où il composait la *Destination de l'homme*. Est-il cependant
permis d'en conclure qu'ils aient exercé une influence directe sur la
composition de l'ouvrage ? On n'oserait l'affirmer ; tout ce qu'on peut
dire, c'est que Fichte d'une façon générale devait être hostile à l'inspiration des *Discours* ; nous en avons recueilli l'aveu de la plume
même de Schleiermacher : le mysticisme naturaliste du nouveau

---

1. *Aus Schleiermacher's Leben. In Briefen*, éd. W. Dilthey, I. Bd., II, Potsdam, den 22.
Febr. 1799, Schleiermacher an Henriette Herz, p. 202. — 2. *Ibid.*, III. Bd., III, Schleiermacher an H. Herz, d. 28. März 1799, p. 110. — 3. *Ibid.*, III. Bd., III, Dorothea Veit an
Schleiermacher, Berlin, den 8. April 1799, p. 110. — 4. *Ibid.*, I. Bd., II, Schleiermacher,
après la lettre du 4 juillet. La lettre portait en tête : vendredi soir (Freitag Abend), I,
p. 240-241. — 5. *Ibid.*, III. Bd , III, Fr. Schlegel an Schleiermacher. Lettre sans date
placée entre une lettre du 23 septembre et une lettre du 11 octobre, p. 125.
6. *Fichte's Leben*, I. Bd., II, 6. Lettre à sa femme, du 20 juillet, p. 314. — 7. *Ibid.*,
lettre du 20 août, p. 321. — 8. *Ibid.*, lettre du 28 octobre, p. 328.

romantisme lui répugnait étrangement; il y avait d'ailleurs entre lui et Schleiermacher une antipathie instinctive qui se manifesta dès le premier abord et qui ne fit que croître dans la suite.

Schleiermacher écrit à Brinkmann, le 1 janvier 1800, qu'il a fait la connaissance de Fichte, mais que ce dernier ne lui a pas produit grande impression. « La philosophie et la vie sont, dit-il, chez lui entièrement séparées, sa *mentalité naturelle* n'a rien d'extraordinaire », et, tant qu'il reste placé au point de vue de tout le monde, Fichte n'a rien, pour Schleiermacher, de ce qui pourrait le rendre intéressant à ses yeux[1]. Il en résulte qu'entre eux les conversations philosophiques furent rares et sans prix : ils étaient trop éloignés l'un de l'autre pour pouvoir, pour vouloir communiquer entre eux.

« Avant qu'il vînt, ajoute Schleiermacher dans cette même lettre, j'avais l'idée de parler avec lui de sa philosophie, pour lui déclarer qu'à mon sens il ne me paraissait pas suivre le droit chemin dans sa façon de séparer le point de vue de tout le monde du point de vue philosophique. Mais j'ai bien vite replié cette voile, voyant combien la mentalité naturelle est ancrée en lui, et n'ayant pas de critique à lui faire dans les limites mêmes de sa philosophie; comme l'étonnement n'est pas pour moi un objet de dialogue et que hors de sa philosophie il n'y avait d'autres points de contact que ceux qui sont tout à fait ordinaires, nous ne nous sommes jamais beaucoup rapprochés. Il n'est pas bien instruit; il ne paraît pas avoir d'idées précises en d'autres sciences (pas même en philosophie en tant qu'il y a en elle des connaissances), il n'a pas de vues générales, comme chacun de nous en a. C'est du reste très dommage, parce qu'il a un don tout à fait magistral de tirer les choses au clair et qu'il est le plus grand dialecticien que je connaisse[2]. »

Un pareil éloignement était réciproque. Fichte ne pouvait pas se tromper sur l'hostilité de Schleiermacher pour l'idéalisme, sur la glorification du mysticisme, au nom d'un réalisme supérieur, et d'autant moins que son ami Frédéric Schlegel s'engageait à son tour dans la voie que venaient de frayer Novalis et Schleiermacher, et se mettait délibérément à leur remorque[3].

1. *Aus Schleiermacher's Leben. In Briefen*, éd. W. Dilthey, IV. Bd., I, Schlegel an Brinkmann, Berlin, d. 4. Jan. 1800, p. 53.

2. Ibid., p. 53.

3. On est porté à croire que Fichte a ignoré les *Monologues* qui parurent en même temps que la *Destination de l'homme*, puisque, dans une lettre sans date, mais qui se place entre le 28 mars et le 11 avril 1800, Fr. Schlegel écrit à Schleiermacher « qu'il devrait engager Fichte à les lire..., qu'il est convaincu que, si Fichte apprend à connaître le livre impartialement, il l'aimera fort »; il ajoute même : « Je ne sais pas si tu lui accordes toute la profondeur de sentiment qu'il a vraiment » (*Aus Schleier-*

m. *FRÉDÉRIC SCHLE-* Au printemps de l'année 1799, Frédéric
GEL. LES « IDÉES », LE Schlegel travaille fièvreusement avec Schlei-
« CAVIAR » DE LA MYS- ermacher, pour l'*Athénée*; il compose ce
TIQUE. que, dès la fin de mai, il annonce à son
frère Guillaume comme une toute petite portion de pensées, — il
préfère ce nom à celui de *Fragments*, — mais de pensées « choisies »;

macher's Leben. In Briefen, éd. W.Dilthey, III. Bd., III, Fr. Schlegel an Schleiermacher,
p. 167).

Il y a d'ailleurs lieu de remarquer que les *Monologues*, au moins à la première
apparence, semblent tout inspirés de Fichte : la liberté originelle du pouvoir de
création absolu, conçu sous la forme de l'esprit, principe premier et unique; l'esprit,
ce qu'il y a de plus profond et de plus intime chez l'homme, dont la réalisation est
proposée comme la tâche infinie de la personne, comme le devoir même; ce devoir,
le progrès moral, consistant dans une intériorisation croissante, dans une conversion du dehors au dedans; le monde extérieur considéré comme le reflet de l'esprit;
Dieu représenté comme la destination morale de l'homme, l'immortalité affirmée
dès cette vie, sans attendre l'au-delà d'une existence future, ne reconnaissons-
nous pas dans ces idées, et presque textuellement, les enseignements de la *Théorie
de la Science*? (Delbos, *Le problème moral dans la philosophie de Spinoza* : deuxième
partie, chapitre VI, *Schleiermacher*, p. 347-348; Haym, *Die romantische Schule*, Drittes
Buch, Drittes Kapitel, p. 532-534.) Mais qu'on ne s'y trompe pas : Schleiermacher,
comme les autres romantiques, ne part de Fichte que pour le dépasser. Dès le
second *Monologue* et dans les *Monologues* suivants apparaît l'opposition fondamentale
entre la pensée de Schleiermacher et celle de Fichte, Schleiermacher s'efforçant à
la fois de réhabiliter, en la pénétrant d'esprit, la nature sensible, que Fichte prétendait au fond subordonner à l'esprit, et de réhabiliter aussi, en lui attribuant
une réalité absolue, une valeur morale, l'individu qui n'était pour Fichte qu'un
pur instrument et qu'il prétendait anéantir devant la forme universelle de la
Raison.

La nature sensible n'est plus pour Schleiermacher l'obstacle que la liberté s'oppose
pour se réaliser; elle est la détermination même de l'esprit, le singulier en lequel
seul il s'affirme et se réalise. Et, en effet, c'est au sein de la conscience individuelle
et par le sentiment que s'opère le miracle de l'union du fini et de l'Infini; c'est en
développant son individualité dans ce qu'elle a de plus original, c'est-à-dire de plus
particulier, que l'homme réalise en lui, autant qu'il le peut, la divinité. Chaque
individu est ainsi une révélation immédiate de Dieu, une réelle et vivante conciliation du fini et de l'Infini, alors que cette conciliation dans le devoir kantien ou
fichtéen demeurait médiate et purement formelle. Par là l'individualité acquiert
vraiment une valeur incommensurable, et elle la conserve tant qu'elle ne prétend
pas limiter à elle-même, à elle seule, la révélation du Dieu infini. Il est donc très
douteux, n'en déplaise à Fr. Schlegel, qu'à lire impartialement les *Monologues*,
Fichte dût les « aimer fort ». Loin de reconnaître dans les thèses de Schleiermacher
ses propres idées, il n'y pouvait voir qu'un travestissement de la *Théorie de la Science*,
et une raison de plus de combattre le romantisme.

Or, il se trouve justement que, par une curieuse coïncidence, la *Destination de
l'homme*, qui restaure le point de vue de l'Idéalisme critique, le Moralisme panthéistique contre le Mysticisme naturaliste et individualiste, est comme une réponse
anticipée aux *Monologues*. Autre coïncidence : la forme de la *Destination de l'homme*
est précisément celle du monologue, et la *Destination de l'homme* débute exactement
comme le premier *Monologue* par l'exposé du conflit de la nécessité et de la liberté
et par la solution de l'Idéalisme qui affranchit l'homme du joug de la conception
déterministe du monde, et affirme, avec la primauté de l'esprit, le règne de la vie
éternelle. Coïncidence plus curieuse encore : les *Monologues* sont le développement
d'un *Fragment* composé par Schleiermacher en 1792-1793 sous le titre : *La valeur de la
vie* (Ueber den Werth des Lebens), et la seconde partie, qui est intitulée : *La destination de la vie* (Die Bestimmung des Lebens), pose en toutes lettres la question de la
destination de l'homme, le titre même de l'ouvrage de Fichte (W. Dilthey, *Leben*

son essai achevé, en août, il l'appellera, « d'un nom plus exact », les *Idées* [1].

Ces *Idées*, le « caviar de la mystique », au dire de Dorothée, à cause de leur forme, à cause aussi des goûts du temps [2], attestent le changement qui s'opère dans la pensée de Schlegel ; c'est, de son propre aveu, l'heure où il passe de la *Critique* au mysticisme ; et cette transformation s'est accomplie précisément sous la double influence de Schleiermacher et de Novalis [3].

« Les *Idées* tout entières, écrit Fr. Schlegel à Schleiermacher, le 20 septembre 1799, ont d'une manière précise leur origine en toi, ou bien plutôt dans tes *Discours*. Parce que tu es attaché fortement d'un côté, je me suis mis de l'autre, et, à ce qu'il semble, je me suis pour ainsi dire accroché à Hardenberg [4]. »

Il s'y est même si bien accroché qu'en réalité il conclut ses *Idées* par une invocation à Novalis.

« ... En ton esprit, écrit-il, la philosophie et la poésie se sont intimement pénétrées. Ton esprit était tout près de moi tandis que se présentaient ces images de la vérité incomprise. Ce que tu as pensé, je le pense, ce que j'ai pensé, tu le penseras, ou bien tu l'as déjà pensé [5].... »

A son tour il prétend « déchirer le voile d'Isis », révéler le secret

Schleiermachers. Denkmale der inneren Entwicklung Schleiermachers. Ueber den Werth des Lebens, II. *Die Bestimmung des Lebens*, p. 51-52).

Il semble d'ailleurs qu'il y ait eu de la part de Fichte, à l'égard des écrits de Schleiermacher, une abstention systématique. Quand, en 1803, parut la première édition de l'*Esquisse d'une critique de la Morale régnante* (Grundlinien einer Kritik der bisherigen Sittenlehre) où Fichte était vivement pris à partie, le philosophe déclara qu'il s'abstiendrait de lire l'ouvrage, ce qui lui valut cette réplique de Schleiermacher : « Cela rentre tout à fait dans son système, car il croit toujours savoir d'avance ce que les autres vont dire ; il croit aussi que ce qu'ils disent et rien, c'est tout un » (*Schleiermacher's Leben. In Briefen*, éd. W. Dilthey, I. Bd., II, Schleiermacher an E. v. Willich, Stolpe, den 28. Januar 1804, p. 404). Quelques années plus tard, Fichte déclare lui-même qu'il n'a pas lu l'ouvrage de Schleiermacher : *Pensées de circonstance sur les Universités* (Gelegentliche Gedanken über Universitäten). (*Fichte's Leben*, II. Bd., Erste Abth., VIII, 8. *Gesuch Fichte's an das Departement um Enthebung vom Rectoramte*, Berlin, den 14. Febr. 1812, p. 124.)

On se demande vraiment, sans que d'ailleurs rien permette de l'affirmer, si Fichte, qui vivait alors dans l'intimité de Schlegel et de Schleiermacher, n'aurait pas été tenu au courant des *Monologues*, ne fût-ce que par des conversations.

1. *Caroline, Briefe*, I. Bd., éd. Waitz, Leipzig, Hirzel, 1871, 171, Fr. Schlegel an Caroline und an A.-W. Schlegel, Berlin, Mai 1799, p. 256-257.

2. *Fr. Schlegel's Briefe an seinen Bruder August-Wilhelm*, éd. Walzel, III (*Berlin, 1797-1799*), 143, p. 427. Voir aussi lettre du 10 août, 142, p. 426.

3. *Europa*, I, 52, cité par Haym, *Die romantische Schule*, Drittes Buch, drittes Kapitel, p. 490.

4. *Aus Schleiermacher's Leben. In Briefen*, éd. W. Dilthey, III. Bd., III, Iena, den 20. September 1799, p. 122.

5. J. Minor, *Fr. Schlegel, 1794-1802, Seine prosaischen Jugendschriften*, Wien, 1906, Verlagsbuchhandlung Carl Konegen, II. Bd., *An Novalis*, p. 307.

de la religion, et, à quiconque ne peut supporter la vue de la déesse,
il déclare qu'il n'a qu'à fuir ou qu'à périr[1].

Ce secret, on le connaît déjà, c'est, au fond, celui qu'avait découvert Novalis : le mysticisme poétique et panthéiste. « La religion
est l'âme du monde, ce qui vivifie toute la culture intérieure, le
quatrième élément invisible pour la philosophie, la morale, la
poésie[2]. »

« La religion n'est pas seulement une partie de la culture intérieure, un élément de la nature humaine, elle est le centre de tout
le reste, elle est ce qu'il y a de premier et de suprême, elle est ce qu'il
y a d'absolument originel[3] », « le rapport de l'homme à l'Infini[4] » ;
elle est « l'intuition ou la révélation de l'univers qu'on ne peut ni
expliquer, ni réduire en concepts », « ce qu'avait déjà si bien
compris Spinoza, ce que montrent aujourd'hui les *Discours sur la
religion*[5] »

Ce sentiment immédiat de la nature, voilà le divin partout visible ;
Dieu, nous ne le voyons pas[6]. Et c'est pourquoi l'amour est divin,
car c'est par l'amour et par l'amour seul que nous pouvons connaître
la nature[7].

Mais dans cette pénétration de la nature par l'amour consiste
justement l'œuvre du poète. « Si tu veux entrer dans les profondeurs de la physique, fais-toi initier aux mystères de la poésie. »
Cette communion dans la nature est ce qui rend la poésie inséparable de la religion : « Quiconque a de la religion, parlera
poésie[9]. » « Le noyau, le centre de la poésie, on le trouvera dans la
Mythologie, dans les Mystères des Anciens. Saturez le sentiment de
la vie de l'idée de l'Infini, vous comprendrez les anciens et la
poésie[10]. » « Sans la poésie la religion devient obscure, fausse, mauvaise[11]. »

Tel est le sens dans lequel se développait alors le romantisme

B. « *LA DESTINATION
DE L'HOMME* ». *SA SIGNI-
FICATION.*

Fichte pouvait-il l'ignorer, alors que c'est
sur les instances pressantes de Frédéric
Schlegel qu'il était venu à Berlin ; alors
que, avant même son arrivée, Schlegel l'avait
sollicité de « consacrer à ses amis, à Tieck, à Schleiermacher et à
lui-même, toutes ses heures de loisir qu'ils chercheraient à rendre

1. *J.* Minor, *Fr. Schlegel, 1794-1802, Seine prosaischen Jugendschriften,* Wien, 1906,
II. Bd., *Ideen,* 1, p. 289. — 2. Ibid., 4, p. 289. — 3. Ibid., 14, p. 290. — 4. *Ibid.,*
81, p. 297. — 5. Ibid., 150, p. 306. — 6. *Ibid.,* 44, p. 293. — 7. Ibid., 103, p. 300. —
8. Ibid., 99, p. 300. — 9. Ibid., 34, p. 292. — 10. *Ibid.,* 85, p. 298. — 11. *Ibid.,* 119,
p. 306.

le plus agréables possible [1] »? Et, en effet, à peine installé, il vécut dans l'intimité de Schlegel et du cercle des amis de Schlegel [2] Tous les jours, à une heure, il se rendait chez Dorothée Veit où il rencontrait justement, avec Schlegel, le pasteur réformé Schleiermacher; ils allaient se promener ensemble, ils faisaient ensemble des parties de campagne, ils soupaient ensemble [3]. Telle était leur amitié qu'à l'idée du départ de Frédéric pour Iéna, où il devait rejoindre son frère Guillaume, Fichte se sentit entièrement abandonné; il aurait voulu pouvoir le retenir en décidant Guillaume et les siens à venir à Berlin; il formait déjà le projet, s'il y réussissait, de louer un grand logis avec Schlegel et d'y vivre en commun, comme une seule famille [4].

Dans ces conditions, Fichte ne pouvait manquer d'être le premier informé de l'évolution des romantiques. On sait d'ailleurs le prix que Frédéric attachait au jugement de Fichte; déjà, en octobre 1797, il déclarait à son frère combien « la pensée de savoir si ses *Fragments philosophiques* élargiraient la vision de Fichte le troublait [5] », et, à la fin de novembre, on voit qu'il les lui avait effectivement communiqués. « J'écrirai très certainement à Caroline, à Hardenberg et à Fichte la prochaine fois, dit-il à son frère, dans une lettre du 28 novembre 1797; j'enverrai aussi à Fichte les *Fragments* [6] »; de même en fut-il pour les *Idées*. Fichte en eut connaissance avant leur publication dans l'*Athénée*. Ses efforts pour attirer Guillaume à Berlin n'ayant point abouti, Frédéric était parti à la fin d'août, et il était arrivé à Iéna dans les premiers jours de septembre [7]. Quelques semaines plus tard, dans une lettre qui ne porte pas de date, mais qui, visiblement, est encore de l'automne 1799, puisqu'il y est fait allusion à l'hiver qui approche, Schlegel nous apprend que Fichte a lu les *Idées*.

Il lui écrit : « J'ai éprouvé de la joie et de la surprise à voir que

1. *Fichte's Leben*, II. Bd., Zweite Abth., VIII, Fr. Schlegel an Fichte, 2, ohne Datum, p. 425. — 2. *Ibid.*, II. Bd., Zweite Abth., IV, 2, Fichte an Schelling, Berlin, den 20. Juli 1799, p. 298. « Je ne vois que Schlegel et ses peu nombreuses connaissances », écrivait-il à Schelling le 20 juillet 1799.
3. *Fichte's Leben*, I. Bd., II, 6, Lettre de Fichte à sa femme, 20 juillet 1799, p. 314. « Mit Fichte leben wir sehr innig, angenehm und interessant », écrit aussi Frédéric à Guillaume, le 10 août 1799, et il ajoute : « Nur hat er einige Gewohnheiten und Eigenheiten, die uns Zeit oder Geld oder beydes kosten ». *Fr. Schlegel's Briefe an seinen Bruder August-Wilhelm*, éd. Walzel, III (Berlin, *1797-1799*), 142, p. 426.
4. *Fichte's Leben*, I, II, 6, lettre du 2 août, p. 315.
5. *Fr. Schlegel's Briefe an seinen Bruder August-Wilhelm*, éd. Walzel, III (Berlin, *1797-1799*), 93, p. 310. — 6. *Ibid.*, III, 95, p. 323.
7. Voir *Aus Schleiermacher's Leben. In Briefen*, éd. W. Dilthey, III. Bd., III. Fr. Schlegel an Schleiermacher, Freytag, den 13. September 1799, p. 119, note.
8. *Fichte's Leben*, II. Bd., Zweite Abth., VIII, 4, Ohne Datum. Aus Iena, p. 426.

204 FICHTE A BERLIN.

vous aviez trouvé qu'il valait la peine de lire attentivement mes *Idées* sur la religion », et il ajoute — l'aveu est à retenir — « qu'il attend leur prochaine réunion pour lui exposer complètement ce qu'il songe à faire en philosophie[1]. »

Il résulte de cette lettre que Fichte avait eu sous les yeux le texte des *Idées* en 1799, sans doute en septembre ou en octobre. Une lettre postérieure de Fichte à Frédéric le confirme. Il lui écrit le 16 août 1800 : « Dans vos *Idées*, sur lesquelles j'ai de nouveau réfléchi à fond, je crois trouver encore des traces de la confusion entre l'*esprit philosophique*, dont l'intervention est, certes, nécessaire à travers la vie, et la *philosophie*, au sens objectif du mot, la philosophie comme science. Le point de vue idéaliste, au sens scientifique, ne peut jamais pénétrer dans la vie, il est tout à fait anti-naturel »; et Fichte ajoute : « Quant à l'esprit qu'une philosophie achevée engendre en vue de l'application à la vie, je crois l'avoir expliqué dans le troisième livre de la *Destination de l'homme*[2]. »

Ainsi donc Frédéric Schlegel et Fichte s'entretenaient mutuellement de leurs projets, de leurs pensées; et Frédéric, suivant ses propres expressions, se réjouissait fort de voir Fichte l'aimer. A vrai dire, la manière dont Fichte cherchait à le comprendre dépassait de beaucoup ses espérances, de beaucoup ce que, en raison de la parcimonie avec laquelle il usait de son temps, l'amitié même pouvait exiger. Sa compréhension, disait Frédéric, allait très loin, beaucoup plus loin que sa vision; il en était souvent étonné[3]

Il est curieux de constater cette intimité entre Fichte et les promoteurs du romantisme au moment même où s'accusaient leurs divergences et où se préparait la rupture. L'attitude de Fichte à l'égard de l'orientation nouvelle du romantisme n'était cependant pas difficile à prévoir. Il suffit de se reporter au passage de sa Morale où il dénonce l'erreur des mystiques qui croient pouvoir atteindre directement Dieu dans le temps. Il s'en explique d'ailleurs avec Tieck, dès cette heure, de manière à dissiper toute équivoque. Fichte avait connu Tieck à Berlin par Frédéric Schlegel; il le retrouva, quelques mois plus tard, à Iéna où il allait chercher sa femme et son fils. Tieck venait justement d'écrire un dialogue sur Jacob

1. *Fichte's Leben*, II. Bd., Zweite Abth., VIII, 4, Ohne Datum. Aus Iena, p. 427.
2. Dr Hans Schulz, *Aus Fichte's Leben*, Briefe und Mitteilungen zu einer künftigen Sammlung von Fichte's Briefwechsel, Berlin, Verlag von Reuther und Reichard, 1918, p. 33.
3. *Aus Schleiermacher's Leben. In Briefen*, éd. W. Dilthey, III. Bd., III, Fr. Schlegel an Schleiermacher, sans date, entre le 28 mars et le 11 avril 1800, p. 167.

Boehme[1], qu'il avait étudié, en 1798, avec un amour passionné[2]. Boehme était alors fort en honneur parmi les romantiques, qui lui vouaient un véritable culte. Novalis adressait à Tieck une poésie où, au nom du vieux mystique, il le sacrait « l'annonciateur de l'aurore », et Fr. Schlegel faisait à Schleiermacher un devoir d'étudier le « philosophus teutonicus », parce que, précisément pour lui, le Christianisme se trouve en contact avec deux sphères où « actuellement l'esprit révolutionnaire se rencontrait de la façon la plus harmonieuse avec la physique et avec la poésie[3]. »

Or, Jacob Boehme, en qui, avec les autres romantiques, Tieck voyait un prophète, passait, aux yeux de Fichte, pour un visionnaire. Tieck eut beau essayer de lui montrer comment en Boehme s'alliaient immédiatement la pensée philosophique et l'intuition poétique, Fichte l'arrêta par ces mots : « Cher ami, vous êtes poète ; si vous me donnez l'assurance que Jacob Boehme est un grand poète, je veux bien vous croire sur parole ; par contre il faut aussi que vous me croyiez, si je vous déclare que ce n'est pas un philosophe, mais un grand fou[4]. »

Le mot se passe de commentaire et dit assez quels étaient les sentiments de Fichte à l'égard du mysticisme plus ou moins poétique, plus ou moins magique, plus ou moins naturaliste, que le romantisme essayait alors de remettre à la mode.

Le jugement de Fichte sur l'orientation nouvelle du romantisme n'est plus d'ailleurs alors un secret pour personne. Guillaume Schlegel parle ouvertement à Schleiermacher de la défiance de Fichte à l'égard de l'état d'esprit qui règne dans tout leur cercle, défiance exprimée personnellement par Fichte à Schelling[5]

1. Rudolf Köpke, *Ludwig Tieck*, Leipzig, Brockhaus, 1855, Erster Theil, Zweites Buch, 9, Iena und Weimar, p. 253.
2. Novalis, *Briefwechsel*, éd. J.-M. Raich, 26, Fr. Schlegel an Novalis in Freiberg, Berlin, den 2. Dez. 1798, p. 87.
3. Cité par Haym, *Die romantische Schule*, Drittes Buch, viertes Kap., p. 618.
4. Rudolf Köpke, *Ludwig Tieck*, Erster Theil, Zweites Buch, 9, Iena und Weimar, p. 253.
5. *Aus Schleiermacher's Leben. In Briefen*, éd. W. Dilthey, III. Bd., III, A.-W. Schlegel an Schleiermacher, Gotha, den 5. Oct. 1800, p. 234. « Fichte... hat dann ihm 'Argwohn gegen die Gesinnungen unsres ganzen Zirkels in Ansehung seiner beygebracht. »
Il s'agit d'une confidence de Fichte à Schelling au sujet de la nouvelle tournure du romantisme qui peut surprendre au premier abord, car, à cette date, Schelling a déjà développé en grande partie sa *Philosophie de la Nature*, et cette *Philosophie de la Nature* est aussi un retour au spinozisme ; elle s'oriente visiblement dans un sens divergent de la *Théorie de la Science*, dans le sens du romantisme, en attendant qu'elle en devienne à son tour l'expression philosophique. On sait avec quel empressement Fr. Schlegel signale dans l'*Athénée* les travaux de philosophie naturelle de Schelling ; il consacre un sonnet à la *Weltseele*, il se fait, contre Schleiermacher, l'apôtre enthousiaste de la « Philophysique » [Haym, *Die romantische Schule*,

De ce dissentiment la *Destination de l'homme* est justement le
témoignage; elle est le désaveu public de l'évolution récente du
romantisme; elle a la valeur d'un manifeste.

Cet ouvrage, qui s'adressait, non plus aux philosophes de profession,

Drittes Buch, viertes Kap., p. 612]. Mais il apparaît à la réflexion que cette confidence est toute naturelle : elle ne s'explique pas seulement par l'intimité de Fichte
et de Schelling, que rien n'a jusqu'ici affaiblie, — les deux philosophes dans l'intérêt
de leur doctrine faisant alors effort pour cacher au public une divergence qu'ils
osent à peine s'avouer à eux-mêmes, — elle s'explique aussi par la répulsion qu'inspire encore à Schelling le mysticisme religieux des romantiques.
Sans chercher à approfondir, au moment de leur apparition, les *Discours* et les
Monologues de Schleiermacher, il voit qu'ils éveillent chez Tieck, chez Novalis
surtout, la religiosité mystique; et c'est contre cette religiosité que proteste, suivant
l'expression de Fr. Schlegel, « son vieil enthousiasme pour l'irréligion », quand il écrit
ce pamphlet contre le lyrisme mystique des *Discours* de Schleiermacher et de
l'*Europa* de Novalis intitulé : *La profession de foi épicurienne de Heinz Widerporst.*
Heinz Widerporst n'est pas d'humeur à suivre les révélations et les prophéties des
nouveaux apôtres : il se refuse à l'intuition du monde entier, à l'anéantissement
au sein de l'univers; il n'écoute pas les théories supra-terrestres, les verbiages sur
la lumière intérieure; il veut de bonnes réalités, « il n'affirme comme vrai et comme
réel que ce qu'on peut toucher avec ses mains », il n'admet d'autre religion que
celle qui consiste dans la jouissance franchement avouée des choses sensibles
(Haym, *Die romantische Schule*, Drittes Buch, viertes Kap., *Schelling und die Naturphilosophie*, p. 552-553).
La *Philosophie de la Nature*, au sens où l'entend alors Schelling, est une explication rationnelle, une déduction de l'univers, conforme à la connaissance scientifique
qu'elle prétend justifier, en particulier aux plus récentes découvertes de la chimie,
de la physique et de la physiologie. Rappelons ici, pour ne citer que celles-là, les
découvertes de Priestley et de Lavoisier en chimie, de Volta en physique, de Galvani
et de Mesmer en physiologie, et souvenons-nous que Schelling voit alors dans le
galvanisme la synthèse du triple procès dynamique : magnétisme, électricité,
chimisme, et le lien entre le monde organisé et le monde inorganique (passage de
l'électricité à l'irritabilité, du procès chimique au penchant plastique). D'ailleurs,
dans un article qui parut dans le *Journal de physique spéculative*, Schelling lui-même
inscrivait ce titre : *Déduction générale du procès dynamique ou des catégories de la physique* (Allgemeine Deduktion des dynamischen Processes oder der Kategorien der
Physik), et il est visible que son intention était d'édifier, en face du système des catégories de l'esprit, un système des catégories de la nature, pour montrer ensuite
leur accord fondamental. Mais la théorie de la nature, telle que Schelling la
développe alors, n'a rien de mystique, rien de commun avec ce que les romantiques,
et tout particulièrement alors Novalis, cherchent dans l'Univers; Schelling même
devait repousser de toutes ses forces la conception que Novalis tentait d'introduire :
ce symbolisme naturaliste n'aboutissant, en définitive, qu'à nier la réalité de la
nature devenue, en somme, une simple clé et comme un chiffre pour pénétrer le
secret de l'esprit; ce sens poétique hostile aux systèmes qui prétendent fixer les
limités de la nature aux dépens de sa variété, de son infinie souplesse
allait directement contre l'œuvre de Schelling, et l'on ne peut vraiment s'étonner
qu'à l'occasion de la publication des écrits de Novalis le philosophe de la nature se
soit écrié « qu'il ne pouvait supporter cette frivolité à l'égard des objets qui consiste
à les flairer tous sans en pénétrer aucun » (Haym, *Die romantische Schule*, Drittes
Buch, viertes Kap., p. 605-606 et 610-611). Et l'on est en droit de s'étonner que Fichte
ait pu accuser la *Philosophie de la Nature* de Schelling d'être un *Novalisme (Aus
Schleiermacher's Leben. In Briefen*, éd. W. Dilthey, I. Bd., II, Schleiermacher an E. v.
Willich, Juni 1801, p. 294).
Cependant, et sans doute sous l'influence des premiers romantiques, des Schlegel,
de Tieck, de Novalis lui-même, peut-être enfin de Schleiermacher, Schelling allait
achever sa *Philosophie de la Nature* en *Philosophie de l'Art* et en *Philosophie de la Religion*.
Encouragé par A.-G. Schlegel [Fr. Schlegel disait aussi de lui à Schleiermacher : « Er

suffisamment édifiés par ses autres écrits, mais à tous les lecteurs capables de comprendre un livre, Fichte y travaillait sans relâche depuis qu'il avait trouvé à Berlin, avec la sécurité, le repos d'esprit indispensable à la spéculation. Commencé au milieu du mois de juillet 1799, le manuscrit était achevé dès les premiers jours de novembre et, grâce à Fessler, vendu à un libraire de Berlin (Voss'che Buchhandlung) à des conditions très avantageuses[1].

Le *Doute*, le *Savoir*, la *Foi*, ces trois grandes divisions indiquent déjà l'esprit et la portée de la *Destination de l'homme*; il s'agit pour Fichte de faire comprendre comment se produit dans l'esprit humain le passage du point de vue des sens — qui fait naître le doute — au point de vue de la liberté, qui est le domaine de la science, de la philosophie, et de celui-ci, au point de vue de l'ordre absolu ou de Dieu, lieu de la religion.

Comment, de la considération du monde, le doute peut-il sortir? Dans la nature règne l'universel déterminisme des phéno-mènes, et l'homme ne se distingue à ce point de vue du reste de la nature que par la conscience qu'il a de ses états. Tout se jus-tifie donc en lui par les lois d'un déterminisme plus ou moins com-pliqué, même ce qui le distingue du reste de la nature. La moralité s'explique, en effet, entièrement par le jeu de nos penchants, par leur unification sous la tendance la plus forte. « Ainsi tout ce qui

muss erst durch Poesie aus der Philosophie gerettet werden, ehe er zur Mystik gelangen kann]. (*Aus Schleiermacher's Leben. In Briefen*, éd. W. Dilthey, III. Bd., III, Iena, den 16. Sept. 1799, p. 120-121), il conçut même le projet d'écrire un poème, une sorte d'épopée sur la nature, et il y travailla pendant l'été de 1800; il recula devant les difficultés de l'entreprise. Mais ses amis A.-G. Schlegel et Tieck, dans leur *Almanach des Muses*, ne cessaient de rimer des vers sur la nature, attestant ainsi la solidarité de la poésie nouvelle avec la *Philosophie de la Nature* (Haym, *Die romantische Schule*, Drittes Buch, Viertes Kap., p. 635-636). De son côté, Schelling, dont les constructions dialectiques sur la nature n'avaient rencontré que mépris chez les physiciens de pro-fession, empiriques purs ou partisans de l'École mécaniste atomistique, orientait sa philosophie vers la poésie : il déclarait alors que sa position à l'égard des physi-ciens empiriques était tout à fait analogue à celle de la nouvelle poésie idéaliste à l'égard du prosaïsme des poètes et des critiques de l'École nicolaïte, et, dans sa polémique contre le *Journal littéraire universel d'Iéna*, il soutenait la concordance de ses intérêts scientifiques avec les intérêts poétiques et critiques de ses amis roman-tiques; il défendait l'*Athénée*, il affirmait enfin qu'au terme de ses travaux sur la nature il apparaîtrait que la révolution opérée par eux dans la science de la nature était ce qui pouvait se produire actuellement de plus décisif dans le domaine scientifique, non seulement pour la philosophie, mais pour ce qu'il y a de suprême et de dernier, pour la poésie (Ibid., p. 637).

Dans l'atmosphère romantique d'Iéna la *Philosophie de la Nature* tourne ainsi de plus en plus à l'art, à la poésie; en concluant ainsi sa *Philosophie de la Nature* par une *Philosophie de l'Art*, Schelling, en dépit des apparences, ne renie pas ses principes, car, au fond, toute sa théorie de la nature reposait sur une vue esthétique : elle s'inspirait de la *Critique du Jugement*, et toute sa théorie de l'intuition intellectuelle prenait en définitive pour modèle la production du génie dans l'art, l'intuition artis-tique.

1. *Fichte's Leben.* I, II, 6, Lettre de Fichte à sa femme, du 28 oct. 1799, p. 328.

arrive, — le bien comme le mal, — est un produit de l'universelle
nécessité, j'y assiste, je le fais, mais je n'y puis rien, je ne suis pas
le maître, je suis l'esclave de ce qui se passe en moi. » Mais c'est
ici justement qu'apparaît en l'homme l'insurmontable contradiction
d'où va jaillir le doute. Ce déterminisme, principe d'universelle
intelligibilité des choses, peut bien satisfaire pleinement notre entendement, notre conscience se révolte à l'idée que l'homme est un
simple élément de l'univers, un produit de la fatalité de la nature;
notre conscience morale exige, comme sa condition même, non pas
seulement cette illusion de la liberté que le déterminisme nous
accorde, mais une liberté réelle et efficace. Or, l'affirmation d'une
telle liberté ruine la conception déterministe du monde. Un déterminisme nécessaire au point de vue de la nature, une liberté obligatoire
au point de vue de la conscience morale, telle est la singulière antinomie à laquelle l'homme se trouve acculé sans en pouvoir sortir, et
devant cette antinomie irréductible une seule attitude lui est permise :
le doute[1].

Mais contre un doute insupportable le cœur proteste. Cette protestation, Fichte la met en lumière sous la forme vivante d'un dialogue
entre l'homme et l'Esprit qui, dans une nuit d'anxiété, lui apparaît
comme la révélation de la vérité. De ce dialogue il ressort que, pour
la réflexion bien conduite, le déterminisme de la nature n'est, après
tout, qu'une pure création de notre pensée. La chaîne de notre
esclavage est l'œuvre de nos propres mains.

En effet, la nature, dont la loi, le déterminisme, contredit l'exigence
de la liberté, n'a pas une existence en soi et à soi qui s'oppose
et s'impose à l'esprit; elle est, jusque dans son fond dernier, un
produit de l'activité spirituelle. Les qualités des objets, la localisa-
tion de ces qualités dans l'espace, l'attribution de ces qualités à un
corps extérieur au sujet, les lois suivant lesquelles cette attribution
s'opère ne sont que des déterminations de notre activité spirituelle;
et les objets dont se compose notre monde sont non seulement dans
leur forme, dans l'ensemble des lois qui constituent, pour nous, l'expérience, mais jusque dans la diversité même de leur matière, une
création de l'esprit; leur apparente opposition avec l'esprit vient
seulement de ce que cette production est antérieure à la conscience
et, dès lors, prend pour la conscience, quand elle s'éveille, la forme
du donné. Le monde n'est ainsi que le miroir où se réfléchit notre
activité; les choses ne sont que des images, que la projection du

1. Fichte, *S. W.*, II. Bd., *Die Bestimmung des Menschen*, Erstes Buch, *Zweifel*,
p. 189-198.

Moi et de ses tendances ou de ses actes (sensation, intuition, pensée). S'il en est bien ainsi, il en résulte que le monde et sa loi ne sauraient enchaîner la liberté, puisque le monde et la nécessité ne sont que le produit, ou mieux, que le reflet de l'activité productrice, de la causalité de l'esprit. Le monde de la nature ne peut opposer de limite à la liberté, puisqu'il n'a pas d'existence propre, puisqu'il n'a d'autre réalité que celle que la liberté lui confère[1]. L'homme, en tremblant devant une nécessité qui n'existe que dans sa pensée[2], tremble devant un fantôme qu'il s'est forgé de toutes pièces[3].

Mais voici qu'avec la connaissance vraie des choses surgit une nouvelle difficulté, se pose un nouveau problème. Le système de la science transforme l'existence en pure apparence, il fait du monde un système d'images, de reflets, il substitue un rêve à la réalité. La science qui détruit l'erreur du dogmatisme est incapable de fournir la vérité — car le savoir n'est qu'image, que représentation; il est en lui-même absolument vide. L'homme cependant prétend saisir la réalité; avec l'organe de la science, il en est incapable. A-t-il seulement un autre organe? Oui, et cet organe, c'est la foi[4]

La foi n'est pas, comme la science, une faculté de raisonnement comportant une régression à l'infini, mais l'appréhension directe et immédiate de la réalité, l'organe de la perception du réel. La foi fournit ainsi à la science la donnée primitive, le principe sans lequel le raisonnement se perdrait dans l'infini de la régression ou dans le vide de l'abstraction.

Et cette réalité que saisit ainsi la foi dans son intuition, c'est la liberté, source de toute réalité, c'est la causalité de la raison, qu'atteste en nous la conscience du devoir : nous croyons à la liberté dans la mesure où nous la réalisons[5].

La vie cesse alors d'être un jeu stérile sans vérité et sans signification. C'est ce verdict de la conscience qui seul donne à mes représentations de la vérité et de la réalité[6]. Le monde est l'objet et la sphère de mes devoirs, il n'est absolument rien d'autre[7].

« A la question de savoir s'il existe en réalité un monde tel que celui que je me représente, je ne puis rien répondre de plus profond que ceci, rien qui échappe davantage aux prises du doute · je suis certain d'avoir vraiment tels ou tels devoirs, qui se mani-

---

1. Fichte, *S. W.*, II. Bd., *Die Bestimmung des Menschen*, Zweites Buch, *Wissen*, p. 200-240. — 2. Ibid., p. 240. — 3. Ibid., p. 199. — 4. Ibid., p. 245-247. Cette foi, on va le Voir, n'est rien de plus que la certitude pratique, l'intuition du devoir, c'est encore de la raison, ce n'est nullement une renonciation à la raison, comme l'est la foi, au sens où l'entendent les romantiques et les mystiques. — 5. Ibid., Drittes Buch, *Glaube*, p. 253-256. — 6. Ibid., p. 259. — 7. Ibid., p. 261.

festent à moi comme des devoirs concernant tels objets, supposant tels objets; tels devoirs que je ne puis me représenter autrement, que je ne puis accomplir autrement que dans un monde comme celui que je me représente. Et pour celui, s'il pouvait exister, qui n'aurait jamais pensé à sa destinée morale, ou pour celui qui, en ayant pris conscience en général, formerait tout bas la résolution d'en retarder l'accomplissement jusqu'à un avenir indéfiniment reculé, même pour celui-là, sa croyance à la réalité du monde des sens n'a d'autre origine que la conception morale qu'il s'en fait; s'il ne la rattache pas à l'accomplissement de ses devoirs, il la ramène sûrement à l'exigence de ses droits, c'est-à-dire encore à l'exercice de la liberté. Lors même que, dans l'usage des objets qui l'entourent et dans la jouissance qu'il en tire, il n'aurait d'autre but que précisément celui d'en jouir, du moins exige-t-il cette jouissance comme l'exercice d'un droit, pour la propriété duquel il réclame d'autrui l'inviolabilité, et par conséquent il comprend sous un concept moral le monde sensible, même dans les choses dépourvues de raison.

« Ainsi ce n'est pas l'action de choses présumées extérieures à nous, ce n'est pas davantage la production de pures formes par notre imagination et notre pensée, c'est la croyance nécessaire à notre liberté, à notre action positive et à certaines lois de la conduite humaine qui fonde toute conscience d'une réalité extérieure. Ce n'est pas la conscience du monde réel qui est la raison du besoin d'agir, c'est ce besoin d'agir qui est la raison de la conscience du monde réel; la Raison pratique est la racine de toute raison. Les lois de l'action ont pour les êtres raisonnables une certitude immédiate; pour eux le monde n'est *certain* que parce qu'il se conclut de leur certitude. Nous ne pouvons pas nier ces lois qui sont nos devoirs sans que le monde, et nous-mêmes avec lui, nous nous abîmions dans le néant; nous ne nous élevons au-dessus du néant et ne nous maintenons au-dessus de lui que par notre moralité[1]. »

Cependant une difficulté subsiste : l'ordre du monde ne dépend pas de la volonté de l'homme, de ses intentions, il résulte d'un ensemble de lois dont le mécanisme échappe à son pouvoir; il semble que le progrès du monde s'opère tout à fait indépendamment des vertus ou des vices des hommes, d'après une loi qui lui est inhérente, en vertu d'une force invisible et inconnue, qui s'empare de tous les desseins des hommes, les bons comme les mauvais, pour

1. Fichte, *S. W.*, II. Bd., *Die Bestimmung des Menschen*, Drittes Buch, *Glaube*, p. 261-263.

son plan supérieur, et, dans sa toute-puissance, fait servir à ses propres fins ce qui avait été entrepris dans d'autres buts [1]

Mais justement cette impuissance de notre bonne volonté en face de la force qui dirige le monde nous oblige à concevoir, pour l'accomplissement même de la moralité, l'existence d'un ordre où le devoir a ses conséquences, d'un ordre supra-sensible, qui d'ailleurs n'est pas du tout un ordre post-terrestre : c'est le monde invisible qu'exige la conscience morale, et dont la trame se tisse à mesure que s'accomplit la moralité.

« Ce qu'ils appellent le ciel ne se trouve pas outre-tombe ; mais est dès à présent répandu autour de notre nature, et sa lumière rayonne au fond de tout cœur pur [2]. »

Maintenant la réalisation de ce monde tout spirituel implique l'existence d'une Volonté infinie, qui n'est, en fait, que la volonté de la Raison ; et c'est dans la mesure où les volontés particulières communient en cette Volonté infinie et universelle, et se confondent avec elle que s'accomplit leur destinée [3].

« O toi, Volonté d'en haut, Volonté vivante, qu'aucun nom ne nomme, qu'aucun concept ne conçoit, je peux bien élever mon cœur jusqu'à toi, car toi et moi ne sommes pas séparés. Ta voix résonne en moi, la mienne en retour retentit en toi, et toutes mes pensées, pourvu qu'elles soient vraies et bonnes, je les pense en toi. C'est en toi, l'inconcevable, que je deviens concevable à moi-même et que le monde tout entier me devient concevable ; c'est en toi que tous les problèmes de mon être sont résolus et que l'harmonie la plus parfaite naît dans mon esprit [4].

« Et maintenant que mon cœur est fermé à tout désir terrestre maintenant qu'enfin je suis devenu étranger à ce qui passe, l'univers apparaît à mon regard sous une forme qui le transfigure. La masse morte, pesante, qui remplissait l'espace a disparu ; à sa place coule, s'agite et gronde le flot éternel de vie, de force, d'action, de la vie originelle, de ta Vie, ô Infini : car toute vie est ta Vie, et il n'y a qu'un regard religieux qui puisse pénétrer dans le royaume de la vraie beauté.

« Je suis lié à toi, et tout ce que je vois autour de moi est lié à moi ; tout est vivant, animé, et me regarde avec les yeux clairs de l'esprit, parle à mon cœur avec la voix de l'esprit. A travers la diversité des choses dispersées et répandues autour de moi, c'est moi-même que je retrouve sous toutes les formes de la nature ; je me reflète

---

1. Fichte, *S. W.*, II. Bd., *Die Bestimmung des Menschen*, Drittes Buch, *Glaube*, p. 279-280. — 2. Ibid., p. 283. — 3. Ibid., p. 294-303. — 4. Ibid., p. 303-304.

en elle comme le soleil du matin se reflète et reluit en dispersant ses
rayons dans mille gouttes de rosée[1].... Ta Vie, par mon intermédiaire, coule, diversement matérialisée, aux yeux des mortels, à travers l'immensité de la nature..., elle se répand à travers mes artères
et mes muscles, comme une matière plastique qui se crée elle-même ;
hors de moi elle déverse son trop-plein dans les arbres, dans les
plantes, dans les herbes ; un seul et même flot, un flot indivisible,
goutte à goutte, coule à travers la vie sous toutes ses formes partout
où son œil peut la suivre. Pure et sainte, aussi proche de ton être
intime que quoi que ce soit peut l'être aux yeux d'un mortel, cette
vie, ta Vie qui coule est le lien qui unit en un seul et même Tout les
esprits aux esprits, elle est comme l'air et l'éther du monde un de la
Raison ; impensable, inconcevable et pourtant évidente, étalée aux
yeux de l'esprit. Entraînée dans le torrent de lumière, la pensée
flotte sans qu'on puisse l'arrêter ; la même d'âme à âme, elle passe
d'un cœur d'homme à celui d'un autre, plus pure et plus claire. Voilà
le secret qui fait que chaque être ne se découvre, ne se comprend et
ne s'aime que dans autrui ; que chaque esprit ne se développe qu'à
l'instigation des autres esprits ; qu'il n'y a pas d'hommes, mais seulement une humanité. Voilà le secret qui fait que la parenté des
esprits dans le monde invisible s'étend jusqu'à leur nature corporelle[2]. »

« Cette vie, ce flux éternel dans toutes les artères de la nature sensible et spirituelle, mon œil l'aperçoit à travers ce qui apparaît aux
autres comme une masse morte... ; l'univers n'est plus pour moi ce
cercle qui revient sur lui-même, ce jeu qui se répète sans cesse, ce
monstre qui se dévore pour se reproduire tel qu'il était ; devant
mon regard il est spiritualisé ; il porte la marque propre de l'esprit :
progrès continu vers une perfection toujours plus haute, progrès
à l'infini.

« Le soleil se lève et se couche, les étoiles disparaissent et réapparaissent ; toutes les sphères ont leur rythme circulaire ; mais elles ne
réapparaissent jamais telles qu'elles ont disparu ; dans les sources
lumineuses de la vie on trouve encore la vie et le progrès. Chaque
heure qu'elles amènent, chaque matin et chaque soir descend
sur le monde, et c'est un nouveau succès ; à nouveau la vie, à
nouveau l'amour descendent de ces sphères en gouttes de rosée, et
viennent saisir la nature, comme la fraîcheur de la nuit saisit la
terre.

1. Fichte, S. W., II. Bd., Die Bestimmung des Menschen, Drittes Buch, Glaube, p. 315.
2. Ibid., p. 316-317.

« Toute mort dans la nature est naissance, et c'est précisément dans la mort qu'apparaît visiblement le prix de la vie. Il n'y a pas dans la nature de principe de mort, car la nature est partout et essentiellement vie; ce n'est pas la mort qui tue, c'est une vie plus vivante qui, cachée sous l'ancienne, commence et se développe. Mort et naissance, c'est simplement la lutte de la vie avec elle-même, pour s'exposer toujours plus radieuse, toujours plus semblable à elle-même[1]. »

Ainsi s'achève la *Destination de l'homme*, dans une sorte d'hymne panthéistique. — Mais, en dépit des expressions de *nature* et de *vie* qui reviennent sans cesse sous la plume de Fichte, ce panthéisme est proprement spiritualiste; plus exactement, c'est un pan-moralisme. Et ce pan-moralisme est une réplique aux attaques contre la *Théorie de la Science* du mysticisme naturaliste où le romantisme vient de sombrer sous l'inspiration de J. Boehme et des Physiciens. Fichte, dont se revendiquaient publiquement jadis les fondateurs de l'École, et qui ne cachait plus, on l'a vu, sa défiance à l'égard de leur état d'esprit, n'est-il pas couramment accusé maintenant par eux d'avoir sacrifié par ignorance de la vraie science[2] la nature à la moralité; d'avoir préféré au sentiment, à l'appréhension immédiate de l'être les abstractions de la raison; d'avoir enfin construit une philosophie formelle sans contact avec la réalité[3]?

Or, la *Destination de l'homme* a précisément pour objet de justifier l'*Idéalisme transcendantal* et d'établir que les critiques des roman-

1. Fichte, *S. W.*, II. Bd., *Die Bestimmung des Menschen*, Drittes Buch, *Glaube*, p. 317-318.
2. Schleiermacher écrivait à Brinkmann que « Fichte ne paraissait pas avoir de connaissances détaillées dans d'autres sciences (pas même en philosophie en tant qu'elle a un contenu positif), mais simplement les vues générales que chacun peut avoir « (*Aus Schleiermacher's Leben. In Briefen*, éd. W. Dilthey, IV. Bd., I, Schleiermacher an Brinkmann, Berlin, d. 4. Jan. 1800, p. 53).
3. Le même Schleiermacher écrivait au même Brinkmann le 14 décembre 1803 : « Chez quiconque sépare si rigoureusement la philosophie de la vie, comme Fichte le fait, que peut-il y avoir de grand? Un grand virtuose, un virtuose borné à un seul point de vue, mais combien peu un homme! », et il ajoute que c'est par pur besoin dialectique que Fichte a été amené à constituer un savoir, un savoir uniquement pour le savoir (*Aus Schleiermacher's Leben. In Briefen*, éd. W. Dilthey, IV. Bd., I, Schleiermacher an Brinkmann, Stolpe, d. 14. Dec. 1803, p. 94). Enfin, dans une lettre à Reimer, de juin 1803, il parle en termes méprisants « d'une philosophie qui repose uniquement sur une base dialectique, sans aucun mysticisme, comme c'est le cas chez Fichte pour l'Idéalisme (*Aus Schleiermacher's Leben. In Briefen*, él. W. Dilthey, III. Bd., IV, Schleiermacher an Reimer, Zweite Hälfte des Juni 1803 [Briefw., I, 370], p. 350).

tiques ne résistent point à l'examen. Le romantisme, en affirmant la réalité absolue et comme la divinité de la nature, fait de la nature l'objet d'un nouveau culte, mais la *Destination de l'homme* montre que cette divinité n'est qu'une idole : la nature est un faux dieu.

D'abord le naturalisme conséquent est forcément un déterminisme absolu qui enveloppe dans la trame de sa nécessité jusqu'aux actes de la volonté humaine; Spinoza, chez lequel les romantiques vont maintenant puiser leur inspiration, l'avait nettement compris. Un pareil système satisfait peut-être aux conditions de l'intelligibilité parfaite, il contredit les aspirations de la moralité, les exigences de la liberté. Et le doute né de la confrontation de notre conscience avec le système naturaliste aboutit, en fin de compte, à la destruction même de la nature comme réalité distincte de l'esprit, à la démonstration qu'en divinisant la nature nous adorons un fantôme créé de toutes pièces par notre imagination.

Parce qu'elle avait fait évanouir ce fantôme, qu'elle avait refusé de lui accorder une réalité qu'il n'a pas, on accusait la *Théorie de la Science* d'être un formalisme, d'ignorer la vie. Pure calomnie : la *Théorie de la Science*, en effet, si elle refuse la réalité à ce qui n'est qu'une illusion, et la vie à ce qui est mort, connaît seule, au contraire, la réalité et la vraie vie; à son tour elle affirme, comme le romantisme, mais en un sens tout différent, que tout ce qui existe est une manifestation de la divinité, que l'univers est plein de Dieu.

La *Théorie de la Science* n'est nullement confinée dans les abstractions d'un savoir formel, et, au-dessus du savoir, elle place la croyance, l'organe au moyen duquel nous saisissons la réalité supra-sensible. Seulement la croyance, au sens où Fichte l'entend, n'a rien de commun avec la croyance dont parlent les mystiques; la croyance est encore pour lui un acte de la Raison; non plus sans doute l'acte de la Raison discursive, mais l'acte de la Raison pratique, le substitut de cette intuition de l'intelligible dont nous sommes dépourvus, l'espèce de certitude immédiate de l'Absolu que nous donne la conscience du devoir[1]. Ceci permet de comprendre le réalisme de Fichte, qui n'a rien de commun avec le naturalisme des romantiques : la nature est sans réalité en elle-même, mais elle reprend un sens, et l'univers est plein de Dieu, dès qu'on le considère comme le théâtre de la moralité. Qu'on se reporte à la page admirable où Fichte établit que seule l'existence de nos devoirs et de nos droits nous permet d'affirmer l'existence d'un monde extérieur, qui ne serait pas une

---

1. Fichte, *S. W.*, II. Bd., *Die Bestimmung des Menschen*, Zweites Buch, *Wissen*, p. 286.

pure illusion, où il déclare « que la certitude de l'existence du monde repose uniquement sur la certitude de la loi morale », que nous ne pouvons renoncer à la loi morale sans que « pour nous aussitôt le monde, et nous avec lui, nous ne nous enfoncions dans le néant[1] ». Qu'on se souvienne aussi du curieux passage qui termine la *Destination de l'homme*, où il semble que, sous le souffle de l'esprit, la nature entière se soit animée : on y verra qu'il ne s'agit nullement d'attribuer à la nature un caractère divin qu'elle ne saurait avoir, — l'homme seul est en rapport avec le divin; il s'agit simplement d'établir qu'elle est pour nous la condition de réalisation d'une vie supérieure à la vie des sens, d'une vie qui se réalise ici-bas et non point après la mort, car « le monde supra-sensible n'est pas un monde à venir, c'est un monde actuel; à aucun moment de l'existence finie il n'est plus actuel qu'à l'autre, il n'est pas plus actuel après l'existence d'une myriade de vies que dans l'instant présent[2] ». Le rôle de la nature, c'est précisément de permettre aux hommes de s'élever, dans la vie terrestre, au-dessus des sens, jusqu'à la vie de la Raison, qui défie la mort et qui est une sorte de création nouvelle; le seul but possible de la nature, c'est d'expliciter la Raison[3]; « l'univers porte alors la marque propre de l'esprit, un progrès continu, un progrès à l'infini vers la perfection[4] ». L'homme a divinisé la nature dans la mesure ou il s'est lui-même approché de Dieu.

Ainsi le savoir se trouve sans doute subordonné à l'action; la réflexion apparaît comme formelle, la volonté seule est créatrice; mais le primat de la volonté sur l'intelligence ne conduit ici nullement au mysticisme, car la volonté, au sens que lui donne Fichte, c'est la Raison même, la Raison pratique : la réalité qu'elle construit est par excellence l'ordre intelligible.

Enfin, sans doute, c'est dans et par l'individu que s'exprime la réalité supérieure, la Volonté infinie[5]; mais, ici encore, le rapport de l'individu à l'Infini est, chez Fichte, inverse de celui que le romantisme avait prétendu établir. Le lien qui unit l'individu à l'Universel n'élève pas en quelque sorte l'individu à l'Absolu; l'individu reste ce qu'il est, un être purement relatif, un simple instrument qui s'efface tout entier devant le but qu'il poursuit[6].

---

1. Fichte, *S. W.*, II. Bd., *Die Bestimmung des Menschen*, Drittes Buch, *Glaube*, p. 263.
2. *Ibid.*, p. 280. Il est curieux de rapprocher ce passage de celui où Schleiermacher, dans ses *Discours*, exprime la même pensée. Y a-t-il là une simple coïncidence? ou ne faut-il pas y voir plutôt le témoignage que Fichte a connu les *Discours* et y répond de son point de vue? — 3. *Ibid.*, p. 318. — 4. *Ibid.*, p. 317. — 5. *Ibid.*, p. 303. — 6. *Ibid.*, p. 312.

L'intention polémique de Fichte dans la
Destination de l'homme ne paraît donc pas
douteuse. A la forme qu'il lui donne, dia-
logue et monologue, au lyrisme qui, d'un bout à l'autre, l'anime
pour devenir débordant à la fin, on reconnaît les procédés ordinaires
du romantisme; c'est d'autre part chez Fichte une méthode constante de réfutation que d'emprunter à ses adversaires leurs propres
manières.

Ce trait n'avait pas échappé à Frédéric Schlegel, quand il déclarait
à Schleiermacher tenir cette imitation « pour une méprise », affirmant que Fichte « ne réussirait jamais dans ce qu'eux, les romantiques, appelaient le dialogue [1] ».

Il était naturel que les romantiques visés, dans la *Destination de l'homme*, y répondissent. Et, en effet, l'*Athénée*, au cours de
l'année 1800, publia un compte rendu de l'ouvrage, signé de Schleiermacher, le philosophe du groupe.

Dès les premières lignes Schleiermacher déclare que « tout système
est malheureusement obligé par la polémique de ses adversaires de
se populariser plus tôt que cela ne devrait avoir lieu, non pas seulement pour profiter au monde, mais même pour ne pas nuire à la
philosophie [2] »; il range la *Destination de l'homme* dans cette catégorie des ouvrages à la fois polémiques et populaires.

Quand il cherche à préciser l'objet du livre, il y voit un effort pour
déterminer le rapport de l'être raisonnable fini à l'Infini [3] : c'est le
problème central que soulève le mysticisme de Schleiermacher.
Fichte le résout dans un sens opposé; c'est pourquoi il commence
par réfuter le naturalisme déterministe pour y substituer l'Idéalisme
moral de la *Critique*. Aux yeux de Fichte, le système de la nécessité
naturelle, qui n'est, au fond, que le spinozisme remis en honneur par
les romantiques, fait de l'Infini la nature même; il repose tout entier

---

1. *Aus Schleiermacher's Leben. In Briefen*, éd. W. Dilthey, III. Bd., III, Schlegel an
Schleiermacher, sans date, mais après une lettre du 16 janvier 1800, p. 153.
Voici le passage intégral : « Die Bestimmung des Menschen wird für mich vor der
Hand wohl noch eine Weile im Unbestimmten ruhen.... Ich glaube auch, dass Deine
Bestimmung oder Notiz derselben mir einen weit bestimmteren Eindruck geben
wird. An sich halte ich's für eine falsche Tendenz, dass Fichte sich in dergleichen
Redensarten gebraucht. Zu dem was wir ein Gespräch oder auch nur einen Brief
nennen, wird er es nie bringen, da ja selbst seinen Reden ans Volk, zu denen er
doch sonst entschiednen Beruf hat, immer etwas fehlt, was doch nicht fehlen durfte. »
2. Schleiermacher, *S. W.*, Berlin, G. Reimer, 1846, Dritte Abth., Zur Philosophie,
I. Bd., Aus dem Athenäum, 1800. *Fichte's Bestimmung des Menschen*, p. 525. — 3. Ibid.,
p. 531.

sur une pure illusion. Schleiermacher s'élève contre la polémique de
Fichte : à son tour, il soupçonne que « l'effroi si grand de Fichte
devant la nécessité universelle de la nature » repose sur une illusion, « l'illusion pratique à laquelle l'homme tient le plus ». Fichte
combat le naturalisme, parce que la vérité du naturalisme compromettrait chez l'homme « l'intérêt qu'il se porte à lui-même, qu'il porte
à sa personne comme être fini, parce qu'il voudrait n'être absolument rien en autrui et pour autrui, n'avoir d'être qu'en soi et
pour soi, parce qu'il voudrait attribuer à son devenir, à son action
particulière dans le monde la responsabilité, le mérite, la faute[1] ».

éclar   C'est précisément cette illusion dont témoigne le titre même de la
Destination de l'homme, car parler de destination, de but, c'est justement se placer au point de vue du devenir, du changement, du
rom: devoir-être, si l'on veut[2].

Or, cette « illusion pratique », Schleiermacher, avec tous les
romantiques, prétend la dissiper au profit de la « vérité pratique ».
Au point de vue du devoir et du devenir, il veut substituer le point de
ι   vue de la possession et le point de vue de l'être ; il veut réconcilier
dans une synthèse supérieure le Spinozisme et le Moralisme.

« C'est ainsi, déclare-t-il, que, si l'on croit ou simplement si l'on
veut croire à la liberté, on se place déjà sur le terrain de l'existence,
de la réalité absolue : la question de la destination n'a plus de
sens, ou plutôt la question de la destination ne peut être résolue que
si celle de l'existence a d'abord été posée ; le problème de l'existence,
c'est, en effet, le problème de la nature même, entendue au sens où
il faut l'entendre. Pour parler de la destination de l'homme il faut
avoir d'abord compris sa nature. En termes d'École, le devoir suppose connu le bien[3]. »

Cette confusion vicie l'ouvrage de Fichte d'un bout à l'autre, du
premier au troisième livre : il s'inquiète soi-disant de la destination
de l'homme, — opposant l'homme à la nature, — mais, à vrai dire,
cette destination, il ne la cherche nullement ; la question pour lui ne
se pose même pas, du moment qu'est résolue celle de l'essence de la
nature humaine, du moment que Fichte croit dès l'abord à la réalité
de cette Volonté infinie dont le monde n'est que l'instrument, et dont
la volonté individuelle, quand elle obéit à la voix de la conscience,
n'est que l'écho[4]

1. Schleiermacher, *S. W.*, Dritte Abth., Zur Philosophie, I. Bd., Aus dem Athenäum,
1800. *Fichte's Bestimmung des Menschen*, p. 533. Voir aussi : Dilthey, *Leben Schleiermachers*
II. Buch, 7. Kap., ιv, p. 346-347.
2. *Ibid.*, p. 528.
3. *Ibid.*, p. 528. — 4. *Ibid.*, p. 529.

Avouons-le donc : « Si, pour celui qui se trouve hors de l'école, l'Idéalisme théorique ne sert qu'à écarter du chemin les obstacles venus de la spéculation réaliste et qui pourraient empêcher d'atteindre la conscience de la liberté, il ne lui est vraiment utile nulle part, cette spéculation n'étant qu'un subterfuge de l'entendement qui ne peut pas se présenter hors de l'École. Mais, de montrer de toute façon la philosophie théorique de Fichte sous ce seul point de vue, ne serait-ce pas lui faire tort auprès de nous qui sommes les a-philosophes (Unphilosophen) ou les philosophes de la nature? N'est-il pas inévitable que, partant du moralisme et réfléchissant sur lui, on soit nécessairement amené à l'Idéalisme [1]? » Et alors n'est-on pas réduit à ce cercle vicieux d'avoir la prétention de démontrer ce qu'au fond l'on admet implicitement?

Pour en sortir il n'y a d'autre voie que l'artifice; c'est bien à un artifice que Fichte a recours dans la *Destination de l'homme*. Quelle est la question que le Moi doit se poser, quand « avec un grand contentement de soi-même il a procédé à la revision de ses notions sur la nature [2] », « quand ayant éveillé en lui l'intérêt moral il s'est comme rassasié de la sagesse de ce monde [3] » et qu'avec l'intérêt moral il a cru trouver « la clé de tout ce qui lui était incompréhensible, de tout et de plus encore [4] »? C'est évidemment la question de la destination qui naît du conflit de l'existence présente, de l'existence phénoménale et de l'existence idéale exprimée par le devoir et qui est la seule vraie.

« Un pareil Moi, qui a été habitué à se considérer sur le même plan que les choses pour lesquelles en dehors de leur être il est toujours question encore d'une destination, devait forcément se poser le problème de la destination de l'homme [5]. »

Mais le problème ainsi posé est insoluble, car, on l'a vu, il exige une réponse préalable à la question de la nature véritable de l'homme, c'est-à-dire à la question de la réalité absolue. Or, à cette question l'Idéalisme moral, sur le terrain purement formel où il se place, n'a pas de solution : il faudrait effectivement, comme le soutient le romantisme, recourir à une intuition capable de saisir la réalité absolue. Fichte, en dépit de ses prétentions, n'y manque pas : c'est en ce sens qu'il faut entendre l'intervention et la personnification de l'Esprit, pour fournir au Moi l'intuition du divin, qui, de par sa nature, lui échappe.

« Toute l'atmosphère religieuse du troisième livre ne pouvait certes

---

1. Schleiermacher, *S. W.*, Dritte Abth., I. Bd., *Fichte's Bestimmung des Menschen*, p. 530. — 2. *Ibid.*, p. 530. — 3. *Ibid.*, p 531. — 4. *Ibid.*, p. 531. — 5. *Ibid.*, p. 531.

pas être mieux préparée dans ce Moi ; pour donner à un être d'une nature si irréligieuse l'initiation religieuse, il ne fallait rien de moins que quelque chose de pareil à cet Esprit[1]. »

Ainsi Fichte ne sort du cercle vicieux où son système l'enferme qu'au prix d'une contradiction, en franchissant les bornes de l'Idéalisme, et, grâce à cette contradiction, il entrevoit la vraie solution du problème, la solution romantique.

Pour quiconque, en effet, participe à la vie éternelle de l'esprit, l'opposition de la nature et de la liberté — d'où était sorti le problème de la destination de l'homme — n'a plus de sens; car la nature vraie de l'homme, c'est l'esprit, c'est la liberté même, et, par rapport à cette nature vraie, la spiritualité n'est pas le but, elle est la vie actuelle et immédiate.

« Le Moi sait maintenant que la voix de la conscience, qui impose à chacun sa fonction particulière, et grâce à laquelle la Volonté infinie pénètre dans le fini, est le rayon par où nous nous insérons dans l'Infini en nous posant comme des êtres particuliers individuels; il sait que l'Infini est le seul médiateur possible de notre communauté, de notre action réciproque avec les autres êtres finis; il le sait, et il consent maintenant volontiers à être quelque chose en autrui et pour autrui; toute confusion est donc dissipée entre ce qu'il est en lui-même et ce qu'il est dans son rapport à l'Infini. Maintenant il sait unir l'un et l'autre, jouir de l'un et de l'autre. Maintenant sa personnalité tout entière est depuis longtemps évanouie et anéantie dans l'intuition du but; maintenant il ne se considère, ne se respecte et ne s'aime que comme un des instruments de la finalité rationnelle infinie[2]. »

Cette analyse du compte rendu de Schleiermacher suffit à en faire ressortir le caractère. Mais ce dont aucune analyse ne peut donner l'idée, c'est son ton, ce perpétuel persiflage à l'égard de Fichte, cette continuelle parodie de ses procédés et de ses formules. Donnons-en, au hasard, quelques exemples.

« Que fabriques-tu donc là, assis à réfléchir de la sorte, écrivant de temps à autre? — Je réfléchis à la Destination de Fichte, que je voudrais bien comprendre exactement et dans son fond; j'écris le produit de mes réflexions, parce qu'ainsi on avance toujours un peu. Tiens lis. — Sais-tu ce qui te manque? Tu as laissé échapper dans la préface un tout petit point, mais un point essentiel pour l'intelligence de l'ouvrage; tu ne t'es pas assez identifié au Moi du livre[3]. » Et le

1. Schleiermacher, S. W., Dritte Abth., I. Bd., Fichte's Bestimmung des Menschen, p. 532. — 2. Ibid., p. 534. — 3. Ibid., p. 530.

dialogue — parodie du dialogue de Fichte — continue ainsi pendant trois pages.

Pour « comprendre le livre, dit ailleurs Schleiermacher, il aurait fallu aussi saisir le caractère de ce Moi, car sur ce caractère repose toute la marche du raisonnement[1] ».

Schleiermacher déclare encore qu' « un pareil monologue spéculatif était vraiment une entreprise dans laquelle tout autre que Fichte aurait échoué[2] ». Il demande pourquoi ce Moi ne pouvait, dans son monologue, être secouru sans dialogue, pourquoi il fallait que celui qui viendrait à son secours fût un Esprit, un singulier Esprit dont il n'est dit nulle part d'où il vient et qui tranche tellement avec toutes les physionomies connues.

Il ajoute : « Je te comprends ; je vois maintenant que ce dialogue, tel qu'il est, était aussi nécessaire au livre et au Moi que m'était nécessaire notre dialogue actuel, sans lequel je n'en serais certes jamais venu à cette manière d'envisager la forme et son adaptation à son contenu[3]. »

L'intention était flagrante ; Fichte ne s'y trompa point, quand il déclara en propres termes à Bernhardi que « Schleiermacher avait voulu le persifler, — mais qu'il s'était persiflé lui-même de la façon la plus malheureuse[4] ».

La préméditation est d'ailleurs attestée par la correspondance de Schleiermacher. Quand il prépare sa notice sur la *Destination* de Fichte, il déclare s'y proposer d'être « aigre[5] » ; le jour où il l'a terminée il pousse ce cri :

« Victoire ! à l'instant même je viens de finir le *Fichte...*, et j'ai déjà remis à son ancienne place sur les rayons ce méchant livre sur lequel je ne puis assez jeter l'anathème[6]. »

Quoiqu'il voie fréquemment Fichte, il se garde bien de lui communiquer d'avance sa notice, car il s'attend à des plaintes, et

1. Schleiermacher, *S. W.*, Dritte Abth., I. Bd., *Fichte's Bestimmung des Menschen*, p. 530. — 2. Ibid., p. 531. — 3. Ibid., p. 532.

4. Le propos est rapporté par Schleiermacher lui-même dans une lettre manuscrite à Guillaume, du 29 août 1800. Voir W. Dilthey, *Leben Schleiermachers*, II. Buch, 7. Kap., iv, p. 345.

5. Dans une lettre du 2 juillet 1800. « Das nennen die Leute recensiren. Da lass ich mir's mit dem Fichte ganz anders sauer werden. » Cité par Dilthey, *Leben Schleiermachers*, II. Buch, 7. Kap., IV, p. 345.

Il est vrai que, quelques jours après, il écrit à Brinkmann qu'il va sans doute par cette notice s'attirer le mécontentement de Fichte, et que, s'il y avait réfléchi plus tôt ou si l'idée s'en était présentée à lui pendant qu'il écrivait, il aurait peut-être employé une tout autre manière, mais c'est pour ajouter aussitôt qu'il n'aurait pas davantage caché son opinion. (*Aus Schleiermacher's Leben. In Briefen*, éd. W. Dilthey, IV. Bd., i, Schleiermacher an Brinkmann, Berlin, d. 19. Jul. 1800, p. 74.)

6. *Aus Schleiermacher's Leben. In Briefen*, éd. W. Dilthey, III. Bd., iii, Schleiermacher an H. Herz, Berlin, den 2. Juli 1800, Freitag Mittag, p. 193.

« les plaintes anticipées ont, en soi, quelque chose de lamen
table[1] ».

La notice une fois parue, c'est un concert de louanges de la part
des fondateurs de l'*Athénée*; on veut y voir un véritable événement
littéraire, la première critique du cercle romantique à l'adresse de
Fichte; elle prend, à son tour, la valeur d'un manifeste.

Frédéric Schlegel qui s'était déjà élevé contre la *Destination de
l'homme* et le plagiat misérable des procédés romantiques[2] écrit à
Schleiermacher ·

« Ta critique de Fichte m'a intéressé au delà de toute expression.
Je la lirai souvent encore; on doit y réfléchir, et on peut en tirer
beaucoup pour son instruction. Peut-être aussi pourrait-on écrire
encore à ce sujet un pareil Mono-Dia-Monologue. En réalité je n'ai
jamais rien vu ni rien entendu de pareil; je parle en fait de recension philosophique[3]. »

Guillaume déclare, de son côté, que la notice de Schleiermacher
est un chef-d'œuvre de finesse en ironie, en parodie, en méphisto-
phélisme plein de déférence et de ménagements[4]

Mais Fichte ne s'émeut pas de voir ses amis romantiques unanimes
dans la réprobation; une lettre de lui à Schelling parle du mécontentement des romantiques à l'égard de l'*Idéalisme transcendantal*;
Fichte déclare qu'il sait « pourquoi Schlegel et Schleiermacher
ont la bouche pleine de leur Spinozisme entortillé » : c'est « parce qu'il
n'a pu arriver encore à établir son système du monde intelligible[5] ».

Fichte voulait même s'en expliquer « à fond » avec Schleiermacher
après avoir lu dans l'*Athénée* la notice sur la *Destination de l'homme*.
Il ne comprenait pas, en effet, certaines de ses objections, mais il
voyait bien qu'en ce qui concernait le résultat final du troisième
livre, Schleiermacher le tirait, tout à fait contre les intentions de
l'auteur, dans le sens de ce qu'entre eux les romantiques appelaient
le Spinozisme. Or, le mysticisme, aux yeux du fondateur de la
Théorie de la Science, était entièrement confiné dans le champ de la
transcendance où l'homme ne peut plus rien comprendre. Au contraire, la croyance à la liberté et à l'autonomie demeurait, pour lui,
intégralement et sans atteinte, dans le champ de l'esprit humain[6].

---

1. *Aus Schleiermacher's Leben. In Briefen*, W. Dilthey. III. Bd., III, Schleiermacher an
Fr. Schlegel, Berlin, den 2. August 1800, p. 208. — 2. *Ibid.*, Fr. Schlegel an Schleiermacher, ohne Datum, p. 153. — 3. *Ibid.*, Fr. Schlegel an Schleiermacher, ohne Datum.
A la suite de la lettre du 2 août, p. 209.
4. W. Dilthey, *Leben Schleiermachers*, II. Buch, 7. Kap., IV, p. 343.
5. *Fichte's Leben*, II. Bd., Zweite Abth., IV, 18, Fichte an Schelling, p. 321.
6. Dr Hans Schulz, *Aus Fichte's Leben*. Lettre de Fichte à Fr. Schlegel, Berlin,
16 août 1800, p. 33.

La conversation que méditait Fichte n'eut jamais lieu. Cependant
on peut dire qu'à cette date entre Fichte et les romantiques le
charme est déjà rompu; les divergences ne feront plus que croître, et
la rupture de Fichte avec Schelling ne sera que le dernier épisode de
cette rivalité.

D. *REVENDICATION DE JACOBI.*

En dehors des romantiques, la *Destination de
l'homme* eut aussi l'effet d'exaspérer Jacobi.
On le comprend. Fichte, dans maintes parties
de la *Destination de l'homme*, s'était visiblement inspiré de celui dont
il avait, un jour, sollicité l'alliance. Les emprunts sont patents; tout
le développement du premier livre relatif au déterminisme comme
méthode d'explication intégrale de l'univers, comme condition de
l'intelligibilité parfaite; la protestation de la conscience contre cette
tentative de réduction au mécanisme, le sentiment indéracinable de
notre liberté, de notre responsabilité semblent une reproduction,
sous forme parfois lyrique, des propositions sur la nécessité et la
liberté chez l'homme que Jacobi avait jointes à la publication de sa
Lettre. D'autre part, qui donc, le premier, avait opposé à la science
toute formelle, image sans réalité propre, la foi qui, dans la conscience morale, atteste le contact direct de l'esprit humain avec l'Infini, la foi qui est l'unique source d'immédiate certitude et l'unique
source de vie? Est-ce Fichte, n'est-ce pas Jacobi? Enfin le même
Jacobi n'avait-il pas montré, dans la croyance religieuse, le seul
principe capable de fournir un contenu à la science, un sens à l'univers? Fichte, en reprenant ces vues au compte de la *Théorie de la
Science*, ne semblait-il pas vouloir plagier Jacobi pour le railler et
prévenir les effets de la *Lettre* que Jacobi lui avait adressée [1]?
Jacobi a pu le croire. Au fond, Fichte entendait peut-être, en protestant contre l'interprétation que Jacobi, dans sa *Lettre*, avait donnée
de la *Théorie de la Science*, lui montrer simplement à quel point
était justifié le traité d'alliance qu'il lui avait proposé, et combien
cette alliance eût été profitable aux intérêts de la vraie philosophie,
de la vraie religion, menacées par le néo-mysticisme des romantiques, où Fichte ne voyait que naturalisme et que superstition.
Mais, une fois de plus, Jacobi refusa le pacte et protesta contre
l'assimilation que Fichte prétendait établir entre la *Théorie de la
Science* et sa propre doctrine. Le moralisme de Fichte n'avait rien de

---

1. Le mot est de Jacobi lui-même dans une lettre à Jean-Paul. (*Aus F.-H. Jacobi's
Nachlass. Ungedruckte Briefe von und an Jacobi*, éd. Rudolf Zöppritz, 1869, Leipzig, Engel-
mann, I. Bd., 70, Jacobi an Jean-Paul, Eutin, d. 13. Febr. 1800, p. 234.)

commun avec la philosophie de la croyance de Jacobi. Fichte avait
beau prononcer les mêmes mots que Jacobi, le sens en était différent.
L'auteur des *Lettres sur la doctrine de Spinoza*, l'adversaire impénitent de l'Idéalisme et du Panthéisme, ne pouvait reconnaître ses
idées dans les récents développements de la *Destination de l'homme*.
La prétention de Fichte lui parut exorbitante, il le fit bientôt connaître, non sans une vive amertume.

Le 16 mars 1800, Jacobi écrivait, en effet, à Jean-Paul : « Le *Moi* use
constamment de mes formules et de mes expressions. Pour m'en
remontrer il n'aurait pas dû me piller, c'est vraiment manquer de
reconnaissance..., et j'approuve entièrement ton jugement sur la
Destination de l'homme; pour ceux qui sont a-fichtéens tout y est ou
inintelligible ou trompeur [1]. »

Et, si l'on veut connaître le jugement qu'il portait lui-même sur
cet ouvrage, le voici, tout crûment exprimé, dans une lettre à Reinhold,
d'un mois antérieur (7 février)

« Je viens d'achever la lecture du livre de Fichte (la *Destination de
l'homme*), avec quelle peine, Dieu le sait. A la fin j'en étais presque
mort. Je n'en pouvais déjà plus de dégoût à cause de l'éternelle redite
et de l'éternelle traduction du jargon idéaliste en honnête langage
humain et inversement, quand retentirent à la fois les hymnes et les
psaumes des beaux passages, aux coups répétés des timbales, au son
répété des trompettes, au milieu des tonnerres du canon, des éclats
des trombones, des tambours, des fifres, accompagnés des cymbales,
des harpes, des cornets à piston et des sonneries de toutes les cloches
et du chant des orgues tous registres ouverts, j'ai cru devenir fou;
mes oreilles n'entendaient plus, mes yeux ne voyaient plus, je te
jure que j'en suis tout malade et que j'en reste presque évanoui.
Quand Fichte, dans le dialogue du second livre, donne une imitation
réussie du *froid Esprit* de Klinger [2], cela m'a amusé. Mais ici, à la
fin du troisième livre, où ce même *froid Esprit* se met à devenir
chaud, à brûler, à prêcher, à chanter, à prier, à enseigner l'Évangile,
j'ai pris des sueurs froides, et je n'ai plus pu le supporter.... » Jacobi
terminait sa lettre en affirmant qu'il ne connaissait rien qui répugnât

---

1. Le mot est de Jacobi lui-même dans une lettre à Jean-Paul. (*Aus F.-H. Jacobi's
Nachlass. Ungedruckte Briefe von und an Jacobi*, éd. Rudolf Zöppritz, 1869, Leipzig, Engel
mann, I. Bd., 71, Jacobi an Jean-Paul, Eutin, d. 16. März 1800, p. 240.)
2. Dans une précédente lettre à Reinhold (13 mai 1799), Jacobi disait déjà, à
propos des tribulations de Fichte : « Le sort de cet homme (Fichte) m'étreint le cœur,
mais ne m'attendrit pas; je puis bien lui tendre la main pour l'aider; je ne puis pas
lui ouvrir les bras pour le presser dans mes bras; il me rappelle le *froid Esprit* de
Klinger; je ne peux l'aimer. » (E. Reinhold, *K.-L. Reinhold's Leben und litterarische
Wirken, nebst einer Auswahl von Briefen*, Iena, Frommann, 1825, Zweite Abth., Briefe,
III, *Jacobi*, 7, Eutin, d. 13. Mai 1799, p. 243.)

davantage à son individualité que la manière, l'art et la nature de
Fichte [1]

Toujours sous le coup de la même indignation il écrivait un peu
plus tard, le 16 mars 1800, à Jean-Paul : « Tout est pour moi objectivité comme pour Fichte tout est subjectivité..., je suis réaliste,
comme, avant moi, personne ne l'a été, et j'affirme qu'entre l'Idéalisme
total et le Réalisme total il n'y a pas de système intermédiaire. »
Mais de l'Idéalisme total, de l'Idéalisme de Fichte, que fallait-il
penser? « C'est le propre de Fichte seul d'affirmer que la philosophie
n'existe que pour justifier et pour fonder *a priori* un *délire* naturel.
En dehors de cette justification, elle n'a pas de but. Elle explique
le rêve de l'expérience comme rêve; y chercher un sens, il n'y faut
pas songer. Elle m'ouvre les yeux pour anéantir immédiatement sous
mes yeux et moi-même et tout ce qui existe hors de moi. Elle n'enseigne ni ne fournit d'autre réveil que dans cette théorie du rêve :
pour exister il faut rêver, et il n'y a pas d'être en dehors du rêve [2]. »

« Quant à son *ordo ordinans* qui *seul* est Dieu, que peut-il bien
être? Une intelligence, impossible. Alors toutes mes pensées s'éva-
nouissent. Je ne trouve ni question ni réponse. Et je ne vois pas où
il peut découvrir le fondement de son « Chiliasme ». Dans sa théorie
de la liberté, le diable est identique à Dieu. Pourtant il dit bien que

---

1. E. Reinhold, *K.-L. Reinhold's Leben*, Briefe, III, *Jacobi*, 10. Eutin d. 7. Febr. 1800,
p. 254. Il est curieux de noter que, dans une lettre à Jean-Paul, postérieure d'une
semaine, Jacobi reproduit son jugement presque identiquement dans les mêmes termes :
. « J'ai parcouru avec avidité, dans les quelques heures supportables que m'a laissées
ma maladie, la *Destination de l'homme*, et je n'ai pu assez admirer l'auteur qui tient
cet écrit pour populaire et qui s'imagine par là couper l'effet produit dans le public
par ma *Lettre*. J'ai lu très aisément les deux premiers livres, et même le second,
à la fin, m'a vraiment amusé; je me sentis mal au cœur, et je dus faire effort sur moi-même pour
bon cœur. Lorsque, dans la préface, parlant du Moi avec lequel s'entretient l'Esprit
d'en haut, Fichte rappelle que ce Moi, c'est nous autres lecteurs qui devons le
réaliser, la prétention est vraiment trop comique quand on en vient au dialogue
même. Je voudrais savoir si, à propos de ce dialogue, il est quelqu'un qui ne
reconnaisse pas le *froid Esprit* du *Faust des Orientaux* (Faust der Morgenländer).
Cette imitation très réussie est assez plaisante. Mais, dans le troisième livre où ce
froid Esprit s'échauffe, devient brûlant, prêche, chante, prie, enseigne l'Évangile,
j'ai eu vite fini de rire; je me sentis mal au cœur, et je dus faire effort sur moi-même pour
achever le livre. Déjà dans la première moitié de la théorie de la croyance j'avais
été si fatigué par les inconvenants commérages, les éternelles répétitions, par l'effort
incessant pour traduire le jargon idéaliste en honnête langage humain, et inversement, que je n'y pouvais presque plus tenir. Mais quand retentissent les beaux passages,
quand Fichte se met à philosopher à grand renfort de timbales et de trompettes,
quand il fait sonner toutes les cloches et jouer l'orgue tous registres ouverts, quand
il ajoute les tonnerres des canons, les psaumes, les hymnes, les trombones, les
cymbales, les harpes, les tambours, les fifres, vraiment je crus alors devenir fou;
j'en perdis l'ouïe et la vue, et quand je laissai le livre j'étais à demi évanoui. •
(*Aus F.-H. Jacobi's Nachlass*, ed. Rudolf Zöppritz, I. Bd., 70, Jacobi an Jean-Paul, Eutin,
d. 13. Febr. 1800, p. 234-235.)

2. *Aus F.-H. Jacobi's Nachlass*, éd. R. Zöppritz, I. Bd., 71, Jacobi an Fichte, Eutin, d.
16. März 1800, p. 239.

le mal extermine le mal. C'est donc ici qu'il faudrait chercher l'*ordo ordinans*, la Providence siégerait dans l'enfer, et nous ne devrions espérer le bien que *de la force du mal*[1]. »

Fichte fut assurément informé de l'impression qu'avait produite sur Jacobi la *Destination de l'homme*; il n'osa plus soutenir un accord que Jacobi ne cessait de dénoncer. Depuis le jour d'ailleurs où Jacobi avait publié la *Lettre* avec sa conclusion remaniée[2] et l'adjonction des propositions sur la nécessité et la liberté chez l'homme, il ne pouvait plus guère se faire d'illusion à cet égard; il était vivement irrité contre Jacobi; la colère bouillonnait en lui[3]; il s'en était même ouvert franchement à Reinhold[4].

Cependant il conservait à Jacobi le respect et l'admiration de la première heure, et il en donna bientôt un témoignage public. Dans une note de son ouvrage satirique : *La vie et les opinions singulières*

1. *Aus F.-H. Jacobi's Nachlass*, éd. R. Zöppritz, I. Bd., 71, Jacobi an Fichte, Eutin, d. 16. März 1800, p. 240.

2. Jacobi lui-même la regrettait : « J'aurai beaucoup de déplaisir, écrivait-il à Reinhold, le 10 septembre 1799, quand la *Lettre* à Fichte sortira des presses, à cause de la conclusion qui contient un passage sur les idolâtres de tous les genres »; il ajoutait qu'il était heureux de ne pas l'avoir communiquée à Reinhold en manuscrit et d'avoir ainsi mis Reinhold hors de cause vis-à-vis de Fichte qui d'un côté sera très satisfait de cette conclusion, mais d'un autre pourra aussi en être mécontent. (E. Reinhold, *K.-L. Reinhold's Leben*, Briefe, III, *Jacobi*, 8, Eutin, d. 10. September 1799, p. 249.)

3. E. Reinhold, *K.-L. Reinhold's Leben*, Briefe, III, *Jacobi*, 9, Eutin, d. 28. Jan. 1800, p. 250 (Fichte ist entrüstet über mein gedrucktes Schreiben und es kocht gewaltig in ihm).

4. Il lui apparaissait, écrivait-il à Reinhold, le 8 janvier 1800 :
1° Que Jacobi ne connaissait sa philosophie qu'à demi et pas du tout sa partie pratique.
2° Que s'il n'en était pas l'inventeur, il se rendait néanmoins complice des pires altérations, par exemple quand il affirmait que l'ordre moral n'avait rien d'actif ni de vivant, mais était un pur concept, affirmation qui n'étonnait pas d'Heusinger, mais qu'on n'attendait pas de Jacobi, car le commentateur de Spinoza était assez pénétrant pour distinguer dans l'ordre moral entre l'*ordo ordinatus* et l'*ordo ordinans*.
3° Que Jacobi soutenait à tort l'existence d'un Dieu personnel, car, à moins que par personnalité Jacobi n'entendît tout autre chose que ce qu'on entend d'ordinaire, on ne pouvait nier que le concept de la personne, telle que Fichte l'avait définie dans son *Droit naturel*, ne fût en contradiction avec l'idée de l'Infini.
4° Qu'en dépit des assertions de Jacobi, sa philosophie à lui, Fichte, reposait aussi bien que celle de Jacobi sur le Non-Savoir. En outre, dans ses adjonctions (les propositions sur la nécessité et la liberté), Jacobi paraissait soupçonner Fichte d'être un négateur de la liberté, accusation vraiment singulière, car tout son système, du commencement à la fin, n'était qu'une analyse du concept de la liberté. N'était-ce pas plutôt Jacobi qui, au fond, niait la liberté des êtres finis pour reporter toute activité en Dieu? Et alors Fichte reconnaissait ne l'avoir pas compris jusqu'ici, mais il renonçait à le discuter et à le convertir, puisque, de l'aveu de Jacobi lui-même, on ne peut trouver qu'en soi la conscience de la liberté personnelle, puisqu'on ne peut que croire à sa réalité. Il n'y avait alors qu'à le plaindre, comme tous les dogmatiques, car, sans l'hypothèse de la liberté, la conscience était inconcevable et son système n'était à son tour qu'un spinozisme, qu'un mysticisme. Seulement pourquoi ne l'avouait-il pas? (*Fichte's Leben*, II. Bd., Zweite Abth., III, 27, Fichte an Reinhold d. 8. Jan. 1800, p. 277-280.)

de Fr. Nicolaï (Fr. Nicolai's Leben und sonderbare Meinungen), il
écrivait : « Entre Jacobi et moi il se peut bien que des divergences
très notables se soient élevées, dont je trouve la raison capitale en
ceci : Jacobi, sur certains points très essentiels, ne m'a pas suffisamment compris, ou, si la faute en est à la manière dont je me suis
exprimé, l'ordre des idées dans sa pensée sur ces points ne correspond pas à l'ordre réel suivant lequel elles se sont enchaînées dans
la mienne, l'ordre dans lequel je les mettrai clairement au jour aussitôt que possible : enfin, pour tous les penseurs, Jacobi, dans la guerre
qu'il mène contre le Nicolaïsme, s'est habitué à supposer chez chacun
de ses adversaires au moins une petite part de ce Nicolaïsme, c'est-à-
dire de la rêvasserie (Denkerei) vide et sans but. A quoi je dois ajouter
un mot : quelle que soit la manière dont Jacobi puisse jamais
s'exprimer sur mon compte ou sur mes entreprises, quand bien
même je pourrais me trouver forcé d'y répondre, et si, suivant la
destinée commune des hommes, Jacobi devait un jour subir l'affaiblissement de l'âge sans le remarquer, sans avoir un ami pour l'en
avertir, qu'il parût alors au public inférieur à lui-même, tout cela ne
m'empêchera pas de reconnaître publiquement en lui pour le passé
un des premiers hommes de son temps, un des rares anneaux de la
chaîne qui constitue la tradition de la vraie philosophie; et ce mot,
je le dis, non pour conserver les bonnes grâces de qui que ce soit,
mais parce que c'est la vérité. Le respect envers les hommes ne se
fonde pas sur des relations accidentelles, mais sur la connaissance
de leurs mérites; et il n'y a vraiment pas assez de choses au monde
qui inspirent le respect pour saisir des motifs de les rabaisser à
cause de menus scrupules ou à cause de raisons personnelles[1]. »

1. Fichte, *S. W.*, VIII. Bd., *Friedrich Nicolai's Leben und sonderbare Meinungen*, Anmer-
kungen, p. 31-32.

CHAPITRE V

LE PROJET D'INSTITUT CRITIQUE

A. *INITIATIVE DE SCHELLING.* Le libéralisme du roi de Prusse avait été pour le reste des Allemands un exemple et une leçon; aussi Fichte put-il, dans les premiers jours de décembre 1799, après avoir donné à la librairie de Voss[1] le bon à tirer de sa *Destination de l'homme*, prendre en toute sécurité la poste pour aller à Iéna retrouver sa femme et son fils. Il lui était maintenant loisible de se rendre où il lui plairait.

Dès le mois de juin, Jacobi, qui avait quelque crédit auprès du gouvernement de Munich, se faisait fort d'obtenir pour Fichte un accès dans les États du Palatinat de Bavière[2].

Fichte souhaitait et demandait davantage. Puisque Jacobi, qui avait l intention de lui être utile, jouissait d'une telle influence à la Cour palatine, Fichte estimait que le meilleur et l'immense service qu'il pouvait lui rendre était de le faire nommer professeur à Heidelberg; sorti par là des embarras d'une situation précaire, Fichte irait occuper ce nouveau poste aussitôt que les événements de la guerre le lui permettraient, et il travaillerait de toutes ses forces à l'amélioration de l'Université[3]. Jacobi trouva la requête indiscrète, il y reconnut l'« orgueil » de Fichte. « Maintenant, écrivait-il à Reinhold, le 10 septembre 1799, maintenant que l'accueil de Berlin lui en fait espérer un pareil dans l'Allemagne entière, il réclame déjà une place de professeur, et cela tout de suite. Nous verrons bien comment il

---

1. L. Noack, *Johann Gottlieb Fichte nach seinem Leben, Lehren und Wirken*, Leipzig, Otto Wigand, 1862, Drittes Buch, 3, p. 425.
2. *Fichte's Leben*, II. Bd., Zweite Abth., III, 22, Reinhold an Fichte, den 24. Juni 1799, p. 265.
3. Ibid., III, 24, Reinhold an Fichte, Berlin, den 20. August 1799, p. 269, et 26, Fichte an Reinhold, Berlin, den 28. Sept. 1799, p. 273.

répondra aux ouvertures de Munich. Jusque-là je m'abstiens de faire
un pas de plus [1]. »

N'ayant pas obtenu la chaire qu'il sollicitait, Fichte, au lieu de
séjourner en Bavière, préféra s'installer à Berlin, peut-être par
reconnaissance pour la généreuse hospitalité de la Prusse, peut-être
par goût pour l'esprit libéral qui y régnait, peut-être par intérêt pour
les amitiés qu'il y avait nouées. Il y revint donc, après les gros froids
de l'hiver ; mais il revint cette fois en compagnie de sa femme et de
son fils : c'était signifier qu'il entendait s'y fixer.

Il avait en tête un nouveau grand projet.

L'idée première en revenait à Schelling. Dès 1797, le libraire
J.-H. Cotta, lors de la foire de Leipzig, sollicita le jeune philosophe
qu'il y avait rencontré de créer un *Institut* d'esprit plus libre ayant
pour objet de rendre compte non seulement de travaux isolés, mais de
tout le domaine philosophique [2] ; Schelling en avait entretenu Fichte
quand ils s'étaient vus à Iéna ; l'accusation d'athéisme, l'exil de Fichte
avaient brusquement interrompu leurs conversations, mais la correspondance qu'ils échangèrent alors atteste encore leurs préoccupations. Le 29 juillet 1799, trois semaines après l'arrivée de Fichte
à Berlin, Schelling lui reparlait de son projet. Dans l'impossibilité
où il se trouvait de venir actuellement le rejoindre sans risquer de
voir tout échouer, il demandait à Fichte de décider « s'il ne valait
pas mieux, pour le futur plan de Fichte et pour le sien propre, se
borner à la considération des choses les plus prochaines pour finir
par les plus éloignées », ajoutant qu'il n'aurait pas de repos avant
d'avoir achevé ce qu'il s'était proposé [3]

Dans la lettre suivante, qui est du 9 août, Schelling fait allusion
aux difficultés pécuniaires que ce projet va entraîner pour lui, à une
solution souhaitée par Fichte, mais à peu près impossible : celle de
fonder à Berlin une colonie d' « Iénaïstes » qui vivraient à frais communs, donc à moindres frais [4]. A défaut de cette « colonie » il songeait à un organe scientifique.

Ainsi naquit l'idée d'un *Institut critique* dont, au début de
l'année 1800, Fichte faisait part à Reinhold, l'homme qu'il fallait

1. Ernst Reinhold, *K.-L. Reinhold's Leben und litterarisches Wirken, nebst einer Auswahl
von Briefen*, Iena, Frommann, 1825, Zweite Abth., Briefe, III, *Jacobi*, 8, Eutin, dens
10. Sept. 1799, p. 248.
2. *Fichte's Leben*, II. Bd., Zweite Abth., IV, 14, Schelling an Fichte, Bamberg, den
18. August 1800, p. 312-313.
3. *Ibid.*, 3, Schelling an Fichte, Iena, den 29. Juli 1799, p. 299.
4. *Ibid.*, 4, Schelling an Fichte, Iena, den 9. Aug. 1799, p. 300. Voir aussi les
lettres 5 (Schelling an Fichte, Iena, den 12. Sept. 1799, p. 303) et 7 (Fichte an
Schelling, Berlin, den 20. Sept. 1799, p. 305) où il est question de ces difficultés.

mettre officiellement à la tête de cette entreprise pour la faire accepter du public savant[1].

« Depuis longtemps, lui écrivait-il, Schelling m'avait donné l'idée de réunir en vue d'une action commune les savants les mieux pensants, c'est-à-dire les plus pénétrants, et cette idée s'était précisée sous la forme d'un *Institut critique*[2]. »

Schiller, à son tour, était avisé du projet par une lettre de Fichte : « Sans pouvoir proposer un plan arrêté, voici mes vues pour un *Institut critique*. Il faut absolument, me semble-t-il, et aussitôt que possible, exercer sur la science, pendant un certain temps, une stricte surveillance, si l'on ne veut pas que le peu de bon grain qu'on y a semé soit entièrement détruit par l'abondante poussée des mauvaises herbes. Dans le domaine de la première des sciences, de la philosophie, qui devrait servir à débrouiller toutes les autres, on continue à débiter le vieux sermon, comme si jamais rien n'avait été produit contre lui, et on altère si bien le nouveau qu'il ne se ressemble absolument plus à lui-même. Heureusement on le fait avec tant de pleutrerie, qu'on s'effarouche et qu'on rentre dans sa coquille dès que quelqu'un dénonce sérieusement le mauvais ouvrage; mais on recommence dès que la surveillance paraît se relâcher. Je considère comme très possible qu'une critique sévère, poursuivie pendant deux ou trois ans, réduise au silence les bavards dans le domaine de la philosophie et fasse place nette pour les meilleurs. Or, si cela est possible, il faut le faire[3]. »

1. *Fichte's Leben*, II. Bd., Zweite Abth., III, 28, Fichte an Reinhold, Iena, den 8. Feb. 1800, p. 284. — 2. *Ibid.*, p. 281.

3. *Gœthe-Jahrbuch*, éd. L. Geiger, Frankfurt a/M., Literarische Anstalt, Rütten und Lœning, 1894, XV. Bd., I, Mittheilungen aus dem Goethe- und Schiller-Archiv, 5, Zwei Briefe von Fichte an Schiller, hgg. von R. Steiner, VIII, Berlin, den 2. Febr. 1800, p. 41-42.

La date du 2 février 1800, attribuée à cette lettre de Fichte à Schiller, est manifestement fausse. Le 2 février 1800 Fichte était, non pas à Berlin, mais à Iéna, où il arrivait dans la première quinzaine de décembre 1799 (« Ich bin in der ersten Hälfte des kunftigen Monats bei Ihnen, mein theurer Freund », écrit Fichte à Schelling le 19 novembre 1799, *Fichte's Leben*, II. Bd., Zweite Abth., IV, 10, p. 308). Et c'est non de Berlin, mais d'Iéna que, le 8 février, il écrivit à Reinhold pour lui annoncer la fondation de l'*Institut critique*; dans cette même lettre Fichte déclare d'ailleurs formellement qu'il est encore retenu à Iéna pour le mois de février tout entier (*Fichte's Leben*, II. Bd., Zweite Abth., III, 28, Fichte an Reinhold, Iena, den 8. Febr. 1800, p. 284).

Ce n'est pas tout. Dans la lettre de Fichte à Schiller un double renseignement paraît de nature à établir qu'elle ne peut avoir été écrite le 2 février 1800. D'abord, à la fin de sa lettre, Fichte annonce qu'il adresse à Schiller et à Gœthe, au nom de Cotta et au sien, deux exemplaires de son dernier ouvrage, l'*État commercial fermé* : « Ich lege, eben sowohl in Cotta's als in meinem Namen, zwei Exemplare meiner neusten Schrift für Sie und Gœthe bei. » (*Gœthe-Jahrbuch*, XV. Bd., *loc. cit.*, p. 43). Or, cet ouvrage, selon toute vraisemblance, n'avait pas paru en février 1800. Struensée, auquel il est dédié et auquel Fichte sans doute l'adressa dès son apparition, ne le reçut que le 8 novembre 1800. (Voir la lettre de remerciements adressée par

Mais Fichte ne voulait pas se contenter d'exercer une surveillance sur la philosophie, il voulait l'étendre au domaine entier de la science et de la littérature, aussi loin que le lui permettraient ses forces et les collaborations que la communauté des sentiments lui acquerrait peu à peu. Il ajoutait qu'il songeait, pour commencer, à un rapport sur l'état actuel de la littérature allemande dont il mettrait franchement à nu les côtés pourris : la mission d'écrivain transformée en industrie par les libraires et par les auteurs, le ridicule des institutions pour comptes rendus, les mobiles misérables des écrivains. Et il proposerait des améliorations.

En ce qui concernait le jugement des choses de l'art, il faisait appel au concours de Schiller et de Gœthe, afin de décider quels enseignements il était nécessaire de donner aux jeunes artistes et de quelle manière ces enseignements devaient se produire. Gœthe n'avait-il pas fourni sur ce point des modèles dans ses *Propylées* et dans quelques autres de ses récents ouvrages? Fichte terminait en disant à Schiller que Schelling désirait commencer, dès les Pâques prochaines, la publication de ce journal scientifique, et, s'il n'était possible ni à Schiller, ni à Gœthe d'apporter leur collaboration immédiate, du moins sollicitait-il d'eux l'annonce d'un concours prochain.

Ce désir hâtif de commencer dès la foire de Pâques la publication de cet *Institut critique*, comme l'appelait Fichte, s'explique par la rupture de Schelling avec le *Journal littéraire universel*, qu'il avait dénoncé comme « l'auberge de toutes les basses tendances et de toutes les basses passions », comme un « abîme de méchanceté et d'ignominie [1]. » Il s'agissait maintenant de fonder une institution

---

Struensée à Fichte; *Fichte's Leben*, II. Bd., Zweite Abth., XVIII, Minister Struensee an Fichte, Berlin, den 9. Nov. 1800, 29, p. 549.) Cette lettre est du 9 novembre, et Struensée dit avoir reçu l'ouvrage la veille. En second lieu, Fichte ajoute qu'il joint à l'envoi la *Destination de l'homme*, qui n'est plus du tout une nouveauté (« Ich bitte um Verzeihung, dass ich auch die Bestimmung d. M., die gar keine Novität mehr ist, beilege; *Gœthe-Jahrbuch*, XV. Bd., *loc. cit.*, p. 43). Or, en février 1800, la *Destination de l'homme* était encore une nouveauté. Le 28 octobre 1799 Fichte écrivait à sa femme qu'il avait conclu avec un libraire un traité avantageux pour la *Destination de l'homme*, mais qu'il avait encore pour quinze jours de travail avant de remettre son manuscrit (*Fichte's Leben*, I, Bd., II. Buch, 6. Kap., p. 328). Dans une lettre antérieure il lui avait annoncé que la *Destination* serait prête à paraître pour la Noël (*Ibid.*, p. 321). Il est certain qu'avant de partir pour Iéna, en décembre 1799, Fichte avait donné le bon à tirer de l'ouvrage; mais la couverture porte la date de 1800. Quoi qu'il en soit de la date exacte, la publication ne peut se placer, au plus tôt, que dans les derniers jours de 1799, et il paraît infiniment probable que la *Destination* ne parut que dans les premiers mois de 1800. Elle était donc certainement encore une nouveauté le 2 février 1800.

1. Pour comprendre la hâte de Schelling, il faut se reporter aux démêlés qu'il venait d'avoir avec le *Journal littéraire universel* d'Iéna. Fondé en 1785 par le philologue Schutz et le juriste Hufeland, le *Journal littéraire universel* d'Iéna avait été pendant longtemps, dans toutes ses branches, l'organe attitré de la philosophie critique. On sait la place qu'y avaient tenue, avec Schiller, avec Gœthe, avec

rivale. Ce fut la raison pour laquelle Schelling avait, en novembre, prié Fichte, qui n'hésita pas à le faire, de hâter son retour à Iéna, pour conférer avec lui oralement de tout cela.

G. de Humboldt, avec Körner, avec A.-G. Schlegel, Kant et ses disciples, Fichte tout particulièrement. Mais, depuis que Fichte avait été accusé d'athéisme, depuis que A.-G. Schlegel avait, avec son frère, fondé l'*Athénée* et déployé le drapeau du romantisme, le *Journal littéraire universel* montrait une singulière circonspection vis-à-vis de collaborateurs auxquels jadis il donnait volontiers carte blanche; il les trouvait maintenant compromettants.

Ce fut d'abord à A.-G. Schlegel qu'il s'en prit. Schlegel, depuis le milieu de l'année 1796, avait fait, de son propre aveu, le compte rendu de presque tous les ouvrages de quelque importance parus en littérature (*Allgemeine Literatur-Zeitung*, 1799, *Intelligenzblatt*, n° 145, Mittwochs, den 13. Nov. 1799, II, Vermischte Anzeigen, *Abschied von der A. L. Z.*, p. 1179); mais, le jour où il proposa aux directeurs d'annoncer l'*Athénée* dans les colonnes du *Journal littéraire*, on lui fit une réponse dilatoire : on allégua la nécessité d'attendre la suite de cette publication; et, quand il voulut rendre compte du *Sternbald* de Tieck, Hufeland déclara contraire aux règlements du *Journal* que Schlegel recensât les ouvrages de Tieck, alors que c'était Tieck qui rendait compte des ouvrages de Schlegel. Ce n'était là d'ailleurs que de mauvais prétextes; il fallut bientôt que le *Journal littéraire universel* prît nettement position pour ou contre le romantisme; l'occasion lui en fut fournie par un roman : *Les lettres confidentielles d'Adélaïde B. à son amie Julie S.*, que fit paraître, au commencement de l'année 1799, et sous le couvert de l'anonymat, Nicolaï, le vieil adversaire de l'Idéalisme critique, l'ennemi déclaré des nouveautés et de l'originalité, le défenseur attitré de la tradition et de l'orthodoxie. C'était une satire très vive des procédés du romantisme, et les fragments de l'*Athénée* s'y retrouvaient textuellement dans la bouche de différents personnages.

Dans le *Journal littéraire universel*, un compte rendu vanta l'esprit et l'humour de ce roman. Cette fois, la mesure était comble. Le 30 octobre, A.-G. Schlegel envoyait aux directeurs du *Journal littéraire* sa démission motivée de rédacteur, avec prière de publier dans la *Feuille d'annonces* ses explications. Elles y parurent dans le numéro du 13 novembre 1799. A.-G. Schlegel déclarait qu'il avait honte de certains voisinages, que les tendances et les desseins de la direction étaient en contradiction avec ses principes, et que l'esprit de cette institution ne permettait plus à la franchise de sa conduite de continuer à y collaborer.

Les directeurs répondirent par une défense personnelle qu'ils publièrent à la suite de cette lettre de démission. Tout en regrettant le départ d'un rédacteur comme A.-G. Schlegel, ils déploraient qu'il fût le premier à quitter le *Journal*, contre toutes les bienséances, en faisant un éclat, et en oubliant tous les liens qui l'unissaient à la maison où il avait passé treize années de son existence. Schlegel prétendait avoir été l'auteur de tous les comptes rendus de quelque importance, ils en demeuraient d'accord : si l'importance devait se mesurer à la longueur, plusieurs des siens avaient tenu jusqu'à six numéros; personne, à cet égard, ne pouvait rivaliser avec lui.

Quant aux voisinages honteux dont Schlegel se plaignait, Schütz et Hufeland déclaraient tout net qu'il s'agissait des *Lettres confidentielles d'Adélaïde B. à son amie Jutte S.* et que la colère de Schlegel contre l'auteur du compte rendu de ces *Lettres* provenait uniquement de ce qu'elles étaient essentiellement dirigées contre son frère et contre lui-même.

Les maximes et les desseins de la rédaction que les principes de A.-G. Schlegel ne lui permettaient pas de tolérer, les directeurs du *Journal* n'avaient qu'à les exposer pour se justifier : ces maximes consistaient à laisser aux rédacteurs toute la liberté de leurs jugements et à refuser de faire du *Journal littéraire* l'organe d'une secte ou d'une école; c'était là sans doute ce que Schlegel ne lui pardonnait pas, depuis qu'il était chef d'École, car auparavant sa conscience était moins intransigeante, et ses principes avaient fait, pendant treize ans, assez bon ménage avec les vues du *Journal littéraire universel*. (*Allgemeine Literatur-Zeitung*, 1799. *Intelligenzblatt*, n° 145, *loc. cit.*, p. 1179-1184.)

Ce fut donc la guerre déclarée entre le *Journal* littéraire *universel* et la jeune École. Le départ de A.-G. Schlegel fut bientôt suivi du départ de Schelling : c'est le 30 oc-

Tout cela[1], c'était d'abord la question soulevée par **Schelling** d'examiner s'il ne conviendrait pas, pour mener à bien l'entreprise, de
s'établir en Franconie, où les deux philosophes pourraient vivre et
travailler en commun [2]; c'était ensuite l'urgence d'un entretien au
sujet des singuliers propos de Bohn sur la décadence du *Journal lit-*

tobre 1799 que A.-G. Schlegel avait adressé aux directeurs du *Journal* sa démission
de rédacteur; or, le 2 novembre, la *feuille d'annonces* du même *Journal* se voyait
contrainte de publier une protestation de Schelling contre deux comptes rendus des
Idées pour une Philosophie de la Nature parus dans les n°° 316 et 317 de ce périodique,
dont l'un avait pour auteur « un homme qui visiblement ignorait les plus élémentaires notions de la philosophie et n'était pas capable de les connaître, quoiqu'il
fût, assurait-on, un mathématicien et un physicien célèbre, dont l'autre, versé
quelque peu dans la philosophie kantienne, témoignait, à vrai dire, de pauvres
connaissances en sciences naturelles ». (*Allgemeine Literatur-Zeitung*, 1799. *Intelligenzblatt*, n° 142, Sonnabends, den 2. Nov., III, Vermischte Anzeigen. *Bitte an die Herren
Herausgeber der A. L. Z.*, p. 1150.)
Pour apprécier le caractère de cette protestation, il faut rappeler que Schelling
avait demandé à Hufeland de confier à son élève et ami Steffens le compte rendu
de son ouvrage; Hufeland avait refusé, sous prétexte que Steffens était encore un
élève, et l'élève de Schelling; ce refus avait été suivi bientôt des deux comptes rendus
hostiles qualifiés par Fichte lui-même de « bousillage, inspiré par une évidente ani-
mosité ». (*Fichte's Leben*, II. Bd., Zweite Abth., IV, 8, Fichte an Schelling, Berlin, den
22. Oct. 1799, p. 306.)
C'est alors que Schelling, profondément blessé, avait adressé sa réplique dont les
termes étaient sans doute assez vifs, et s'était offert, puisqu'on avait ainsi dénaturé
sa pensée, à écrire lui-même un troisième compte rendu de son livre, qui serait la
synthèse des deux autres, l'auteur n'en devant être « ni uniquement un physicien,
ni uniquement un philosophe, mais l'un et l'autre à la fois et avec une même puissance », un compte rendu qui ne se réduirait pas à « quelques misérables remarques
de cerveaux bornés, incapables de sortir du cercle étroit de leur point de vue pour
juger les autres, et sans aucun pressentiment de l'idée de l'ensemble ». (*Allgemeine
Literatur-Zeitung*, 1799. *Intelligenzblatt*, n° 142, Sonnabends, den 2. Nov. *Bitte an die
Herren Herausgeber der A. L. Z.*, p. 1150-1151.)
Mais il avait essuyé de Hufeland un nouveau refus, motivé, cette fois, par la tradition du *Journal* littéraire *universel*, qui n'avait jamais admis de comptes rendus des
auteurs par eux-mêmes (Selbstanzeigen). Pour pallier ce refus, Hufeland proposait
à Schelling d'insérer un compte rendu personnel dans la feuille d'annonces qui était
le supplément du *Journal* et qui, elle, donnait de tels comptes rendus. (*Allgemeine
Literatur-Zeitung*, 1799. *Intelligenzblatt*, n° 142. *Antwort der Herausgeber*, p. 1151-1152.)
C'était la brouille définitive : bientôt Schelling allait publier contre le *Journal* littéraire
universel son fameux manifeste (qui parut en appendice à un compte rendu des derniers écrits de Schelling, par Steffens, dans le *Journal de physique spéculative*). Il liait
sa cause à celle de son ami A.-G. Schlegel. [Pour l'histoire de cette querelle, voir
Allgemeine Literatur-Zeitung, 1799. *Intelligenzblatt*, n° 142, p. 1150-1152, et 1800, *Intelligenzblatt*, n° 57, Mittwochs, den 30. April 1800, p. 466-479, et n° 62, Sonnabends,
den 10. May 1800, p. 513-515 (*Vertheidigung gegen Hrn Prof. Schelling's sehr unlautere
Erläuterungen über die A. L. Z. et Fortgesetzte Vertheidigung gegen Hrn Prof. Schelling
sehr unlautere Erläuterungen über die A. L. Z.*, von Schütz), enfin n° 77, Mittwochs, den
11. Junius, Erklärung von Hufeland, p. 639-640, et n° 104, Sonnabends, den 19. Julius,
Erklärung von Steffens et Antwort von Schütz, p. 891-896.]
1. *Fichte's Leben*, II. Bd., Zweite Abth., III, 28, Fichte an Reinhold, den 8. Febr. 1800,
p. 282. « Ich habe bei meiner gegenwärtigen Anwesenheit zu Iena den Plan eines
solchen Werks, einer « pragmatischen Zeitgeschichte der Literatur und Kunst »,
ausgearbeitet und mit meinen Freunden mündlich debattirt. » Voir aussi IV, 9,
Schelling an Fichte, Iena, d. 1. Nov. 1799, p. 307, et 10, Fichte an Schelling, Berlin,
den 19. Nov. 1799, p. 308-309.
2. *Ibid.*, IV, 9, Schelling an Fichte, Iena, den 1. Nov. 1799, p. 307-308.

léraire universel et sur l'opportunité, à l'heure actuelle, de le remplacer par une nouvelle création. Bohn avait dit : « Ah! si seule
ment on avait un capital; si seulement un homme, tel qu'il le fau
drait, prenait la direction de l'entreprise[1]! »

Les fonds manquaient peut-être, mais l'homme s'offrait, et, après
en avoir conféré avec Schelling et avec Schlegel, il se mit aussitôt à
l'œuvre pour rédiger le plan du nouvel *Institut*.

B. *PLAN DE FICHTE,
OPPOSITION DE SCHLE-
GEL ET DE SCHLEIER-
MACHER.*

Le 23 décembre Fichte envoyait à ses
amis son projet avec la lettre suivante :

Le 23 décembre 99.... W[enigen]-I[ena][2]

Voici, mes chers amis, le projet promis[3].
Excusez-en le caractère hâtif, et, par suite, çà et là, sans aucun
doute, l'indétermination dans l'expression; excusez-en l'encre pâle et
l'écriture difficile à lire. En ce qui concerne la forme, mon but
ne dépassait pas le désir d'être compris, et je le serai certes par
vous à demi-mot.   FICHTE.

En envoyant ce plan « à ses amis », Fichte, avec la confiance qu'il
avait en lui-même, ne doutait assurément pas qu'il ne dût rencontrer
près d'eux un accueil empressé. Quelles ne furent point sa surprise
et sa colère en voyant qu'il se heurtait à leurs objections!

A.-G. Schlegel déclarait à Schleiermacher que, dans le projet d'*Institut critique* de Fichte, tel que celui-ci le leur avait exposé de vive
voix et par écrit, tout était fondé sur le modèle d'une constitution
monarchique et d'une subordination générale; « si l'esprit de système
et de domination de Fichte pouvait y trouver satisfaction », cela ne
faisait pas du tout les affaires de Schlegel et de son cercle[4].

Au principe monarchique dont s'inspirait le projet de Fichte
Schlegel opposait « les sentiments républicains » de ses amis, les
siens propres que « heurtaient » les tendances du philosophe[5]; il

1. *Fichte's Leben*, II. Bd., Zweite Abth., IV, 10, Fichte an Schelling, Berlin, den 19.
Nov. 1799, p. 308.
2. Faubourg d'Iéna, sur la rive droite de la Saale.
3. Ce projet fait partie des manuscrits inédits de la correspondance d'A.-G. Schlegel
déposée à la Bibliothèque royale de Dresde (8ᵉ vol., e 90); il a été publié pour la première fois en 1909 par le Dʳ Otto Fiebieger sous le titre : *Johann Gottlieb Fichtes kri
tische Pläne während der Jahre 1799-1801*, dans les *Neue Jahrbücher für das klassische
Altertum, Geschichte und deutsche Literatur*, édité par J. Ilberg, I. Abth., XXIII. Bd.,
3. Heft, p. 210-215. Nous croyons devoir en reproduire le texte intégral qu'on trouvera dans l'Appendice I.
4. *Aus Schleiermacher's Leben. In Briefen*, éd. W. Dilthey, Berlin, Reimer, 1858,
III. Bd., III, A.-W. Schlegel an Schleiermacher, Iena, den 21. April 1800, p. 169.
5. *Ibid.*, A.-W. Schlegel an Schleiermacher, Bamberg, den 20. August 1800, p. 221.

disait : « chez Fichte tout tend à une constitution monarchique, et
nous sommes républicains. Fichte peut bien encore, s'il lui plaît,
exécuter son projet; mais nous lui avons donné à entendre de
manière suffisamment claire qu'il lui faudra pour cela chercher
d'autres collaborateurs que nous », et il ne savait vraiment pas où
Fichte pourrait ailleurs en trouver de bons[1].

Schlegel combattait enfin le projet de Fichte pour son esprit de
système dans le contenu et dans la forme; il y avait des choses qu'il
était « impossible à ses amis et à lui de produire pour la première fois
au jour autrement que d'une manière fragmentaire; ils se bornaient
à chercher l'unité dans l'esprit et dans la communauté de tendances[2] ».

C. *NÉGOCIATIONS DE FICHTE AVEC REINHOLD.* La résistance que Fichte rencontra ainsi de la part de Schlegel ne fit qu'exaspérer ses instincts « de monarque et d'autocrate », comme disait Schlegel, en parlant de lui.
Loin de céder à leurs objections et à leurs désirs, loin de faciliter une
entente qui aurait rendu possible l'exécution du projet, il ne fit que
s'entêter davantage. Or, comme, sans la collaboration de Schelling, de
Schlegel et de tout leur cercle, le projet n'était pas actuellement
viable, Fichte préféra, sinon l'abandonner, du moins le différer jusqu'au jour où il trouverait ailleurs les concours nombreux dont il
avait besoin[3].

En attendant, avant même d'avoir quitté Iéna, et pour préparer les
voies, il envisageait déjà un projet moins vaste : la création d'une
revue des revues critiques actuelles; il s'en ouvrait à Reinhold
dans une lettre datée du 8 février 1800. Il ne s'agissait plus d'exercer
sur le public, ainsi que l'avait fait, avec les *Lettres sur la littérature*,
la *Bibliothèque allemande universelle*, une influence par le compte
rendu direct des livres eux-mêmes, comme au temps où il lisait des
livres. Aujourd'hui il ne lisait plus; ses livres, c'étaient les comptes
rendus, une lecture à la deuxième puissance. Et ces comptes rendus
étaient d'une pauvreté lamentable, l'œuvre, non de maîtres dans les
sciences ou les arts, mais de véritables écoliers, de simples bousilleurs. Fichte, pour édifier son siècle, se proposait donc de faire une
critique de ces comptes rendus, qu'il confierait à des hommes tels
que Reinhold, Schelling et lui-même.

1. *Aus Schleiermacher's Leben. In Briefen*, éd. W. Dilthey, III. Bd., iii, A.-W. Schlegel
an Schleiermacher, Iena, den 9. Juni 1800, p. 184.
2. *Ibid.*, A.-W. Schlegel an Schleiermacher, Iena, den 9. Juni 1800, p. 184.
3. *Fichte's Leben*, II. Bd., Zweite Abth., IV, 16, Schelling an Fichte, Bamberg,
den 5. Sept. 1800, p. 315-316. Voir aussi *Ibid.*, III, 28, Fichte an Reinhold, Iena,
den 8. Febr. 1800, p. 282.

Il serait alors sûr que les discussions « partiraient de principes généraux, aboutiraient à des principes plus généraux, qu'elles saisiraient le mal dans ses racines et qu'elles seraient ainsi vraiment instructives et intéressantes ». Si l'on s'adressait à d'autres collaborateurs, il faudrait qu'ils fussent animés du même esprit, autrement on leur renverrait leurs travaux.

Mais un tel projet ne permettrait pas d'embrasser la totalité des nouveautés parues, ce qui était le vœu de la plupart des lecteurs des revues critiques; l'organe en question risquait donc de n'être acheté que fort peu et, à la longue, de ne plus l'être du tout. Il faudrait donc, pour compléter la critique des comptes rendus, y joindre des annonces de première main : le meilleur moyen serait de demander des comptes rendus de leurs propres ouvrages aux auteurs; ces annonces seraient ce que devrait être toute bonne préface.

Une pareille publication aurait comme effet le plus immédiat de faire revenir le public de son respect superstitieux pour les comptes rendus, de forcer les revues de comptes rendus à s'améliorer ou à disparaître[1]. En Reinhold, Fichte voyait l'homme dont avait besoin l'entreprise, l'homme considérable dans les lettres, réputé pour son humanité, sa douceur, son esprit de conciliation, sa circonspection. Seul il était capable de faire accepter au public savant la partie paradoxale du projet, les comptes rendus par les auteurs de leurs propres ouvrages. Fichte demandait donc à Reinhold d'accepter la direction de la nouvelle Revue, car il serait compromettant pour elle de porter sur sa couverture à la fois les noms de Fichte et de Schelling : c'eût été lui donner, dès le début, comme une allure de combat[2]. Mais, pour n'être pas en vedette, Fichte et Schelling n'en seraient pas moins les soutiens de la Revue; ils se partageraient la besogne essentielle. Fichte, par condescendance pour Schelling, consentirait à solliciter la collaboration de Guillaume et de Frédéric Schlegel, mais par condescendance pour Schelling seulement, car il avait contre Guillaume un ressentiment profond depuis l'échec de son premier projet[3].

1. *Fichte's Leben*, II. Bd., Zweite Abth., III, 28, Fichte an Reinhold, Iena, den 8. Febr. 1800, p. 282-283. — 2. Ibid., p. 284.

3. E. Reinhold, *K.-L. Reinhold's Leben und litterarisches Wirken*, Zweite Abth., Briefe, II, *Fichte*, 14, Iena, den 18. Febr. 1800, p. 220-221. Cette lettre a été publiée dans la biographie de Fichte par son fils (*Fichte's Leben*, II. Bd., Zweite Abth., III, 28, Reinhold an Fichte, Iena, den 8. Febr. 1800, p. 283-284), mais elle est datée du 8 février, et le passage que nous citons y a été supprimé. Pour être complet, ajoutons que la suite de la lettre porte sur Frédéric un jugement plus favorable : « Mais le cadet, dit Fichte, est, au fond, un brave homme, infatigable dans la recherche du meilleur..., dont on pourrait faire quelque chose si son manque opiniâtre de maturité (hartnäckige Unreife) disparaissait, s'il voulait choisir un meilleur idéal que son frère, et en qui l'étoffe est dix fois supérieure. »

Ce second projet de Fichte n'eut pas plus de succès que le premier. Reinhold, à cette heure, préparait une conversion nouvelle, il avait de tout autres desseins que de s'enrôler sous la bannière de Fichte. Il répondit par une fin de non-recevoir. Dans une lettre qui porte la date du 1ᵉʳ mars 1800, il reconnaissait sans doute l'opportunité de l'entreprise; mais il ajoutait qu'il lui serait bien difficile d'en acceptei la co-direction. Il ne pouvait, en effet, s'agir, dans l'esprit de Fichte, de faire de lui un simple prête-nom destiné à tromper le public; or, la lecture des manuscrits et leur publication en temps utile, que comportait une co-direction effective, était à peu près impossible dans l'éloignement où Reinhold se trouvait de Fichte; elle exigeait, en outre, des loisirs dont Reinhold ne disposait pas. D'ailleurs Fichte et lu avaient une manière trop différente de juger ceux qui professaien une opinion philosophique autre que la leur pour qu'une collaboration utile pût s'établir à distance; entre eux le désaccord était assez profond pour qu'aucun des deux pût consentir à accepter sans discussion le jugement de l'autre[1]. C'était donc pour Fichte un nouvel échec.

Mais à ce moment même il sembla qu'une autre issue s'offrît.

D. *L'ENTENTE AVEC UNGER.* En revenant à Berlin, Fichte eut vent d'une entreprise analogue à celle dont il avait conçu le plan à Iéna. L'auteur en était l'historien Ch.-L. Woltmann, qui avait agi à l'instigation de l'éditeur J.-F. Unger de Berlin. Unger, ayant sans doute compris de quel secours Fichte pourrait être à son projet, le lui avait communiqué, avec l'intention, semble-t-il, de donner la première place à Fichte et de reléguer au second plan Woltmann, « mauvais écrivain » auquel on couperait les ailes et dont on ferait ce qu'on voudrait. Fichte avait accepté de remanier à son gré le « plan de fortune » d'Unger, il lui avait promis *a priori*, sans même les avoir consultés au préalable, le concours de Schelling, de Schlegel et de tous leurs amis[2]. Une lettre de Schelling, du 14 mai 1800, atteste son ignorance : il demande à Fichte des nouvelles d'un « Journal critique à la deuxième puissance », estimant l'heure propice à sa réalisation[3]. Fichte, loin de lui avouer qu'il avait abandonné ce projet, lui répondait : « En ce qui

---

1. *Fichte's Leben*, II. Bd., Zweite Abth., III, 29, Reinhold an Fichte, Kiel, den 1. März 1800, p. 285.
2. Lettre inédite de Schleiermacher à A.-G. Schlegel, du 29 août 1800, 25ᵉ vol. des inédits de la Bibliothèque de Dresde (voir Appendice VI).
3. *Fichte's Leben*, II. Bd., Zweite Abth., IV, 11, Schelling an Fichte, Bamberg, den 14. Mai 1800, p. 310.

concerne l'exécution de notre plan, il ne faut rien hâter. Un homme riche à qui je pensais ici, et sur lequel je comptais, se précipite de lui-même dans mes bras, car il me presse de lui faire un cours privé[1] ». Fichte tenait donc ses négociations secrètes; seul A.-F. Bernhardi, son plus intime ami à Berlin, avait reçu ses confidences.

E. UN PROJET DE A.-G. SCHLEGEL : « LES ANNALES »

Mais, tandis que Fichte opérait ainsi en silence[2], A.-G. Schlegel, de son côté, à l'insu de Fichte et même de Schelling, dont Frédéric mettait fort en doute le « talent critique[3] », cherchait à fonder, en remplacement du *Journal littéraire universel*, une « grande Revue » qui serait pour la défense de leurs idées l'organe dont ils étaient privés depuis la disparition de l'*Athénée*. Cette revue qui se présenterait comme une suite de l'*Athénée* devait prendre la forme modeste de *Notices critiques*[4]. Frédéric, en annonçant la chose à Schleiermacher, le 16 janvier 1800, lui demandait sa collaboration[5].

Schleiermacher ainsi consulté prodigua ses encouragements et ses promesses. Il décida même A.-G. Schlegel, qui se piquait d' « esprit républicain » et proposait de faire de la nouvelle Institution un organisme dont tous les membres seraient sur le pied d'une entière égalité, à accepter, en dépit de ses scrupules, la direction nominale de l'entreprise[6]. Schlegel, en le remerciant avec joie de sa confiance,

1. *Fichte's Leben*, II. Bd., Zweite Abth., IV, 12, Fichte an Schelling, Berlin, den 9. Juni 1800, p. 310-311.
2. Lettre inédite de Schleiermacher à A.-G. Schlegel du 29 août 1800 (voir Appendice VI).
3. *Aus Schleiermacher's Leben. In Briefen*, éd. W. Dilthey, III. Bd., III, Fr. Schlegel an Schleiermacher, den 16. Januar 1800, p. 150. « Mit dem grossen Institut an die Stelle der *A. L. Z.* wirds wohl so werden, dass wir beyden, W. und ich, in aller Stille nach dem Eingang des Athenäums die kritischen Notizen fortsetzen, und mit Dank annehmen was uns einer oder der andre giebt. Könntest Du für das Wissenschaftliche recht viel beytragen und helfen, so könnten wir allerdings in dem bisherigen kleinen Umfang schon etwas bedeutendes leisten. Fichte hat doch eigentlich entschieden kein Talent zu diesem Geschäft, und Schelling hat wenigstens noch kein Zeichen davon gegeben. »
4. Les notices critiques de l'*Athénée*, qui avaient eu leur heure de célébrité, devaient ainsi survivre, dans l'esprit de Schlegel, à l'*Athénée* même.
5. *Aus Schleiermacher's Leben. In Briefen*, éd. W. Dilthey, III. Bd., III, Fr. Schlegel an Schleiermacher, d. 16. Januar 1800, p. 150.
6. Dans une lettre datée de Berlin, 12 avril 1800, et qui se trouve dans les inédits de la Bibliothèque de Dresde, il écrit :
« Ich für meinen Theil verspreche nicht nur förmlich und ordentlich meine *Portion* zu liefern, sondern gebe Ihnen auch hiemit feierlich meine Stimme zum Redaktorat... »; et, dans une lettre, inédite aussi, du 3 mai, il écrit encore :
« Redakteur der Notizen sind Sie ohne weiteres Stimmensammeln von selbst, weil es kein Anderer sein kann » (voir Appendices III et IV).

lui déclara vouloir faire en sorte que « l'existence d'un directeur unique servît à quelque chose, sans pourtant faire tort au principe de l'égalité[1] ».

Il lui fallait maintenant se préoccuper de trouver à Leipzig un édi-teur, « mais avec discrétion, pour qu'on ne connût pas trop·tôt le projet[2] ». Quant aux collaborateurs, les premiers sur le concours desquels il comptait, c'étaient, avec lui-même, Schleiermacher et Bernhardi. Frédéric serait à coup sûr du nombre, mais actuellement il n'avait pas de notices prêtes; Tieck aurait aussi sa place parmi eux. Enfin Dorothée Veit et Caroline Schlegel apporteraient, en matière de roman et de théâtre, un appoint qui ne serait pas négligeable[3].

Schlegel pensait que les *Notices* constituées de la sorte pourraient absolument remplacer l'*Athénée* dans la pénétration de la critique, dans l'énergie et l'ouverture d'esprit (Liberalität), et il espérait qu'elles seraient aussi redoutées[4]

Le *plan critique* que Schlegel avait ainsi conçu « ne lui sortait de la tête ni jour ni nuit ». Il se rendit à Leipzig, à la recherche d'un éditeur : il entra en négociations avec Cotta; il écrivit, sur sa demande, un plan. Ayant longuement réfléchi, il crut devoir renoncer au titre de *Notices*, titre trop limitatif impliquant des jugements fragmentaires et ne convenant pas à l'étendue qu'il entendait donner à l'entreprise; en outre, ce nom serait à peine compréhensible pour les lecteurs qui n'auraient pas connu l'*Athénée*. Après quelques hési-tations il s'arrêta d'abord au titre d'*Annales critiques de la Litté-rature allemande* (Kritische Jahrbücher der deutschen Literatur)[5], puis, définitivement, à celui d'*Annales scientifiques et littéraires pour l'Allemagne* (Jahrbücher der Wissenschaft und Kunst für Deutschland).

Ce projet, qu'il avait rédigé pour la plus grande part en collabo-ration avec son frère Frédéric[6], et qu'il avait déjà soumis à Gœthe[7], Schlegel l'adressa, le 7 juillet, à Schleiermacher, en même temps

1. *Aus Schleiermacher's Leben. In Briefen*, éd. W. Dilthey, III. Bd., III, A.-W. Schlegel an Schleiermacher, Iena, den 21. April 1800, p. 169. — 2. *Ibid.*, p. 169-170. — 3. *Ibid.*, p. 170. L'idée de faire appel à Dorothée et à Caroline semble être venue de Schleier-macher, car, dans la lettre inédite du 12 avril, on lit : « Bernhardi babe ich seit Gestern da ich Ihren Brief empfing noch nicht sehen können; ich will ihn aber heute aufsuchen und ihm das nöthige mittheilen. Den literar-Artikel im Archiv wird er wol ohne Schwierigkeit aufgeben, aber für die Romane ist, wie ich fürchte, weder er noch seine Frau, mit der er in dieser Rucksicht sehr eine Person ausmacht, zu rechnen, weil er in diesem Artikel jetzt Viel in der A. L. Z. arbeitet, und ob er diese auch sogleich aufgeben würde weiss ich nicht. Indess haben wir ja Caroline und Dorothea, die gewiss für dieses Fach nicht nur Vortrefflich sondern auch genug sind. »
4. *Aus Schleiermacher's Leben. In Briefen*, éd. W. Dilthey, III. Bd., III, A.-W. Schlegel an Schleiermacher, Iena, den 21. April 1800, p. 170. — 5. *Ibid.*, A.-W. Schlegel an Schleiermacher, Iena, den 9. Juni 1800, p. 183. — 6. *Ibid.*, A.-W. Schlegel an Schlei-ermacher, Iena, den 7. Juli 1800, p. 197. — 7. *Ibid.*, A.-W. Schlegel an Schleier-macher, Iena, den 9. Juni 1800, p. 184.

qu'une lettre où il lui demandait son assentiment ou ses observations ; il le priait aussi de bien vouloir le montrer à Bernhardi et à Tieck, enfin il en avait envoyé un exemplaire à Schelling : il attendait leurs réponses pour s'entendre avec Cotta ou — à son défaut — avec un autre éditeur[1].

F. RIVALITÉ DE A.-G. SCHLEGEL ET DE FICHTE. ÉTUDE DE LEURS PROJETS RESPEC- TIFS. Schlegel, au début, s'abstint, on l'a vu, d'entretenir Schelling de ses négociations, bien qu'il le considérât comme un de ses collaborateurs prévus à l'origine, sans doute pour éviter toute indiscrétion de sa part vis-à-vis de Fichte ; c'est ce qui explique comment Schelling, ignorant aussi les derniers desseins de Fichte et croyant définitivement abandonné l'ancien projet d'*Institut critique,* proposait à Cotta, au mois de juin 1800, un traité concernant un *Examen critique des plus récents progrès de la philosophie et des sciences qui en dépendent* (Revision der neuesten Fortschritte der Philosophie und der von ihr abhängigen Wissenschaften), dont il serait le directeur. Cotta le mit aussitôt au courant des intentions de Schlegel et du projet plus général qui se préparait. Un moment, Schelling, qui ne croyait pas au succès de cette entreprise, maintint sa proposition ; mais, après en avoir causé avec Schlegel, après avoir appris que son Institut devait commencer à fonctionner au début de l'année 1801, il renonça d'autant plus volontiers à son propre projet qu'il estimait actuellement deux fois nécessaire l'union de toutes les forces — et il consentit à devenir le collaborateur de Schlegel[2] Seul, jusqu'à la fin, Fichte fut tenu à l'écart ; il fallut l'insistance de Bernhardi, l'intime de Fichte à Berlin, pour décider Schlegel à le mettre au courant.

Schleiermacher écrivait, en effet, le 27 mai 1800, à A.-G. Schlegel · « Bernhardi m'a plusieurs fois déclaré sa crainte de voir Fichte se fâcher, si d'une manière ou d'une autre il entendait parler de notre plan des *Notices,* parce qu'il a lui-même assez souvent donné à entendre qu'il songeait à fonder un *Institut critique.* Il serait bon au moins que vous lui en disiez quelque chose avant que le monde entier le sache, pas beaucoup avant cependant, à cause de la chère maçon-

---

1. *Aus Schleiermacher's Leben. In Briefen,* éd. W. Dilthey, III. Bd., III, A.-W. Schlegel an Schleiermacher, Iena, den 7. Juli 1800, p. 197. Ce projet se trouve dans le huitième volume des œuvres complètes d'A.-G. Schlegel publiées par E. Böcking. Nous nous bornerons donc ici à en résumer les tendances essentielles (voir Appendice II).

2. *Fichte's Leben,* II. Bd., Zweite Abth., IV, 14, Schelling an Fichte, Bamberg, d. 18. August 1800, p. 312-313.

nerie. Il ne me paraît pas difficile de lui présenter l'affaire sous un jour tel qu'il ne puisse rien avoir à y redire [1]. »

Mais, avant que A.-G. Schlegel eût fait la démarche que réclamaient Bernhardi et Schleiermacher, Fichte l'avait devancé : il l'avisait de la prochaine apparition chez Unger des *Annales artistiques et scientifiques* et l'invitait à y collaborer, lui communiquant le prospectus qu'il se préparait à lancer et qui annonçait, pour le 1er janvier 1801, l'apparition trimestrielle de la nouvelle *Revue.*

Ce prospectus indiquait le but du périodique : « suivre pas à pas le procès de l'esprit humain, ses progrès, ses reculs, sa marche circulaire »; faire porter sa critique, « non sur toutes les publications du temps, dans toutes les spécialités, mais seulement sur celles qui sont, d'une manière ou d'une autre, caractéristiques de l'esprit régnant ».

La *Revue* se présentait comme une histoire pragmatique de l'esprit humain, ayant l'utilité pratique de montrer, à chaque moment, l'état de la science et de l'art, permettant par là même de contribuer à leur amélioration et à leur extension.

Le ton qui convenait à sa critique découlait de son essence même : elle planait dans des régions si hautes que les personnes devaient entièrement disparaître, que seules les œuvres devaient demeurer visibles, à moins que ce ne fût dans les productions où la personne ne peut se séparer de l'œuvre, dans la poésie par exemple.

A ces critiques la *Revue* ajouterait quelques articles scientifiques de fond, mais des articles qui seraient eux-mêmes critiques : articles de réflexion sur la science ou d'approfondissement des principes de la *Critique*; ou encore des articles apportant des vues nouvelles.

A cette annonce des auteurs, l'éditeur Unger ajoutait un avis déclarant que la *Revue* était l'œuvre d'une « société d'écrivains distingués, mais, précisément parce que des écrivains de premier ordre voulaient exercer le métier de critique sans autre considération que l'intérêt de la science et de l'art, leur situation, aussi bien par rapport à leur science ou à leur art que vis-à-vis du monde littéraire, exigeait le secret et l'anonymat [2] ».

A ce prospectus Fichte avait joint une lettre explicative datée du 30 juillet : il annonçait à A.-G. Schlegel sa participation à l'entreprise d'Unger; il lui demandait instamment d'y collaborer avec Frédéric. Il comptait absolument sur eux pour le premier fascicule.

1. Lettre inédite de Schleiermacher à A.-G. Schlegel (Bibl. royale de Dresde, Mns.), Berlin, d. 27. May 1800 (voir Appendice V).
2. *Fichte's Leben*, II. Bd., Erste Abth., vii, *Jahrbücher der Kunst und der Wissenschaft*, p. 99-101.

Guillaume donnerait une vue d'ensemble de la poésie et de tout ce que le siècle et l'esprit allemand avaient produit dans les arts en général — comme dans sa maîtresse critique des rimailleries (Dichterei) de Voss, de Matthison et de Schmidt. Frédéric pourrait écrire un article sur l'esprit et le but de la philologie en général et sur son état actuel. De l'un et de l'autre il attendait le secret le plus absolu. Il terminait en « embrassant en esprit Guillaume et Frédéric [1] ».

En même temps qu'à A.-G. Schlegel, et le même jour, Fichte envoyait aussi ce projet à Paulus. Il sollicitait son concours pour la partie théologique, il lui exposait qu'il ne s'agissait pas de rendre compte de tel ou tel livre récemment paru, mais d'une revue d'ensemble. Il déclarait que, dans sa conviction intime, Paulus était le seul homme capable de traiter la question, qu'on ne pouvait le remplacer, et qu'il ne pouvait pas admettre un refus de sa part. Il ajoutait que, dans cette branche, Paulus serait entièrement maître et indépendant, libre de s'adjoindre tel collaborateur qui lui paraîtrait utile. Il lui demandait, pour le premier numéro, un article caractérisant les productions les plus récentes et les plus remarquables en matière de théologie théorique, et leur point de vue. Il réclamait de lui, comme de ses autres collaborateurs, le secret sur un projet qui ne devait être connu qu'à l'apparition du premier fascicule [2].

1. Manuscrit du 8ᵉ vol. de la correspondance inédite de A.-G. Schlegel à la Bibl. royale de Dresde, publié pour la première fois par le Dʳ O. Fiebiger dans les *Neue Jahrbücher für das klassische Altertum, Geschichte und deutsche Literatur*, hgg. von J. Ilberg, *Johann Gottlieb Fichtes kritische Pläne während der Jahre 1799-1801*, p. 218-219.

2. Dʳ Hans Schulz, *Aus Fichte's Leben*. Briefe und Mitteilungen zu einer künftigen Sammlung von Fichtes Briefwechsel, Berlin, Verlag von Reuther und Reichard, 1918, p. 30.

Fichte faisant appel à Paulus dont il avait déploré la néfaste influence dans les événements qui suivirent l'accusation d'athéisme à la fois pour lui avoir inspiré la seconde et malencontreuse lettre à Voigt et pour n'avoir pas tenu sa promesse de quitter avec lui l'Université, — cela, un an seulement après l'affaire, — la chose ne manque pas de saveur et méritait d'être signalée; mais ce qui est encore plus piquant, c'est que, le jour où ce projet fut abandonné, Fichte oublia complètement d'en avertir Paulus. Au mois de février 1801 il reçut donc le manuscrit de Paulus; il en éprouva quelque honte et écrivit à Paulus que la vue de ce manuscrit lui rappelait l'omission d'un devoir, qui, si elle pouvait s'excuser, ne pouvait pas se défendre. Il alléguait, pour se disculper, — et ceci encore vaut d'être noté, — que ce projet où il avait été engagé en quelque sorte par force et par suite de circonstances extérieures ne lui avait jamais tenu à cœur. Sans doute il aurait dû avertir aussitôt Paulus de son échec, mais il avait remis de jour en jour sa lettre à cause de travaux urgents en retard. Il ajoutait qu'il renouvellerait peut-être un jour son offre au nom d'un autre éditeur et pour un projet qui aurait d'autres collaborateurs. Fichte faisait allusion à un nouveau projet qu'après le refus de Schlegel de s'associer à sa tentative, pour les raisons qu'on verra, il préparait d'accord avec Schelling. Ce projet d'ailleurs n'eut pas plus de suite. (*Ibid.*, p. 35.)

Trois jours plus tard [1] Fichte adressait à Schelling, avec la même circulaire, la même invitation; il lui demandait notamment un article sur les caractères fondamentaux d'une philosophie de la mathématique, et aussi sur une philosophie de l'histoire [2]

* *
*

Quand il reçut cette invitation, la première pensée de Schelling fut que l'on devait renoncer au plan de A.-G. Schlegel et à l'éditeur Cotta [3]; mais tel n'était pas l'avis de Schlegel. En se félicitant des circonstances qui avaient fait différer Schelling de répondre tout de suite à Fichte, — et ne pouvant décemment plus taire à Fichte son propre projet, — il se décida enfin à lui écrire une lettre qu'il chargea Schleiermacher de lui remettre en mains propres.

Schlegel exposait à Fichte la suite de toute l'affaire : en présence de leur désaccord au sujet du plan élaboré à Iéna, Schlegel n'avait pu supporter que, sans les avoir à nouveau consultés, Fichte travaillât actuellement à réaliser ce projet pour son propre compte; Schlegel n'avait pas cru devoir communiquer à Fichte son propre projet avant le règlement définitif avec leur éditeur, parce qu'il le trouvait trop différent de celui de Fichte pour qu'il pût se promettre d'obtenir sa pleine approbation et son adhésion ferme; enfin Cotta convenait beaucoup mieux, comme éditeur, que tout autre; Schlegel ajoutait que l'affaire était dès maintenant conclue, Cotta d'accord avec lui sur tous les points, le premier volume prêt à paraître au commencement de l'année 1801. Il n'y avait donc plus de retraite possible. Non seulement Schlegel, mais ses amis, dont il avait eu les pleins pouvoirs pour traiter avec Cotta, étaient désormais engagés et ne disposaient plus de leur liberté. Schlegel d'ailleurs, par « tous les liens de l'amour et de la force », essayait d'attirer Fichte à lui [4].

Il avait si bien stylé Schelling, après l'avoir fait revenir lui-même

1. Schlegel ne reçut l'invitation de Fichte qu'après Schelling, bien que la lettre d'envoi porte une date antérieure. C'est ce qui ressort d'une lettre de Schlegel à Schleiermacher :

« Schon vor mehren Tagen erhielt Schelling und gestern auch ich eine Einladung von Fichte, nebst schon gedruckter Ankündigung von *Jahrbüchern der Kunst und der Wissenschaft bey Unger*. » (*Aus Schleiermacher's Leben. In Briefen*, éd. W. Dilthey, III. Bd., III, A.-W. Schlegel an Schleiermacher, Bamberg, den 20. August 1800, p. 218.)

2. *Fichte's Leben*, II. Bd., Zweite Abth., IV, 13, Fichte an Schelling, Berlin, den 2. August 1800, p. 311.

3. *Aus Schleiermacher's Leben. In Briefen*, éd. W. Dilthey, III. Bd., III, A.-W. Schlegel an Schleiermacher, Bamberg, den 20. August 1800, p. 218.

4. *Ibid.*, III. Bd., III, A.-W. Schlegel an Schleiermacher, Bamberg, den 20. August 1800, p. 218-219.

sur sa première impulsion (tous deux étaient alors ensemble à Bamberg), que Schelling, à son tour, écrivit directement à Fichte pour lui exposer, dans les mêmes termes que Schlegel, la situation, et pour lui demander sa collaboration.

Schelling exprimait à Fichte ses regrets d'avoir été informé de son dernier projet trop tard pour se dégager vis-à-vis de Cotta auquel il avait maintenant promis son entier concours. Depuis plus de trois ans d'ailleurs Cotta l'avait entretenu de ses desseins, il avait les moyens nécessaires pour fonder dans un court délai l'*Institut* libéral auquel il songeait, il était enfin, pour le faire, beaucoup plus qualifié qu'Unger dont, sans l'intervention de Fichte, le plan serait sans doute resté « pauvre et borné, comme on l'est à Berlin ». Schelling, en terminant, suppliait Fichte de renoncer au plan d'Unger pour entrer dans les vues de Cotta [1].

Cette lettre précéda de quelques jours celle que Schlegel chargeait Schleiermacher de remettre à Fichte en lui communiquant son projet et en l'invitant oralement — en son nom — avec les plus vives instances, à une participation aussi active qu'il voudrait et qu'il pourrait [2].

1. *Fichte's Leben*, II. Bd., Zweite Abth., IV, 14, Schelling an Fichte, Bamberg, den 18. August 1800, p. 312-313.
2. *Aus Schleiermacher's Leben. In Briefen*, éd. W. Dilthey, III. Bd., III, A.-W. Schlegel an Schleiermacher, Bamberg, den 20. August 1800, p. 219. Il ajoutait : « J'attends avec curiosité ce que fera Fichte. S'il est piqué et s'il ne veut pas collaborer avec nous, ce sera, me semble-t-il, le signe qu'il se heurte à nos sentiments égalitaires et que le principe d'autorité se trouve encore au fond de son plan actuel. Le malheur est que Fichte s'est trop habitué à n'avoir affaire qu'à des hommes subalternes. » (III. Bd., III, A.-W. Schlegel an Schleiermacher, Bamberg, den 20. Aug. 1800, p. 221.) Il écrivait d'ailleurs un peu plus tard au même Schleiermacher qu'il n'avait pas approuvé dans son for intérieur cette démarche et cette offre à Fichte d'une collaboration à la direction, faites uniquement pour donner toute satisfaction et toute tranquillité à Schelling et pour se l'attacher plus fortement. (*Ibid.*, III. Bd., III, A.-W. Schlegel an Schleiermacher, Gotha, den 5. Oct. 1800, p. 233-234). Et ce n'est pas Schleiermacher qui l'eût contredit, car il ne pouvait souffrir Fichte; quand Schlegel lui avait annoncé son intention de proposer à Fichte la co-direction de son *Institut*, il ne lui avait pas dissimulé ses appréhensions. « Si vous estimez nécessaire au salut des *Annales* la collaboration de Fichte à la direction, vous avez très bien fait de vous abstenir d'une enquête, car, hormis Schelling, je ne crois pas que vous eussiez obtenu une seule adhésion vraiment sincère. Malgré tout le prix que j'attache à votre sagesse, si Fichte est le directeur pour la science, il cherchera déjà, en ce qui concerne cette partie, à introduire le plus qu'il pourra son esprit dans notre plan qui, dans son idée, n'est, lui aussi, qu'un plan de fortune (Nothplan)..., et, si on lui confie la branche tout entière de la philosophie transcendantale avec le droit naturel et la morale théorique, il voudra faire régner ici toute son essence systématique (so wird er hier sein ganzes systematisches Wesen regieren lassen wollen). J'aimerais bien savoir dans quels termes Schelling a transmis cette offre et si, en le faisant, il est parti de l'hypothèse que, sans l'entrée de Fichte, il aurait eu lui-même tout seul la charge de cette branche, une hypothèse pour moi tout à fait nouvelle. Mais Schelling n'en serait pas venu à bout tout seul, tandis que Fichte, avec ses vues d'ensemble habituelles (mit seiner Uebersichtmanier), peut y arriver, et vous n'aurez pas besoin alors de veiller à ce que rien ne soit exclu

La visite de Schleiermacher, l'après-midi même du jour où celui-ci avait reçu la lettre de Schlegel, ne fut donc point une surprise pour Fichte[1]

Comment Fichte accueillit la proposition, laissons à Schleiermacher le soin de nous le dire. Dans une lettre inédite du 29 août 1800, Schleiermacher raconte à Schlegel son entrevue avec le philosophe :

« Il (Fichte) dit spontanément que justement aujourd'hui ma visite lui faisait bien plaisir; il avait reçu une lettre dont le contenu l'avait mis horriblement en colère et dont il aimerait à me parler; c'était la lettre de Schelling, et vous pouvez penser que ce n'est déjà pas dans les meilleures dispositions d'esprit qu'il prit en main la vôtre. Il m'en lut tout haut des passages et les commenta. Dès qu'il disait quelque chose qui se rapportait à son plan, je faisais l'ignorant[2], et il me le révéla lui-même, m'en donna l'annonce à lire et l'appela un plan de fortune (Nothplan). Il me dit qu'il avait trouvé ici, chez Unger, un projet analogue, qu'il avait consenti à s'en occuper; là-dessus Unger se serait jeté dans ses bras, et Fichte lui aurait promis *votre collaboration à tous*. Je lui exposai immédiatement mes critiques, je lui dis que si, au début, le plan n'avait d'autre réalité que les intentions d'Unger et que s'il en était véritablement le seul auteur, il avait entièrement barre sur Unger et pouvait faire ce qu'il voulait; il n'y aurait, pour lui, d'embarras que si, déjà antérieurement, d'autres collaborations étaient en question et si des engagements avaient été pris. Là-dessus sortit l'aveu qui mit mon pauvre cœur dans un état particulier d'attendrissement, à savoir que *Woltmann* avait édifié le premier plan et que Fichte avait ainsi, en arrivant, déjà trouvé ce collaborateur. Vous voyez que Fichte ne m'a pas fait d'offre[3]. Nous sommes ensemble sur le meilleur pied (si l'on peut parler de pied quand il n'y en a pas), mais il n'a jamais pu avoir aucun goût pour mes essais critiques, même avant la *Destination* et tout à fait indépendamment d'elle, pas plus que pour mes autres travaux, si bien qu'au passage de votre lettre où vous lui citez les *Notices* de l'*Athénée* comme modèle de ce qu'il faut faire

comme contraire à ses vues. Quant à savoir si par là le but et l'esprit des *Annales*, telles que nous les avions tous deux conçues, y gagneront, c'est une autre question » (Lettre de Schleiermacher à Schlegel, Berlin, 20 sept. 1800, Manuscrit de la correspondance inédite de Schlegel à la Bibl. royale de Dresde). — (Voir Appendice VII).

1. Lettre inédite du 29 août (Voir Appendice VI), p. 263.

2. Schlegel, dans sa lettre du 20 août, avait recommandé à Schleiermacher de ne point dire à Fichte qu'il l'avait mis au courant du projet d'Unger, si Fichte ne lui adressait pas aussi une invitation, ce qui d'ailleurs lui paraissait impossible.

3. A collaborer à son projet. Schlegel lui avait pourtant dit qu'il lui paraissait impossible qu'il ne lui fît pas d'offre (*Aus Schleiermacher's Leben. In Briefen*, éd. W. Dilthey, III. Bd., III, Bamberg, den 20. August 1800, p. 219.

dans l'avenir, il me dit qu'il n'avait rien à y objecter ; qu'elles étaient très pénétrantes, en particulier *les vôtres*. Il fut très content que j'eusse par devers moi notre projet, et il se mit à le parcourir, saisit au passage quelques expressions dont il affirma, comme du titre, que vous les aviez empruntées à son projet écrit ; quand vous parlez des retards pour l'apparition des jugements dans les autres journaux, cette allusion lui parut cacher une arrière-pensée mercantile, et parce que, dans la philologie, vous mettiez l'accent sur la grammaire philosophique il trouva que vous songiez à Bernhardi ; enfin il entreprit de cette manière une critique extrêmement piquante que je combattis avec toute la modération et toute la douceur possibles. Au sujet du soi-disant emprunt, je lui dis que je ne pouvais en être juge n'ayant pas vu son projet, mais que les expressions isolées me paraissaient être tout à fait sans importance et telles qu'elles pouvaient se présenter simultanément à l'esprit de chacun ; quant au titre, je lui dis qu'il y avait eu d'abord plusieurs projets en discussion, et je le rendis attentif aux différences essentielles des deux plans. Car, dès le commencement, il m'avait annoncé qu'à l'égard des revues générales il ne serait jamais d'accord avec vous, que la critique d'œuvres séparées (excepté pour les arts plastiques) était du *bousillage*, qu'on ne pouvait apporter quelque chose de convenable que dans un ensemble systématique. Après que, sans discuter la chose, je l'eusse assuré, à plusieurs reprises, que nous avions tous la conviction du contraire et que je l'eusse ramené toujours à ce point, il finit par reconnaître que vous aviez agi de parfaite bonne foi en lui cachant si longtemps le plan, car vous n'aviez pu croire qu'il s'associerait à vous. Mais il en revenait toujours à ce soi-disant emprunt. Dans cet état d'âme agité je crus que *les liens de l'amour* étrangleraient plutôt qu'ils n'entraîneraient le σκληραυχένα (l'obstiné), et je le priai d'examiner sérieusement ce qu'il y aurait à faire, après que je l'eus amené, avec autant de délicatesse et de ménagements que possible, à voir qu'il ne pouvait cependant pas vous promettre ainsi *a priori* à Unger et que de la sorte il était seul responsable des difficultés. Il me dit, en s'en faisant gloire, et ce fut suprêmement comique, qu'il était l'homme qui manquait le plus de plan et qu'il avait toujours besoin de l'occasion ; il avoua que son plan actuel était un *plan de fortune* ; il m'affirma pourtant qu'il y avait, dans son ensemble, plus d'unité que dans le nôtre. Le bon Fichte a commencé, ici seulement et tout récemment, par faire la triste expérience qu'on n'arrive à rien quand on entre de force dans une entreprise qui est médiocrement engagée et par de méchantes gens ; il s'est fait faire le pied de nez par les plus pitoyables individus, il voulait cependant recommencer avec Woltmann à saisir une occasion, tout en reconnaissant ouvertement que c'était un piètre écrivain, disant seulement qu'il lui couperait les ailes et ferait de lui ce qu'il voudrait. Ce principe monarchique ne devait-il pas être étendu davantage? Il y a encore une déclaration de Fichte que je ne puis vous cacher; elle lui échappa tout au commencement; il disait que cela lui ferait beaucoup de peine, s'il devait sortir de là une séparation; qu'il n'avait aucune intention d'en faire une *encore*. Cet *encore* n'est en vérité qu'équivoque, mais il est pourtant équivoque. Le lendemain je lui ai dépêché Bernhardi : il aurait voulu me rendre compte ce matin de sa mission, mais il n'a pas pu le faire, et je n'ai plus d'espoir de lui parler avant le départ de cette lettre [1]. »

. La menace de Fichte ne fut pas sans causer quelque émotion dans le camp des romantiques. Schelling, en particulier, semblait alors redouter l'éclat d'une rupture publique. Aussi, mis par Schlegel au courant de l'entretien de Fichte et de Schleiermacher, et d'accord avec lui, s'empressa-t-il d'écrire à Fichte pour dissiper le « malentendu », pour essayer d'obtenir qu'il renonçât à [son projet et consentît à faire partie de l'*Institut* organisé par Cotta et par les romantiques.

Faisant ouvertement allusion à la conversation en question, il déclarait qu'il n'y avait aucune opposition de principe entre le projet de Schlegel et celui de Fichte; c'était un seul et même projet esquissé par deux hommes différents; sans doute, il y avait entre eux certaines divergences, mais celle qui concernait la direction n'était pas irréductible. Fichte voulait une direction unique, Schelling et ses amis estimaient qu'il en fallait deux : une pour la science, une pour l'art. Fichte, qui, dans son dernier projet, abandonnait de lui-même une partie des prérogatives qu'il avait attribuées au rédacteur en chef unique, notamment la domination absolue sur tous les autres rédacteurs, accepterait sans doute cette division, d'autant qu'il était sollicité de prendre la direction scientifique. Plus grande paraissait la divergence relative à l'orientation des travaux. Fichte ne voulait entendre parler que de revues générales conçues dans un esprit tout systématique, les romantiques réclamaient la faculté de porter des jugements sur les ouvrages particuliers. Ils faisaient ressortir que, pour certaines catégories d'ouvrages, la matière n'est pas seule en cause,

---

1. Correspondance inédite de A.-G. Schlegel, Manuscrit de la Bibl. royale de Dresde. Lettre inédite de Schleiermacher à A.-G. Schlegel du 29 août 1800, Berlin (Voir Appendice VI).

mais la personne de l'auteur, dans l'art notamment, et même dans les sciences. Cependant, ici encore, on pourrait, semblait-il, trouver un terrain d'entente et combiner les deux points de vue de la revue générale et des comptes rendus spéciaux. L'essentiel était l'accord foncier existant entre Fichte et les romantiques « pour en finir dans la science et dans l'art avec le règne de la superficialité, de la platitude, du vide de la pensée et, dans la critique, avec le règne de la stupidité (Stumpfheit) ». Restait uniquement alors la question de l'éditeur. Mais les obligations de Fichte vis-à-vis d'Unger n'avaient rien de comparable à celles de Schlegel et de ses amis vis-à-vis de Cotta. Le plan Unger était primitivement celui de Woltmann; il était si mauvais que Fichte avait dû le remanier de fond en comble; c'était de plus, primitivement au moins, un projet uniquement établi dans un esprit de spéculation. Rien de pareil chez Cotta.

. Schelling, en terminant, espérait « avoir eu le bonheur de convaincre Fichte »; il lui demandait « de lui faire savoir, avec la franchise dont il l'avait honoré jusqu'ici, s'il se leurrait de vaines espérances », il le suppliait de lui apprendre par où le plan de Schlegel lui déplaisait et ce qu'il faudrait y changer, dans sa conviction, pour le rendre digne de sa collaboration. Schlegel attendrait sa réponse pour désigner le directeur[1].

Schlegel avait donné son assentiment à la démarche de Schelling, moins par enthousiasme personnel pour Fichte[2] que par condescendance pour Schelling, dont il comprenait les sentiments à l'égard de celui qui avait si longtemps passé pour son maître, peut-être aussi par souci de faire profiter son entreprise de la célébrité de Fichte.

Il écrivait donc à Schleiermacher, trois jours après la démarche de Schelling, pour l'en avertir. Il insistait sur la peine qu'aurait eue Schelling d'une rupture avec Fichte, sur les avantages que procurerait au nouvel *Institut* la collaboration d'une personnalité aussi célèbre que Fichte. Il lui annonçait que la direction de la partie scientifique lui avait été offerte et que la prépondérance de son influence n'était pas à redouter du moment qu'il y avait un autre directeur pour la partie artistique. Schlegel ajoutait : « Dans la philosophie de la religion vous entrerez sans doute en conflit avec

1. *Fichte's Leben*, II. Bd., Zweite Abth., IV, 16, Schelling an Fichte, Bamberg, den 5. Sept. 1800, p. 315-319.

· 2. Il avait expliqué plus tard, on l'a vu, à Schleiermacher, dans la lettre du 5 octobre 1801 que nous avons citée plus haut, pourquoi il n'avait pas approuvé cette démarche et cette offre d'une co-direction avec Fichte et pourquoi il l'avait faite. (*Aus Schleier-macher's Leben. In Briefen*, éd. W. Dilthey, III. Bd., III, A.-W. Schlegel an Schleiermacher, Gotha, den 5. Oct. 1801, p. 233-234.)

lui. Il faut pourtant qu'il s'habitue, dès le commencement, à lire dans
les *Annales* des choses qui seront diamétralement opposées à son
point de vue. En raison de cette proposition nous avons encore
retardé l'annonce pour pouvoir inscrire du même coup le nom de
Fichte comme co-directeur. Il n'y a pas à craindre qu'il nous devance,
il ne peut pas agir, car son plan est entièrement paralysé faute des
collaborateurs essentiels. A la fin il faudra qu'il laisse le bon Unger
au point où il l'a trouvé, je veux dire avec Woltmann tout seul [1]. »

Schlegel comptait sans l'obstination de Fichte : celui-ci n'était pas
homme à renoncer aux engagements qu'il avait pris. Pourquoi vou-
lait-on qu'il fît vis-à-vis d'Unger ce que Schlegel se refusait à faire
vis-à-vis de Cotta? Il fallait d'ailleurs le connaître assez mal pour
croire qu'il pût accepter d'entrer dans une combinaison dont il ne
serait pas le chef incontesté : il aurait admis, on l'a vu, de partager
avec un autre la direction d'un *Institut* qu'il aurait fondé lui-même,
— si l'offre en était venue de lui, — mais accepter d'être le second
dans une entreprise dont il n'était point l'instigateur devait humilier
son orgueil. Il le fit bien sentir dans la réponse que, le 6 septembre 1800,
après la démarche de Schleiermacher, il adressait à *Monsieur le
professeur Schlegel.*

Il reconnaissait sans doute la similitude de leurs projets, tout en
laissant entendre que Schlegel s'était largement inspiré du sien, et il
s'étonnait, en conséquence, du silence de Schlegel à son égard. Il ne
se flattait pas de l'espoir d'obtenir pour le projet d'Unger le concours
de Schlegel et de ses amis, mais pourquoi supposer alors que, Unger
ne renonçant nullement à son entreprise, Fichte passerait à Cotta?
Était-il donc dans ses habitudes de reprendre sa parole? Il avait,
en outre, déjà esquissé sur l'état de la philosophie contemporaine un
article qui coïncidait jusque dans ses jugements sur les ouvrages
particuliers (ceux de Bardili et de Jacobi par exemple) avec la revue
destinée par Schelling à l'*Institut* de Cotta et dont il lui avait communiqué la teneur. Il y aurait donc eu double emploi [2]. En cas
d'échec de la tentative d'Unger, Fichte réservait d'ailleurs sa pleine
liberté pour rejoindre Schlegel et ses amis ou pour demeurer à

---

1. *Aus Schleiermacher's Leben. In Briefen*, éd. W. Dilthey, III. Bd., ɪɪɪ, A.-W. Schlegel
an Schleiermacher, Bamberg, den 8. Sept. 1800, p. 224-225.
2. Dans sa lettre du 18 août 1800, Schelling avait écrit à Fichte : « Dans le premier volume, je vais faire paraître tout de suite une *revue de tout l'ensemble de l'état
actuel de la philosophie* qui est déjà en partie achevée, et, en appendice, je réglerai
leur compte à Bardili, à Reinhold, peut-être aussi, au cas où personne ne l'entre-
prendrait, à Jacobi, à cause de la *Lettre* qu'il vous a écrite et de l'influence manifeste
qu'il a eue sur le détestable compte rendu de mon *Système de l'Idéalisme* dans le
Journal littéraire. » (*Fichte's Leben*, II. Bd., Zweite Abth., IV, 14, Schelling an Fichte,
Bamberg, den 18. Aug. 1800, p. 313.)

l'écart; et, dans ces conjonctures, il ne voyait pas pourquoi un schisme devrait se produire dans la « petite église invisible », et il ne le redoutait pas [1]

Le même jour, Fichte informait Schelling de sa réponse à A.-G. Schlegel [2]

Et, dans une lettre suivante, répondant aux propositions que Schelling lui avait faites de la part de Schlegel, il déclarait « qu'il n'était pas accessible aux considérations d'honoraires particuliers, de mise en vedette, etc.; que certainement Schelling le savait bien, s'il en jugeait par lui-même, et que, s'il voulait qu'on ne le froissât pas, il devait le faire comprendre aux autres.

Il insistait encore sur la nécessité de constituer un périodique nettement scientifique, car il venait d'apprendre la prochaine publication d'un journal anti-critique sous la direction de Reinhold, de Jacobi, de Bardili. Pour cette œuvre, il ne pouvait séparer sa cause de celle de Schelling; il en avait averti Cotta : lui et Schelling ne faisaient qu'un seul homme, et Cotta entendrait prochainement parler d'eux davantage [3].

Schelling fut-il touché de cette insistance de Fichte pour lier leur cause? Crut-il utile à ses desseins d'éviter l'apparence de désaccord qu'eût fait naître, après le refus de Fichte, sa collaboration à l'entreprise de Schlegel? Ou, plus simplement, comme un mot de lui autorise à le croire, s'aperçut-il un peu tard que A.-G. Schlegel n'avait pas de jugement personnel, et lui déplut-il de marcher à la remorque d'un tel chef [4]? Toujours est-il qu'après avoir reçu la réponse de Fichte il crut devoir déclarer à Schlegel que des ouvertures venaient justement de lui être faites par Fichte, qui l'obligeaient à se retirer de son *Institut.*

Ainsi la démarche que Schlegel avait faite à contre-cœur pour calmer les scrupules de Schelling tournait contre lui. Schlegel eut

---

1. Lettre de Fichte à A.-G. Schlegel, Berlin, d. 6. Sept. 1800, Manuscrits de la Bibl. royale de Dresde publiés pour la première fois par le Dr Otto Fiebieger, *Neue Jahrbücher für das klassische Altertum, Geschichte und deutsche Litteratur,* hgg. von J. Ilberg, *Johann Gottlieb Fichtes kritische Pläne während der Jahre 1799-1801,* 1909, I. Abth., XXIII. Bd., 3. Heft, p. 220-221.

2. *Fichte's Leben,* II. Bd., Zweite Abth., IV, 15, Fichte an Schelling, Berlin, den 6. Sept. 1800, p. 313.

3. Ibid., IV, 17, Fichte an Schelling, den 13. Sept. 1800, p. 319-320.

4. Schelling écrivait, en effet, à Fichte, le 19 nov. 1800 : « Pour le dire en passant, l'entreprise de Schlegel, pour ce qui concerne Cotta du moins, à ce que je remarque, est différée, c'est-à-dire abandonnée, et il est juste que des hommes comme celui dont je hais depuis longtemps la façon de répéter et d'outrer les jugements des autres n'aient pas au moins à eux d'organe critique. Son frère, qui a un jugement à lui, et Tieck sauront bien s'en créer un. » *Fichte's Leben,* II. Bd., Zweite Abth., IV, 21, Schelling an Fichte, Iena, den 19. Nov. 1800, p. 326.

beau présenter à Schelling de très douces remontrances, Schelling
persista dans son refus; au moment d'ailleurs où Schlegel insistait
pour le retenir, il avait déjà fait parvenir à Fichte et à Cotta des
lettres sur lesquelles il ne pouvait plus revenir. Schlegel ne voulait
pas prendre acte de l'incorrection qu'il avait commise en retirant
sa parole; il espérait un revirement ultérieur, tout en déplorant la
perte de forces que son départ allait causer au nouvel *Institut*.

Si Schlegel montrait si peu de rancune envers les procédés de
Schelling, c'est qu'au fond il en attribuait à Fichte toute la responsabilité. Il savait quels soupçons avait Fichte au sujet des sentiments
que leur cercle professait à son égard et dont Fichte avait cru voir
un témoignage dans le *persiflage* de la *Destination de l'homme* par
Schleiermacher[1].

Il ne se trompait pas, s'il faut en croire ce que son ami Schleiermacher lui écrivait, le 14 octobre, de Berlin où il était bien placé
pour le savoir.

« La nouvelle du procédé de Schelling m'a surpris à coup sûr, et
d'autant plus qu'il avait commencé par écrire à Fichte « qu'il était
lié vis-à-vis de Cotta plus fortement encore que nous autres par un
contrat particulier ». Je ne pouvais pas bien alors m'expliquer
pourquoi ; quoi qu'il en soit, je pensais qu'il lui eût fallu rougir
d'autant plus devant Fichte (de rompre ce contrat). Et Fichte lui-
même ne peut être lavé de quelque duplicité; il me semble qu'après
un pareil procédé on ne peut plus songer pour cette entreprise à une
union future. Il ne vaut pas la peine de faire des conjectures sur la
nature des ouvertures de Fichte qui ont produit la retraite de
Schelling. Cependant l'idée de Fichte est très claire : il veut rompre
notre association, mais petit à petit seulement, auparavant il veut
également écarter le plan de fortune (Nothplan) d'Unger et constituer
ensuite un nouveau plan d'ensemble dont il soit le seul maître. Peut-
être de telles considérations ont-elles déjà suffi pour persuader
Schelling, peut-être aussi des considérations pécuniaires, — si
Schelling est, ce que j'ignore, très accessible sur ce point, — car
Fichte m'a fait observer souvent qu'Unger avait offert des honoraires
infiniment plus considérables[2]. »

Quelles que fussent les raisons qui motivèrent le changement d'attitude de Schelling, sa retraite consomma l'échec de l'entreprise de
Schlegel. Schelling avait écrit à Cotta sa résolution définitive et son

1. *Aus Schleiermacher's Leben. In Briefen*, éd. W. Dilthey, III. Bd., III, A.-W. Schlegel
an Schleiermacher, Gotha, den 5. Oct. 1800, p. 233-234.
2. Lettre inédite de Schleiermacher à A.-G. Schlegel, Berlin, 14 oct. Manuscrit
de la Bibl. royale de Dresde, vol. 25 (voir Appendice VIII).

espoir d'éditer en commun avec Fichte un journal comprenant tout
ce qui avait rapport à la philosophie, principalement aux sciences de
la nature, mais aussi à la mathématique, à l'histoire[1]. Cependant
telle était l'estime où Cotta tenait Fichte, tel son désir de gagner un
pareil collaborateur, que, dans l'espoir d'obtenir le dépôt de la publication projetée par les deux philosophes[2], il préféra finalement, après
quelques tergiversations, abandonner le plan de Schlegel[3]. Schlegel
ne put pas même protester, car il avait été le premier à faire du concours de Schelling une des conditions nécessaires de la réalisation
de son projet[4]. Il ne lui restait plus, s'il voulait poursuivre l'entreprise, qu'à chercher un autre éditeur, et c'est ce que lui conseillait
vivement Schleiermacher.

« Il y a ici, lui écrivait-il, dans une lettre inédite du 14 octobre 1800,
il y a ici un jeune libraire, du nom de Reimer, qui a quelque bien ;
très honnête homme, il s'intéresse au bon côté de la littérature.
C'est, il est vrai, un ami de Fichte, dont il édite le *Sonnenklarer
Bericht*, mais je ne crois pas que cela puisse être un obstacle. On
peut tout au moins compter sur sa discrétion à l'égard de Fichte.
Permettez-moi au moins de lui soumettre la question ; s'il se montre
bien disposé, vous pourrez vous mettre tout de suite en rapports avec
lui. Il me paraît important que nous puissions compter sans tarder
sur un éditeur et que nous paraissions le plus tôt possible[5]. »

Schlegel cependant ne crut pas devoir accepter l'offre de Schleiermacher ; il pensait, non sans raison peut-être, que seul un homme de
l'envergure de Cotta était de taille à réaliser une entreprise comme
celle qu'il rêvait[6]

Et, en effet, Cotta fut, après l'échec d'Unger, l'éditeur que Fichte
et Schelling allaient solliciter. Quand Fichte, par égard pour Unger,

1. *Fichte's Leben*, II. Bd., Zweite Abth., IV, 19, Schelling an Fichte, Iena,
den 31. Oct. 1800, p. 323. — 2. *Ibid.*, p. 322.

3. *Aus Schleiermacher's Leben. In Briefen*, éd. W. Dilthey, III. Bd., III, Dorothea an
Schleiermacher, den 31. Oct. 1800, p. 241, et *Fichte's Leben*, II. Bd., Zweite Abth., IV, 21,
Schelling an Fichte, Iena, den 19. Nov. 1800, p. 326.

4. *Aus Schleiermacher's Leben. In Briefen*, éd. W. Dilthey, III. Bd., III, A.-W. Schlegel
an Schleiermacher, Braunschweig, den 21. Nov. 1800, p. 243.

5. Inédits de la Bibl. royale de Dresde, vol. 25, voir Appendice VIII, Lettre de
Schleiermacher, Berlin, le 14 octobre 1800. « Es ist hier ein junger Buchhändler
Namens Reimer der etwas *in bonis* hat, ein sehr redlicher Mensch ist, und sich für
die gute Seite der Litteratur interessirt. Er ist zwar ein Freund von Fichte, dessen
Sonnenklaren Bericht er auch verlegt ; aber ich glaube nicht dass dies etwas schaden
würde. Wenigstens kann man vorläufig auf seine Verschwiegenheit auch gegen
diesen rechnen. Erlauben Sie mir in dem Falle *quæstionis* wenigstens eine Anfrage
an ihn zu thun ; zeigt er sich geneigt so können Sie Sich dann gleich mit ihm in
rapport sezen. Es scheint mir wichtig dass wir einen Verleger recht bald sicher
haben und dass wir bald móglichst wirklich erscheinen. »

6. *Aus Schleiermacher's Leben. In Briefen*, éd. W. Dilthey, III. Bd., III, A.-W. Schlegel
an Schleiermacher, Braunschweig, den 21. Nov. 1800, p. 243.

envers lequel il se croyait lié, avait refusé à Schelling et à Schlegel
d'entrer dans une combinaison dont Cotta serait l'éditeur, il avait
eu soin d'ajouter que, si, pour une raison ou pour une autre, les
projets d'Unger venaient à sombrer, il ne se refuserait pas à
examiner les conditions que d'autres pourraient lui faire; il
acceptait éventuellement de participer au projet dont Cotta serait
l'éditeur[1].

Le jour donc où il apprit qu'Unger, n'ayant pu obtenir le concours
de Gœthe et de Schiller, renonçait à son entreprise[2], Fichte songea
aux ouvertures que Schelling lui avait faites de la part de Cotta[3];
c'est à lui qu'il s'adressa pour fonder et diriger avec la collaboration
de Schelling, mais de lui seul (il ne voulait pas de Schlegel), la
revue critique que les projets de Reinhold et de Bardili rendaient
plus nécessaire et plus urgente que jamais[4].

Il espérait d'ailleurs rallier à ses vues, pour la réalisation de son
grand plan, ceux-là même dont le refus avait causé l'échec de la
tentative d'Unger, Gœthe et Schiller. Il se chargeait personnellement
de mener à bien la chose, il attendait beaucoup d'une pareille
association[5]

Fichte pria donc Schelling d'annoncer à Cotta qu'il adhérait à la
proposition de constituer un périodique scientifique[6]. Et Cotta put
sérieusement croire, à la fin de l'année 1800, que, dans le cours de
l'année 1801, il publierait la revue dont Fichte et Schelling devaient
être les directeurs. Il le croyait si bien que, le 26 décembre 1800,
il écrivait à Schiller :

« Je médite aussi depuis longtemps un projet intéressant, je veux
parler d'*Annales littéraires et artistiques* composées par vous, par
Gœthe, par Fichte, par Schelling et par quelques autres hommes de
mérite. A Pâques nous pourrons en reparler plus longuement, si
l'idée vous plaît[7]. »

Cependant, pas plus que celui de Schlegel, le projet de Fichte et
de Schelling ne vit le jour. Après être restées quelque temps en
suspens, les négociations entre Fichte et Schelling, qui avaient repris

1. *Fichte's Leben*, II. Bd., Zweite Abth., IV, 15, Fichte an Schelling, Berlin,
den 6. Sept. 1800, p. 314-315.
2. *Ibid.*, IV, 20, Fichte an Schelling, Berlin, den 15. Nov. 1800, p. 325.
3. *Ibid.*, IV, 19, Schelling an Fichte, Iena, den 31. Oct. 1800, p. 322-323.
4. *Ibid.*, IV, 17, Fichte an Schelling, den 13. Sept. 1800, p. 320.
5. *Ibid.*, IV, 20, Fichte an Schelling, Berlin, den 15. Nov. 1800, p. 325-326.
6. *Ibid.*, p. 323-324.
7. *Briefwechsel zwischen Schiller und Cotta*, herausgegeben von W. Vollmer, Stuttgart,.
Verlag der J.-G. Cotta'schen Buchhandlung, 1876, 348, Cotta an Schiller, Tübingen,.
den 26. Dec. 1800, p. 417.

au printemps de 1801[1], se terminèrent par leur rupture publique ; et quand, au début de l'année 1802, parut enfin chez Cotta le premier fascicule du *Journal critique de philosophie*, le nom qu'il portait sur sa couverture, à côté de celui de Schelling, n'était pas le nom de Fichte, c'était le nom de Georges-Guillaume-Frédéric Hegel.

1. *Fichte's Leben*, II. Bd., Zweite Abth., IV, 24, Fichte an Schelling, Berlin den 29. April 1801, p. 336.

APPENDICE I

Esquisse d'un plan relatif a la fondation d'un Institut critique.

Introduction.

1). Avant tout, il faut nous obliger sous serment, chacun de nous vis-à-vis de lui-même et tous vis-à-vis les uns des autres, à ce qu'aucune considération rétrospective ni accessoire n'influe sur notre plan, à ce que nous visions uniquement à réaliser le mieux possible ce que nous aurons reconnu comme le meilleur. Sans cela l'exécution ne répondra pas au projet; mais des fautes dans le projet même, si insignifiantes qu'elles puissent paraître, nous égareraient dans l'exécution infiniment loin du droit chemin. Réfléchissons : a) que sur le terrain de l'imperfection et du bousillage nous sommes les plus détestables des bousilleurs et que, s'il s'agit de ravauder, de rapiécer un mauvais travail et d'en avancer l'exécution, *ceux* qui de leur vie n'ont rien fait que cela nous dépasseront toujours, *nous* qui *nous* attachons à la perfection; b) que, au cas où des doutes nous viendraient à nous-mêmes sur la possibilité de réaliser le plan projeté, le seul, je crois, vraiment solide, il vaut bien mieux *ne rien faire du tout* que *d'échouer*, par là même d'être d'une façon générale un obstacle à la réalisation *ultérieure* d'un plan pareil et de nous faire à *nous-mêmes* une réputation douteuse pour d'autres entreprises.

Projet.

2). Notre entreprise, si elle doit être quelque chose de bon, de sérieux et non du ravaudage, ne peut être et ne peut vouloir être rien d'autre qu'une *histoire pragmatique contemporaine de la littérature et des beaux-arts*. De cette idée seule découlent toutes les questions que nous avons à nous poser.

3). Notre travail se divise donc en deux parties principales. Il faut d'abord que nous rattachions notre histoire à *un moment du temps* — que nous en fixions d'une manière absolument déterminée, claire et lumineuse le point d'origine : — puis, par le *moyen de cette histoire, suivre le temps*.

4). En ce qui concerne le premier chef, nous devons : a) établir un concept déterminé de la science et de l'art en général, et de leur esprit, un concept des sciences particulières et de leur esprit ; b) comparer à cette idée et mesurer à son aune l'époque où commence notre examen critique (qui pourrait très bien être la fin du xviii* siècle) : donc montrer *ce qui a été fait jusqu'ici, ce qui manque encore, quelle voie il faut qu'à partir de maintenant suive l'esprit humain.* A cette fin convient aussi une histoire de la critique publique jusqu'à l'époque choisie, avec indication des préjugés régnants les plus insensés qui ont une influence sur l'état de cette critique. Les principes *de notre propre critique* résultent de cet examen même.

5). Notre seconde tâche découle naturellement de la première. Tout ce qui paraîtra sera, sous forme de classes et de rubriques, passé au crible scientifique en tenant compte des postulats sur lesquels nous nous serons mis d'accord, et cet examen lui conférera son rang.

6). Il résulte de ce que je viens de dire du concept pragmatique et mieux des règles les plus ordinaires de la classification et de la liaison de l'ensemble que des *comptes rendus particuliers* n'ont pas leur place dans notre plan. Il faut que tout soit et demeure revue systématique. La faculté de discourir à tort et à travers sur un livre particulier et, à ce sujet, d'apporter ses propres opinions et ses pressentiments pour lesquels, à l'heure qu'il est, on ne trouve pas de place convenable, personne d'entre nous ne la prendra en considération : car nous voulons précisément mettre fin au règne de l'impression et des simples fantaisies, et c'est pourquoi elles ne peuvent elles-mêmes pas figurer dans notre plan. Resterait seulement le point de vue mercantile. Mais, puisque nous renonçons (conformément à 1) à la considération secondaire de nous mesurer, sur leur propre terrain, avec les revues existantes qui sabotent la besogne, pour les expulser peut-être radicalement dans quelques années, la force de cette considération perdrait aussi de son poids. Le public s'habituera très vite à la forme moins ordinaire, mais vraiment beaucoup plus commode sous laquelle on lui présentera ce qui est vraiment bon.

7). L'histoire contemporaine va d'une foire aux livres à l'autre, elle est dans son dessein, bien entendu, *complète*, *exhaustive*. Par exemple, à la foire de Pâques 1802, paraît le compte rendu de la foire de Pâques 1801 ; à celle de la Saint-Michel, celui de la Saint-Michel précédente.

Il serait sans doute préférable que le compte rendu ne retardât que de six mois, et non pas d'un an tout entier sur les événements. Mais ce qui suit plus bas en montrera l'impossibilité.

8). Notre travail principal est pourtant toujours l'histoire du temps présent. Il faut donc que la première livraison, *outre le ou les volumes d'introduction, contienne encore le compte rendu d'une foire tombant réellement à notre époque.* Par exemple, à Pâques 1802, paraîtraient l'*introduction* et le *compte rendu* de Pâques 1801, et ainsi de suite, chaque semestre, un volume.

9). A l'œuvre on connaît l'ouvrier ; non l'inverse. Mon opinion, sauf meilleur avis, serait que nous *ne fissions pas d'annonces*, que nous ne laissions rien transpirer oralement, mais que nous travaillions tout à fait en silence, et qu'une fois l'œuvre tout entière achevée nous nous présentions tout d'un coup, inopinément. L'effet serait alors tout autre.

PLAN.

10). *État de l'esprit scientifique et du sens artistique en général.* — Commencer par montrer ce qu'ils ont été jusqu'ici, ce qu'il adviendra plus tard de ces connexions elles-mêmes; mais il ne pourrait être nuisible de temps à autre — environ tous les cinq ans par exemple — de présenter en particulier un rapport sur telle matière. Par exemple, pour ce qui concerne l'état de la critique publique : les opinions régnantes chez les savants, etc.

11). *Philosophie.* — Ici, pas de division fixe. Le rédacteur en chef et les collaborateurs de cette spécialité arrangeront la chose d'après les besoins du moment. Par exemple, en ce moment, tout ce qui est d'actualité, dans cette branche, se rattache à la lutte qui se poursuit toujours, sous les formes les plus diverses, du dogmatisme contre l'idéalisme transcendantal, avec le désir de se débarrasser de la philosophie en général pour se perdre, soit dans l'empirisme le plus vide de pensée, soit dans un certain mysticisme. Et cette tendance se développe à travers toutes les branches de cette science.

12). *Sciences mathématiques.* — On prendra pour accordé le connu. Peut-être de récentes découvertes en astronomie et, pour le passé, l'analyse combinatoire méritent-elles une mention complète.

Absence d'une philosophie de la mathématique; *inconvénients* qui en résultent pour elle; cela continuera dans l'histoire contemporaine jusqu'au jour où on aura obvié à ce manque.

13). *Physique scientifique dans toutes ses parties,* avec les branches apparentées. Tendance du temps; la lutte capitale entre les empiriques et les aprioristes est le point de vue fondamental de l'histoire contemporaine. La véritable Thérapeutique n'y appartient pas. On en parlera plus bas, dans la mesure où elle peut concerner l'*Institut* tout entier.

14). *Histoire* : a) *descriptive* : histoire naturelle et géographie; b) proprement *évolutive.* Esprit et état actuel de cette histoire. L'introduction dit ce qu'elle devrait être; et l'histoire contemporaine met continuellement cette idée à l'épreuve jusqu'à ce que le progrès s'ensuive. *Histoire humaine universelle.* Y a-t-il une telle histoire? *Histoire universelle de la civilisation, histoire politique* générale et particulière. *Histoire des opinions* : *histoire littéraire, histoire de la philosophie, théologie théorique* (qui devrait être une exposition historique de la doctrine chrétienne; la théologie pratique étant entièrement écartée ici), *Jurisprudence* (comme histoire de ce qui a eu et a encore valeur de droit. Le jugement juridique est philosophique. Ce qui concerne la pratique sera traité beaucoup plus bas).

15). *Sciences auxiliaires.* — *Philologie* (comme connaissance de la langue; beaucoup de ce qu'on fait ici appartient à l'histoire), *Herméneutique* : pour elle-même, et comme source de la connaissance de la langue. Considération continuelle des modifications qui affectent d'autres langues vivantes, mais en particulier la langue maternelle (comme langue, non comme *art* ou comme *style*), avec indication, sans préjuger la question, du sort futur de ces modifications.

16). *Art.*

17). Art *oratoire* et art *plastique.* Pur : *poésie, musique; peinture, sculpture.*

(Dans l'introduction : idée de l'état actuel de l'art, de ce qu'il a encore à accomplir. L'histoire contemporaine juge d'après cette idée. Dans l'art plastique elle montre les productions les plus remarquables de tous les pays, et elle les juge....) *Appliqué* : style en général ; style philosophique, historique, descriptif. (Cette appréciation est une des obligations capitales de notre *Institut*. Il peut, il doit y avoir des œuvres qui, déjà examinées *scientifiquement* dans les branches auxquelles elles appartiennent, seront encore appréciées ici d'une manière particulière au point de vue du style : pas *toutes* bien entendu, mais seulement celles qui sont instructives à cet égard par leur supériorité ou leurs défauts. A cette catégorie appartiennent aussi toutes les *œuvres théoriques* sur l'Art.)

18). *Arts mécaniques*. — Thérapeutique, c'est-à-dire matières médicales, Chirurgie, etc. *Technologie, agriculture, économique* en général, *sciences militaires*. — Livres sur ces sujets : mais en particulier *notices historiques* sur les découvertes nouvelles, nationales et étrangères.

19). *Pédagogie* (au sens le plus large du mot). *Éducation des arriérés*. — Livres sur le sujet. Nouvelles concernant les institutions d'éducation primaire et supérieure ; et aussi l'état régnant de l'éducation familiale. *Éducation du peuple : par l'Église* (Théologie pratique, sermons, catéchismes, rituels : ouvrages théoriques les concernant). *Par l'État* (par exemple : la jurisprudence pratique et la politique : ouvrages théoriques les concernant. Informations historiques sur les constitutions, les lois, les ordonnances nouvelles).

Collaborateurs et leur organisation.

A). Un *rédacteur en chef* qui fixe l'ordre et l'ensemble, qui élabore ce qui a été indiqué au n° 10, qui seul soit publiquement en nom, qui traite directement avec l'éditeur pour le contrat, qui soit responsable de tout en général devant le Sénat académique, le public, l'éditeur et les collaborateurs.

B). *Un rédacteur particulier pour chaque branche particulière de la science* qui a besoin de son spécialiste. Celui-ci organise l'article de sa partie de manière à en faire un tout. Il choisit les collaborateurs de sa profession, qui sont uniquement en relations avec lui, et qu'il n'a pas besoin par conséquent de nommer au rédacteur en chef.

C). Des sous-collaborateurs et collaborateurs adjoints (voir B).

D). Le rédacteur de chaque branche a le droit illimité, pour les articles que lui envoient les sous-collaborateurs adjoints, de faire des coupures, des modifications et d'une manière générale le nécessaire pour qu'il en sorte un tout qui lui convienne. Le rédacteur en chef a le même droit vis-à-vis des articles que lui envoient les rédacteurs en sous-ordre.

E). L'éditeur paie uniquement des honoraires au rédacteur en chef que seul par conséquent il a besoin de connaître. Celui-ci, à son tour, paie les rédacteurs des différentes branches, et ceux-ci leurs collaborateurs adjoints. Le mieux serait que tout volume, quelles que fussent ses dimensions (plus court, par suite plus approfondi et plus achevé, meilleur il est), coûtât au public la même somme déterminée, fût payée au rédacteur en chef la même somme déterminée, et que celui-ci payât aux collaborateurs de chaque branche les mêmes honoraires fixes.

D'après une évaluation approximative on aurait besoin des collaborateurs suivants : un *rédacteur en chef* qui cependant pourrait être en même
temps aussi le rédacteur d'une spécialité, par exemple de la philosophie;
un rédacteur pour les *mathématiques*; un pour la *physique*; un pour *les
sciences naturelles* et *la géographie*; un pour l'*histoire* (ce qu'on appelle
d'ordinaire ainsi); un pour l'*histoire de la littérature et de la philosophie*; un
théoricien en théologie, un *théoricien en jurisprudence*, un rédacteur pour
chaque *science auxiliaire*, un pour les *arts oratoires*, un pour les *arts plastiques*, un pour la *musique*, un pour la *technologie* et un pour l'*économique*,
un *maître de religion* en exercice, un maître en pédagogie, soit 14 rédacteurs. Collaborateurs adjoints, deux ou trois pour la philosophie,
autant pour les mathématiques, quatre ou cinq pour les sciences
physiques. Pour l'histoire deux ou trois. Pour l'histoire littéraire et philosophique un. Pour les sciences auxiliaires deux ou trois. Pour l'art oratoire trois. Pour les arts plastiques et toutes les spécialités où il y a des
notices historiques, plusieurs correspondants (le rédacteur d'une spécialité qui est dans la nécessité d'avoir des correspondants reçoit pour
cela une gratification spéciale), donc seize ou vingt collaborateurs
adjoints et plusieurs correspondants, un personnel d'environ quarante
personnes.

APPENDICE.

Concernant un ascendant puissant à exercer sur la librairie en connexion avec l'Institut.

1). L'éditeur de la publication critique a droit de *préemption* sur tous
les manuscrits des collaborateurs, c'est-à-dire que, s'il veut accepter les
conditions que tout autre éditeur aurait pu accorder à l'auteur, il
obtient la préférence pour la publication.

2). Par contre l'éditeur est *tenu* de publier, à des conditions *avantageuses*
(au sujet desquelles il peut s'entendre avec les rédacteurs), les manuscrits
des collaborateurs qui lui sont recommandés par les rédacteurs (qui par
suite les lisent *ex officio* et ont à formuler leur jugement sur eux).

3). D'autres savants qui ne sont pas des collaborateurs doivent aussi
avoir le droit et être sollicités d'envoyer à la société leurs manuscrits à
fin d'examen et de recommandation pour la publication. De là résulte que
l'éditeur de la publication critique a également ce droit pour les manuscrits qui lui sont offerts.

4). Les conditions précédentes seront inscrites dans le contrat en forme,
de façon à pouvoir porter plainte devant le Sénat académique en cas de
violation.

La première chose que nous ayons maintenant à faire, n'est-ce pas de
chercher un éditeur? Personnellement, je crois notre projet, particulièrement à raison de l'appendice qui précède, de telle nature que tout
homme ayant des moyens et doté de quelque capacité intellectuelle,
(qu'il soit ou non libraire) auquel on l'aura exposé, l'embrassera avec
empressement; je crois, par conséquent, que l'éditeur doit être le cadet
de nos soucis. Mais tous nos soins et toutes nos réflexions doivent porter
sur la recherche du personnel énuméré plus haut, d'un personnel

capable des services qu'on réclame de lui, sur les moyens de le réunir
et de nous assurer de lui.

La discrétion nous est d'autant plus nécessaire que j'entends parler
d'une entreprise analogue [1].

APPENDICE II

Schlegel commençait par signaler le vice capital des Revues critiques
parues jusqu'alors : manque d'impartialité ; inégalité des jugements,
due à la grande diversité d'origine des collaborateurs ; beaucoup trop de
complaisance pour les ouvrages médiocres ou mauvais ; beaucoup trop
de hâte dans l'examen des ouvrages importants et parfois une totale
omission ; trop d'irrégularité dans la date des comptes rendus, les uns
paraissant aussitôt après la publication des livres, les autres tardant
parfois plusieurs années à paraître, etc.

Si l'on ajoutait que ces revues contenaient des rapports sur des matières
si particulières qu'elles étaient incompréhensibles pour les non-spécia-
listes, sans que par ailleurs elles pussent satisfaire les savants de métier
qui ont leurs journaux professionnels ; si l'on considérait encore la
publicité défectueuse de ces journaux savants, dont la forme était
empruntée aveuglément et sans raison aux journaux politiques, alors
que les événements du monde littéraire ne se succèdent pas au jour le
jour comme les événements d'une campagne militaire, on comprenait la
nécessité d'une transformation radicale de la revue littéraire.

D'abord la nécessité de renoncer à l'apparence et au titre du journal ;
à la périodicité mensuelle aussi qui ne permet pas, vu les dimensions des
fascicules, les travaux de quelque étendue. Le meilleur mode de publication était celui d'*Annales* en un ou plusieurs volumes allant d'une foire
à l'autre [2].

Leur but serait de signaler les publications les plus remarquables,
leur rapport aux publications précédentes ou actuelles, leur importance
pour l'avenir, bref d'en préparer véritablement l'histoire ; les mots
scientifiques et littéraires délimitaient plus nettement et plus clairement le
cadre de l'Institution que le mot vague et indéterminé de littérature,
enfin l'expression *pour l'Allemagne* signifiait, non pas sans doute
l'exclusion de tous les ouvrages étrangers, mais un choix dans ces
ouvrages, le choix de ceux qui avaient pu influer en Allemagne sur la
marche de la Science et des Lettres [3].

Devant l'impossibilité d'apporter une revue complète de tous les
livres — ils étaient trop nombreux — les *Annales* chercheraient à être
universelles en ce sens qu'elles s'attacheraient à l'examen des ouvrages
qui avaient une portée générale, intéressaient l'homme dans son humanité et faisaient partie intégrante de la culture supérieure de l'esprit
Donc, exclusion de tous les livres qui ne présentaient que des données

1. Otto Fiebiger, *Johann Gottlieb Fichtes kritische Pläne während der Jahre 1799-1801*
(In *Neue Jahrbücher für das klassische Altertum, Geschichte und deutsche Literatur*,
hgg. von F. Ilberg, p. 210-215).
2. A.-W. von Schlegel, *S. W.*, éd. Böcking, VIII. Bd., Leipzig, Weidmanns'che Buchhandlung, 1846, *Entwurf zu einem kritischen Institute*, 1800, p. 50-51. — 3. *Ibid.*, p. 51.

empiriques ou des propositions positives sans rapport à un système ou sans déduction à partir de principes; de même, exclusion de toutes les connaissances purement techniques, sans autre valeur que leur application à des buts spéciaux.

Voici quelles seraient les matières dont s'occuperaient les *Annales* :

1º La philosophie dans son acception la plus large;

2º Les sciences naturelles (physique empirique et physique spéculative; mathématiques dans leur application à la physique);

3º L'histoire qui intéresse la civilisation humaine; et aussi les chefs-d'œuvre historiques.

4º La philologie (philosophie de la grammaire comparée, critique philologique et exégèse);

5º Les belles-lettres et leur théorie (comprenant la rhétorique, la poésie en particulier, à laquelle on réserverait une place privilégiée, les arts).

De ce qui touche aux sciences dites des Facultés on retiendrait :

1º de la théologie : la théorie philosophique des religions, la critique et l'exégèse des livres sacrés, en tant qu'on peut les considérer comme documents pour l'histoire de l'humanité;

2º de la jurisprudence : le droit naturel et la théorie de la législation;

3º de la médecine : les fondements de son système, en tant que reposant sur les sciences naturelles[1].

La constitution de l'*Institut* était fort simple. Tous les collaborateurs, penseurs indépendants, devaient être animés d'un même esprit et d'un même zèle pour le progrès de la science et de l'art. Le directeur ne serait que leur commun chargé d'affaires et l'agent de leur mutuelle communication. Chacun des collaborateurs, dans la spécialité qui le concernait, indiquerait les travaux qui méritaient d'être retenus. L'essentiel de la rédaction serait ainsi divisé entre tous les collaborateurs, et ces collaborateurs devaient être Bernhardi, Schelling, A.-G. Schlegel, Fr. Schlegel, Tieck. Le directeur pourrait s'en adjoindre d'autres pour telle ou telle branche secondaire, avec l'approbation de la majorité[2].

En ce qui concernait la forme des articles, la liberté la plus entière était laissée aux collaborateurs : lettres, dialogues, aphorismes, tout était permis sauf la « recension », nom et chose, c'est-à-dire la pédanterie professionnelle, le ton guindé, les extraits inutiles des livres examinés.

Ces articles pourraient être, soit de grandes études critiques, pour les ouvrages les plus importants ou l'œuvre intégrale d'un auteur en renom, soit de courtes critiques sous toutes les formes, et le meilleur nom qui conviendrait serait alors celui de *Notices*; soit encore des comptes rendus par les auteurs de leurs propres ouvrages (Selbstanzeigen) où les différents collaborateurs des *Annales*, à l'apparition de leurs œuvres nouvelles, exposeraient le plan de leur livre et leurs intentions, sans que ces comptes rendus des auteurs par eux-mêmes excluent de la part des autres collaborateurs un jugement élogieux ou critique dans un aperçu, dans un parallèle ou sous toute autre forme, soit enfin d'une critique de la critique ou d'une revue de ces comptes rendus mêmes. Les *Annales* ainsi constituées

1. A.-W. von Schlegel, *S. W.*, éd. Böcking, VIII. Bd., *Entwarf zu einem kritischen Institute*, 1800, p. 51-54. — 2. Ibid., p. 54-55.

devaient forcément être en lutte avec les autorités surannées, avec les esprits paresseux, avec l'obscurantisme scientifique, d'où la nécessité de polémiques sous les formes les plus variées : railleries, pointes, parodies, qui serviraient à mettre en lumière la bêtise et la perversité. Chaque collaborateur indiquerait, laconiquement, pour sa partie, les erreurs les plus frappantes.

Les noms de l'ensemble des collaborateurs seraient indiqués dans l'introduction mais non reproduits à la suite des critiques ; seul le nom du directeur figurerait sur la couverture.

La dernière partie du plan était consacrée à l'examen des conditions matérielles : format in-8°, dimension des volumes (14 à 30 feuilles), nombre des volumes, honoraires (2 Louis la feuille), etc. [1]

APPENDICE III

Berlin d. 12. April 1800.

Ich für meinen Theil verspreche nicht nur förmlich und ordentlich meine Portion zu liefern, sondern gebe Ihnen auch hiemit feierlich meine Stimme zum *Redaktorat*, und bevollmächtige zugleich den Friedrich über die Vertheilung der Arbeiten, in so fern einem Jeden eine Meinung dabei zustehen soll, die meinige zu führen; sonst aber renoncire ich auch auf eine Meinung, da ich vorausseze, dass Sie von den Kräften der Mitarbeiter und was für einen Jeden das Beste ist eine richtige Idee haben. Freilich wäre ein solches Unternehmen ohne eine gewisse Vollständigkeit nichts; indessen wünschte ich zu wissen, ob Ihre Meinung dahin geht dass wir uns sogleich auch auf die eigentlich sogenannten Wissenschaften extendiren sollen? Ich für mich bin fürs erste dagegen, nur was zur Philosophie über sie gehört muss uns frei bleiben. Die monatliche Erscheinung wäre höchst gênant, auch wenn wir alle mehr Monatsarbeiter wären, und so bin ich ebenfalls für die messliche. Machen Sie nur, dass Sie in Leipzig, wohin Sie ja reisen wollen, einen Verleger packen, und treten Sie dann gleich Ihr Amt an, damit sich die Herren bei Zeiten in die Rippen stossen und wir wo möglich gleich in einen guten Vorrath kommen. Bernhardi habe ich seit Gestern da ich Ihren Brief empfing noch nicht sehen können; ich will ihn aber heute aufsuchen und ihm das nöthige mittheilen. Den literar. Artikel im Archiv wird er wol ohne Schwierigkeit aufgeben; aber für die Romane ist, wie ich fürchte, weder er noch seine Frau, mit der er in dieser Rüksicht sehr eine Person ausmacht, zu rechnen, weil er in diesem Artikel jezt viel in der A. L. Z. arbeitet, und ob er diese auch sogleich aufgeben würde weiss ich nicht, indess haben wir ja Caroline und Dorothea, die gewiss für dieses Fach nicht nur vortrefflich sondern auch genug sind. Ich für meinen Theil bin mit allem

---

1. A.-W. von Schlegel, *S. W.*, éd. Böcking, VIII. Bd., *Entwurf zu einem kritischen Institute*, 1800, p. 55-57.

was ich kann und noch können werde der Eurige und ich hoffe es soll noch etwas aus mir werden. Uebrigens versteht sich von selbst dass wir alle unser Recht zu vetoiren, denn ein solches giebt es doch bei jedem gemeinschaftlichen Unternehmen, in die Hande des Redakteurs legen.

Sie sehen wie sehr mir die Sache Ernst ist, so dass ich nicht eher über etwas Anderes mit Ihnen reden konnte. . . . .
. . . .
. . . .

SCHLEIERMACHER.

APPENDICE IV

Berlin d. 3. Mai 1800.

. . . .
. . . .

Redakteur der Notizen sind Sie ohne weiteres Stimmensammeln von selbst, weil es kein Anderer sein kann. Gott segne nur Ihre Reise nach Leipzig. Das Nennen ist ein Punkt über den ich besonders wenig verstehe, indess dächte ich Ihr Name dürfte auf keinen Fall fehlen; wie es mit den Unsrigen gehalten werden soll, darüber weiss ich wahrlich nichts zu sagen; aber wunderlich würde es mir vorkommen wenn wir alle auf dem Titel paradirten. Sollen wir uns etwa unter jeder einzelnen Arbeit nennen? dann können wir das Buch sogar in Dänemark drucken lassen.! . . . .
. . . .
. . . .

SCHLEIERMACHER.

APPENDICE V

Berlin d. 27. Mai 1800.

. . . .
. . . .

Bernhardi hat verschiedene Male gegen mich geäussert, er fürchte, dass Fichte böse werden würde, wenn er von dem Notizenplan etwas hört, weil er doch selbst oft genug den Vorsaz zu einem kritischen Institut angedeutet hätte. Wenigstens wäre es wol gut, wenn Sie Ihm eher etwas davon mittheilten als die ganze Welt es erfährt — aber auch nicht viel eher, der lieben Maurerei wegen. Mir scheint es nicht schwer zu sein, ihm die Sache in einem solchen Lichte zu zeigen, dass er gar nichts dagegen haben kann. . . . .
. . . .
. . . .

Leben Sie wol, lieber Freund, und treten Sie bald Ihr Redactorat an mit so grosser Vollmacht als Sie nöthig finden.

SCHLEIERMACHER.

APPENDICE VI

Berlin d. 29. Aug. 1800.

Sie haben mir mit Ihrem Briefe, den ich vorgestern erhalten habe sehr viel Freude gemacht; und ich eile auch, ihn sogleich zu beantworten, soweit es vor der Hand möglich ist. Noch an dem nemlichen Tage bin ich Nachmittag zu Fichte gegangen. Er kam mir damit entgegen dass es ihm recht lieb sei dass ich gerade jezt käme, er habe einen Brief erhalten, der ihn entsezlich ärgere und über dessen Inhalt er gern mit mir reden wolle; es war Schellings Brief, und Sie können denken dass er nun den Ihrigen schon nicht in der besten Gemüthsverfassung zur Hand nahm. Er las mir ihn stellenweise vor und commentirte. Sobald er etwas sagte was sich auf seinen Plan bezog, that ich fremd, und er eröffnete mir ihn nun selbst, gab mir die Ankündigung zu lesen und nannte ihn einen *Nothplan*. Er habe hier einen Plan bei Unger vorgefunden, habe ihm gesagt er wolle das Ding wol machen, Unger habe sich ihm darauf ganz in die Arme geworfen, und er habe ihm *Euch Alle versprochen*. Ich fiel ihn darauf im Centor [?] an, und sagte ihm, wenn der Plan anfangs bloss in Ungers Seele geruht, und er, Fichte, ihn also eigentlich allein gemacht habe, so habe er ja Unger ganz in seiner Hand und könne thun was er wolle, in Verlegenheit könnte er nur sein wenn schon früher verbundene Mitarbeiter im Spiele wären. Darauf kam dann das Bekenntniss heraus, welches mein armes Herz in eine besonders weiche Stimmung versezte, dass *Woltmann* den ersten Plan gemacht, und dass er also diesen Mitarbeiter bereits vorgefunden. Sie sehen das Fichte mir keine Einladung hat zukommen lassen. Wir stehen auf dem besten Fuss mit einander in sofern kein Fuss auch einer ist, aber er hat niemals meinen kritischen Versuchen — auch vor der Bestimmung und ganz unabhängig von ihr — so wenig als meinen andern Arbeiten einigen Geschmack abgewinnen können, so dass er mir auch bei der Stelle Ihres Briefes, wo Sie ihm die Notizen im Athenäum als Maasstab des künftigen angeben, sagte : gegen diese habe er nichts einzuwenden, sie wären sehr gründlich, *nemlich die von Ihnen*. Es war ihm sehr lieb, dass ich unsern Entwurf bei mir hatte, und er fing nun an ihn durchzugehen, griff mehrere Ausdrücke auf, von denen er, sowie auch vom Titel, behauptete Sie hätten sie aus seinem schriftlichen Entwurf entlehnt; wollte in der Erwähnung der ungleichen Zeit der Beurtheilung in andern Journalen eine merkantilische Rücksicht und darin dass Sie in der Philologie den Accent auf die philosophische Grammatik legten eine Rücksicht auf Bernhardi finden, und schritt auf diese Art in einer höchst piquirten Kritik fort, der ich mit aller möglichen Gelassenheit und Sanftmuth begegnete. Ich sagte ihm über das Entlehnen könne ich nicht urtheilen, da ich seinen Entwurf nicht gesehen, die einzelnen Ausdrücke aber schienen mir ganz unschuldig zu sein und so dass wol jeder darauf kommen könne, über den Titel seien erst mehrere Vorschläge debattirt worden pp. und machte ihn auf die wesentlichen Verschiedenheiten der beiden Pläne aufmerksam. Denn er hatte mir gleich anfangs angekündigt, in

Rücksicht der Uebersichten würde er nie mit Ihnen übereinkommen, Kritik über einzelne Werke (ausser wenn es Werke der bildenden Kunst wären) sei *Stümperei*, und nur in einem systematischen Ganzen könne etwas ordentliches geleistet werden. Nachdem ich ihm, ohne über die Sache zu streiten, unser aller feste Ueberzeugung vom Gegentheil mehrmals versichert und ihn immer wieder auf diesen Punkt geführt hatte, gestand er endlich ein Sie hätten ganz nach Ihrer Ueberzeugung gehandelt ihm den Plan so lange vorzuenthalten, denn Sie hätten nicht glauben können, dass er beitreten würde. Rückfälle aber über jenes Entlehnen bekam er immer wieder. In dieser unruhigen Gemüthsstimmung glaubte ich nun würden die Seile der Liebe den σκληραυχένα eher würgen als ziehn, und bat ihn also nur reiflich zu überlegen was zu thun sei, nachdem ich ihn so fein und schonend als möglich darauf hingeführt, dass er Euch doch nicht so *a priori* an Unger versprechen können und dass nun die Verlegenheit allein auf seiner Seite sei. Höchst komisch sagte er es mir als einen Ruhm, er sei der planloseste Mensch und benüze nur immer die Gelegenheit, gestand sein gegenwärtiger Plan sei ein Nothplan und behauptete doch es würde mehr Einheit in dem Ganzen sein, als in dem unsrigen. Der gute Fichte hat erst hier ganz kürzlich eine traurige Erfahrung davon gemacht was dabei herauskommt wenn man sich in etwas hineinzwängt was von schlechten Menschen schlecht eingeleitet ist, und er hat sich von den erbärmlichsten Subjekten eine Nase müssen drehen lassen, und nun wollte er schon wieder eine Gelegenheit mit Woltmann benuzen, bekannte auch unverholen, dass dieser ein schlechter Schriftsteller sei, allein er werde ihm schon die Flügel lähmen, und mit ihm machen was er wolle. Sollte dieses *monarchische* Princip nicht noch weiter hinaus angewendet werden? Auch kann ich Ihnen noch eine Aeusserung nicht verschweigen, die ihm gleich Anfangs entfiel : es solle ihm sehr leid thun wenn eine Spaltung daraus enstehe, er sei noch gar nicht Willens eine zu machen. Nun ist dieses *noch* zwar nur zweideutig, aber zweideutig ist es doch. Am andern Tage habe ich Bernhardi zu ihm geschickt, dieser hat mir heute früh von seiner Mission referiren wollen, es aber nicht gethan, und ich habe nun keine Hofnung mehr ihn vor Abgang dieses Briefes zu sprechen. Aus seinen Aeusserungen musste ich schliessen, dass ihn Fichte, wenn auch nicht förmlich eingeladen, doch schon früher von seinem Plane hat merken lassen. Auch hatte er nicht üble Lust wenn beide Institute zu Stande kämen an beiden zu arbeiten, da unsers ja doch, wie er sich ausdrückte, die Zeit nicht ganz verzehren würde, und er scheint beide Jahrbücher, die A. L. Z. und das Archiv, vereinigen zu wollen. Diese Vorstellung von dem was ein Mensch prästiren kann geht über mein Vermögen. Nun wünsche ich herzlich dass Sie mit Schelling dahin zum Schluss gekommen sein mögen die Ankündigung in die A. Z. baldmöglichst einrücken zu lassen. Wie kann Fichte das übel nehmen, da er weiss wir sind mit Cotta in Richtigkeit? Es würde ihn selbst aus der Verlegenheit reissen, denn es würde Unger bestimmen, die Sache aufzugeben; und überhaupt je rascher wir nun zum Werke schreiten, desto besser scheint es mir zu sein. Schellings Vorschlag wegen Nichtnennung will mir nicht recht gefallen; hören Sie warum. Schon seit Ihrem Abschiede von der A. L. Z. trägt man sich hier mit dem Gerücht dass Sie und Friedrich eine neue L. Z. bei *Cotta* herausgeben würden, und dieses Gerücht hat sich seit der lezten Leipz. Messe durch Buchhändler erneuert; so bald also nun etwas bei Cotta angekündigt wird werden die Leute nach ihrer Weisheit die Sache errathen, und das unpartheiische Publikum wird nur sagen wir wollten den Faktionsgeist hinter der Anonymität verbergen, welches uns nur in schlimmeren Credit sezen würde als die offene Nennung wenigstens des Redakteurs. Denn, was die ganze Gesellschaft betrifft, so ist es freilich besser, sie nicht eher zu nennen bis sie vollzählig ist, sonst wird man wieder sagen : « da werden in dem und jenem Fache, worin sich noch Keiner von uns recht gezeigt hat, schöne Sachen zum Vorschein kommen ». Mit der Wahl der exoterischen Mitglieder hat es zwar an sich keine Eile, aber wenn nun Fichte darauf beharrte, seinen Plan neben dem unsrigen auszuführen, wie dann?

Ihr Urtheil über meine beiden Notizen hat mir zur grossen Beruhigung gereicht; mir war in der That bange gewesen es könnte Ihnen und Friedrich scheinen als sei ich mit Fichte nicht säuberlich genug verfahren, ohnerachtet ich es nicht besser zu machen wusste, und es war mir höchst fatal dass der Aufsaz hatte gedruckt werden müssen ohne Ihre Censur passirt zu haben.

Wie Fichte es genommen hat, darüber weiss ich Ihnen wenig zu sagen. Als ich ihn das erste Mal nach Erscheinung des Athenäums sah, sagte er nur er habe sie noch nicht ordentlich gelesen; vorgestern sagte er mir als ich gehn wollte, er habe noch ausführlich mit mir über meine Notiz zu sprechen, es blieb mir aber damals keine Zeit übrig, und ich werde ohnedies nächstens wieder zu ihm gehn. Zu Bernhardi hat er gesagt : ich habe ihn persifliren wollen, mich aber unglücklicherweise selbst persiflirt. Vielleicht noch mehr, was mir dieser aber nicht wieder gesagt. Ich werde ihm beides gründlich zu benehmen suchen, und recht aufrichtig mit ihm über die Sache reden. Sie wissen vielleicht nicht dass seine Frau tödtlich krank gewesen ist, deshalb war lange nichts gründliches mit ihm zu sprechen; sie bessert sich jezt nun eben. Vielleicht hat Ihnen auch Friedrich, der in solchen Dingen saumselig genug ist, nicht geschrieben wie Frölich sich mit den Honorar fürs Athen. abgefunden hat. Er hat mir eine in Iena zahlbare Assignation auf 50 M. geschickt mit dem Bedeuten dass er das übrige abrechnen wolle, auf das was Fr. für die Lucinde voraus habe, welche ja nicht erscheinen zu wollen schiene. Ich finde das um so gröber da er sehr gut wusste, dass das Stück fremde Beiträge von hier enthielt, welche auf diese Art nicht honorirt werden könnten. Er ist doch in jeder Beziehung ein schlechtes Subjekt.

Der jüngere Pfaff ist eine sehr gute Acquisition, die wir ja nicht verabsäumen müssen, meine mathematische Laufbahn kann ich ohnedies erst in ein Paar Jahren eröffnen, und auch dann wollen wir uns schon vertragen. Eschenmaiern hat. ja Schelling auch schon ein sehr gutes Zeugniss gegeben.

Was Sie für den Anfang der Jahrbücher versprechen ist sehr schön; aber Schade wäre es, wenn der Wieland nicht recht bald käme; indess wird

freilich Manches der Ganzheit der Aufsäze aufgeopfert werden müssen,
wenn Sie anders der Meinung sind dass keiner, auch nicht eine Uebersicht, abgebrochen werden darf. Bernhardi habe ich Ihre Aufträge bestellt,
und er wird Ihnen wol selbst antworten. Iu Rücksicht der kritischen
Journale werde ich nun mein ganzes System ändern und sie lesen
müssen, um bisweilen einen Beitrag zur Revision zu liefern. Auch diesen
Artikel, eben wie die Selbstanzeigen, erklärte Fichte für entlehnt. Ich
habe jezt mehr als jemals Lust etwas über die lezten Begebenheiten der
L. Z. zu sagen, und wenn ich Zeit finde und einen Verleger so lasse ich
es am liebsten allein drucken. Was hat denn Schelling zu meiner Notiz
über die Bestimmung gemeint? Können Sie mir's aufrichtig sagen, so
werden Sie mich sehr verbinden.

Von meiner Theilnahme an Ihren Verlust will ich Ihnen nichts weiter
sagen. Ich weiss von Ihrer theuern Auguste doch so viel, als ohne eigne
Anschauung möglich war, und, wenn Sie vielleicht zufällig gehört haben
wie vorzüglich junge Mädchen mich interessiren, so können Sie Sich
denken wie mir dabei zu Muthe gewesen ist. Ihren Auftrag werde ich
bald möglichst besorgen; Schadow wohnt jezt auf dem Lande, ich
werde aber gewiss nicht darauf warten dass er in die Stadt zieht,
sondern ihn nächste Woche besuchen, und Ihnen dann baldigst referiren.
Ich hoffe von Iena aus zu erfahren ob ein nächster Brief Sie noch in
Bamberg treffen kann. Mit Ihrem Briefe zugleich erhielt ich einen von
Dorothea, ohne eine Zeile von Friedrich, der wahrscheinlich mit seiner
bevorstehenden Promotion alle Hände voll zu thun hatte. Mich soll
wundern, ob diese nicht Gelegenheit zu irgend einem Ausfall geben
wird. Möchten Sie doch auch bald wieder an Ihre Teufelei kommen, deren
Gegenstand sich recht qualificirt höchst ergözlich zu werden. Ich bin
gesprungen als ich den Namen Kotzebue las. Aber wie künstlich erregen
Sie immer meine Erwartungen wenn Sie einen nur halb befriedigt
haben! Das grosse Gedicht, welcher Art wird das sein? Mit meiner
Bekehrung zur Poesie, das wird wol noch lange Zeit haben, wüssten Sie
nur was ich Alles in Prosa zu thun habe!

Ich komme nun auf Ihre Vorschläge. Um die Apodiktik hatte ich Sie
schon selbst bitten wollen, und da ich die *Clavis Fichtiana* einmal gelesen
habe, so sehe ich nicht ein, warum sie ein anderer lesen soll — es wird
übrigens nur eine kleine Notiz werden. Zur *Kalligone* ist Bernhardi
zwar bereitwillig, jedoch will ich sie auch übernehmen wenn Sie etwa
für B. zu viel Anderes in Petto haben oder es entschieden für besser
halten, dass Herder auch auf eine andere Art appretirt werde. Den
Bardili überlasse ich Schelling sehr gern, so auch den Jakobi an Fichte.
Ich für mein Theil warte darauf dass Jakobi noch einmal etwas Grosses
schreiben soll. Darauf möchte ich, wenn Sie nichts dagegen haben,
Beschlag legen, und ihn dann in Lebengrösse vornehmen, wenn Sie
nemlich zufrieden sind dass es mit eben so viel Ernst als Achtung geschehe
die ich in der That für Jakobi hege, ohnerachtet ich sein ἄξωνον ψεῦδος
und alle seine falschen Tendenzen auf den Grund zu kennen glaube.
Fichte hat ohnedies, als ich einmal die Lust äusserte etwas über Jakobis
Brief entweder selbst zu sagen, oder noch lieber Ihren Bruder dazu zu
veranlassen, es deprecirt unter dem Vorwande dass er ihm selbst erst

antworten wolle. Thut es Schelling aber, so wird er gewiss nichts dagegen haben. Dass Sie mir den Reinhold würden zuschanzen wollen hatte ich nicht erwartet, da ich wusste dass es Schelling thun wollte. Die Ursach warum Sie ihn lieber mir zuschieben wollen lässt sich zwar hören; aber bedenken Sie doch, ob wir dieses Princip, wenn wir es einmal annehmen, sollten durchführen können, und ob wir nicht besser thäten uns in der Zuversicht auf unsere Gerechtigkeit dessen zu überheben. Auch sehe ich nicht ein, wie Schelling in der Revision den Reinhold überhingehen kann. Dasselbe Princip würde übrigens auch auf den Jakobi anwendbar sein, ohne dessen Einfluss eine Revision gar nicht hätte zu Stande kommen können, denn es ist eine Keckheit und Zuversicht darin deren Reinhold gar nicht fähig wäre, ebenso auch den Bardili, und was würde Schelling übrig bleiben wenn er die vermeiden wollte die ihm unmittelbar ins Gehege kommen? Das sind meine Gegengründe, und nur wenn Sie es für unumgänglich nothwendig halten submittire ich; denn es ist ein langweiliges Geschäft, und ich glaube dass es Schelling leichter werden wird als mir, weil ich noch so viel dazu lesen müsste, und mir das noch immer schwer wird. Fragen Sie doch auch Schelling ob er in seiner Revision auf die *Archimetrie* zu reden kommt, sonst möchte doch eine kurze und bündige Notiz davon nicht unrecht sein. Von dem *Zustande der Theologie und Religionsphilosophie* in Bezug auf einander möchte ich wol eine tüchtige Uebersicht geben; aber ich glaube im dritten Bande, d. h. ohngefähr übers Jahr wird dazu Zeit genug sein, bis dahin rückt noch Manches in diesem Fach weiter vor, und es kann dann Alles um so vollständiger und klarer gemacht werden. Im Auge habe ich es jezt schon, und Sie können sich darauf völlig verlassen. *Lichtenbergs Schriften* kann ich wol vorläufig übernehmen, ob ich sie gleich noch nicht gesehen habe. Vielleicht redete ich auch mit den neuen *Uebersezern der Republik des Platon* ein Wörtchen, da ich das Zeug doch ansehn muss, wenn es sich nemlich der Mühe verlohnt.

Nun bitte ich Sie aber ja mir zu sagen was Sie etwa für den ersten Band möchten, denn ich werde im nächsten Vierteljahr nur an das Nöthigste denken können; hernach hoffe ich mehr Zeit zu gewinnen. Je eher Sie mir dies sagen können, um desto lieber wird es mir sein.

Leben Sie recht wol; empfehlen Sie mich Ihrer Frau Gemahlin, deren Gesundheit, wie ich leider höre, und auch wol nach dem traurigen Ereigniss nicht anders zu erwarten war, noch immer nicht ganz hergestellt ist, und grüssen Sie mir auch Schelling. Sagen Sie ihm, dass Fichte'n seine abschlägige Antwort besonders schwer gefallen, und dass ihn nur beruhigen konnte was er ihm von einem früheren Vertrage den er schon mit Cotta gehabt geschrieben. Diese Erwähnung — es sei damit wie es wolle, denn ich weiss nichts näheres davon — ist sehr gut gewesen. Sehr brav ist es, dass Schelling uns so treu geblieben ist; aber auch gewiss in jeder Rücksicht sehr gut : denn Fichtes Institut, wenn es auch zu Stande gekommen wäre, hätte doch wol schon seiner Natur nach keine *Consistenz* gehabt. Sie sehen aus diesem Urtheil wie treu ich geblieben sein würde wenn mir auch Fichte die Ehre gethan hätte mich einzuladen.

SCHLEIERMACHER.

APPENDICE VII

Berlin d. 20. Sept. 1800.

Wenn Sie es für das Heil der Jahrbücher halten Fichte zum Mitredak-
teur zu haben so haben Sie sehr wohl gethan keine Umfrage darüber
zu halten, denn ich glaube nicht dass Sie ausser Schellings noch eine
recht aufrichtige bejahende Stimme dafür bekommen haben würden.
Wieviel ich auch auf Ihre Weisheit rechne, ist Fichte Redakteur für die
Wissenschaft so wird er schon für *diesen Theil* in unsern Plan (der nach
seinen Ideen doch auch nur ein *Noth-Plan* ist) seinen Geist möglichst
hereinzuarbeiten suchen, und dies gewiss nicht zum Aeussern rechnen;
und ist ihm gar das ganze Fach der Transcendental-Philosophie nebst
Naturrecht und spek. Moral übertragen, so wird er hier sein ganzes
systematisches Wesen regieren lassen wollen. Ich wünschte wol zu
wissen in welchen Ausdrücken Schelling diese Uebertragung abgefasst
hat, und ob er dabei von der Voraussezung ausgegangen ist als würde
ohne Fichte's Beitritt er selbst dieses Fach in den Jahrbüchern allein
bearbeitet haben, eine Voraussezung, die etwas mir völlig neues enthält.
Indess Schelling wäre allein wol nicht fertig geworden, Fichte aber mit
seiner Uebersichtsmanier kann es wol bezwingen, und Sie werden dann
nicht nöthig haben darüber zu wachen, dass nichts weil es seinen
Ansichten widerspricht ausgeschlossen werde. Ob aber Zweck und Geist
der Jahrbücher, wie wir uns beides gedacht hatten, dabei gewinnen
werden, ist eine andere Frage.

Sie werden mir hoffentlich zutraun, dass dieser Verschiedenheit der
Meinungen ohngeachtet ich als Ihr Abgesandter die Sache sehr ernstlich
betrieben haben würde wenn es noch nöthig gewesen wäre. Fichte
sagte mir aber er habe an Schelling schon geantwortet. Er sei gegen
Unger nur als Mitarbeiter gebunden, nicht als Redakteur (denn in *forma*
würde er dies nicht geworden sein), auch nicht als Werber. Er werde
also seine Arbeiten an Unger liefern oder sich wenigstens in Stand dazu
sezen; könne Unger keine Mitarbeiter schaffen, so sei er frei und werde
dann wie es von Anfang an sein Wunsch gewesen, unserm Institut
beitreten, « wenn er den Geist desselben gehörig beobachtet habe ».
Soviel ich erfahren konnte, meint er damit, dass der Wiz weder allein
stehn, noch in die Gründe verwebt sein, sondern nur als Schleppen-
träger den Demonstrationen, wie er sie zu machen pflegt, nachfolgen
soll. Er wird also wol den ersten und vielleicht auch den zweiten Band
beobachten. Ich wünschte sehr dass in diesen Bänden Ihr Bruder einige
transcendental-philosophische Kritiken liefern wollte, damit Fichte an
eine von der seinigen verschiedene Art dieses Fach zu behandeln schon
im Voraus gewöhnt würde, und damit es, wenn er seine Redaktion
antritt, an Beispielen die er ehren muss nicht fehlen möge.

. . . .

SCHLEIERMACHER.

APPENDICE VIII

Berlin d. 14. Octob.

Ueberrascht hat mich allerdings die Nachricht von Schellings Procedur, und das um so mehr da er Fichte'n zuerst schrieb « er sei durch einen besondern Contrakt mit Cotta noch stärker gebunden als wir übrigen ». Ich konnte mir dies damals nicht recht erklären; es sei dem aber wie ihm wolle, so dächte ich er müsste sich um so mehr vor Fichte selbst schämen; auch dieser ist von Unrecht und Duplicität nicht frei zu sprechen, und mir scheint es als ob an irgend eine künftige Vereinigung für dieses Unternehmen nach einem solchen Verfahren nicht mehr zu denken wäre. Conjecturen über die Natur der Fichte'schen Eröffnung wodurch dieser Rücktritt bewerkstelligt worden ist zu machen lohnt wohl eigentlich nicht der Mühe. Fichte's Idee indessen ist sehr klar : er will unser Bündniss sprengen, aber nur nach und nach, vorher den Unger'schen Noth-Plan ebenfalls beseitigen, und dann ein neues Ganzes unter seinen *Auspicien* bilden. Vielleicht sind schon solche Vorstellungen hinreichend gewesen, um Schelling zu überreden, vielleicht auch — wenn Schelling für diesen Punkt sehr empfänglich ist, was ich nicht weiss — pekuniäre : denn F. hat mich häufig merken lassen dass Unger ein ungleich stärkeres Honorar geboten habe.... Nur mit dem Niederschreiben werde ich nicht eher anfangen bis Sie mir ein Paar Worte darüber sagen können ob Cotta bleibt, und also der erste Band baldmöglichst herauskommt. Ich bin noch mit allerlei eiligen Dingen beschäftigt, und möchte also meine nächste Zeit nicht gern theilen wenn es nicht notwendig ist. Wollten Sie mir vielleicht auf den Fall, dass Cotta untreu wird, Vollmacht geben eine andere Unterhandlung anzuknüpfen? Es ist hier ein junger Buchhändler Namens Reimer der etwas in *bonis* hat, ein sehr redlicher Mensch ist, und sich für die gute Seite der Litteratur interessirt. Er ist zwar ein Freund von Fichte, dessen Sonnenklaren Bericht er auch verlegt; aber ich glaube nicht dass dies etwas schaden würde. Wenigstens kann man vorläufig auf seine Verschwiegenheit auch gegen diesen rechnen.

Erlauben Sie mir in dem Falle *quæstionis* wenigstens eine Anfrage an ihn zu thun; zeigt er sich geneigt, so können Sie Sich dann gleich mit ihm in rapport sezen. Es scheint mir wichtig dass wir einen Verleger recht bald sicher haben und dass wir bald möglichst wirklich erscheinen.

. . . .

SCHLEIERMACHER.

CHAPITRE VI

RUPTURE AVEC REINHOLD

A. *REINHOLD, DISCIPLE DE BARDILI.* Dans les laborieuses négociations relatives à la fondation d'un Institut ou d'une Revue critiques, pourquoi Fichte, après deux tentatives malheureuses, était-il encore une fois revenu à la charge? Pourquoi avait-il si vivement insisté auprès de Schelling, de Schelling seul, pour lier partie avec lui, et, comme il le disait, pour ne *faire qu'un* avec lui? C'est, de son propre aveu, sous le coup de l'émotion que lui avait causée l'annonce du prochain *Journal anti-critique* rédigé par Reinhold, Jacobi et Bardili, afin de défendre contre ses nouveaux détracteurs [1] l'œuvre de la philosophie critique, — l'œuvre commune de Fichte et de Schelling, — mais aussi parce qu'il savait de source sûre, il en avait fait la récente confidence à Schleiermacher, que Schelling, aigri par de récents démêlés, avait grande envie de « tuer une bonne fois Reinhold [2] ».

A cette heure, en effet, Reinhold était l'ennemi de tous ceux qui, comme Fichte et Schelling, se prétendaient les héritiers de la philosophie de Kant. Une nouvelle volte-face lui faisait abandonner l'*Idéalisme critique* auquel il s'était jadis rallié avec tant d'éclat; achevant son évolution vers le réalisme dont Jacobi avait été l'instigateur, il allait se proclamer publiquement le disciple de Bardili, dont la *Logique*, sous le prétexte de perfectionner l'œuvre de la philosophie critique, en était au fond la directe négation. Par là sans doute s'explique le refus opposé par Reinhold aux récentes ouvertures de Fichte pour sa collaboration à une revue critique

---

1. *Fichte's Leben*, II. Bd., Zweite Abth., IV, 17, Fichte an Schelling, den 13. Sept. 1800 p. 319-320.

2. Lettre inédite de Schleiermacher à A.-G. Schlegel, Berlin, d. 19ten Julius 1800 Manuscrit de la correspondance de Schlegel à la Bibliothèque royale de Dresde : « Den Reinhold todtzuschlagen scheint nach einer Aeusserung von Fichte — was aber unter uns bleiben muss — Schelling grosse Lust zu haben. »

Depuis plusieurs mois Reinhold avait signalé à Fichte les voies nouvelles ouvertes par Bardili à l'*Idéalisme transcendantal*. Il l'adjurait encore une fois d'étudier et de réétudier bien à fond son plan de logique première, « ne fût-ce que pour faire plaisir à l'ami Reinhold[1] ».

La *Logique* de Bardili ouvrant à l'*Idéalisme transcendantal* des *voies nouvelles*, de telles paroles dans la bouche d'un Reinhold méritent qu'on s'y arrête ; le système ainsi caractérisé vaut un bref exposé.

Dans la préface à sa *Logique*, datée du 18 août 1799, ou, plus exactement, dans un post-scriptum du 17 septembre à cette préface, Bardili, pour justifier sa tentative, prenait texte de la note de Kant publiée, le 28 août, dans le *Journal littéraire universel*, taxant la *Théorie de la Science* de système absolument intenable. « Une pure *Théorie de la Science*, disait l'auteur de la *Critique*, n'est ni plus ni moins qu'une pure *logique* qui, par ses principes, ne s'élève pas à la matière de la connaissance, mais, comme *pure logique*, fait abstraction de son contenu. Vouloir extraire de cette logique un objet réel est une tâche vaine et *qui pour cela même* n'a jamais été tentée. »

C'est cette tâche que Bardili osait entreprendre, espérant prouver, en dépit de l'affirmation de Kant, que, quoique neuve, elle n'était pas vaine.

Il voulait tirer de la logique l'objet réel, déclarant que, si la logique était incapable de le poser, il ne pouvait, hors d'elle, être posé nulle part ; la logique devait fournir la clé de l'être, sinon il n'y aurait de possible ni logique, ni philosophie[2], et, à vouloir tirer l'objet réel de la pensée pure, la philosophie, comme le disait Kant, s'épuiserait en efforts stériles.

La pensée pure, pour Bardili, est, en effet, la pensée qui se pense elle-même dans son action toute formelle $(A = A)$, indépendamment de tout objet[3] ; le caractère de cette pensée, c'est l'unité qui est le fondement et la condition de possibilité de toute affirmation, de tout dénombrement, de tout calcul. Cette unité immuable à travers tous les changements, tout à la fois entièrement déterminée par elle-même et susceptible de toutes les déterminations[4], cette

---

1. *Fichte's Leben*, II. Bd., Zweite Abth., III, 29, Reinhold an Fichte, Kiel, den 1. März 1800, p. 287.

2. *Grundriss der ersten Logik, gereiniget von den Irrthümern bisheriger Logiken überhaupt, der kantischen insbesondere ; keine Kritik sondern eine Medicina mentis ; brauchbar hauptsächlich für Deutschlands kritische Philosophie* von C.-G. Bardili, Stuttgart, bei Franz Christian Löflund, 1800. *Vorrede*, N. S., p. xi et xii.

3. Bardill, *Grundriss der ersten Logik*, § 12, p. 6 et suiv. — 4. *Ibid.*, §§ 3, 4, 5, 6, p. 2-4.

unité qui, dans son identité, peut se répéter à l'infini est amsı le principe même de toute explication[1]. Mais la pensée ainsi conçue, qui constitue, pour Bardili, la Raison dans sa pureté[2], ne comporte de différcnciation ni au point de vue qualitatif (point d'autre alternative que penser ou cesser de penser; en dehors de là il n'y aurait dans la pensée, comme telle, pas de négation[3]), ni au point de vue quantitatif (c'est toujours et dans tous les cas l'unité qui se répète à l'infini[4]).

Une pareille pensée ne peut donc évidemment sortir d'elle-même. L'unité est ainsi posée par elle ($A = 1$), mais, une fois l'unité posée, elle demeure éternellement l'unité. Or, il s'agit précisément d'expli quer le passage de l'unité à la dualité; car avec la dualité le monde phénoménal dans tous ses éléments peut se déduire : coexistence, extériorité, succession, multiplication, division et jusqu'à l'impulsivité, principe du mouvement et de la vie. Mais comment passer de l'unité éternellement une à la dualité qui caractérise la pensée humaine? Évidemment par un *plus*, par une addition. Chercher ce *plus*, cette addition à l'unité dans l'unité même qui, une fois posée, demeure éternellement une, ce serait contradictoire; la chercher dans une répétition de cette unité ne serait pas une meilleure solution, car on n'aurait alors rien qui s'*ajoute* à elle, on aurait encore l'unité. Pourtant ce quelque chose doit être forcément de telle nature que l'unité puisse l'admettre; autrement, comment l'unir à elle? Si ce quelque chose était une unité sans être pourtant une unité, les deux éléments pourraient ainsi s'associer. Si ce quelque chose était par exemple une *matière*, que cette matière eût une forme, que cette forme, comme forme, fût indélébile, que, dans cette matière, cette unité pût anéantir tout, sauf cette forme : alors cette unité pourrait faire de ce quelque chose une unité, alors cette unité et ce quelque chose réduit par elle à l'unité pourraient être associés, seraient forcés de l'être, parce qu'aucune forme ne peut anéantir une autre forme. Nous aurions ainsi $1 + 1$, nous aurions obtenu notre *deux* et avec ce *deux* l'essence tout entière du calcul dans la pensée appliquée, d'un calcul qui engendrera le monde[5].

Cette « démonstration », plus subtile sans doute que convaincante, par laquelle Bardili opère le passage de la pensée pure à la réalité s'effectue grâce à l'unique intermédiaire de ce que Bardili appelle la pensée *appliquée*, la pensée sensibilisée ou phénoménalisée.

Mais la condition de l'application de la pensée à une matière, c'esI

1. Bardili, *Grundriss der ersten Logik*, §§ 7, 8, 9, p. 4. — 2. Ibid., § 10, p. 5. — 3. Ibid., § 12, p. 6. — 4. *Ibid.* Voir aussi § 13, p. 48. — 5. *Ibid.*, § 13, p. 113-115.

l'objet. En fin de compte l'objet, comme tel, rendra donc *possible* la différenciation à la fois qualitative et quantitative[1], et l'intuition ou mieux l'appréhension en déterminera la réalité[2]; cet objet (la chose) que la pensée exige pour son application, pour sa détermination, elle le pose elle-même comme sa limite nécessaire; de là ces caractères précisément opposés à la pensée : extériorité, coexistence et succession, espace et temps, pluralité[3], impulsion enfin, qui est la source de tout mouvement et de toute vie[4].

Bardili reprochait justement à Kant d'avoir prétendu écrire une critique de la pensée sans avoir su, au fond, ce qu'était ni la pensée, ni un objet[5], sans avoir su ce dont il parlait; c'est ainsi qu'il se demandait comment le concept subjectif de Dieu pouvait avoir une réalité objective, attribuant, en somme, à Dieu — l'Esprit pur — une réalité dans l'espace et dans le temps, une réalité qui appartient à la matière, ou, si c'était possible, une réalité susceptible de mort, une réalité palpable, animale, donc jamais purement intelligible[6]; et il reprochait à Fichte de n'avoir pu se dégager de son Moi où Kant l'avait, finalement, empêtré et qui, en dépit des caractères que Fichte voudrait bien lui donner, demeurait toujours une individualité[7]; il lui reprochait de n'avoir pas atteint, dans le Moi, l'unité première, que Bardili appelle la pensée pure, d'en être resté à l'unité de l'objet, de la matière, à sa forme. D'où la nécessité de faire tenir le monde entier dans le Moi.

« Le fameux Moi de Fichte, déclarait Bardili, n'est rien autre que ce qu'est tout objet comme tel, un objet toutefois auquel l'impulsion de la vie animale serait inhérente par essence, indissolublement; et c'est précisément pourquoi son inventeur lui attribue le caractère d'une individualité (Selbstheit) inaliénable. » Bardili ajoutait que, si ce Moi est un objet, il comporte l'extériorité, la succession, la coexistence. « Mais, disait-il, cette extériorité, cette succession, cette coexistence, comme toutes les extériorités, les coexistences, les successions de ce genre, seraient en elles-mêmes fort creuses, si elles n'étaient pas nourries empiriquement, si elles ne tiraient pas précisément de l'expérience leurs déterminations caractéristiques. Et ce qui remplit empiriquement chez ces Messieurs cette extériorité, cette succession, cette coexistence, ce sont leurs sentiments individuels en tant qu'individuels, leurs représentations individuelles en tant qu'individuelles, et c'est là tout ce qui constitue leur Moi, comme Moi[8]. »

1. *Grundriss der ersten Logik*, § 13, p. 63. — 2. *Ibid.*, § 12, p. 33, et § 13, p. 63. 3. *Ibid.*, § 13, p. 70-74 et 76-84. — 4. *Ibid.*, § 13, p. 104 et suiv. — 5. *Ibid.*, § 13, p. 93. — 6. *Ibid.*, § 13, p. 94. — 7. *Ibid.*, § 13, p. 95. — 8. *Ibid.*, § 13, p. 112.

« Voilà, Messieurs, s'écriait Bardili, ce qu'est votre Moi, avec tout
le scandale qu'il provoque encore sous les ruines du monde et au-
dessus des milliers de milliers de soleils, comme dit l'*Appel* de Fichte
(p. 113-114). C'est une création de votre imagination, plus subtile que
ne le sont généralement celles de votre chef d'école ; c'est le premier
mouvement de la pensée dans les jeunes cerveaux allemands, depuis
qu'elle a été décapitée par la guillotine critique, de la pensée qui
ressuscite, au milieu de terribles convulsions, il est vrai. Vous avez
relevé la tête, mais, en la portant haut, vous rabaissez d'autant tous
les autres qui planaient dans le nuage transcendantal dont on n'était
plus sorti dans les Universités allemandes depuis l'ère de Königsberg.
Vous avez recommencé à penser, mais penser à moitié, c'est ne pas
penser. De là ce qu'a de grotesque votre philosophie pour l'entendement
humain. De là, pour lui, les bulles de savon bariolées de votre Moi[1]. »

Pour ne laisser aucun doute sur ses sentiments et sur ses
intentions, Bardili avait mis à son livre la dédicace suivante ·
« l'amour de la patrie allemande dédie ce monument à l'Académie des
Sciences de Berlin, à Messieurs Herder, Schlosser, Eberhard, à tous
les sauveurs du bon sens malade en Allemagne, donc par excellence
à Monsieur Fr. Nicolaï[2] ».

Fichte, s'étant procuré à grand'peine cet ouvrage qu'il n'avait
trouvé dans aucune librairie d'Iéna et qu'il dut demander à Leipzig[3],
eut vite fait de constater, on n'en sera pas surpris après ce qu'on
vient de lire, que celui en qui Reinhold voyait un continuateur de la
Théorie de la Science était de la lignée de ses plus mortels ennemis[4].
On ne s'étonnera pas davantage, avec le caractère qu'on lui connaît,
qu'il ait cru devoir riposter sans ménagement à Bardili.

B. JUGEMENT DE
FICHTE SUR BARDILI.
Il avait suffi à Fichte, pour être édifié, de
parcourir la préface de la *Logique*, où l'auteur se vantait, comme d'un nouveau chef-
d'œuvre, d'avoir laborieusement réussi à faire sortir à grand'peine de
la logique un objet réel[5]. Cependant, afin de « faire plaisir à l'ami

1. Bardili, *Grundriss der ersten Logik*, § 13, p. 111.
2. Der Berliner Akademie der Wissenschaften, den Herren Herder, Schlosser, Eberhard, jedem Retter des erkrankten Schulverstands in Deutschland, mithin vorzüglich
auch dem Herrn Friederich Nikolai wiedmet dies Denkmal die deutsche Vaterlands-
liebe. (Ibid., p. 111-112.)
3. *Fichte's Leben*, II. Bd., Zweite Abth., III, 28, Fichte an Reinhold, Iena, den
8. Febr. 1800, p. 281.
4. Le titre même de l'ouvrage, souvenons-nous en, était à cet égard significatif :
*Grundriss der ersten Logik, gereiniget von den Irrthümern bisheriger Logiken überhaupt,
der* **kantischen insbesondere**; *keine Kritik sondern eine* **Medicina Mentis**, *brauchbar
hauptsächlich für Deutschlands kritische Philosophie*.
5. Voir plus haut, p. 271.

Reinhold », Fichte l'avait lu à sa manière, la plume à la main. Et qu'y avait-il vu ? La prétention — c'était la clef de voûte du système de transformer, sans qu'on s'en aperçût, une *pensée originelle* en un *être originel*, en ignorant totalement le problème de la liaison entre le subjectif et l'objectif, comme si, depuis la naissance de l'idée critique dans l'esprit de Kant, le problème n'était pas définitivement tranché. Seul était capable d'une telle erreur un homme qui n'avait aucune notion de la *Théorie de la Science*, qui n'avait pas même feuilleté les écrits de Kant, qui paraissait ne connaître la *Critique* que par les comptes rendus de Nicolaï ou de Herder[1].

Ce jugement sommaire sur la *Logique* de Bardili, Fichte, un instant, avait hésité à le communiquer à Reinhold, de peur de le blesser ; mais il s'était décidé à le faire, trouvant qu'il serait plus blessant encore de refuser de répondre aux instances de son ami[2].

Fichte ajoutait que Reinhold ne saurait accepter ce jugement, puisqu'il considérait comme un continuateur de l'*Idéalisme transcendantal* celui en qui Fichte voyait un dogmatique à la manière des défenseurs de l'argument ontologique. Mais, si, aux yeux de Fichte, cette différence d'interprétation pouvait disculper Reinhold, elle était trop grave pour que l'auteur de la *Théorie de la Science* ne la fît point publiquement connaître ; il y tenait d'autant plus que Reinhold, « ce roseau qui pliait à tous les vents », suivant l'expression de Schelling, venait, dans un article sur la *Logique* de Bardili, d'annoncer au monde sa nouvelle conversion et de décocher à l'*Idéalisme transcendantal* la flèche du Parthe[3]. Fichte en conçut à l'égard de Reinhold un vif ressentiment et parut dès lors décidé à rompre toutes relations avec lui[4]. En attendant, il saisit la balle au bond ; il profita du compte rendu de Reinhold, dont le jugement lui avait paru singulièrement symptomatique[5], pour prononcer, dans le *Journal littéraire d'Erlangen*[6], la condamnation de Bardili.

Il commençait ainsi : « La persistance du dogmatisme le plus grossier, en dépit de l'évidence suffisamment établie de l'*Idéalisme transcendantal*, n'est certes pas un miracle dans l'ensemble des choses, et l'on a donné déjà souvent les raisons de ce phénomène....

« Il n'en sera plus question dans une génération, et il ne vaudrait pas la peine de perdre son temps à lire, à juger, à réfuter les livres de cet acabit, en particulier le livre de Bardili, si le bruit ne courait

---

1. *Fichte's Leben*, II. Bd., Zweite Abth., III, 30, Fichte an Reinhold, Berlin, den 4. Juli 1800, p. 288. — 2. *Ibid.*, p. 288. — 3. *Ibid.*, IV, 11, Schelling an Fichte, Bamberg, den 14. Mai 1800, p. 309. — 4. *Ibid.*, 12, Fichte an Schelling, Berlin, den 9. Juni 1800, p. 310. — 5. *Ibid.*, III, 32, Fichte an Reinhold, Berlin, d. 13. Sept. 1800, p. 293.
6. Année 1800, n° 214-215, p. 1703.

qu'on le faisait passer pour capital, pour fécond en vues neuves, pour une découverte de l'*Idéalisme transcendantal* faite par des voies toutes nouvelles, bien plus, pour une extension et un perfectionnement de ce système, et si ce bruit ne provenait précisément d'hommes qui, depuis quelque temps, avaient donné à penser, dans le public savant, qu'ils étaient en possession de ce système et qu'ils y coopéraient. En attendant que nous expliquions à fond ce singulier phénomène il nous suffira de rappeler que, tout récemment, l'*Idéalisme transcendantal* a éveillé des appréhensions chez des lecteurs timorés et insuffisamment pénétrants qui sont loin d'être négligeables; que, depuis, dans des écrits publics, on a cherché un point de vue intermédiaire entre la philosophie de Fichte et celle de Jacobi[1] (laquelle, au su de tous, est un dogmatisme opiniâtre). Remarquons encore que l'*être pur objectif* de Jacobi, l'*être de Dieu*, qui, vraisemblablement, devait servir de pivot à ce point de vue intermédiaire, Bardili prétend l'atteindre, enfin que le présent livre, sous son aspect le plus frappant, n'est qu'une refonte de l'ancienne *Philosophie élémentaire* de Reinhold, car on y retrouve et sa méthode et jusqu'à ses formules (*Form und Stoff; Vorstellung und Vorgestelltes*; leur opposition)[2]. »

Ceci dit, Fichte s'efforçait de caractériser le système de Bardili[3]. A ce point de vue, les deux pôles de la philosophie de Bardili, l'*être pur de la pensée pure avec ses lois* d'une part, l'*extériorité et la coexistence* avec l'*impulsion animale* d'autre part, c'étaient, en réalité, la *forme simple* de Reinhold et sa matière qui est donnée avec tout son *influxus physicus*[4].

L'existence de la pensée pure, celle de ses lois, c'étaient, chez Bardili, des affirmations sans preuves et, en somme, l'être intellectuel, l'être pur. Or, dans ce postulat d'un *être* spécial à la *pensée*, d'un *être* encore, quiconque a pénétré le sens du transcendantal retrouvera plus nettement que partout ailleurs la confusion du dogmatisme. En particulier, comment Bardili ne s'est-il pas aperçu qu'il n'y aurait jamais eu pour lui de *pensée* de sa pensée, s'il ne s'était pas élevé, par une *libre* réflexion. à cette pensée de sa pensée; que sa pensée n'était devenue, pour lui, un objet de pensée qu'en vertu de cette libre réflexion; que le redoublement de la pensée était assurément une possibilité, mais non une nécessité[5]?

1. Allusion à l'écrit de Reinhold.
2. Fichte, *S. W.*, II. Bd., *Recension von Bardili's Grundriss der ersten Logik* p. 490-491 (Aus der Erlanger Literatur-Zeitung vom Jahre 1800, n°ˢ 214 et 215, p. 1705 et suiv.).
3. *Ibid.*, p. 492. — 4. *Ibid.*, p. 492-493.
5. *Ibid.*, p. 493-494.

Le passage de la pensée pure à la pensée appliquée est-il plus heureux ? En fait, il s'agit, pour [Bardili, de tirer de la représentation, comme forme, le contenu de la pensée, ce fameux *plus* de la pensée pure, cet objet représenté en elle, posé par elle, mais comme son opposé ; et cette opération consiste essentiellement à montrer que la pensée, en pensant la matière, la détruit, mais laisse subsister sa forme (la coexistence, la succession, fondement de la multiplicité et du changement) et peut s'unir à elle, précisément parce que c'est déjà une forme, un certain mode d'unification. Or, dans cette opération, d'ailleurs mystérieuse, et que Bardili admet plutôt qu'il ne la justifie, Fichte voit tout justement une tentative pour restaurer le fameux passage de l'idée à l'être, la pierre d'achoppement de tout dogmatisme. Et c'était cet assemblage incohérent que Reinhold entendait faire passer pour un « Idéalisme découvert par de nouvelles voies et plus approfondi[1]. »

Cependant ce système, affirmait Fichte, reposait sur la pure expérience, il se bornait à apporter de simples données de la conscience, en tant que telles, et quelques fictions transcendantes. Le concept d'*humain* (quand Bardili parlait de pensée *humaine*) était un concept tout empirique. C'est encore l'expérience, et l'expérience seule, qui lui fournissait le fait de la représentation sous trois dimensions, de la succession et de la coexistence. C'est enfin de la seule expérience qu'il tirait la pensée pure et ses lois, quelque appel qu'il fît, absolument selon la manière de Reinhold, aux faits de conscience. Par contre, les deux pôles de son système : le quelque chose qui produit l'impulsion, et l'*être* de la pensée pure, sont transcendants, hors de toute conscience. Également transcendante est sa pensée tout entière, car nulle part, tout au long de son livre, il ne s'aperçoit que c'est seulement sa pensée qui met sur pied son système[2]. Et c'était cette philosophie pipée, ce dogmatisme bâtard, mêlé d'empirisme, qui, disait-on, ouvrait des aperçus nouveaux, à la *Théorie de la Science* en particulier, et constituait un progrès sur elle[3] ! Mais Fichte espérait avoir montré clairement qu'il était impossible de voir dans cet ouvrage un *Idéalisme transcendantal*, et clairement aussi que ceux qui soutenaient une opinion de ce genre ne pouvaient en avoir jamais eu la moindre connaissance.

Bardili d'ailleurs n'avouait-il pas lui-même qu'il ne s'était jamais enquis d'une manière précise de ce qu'était l'*Idéalisme transcendantal* ? Il paraissait savoir seulement par ouï-dire qu'il y était ques-

---

1. Fichte, *S. W.*, II. Bd., *Recension von Bardili's Grundriss der ersten Logik*, p. 494-495. — 2. *Ibid.*, p. 492-496. — 3. *Ibid.*, p. 500.

tion d'un certain Moi. D'après sa méthode, il ne pouvait manquer de déduire *a priori*, conformément au principe de contradiction, le contenu de ce système. De la sorte il trouvait sans doute que le « Moi n'était rien d'autre que ce qu'était tout objet, comme tel (extériorité, succession, coexistence), sauf ceci : l'impulsion qui, dans la pensée et par elle, est indélébilement attachée à la vie animale, est inhérente de manière indélébile aussi au Moi. Mais Bardili aurait pu savoir également par ouï-dire que le Moi a été défini un peu différemment par les fondateurs de ce système. « Pourtant il ne s'embarrassait pas pour si peu : il déclarait qu'il voyait bien ce qui ne plairait pas du tout à ces Messieurs dans le Moi qu'on aurait ainsi disséqué quand les viscères en seraient visibles à tous les regards, c'était la coexistence »; il décrétait que « c'était ainsi »; il en appelait à la preuve donnée par lui que tout objet implique nécessairement la coexistence. Et, comme le Moi de l'*Idéalisme transcendantal* était aussi, d'après lui, un *objet*, comme il en avait donné l'assurance, donc, etc. Le Moi était un objet; or, il y avait contradiction à ce qu'un objet ne fût pas un objet; il serait donc contradictoire d'affirmer que le Moi n'est pas un objet. » Fichte admirait cette belle façon d'administrer une preuve :

· « Ce Moi ainsi défiguré est pour Bardili le fondement de tout *plus*, nécessaire à la pensée appliquée, la deuxième unité à laquelle il est parvenu, croyant avoir atteint déjà dans l'A de la pensée pure l'unité première, et avoir été, c'est du moins ce qu'il dit, seul assez heureux pour l'atteindre. Voilà sans doute en quoi consistait le progrès dont parlaient les philosophes transcendantaux qui avaient foi en lui[1]. »

Dans l'espoir de les instruire, car il ne pouvait s'aviser d'instruire Bardill, Fichte leur rappelait que, s'ils avaient bien compris dans le sens transcendantal les premières pages de la *Théorie de la Science*, ils auraient su que la pensée la plus pure ne nous fait pas atteindre le fondement de toute conscience, que la pensée pure n'est pas du tout au-dessus du Moi, que le Moi, c'est, si l'on peut s'exprimer ainsi, l'*Intelligere* κατ' ἐξοχήν dont la pensée, l'intuition, la volonté ne sont que des espèces subordonnées, qui n'ont pas en elles-mêmes d'existence absolue, mais qu'il faut déduire de l'*Intelligere.* Ils auraient remarqué que Bardili ne réussit pas même à saisir la pensée pure comme acte, mais seulement comme état, comme pur *être* pensé. Ils auraient ri de bon cœur de voir Bardili

1. Fichte, *S. W.*, II. Bd., *Recension von Bardili's Grundriss der ersten Logik*, p. 500-501.

prétendre dépasser le Moi, quand il reste bien au-dessous. Si seulement ils avaient saisi ce redoublement qui traverse toute notre conscience, ils ne l'auraient jamais perdu; ils ne se seraient jamais laissé tromper par la réflexion de Bardili, une réflexion qui ne vise qu'un aspect des choses, la réflexion sur la pure objectivité, d'où sort tout dogmatisme. Ils auraient su que le Moi ne peut être abandonné, circonscrit, restitué sous un autre nom, sans que se perde l'*Idéalisme transcendantal* lui-même[1].

Ainsi donc il fallait voir dans la *Logique* de Bardili tout autre chose qu'un *Idéalisme transcendantal*; d'ailleurs il suffisait de lire la dédicace de l'ouvrage, pour mettre hors de conteste qu'en écrivant son livre Bardili n'avait jamais eu l'intention de passer pour un continuateur de la *Théorie de la Science*[2]

C. *RÉPONSE DE REINHOLD.*
Lorsqu'il prit connaissance de ce compte rendu, Reinhold préparait, en collaboration avec Bardili et Jacobi que la *Destination de l'homme* avait exaspéré contre Fichte, la publication du fameux *Journal anti-critique*. Fichte, dès avant le mois de septembre 1800, avait eu connaissance « par la rumeur publique de cette nouvelle et singulière publication »; il avait adjuré Reinhold, « puisqu'une séparation philosophique était entre eux inévitable, de leur épargner au moins une rupture personnelle »; faisant appel à « sa loyauté », il le suppliait, avant de rien dire ou écrire, de relire une fois encore la *Théorie de la Science*, mais bien (la plume à la main, comme Fichte avait fait jadis pour la *Philosophie élémentaire*), et, s'il n'arrivait pas à la pénétrer dans l'exposition actuelle, encore obscure, d'attendre l'exposition nouvelle qui devait en paraître à Pâques[3] Vain appel à une amitié que rien ne soutenait plus. La lettre de Fichte — la dernière qu'il ait écrite à Reinhold — demeura sans réponse; ou plutôt la réponse parut sous forme d'*envoi* dans le premier numéro du nouveau *Journal*.

Ce *Journal*, publié au début de l'année 1801, avait pour titre : *Contributions à une vue d'ensemble plus aisée sur l'état de la philosophie au commencement du XIXe siècle* (Beyträge zur leichtern Uebersicht des Zustandes der Philosophie beym Anfange des 19ten Jahrhunderts), et pour rédacteur en chef Reinhold.

Le premier numéro s'ouvrait par une préface où Reinhold expo-

1. Fichte, *S. W.*, II. Bd., *Recension von Bardili's Grundriss der ersten Logik*, p. 501-503.
2. *Ibid.*, p. 492.
3. *Fichte's Leben*, II. Bd., Zweite Abth., III, 32, Fichte an Reinhold, Berlin, den 15. Sept. 1800, p. 293-204.

sait la raison d'être et le but du nouveau périodique : la révolution
critique, déclarait-il, avait tourné autrement que ne l'espéraient son
fondateur et ses amis, autrement que ne le redoutaient ses ennemis ;
autrement que Reinhold ne l'avait annoncé, à ses débuts, dans les
Lettres sur la philosophie kantienne; autrement encore que, dans
sa maturité, la *Philosophie élémentaire* n'avait essayé d'en favoriser
les progrès; autrement enfin que Reinhold, sur son déclin, ne l'avait
cru, quand il se figurait son terme atteint dans sa *Théorie de la
Science*, ainsi que l'affirmaient et les *Paradoxes* et la *Lettre à
Lavater et à Fichte*. La révolution transcendantale avait cessé le
jour où Bardili avait édifié sa *Logique*, exactement l'avant-dernière
année du XVIIIᵉ siècle [1]. Avec elle, commençait la véritable orientation
du progrès philosophique, la philosophie comme science, tandis que
jusqu'alors ce que, en plusieurs circonstances, avec Kant, avec
Fichte, Reinhold avait pris pour le vrai point de départ du progrès
philosophique, n'était que le début d'une tortueuse sinuosité [2].

C'est à cette nouvelle orientation philosophique que les *Contributions*, à l'aube du XIXᵉ siècle, adressaient leurs souhaits de bienvenue, et Reinhold était sûr, cette fois, de ne pas se tromper [3]. Elles
prétendaient montrer qu'il fallait chercher et trouver la véritable
condition de toute la théorie de la subjectivité, non pas, comme on
l'avait fait jusqu'ici, dans les formes reconnues changeantes d'une
métaphysique contestée, mais dans la constitution de la logique
jusqu'alors incontestée et réputée intangible dans son essence. Si
la logique était restée telle qu'Aristote l'avait faite, telle que l'a
montrée la philosophie transcendantale, la victoire de cette philosophie serait décisive, et tous les progrès de la philosophie allemande,
même au XIXᵉ siècle, seraient réduits à tourner éternellement dans
un cercle ayant le Moi pour centre, ou consisteraient dans le tourbillon incessamment grossi qui aurait là son origine et qui finirait
forcément par englober peu à peu tous les concepts humains [4]

Le génie de l'humanité a voulu qu'il en fût autrement. On a
découvert une erreur capitale et essentielle de la logique actuelle,
qu'on ne pouvait découvrir que sur son propre terrain, car c'est *en
elle seule* qu'elle est contenue. Cette erreur, ni les sceptiques, ni les
dogmatiques et, parmi eux, aussi bien les idéalistes en général que
les matérialistes ne l'ont soupçonnée jusqu'à présent, puisque tous
l'ont prise pour point de départ, comme s'il s'agissait d'une vérité

1. C.-L. Reinhold, *Beyträge zur leichtern Uebersicht des Zustandes der Philosophie beym Anfange des 19. Jahrhunderts*, Hamburg, bey Friedrich Perthes, 1801, Erstes Heft, Vorrede, p. III-IV. — 2. *Ibid.*, p. IV et V. — 3. *Ibid.*, p. V et VI. — 4. *Ibid.*, p. VIII.

fixée. Les philosophes transcendantaux étaient même les derniers
à la pouvoir soupçonner, parce qu'elle consiste précisément dans ce
qui est, pour eux, ce qu'il y a de plus incontestable dans l'incontestable, dans la pensée même, telle que toute logique l'a présentée
jusqu'ici, telle que doit le faire en particulier la philosophie transcendantale pour pouvoir se distinguer de ce qui, pour cette pensée,
est la logique.

Puisque dans son *Esquisse de Logique première* Bardili reven
dique la valeur logique et le sens logique de ce qu'on a appelé
jusqu'ici les lois pures de la pensée, avec la prétendue pureté qu'on
leur attribue, les philosophes transcendantaux n'ont à défendre
contre lui rien de moins que ce qu'aucun de leurs adversaires ne
leur a encore contesté : la possibilité, non pas chimérique, mais vraiment pensable, d'une différence entre la logique pure et la métaphysique en général, la preuve valable de la distinction actuelle entre
le caractère logique et le caractère métaphysique de la connaissance, et de la différence supposée jusqu'alors entre la vérité formelle
et la vérité matérielle [1].

La suppression du malentendu qui est à la base de telles distinctions a permis de découvrir un nouveau point de vue auquel et pour
lequel certitude *logique*, certitude *métaphysique*, certitude *mathématique* se résolvent en une seule et même *certitude réelle*, la
vérité *subjective* et la vérité *objective* en une seule et même vérité
réelle. Ce point de vue se trouve entièrement *hors* de la sphère
de tout dogmatisme et de tout scepticisme, de tout idéalisme et
de tout matérialisme. On peut le considérer comme le troisième
stade de la voie royale que Platon avait autrefois tracée à la philosophie comme science, que Leibniz a poursuivie et prolongée, tandis
que se fourvoyait l'empirisme de Locke, aussi bien que le scepticisme de Hume ou le rationalisme dogmatique de Wolf et de son
école [2].

Reinhold ajoutait : « Sans doute je ne reconnais plus l'*Idéalisme
transcendantal* pour la forme scientifique de la philosophie, mais je
le reconnais toujours pour une doctrine incomparablement plus
conséquente et plus philosophique que le dogmatisme rationaliste
de Wolf, l'empirisme dogmatique de Locke, le scepticisme empirique de Hume. Je sais que, suivant les principes qu'il a posés,
il 'est irréfutable et qu'il a été la condition *sine qua non* de la

1. C.-L. Reinhold, *Beyträge zur leichtern Uebersicht des Zustands der Philosophie
beym Anfange des 19. Jahrhunderts*, Erstes Heft, Vorrede, p. viii-ix. — 2. *Ibil.*,
p. ix-x.

découverte du réalisme rationnel de Bardili. Je n'aurai donc pas
tant à réfuter ce système qu'à le développer [1]. »

Cette préface portait la date de novembre 1800, et les *Contributions* ne parurent qu'en janvier 1801. Entre temps, Fichte avait
publié dans le *Journal d'Erlangen* le compte rendu de la *Logique* de
Bardili, où Reinhold vit, « plus encore qu'une critique de Bardili, une
critique de son compte rendu de Bardili [2] ».

Une addition à cette première préface, en date du 3 janvier,
annonçait que les attaques de Fichte nécessitaient les deux derniers
articles du premier fascicule. Reinhold devait au public de montrer
qu'il n'avait vraiment compris, qu'il n'avait été en mesure de faire
comprendre la philosophie transcendantale que du jour où il avait
cessé de la trouver vraie, c'est-à-dire, pour parler comme ses
inventeurs, de la « comprendre [3] ».

Rien ne motivait, dans le *Journal d'Erlangen*, le compte rendu
de Fichte, — puisque l'ouvrage de Bardili y avait été déjà analysé, —
pas même « ce devoir d'impartialité » dont parlait, pour le justifier,
la note de la rédaction, — car ce deuxième compte rendu ne traitait
pas mieux le livre que le premier, dont la partialité avait frappé tous
les lecteurs; rien, sinon le dessein avoué de faire savoir au public
que Reinhold n'avait jamais compris quoi que ce fût à la *Théorie de
la Science* — sans doute parce qu'il cessait alors d'y voir la vérité
absolue. Fichte y disait expressément, nous l'avons vu, qu'il aurait
laissé dans un oubli mérité le livre de Bardili, s'il n'avait pas été
exalté, comme l'aboutissement définitif de l'*Idéalisme transcendantal*, par « certains hommes » qui, depuis quelque temps, ont fait
accroire au public savant qu'ils connaissaient à fond l'*Idéalisme transcendantal* et qu'ils y coopéraient. Ce « certains » ne pouvait désigner
que Reinhold, le seul homme qui eût encore pris parti pour Bardili
et déclaré publiquement sa *Logique* une œuvre capitale, promettant
à la philosophie une forme toute nouvelle. Mais où Fichte prenait-il
que l'*Esquisse* fût une nouvelle découverte de l'*Idéalisme transcendantal*, ou un progrès de cet Idéalisme? De cela Reinhold n'avait pas
dit un mot; il avait tout au contraire affirmé que l'*Esquisse* de Bardili était écrite contre l'*Idéalisme transcendantal* sous toutes ses
formes, qu'elle combattait tout ce que celui-ci admettait comme
immédiatement certain et démolissait toutes ses preuves, qu'elle

---

1. C.-L. Reinhold, *Beyträge zur leichtern Uebersicht des Zustandes der Philosophie beym
Anfange des 19. Jahrhunderts*, Erstes Heft, Vorrede, p. xi-xii. — 2. Ibid., p. xiii.
C'est là, au dire de Fichte, une erreur matérielle, car le 3 avril 1801 il n'avait
point encore eu sous les yeux le compte rendu de Reinhold, et son compte rendu
à lui était de septembre. — 3. Ibid., p. xiii.

attaquait son fondateur et ses disciples avec une vivacité qu'on pouvait blâmer.

Pour identifier avec l'auteur du compte rendu de l'*Esquisse* dans le *Journal littéraire d'Iéna* les idéalistes transcendantaux qui présentaient la philosophie de Bardili comme une nouvelle découverte de l'*Idéalisme transcendantal*, il fallait vraiment rêver.

On ne pouvait donc comprendre que Fichte eût traité Reinhold en disciple de l'*Idéalisme transcendantal*, et en disciple indigne, en disciple « dépourvu de sens transcendantal », à moins qu'on ne fût au courant de toute la correspondance particulière échangée par Reinhold avec Fichte. C'est, au fond, à cette correspondance privée que répondait publiquement le compte rendu de Fichte, plus compréhensible pour Reinhold que pour le public. Mais dans la présente *Lettre* Reinhold entendait au contraire écrire plus pour le public que pour Fichte. Elle répondait seulement à ce qui, dans le compte rendu de Fichte, concernait l'interprétation de Reinhold touchant la philosophie de Fichte et celle de Bardili[1]

Reinhold commençait par rappeler à Fichte dans quelles conditions, après une longue étude de ses ouvrages, il s'était convaincu que la philosophie élémentaire ne suffisait pas à remédier à l'absence de fondement transcendantal de la *Critique* kantienne, et que la *Critique* ne pouvait devenir une science que si et dans la mesure où les conditions matérielles de l'expérience seraient, tout comme les conditions formelles, déduites du principe de la subjectivité[2].

« J'ai donné mon adhésion à votre *Théorie de la Science*, déclarait-il, aussi longtemps que j'ai considéré la pensée, en tant que pensée, comme une activité purement subjective, ceci avec votre école et avec toute l'école kantienne, avec la plus grande partie des adversaires des deux écoles. Je déclare encore que, dans cette hypothèse votre système est et peut être la seule philosophie conséquente, que la peur de passer près des critiques et des *Journaux littéraires d'Iéna* et *d'Erlangen* pour un roseau pliant à tous les vents ne me retiendrait pas de revenir à la *Théorie de la Science* dès que vous pourrez me convaincre que la *pensée, comme telle*, est *activité purement subjective*. Quant à « l'opinion », chez moi et aussi chez le public savant, que « je possédais votre système et que j'y coopérais », rien n'y a plus contribué que vos propres affirmations, car c'est ce que vous avez déclaré vous-même dans votre *Deuxième Intro-*

1. C.-L. Reinhold, *Beyträge...*, Erstes Heft, N. v. *Sendschreiben an den Herrn Prof. Fichte über die zweyte Recension von Bardilis Grundriss der ersten Logik* (Erlang. Litt. Zeitung, n°² 214-215), p. 113-117. — 2. Ibid., p. 118-119.

duction à la Théorie de la Science : « Reinhold a prouvé qu'il
a aussi compris la *Théorie de la Science* ». J'ai montré ensuite,
d'une manière plus précise, comment je la comprenais, dans le
compte rendu que j'en fis pour le *Journal littéraire universel d'Iéna*
(1798, n° 5) et dans mon petit écrit sur les *Paradoxes de la plus
récente philosophie* (Paradoxieen der neuesten Philosophie), sans
que vous jugiez nécessaire de rectifier dans l'intérêt de l'*Idéalisme
transcendantal*. Mais voici que maintenant, à s'en rapporter à mon
compte rendu de la *Logique* de Bardili et au vôtre, il résulterait
subitement que je n'ai jamais compris votre système et que je *ne le
comprends pas encore*, parce que j'ai recommandé celui de Bardili [1]. »

Fichte ne s'était pas borné à accuser Reinhold de n'avoir rien compris à la *Théorie de la Science*; il lui reprochait d'avoir cherché un
point de vue nouveau entre sa philosophie et celle de Jacobi, « qui,
au su de tous, était un dogmatisme opiniâtre » [2]. Double assertion,
double erreur. Reinhold avait affirmé expressément qu'on le com-
prendrait mal, si l'on considérait son point de vue intermédiaire
entre Fichte et Jacobi comme un point de vue nouveau, comme un
compromis (Coalitionssystem), un moyen terme entre les deux;
Reinhold tenait le point de vue de Fichte pour le seul possible, le
seul vrai, le seul conséquent comme savoir spéculatif, de même qu'il
tenait le point de vue opposé de Jacobi comme le point de vue originel
de la conscience vivante. Le troisième point de vue auquel se plaçait
Reinhold, c'était celui-là même auquel depuis s'était placé Fichte,
dans le troisième livre de la *Destination de l'homme* : celui d'une
réalité supérieure au savoir, qui sert de fondement au savoir, d'un
Absolu qui n'est point un simple phénomène de la conscience, un
simple produit du Moi, mais la source même de toute réalité [3].

Quant au système de Jacobi, loin d'être un « dogmatisme opiniâtre », c'était bien plutôt un scepticisme; et il était permis de
s'étonner que Fichte pût encore commettre cette méprise après la
Lettre que Jacobi lui avait adressée [4]. Tout le système de Jacobi, en

---

1. C.-L. Reinhold, *Beyträge...*, Erstes Heft, N. v. *Sendschreiben an den Herrn Prof.
Fichte über die zweyte Recension von Bardilis Grundriss der ersten Logik* (Erlang. Litt.
Zeitung n°ˢ 214-215), p. 119-120. — 2. *Ibid.*, p. 120. — 3. *Ibid.*, p. 121-122.
4. Sur ce point voici la réponse de Fichte : Que Jacobi soit, comme le veut Fichte,
un dogmatique ou, comme le veut Reinhold, un sceptique, peu importe, car, pour
Fichte, tout sceptique est nécessairement un dogmatique. On ne peut douter raisonnablement que de ce qui est inconnaissable à tout homme quelconque; mais c'est
là une hypothèse dogmatique qu'on n'aurait pas dû faire, c'est une chimère qu'on
n'aurait pas dû se former. Dans le domaine d'une philosophie scientifique, c'est-
à-dire de l'*Idéalisme transcendantal*, il n'y a absolument de place que pour ce qui
peut être objet de science; le scepticisme est donc encore ici un dogmatisme, et
l'*Idéalisme transcendantal* supprime à la fois l'un et l'autre. (Fichte, *S. W.*, II. Bd.,
J.-G. Fichte's Antwortsschreiben an Herrn Prof. Reinhold, p. 533.)

effet, était une négation du savoir, considéré comme un pur jeu de
l'esprit. Il considérait le savoir spéculatif en général, et en particulier le système de Fichte, où il reconnaissait la forme la plus parfaite
et la plus rigoureuse du savoir, comme un non-savoir. C'était donc
Jacobi le sceptique, Fichte, le « dogmatique opiniâtre ». A ce que
Jacobi croyait et disait sur la vérité, sur Dieu, sur la Raison, la
Raison véritable, — pas la Raison identifiée au Moi, — il parvenait
par une source de connaissance absolument différente de celle que
Fichte appelait le savoir philosophique. Il entendait par vérité
quelque chose d'antérieur et d'extérieur au savoir, quelque chose
qui précisément donne au savoir sa valeur. L'appeler dogmatique,
au point de vue de la connaissance où il se plaçait, au lieu de se
placer au point de vue que Fichte nommait philosophique, c'était
un péché impardonnable contre l'usage de la langue, mais ce n'était
point certes un plus gros péché que le péché commis par Fichte et
par son école en opposant son idéalisme au dogmatisme, alors que
l'idéalisme ne s'oppose en général qu'au réalisme, le dogmatisme
qu'au scepticisme.

Or, que Jacobi ne parlât point ou ne voulût point parler de l'être
objectif, au sens dogmatique, cela allait de soi. L'être qu'il exigeait
pour la réalité de la connaissance était aussi peu un être purement
objectif, au sens du réalisme dogmatique, qu'un être purement subjectif, au sens de l'idéalisme vraiment dogmatique de Fichte : c'était
un être supérieur au sujet et à l'objet, c'était l'Absolu qui ne peut
se définir ni par la subjectivité, ni par l'objectivité, sans que cette
définition même le détruise; qui n'est ni l'être auquel s'oppose
l'acte, ni l'acte auquel s'oppose l'être, mais la source réelle de tout
acte et de tout être[1].

Cet être-là, Bardili l'atteignait aussi, et c'est celui auquel se tenait
Reinhold, avec lui et avec Jacobi[2]

1. C.-L. Reinhold, *Beyträge...*, Erstes Heft, N. v. *Sendschreiben an den Herrn Prof.
Fichte*, p. 122-126. Dans une lettre du 28 novembre 1800, Jacobi remerciait en ces
termes Reinhold de l'avoir ainsi défendu :
« J'ai reçu hier soir à 7 heures ta lettre à Fichte, je l'ai lue aussitôt d'un bout à
l'autre avec le plus vif intérêt. Je ne peux te dépeindre la joie qu'elle m'a causée.
Il en a été de même aujourd'hui en la relisant. Il faudra bien que Fichte, si éhonté
qu'il puisse être, rougisse cette fois. Ce qui me concerne dans cette *Lettre* m'a particulièrement ravi, d'autant plus que j'y ai vu la preuve que tu m'as maintenant
pénétré entièrement et à fond. J'aurais seulement souhaité quelque sérénité
dans l'avant-propos : il me semble y voir transpirer un peu de mauvaise humeur qu'il
ne t'est pourtant pas permis d'éprouver et dont on ne retrouve d'ailleurs plus trace
dans le reste de la *Lettre*. » (E. Reinhold, *K.-L. Reinhold's Leben und litterarisches
Wirken*, nebst, einer Auswahl von Briefen, Iena, Frommann, 1825; Zweite Abth., Briefe,
III, *Jacobi*, 13, Eutin, den 28. Novbr. 1800, p. 259-260.)
2. C.-L. Reinhold, *Beyträge...*, Erstes Heft, N. v. *Sendschreiben an den Herrn Prof.
Fichte*, p. 126.

Mais, affirmait Fichte, Reinhold se ralliait maintenant à Bardili,
et il le recommandait, uniquement parce qu'il croyait retrouver chez
lui sa propre théorie. Si, par là, il s'imaginait discréditer l'*Esquisse
d'une Logique première*, il se trompait singulièrement. Fichte avait-il
donc oublié ce qu'il disait de la *Philosophie élémentaire* dans la
préface de son traité sur le *Concept de la Théorie de la Science?*
« Il était alors intimement convaincu qu'après l'esprit génial de
Kant le plus beau cadeau qui pût être fait à la philosophie, c'était
l'esprit systématique de Reinhold; il croyait savoir que sa *Philosophie élémentaire* conserverait toujours une place d'honneur dans les
progrès ultérieurs que ferait nécessairement la philosophie, en quelques mains qu'elle tombât[1]. » Reinhold avait été pour lui-même
plus modeste que Fichte; le jour où, après une étude approfondie
et souvent pénible, il lui était apparu que la *Théorie de la Science*
était plus conséquente que la *Philosophie élémentaire*, en dépit des
efforts qu'il lui avait fallu pour sortir de son mode habituel de
représentation, il n'avait pas hésité à s'en faire l'adepte[2]

Il ne lui en avait pas moins coûté de peine, sinon de temps, pour
s'arracher au mode de conception de l'*Idéalisme transcendantal*, qui
lui était devenu familier, et pour comprendre l'idée essentielle de
l'*Esquisse* de Bardili, l'idée de la *pensée comme pensée*. Avant de
l'avoir entièrement saisie, il avait cru qu'elle se bornait à réfuter la
Critique kantienne et la *Philosophie élémentaire*, mais non pas la
Théorie de la Science; loin d'y chercher une confirmation de la
Philosophie élémentaire, c'était même cette parenté supposée avec
l'idéalisme qui avait attiré Reinhold vers ce livre[3].

De cette conviction que Bardili était, au fond, un idéaliste et que la
philosophie spéculative ne pouvait être en général qu'un idéalisme,
la correspondance échangée entre Reinhold et Fichte faisait suffisamment foi. Il avait fallu les propres réponses et le démenti de
Bardili pour obliger Reinhold à renoncer enfin à l'idéalisme et à
reconnaître une erreur dont il ne rougissait pas[4].

---

1. C.-L. Reinhold, *Beyträge...*, Erstes Heft, N. v. *Sendschreiben an den Herrn Prof.
Fichte*, p. 127. — 2. *Ibid.*, p. 127-128. — 3. *Ibid.*, p. 128.
4. *Ibid.*, p. 130. La correspondance avec Bardill à laquelle Reinhold fait allusion
ici a été publiée par lui en appendice à la *Lettre à Fichte*.
Dans une lettre du 3 février 1800, après avoir montré que la vérité peut être cherchée
soit dans le général (comme chez Pythagore, Platon, les Stoïciens, Leibniz), soit
dans le particulier (comme chez Leucippe, Démocrite, Épicure, les Français), soit
dans l'union du particulier et du général, et c'est la solution du bon sens (*Beyträge*,
Erstes Heft, N. vii, *Beylage zum Sendschreiben an Fichte* [Aus einem Briefe Bardilis vom
3. Febr. 1800], p. 155), Bardili déclarait que l'Idéalisme de Fichte, d'accord avec le
sens commun sur les points capitaux, n'offrait un tel contraste avec lui que :
1° Parce qu'il restitue de nouveau, contre Kant, une valeur de vérité à l'universel
tout en voulant le rattacher absolument à l'individualité la plus palpable, au Moi;

Non, le système de Bardili ne se rattachait à aucun des systèmes
antérieurs, à l'*Idéalisme transcendantal* pas plus qu'à un autre,
puisque, dans le principe de tous ceux qui ne partaient pas de la

2° **Parce** qu'il accomplit ce qui n'aurait été possible à aucun Grec : commencer la
philosophie par un fait, un fait sans sujet agissant, le fait-acte (*Thathandlung*),
l'acte de l'acte, un fait sans être, la *Science du principe* devenant ainsi la chose la plus
dénuée de fondement. Bardili ajoutait : « Je vous invite donc instamment à ne point
établir de parallèle entre mon *Esquisse* et aucune des espèces d'*Idéalismes connus
jusqu'ici*, avec l'Idéalisme fichtéen moins qu'avec tout autre. Je suis et je reste un
réaliste, au sens le plus strict du mot, quoique je ne doive jamais cesser de compter
et d'estimer la tendance de Fichte pour un des produits géniaux de mon temps.
(*Ibid.*, p. 159.)

Reinhold avait répondu à Bardili :
« Je vois maintenant que tout parallèle entre *votre* philosophie et les philosophies *existant jusqu'ici* doit forcément être écarté de mon compte rendu de Votre
Esquisse. J'hésitai longtemps à part moi si je devais commencer ce compte rendu
par une revue du *scepticisme*, du *dogmatisme*, de l'*empirisme*, du *rationalisme*, du
transcendantalisme, en entendant ce dernier d'après la *Critique* et d'après la *Théorie
de la Science*, ou par une revue de la *Logique actuelle*, de ses insuffisances et de ses
erreurs *qui n'ont pas été relevées* jusqu'ici. Je vois maintenant que ma connaissance
de l'*Esquisse* ou plutôt du *réalisme rationnel* qui y est développé est, pour longtemps
encore, trop hâtive pour pouvoir, en me plaçant à *ce dernier* point de vue, l'exposer
de pair avec les philosophies antérieures, et l'exposer dans toute la brièveté qu'exige
un compte rendu.... » (*Ibid.*, p. 160.)

« Ce qui m'a le plus embarrassé, ce qui m'embarrasse encore en partie pour comprendre Votre philosophie, c'est le concept, *commun jusqu'ici* aux philosophes et aux
non-philosophes de notre temps, *de la pensée* comme *pure réflexion* et *pure abstraction*,
et le point de vue de la réflexion mis à la mode par l'*Idéalisme transcendantal* et son
activité-connaissante et sa *connaissance-agissante* comme un simple regard en arrière,
et le point de vue de l'abstraction comme un simple regard de côté; ce point de vue
m'est devenu si familier que, pour en venir à la *pensée proprement dite*, que *je crois
avoir appris à connaître* dans votre *Esquisse*, il m'a fallu me *déshabituer* peu à peu de
l'ancienne et m'*habituer* peu à peu à la nouvelle manière de penser.... » (*Ibid.*, p. 162.)

« J'avais pris l'habitude, depuis que j'ai adopté la *Théorie de la Science*, de considérer et de pratiquer la *pensée spéculative* comme un *simple acte de retour sur soi*, et,
pour tout vous confesser, cher Bardili, je croyais avoir déjà trouvé le trait *d'union*
entre l'*Idéalisme transcendantal* et le *Réalisme rationnel*, j'avais rendu Fichte attentif à
ce que son *Moi pur* ou son *acte absolu de retour sur soi* et votre *pensée comme pensée*
(A comme A dans et par A) étaient essentiellement *un et identique* au fond »
(p. 162-163). Reinhold ajoute enfin qu'il a vivement recommandé à Fichte l'*Esquisse*,
et il s'écrie : « Quel triomphe pour la bonne cause si, à travers toute la plénitude
de la lettre chez lui et chez vous, il arrivait jusqu'à l'*unité de l'esprit!* » (p. 163-164).
Dans un autre article du même fascicule des *Beyträge*, sous ce titre : *Idées pour une
Héautogonie ou histoire naturelle du Moi pur qu'on appelle Raison pure* (Ideen zur Heautogonie oder natürlichen Geschichte der reinen Ichheit, genannt, reine, Vernunft),
Reinhold s'efforçait d'abord de caractériser l'effort tenté par Fichte et par Schelling
pour définir la Raison pure de Kant comme acte absolu de retour sur soi (das absolut
in sich zurückgehende Thun); ce retour sur soi que l'esprit ne pouvait dépasser
sans sortir de la Raison, Reinhold l'appelait le *cercle magique*. De ce cercle il était
enfin sorti non sans peine, et il croyait avoir trouvé la clé du grand secret de
l'identification du Moi pur et du moi philosophant, de la Raison pure et de la
Raison des philosophes transcendantaux. (*Ibid.*, p. 141-143.) Ce retour sur soi avait
pour origine la fausse opinion que la pensée, comme telle, act activité purement
subjective et qu'elle ne peut fournir qu'une forme vide de connaissance. De là pour
la philosophie la nécessité de s'emparer de l'Absolu, de l'acte inconditionné, par
quelque chose de plus que la pensée, et de percevoir ce qui pourtant ne peut
être que pensé et ne peut se manifester que par la pensée comme pensée, au moyen
d'une conscience immédiate qui n'est pas une pensée, et d'en avoir l'intuition grâce
au Moi et en lui, c'est-à-dire grâce à l'individualité. (*Ibid.*, p. 144-145.) C'est, au fond,

pensée comme pensée, il découvrait une contradiction avec le sien. C'est le sens transcendantal, devenu chez Reinhold habituel dans une certaine mesure, qui, de son propre aveu, l'avait, un certain temps, seul empêché de découvrir que dans l'*Idéalisme transcendantal* il ne pouvait absolument pas y avoir de pensée, que de ce qu'il appelle pensée il faisait vraiment un acte tout subjectif, par suite une non-pensée, qu'il était en contradiction absolue avec ce qu'on pourrait appeler l'*Idéalisme rationnel*, objectif (celui de Platon, de Leibniz, de Bardili)[1].

« Entièrement libre à vous de juger, déclarait Reinhold à Fichte, si j'ai compris, et dans quelle mesure, votre *Idéalisme* au temps où j'en étais l'adepte et où je le défendais. Mais comment je le comprends maintenant et, avec lui, la *Philosophie élémentaire* et la *Critique* de Kant, vous ne le savez pas, et vous n'en pouvez absolument rien savoir. Si vous y tenez, la suite de ces feuilles vous le montrera. Peut-être n'ai-je commencé à vraiment comprendre l'*Idéalisme transcendantal* que le jour où j'y ai renoncé, le temps décidera entre nous. Ce que les deux critiques du *Journal d'Erlangen* disent de Bardili n'a absolument pas besoin de réfutation. Ce qu'ils disent, et la façon dont ils le disent, constitue une réfutation suffisante[2]. »

*
* *

D. *LA RÉPLIQUE DE FICHTE A REINHOLD.*

L'accusation d'avoir édifié l'*Idéalisme transcendantal*, non sur une réflexion d'ordre métaphysique, une réflexion de la pensée pure sur elle-même, mais sur une réflexion d'ordre psychologique, une réflexion du Moi sur soi-même, du Moi individuel, le seul qu'atteigne notre conscience; la vieille accusation d'être un égoïsme, un individualisme spéculatif, expression d'une personnalité débordante, rééditée contre l'auteur de la *Théorie de la Science*, non plus par un adversaire impénitent, mais par un ancien adepte, par Reinhold lui-même, ne pouvait rester sans réponse, car, au dire de Fichte, c'était une « méchante calomnie »[3].

leur Moi individuel que Fichte et Schelling se représentent sous la forme d'une intuition intellectuelle de l'Absolu. Ce Moi qui se construit lui-même, c'est leur propre Moi. (*Ibid.*, p. 145-147.) A cette intuition, à cette identification de l'individu et de l'Absolu qui, en somme, est contradictoire et purement arbitraire, Reinhold oppose la pensée pure de Bardili, la pensée comme pensée, qui n'est pas pure subjectivité, mais à la fois sujet et objet. (*Ibid.*, p. 152-154.)
1. C.-L. Reinhold, *Beyträge...*, Erstes Helft, N. V. *Sendschreiben an den Herrn Prof. Fichte*. p. 131-132. — 2. *Ibid.*, p. 133.
3. Fichte, *S. IV.*, II. Bd., E., *J.-G. Fichte's Antwortsschreiben an Herrn Prof. Reinhold*, p. 531.

La réponse parut sous forme d'une *Réplique à la Lettre du pro-fesseur Reinhold*, contenue dans le premier fascicule des *Contributions destinées à faciliter la vue d'ensemble de l'état de la philosophie au XIXe siècle*.

Le nœud du débat, c'était pour Fichte la fameuse définition de la pensée comme pensée. Que fallait-il donc entendre par là? Ceci sans doute : que, dans toute affirmation du particulier (et toute affirmation est nécessairement particulière), nous enveloppons l'absolue totalité comme telle. Savoir, c'est précisément concevoir le particulier sous la forme de l'universel. Cette appréhension de la totalité de l'Infini dans le singulier, Fichte l'appelle intuition intellectuelle, esprit (Ichheit); elle n'est ni la subjectivité, ni l'objectivité, mais leur identité[1].

D'autre part, il est très vrai, comme l'indiquent Reinhold et Bardili, que la pensée, comme pensée, c'est-à-dire la totalité absolue suscep tible de se répéter à l'infini dans le particulier, n'est qu'une abstrac tion; que, dans la connaissance réelle, il s'y ajoute toujours quelque chose d'étranger; que nous ne connaissons jamais le triangle en général, tel qu'il est susceptible de se répéter à l'infini, mais tel ou tel triangle donné, et c'est à bon droit qu'ils appellent la connais-sance réelle une *pensée appliquée*.

Fichte félicitait Reinhold de s'être, grâce à Bardili, élevé à la con naissance de cette universalité absolue qui n'est pas une simple généralisation du particulier, à ce fondement de toute évidence scientifique et de toute conviction, car l'absence de cette connais-sance avait été le principal obstacle à l'expansion de l'esprit du Kantisme et de la *Théorie de la Science*; si Fichte avait lieu de s'étonner que Reinhold n'eût pas su découvrir dans les premiers paragraphes de la *Théorie de la Science* cette répétition à l'infini qui est l'essence de la pensée et qu'il lui eût fallu le secours de Bar-dili[2], du moins, il ne pouvait plus être surpris que la *Théorie de la*

---

1. Fichte, *S. W.*, II. Bd., E., *J.-G. Fichte's Antwortsschreiben an Herrn Prof. Reinhold*, p. 505-507.

2. Fichte ajoutait un peu plus loin que, pour arriver à la claire conscience de cette répétition à l'infini, Reinhold n'aurait vraiment pas eu besoin d'avoir lu et d'avoir compris l'*Esquisse* de Bardili, car n'importe quelle connaissance suppose la conscience, au moins tacite, de cette répétition : l'enfant qui aujourd'hui se remet à manger le pain qui apaisait hier sa faim n'en mangerait plus jamais, ne reconnaîtrait jamais dans son pain d'aujourd'hui *le pain*, si, dans son for intérieur, il n'avait pas identifié tout de suite, dans le pain d'hier, le pain qui peut se répéter à l'infini pour tout le passé et tout l'avenir, abstraction faite du temps, sans condition.

« Comment l'homme connaît-il cette répétition à l'infini, comment en vient-il à la poser expressément, comme telle, et à ne pouvoir la poser autrement? Qu'est-ce qu'il y a en nous qui nous fait embrasser d'un seul regard, non seulement la répéti-tion à l'infini qui n'est elle-même qu'un attribut dérivé, mais l'infinité absolue elle-même? Quel est ce coup d'œil? Si vous comprenez cette question, si vous vous la posez sérieusement, alors vous saurez en quoi consiste la *Théorie de la Science* » (p. 515)

Science lui fût demeurée étrangère. alors qu'il croyait la posséder. Si Reinhold v voyait une psychologie, la faute en était précisément à l'insuffisance de sa pénétration, non à la *Théorie de la Science*. Et quand il croyait s'être haussé à un mode supérieur de connaissance, à une réflexion plus haute, ce qu'il dépassait, ce n'était point la *Théorie de la Science*, c'était son propre point de vue : il prêtait tout juste à la *Théorie de la Science* l'infirmité de son esprit, et il ne la comprenait pas autrement qu'un simple Nicolaï[1].

« Non, mon honorable ami, déclarait Fichte à Reinhold, ma *Théorie de la Science* n'est pas située là où vous le croyez. Elle se trouve dans une région qui, maintenant encore, alors qu'à vos yeux la lumière s'est faite sur la répétition à l'infini, vous demeure aussi cachée que celle-ci l'était pour vous, il n'y a pas tout à fait deux ans. Un esprit qui est capable de s'élever à cette répétition qui constitue le passage du champ de l'expérience au domaine de la science pure, peut sans doute s'élever jusqu'à la *Théorie de la Science*, puisqu'il a fait déjà, en réalité, le pas le plus considérable et le plus difficile. Et, si vous avez la vie et la santé. je ne renonce pas à cet espoir[2]. »

Fichte concluait ainsi ·

« Que vous n'ayez jamais compris ma *Théorie de la Science* à moi. et qu'à l'heure actuelle vous ne la compreniez pas davantage, je crois l'avoir montré suffisamment. Au cas où vous ne devriez pas comprendre cet écrit lui-même et où certains autres ne devraient pas le comprendre, il suffira, je pense, de crier tout haut, comme je le fais, au public philosophique : ne croyez pas un mot de ce que dit de ma *Théorie de la Science* M. le professeur Reinhold de Kiel. Il peut bien se figurer qu'il la comprend à fond; mais je vous dis, moi, qu'il n'y comprend rien, et vous aurez, j'espère, assez de confiance en moi pour croire que je comprends mes propres paroles aussi bien qu'un autre[3].

« Vous rappelez-vous encore qu'il fut un temps où vous considériez la *Théorie de la Science* exactement comme vous le faites aujourd'hui, où vous l'appeliez, comme aujourd'hui, la doctrine du Moi, où vous lui adressiez les mêmes sarcasmes? Par conséquent votre jugement actuel sur la *Théorie de la Science* n'est pas un jugement nouveau : c'est un ancien jugement rajeuni, et toutes les pensées pénétrantes, piquantes que votre premier numéro contient à son sujet ne sont que des réminiscences des années 1794 et 1795. Je ne cessais alors de vous

1. Fichte, S. W., II. Bd., E., J.-G. Fichte's Antwortsschreiben an Herrn Prof. Reinhold, p. 508-510. — 2. Ibid., p. 511. — 3. Ibid., p. 524-525.

dire que vous ne me compreniez absolument pas, j'essayais de me faire comprendre de mon mieux. Je vous entendais parler de la peine affreuse que vous vous donniez, du nombre de lectures que vous aviez faites; puis un jour je vous entendis me dire que vous m'aviez enfin compris, que vous aperceviez votre erreur d'autrefois en ce qui concernait la *Théorie de la Science*; bref que vous étiez maintenant convaincu. Pourquoi ne vous aurais-je pas cru?... Je supposais naturellement que vous compreniez la *Théorie de la Science* telle que je la comprenais moi-même, et c'est ce que fait tout auteur auquel on dit : *je vous comprends* [1].

« J'ai donc toujours cru que vous me compreniez, parce que le contraire ne m'était pas prouvé, mais je n'ai fait que le croire, je ne l'ai jamais su [2].... Quand le bruit a couru que vous passiez de ma philosophie à celle de Bardili, quand j'ai lu le livre de Bardili et vu ce qu'il pouvait donner, j'ai découvert alors clairement que, depuis ces longues années, vous ne m'aviez pas compris. Jusqu'où avait été le malentendu, je ne pouvais pas alors le savoir moi-même, je ne l'ai découvert que dans votre premier numéro, et avec un certain effroi. Aujourd'hui seulement, ce malentendu m'apparaît dans toute sa clarté, et vous voyez que je ne tarde pas une minute à protester [3].

« Vous n'attendez de moi, dites-vous dans votre préface, rien de moins que de m'entendre « répéter encore aux philosophes kantiens que vous manquez absolument de cette originalité qui appartient à un philosophe de profession ». J'ai toujours détesté ce jugement à votre égard, j'y ai toujours vu la preuve de l'incroyable grossiè-reté, de l'immoralité de notre siècle; il m'est agréable que le jour soit venu pour moi de le dire tout haut, sans risquer de me faire taxer de partialité. Se montrer disposé à reconnaître son erreur, à la confesser publiquement, une fois qu'on l'a reconnue, et passer à la vérité à laquelle on s'est rendu, c'est un fait qui devrait vraiment aller de soi; il est malheureux de vivre en un temps où l'accomplissement de ce devoir coûte un effort, où il faille s'attendre à en être blâmé. Ce préjugé de notre temps, vous l'avez bravé, vous avez toujours publiquement reconnu ce que vous considériez comme vrai, quoi qu'il en pût être de convictions antérieures que vous aviez aussi proclamées ouvertement avec la même énergie. Ceci mérite le respect de tout honnête homme, en quelque circonstance que s'applique la maxime, et qu'il s'agisse de passer de Kant à Fichte ou de Fichte à

---

1. Fichte, *S. W.*, II. Bd., E., *J.-G. Fichte's Antwortsschreiben an Herrn Prof. Reinhold,* p. 525-526. — 2. *Ibid.*, p. 526. — 3. *Ibid.*, p. 527.

Bardili. Soyez sûr que je vous offre ce témoignage de respect du fond de mon cœur[1].

« Et maintenant, mon honorable ami, ne prenez pas derechef cet écrit pour une offense, pour une preuve de ma présomption ou de tous les autres défauts, quels que soient leurs noms, que vous trouvez en moi. Tout revient à savoir si, dans la vraie *Théorie de la Science.* se trouve ce que vous annoncez comme une découverte nouvelle et si ce quelque chose s'y est trouvé depuis l'origine; si cette *Théorie de la Science* contient encore bien davantage et quelque chose de plus important, le temps en décidera lorsqu'elle aura été comprise, et j'espère que, vous aussi, vous suivrez alors le temps. Sur ce, je vous tends la main en esprit[2]. »

E. *SECONDE RÉPONSE DE REINHOLD.*

A l'heure même où Fichte écrivait cette réplique dans laquelle la brutalité de la franchise n'excluait pas une estime sincère[3], Reinhold, poursuivant dans le *Nouveau Mercure allemand* sa campagne anti-critique, publiait, dans le numéro de mars 1801, un article dirigé contre Fichte sous le titre : *L'esprit de l'époque en tant qu'esprit de la philosophie* (Der Geist des Zeitalters als Geist der Filosofie).

Jusqu'alors, déclarait-il, la philosophie avait toujours été plus ou moins atteinte de folie, suivant que le libre arbitre, c'est-à-dire, en somme, le bon plaisir, avait acquis plus ou moins d'influence sur la spéculation. Mais c'est seulement depuis quelques années que la folie était parvenue à s'emparer totalement de la spéculation et à se faire valoir comme « libre arbitre », spéculant sous les espèces et sous le nom de spontanéité absolue, de Raison pure, de philosophie transcendantale.

Or, le « libre arbitre » spéculatif a, comme tout libre arbitre, pour mobile le plaisir et le déplaisir, le plaisir de l'indépendance et le déplaisir, très commun chez l'homme, de la dépendance[4].

Les philosophes transcendantaux ont beau décorer leur principe du nom de volonté pure et concevoir dans cette volonté pure l'acte pour l'acte, l'acte indépendant de tout mobile sensible (plaisir ou peine),

---

1. Fichte, *S. W.*, II. Bd., E., *J.-G. Fichte's Antwortsschreiben an Herrn Prof. Reinhold* p. 528. — 2. *Ibid.*, p. 534.
3. Il avouait alors à Jean-Paul que « Reinhold était plus grand que jamais ». Voir E. Reinhold, *K.-L. Reinhold's Leben und litterarisches Wirken, nebst einer Auswahl von Briefen*, Zweite Abth., III, *Jacobi*, 15, Eutin, den 28. April 1801, p. 265.
4. *Der neue Teutsche Merkur vom Jahre* 1801. Herausgegeben von C.-M. Wieland. Erster Band, Weimar, 1801; 3. Stück, März 1801, II. *Der Geist des Zeitalters als Geist der Filosofie*. L'article daté du 21 janvier 1801, p. 170-171.

ils ne voient pas qu'en réalité leur mobile est encore un plaisir ou une peine, tout justement ce plaisir de l'indépendance et cette peine que cause la dépendance; que ce plaisir et cette peine sont la secrète vertu magique qui opère tous les miracles de la Raison pratique, du *purisme* de la morale critique et de la théologie morale[1].

Fichte et Schelling ne se sont d'ailleurs pas contentés de la liberté de Kant, encore mystérieuse; leur liberté n'est plus simple *ratio essendi*, elle est aussi *ratio cognoscendi* vis-à-vis de tout ce qui est et peut être, et non plus simplement de la loi morale[2]; elle est la liberté complète, totale, infinie, qui, sous le nom d'imagination créatrice, produit toute notre expérience, notre expérience externe comme notre expérience interne. Obligés de dépasser l'individu, le Moi, pour atteindre la liberté, et, au fond de leur cœur, affligés de le dépasser, ils opèrent ainsi ce miracle de le maintenir en s'en passant; ils élèvent l'individu au-dessus de lui-même; ils en font un Absolu, un Dieu, sans s'apercevoir que leur Dieu n'est alors que le succédané de la Raison pratique dans la conscience, l'ombre de leur subjectivité, le reflet de leur Moi[3].

Et ainsi tous ces noms ronflants de nécessité morale, d'autonomie, d'impératif catégorique, de volonté pure, de loi morale qui faisaient la fierté de la philosophie du temps ne sont, à vrai dire, ni rien de moins ni rien de plus que l'égoïsme dans son abîme insondable[4].

Pascal déclare que les deux principaux péchés de notre âme sont l'orgueil qui nous détache de Dieu, la concupiscence qui nous tient attachés à la terre; les philosophes ont entretenu l'un de ces péchés; ils ont cherché, tantôt à chasser la concupiscence par l'orgueil, tantôt l'orgueil par la concupiscence. La philosophie transcendantale les a entretenus tous les deux : elle a caché derrière l'égoïsme total, derrière le Moi pur, l'égoïsme actif — l'orgueil — et l'égoïsme passif — la concupiscence. S'il est vrai que l'Épicuréisme, avec sa théorie du plaisir et de la douleur, fasse consister la santé mentale de l'homme dans la domination de l'esprit par la nature, le Stoïcisme et le Kantisme dans la domination de la nature et de l'esprit par la raison, la théorie du Moi pur la fait consister à ne laisser de valeur dans la nature qu'à la primauté du Moi et dans le Moi qu'à la primauté de la nature; elle arrache ainsi l'homme à Dieu, en même temps qu'elle le fixe à la terre[5]. Ces deux péchés fondamentaux ne sont d'ailleurs que les divers symptômes d'un vice radical qui peut

---

1. *Der neue Teutsche Merkur* vom Jahre 1801, I. Bd., 3. Stuck, März, II, *Der Geist des Zeitalters als Geist der Filosofie*, p. 176. — 2. Ibid., p. 177. — 3. Ibid., p. 178-180 et 184, 188. — 4. *Ibid.*, p. 183-184. — 5. *Ibid.*, p. 189-191.

s'appeler la domination du « libre arbitre », du bon plaisir — l'amour de soi, ou mieux l'oubli de Dieu[1].

Le jour où Fichte eut connaissance de cet article, — c'était après la publication de cette réponse où il avait manifesté l'espoir que Reinhold ne continuerait pas sa « vilaine besogne », — il écrivit à Schelling :

« J'ai maintenant lu l'article du *Mercure*, et je le trouve encore bien plus imprudent que méchant. » N'était-il pas édifiant, en effet, de voir Reinhold confesser avec tant de repentir son propre oubli de Dieu et son propre égoïsme d'autrefois? Et Fichte ajoutait que l'article du *Mercure* augmentait encore le « scandale » de leur rupture[2].

Ainsi finit l'amitié la plus étroite que Fichte ait connue; pen dant près de dix années Reinhold avait été le confident de ses plus secrètes pensées.

1. *Der neue Teutsche Merkur* vom Jahre 1801, I. Bd., 3. Stück, März, II, *Der Geist des Zeitalters als Geist der Filosofie*, p. 189.
2. *Fichte's Leben*, II. Bd., Zweite Abth., IV, 26, Fichte an Schelling, den 31. Mai 1801, p. 347.

CHAPITRE VII

LES SATIRES DE JEAN-PAUL ET DE F. NICOLAI

A. LA « CLAVIS FICH-
TIANA » DE J.-P. RICHTER. Le « scandale » provoqué par Reinhold dut causer à Fichte d'autant plus d'amertume qu'à cette heure même la *Théorie de la Science* avait à subir les plus rudes assauts. Jusqu'à l'accusation d'athéisme elle avait marché de triomphe en triomphe; rares étaient les adversaires assez osés pour risquer publiquement leurs critiques ou pour exprimer leur ironie. Condamné pour athéisme, dépossédé de sa chaire, Fichte ne paraissait plus redoutable; la *Théorie de la Science* avait maintenant perdu son auréole. Ce fut à qui la tourne rait en dérision. La *Clavis Fichtiana* de J.-P. Richter, les pamphlets de Nicolaï attestent à cet égard le mouvement de l'opinion.

Jean-Paul, comme on l'appelait, avait depuis longtemps étudié Fichte, mais il croyait de moins en moins en lui. A Weimar où, lors de son passage, il l'avait connu, son esprit avait définitivement secoué la lourde chaîne[1]; Gœthe n'avait-il pas parlé devant lui de Fichte comme « du dernier et du plus grand des scolastiques [2] », et quand, à ces *soupers* scientifiques du mercredi, où se réunissaient à la même table Loder, Batsch, Hufeland le cadet, Fichte, il avait vu le philosophe en personne, il l'avait trouvé contre son attente « petit, parlant avec discrétion quoique avec assurance, mais sans distinction géniale[3] ». C'est sans doute à un de ces banquets que, abordant l'auteur de la *Théorie de la Science*, il ne lui avait pas dissimulé son incapacité de se lancer dans « le tourbillon critique et fichtéen ».

Disciple de Jacobi auquel est précisément dédiée la *Clavis Fich-*

---

1. *Jean-Pauls Briefwechsel mit seiner Frau und Christian Otto*, éd. P. Nerrlich, Berlin, Weidmannsche Buchhandlung, 1902; 70, Weimar, den 4. Nov. 1799, p. 130.
2. *Ibid.*, 43, Weimar, den 2. Sept. 1798, p. 79.
3. *Ibid.*, 43, Weimar, den 24. August 1798, p. 74.

tiana, et de Herder dont il avait lu en manuscrit et annoté la *Métacritique*[1], il était un adversaire déclaré de la *Critique*, il la trouvait
dangereuse, envahissante. Elle avait pénétré partout : le rejet de la
métaphysique, l'espèce de positivisme auquel il semblait qu'elle
voulût se tenir en avait fait la popularité; on appliquait volontiers
les cadres de ses catégories à toutes les branches de la culture
humaine, à la théologie, à l'esthétique et jusqu'à la politique. Avec
la *Théorie de la Science* le flot avait encore monté : c'était comme
un déluge qui avait tout submergé[2].

On conçoit ce que cet enthousiasme — voisin du délire — pouvait
avoir d'irritant pour ceux qui, comme Jean-Paul, ne voyaient dans
la *Théorie de la Science* qu'un jeu de concepts brillant et un peu
vain, « personne, avec les philosophes, n'ayant jamais le dernier
mot ». Il ne le cachait pas à Fichte lui-même. Il lui sembla que le
rire était le plus sûr remède et le plus sain contre une pareille aberration : pour rendre inoffensive la *Théorie de la Science*, il suffirait,
pensait-il, de la ridiculiser. Il confia ce soin au sarcastique et satirique humoriste Leibgeber, personnage qu'un précédent roman[3]
avait déjà rendu célèbre.

Ainsi parut, vers Pâques 1800, la *Clavis Fichtiana seu Leibgeberiana*, en appendice comique au *Titan*.

Leibgeber, le sosie de Fichte, auteur de la *Clavis*, avait écrit : « La
Théorie de la Science, c'est le calcul philosophique de l'Infini. Une
fois sorti de la région des grandeurs finies et explicables, pour entrer
dans celle des grandeurs infinies et inexplicables on s'enfonce dans
un monde tout nouveau, où le pur et simple verbalisme — car ni les
intuitions, ni les concepts n'atteignent jusqu'à cet éther — vous
transporte facilement en tous sens, comme sur un manteau de Faust,
si bien que l'inexplicable ressemble au balai de la sorcière, monture
que, suivant la croyance populaire, elle ne peut enjamber, mais sur
laquelle elle chevauche, bien au-dessus de la terre, à travers les
airs[4]. »

Cependant il est très remarquable, conformément à l'observation
de l'auteur, que, malgré le visible dessein de son héros — comique
impénitent — de railler la *Théorie de la Science*, il se trouve qu'il la

---

1. Otto Spazier, *J.-P. Fr. Richter. Ein biographischer Commentar zu dessen Werken.*
Zweite Auflage, Leipzig, Verlag von Otto Wigand, 1840, IV. Bd., Fünfzehntes Kap.,
p. 120 et 131.

2. *Ibid.*, p. 129.

3. *Blumen, Frucht-und Dornenstücke oder Ehestand, Tod und Hochzeit des Armenadvo-
katen F. St. Siebenkäs im Reichsmarktflecken Kuhschnappel.* 3 vol., Berlin, 1796-1797.

4. Jean-Paul, *Clavis Fichtiana seu Leibgeberiana* (Anhang zum I. komischen Anhang
des *Titans*), Erfurt, in der Henningschen Buchhandlung, 1800, Vorrede, p. x-xi.

prend au sérieux; sous les dehors de la plaisanterie, il en discute, somme toute, les principes [1].

Le fondement de la philosophie de Fichte, c'est le Moi pur, la réalité inconditionnée, le Noumène immanent, l'Aséité, synonymes de Dieu[2]. La Raison comme inconditionnée ne peut chercher cependant la réalité absolue — sa fille — que dans le sein de sa mère, c'est-à-dire en elle-même, dans la causalité inconditionnée du Moi. Si vous posez l'enfant en dehors de la mère, vous en faites la mère de sa mère et vous divisez la forme et la matière du connaître en deux essences séparées, ce qui est une absurdité[3].

Or, voici la singularité du système : le Moi pur ne suffit pas, il y faut ajouter un Moi empirique ; ce Moi absolu et infini, précisément en tant qu'infini, qu'indéterminé, n'est rien; il n'existe pas. Pour être quelque chose, il ne lui est pas permis de rester lui-même; mais, comme tout être vient de lui, jusqu'à ce « ne pas être lui-même », il faut qu'il s'oppose soi-même à soi-même en vertu de son absolue causalité; et le voilà limité. le voilà qui apparaît comme Moi réel, qui se représente quelque chose[4]. Ce quelque chose qu'il se représente, c'est l'objet, l'obstacle que le Moi, dans sa liberté absolue, se donne à lui-même pour se réaliser, c'est-à-dire pour en triompher; c'est la limite qu'il se pose pour se déterminer[5]; d'un mot, c'est ce que nous appelons le monde, le monde de la création ou des phénomènes[6], « le monde de l'espace et du temps, avec tout ce qu'il contient depuis qu'il existe, les trois règnes de la nature, les empires des rois, — en lambeaux, — l'empire de la vérité, celui de l'école critique, et toutes les Bibliothèques de la terre avec les quelques livres que Fichte a composés[7] ». Cependant rien de tout cela n'existe, ni le monde, ni l'esprit qui le contemple, esprit de l'homme, Moi fini. Le monde et notre esprit, objet et sujet, deux termes corrélatifs, « deux jumeaux de l'Aséité voyelle et consonne dans le Moi absolu, autant dire dans l'atmosphère pure[8] », et, puisque le monde est simple phénomène, produit du Moi, mon esprit l'est aussi. Il ne reste donc que le Moi pur, auteur du ciel et de la terre, et de Fichte qui les contemple, le Moi pur dont la *Théorie de la Science* nous enseigne qu'il est étranger à la durée et à l'être, à la largeur et à la pesanteur[9]. Or, voici qu'à son tour ce Moi pur, en qui tout est, n'est rien du tout; car on n'en peut rien affirmer : aucun prédicat, aucune détermination ne lui est applicable, il est vraiment l'ineffable, l'innommable. Ainsi

1. *Clavis Fichtiana*, Protektorium für den Herausgeber, p. 4-5.
2. Ibid., §§ 3 et 6, p. 68-69. — 3. Ibid., § 6, p. 70-71. — 4. Ibid., §§ 7 et 8, p. 71-72. — 5. Ibid., §§ 8 et 10, p. 72-73 et 84-85. — 6. Ibid., § 8, p. 73. — 7. Ibid., § 12, p. 90. — 8. Ibid., § 9, p. 77. — 9. Ibid., § 9, p. 78-79.

la position du non-Moi et du Moi relatif, la limitation du Moi absolu par lui-même est tout aussi inconcevable que cette fameuse création *ex nihilo*[1], qui est si décriée; le système se perd dans l'infinité et dans le vide de son principe, et l'on peut en dire ce que Jean-Paul dit de son héros : « Après Kant, le *démolisseur* qui laissa pourtant debout encore de gros morceaux comme les *Choses en soi*, vint Leihgeber, l'*anéantisseur* qui les calcina et ne laissa rien debout que le *néant blanc* (nihilum album), comme les chimistes appellent la chaux de zinc réfractaire, je veux dire la finitude idéale de l'Infini. Et, si on la supprime à son tour (ce qui est finalement le cas de Fichte), il ne reste plus rien que le *néant noir*, l'Infinité; la Raison n'aurait plus rien à expliquer, car elle-même n'existerait plus[2]. »

Il est vrai que Fichte, obligé de nier théoriquement la réalité du monde, prétend, au point de vue pratique, lui restituer une valeur, établir l'existence d'une pluralité de « Moi ». Mais cette multiplication des dieux, que le Décalogue de Fichte exige, autant que les interdit le Décalogue de Moïse, ces millions, ces trillions de Moi absolus — ceux de Weimar et ceux de France et ceux de Russie et ceux de Leipzig, et ceux de Pest et ceux des Iroquois et ceux de tous les hommes de tous les temps, de tous les pays, ces millions d'univers, — car chaque Moi est un univers pour Fichte, — de quel droit existent-ils[3]? Pour Fichte leur existence est un postulat de la Raison pratique, à peu près comme pour Kant Dieu et l'immortalité[4]. Mais la loi morale ne suppose, comme telle, rien d'autre qu'elle même, aucune existence, pas plus un Dieu en tant qu'objet qu'un Dieu en tant que législateur[5]; le Moi pur n'a rien à faire avec cette multiplicité de Moi où réapparaît « la vieille boue grise qui colle aux chaussures, le réalisme dont la destruction avait donné à Fichte tant de mal et pour laquelle il avait dépensé tant d'encre[6] ».

Comment ériger d'ailleurs en collaborateurs, en causes efficaces de notre moralité, des individus dont nous n'avons aucun droit à prétendre juger la moralité, puisqu'ils sont autant d'absolus en dehors de notre Absoluité, impénétrables à elle comme je le suis moi-même à la leur[7]? Ce n'est pas tout : cette infinité de dieux nous transporte en plein fétichisme[8]. La raillerie devient facile; Leibgeber fait défiler devant nous toute la série de ces dieux : des princes et des chanceliers d'État aux galériens, du pape aux voleurs... et à sa femme; il tient à tous le langage qui convient à leur divinité; chacun

1. *Clavis Fichtiana*, § 10, p. 84-85. — 2. Ibid., Protektorium..., p. 13-15. — 3. Ibid., *Clavis*, § 13, p. 92-95. — 4. Ibid., p. 98. — 5. Ibid., p. 99. — 6. Ibid., p. 101-102. — 7. Ibid., p. 110 et 114-115. — 8. *Ibid.*, p. 124, et § 14, p. 126.

création
et dans
il dit de
l debout
·hgeber,
le *néant*
·hau·r de
, si on la

est le créateur de son petit univers[1]. Et, de tous ces dieux qui s'ignorent nécessairement et mutuellement, puisqu'ils sont isolés puisque chacun, dans son individualité, constitue un univers clos, voici, pour conclure, la plainte lamentable :

« Si, comme j'en ai bien peur, personne d'autre n'existe que moi pauvre chien auquel il faut précisément que ce sort soit échu, alors personne encore n'a été aussi mal partagé que moi. Le seul enthousiasme qu'on m'ait laissé, c'est l'enthousiasme logique. Toute ma métaphysique, ma chimie, ma technologie, ma nosologie, ma botanique, mon insectologie consistent uniquement dans le vieux principe : connais-toi toi-même. Je ne suis pas seulement mon propre sauveur, comme dit Bellarmin, mais aussi mon propre diable, ma mort, mon propre bourreau. L'amour et l'admiration sont vides · pareil à Saint François, je ne presse contre mon cœur que la fille de neige pétrie de mes propres mains. Tout autour de moi et s'étendant au loin, une humanité de pierre. Moi, moi tout seul; nulle part de cœur qui batte, nulle part de vie, rien à côté de moi, et rien sans moi d'autre que le néant. Je n'ai conscience que de mon inconscience suprême. Le « Dämogorgon » en moi poursuit son œuvre silencieusement, aveuglément, mystérieusement, ou plutôt c'est moi qui suis ce « Damogorgon ». Et je viens ainsi de l'Éternité, et je vais ainsi à l'Éternité. Et qui entend ma plainte et me connaît à cet instant du temps? Moi. Qui entend ma plainte, et qui me connaît pour l'éternité? Moi [2]· »

éalité du

plication
·nterdit le
·solus —

tous les

univers,
,

, Raison
·rtalité[1].

et qu'un
·ec celle
·olle aux
à Fichte

La satire de Jean-Paul Richter porta : le peintre Buri écrivait à Herder que, grâce à la *Clavis*, les Juives avaient renié Fichte ; Jean-Paul lui-même déclarait que les sectateurs de Fichte à Berlin se faisaient rares [3].

·fficaces
·oit à pré-
·n dehors

L'auteur de la *Clavis* s'attendait à ce que le philosophe, comme Woltmann l'avait annoncé au baron de Serdagne, devînt fou de rage et qu'il lançât à ses trousses toute la meute de ses chiens, lévriers ou braques; il était d'ailleurs décidé à se tenir coi tant que le chasseur lui-même n'entrerait pas en ligne, réservant pour ce moment sa riposte [4].

·ansporte
·her fait
·s et des
et à sa

La rencontre se produisit un an plus tard chez Fessler à dix heures et demie du soir — lors de la visite de Jean-Paul à Berlin. Elle n'eut rien de tragique. Fichte avait, il est vrai, « le front et le nez

1. *Clavis Fichtiana*, § 14, p. 126-140. — 2. *Ibid.*, § 15. p. 171-174.
3. *J.-P. Briefwechsel mit seiner Frau und Christian Otto*, éd. P. Nerrlich, 79, Weimar, den 25. August 1800, p. 156 et note. — 4. *Ibid.*, p. 155.

puissants, l'air d'un granit des Alpes[1] ». Jean-Paul vint à lui avec
candeur : la discussion sur sa doctrine fut vive; elle dura jusqu'à
minuit; mais, en se quittant, Fichte et Jean-Paul étaient les meilleurs
amis du monde; Fichte promettait cordialement sa visite à celui qui
avait voulu ridiculiser la *Théorie de la Science*.

C'est qu'au fond, sous les sarcasmes, il avait senti une estime sincère (Jean-Paul disait volontiers qu'à Iéna Fichte lui avait plu par
le tranchant de sa parole et de ses idées[2]). Jean-Paul n'était pas un
de ces adversaires qui médisaient de Fichte sans même l'avoir lu.
Quand il écrivait sa *Clavis*, il avait sur sa table tous les ouvrages de
l'auteur de la *Théorie de la Science*, il connaissait son système
ce système polythéiste — que, d'après l'*Appel*, personne ne pouvait
soupçonner : il fallait avoir lu Spinoza pour le comprendre. Une
fois sa satire achevée, il l'avait envoyée à Jacobi « pour être sûr qu'il
ne s'était pas mépris, que ses coups ne portaient pas à faux[3] ».

Un tel scrupule était trop rare chez ses adversaires pour que Fichte
n'en fût pas touché; c'est sans doute parce qu'il savait la probité
de Jean-Paul qu'il ne lui tint pas rigueur de ses grosses plaisanteries
et qu'il lui tendit loyalement la main. Il se contenta, en guise de
reproches, de l'avertir que sa critique était injuste, parce que prématurée. Il n'avait pas encore, disait-il, achevé sa philosophie, il eût été
prudent, pour la juger, de la connaître dans son intégralité : or, dans
une nouvelle exposition de la *Théorie de la Science*, à laquelle Fichte
était en train de travailler, Jean-Paul trouverait un Dieu plus à son
goût peut-être que celui qui avait servi de cible à ses railleries[4].

Jean-Paul faisait allusion à cette conversation dans une lettre qu'il
écrivait à Jacobi, vers la fin d'avril 1801 : « Fichte, avec lequel je
suis dans les meilleurs termes, quoique tout notre dialogue soit une
perpétuelle contradiction, Fichte me disait qu'il admettait dans sa
dernière exposition un Dieu supérieur et extérieur au Moi absolu
(où jusqu'à présent je voyais son Dieu). — Mais alors, lui dis-je, vous
philosophez en fin de compte hors de la philosophie. — Ce sont
vraisemblablement les persécutions qui l'ont conduit là. Cependant,
s'il en est ainsi, son édifice s'écroule : la déduction et la philosophie
s'arrêtent là où il n'y a plus de création, de production — et c'est tout
bonnement l'entrée en scène d'un dualisme d'un autre genre. Je lui
dis qu'alors Schelling, Reinhold et tous les autres n'avaient pas fidèlement exposé sa doctrine, ce qu'il accorda volontiers, ajoutant que

1. *J.-P. Briefwechsel mit seiner Frau und Christian Otto*, éd. P. Nerrlich, 83, Berlin,
den 28. Jenner 1801, p. 168. — 2. *Ibid.*, 79, den 25. August 1800, p. 153. — 3. *Ibid.*,
72, Weimar, den 20. Dec. 99, p. 133-134.
4. L. Noack, *J.-G. Fichte nach seinem Leben, Lehren und Wirken*, III. Buch, 3, p. 436.

sa philosophie n'était pas encore achevée [1]. » Conversation singulièrement importante : elle met en lumière le problème que soulevait,
à cette heure, l'orientation nouvelle de la *Théorie de la Science*, le
problème des deux philosophies de Fichte; elle atteste en même
temps que, de son vivant, Fichte y avait répondu : il désavouait l'interprétation que Schelling et Reinhold avaient donnée de sa doctrine,
alors qu'ils étaient ses disciples.

En admettant un Absolu en dehors du Moi réfléchissant, de la
forme sous laquelle il s'exprime à notre conscience, Fichte croyait
n'être infidèle ni à sa propre doctrine, ni à l'esprit de la *Critique*.
Qu'on se souvienne de la distinction des deux Absolus, — telle qu'elle
ressort de l'exposition des deux premiers principes dans la *Théorie de
la Science* et de la seconde *Introduction*, — et on comprendra comment
Fichte estimait « achever » sa philosophie au moment précis où ses
adversaires jugeaient que tout l' « édifice s'en écroulait ». Quand
on relevait, comme une contradiction, « l'entrée en scène d'un
dualisme d'un autre genre », il avait beau jeu pour répondre.
Ce dualisme témoignait précisément de sa fidélité à la *Critique* : c'était celui qu'exigeait la constitution même de l'esprit
humain, d'un esprit limité, celui qui s'exprimait par le formalisme et
hors duquel il faudrait recourir au « saut mortel » du dogmatisme et
de la transcendance. Ce saut, Fichte croyait l'avoir évité en transfor-
mant les termes du dualisme et du formalisme kantiens, en éliminant
la *Chose en soi*, et en transportant à l'intérieur de l'esprit lui-même
la dualité de la Chose et de l'Esprit, en distinguant entre sa forme
et son fond, entre sa capacité de réflexion ou de détermination et son
pouvoir de productivité infinie qu'aucune réflexion ne peut épuiser.
Que d'ailleurs ce dualisme, nécessaire pour nous, puisqu'il constitue
le cercle même dont l'esprit humain ne peut sortir, dût idéalement
se réduire à un monisme, qu' « en soi » l'Esprit fût un dans sa
forme et dans son fond, c'est ce qu'attestait toute la dialectique
fichtéenne. L'unité pure se présente à notre conscience comme son
Idéal même.

Désormais nous verrons Fichte insister toujours davantage sur cet
aspect de sa philosophie; nous assisterons à l'effort prodigieux qu'il
va tenter pour réduire au monisme ce dualisme et le formalisme qui
lui est inhérent. Par là s'atteste déjà le souci désormais prépondérant chez Fichte de défendre la *Théorie de la Science* contre l'accu
sation de laisser échapper le *réel*, d'être une philosophie purement

---

1. E. Reinhold, *K.-L. Reinhold's Leben und litterarisches Wirken, nebst einer Auswahl
von Briefen*, Zweite Abth., Briefe, III, Jacobi, 15, Eutin, den 28. April 1801, p. 265-266.

subjective. C'est l'annonce du grand débat qui va s'ouvrir entre Fichte et Schelling.

Voilà ce qui fait ici l'intérêt et l'importance de l'entretien que nous venons de relater. Les conséquences en apparaîtront bientôt, et de plus en plus on en pourra mesurer la portée.

Pour le moment, ce qu'il importe de retenir, c'est qu'après cette conversation Jean-Paul modifia du tout au tout son opinion sur la philosophie de Fichte, qu'il conçut des remords d'avoir, dans sa *Clavis*, doué de la *Théorie de la Science*, et qu'il les confessa.

Quand parurent, en effet, les premiers ouvrages où s'affirmait la position prise maintenant par Fichte, Jean-Paul reconnut son erreur et fit amende honorable; il chercha et trouva l'occasion — à plusieurs reprises — d'exprimer son respect et son admiration pour notre philosophe [1]

Fichte oublia donc bien vite les petites blessures qu'avaient pu faire à son amour-propre les traits acérés de Jean-Paul.

Il n'accueillait pas avec la même sérénité d'autres attaques : son vieil ennemi Nicolaï, dont il avait longtemps dédaigné les injures, allait en faire l'expérience le jour où Fichte écrivit contre lui *La vie et les opinions singulières de Frédéric Nicolaï*.

Pour comprendre le sens de ce pamphlet, il faut remonter jusqu'aux origines du conflit.

B. *LES « VÉRITÉS DÉSA-GRÉABLES » DE F. NICO-LAI.*

Le libraire F. Nicolaï avait été, avec Mendelssohn et Abbt, le principal rédacteur des *Lettres sur la littérature contemporaine* (Briefe die neueste Litteratur betreffend); quand Lessing avait voulu fonder une Revue d'un esprit nouveau, c'est lui qui avait même proposé cette forme épistolaire. Le jour où Lessing partit pour Breslau (à la fin de l'année 1760), Nicolaï prit la direction du périodique.

Il avait ensuite édité successivement la *Bibliothèque des Belles-Lettres et des Arts Libéraux* (1757-1767) (Bibliothek der schönen

---

1. O. Spazier, *J.-P. Fr. Richter. Ein biographischer Commentar zu dessen Werke*, **IV.** Bd., Funfzehntes Kap., p. 131. Dans la *Levana*, puis dans un compte rendu des *Discours à la Nation allemande*, enfin dans l'hommage qu'il lui rendit à l'annonce de sa mort : « O toi, valeureux champion de la libération allemande, toi, puissant Fichte, mort trop tôt d'un demi-siècle, tu as vu au moins l'aurore du grand affranchissement. Maintenant, ô brave combattant de l'arrière-ban sur plus d'un champ de bataille, tu as ta récompense dans la paix éternelle, et tu tiens enfin là-haut dans ta main la vraie *Clavis Fichtiana*. » (Jean-Paul.) *Sämmtl. Werke*, XXX, 79. Cité par E. Fichte dans *Johann Gottlieb Fichte. Lichtstrahlen aus seinen Werken und Briefen*, p. 80.

Wissenschaften und der freien Künste), puis la célèbre *Bibliothèque allemande universelle* (1765-1792 et 1793-1800; 1801-1806) (Allgemeine deutsche Bibliothek), dont il fut pendant plus de vingt ans l'unique directeur, distribuant lui-même et revoyant toute la copie. Il y acquit une espèce de gloire à se faire le défenseur de la « saine raison », jaugeant tous les ordres de connaissance, art, science, philosophie, religion, à l'aune du sens commun. Il était le représentant attitré de ce rationalisme ratiocinant et disputeur du XVIIIe siècle, trop ennemi de l'obscurité pour pouvoir comprendre les aspirations profondes de l'âme, étranger aussi bien aux mystères de la religion qu'aux secrets de la métaphysique nouvelle, hostile à ces intuitions du cœur, à ces pressentiments de l'imagination que, par réaction contre les *Lumières*, le romantisme déjà se glorifiait de cultiver. Fr. Schlegel, le chef de la nouvelle École, avait eu la hardiesse de prétendre sauver de l'opprobre et d'arracher Lessing aux *infimes* de la *Bibliothèque allemande universelle*, qui avaient fait du grand homme le symbole de la platitude. Nicolaï en conçut un vif ressentiment, et il partit en guerre contre le romantisme, croyant poursuivre encore dans cette forme de l'art la lutte à mort qu'il avait entreprise contre le mysticisme : mysticisme de la religion orthodoxe ou mysticisme de la philosophie critique.

Contre l'orthodoxie religieuse il avait écrit de 1773 à 1776 son grand roman : *La vie et les opinions de maître Sebaldus Nothanker* (Leben und Meinungen des Herrn Magister Sebaldus Nothanker). Il écrivit successivement contre la philosophie critique, en dehors de nombreux articles et des allusions contenues dans ses récits de voyage, en 1794, son *Histoire d'un gros homme* (Geschichte eines dicken Mannes); en 1798, *La Vie et les opinions de Sempronius Gundibert* (Leben und Meinungen Sempronius Gundibert's); en 1799, *Ma culture scientifique, ma connaissance de la philosophie critique, mes ouvrages qui la concernent et MM. Kant, J.-B. Erhard et Fichte* (Ueber meine gelehrte Bildung, über meine Kenntniss der kritischen Philosophie und meine Schriften dieselbe betreffend, und über die Herrn Kant, J.-B. Erhard und Fichte).

Chose remarquable, dans sa polémique contre la philosophie critique, Nicolaï, visiblement, commença par ménager Kant, sans doute à cause de l'autorité dont jouissait l'illustre vieillard, peut-être aussi à cause de certaines complaisances qu'avait eues Kant pour la *Bibliothèque allemande universelle*. Mais il en fut tout autrement à l'égard des disciples de Kant, dont la jeunesse lui paraissait mériter moins de déférence et dont le crédit pouvait être ébranlé plus aisé-

ment. Il en voulait surtout à Fichte, le plus célèbre d'entre eux, celui
dont se réclamaient les néo-mystiques de la littérature, les roman
tiques qui, à Berlin même où philosophait Mendelssohn, s'atta
quaient à cette citadelle du rationalisme qu'était la *Bibliothèque
allemande universelle*; il accusait Fichte d'avoir trahi l'esprit de la
Critique — le positivisme qui affirmait la vérité de l'expérience et
niait la possibilité d'une intuition du supra-sensible — en développant l'*Idéalisme transcendantal* dans le sens d'un mysticisme, d'une
philosophie de visionnaires. Il le traitait volontiers de « singe de
Kant », de « tête à l'envers », de « marchand d'orviétan » coupable
de faire endosser à Kant ses propres folies[1]

I. « *LA VIE ET LES OPI-
NIONS DE SEMPRONIUS
GUNDIBERT.* »
Dès l'année où paraissait la *Théorie de la
Science*, dès 1794, Nicolaï avait écrit son
Histoire d'un gros homme, le huitième des
gros hommes célèbres[2]; on pourrait se
demander s'il n'a pas déjà voulu y représenter le fils du tisserand de
Rammenau sous les traits et sous le nom caractéristique d'Anselme
Redlich (Anselme Loyal), enfant d'un artisan, du drapier Antoine
Redlich.

Ce roman, où Nicolaï ne cachait pas son intention d'attribuer à l'influence de la philosophie critique et de son verbalisme sur un caractère faible les mésaventures de son héros et la « banqueroute » de sa
vie, n'était, de l'aveu de l'auteur, qu'une facétie assez bénigne[3].
Autrement mordantes furent les attaques que, quatre ans plus tard,
le même Nicolaï, dans un autre roman, porta, directement cette fois.
contre la *Théorie de la Science*. Le titre : *La vie et les opinions de
Sempronius Gundibert, philosophe allemand.* est déjà clair. L'introduction ne l'est pas moins. Rappelant que le monde est gouverné
par la pensée, que, par conséquent, les philosophes — ceux qui
pensent la pensée — sont les maîtres de l'univers, il s'en prend tout de
suite à Fichte, « l'inspecteur général du genre humain[4] », qui, dédai-
gueux de l'expérience, rêve de transformer le monde, les veux fixés
sur son idéal *a priori*, sur «la forme *pure* du Droit et du *Moi moral*[5] ».
A ceux de ses lecteurs qui sont désireux de connaître la différence

1. Fr. Nicolai, *Ueber meine gelehrte Bildung, über meine Kenntniss der kritischen Philosophie und meine Schriften dieselbe betreffend und über die Herren Kant, J.-B. Erhard und
Fichte*, Berlin und Stettin, 1799, p. 103.
2. Fr. Nicolai, *Geschichte eines dicken Mannes, worin drey Heurathen und drey Korben nebst
viel Liebe*, 2 Bde, Berlin und Stettin, bey Friedrich Nicolai. 1794.
3. Fr. Nicolai, *Ueber meine gelehrte Bildung...*, p. 69.
4. Fr. Nicolai, *Leben und Meinungen Sempronius Gundibert's, eines deutschen Philosophen*, Berlin und Stettin, bey Fr. Nicolai, 1798. Einleitung, p. 5. — 5. *Ibid.*, p. 7.

entre les philosophes *a priori* et les autres, Nicolaï enseigne que les nouveaux philosophes allemands ne veulent pas avoir la même raison que le reste des hommes, celle qu'il appelle la saine raison ; ils veulent avoir une raison spéciale, qu'ils appellent Raison pure c'est-à-dire une raison dépouillée de toute connaissance sensible vierge de toute expérience dont elle se défie comme de la peste [1], traitant du nom injurieux d'empirique, d'*a posteriori*, la connaissance expérimentale [2]. Il arrive parfois, il est vrai, que ces merveilleux *aprioristes* marchent dans le monde *a posteriori* d'un pas assez chancelant et, suivant les inclinations foncières de leur âme, viennent tomber sur le nez ; mais d'aussi mesquines contingences n'entament jamais les vérités *a priori* qui sont vraies objectivement et indépendantes de toutes les expériences — auxquelles appartient justement la chute sur le nez [3]. Aussi en est-il qui pensent qu'un peu de *saine* raison ferait, pour gouverner le monde, beaucoup mieux l'affaire que tant de Raison pure, parce que, dans le monde réel, une once d'esprit naturel pèse plus qu'un quintal d'esprit d'école [4].

Pourtant que les *aprioristes* y prennent garde ; ils pourraient bien ne pas avoir le dernier mot : leur *apriorisme* ne se passe pas, au fond, de l'expérience *a posteriori* ; à chaque instant il la suppose et s'y réfère ; leur science n'est pas pure, c'est, en somme, une science pipée [5]

On s'étonnera moins alors de toutes les contradictions de nos plus récents philosophes ; on s'étonnera moins que Sempronius Gundibert ait d'abord cru à l'*a priori*, qu'ensuite il se soit aperçu de l'inanité de ces spéculations, préférant au savoir pur le savoir empirique, la simple opinion.

Gundibert, fils d'un tisserand d'Urach, au pied des Alpes wurtembergeoises, dut son nom de Sempronius au pasteur du village ; celui-ci avait lu quelque part que les Romains avaient jadis surnommé le *Sage* un certain Sempronius ; trouvant au nouveau-né une tête de sage, il avait conseillé au père de l'appeler Sempronius [6]. L'enfant d'ailleurs, en grandissant, semblait répondre aux espérances de sa famille, et le vieux pasteur qui l'instruisait admirait la précocité de son esprit ; chemin faisant, il lui enseignait avec sa philosophie les maximes de la sagesse humaine dont nous savons l'inanité et même l'immoralité, depuis le jour où il est apparu à ce siècle étonné qu'avant l'apparition de la *Critique de la Raison pure*, il

1. Fr. Nicolai, *Leben und Meinungen Sempronius Gundibert's, eines deutschen Philosophen*, Berlin und Stettin, bey Fr. Nicolai, 1798, Einleitung, p. 7-8. — 2. *Ibid.*, p. 8. — 3. *Ibid.*, p. 10. — 4. *Ibid.*, p. 11. — 5. *Ibid.*, p. 15-17. — 6. *Ibid.*, I. Abschnitt, p. 25-27.

n'a pas existé de philosophie, et qu'en dehors des actes accomplis par respect du devoir, abstraction faite de ses conséquences, il n'y a pas de moralité[1]

Cependant, sans songer à la philosophie et à l'obligation du devoir pur, Sempronius, par simple obéissance à son père, travaillait à apprendre le métier de tisserand, d'abord avec ennui, puis, à mesure qu'il y devenait plus habile, avec plaisir, avec un plaisir doublé de la joie qu'il causait à ses parents. La philosophie critique, il est vrai, nous apprend que de pareils motifs enlèvent toute valeur morale à nos actes[2]; mais Sempronius n'était alors qu'un jeune tisserand; il ne pouvait agir encore conformement à des maximes aussi élevées que celle du professeur Fichte qui, lorsqu'il déclare publiquement compter désormais pour zéro son collègue Schmid, agit non sans doute par inclination, mais par principe *a priori* de législation universelle[3]

Sempronius avait beau être devenu un excellent tisserand, son premier maître rêvait pour lui de plus hautes destinées; sa mère eût préféré lui voir faire de beaux tissus plutôt que de bon latin; elle se laissa pourtant fléchir; Sempronius partit donc pour le collège, muni des recommandations de sa mère et des bénédictions de son père[4].

Tout habillé de noir, revêtu du froc, premier signe de la sagesse, il passait son temps à réciter des prières en latin et à mettre en forme des syllogismes; las de ces exercices et de la vie claustrale, il essaya bien un jour de s'échapper, mais les portes étaient trop hautes et bien verrouillées. Au bout de trois ans, la mort de son père l'ayant rappelé à Urach[5] il se remit au métier; dans le travail fécond il oublia les oraisons et retrouva la gaîté; parfois, durant ses loisirs, il allait voir le vieux pasteur et discuter avec lui philosophie; il ne prétendait pas avoir toujours raison, comme certains des plus modernes philosophes, des plus jeunes aussi, témoin Fichte[6]. Il écoutait avec patience et intérêt les observations du pasteur. Ces conversations finirent par donner à Sempronius la passion de la philosophie et par le conduire, à trente ans, sur les bancs de l'Université. C'était en 1781, année mémorable où parut la *Critique de la Raison pure*. Après avoir erré d'Université en Université, de Tübingen à Marburg, à Bamberg, à Göttingen, à Leipzig, à Halle, Sempronius vint se fixer à Iéna, où il découvrit que toute la philosophie qu'on lui avait enseignée jusqu'alors n'existait pas, que la philosophie

1. Fr. Nicolai, *Leben und Meinungen Sempronius Gundibert's, eines deutschen Philosophen*, Einleitung, p. 28-29. — 2. *Ibid.*, p. 31-32. — 3. *Ibid.*, p. 33-34. — 4. *Ibid.*, p. 36-37. — 5. *Ibid.*, II. Abschnitt, p. 38-39. — 6. *Ibid*, III. Abschnitt, p. 41-42.

était née seulement en 1781, avec la *Critique de la Raison pure*. Alors il se jeta pendant deux ans à corps perdu dans l'étude de la philosophie critique ; il soutint sa thèse de doctorat sur la *Science de la Science* (Scientia Scientiæ)[1] ; chose remarquable, il y exposait intégralement, sous forme d'évidente parodie, la théorie du Moi transcendantal absolu qui depuis peu faisait tant de bruit à Iéna et dans le monde savant. On ne peut donc pas dire que le professeur Fichte, dont la réputation est mondiale, soit l'inventeur de cette importante doctrine ; du moins n'a-t-il fait que la retrouver après notre tisserand ; mais les choses de cette importance ne sauraient jamais être découvertes trop de fois[2].

Le nouveau docteur eut maintes aventures où il fut constamment victime de sa philosophie ; précepteur malheureux, il apprit, à ses dépens, que l'expérience était la grande éducatrice, qu'on ne savait rien *a priori*, que toutes les théories ne valaient pas la pratique[3] ; voyageur errant à la recherche d'une situation, il entendit un compagnon soutenir que les philosophes critiques lui rappelaient les huîtres : enfermés entre leurs formes et leurs catégories comme entre deux solides écailles, ils ne pouvaient ni voir, ni entendre, et il se demandait comment il était possible de croire au sens commun d'un philosophe, quand on entendait un Fichte affirmer, de par les principes de la *Critique*, la faculté, pour chacun, de rompre, en ce qui le concerne, le contrat qui le lie, de déclarer la guerre à l'État qui ne protège pas suffisamment ses droits, ou un Schaumann expliquer le *Pater Noster* par le Moi et le Non-Moi[4]. Au cours de ses pérégrinations il assista à un Congrès de philosophes critiques où on attendit vainement trois jours Kant, Eberhard, Reimarus, Platner, Reinhold, Hufeland, Pistorius, Schulze. On y parla d'abord de la liberté, — sans se comprendre, — ce qui n'avait rien d'étonnant puisque, suivant la remarque d'un orateur éminent, le grand Fichte — ce nom fit s'incliner toutes les têtes — avait déclaré que personne encore n'avait compris Kant : les travaux de Schelling, dans les sciences naturelles, eurent un vif succès ; on décréta que l'histoire devait être érigée en science sous l'égide d'un principe *a priori*, d'un principe de finalité qu'elle avait pour fonction de justifier ; en matière de religion, outre le livre du Maître, sur *la Religion dans les limites de la Raison*, on cita les trois livres classiques : celui de Fichte sur la *Critique de toute Révélation*, celui de Niethammer sur la *Reli-*

---

1. Fr. Nicolai, *Leben und Meinungen Sempronius Gundibert's, eines deutschen Philosophen.* IV. Abschnitt, p. 52. Évidente parodie de la *Théorie de la Science* de Fichte. — 2. Ibid., IV. Abschnitt, p. 52-53. — 3. Ibid., V. Abschnitt, p. 63-81. — 4. Ibid., VI. Abschnitt, p. 85, 88, 90-91.

gion et la Science, celui de Tieftrunk sur la *Critique de la Religion;*
catholiques et protestants se disputèrent violemment sur les principes qu'impliquaient ces livres, la discussion finit en bagarre [1]. Au
sortir de ce Congrès, Gundibert alla voir le prince-philosophe qui
l'avait autorisé [2], il apprit qu'en facilitant cette réunion, le prince
agissait moins par amour de la philosophie que par intérêt pour ses
marchés qui profitaient de l'affluence [3]. Écœuré de ce cynisme, Gundibert s'en vint trouver un ancien recteur, persécuté pour ses opinions
critiques, auquel il soumit les doutes qu'il avait maintenant sur la
valeur de son fameux principe, se demandant si le Moi = Moi n'était
pas un simple jeu de mots, décoré du nom pompeux de thèse
absolue [4]; mais l'ex-recteur n'était point seulement un amateur de
philosophie critique, c'était un ardent défenseur de la Révolution
française où il voyait d'ailleurs une conséquence du kantisme : il
estimait que la Révolution allait être l'avènement de la Cité de la
Raison, de ce Règne des Fins, où les hommes, soumis à la loi morale,
n'auraient plus besoin d'institutions juridiques. Du coup Gundibert
décida de se rendre à Mayence, dont Custine venait de s'emparer et
où il avait proclamé la République [5]. A mesure qu'il approchait, au
lieu du Règne de la Raison qu'il allait contempler, il ne vit que
violence et que terreur, que sang et que mort. Une fois à Mayence,
il entre dans un club faire une conférence sur la Raison et le Devoir;
il est hué et chassé. Il veut fuir Mayence ; cependant les armées
allemandes s'avancent, on le réquisitionne, et on le force, lui philosophe, lui tisserand, à prendre un fusil : il apprend surtout à faire
l'exercice, à grand renfort de soufflets républicains. Quand il parvint
à s'échapper, ce fut pour tomber entre les mains des hussards
d'Autriche qui l'arrêtèrent comme Mayençais et comme Jacobin
l'enchaînèrent et l'envoyèrent en prison. Il y attrapa la fièvre et fut
transporté à l'hôpital, où il eut la surprise d'avoir pour voisin de lit
une ancienne connaissance, le Dr Mondschein. Ils parlèrent tant
et si bien de philosophie critique que l'aumônier les prit pour des
possédés et avertit le médecin qu'ils étaient fous. Celui-ci eut vite
fait de s'en convaincre en entendant le Dr Mondschein, repris de
fièvre, réciter le *Pater Noster* de Schaumann, et Gundibert lui
répondre dans le même jargon, longtemps après qu'il était déjà
mort. Gundibert, interrogé avec douceur et croyant avoir en face de
lui un ami, tint au docteur de grands discours critiques : son cas était

---

1. Fr. Nicolai, *Leben und Meinungen Sempronius Gundibert's, eines deatschen Philosophen*,
XII. Abschnitt, p. 180-193. — 2. *Ibid.*, XIII. Abschnitt, p. 206-207. — 3. *Ibid.*, XIV.
Abschnitt, p. 211. — 4. *Ibid.*, XV. Abschnitt, p. 221-226. — 5. *Ibid.*, XVI. Abschnitt
p. 228-233.

clair, on l'enferma dans un hospice d'aliénés[1]. Il en sortit bientôt
guéri, à ce qu'il semble, car il n'avait point cherché à convertir les
bonnes sœurs à la philosophie critique. Cependant la Révolution, à
Mayence, avait opéré dans son esprit une autre révolution; il avait
perdu la paix philosophique *a priori*, il voyait que nulle part la *forme*
ne s'applique à une matière et commençait à douter que la Raison
pure pût gouverner le monde[2]. Il se demandait si la *Critique* n'avait
pas substitué une nouvelle scolastique à l'ancienne, quel bénéfice ces
subtilités pouvaient apporter à l'esprit et au cœur, et, de jour en jour,
il se persuadait que les vérités de la saine raison et de l'expérience
bien entendue sont plus sûres que toutes les vérités *a priori*[3]. Il
pensait sérieusement retourner à Urach, à ses métiers. Sa résolution fut confirmée par une visite chez un vieil ami, le seigneur de
Schorndorf[4]. Schorndorf dit à Gundibert que, depuis longtemps, il
avait abandonné le Kantisme; à l'user, il s'était aperçu de sa faillite;
et il estimait maintenant que, depuis la scolastique, aucune philo
sophie n'avait été plus aveugle, plus pauvre et plus néfaste; il décla
rait que l'ouvrage de Kant sur la *Paix perpétuelle*, que les construc
tions de Sociétés et d'États sur le papier, à la manière de Fichte,
étaient sans doute de beaux rêves, mais des rêves sans application au
monde; il fallait être un fou consommé, tel que le professeur Fichte,
pour demander aux princes l'absolue liberté de penser et d'écrire,
au risque de voir le ciel tomber sur leurs têtes; pour proposer toutes
ces refontes du monde sur des plans *a priori* telles qu'elles se répan-
daient à travers toute l'Allemagne, comme un souffle pernicieux,
comme une nouvelle épidémie. Combien supérieur à Fichte et à
Kant était Voltaire! Il y avait dans un seul de ses livres plus de
saine philosophie que dans tous les ouvrages *a priori* des Allemands.

Cette conversation fut pour Gundibert un coup de grâce que
d'ailleurs sa propre réflexion l'avait déjà préparé à recevoir : il
répudia son erreur, rejeta loin de son esprit les tromperies de la philosophie critique, et redevint le bon tisserand qu'il avait été[5]

Renchérissant encore sur son héros, Nicolaï s'écriait, en guise de
conclusion : « Chers Messieurs, y aurait-il vraiment grande perte à
ce que le professeur Fichte cultivât la terre au lieu de forcer si fort
sa pauvre cervelle à retrouver, après notre tisserand, le principe fondamental de la science, à ce que, au lieu de déverser si abondamment
sa bile sur ceux qui tiennent ce principe pour un non-sens, il querellât

1. Fr. Nicolai, *Leben und Meinungen Sempronius Gundibert's, eines deutschen Philosophen*,
XVII. Abschnitt, p. 234-239. — 2. Ibid., XVIII. Abschnitt, p. 240-243. — 3. Ibid.,
XX. Abschnitt, p. 264-263. — 4. *Ibid.*, XXI. Abschnitt, p. 283. — 5. Ibid., p. 284-318.

ses valets pour n'avoir pas labouré son champ en temps utile? Ou, si le destin lui avait refusé un coin de terre pour y construire sa demeure à la sueur de son front, n'eût-il pas mieux valu qu'au lieu de vouloir à toute force et vainement devenir l'Euclide de la philosophie, il apprit le calcul mental, qu'il l'enseignât aux enfants et qu'ainsi il se rendit de quelque utilité aux hommes, ses frères[1]? »

II. « *MA CULTURE SCIEN-TIFIQUE, LA CONNAIS-SANCE QUE J'AI DE LA PHILOSOPHIE CRITIQUE, MES ÉCRITS A SON SUJET ET AU SUJET DE MM. KANT, J.-B. ERHARD ET FICHTE.* »

Telle est, en gros, l'histoire de Sempronius Gundibert; les allusions et à la vie et à la philosophie de Fichte n'y sont pas même voilées : elles s'étalent en toutes lettres, à chaque page du roman. A ces attaques personnelles, Fichte cependant ne répondit pas encore, Nicolaï étant de ceux avec lesquels « il était trop ennuyeux d'engager la conversation[2] ». Nicolaï ne se tint pas pour battu. L'année suivante, dans un petit livre intitulé : *Ma culture scientifique, la connaissance que j'ai de la philosophie critique, mes écrits à son sujet et au sujet de MM. Kant, J.-B. Erhard et Fichte,* répondant aux accusations que Kant venait de porter contre lui dans *Deux Lettres sur l'industrie des livres* (Ueber die Buchmacherei. Zwei Briefe an Herrn Friedrich Nicolai), il reprit de plus belle sa campagne. De tous les « singes » de la philosophie critique[3] dont les folies s'accumulèrent jusqu'au comble de l'ahsur-

1. Fr. Nicolai, *Leben und Meinungen Sempronius Gundibert's, eines deutschen Philosophen,* XXII. Abschnitt, p. 319-321.
2. Fichte, *S. W.,* II. Bd., *Annalen des philosophischen Tons.* Note de la page 480.
3. Fr. Nicolai, *Ueber meine gelehrte Bildung, über meine Kenntniss der kritischen Philosophie und meine Schriften dieselbe betreffend, und über die Herren Kant, J.-B. Erhard und Fichte,* Berlin und Stettin, 1799, p. 83-84.
Nous avons déjà fait remarquer les ménagements de Nicolaï envers Kant et le soin qu'il mettait à séparer Kant de ses prétendus disciples, les « faux Kantiens » (p. 117, note). Pour accentuer encore cette distinction, il avait, à dessein, mis en tête de son Sempronius une épigraphe tirée de la seconde édition de la *Raison pure* : « Der lächerliche Despotism der Schulen verdient nicht unterstützt zu werden, welche über offentliche Gefahr ein lautes Geschrei erheben, wenn man ihre Spinnweben zerreisst, von denen doch das Publikum niemals Notiz genommen hat, und deren Verlust es also auch nie fühlen kann. » (Kant, *Kritik der reinen Vernunft,* Zweite Auflage, p. XXXV.)
Kant cependant ne s'y était pas mépris. A travers ses « contrefacteurs », en dépit des éloges que personnellement Nicolaï daignait lui adresser, c'est bien sa doctrine qu'il sentait visée ; et, lorsque après la publication de *Sempronius Gundibert* parut la préface de Nicolaï aux neuf dialogues entre Chr. Wolff et un Kantien sur les *Principes métaphysiques du Droit et de la Vertu* de Kant, préface où étaient précisément relevées certaines contradictions de la *Critique* et rééditées contre ses disciples les attaques accoutumées, Kant trouva la mesure comble : il répondit dans ses *Deux lettres à M. Fr. Nicolaï,* à propos de la question des rapports de la théorie et de la pratique. La seconde de ces lettres seule nous intéresse ici. Elle concerne la fabrication des livres. Kant y taxe formellement Nicolaï d'industriel qui, pour faire vivre son commerce, n'a pas besoin d'avoir égard au contenu et à la valeur intrinsèque de la marchandise qu'il édite, mais au goût du jour et au prix qui peuvent le

dité, Fichte était pour Nicolaï le type achevé. « Quand il faut parler
du mauvais usage de la philosophie critique, on ne peut guère,
dit-il, passer cet homme sous silence. Ce bizarre coupeur de fil en
quatre présente, de quelque côté qu'on l'envisage, le plus singulier

mieux activer le commerce des productions de la presse, leur assurer un écoulement
prompt sinon durable; « il s'ingéniait, disait-il encore, à chercher la matière tout
comme la façon qui vraisemblablement, soit par la nouveauté, soit par la bouf-
fonnerie, en un mot par des qualités propres à piquer la curiosité du gros des
lecteurs ou à lui donner à rire, seront le plus demandées ou auront le plus prompt
débit » (*Kant's Werke*, hgg. von der koniglich. preussischen Akademie der Wissenschaften, Berlin, Druck und Verlag von Georg Reimer, 1912, VIII. Bd. : *Ueber
die Buchmacherei : Zwei Briefe an Herrn Fr. Nicolai von I. Kant, Zweiter Brief*,
p. 436-437). Il ajoutait : « Celui qui, dans la fabrication et le commerce, exerce publiquement un métier compatible avec la liberté du peuple, est toujours un bon citoyen;
tant pis pour qui s'en offense. En effet, l'intérêt personnel qui n'est pas contraire
aux lois de la police n'est pas un crime, 'et *M. Nicolaï*, l'éditeur, a au moins un
avantage beaucoup plus certain en cette qualité qu'en celle d'auteur; car le mépris
qu'excitent les grimaces de ses *Sempronius Gundibert* et consorts, ces arlequins
qu'il met en montre, ne tombe pas sur celui qui a monté la baraque, mais sur celui
qui y joue le rôle de bouffon » (Ibid., p. 437).
    Kant ne s'en tenait pas là : il prenait encore à partie Nicolai, non plus comme
éditeur, mais en qualité d'auteur, et il disait :
    « Mais ce qui prouve la complète ignorance et l'incapacité de ces philosophes
satiriques en matière de jugements rationnels, c'est qu'ils ne paraissent pas du tout
comprendre ce que veut dire proprement, par opposition à la connaissance empirique, la connaissance *a priori* (qu'ils appellent également *Von vorn Erkenntniss*).
La *Critique de la Raison pare* leur a pourtant dit assez souvent et assez clairement
que ce sont des propositions que nous exprimons avec la conscience de leur *nécessité*
interne et de leur *universalité* absolue (apodictique), que par conséquent nous ne
reconnaissons pas comme dépendantes de l'expérience et qui ne peuvent être *ceci
ou cela*, puisque autrement la division des jugements reviendrait à cet exemple
burlesque : « Les Vaches de Pharaon étaient brunes, mais elles étaient aussi
d'autres couleurs ». Cependant il n'y a pire aveugle que celui qui ne veut pas voir,
et cette mauvaise volonté a ici un intérêt : c'est d'attirer beaucoup de curieux par
la rareté du spectacle où l'on change la position naturelle des choses en les
mettant sens dessus dessous, afin d'animer la place publique par une foule de spec-
tateurs et de ne pas laisser s'endormir l'industrie et le commerce littéraires. Cela
a d'ailleurs son utilité, bien que ce ne soit pas celle qu'on a en vue : le dégoût que
ces farces finissent toujours par inspirer fait qu'on s'applique ensuite plus sérieusement et plus solidement à l'étude des sciences » (Ibid., p. 437-438).
    La lettre était cinglante : c'était le désaveu de toute la campagne menée par
Nicolai depuis plusieurs années, et quel désaveu!
    Nicolai essaya de se défendre dans son *Essai sur ma culture scientifique, ma connais-
sance de la philosophie critique*, etc.... Il éprouva d'abord le besoin, lui que Kant traitait de fabricant de livres, de justifier ses titres d'écrivain en racontant l'histoire
de sa formation intellectuelle, de sa culture philosophique (*Ueber meine gelehrte
Bildung*..., p. 6 et 43), de ses relations avec Lessing et Mendelssohn; il protesta ensuite
contre l'accusation d'ignorer la *Critique*, et s'étendit longuement sur la connaissance
qu'il en avait (Ibid., p. 45-54); il prétendit l'avoir étudiée plus de douze ans, avant
d'en avoir dit un mot (Ibid., p. 64); il soutint avoir toujours rendu pleine justice
à Kant, l'ayant, par respect pour sa personne, plus ménagé peut-être que ne l'y
autorisait le souci de la vérité (Ibid., p. 104-105); se plaignit que Kant eût pour
lui moins d'égards (Ibid., p. 57) et l'accusât de mépriser sa philosophie, parce qu'il
avait signalé certains défauts de la *Critique* et surtout le mésusage que des contrefacteurs maladroits en faisaient dans l'application (Ibid., p. 56). Fallait-il cependant
taire à tout jamais les contradictions du système, la singularité d'une morale inap-
plicable, de l'aveu de son propre inventeur, et que démentait sa conduite personnelle, la terminologie bizarre et le style impropre de Kant, l'insupportable préten-

aspect. C'est un cerveau pénétrant, mais, à force de pénétration, il s'est émoussé comme un couteau trop mince; il est passionné et ergoteur en diable.... Le peu de profondeur de sa philosophie du Moi, les chimères compliquées où il prétend trouver la réalisation de cette philosophie, sa violence et sa fureur impuissante contre quiconque pense autrement que lui, la prétention avec laquelle il se pose comme le philosophe des philosophes, les éloges éhontés jusqu'au ridicule que lui prodiguent ses disciples, l'obscurité, mêlée parfois d'une lueur de pensée claire jointe à la confusion de la plupart de ses ouvrages, grâce auxquels il se vante d'extirper toutes les autres idées philosophiques, voilà en vérité qui fait de lui un fameux original [1]. »

Telles étaient les aménités que, pour faire contrepoids aux « éloges éhontés de ses disciples », Nicolaï prodiguait avec d'autant plus d'empressement que la récente arrivée de Fichte à Berlin, ses accointances publiques avec les romantiques semblaient une menace pour l'influence du directeur de la *Bibliothèque allemande universelle...* et pour la saine raison. C'était au lendemain de l'accusation d'athéisme et de l'*Appel au public*. Nicolaï, libre penseur, ennemi de tout dogmatisme et de tout fanatisme religieux, devait éprouver quelque gêne à paraître se ranger du côté des persécuteurs de Fichte. Il le déclara lui-même : « Au moment de publier mon ouvrage, se produisit un événement qui aurait pu me faire presque regretter d'avoir dit un mot contre Fichte et qui me forçait, pour éviter tout malentendu, à donner mon opinion sur l'événement en question [2]. »

Nicolaï protesta donc tout haut contre l'interdiction du *Journal philosophique* de Fichte et Niethammer. Si respectueux fût-il de l'autorité des gouvernements, pareille mesure à l'égard d'écrits de philosophie spéculative *apriorique*, accessibles à si peu de gens, lui paraissait difficilement défendable; toutes les opinions étaient libres, l'État ne pouvait intervenir qu'en cas de menace pour sa sécurité [3]; c'était vraiment faire trop d'honneur aux ouvrages de

---

tion des philosophes critiques d'avoir, les premiers, découvert la vraie philosophie (*Ibid.*, p. 71-75 et passim)?

Nicolaï se vantait d'avoir été, contre l'entraînement irréfléchi des admirateurs de la *Critique*, contre la mode régnante, le défenseur des droits de la saine Raison, d'avoir réveillé le public de ses rêves aprioriques et sauvé la littérature et l'esprit allemands du péril et des folies de la philosophie nouvelle (*Ibid.*, p. 75, 78, 80). Puis, reprenant successivement les différents griefs (il en avait compté six) que Kant avait articulés contre lui, il cherchait à s'en justifier, se gardant, disait-il, de répondre sur le ton dont Kant avait usé à son égard en lui faisant la leçon comme à un mauvais élève (*Ibid.*, p. 114-115).

1. *Ibid.*, p. 196-197. — 2. *Ibid.*, p. 197. — 3. *Ibid.*, p. 198 et 250.

Fichte que de les supposer capables de bouleverser le monde et, pour employer une expression qui lui était chère, de « l'ensevelir sous ses ruines ». En fait d'ensevelissement, il ne pouvait être question que des livres mêmes de Fichte, destinés à disparaître, « après une existence courte et cachectique[1] ».

Cette mesure allait d'ailleurs directement contre le but poursuivi; loin d'enlever des lecteurs aux ouvrages incriminés, elle ne faisait qu'en accroître singulièrement le nombre, et — Nicolaï, comme libraire, en savait quelque chose — que donner une extraordinaire publicité, un incroyable prestige à un article qui, autrement, eût passé sans doute inaperçu[2], ce qui était tout justement le sort qu'il méritait[3]. On avait donc eu bien tort de prendre au tragique les assertions de Fichte sur Dieu; il eût suffi de les réfuter, — non pour convaincre Fichte de son erreur, car, comme tous les visionnaires, Fichte était incorrigible, — mais pour désabuser les malheureux qui se seraient laissé séduire par le prestige de son éloquence, ou mieux, il eût suffi d'en rire, car la plaisanterie était la meilleure arme contre toutes ces extravagances[4].

Mais, sous ces réserves, et puisque l'*Appel* prenait le public pour juge, Nicolaï, autant qu'un autre, tenait à dire son mot; Fichte lui-même ayant provoqué la discussion[5], on n'avait pas de scrupule à lui décocher quelques « vérités désagréables ».

Sans doute l'accusation d'athéisme, déjà portée à tort contre Kant, n'était pas mieux fondée ici; Fichte montrait victorieusement qu'il enseignait, non pas la vie sans Dieu, mais la vie morale, la vie spirituelle[6]. Or, si l'athéisme même purement théorique ne saurait être considéré comme dommageable à l'État, il était absolument inadmissible qu'un homme comme Fichte, si attaché au devoir qu'il fait du devoir son Dieu même, fût traité en citoyen dangereux, parce qu'à ses yeux la substance conçue comme une chose dans l'espace et dans le temps est un concept où l'on ne saurait reconnaître Dieu[7]. Le vrai danger que faisait courir au public la doctrine de Fichte consistait plutôt dans la propagation de cette morale monacale, conséquence dernière de son idéalisme, qui faisait du bonheur quelque chose de tout charnel, qui condamnait tous les biens du monde, qui plaçait la félicité dans on ne sait quelle union avec le suprasensible, qui mettait le cœur au-dessus de la raison; un pareil mysticisme, fondé sur l'idée, après tout, sans existence réelle, d'un pur ordre intelligible, d'une Providence, paraissait à Nicolaï quelque

1. Fr. Nicolai, *Ueber meine gelehrte Bildung...*, p. 198-199. — 2. Ibid., p. 243. — 3. *Ibid.*, p. 250. — 4. Ibid., p. 258. — 5. Ibid., p. 199. — 6. Ibid., p. 200. — 7. Ibid., p. 206.

chose de fou, d'anti-humain[1], une sorte de castration morale, presque de la castration physique[2].

Et que dire du philosophe qui l'enseignait? Il témoignait d'une intolérance au moins égale à celle de ses adversaires, quand il traitait de grossiers jouisseurs, d'aveugles d'esprit, d'étrangers à la divinité, ceux qui ne partageaient pas sa singulière conception de Dieu; quand il faisait du Dieu de la conscience commune une idole néfaste, l'exécuteur de toutes les basses œuvres humaines, un être méchant, dégradant la raison; quand enfin il appelait serviteurs du diable, individus sans moralité ni religion, les adorateurs de ce Dieu[3]. Que dire du professeur dont « l'égoïsme intolérant » et le « fanatisme » sauvage[4] se permettaient d'inculquer à la jeunesse encore ignorante, facilement dupée par ses paradoxes et ses subtilités, avec les principes de sa singulière doctrine, les sentiments les plus contraires à la saine raison, semant autour de lui la folie et la haine[5]? En présence de la propagation de ces rêveries néfastes, Nicolaï reconnaissait à l'État les mêmes droits de police qu'à l'égard des associations de piétistes et de visionnaires, interdites, non pas sans doute pour leurs opinions théologiques, philosophiques ou politiques, mais à cause de leur fanatisme et de leur intolérance[6]; il considérait comme juste la mesure qui retirait à Fichte la mission d'instruire la jeunesse[7]. A l'État revenait le soin de juger si l'enseignement d'un maître était ou non profitable au bien public, et il était certes permis d'estimer les paradoxes de Fichte, trop propices au malentendu, dommageables à l'ordre social, et sa morale nuisible au genre humain[8]. La seule chose que Nicolaï reprochât au gouvernement de la Saxe, c'est d'avoir privé Fichte de ses droits d'homme, de citoyen, c'est de lui avoir enlevé le traitement qui lui eût permis de vivre comme écrivain et de poursuivre en paix son rêve de vie supra-sensible, c'est enfin et surtout d'avoir prononcé l'interdiction de son, *Journal* et de n'avoir point respecté en lui le penseur dont toutes les opinions, même les plus extravagantes, échappent au contrôle de l'État[9].

Contre les divagations des philosophes l'unique remède était, non pas la persécution, mais l'ordonnance que, selon le bonhomme Voltaire, dans son poème sur *Les Systèmes*, Dieu prescrivait à Spinoza :

Pardonnez-moi (lui avait dit Spinoza, « en lui parlant tout bas »),

1. Fr. Nicolai, *Ueber meine gelehrte Bildung...*, p. 211-212. — 2. Ibid., p. 228. — 3. *Ibid.*, p. 216-220. — 4. Ibid., p. 225 et 231. — 5. Ibid., p. 223-225. — 6. Ibid., p. 230-233. — 7. Ibid., p. 233-234. — 8. Ibid., p. 238-240. — 9. Ibid., p. 248, 253 et 257.

Mais je pense, entre nous, que vous n'existez pas.
... Dieu clément et bon plaignant cet infidèle
Ordonna seulement qu'on purgeât sa cervelle [1]

Voilà le traitement qu'il fallait appliquer à un visionnaire comme
Fichte, non seulement plein d'orgueil, mais bouffi de vanité, et qui,
pour se faire valoir, eût préféré le bûcher à l'indifférence. Quelques
petites doses d'ipéca, répétées à intervalles convenables, bien admi-
nistrées par ses collègues Hufeland et Loder, viendraient certainement à bout des chimères théologiques ou philosophiques, des
coups d'œil sur l'éternité, des hypothèses enracinées sur la justification, sur l'Apocalypse, sur la politique *a priori*, sur la nouvelle
Jérusalem, des contes merveilleux sur la vie dans le ciel et les
enfers, des conversations avec les anges, des histoires prophétiques
et de l'aptitude du Moi transcendantal à se poser lui-même, bref de
toutes les subtilités des philosophies et des théurgies dont on est
sûr, sans preuves, hors de la saine raison, aussi sûr qu'on est sûr
de sa propre *existence* [2]

III. *L'ARTICLE DE LA* « *BIBLIOTHÈQUE ALLE- MANDE UNIVERSELLE* ». — A ces « aménités » Fichte continuait toujours d'opposer un « silence méprisant ».
Il fallut, pour qu'il en sortît, une accusation
infamante. Il revenait d'Iéna, il avait ins-
tallé sa femme et son fils à Berlin où il se fixait définitivement ; il
passait pour le chef avéré de la nouvelle école romantique qui cri-
blait Nicolaï de ses sarcasmes, qui dénonçait au public les platitudes
de la *Bibliothèque allemande universelle*. Inquiet du succès qu'obte-
naient à Berlin même les romantiques, irrité d'une rivalité qui
menaçait de ruiner son autorité jusqu'alors incontestée, atteint
dans son prestige et dans ses intérêts, Nicolaï cessa brusquement
de railler, et, changeant le ton de sa polémique, il crut frapper un
coup décisif en montrant que les attaques des disciples de Fichte
n'étaient ni sincères, ni désintéressées, que Fichte lui-même ne
dédaignait pas de « capter » les éloges de la *Bibliothèque* qu'il
affectait de tant mépriser.

C'était à propos du dernier livre de Schelling, *Le Système de
l'Idéalisme transcendantal*, et du conflit qu'il avait suscité avec la
direction du *Journal littéraire universel* d'Iéna. Nicolaï prétendait
révéler l'origine de la brouille : il avait refusé d'insérer dans la

1. Fr. Nicolai, *Ueber meine gelehrte Bildung...*, p. 255-256.
2. Ibid., p. 260.

Bibliothèque un compte rendu élogieux de l'ouvrage de Schelling par un de ses disciples, le jeune Steffens, alors simple étudiant, et il avait publié un jugement motivé moins complaisant de deux savants éminents, jugement qui avait provoqué la colère de Schelling.

« C'est, écrivait Nicolaï, depuis longtemps la caractéristique de l'école des philosophes du Moi de chercher — s'il n'y a pas moyen d'y arriver autrement — à capter les éloges pour leur *Idéalisme transcendantal.* On le sait, la *Bibliothèque allemande universelle* ne s'est pas laissé entraîner aux flagorneries prodiguées à la philosophie à la mode par presque tous les journaux gagnés à la sagesse nouvelle, elle se refusait à accueillir aveuglément les nouveautés, parce qu'elles étaient des nouveautés, ou à les dédaigner, parce qu'elles n'étaient pas anciennes. Son attitude fut celle d'une sage opposition; elle ne se bornait pas à répéter machinalement la doctrine, elle s'efforçait de mettre en lumière les objections [1].... Elle fit donc toujours obstacle aux philosophes les plus récents, principalement aux disciples de Fichte. Ceux-ci ne pouvaient souffrir d'entendre des voix s'élever pour opposer des arguments à leurs prétendues découvertes et dénoncer comme pures rêveries ce qu'ils donnaient pour des vérités importantes, voire pour la seule vérité. Ils affichèrent donc, en toute occasion, leur mépris pour la *Bibliothèque allemande universelle,* mais ils n'en travaillaient pas moins *sous main* à se la concilier. Ils cherchaient à lui présenter des collaborateurs qui avaient été autrefois des sectateurs de Fichte; comme ils n'y réussissaient pas, ils cherchèrent, grâce à un collaborateur de la *Bibliothèque* qui ne faisait pas du tout de philosophie, à introduire subrepticement, et sans qu'on le leur demandât, des comptes rendus destinés à servir leurs desseins et qui vraisemblablement — certains indices le montrent — venaient directement d'Iéna. La direction d'alors ne fut pas immédiatement avertie de ces machinations déloyales : elles ne purent être découvertes qu'après la publication d'un ou deux comptes rendus de ce genre qui produisirent une certaine surprise [2].... Mais, aussitôt dévoilée, la manœuvre fut déjouée. Pourtant la philosophie la plus récente avait, une fois au moins, atteint son but : se décerner

1. *Neue allgemeine deutsche Bibliothek,* LVI. Bd., I. Stück, 2. Heft, Berlin et Stettin, bey Fr. Nicolai, 1801, Gelehrtengeschichte, Weltweisheit, 8, *System des transcendentalen Idealismus,* von F.-W.-J. Schelling, p. 159-160.
2. Nicolai cite, par exemple, le compte rendu de l'*Esquisse fondamentale de l'ensemble de la Théorie de la Science,* glissé par méprise dans la *Bibliothèque allemande universelle* par un Fichtéen qui proclame « l'excellence de cette œuvre importante pour la philosophie spéculative entière », et dont il résume le contenu sans le moindre commentaire et la moindre critique, se bornant à déclarer bien fondées toutes ces recherches, p. 161.

à elle-même *incognito* des éloges, et faire présenter, dans la *Biblio-thèque allemande universelle* où l'on n'était pas habitué à voir appré-cier les nouveautés uniquement parce qu'elles étaient des nou-veautés, la *Théorie de la Science* comme une grande et importante entreprise dont l'achèvement était impérieusement désiré[1]

« Monsieur Fichte s'est toujours plaint que ses adversaires ne com-prissent pas la philosophie la plus récente, la sienne. S'il veut dire par là — comme c'était aussi la mode aux débuts de la philosophie kantienne — qu'on ne l'approuve pas, il a pleinement raison. Autrement on comprend parfaitement le sens de ce qu'il *veut mettre* à la base de toute philosophie et de tout savoir — quoiqu'on n'y puisse voir ni science, ni philosophie; ce qu'on ne comprend pas. c'est comment un homme, par ailleurs raisonnable, peut, dans son désir de faire quelque chose d'extraordinaire, s'embrouiller dans les subtilités et les rêves de l'abstraction, au point de vouloir mettre à la base de tout le savoir humain une hypothèse absolument arbitraire qui ne vaut mieux en rien que celle de l'horreur du vide, qui, nous promettant la solution de toutes les difficultés incluses dans les autres philosophies, ne résout, en fait, rien du tout et nous enveloppe dans un tissu de mots creux[2]. »

Or, c'était autour de cet homme, c'était au nom de son système que les Schelling, les Schlegel, et quelques autres élus se disposaient à inaugurer une ère nouvelle prétendant régenter le monde, à eux seuls[3].

C. LA RÉPLIQUE DE FICHTE, « LA VIE ET LES OPINIONS SINGULIÈRES DE FR. NICOLAÏ. » Atteint dans ses amis, visé dans son honneur, Fichte, cette fois, releva le gant, et il vengea les injures qu'il avait depuis longtemps sur le cœur. Suivant son habitude, il empruntait à son adversaire la forme même qui lui était chère, celle du pamphlet; il écrivit donc un pendant à *La vie et les opinions de Sempronius Gundibert : La vie et les opinions singulières de Fr. Nicolaï* (Friedrich Nicolai's Leben und sonderbare Meinun-gen). Pour accentuer encore le caractère de la publication, ce fut A.-G. Schlegel qui s'en fit l'éditeur et qui en écrivit la préface. Fichte, dans son introduction, déclarait se proposer de parler de Nicolaï comme s'il était mort depuis longtemps, d'étudier sa bio-graphie comme on ferait d'un héros de l'histoire.

Il cherchait d'abord à déterminer le principe fondamental du carac-

1. *Neue* allgemeine deutsche *Bibliothek*, LVI. Bd., 1. Stück, 2. Heft, p. 161. — 2. Ibid., p. 170-171. — 3. Ibid., p. 151-152.

tère de Nicolaï; il se proposait d'établir que ce principe expliquait tous les traits de sa vie, tous les événements de sa conduite[1].

Ce principe, c'était la haute opinion que Nicolaï avait de lui-même; il croyait son esprit capable d'embrasser et d'épuiser l'ensemble du savoir humain; il croyait son jugement sûr et infaillible; il prétendait faire de ce jugement la règle de tous les êtres raisonnables. Ses réfutations partaient toutes de ce principe : « J'ai un avis différent ». Il estimait n'avoir pas à donner d'autres preuves, cet argument lui semblait devoir suffire à ses adversaires pour qu'ils reconnussent leurs torts. La bonne opinion qu'il avait de lui était peu à peu devenue une idée fixe, et, quand, à la fin de sa vie, on l'accusait couramment d'être un imbécile né, un charlatan, un vieux fou, il supposait toujours que c'étaient là des paroles dites en manière de plaisanterie et de vengeance pour les corrections qu'il avait infligées; jamais il n'aurait pu soupçonner un homme d'être assez dépourvu de sens pour ne pas reconnaître, au fond de son cœur, la valeur d'un Nicolaï[2].

Cette vanité qui fut le principe de son caractère ne venait pas même du fond de son esprit, elle était le résultat des circonstances. Le hasard avait fait de Nicolaï le directeur d'une feuille périodique, la *Bibliothèque allemande universelle*, qui embrassait toute la littérature et tous les arts; cela suffit pour qu'il se crût compétent dans toutes les branches de la littérature et des arts, qu'il prétendît juger en souverain de toutes choses et qu'il osât mesurer à l'aune de sa sagesse tous les maîtres les plus illustres du temps. Sa *Bibliothèque* eut le succès qu'on pouvait attendre d'un public qui y trouvait un aliment à sa curiosité, d'auteurs qui trouvaient leur compte à sa publicité. On la couvrit d'éloges. Nicolaï prit ces éloges pour lui-même[3]. Et ainsi peu à peu dans son âme il confondit le concept de la littérature et de l'art allemand avec sa *Bibliothèque*. Sa *Bibliothèque* devint pour lui le centre de l'esprit allemand, et il devint l'âme de ce centre. Il fallait que toutes les tendances littéraires et artistiques de la nation fussent orientées dans le sens des comptes rendus de cette *Bibliothèque*, et ces comptes rendus dans le sens de ses propres vues. Hors de cette *Bibliothèque*, il n'y avait ni salut, ni vérité pour la science, en ce siècle et pour l'éternité; et, pour la *Bibliothèque* elle-même, de salut ni de vérité hors de lui. Cette

---

1. Fichte, *S. W.*, VIII. Bd., *Friedrich Nicolai's Leben und sonderbare Meinungen*. Ein Beitrag zur Literargeschichte des vergangenen und zur Pädagogik des angehenden Jahrhunderts von J.-G. Fichte, herausgegeben von A.-W. Schlegel. Tübingen, Cotta, 1801, Einleitung, p. 8-9. — 2. *Ibid.*, Erstes Kapitel, p. 10-11. — 3. *Ibid.*, II. Kap., p. 11-16.

Bibliothèque était pour lui le monde, il était l'âme de ce monde ; ce qu'il voyait, il le voyait à travers elle ; mais il la voyait, elle, à travers lui. Avec la tranquillité que lui donnait cet état d'esprit, il vivait et il mourut dans la joyeuse croyance à l'immortalité de son œuvre[1]

Or, il arriva que quelques cerveaux excentriques (ceux qu'il appelait « têtes à l'envers », Gœthe et Schiller, par exemple, dans la littérature, ou, en philosophie, Jacobi, Kant, les idéalistes transcendantaux) n'eurent pas l'idée d'aller prendre leur mot d'ordre à la *Bibliothèque allemande universelle*, de soumettre à Nicolaï leurs plans, pas même de se faire éditer à sa librairie. Ce fut leur crime ; notre héros leur fit sentir la pointe de son épée, de cette raillerie où il se croyait passé maître. Alors parurent *Les joies de Werther* (Freuden Werthers), l'écrit drôlatique contre les *Xénies* (Xenien), *Le gros Homme* (Der dicke Mann), *Sempronius Gundibert*, les parties facétieuses des *Voyages* ; alors, au nom de son seul amour pour la littérature, sans inimitié et sans haine, avec la conscience de remplir un office public, avec la sérénité d'un devoir à accomplir, on vit Nicolaï dans la nécessité d'infliger à ces hommes de rudes corrections, pour tâcher de les ramener de leur égarement et pour les conduire devant la porte de la *Bibliothèque allemande universelle*[2].

Un autre trait du caractère de notre héros, c'était son incapacité foncière pour la philosophie. Sur ce point, il y avait unanimité chez ses plus grands admirateurs et chez ses amis les plus zélés. Il avait l'esprit sec du chroniqueur. Jamais il ne put s'élever au-dessus de l'expérience, dans le sens le plus terre à terre du mot. Cette incapacité de philosopher, il ne la soupçonnait même pas. Directeur d'une *Bibliothèque* qui embrassait, entre autres choses, la philosophie, ne fallait-il pas qu'il fût le philosophe le mieux informé et le plus infaillible ? Et, comme il avait la superstition du passé, il n'admettait pas que les philosophes les plus récents pussent avoir raison contre les anciens. Il est vrai qu'il conserva longtemps à Kant un apparent respect, qu'il voulut bien voir en lui un homme de raison et de science, mais n'était-ce pas à cause des complaisances de l'illustre philosophe pour la *Bibliothèque allemande universelle* encore plus qu'à cause de son âge ?

Par contre il ne tarissait pas d'invectives contre Jacobi, contre

1. Fichte, *S. W.*, VIII. Bd., *Friedrich Nicolai's Leben und sonderbare Meinungen.* Ein Beitrag zur Literargeschichte des Vergangenen und zur Pädagogik des angehenden Jahrhunderts, II. Kap., p. 16-17.
2. *Ibid.*, III. Kap., p. 18-20.

Fichte, contre Schelling, lesquels, par rapport à lui, étaient jeunes,
qui manquaient à leur devoir en ne s'inclinant pas avec déférence
devant son âge et devant son autorité. Il reprochait à Jacobi d'avoir
mal compris Lessing. Lui qui avait connu Lessing, lui qui avait dis-
serté avec Lessing sur tous les sujets, en particulier sur le Spinozisme,
déclarait tout net, à propos de la discussion avec Mendelssohn, que
dans ses *Lettres sur le Spinozisme* Jacobi avait calomnié la mémoire
du grand Lessing.

Il reprochait à Fichte et à ses disciples de croire à l'importance de
la philosophie du Moi. Lui, Nicolaï, savait bien, et annonçait tout
haut, que la nullité de cette philosophie apparaîtrait toujours de
plus en plus clairement, qu'en 1803 personne ne parlerait plus de
« ces têtes à l'envers » d'idéalistes transcendantaux[1]. Il accusait en
particulier Fichte de s'être assis sur le fauteuil de Reinhold, d'avoir
su faire presque oublier par les étudiants ce maître infiniment
respecté, d'avoir cru facile de renverser Kant des hauteurs du trône
où il avait été proclamé le premier des philosophes allemands et de
s'y installer lui-même[2].

Mais quel était donc le mérite personnel de ce juge impitoyable?
Il ne se contentait pas d'être un libraire industrieux entre les mains
duquel passaient beaucoup de livres, et qui, en dilettante des sciences,
s'amusait à en parler; il eut le malheur de vouloir passer pour un
savant, d'écrire des livres pour son propre compte, sous son propre
nom[3] : ce fut sa perte, on vit qu'il était fou, fou de cette folie qui
naît de la présomption et dans laquelle les hommes se croient tout
autres qu'ils ne sont, de cette folie que la contradiction irrite et
exaspère, qui éclate alors en manifestations sauvages[4].

Et ce possédé passait son temps à critiquer les autres; il mesurait
leur valeur à l'aune de ses idées fixes. Par quels moyens? Son arme
habituelle — tout son talent — était la raillerie[5]. Sa méthode de
discussion, la contradiction. Toute sa critique manquait d'ailleurs de
profondeur. Ce fut le sort de notre héros de ne rester qu'à la surface
des choses; il ignora toujours l'art de penser, l'art de la démonstration
logique. « Sa propre philosophie à laquelle, suivant lui, il fallait se
tenir, n'était rien d'autre qu'un assemblage d'anecdotes sur les sen-
tences et les opinions des anciens philosophes. Et les spéculations
des autres, c'est aussi par des anecdotes, par des histoires vraies ou

---

1. Fichte, *S. W.*, VIII. Bd., *Friedrich Nicolai's Leben und sonderbare Meinungen.* Ein
Beitrag zur Literargeschichte des Vergangenen und zur Pädagogik des angebenden
Jahrhunderts, VI. Kap., p. 26-31, et VIII. Kap., p. 39. — 2. *Ibid.*, VIII. Kap.,
p. 37-38. — 3. *Ibid.*, IX. Kap., p. 40-41. — 4. *Ibid.*, p. 47. — 5. *Ibid.*, VII. Kap.,
p. 34.

inventées qu'il les réfutait; un *Sempronius Gundibert* en remontrait
à l'auteur de la *Critique de la Raison pure*[1]! »

Quand Nicolaï entreprenait d'examiner et de réfuter jusque dans
ses principes le système de Fichte, comment procédait-il à la con
struction du contenu de ce système? Sans doute, en produisant
un écrit spéculatif de cet auteur, dans lequel celui-ci affirmait
avoir exposé le plus clairement les principes de sa philosophie, par
exemple les premiers paragraphes de la *Théorie de la Science* ou
le premier chapitre d'une *Nouvelle exposition de cette Science* parue
dans le *Journal philosophique*; sans doute, en donnant, pour base à
son examen des extraits textuels de ces ouvrages? Erreur : c'était
avec des lambeaux de phrases détachées d'un grand nombre
d'écrits qu'il avait constitué son réquisitoire. Cependant, dans ce
travail, s'était-il du moins strictement limité aux œuvres proprement
scientifiques de Fichte? Erreur encore.... Ou bien avait-il tiré ses
citations des ouvrages populaires? Ce serait du moins là quelque chose;
ce n'était pas assez pour notre héros. Il avait constitué son exposé
tout à la fois avec les écrits scientifiques et les écrits populaires, avec
des phrases extraites de *L'Appel*, de la *Théorie de la Science*, de
la *Destination de l'homme*, du *Droit naturel*, juxtaposées dans le pêle-
mêle le plus confus; il avait si peu conscience des protestations
susceptibles d'être élevées contre cette méthode, qu'il se croyait
fidèle à la vérité historique, quand il ajoutait à chaque citation :
« Ce sont les propres paroles de Fichte »; il en donnait la page[2]

« ... Ainsi, déclarait Fichte, l'œil de notre héros, en passant, déforme
tout, défigure tout, rend tout saugrenu. On lui a très souvent
reproché pendant sa vie de fausser méchamment et de souiller de
façon dégoûtante tout ce qui lui tombait sous la main. Nous le
défendons contre cette accusation. Il est très vrai que de ses mains
tout sortait sali et faussé; mais il n'est pas vrai qu'il eût l'intention
de salir et de fausser. Il le faisait par une propriété inhérente à sa
nature. Qui reprocherait à une bête puante d'infecter tout ce qu'elle
touche ou à la vipère de secréter du venin? La bête est tout à fait
innocente; elle ne fait que suivre sa nature. Pareillement notre héros,
qui était destiné à être la bête puante de la littérature et la vipère du
XVIIIe siècle, répandait autour de lui l'infection et jetait le venin, non
par méchanceté, mais sous la poussée de son destin[3]. »

Dans un *Appendice* joint à ce pamphlet, Fichte répondait directe-

---

1. Fichte, *S. W.*, VIII. Bd., *Friedrich Nicolai's Leben und sonderbare Meinungen. Ein
Beitrag zur Literargeschichte des Vergangenen und zur Pädagogik des angehenden
Jahrhunderts*, XI. Kap., p. 52-53. — 2. *Ibid.*, p. 55. — 3. *Ibid.*, p. 58.

ment aux accusations de Nicolaï. Après avoir établi que ces personnes accusées d'avoir cherché à obtenir frauduleusement des éloges dans la *Bibliothèque allemande universelle* ne pouvaient être que lui seul, il déclarait le reproche vraiment plus bête encore que ne le soupçonnait Nicolaï. Qui donc pouvait croire Fichte capable de vouloir capter les suffrages des lecteurs de la *Bibliothèque*, quand il affichait publiquement son dédain pour cette feuille, quand il vivait alors dans un pays où le mépris à son égard était monnaie courante et où une louange parue chez elle était une mauvaise note. Accusation sans preuves d'ailleurs, et que par suite Fichte ne pouvait réfuter; or, Fichte donnait sa parole d'honneur qu'elle était entièrement imaginaire, qu'il n'avait jamais été en relations avec aucun collaborateur régulier ou occasionnel de la dite *Bibliothèque*, qu'il ne s'était jamais inquiété des jugements qu'elle portait sur lui, qu'il n'avait jamais tenté la moindre démarche pour y avoir une influence [1].

Fichte, que des « circonstances accidentelles [2] », suivant l'expression de A.-G. Schlegel, avaient empêché de faire imprimer à Berlin sous ses yeux, *La vie et les opinions singulières de Fr. Nicolaï*, avait déclaré se désintéresser du sort de son pamphlet; il lui suffisait d'avoir écrit ce qu'il avait depuis longtemps sur le cœur et d'en avoir

---

1. Fichte, *S. W.*, VIII. Bd., *Friedrich Nicolai's* Leben und sonderbare Meinungen. Ein Beitrag zur Literargeschichte des Vergangenen und zur Pädagogik des angehenden Jahrhunderts, Erste Beilage, p. 61 et suiv.

2. Ce qu'étaient ces circonstances accidentelles, Nicolaï nous l'apprend dans la réponse qu'il fit au pamphlet de Fichte.

La censure à laquelle, conformément à la loi, tous les ouvrages imprimés devaient être soumis, — ceux de Fichte comme les autres, — la censure, représentée en l'espèce par le Consistoire royal supérieur, avait refusé son autorisation d'imprimer en rendant le décret suivant :

« Le manuscrit du professeur Fichte, intitulé *Nicolaï et ses opinions singulières*, est retourné sans le visa de la censure, avec cette signification qu'il n'est pas permis à un Collège national de conférer l'*imprimatur* à un écrit conçu sur un ton si injurieux, alors que l'édit de censure du 19 décembre 1788 contient expressément les passages suivants applicables à cet écrit :

« *L'intention de la censure n'est à aucun degré d'empêcher la recherche décente, sérieuse, discrète de la vérité, mais simplement de réprimer ce qui vise à blesser l'honneur et la bonne réputation d'autrui.* »

Et celui-ci encore : « *La liberté de la presse n'a pas été conférée pour qu'il en soit fait le mauvais usage de satisfaire des passions personnelles susceptibles de troubler la tranquillité de bons et utiles citoyens et de leur ôter le respect public.* »

« Ce refus d'imprimer, avec ces explications justificatives, passerait, aux yeux de tout le monde, ajoutait Nicolaï, pour un *empêchement essentiel*; Schlegel en faisait un *empêchement accidentel* usant sans doute de cette terminologie nouvelle que la philosophie récente de Fichte mettait à la mode et qui donnait aux mots une signification tout à fait différente de celle qu'ils ont dans le reste de l'univers. » (*Neue allgemeine deutsche Bibliothek*, LXI. Bd., II. St., Beylage, Berlin und Stettin, 1801, 66 p. *Ueber die Art wie vermittelst des transcendentalen Idealismus ein wirklich existirendes Wesen aus Principien konstruirt werden kann, nebst merkwürdigen Proben der Wahrheitsliebe, reifen Ueberlegung, Bescheidenheit, Urbanität und gutgelaunten Grossmuth des Stifters der neuesten Philosophie*, von F. Nicolai, p. 4-5.)

fait part au petit cercle de ses amis. Il n'était peut-être pas fâché non plus que ces « circonstances » l'eussent obligé à ne pas se dépar tir de sa dignité en rompant le silence méprisant que, jusqu'alors, il avait su conserver vis-à-vis de Nicolaï.

Mais A.-G. Schlegel avait de bonnes raisons pour ne pas laisser Fichte conserver son manuscrit dans ses tiroirs. Puisque Fichte avait la magnanimité de prodiguer si largement à Nicolaï les traits de son ironie, Schlegel crut devoir faire connaître au monde cette condescendance. La publication du manuscrit, disait-il, en manière de rail lerie, dans sa préface au pamphlet, serait envers Nicolaï le plus grand des bienfaits. Pour un homme qui ne pouvait amener ses adversaires les plus marquants à lire même ses polémiques, quelle aubaine de voir un Fichte entrer en conversation avec lui, comme avec un être véritablement existant, le construire par principes et le rendre intelligible à lui-même dans la mesure où il pouvait l'être! Le jour où paraîtrait l'écrit serait incontestablement le jour le plus glorieux de sa longue carrière, et l'on pouvait craindre pour la faiblesse de son grand âge qu'il ne pût survivre à un tel excès de joie. « Pourtant, ajoutait Schlegel, il n'a mérité à aucun égard, en ce qui me concerne, que je lui prépare pareille fête, m'ayant fait la honte de me louer congrûment dans ses ouvrages antérieurs, et de m'accorder encore, dans ses plus récents écrits, des connaissances et du talent[1]. »

On comprend, aux sentiments dont témoigne cette préface, le zèle que put mettre Schlegel à imprimer et à corriger la brochure[2]; son seul regret était qu'elle n'eût pas encore tout l'esprit nécessaire pour que le public même de Nicolaï subît suffisamment l'action de son extraordinaire profondeur[3]

Ainsi *La vie et les opinions singulières de Fr. Nicolaï*, ce n'était pas seulement la réplique de Fichte à Nicolaï et à la séquelle des détracteurs de la *Théorie de la Science*; le pamphlet avait une portée plus générale : c'était la réplique personnelle de toute une génération aux représentants de la philosophie populaire du XVIIIe siècle, de la philosophie du sens commun.

Nicolaï, en effet, avait été sans doute, depuis l'origine, l'adversaire de la *Théorie de la Science* : incapable d'en comprendre le sens

1. Fichte, *S. W.*, VIII. Bd., *Fr. Nicolai's Leben und sonderbare Meinungen.* Vorrede des Herausgebers, p. III-IV.
2. *Fr. Schlegel's Briefe an seinen Bruder A.-W. Schlegel*, éd. O.-F. Walzel, IV (Iena, *1800-1801*), 168, Iena, d. 17. April 1801, p. 475 : « Der Druck der Fichte'schen Schrift wird mit Eifer besorgt; ich habe zwar erst den dritten Bogen zur Correctur, aber es ist das Ganze schon bis auf weniges gesetzt. »
3. *Ibid.*, 167, Iena, d. 6. April 1801, p. 475 : « Ich wollte sie wäre noch etwas witziger, so würde die ungeheuere Gründlichkeit selbst bei Nicolai's Publikum Viel wirken. »

profond, pareil en cela d'ailleurs à la majorité des autres philosophes allemands[1], il y voyait, lui, le représentant attitré de la « saine raison », une renaissance du mysticisme et comme un défi à ce sens commun qu'il avait mission de défendre.

Mais ce fut bien pis, quand, après Schelling, « l'autre Moi de Fichte », les Schlegel érigèrent, sur les principes de l'*Idéalisme trans-cendantal*, leur théorie de la poésie et des arts, et fondèrent l'école romantique. Nicolaï rendit alors Fichte responsable de l'orientation nouvelle et, à ses yeux, désastreuse, que prenait la littérature alle-mande pour le grand scandale de la saine raison.

« Ces Messieurs (les Schlegel, Tieck, Schelling, etc....), écrivait Nicolaï, avaient formé une étroite association qu'on pourrait bien appeler le saint Cénacle; ils se considéraient mutuellement comme les élus qui, grâce à la récente philosophie découverte par M. Fichte, savaient tout mieux que les autres, ou plutôt étaient les seuls à savoir tout comme il faut le savoir.... Ils voyaient dans l'*Idéalisme transcen-dantal* une ère nouvelle; ils parlaient avec solennité dans leurs écrits des temps nouveaux, de la renaissance de la science et des arts [2].... Ils se croyaient, eux et les leurs, les seuls philosophes, les seuls poètes, les seuls physiciens [3]. .. Chacun d'eux s'imaginait être un grand homme, un très grand homme, chacun d'eux s'imaginait que l'*Idéalisme transcendantal* était la seule science; ils traitaient d'im-bécile quiconque n'admettait pas leurs vues [4]. »

Quand A.-G. Schlegel eut avec le *Journal littéraire universel* les démêlés que l'on sait, à propos du compte rendu des *Lettres confi-dentielles d'Adélaïde B. à Julie S.* (Vertraute Briefe von Adelaïde B. an Julie S.), Nicolaï accusa Schlegel de basse vanité, pour avoir pro-testé, comme collaborateur du *Journal,* contre un article où l'*Athénée* était pris à partie. Il compara la démission de Schlegel à celle de Fichte, lors de l'accusation d'athéisme; il fit remarquer que tous deux se croyaient indispensables à leurs fonctions; il est vrai qu'après leur départ les choses n'en allaient pas plus mal. L'Uni-versité d'Iéna ne ferma point ses portes, et le *Journal littéraire uni-versel* continua de paraître régulièrement [5].

Résultat : les conséquences de cette petite guerre, suivant Nicolaï, retomberont sur les sieurs Schlegel et Schelling. La vanité qu'ils ont si grossièrement étalée leur aliénera sûrement le respect des gens raisonnables [6].

---

1. Fichte, *S. W.*, II. Bd., *Antwortsschreiben an Herrn Prof. Reinhold*, I, 3, p. 510-511.
2. *Neue allgemeine deutsche Bibliothek*, LVI. Bd., I. St., 2. Heft, Gelehrtengeschichte, Weltweisheit. 8) *System des transcendentalen Idealismus von F.-W.-J. Schelling*, p. 151. — 3. Ibid., p. 152. — 4. *Ibid.*, p. 151. — 5. *Ibid.*, p. 154. — 6. *Ibid.*, p. 166.

Faut-il, après ces aménités de Nicolaï, s'étonner si les romantiques, et Schlegel à leur tête, s'emparèrent du pamphlet de Fichte comme d'une arme de guerre contre leur plus mortel ennemi?

D. LA RÉPONSE DE NICOLAÏ. Nicolaï, que les *Lettres* de Kant avaient déjà mis en assez fâcheuse posture, recevait ainsi de Fichte et de Schlegel le coup de grâce. Mais, en dépit de l'âge, il était encore prompt à la riposte; il répondit à Fichte et à Schlegel, cette même année 1801, sous la forme d'un Supplément au soixante et unième volume de la *Bibliothèque allemande universelle*. Ce Supplément porte pour titre : *Comment on peut, au moyen de l'Idéalisme transcendantal, construire un être réellement existant par principes — avec des échantillons remarquables de l'amour de la vérité, de la mûre réflexion, de la discrétion, de l'urbanité, de la magnanimité du fondateur de la plus récente philosophie* (Ueber die Art wie, vermittelst des transcendentalen Idealismus, ein wirklich existirendes Wesen aus Principien construirt werden kann. Nebst merkwürdigen Proben der Wahrheitsliebe, reifen Ueberlegung, Bescheidenheit, Urbanität und gutgelaunten Grossmuth des Stifters der neuesten Philosophie), — et, pour épigraphe, ces deux pensées de Fichte :

« Il n'y a plus d'erreur possible, car l'intention ne trompe jamais. » *Sonnenklarer Bericht*, p. 196.

« Je suis prêt, à tout instant, à m'engager solennellement à accepter la *damnation éternelle*, si je reviens, ne fût-ce que tacitement, sur ce qu'à la lumière de ma *Théorie de la Science* je sais réellement et ce que je considère comme absolument évident. » *Antwortsschreiben an Reinhold*, p. 69.

Après avoir révélé au lecteur l'interdiction d'imprimer qui avait empêché la publication de la brochure à Berlin même, Nicolaï ajoutait qu'en acceptant de la laisser éditer par Schlegel, Fichte avait agi frauduleusement et violé son devoir d'honnête homme, de philosophe et même d'homme tout court, car il tournait ainsi la loi du pays qui lui avait donné asile et continuait à assurer sa protection. Mais cela, c'était affaire à sa conscience et aux rapports étroits qu'elle soutenait avec l'ordre moral du monde.

L'office de Nicolaï consistait à relever le degré de grossièreté auquel Fichte était tombé, sous l'empire d'une aveugle passion.

De tels procédés méritaient le mépris, et c'est par le silence du mépris que Nicolaï eût traité le factum de Fichte, s'il n'avait contenu l'accusation d'avoir voulu porter atteinte à son honneur[1].

Nicolaï se reconnaissait l'auteur de l'article incriminé par Fichte et que d'ailleurs Fichte lui avait bien attribué ; il déclarait avoir voulu châtier, au nom de la saine raison et de la liberté de penser menacées d'oppression, l'arrogance ridicule de ces quelques contemporains qui se donnaient pour les uniques penseurs, les seuls philosophes de leur temps, prétendaient extirper toutes les pensées qui n'étaient pas les leurs, et croyaient avoir réalisé la plus importante des révolutions en philosophie, en sciences naturelles, en poésie[2] ; mais il se défendait énergiquement d'avoir cherché à atteindre l'honneur de ses adversaires : il s'agissait pour lui d'une question littéraire, non pas d'une question de personnes ; il avait fallu, pour donner un pareil sens à ses paroles, les détacher de leur véritable enchaînement et les présenter sous un faux jour : c'est le procédé malhonnête dont Fichte avait usé[3]

Fichte n'était pas plus heureux quand il répondait que ses disciples avaient trop le mépris de la *Bibliothèque allemande universelle* pour vouloir y entrer et y exposer les titres de la philosophie critique. Nicolaï pouvait certifier qu'au commencement du mois d'octobre 1800, quelques semaines à peine après qu'on sut officiellement qu'il avait repris la direction de la *Bibliothèque,* un des plus fidèles et des meilleurs disciples de Fichte, un homme auquel Fichte lui-même avait donné l'attestation qu'il comprenait à fond la *Théorie de la Science,* un homme qu'il ne devait pas mépriser par conséquent, si facile que fût pour lui le mépris, était venu spontanément s'offrir comme collaborateur à la *Bibliothèque allemande universelle.* Il fallait donc qu'il ne la tînt pas en si profonde mésestime, pour vouloir y répandre la bonne semence de la *Théorie de la Science.*

Fichte, qui l'ignorait, comme il ignore beaucoup de choses, faisait donc ici assez piètre figure avec ses illusions sur le mépris où ses élus, les philosophes, tenaient soi-disant la *Bibliothèque allemande universelle*[4].

Quant au portrait que Fichte avait voulu faire de Nicolaï, les lecteurs y avaient sans doute déjà reconnu les propres traits du philosophe. Fallait-il s'en étonner? D'après son système, le monde — et les autres hommes — n'étaient-ils pas un produit de l'imagination créatrice de l'auteur?

« Il se peut bien, disait Nicolaï, que cette déformation, que cette

1. *Neue allgemeine deutsche Bibl.,* LXI. Bd., II. St., Beylage. *Ueber die art wie vermittelst des transcendentalen Idealismus ein wirklich existirendes Wesen aus Principien, konstrairt werden kann,* p. 5-8. — 2. *Ibid.,* p. 8. — 3. *Ibid.,* p. 11-13. — 4. *Ibid.,* p. 17-20.

représentation fausse de tout ce qui me concerne ne soit pas l'effet d'une méchanceté voulue; il se peut bien que la mutilation et la falsification de mes paroles, telles qu'il les reproduit, ne soient pas une calomnie intentionnelle. Son œil a déformé les choses. Il n'a pas vu ce qui était sur la feuille de papier; son Moi pur avait une intuition créatrice qui produisait de tout autres mots que les mots réels, et son intuition a construit ainsi toute ma vie, non pas telle qu'elle est en réalité, mais telle que seule pouvait la construire une intuition qui, originellement et en vertu de son activité pure, travestit, déforme tout, et expose les choses sens dessus dessous[1]. »

Les plaisanteries de Nicolaï sur la construction du monde par le Moi, sur les principes de la *Théorie de la Science* se poursuivaient de la sorte à travers de longues pages, pour aboutir à cette conclusion :

« Je remarque que Fichte, mon créateur, m'a créé à son image. Il ne peut en être autrement.... Mais, si je suis plus et autre chose qu'une modification de la représentation de Fichte, si, comme personne n'en doute, j'ai une existence à part, la construction de Fichte tombe avec ses principes, et le portrait disparaît, puisqu'il n'est que la propre caricature de son auteur[2]

« ... Ce portrait que Fichte fait de moi me laisse calme ; le lecteur qui me connaît et qui connaît mes œuvres peut juger s'il me ressemble[3]. »

A Fichte, Nicolaï adressait seulement un conseil, celui de méditer une sentence qui avait bien ici son application : *Victoriarum omnium prima et optima est seipsum vincere*[4].

E. « *LE RAPPORT CLAIR COMME LE JOUR AU GRAND PUBLIC, SUR LA VÉRITABLE NATURE DE LA PHILOSOPHIE.* »

Avec le *Sempronius Gundibert* de Nicolaï, avec la *Clavis fichtiana* de Jean-Paul, la *Théorie de la Science* avait été déformée jusqu'à la caricature.

Fichte était trop soucieux de la réputation de sa doctrine pour laisser le public sous l'impression de ce portrait ridicule. Puisqu'on tenait tant à présenter la *Théorie de la Science* à ceux qui n'avaient point compétence et qualité pour l'apprécier, il prit la sage détermination de la produire lui-même sous son vrai jour dans un exposé populaire.

Et c'est pourquoi dans cette même année il avait publié ce court écrit auquel Nicolaï emprunte l'épigraphe que nous venons de citer[5] : *Le Rapport clair comme le jour au grand public sur la véritable*

---

1. *Neue allgemeine deutsche Bibl.*, LXI. Bd., II. St., Beylage. *Ueber die Art wie vermittelst des transcendentalen Idealismus ein wirklich existirendes Wesen aus Principien konstruirt werden kann*, p. 45-46. — 2. *Ibid.*, p. 52. — 3. *Ibid.*, p. 62. — 4. *Ibid.*, p. 66. — 5. Voir p. 325.

nature de la plus récente philosophie, essai pour forcer le lecteur à comprendre (Sonnenklarer Bericht an das grössere Publicum über das eigentliche Wesen der neuesten Philosophie. Ein Versuch die Leser zum Verstehen zu zwingen).

La *plus récente* philosophie : on dirait une plaisanterie, — et le mot lui fut, en effet, appliqué par dérision, — mais c'est le nom sous lequel le public la connaissait, et mieux valait, dans un écrit de vulgarisation, risquer ce vocable que d'employer le nom peu populaire de *Théorie de la Science* ou d'*Idéalisme transcendantal*.

Sans doute tous les hommes ne pouvaient consacrer leur vie à l'étude des sciences et être versés dans les secrets de la philosophie ; mais, pour quiconque revendiquait le droit à une culture générale, il était nécessaire, à l'époque actuelle, de savoir ce qu'était la philosophie ou plutôt ce qu'elle n'était pas, ce qu'elle ne voulait pas, ce qu'elle ne pouvait pas être.

La difficulté à laquelle on se heurtait, c'était la prétention du public, encouragée d'ailleurs par l'ancien éclectisme, à juger la philosophie, à en parler sans initiation préalable, alors qu'il ne lui viendrait pas à l'idée de faire de la trigonométrie ou de l'algèbre sans les avoir apprises. On croyait trop volontiers que la philosophie était innée à l'homme ; or, en ce qui concernait au moins la plus récente philosophie, celle de Fichte, on pouvait affirmer qu'elle n'était nullement innée : il fallait l'apprendre [1].

Voici donc ce qu'enseignait la *Théorie de la Science*, selon Fichte, et ce qui était l'âme même de toute cette philosophie récente : pour l'homme rien n'existe que l'expérience, tout ce à quoi il parvient, il n'y parvient que par l'expérience, par la vie même. Toute sa pensée, spontanée ou réfléchie, vulgaire ou transcendantale, part de l'expérience et vise à revenir à l'expérience.

Cette tendance de la philosophie de Fichte était celle de Kant, — qui, au moins sur ce point, ne désavouerait pas Fichte, — celle aussi d'un réformateur contemporain de Kant, de Jacobi, qui, s'il voulait bien comprendre Fichte, adresserait moins de reproches à son système [2].

L'objection courante faite à la *Théorie de la Science*, c'était d'être une construction abstraite et vide ; on lui prêtait l'absurde prétention de vouloir produire le monde réel *a priori*. Pareille accusation suffisait à prouver une complète inintelligence de la doctrine ; Fichte

1. Fichte, *S. W.*, II. Bd.-, *Sonnenklarer Bericht an das grössere Publicum über das eigentliche Wesen der neuesten Philosophie*. Ein Versuch die Leser zum Verstehen zu zwingen, 3, A. Vorrede, p. 323-327. — 2. *Ibid.*, Einleitung, 4, p. 333-334.

l'exposait ici au public non philosophique, de manière à dissiper définitivement tous les malentendus.

L'erreur commise provenait de la confusion entre deux sphères
différentes : la vie, la science.

La vie, la réalité, l'expérience sont la première puissance de la
connaissance, ce qui apparaît immédiatement à la conscience; la
science n'a pas à les produire, — elles existent antérieurement et
indépendamment d'elle, — mais à les expliquer [1].

Dans cette explication, elle procède à peu près comme celui qui
cherche à rendre compte du mécanisme d'un produit de l'art, d'une
montre par exemple, en le reconstruisant, en établissant la liaison
nécessaire de ses éléments. Or, ici, l'objet à expliquer, c'est la conscience même. Il s'agit donc pour la *Théorie de la Science* d'essayer
de construire — de reconstruire — le fait de la conscience, en découvrant par l'analyse ses déterminations fondamentales et les lois de
ces déterminations [2].

Dans cette reconstruction de ce que la représentation doit fournir
a posteriori, la *Théorie de la Science* procède *a priori*, sans égard à
la perception, à peu près comme l'ingénieur qui construit un instrument. Si cette reconstruction est juste, elle doit coïncider avec le
réel, à peu près comme les calculs et les dessins de l'ingénieur, s'ils
sont exacts [3]. Il ne faudrait cependant pas pousser trop loin l'analogie : l'œuvre que réalise l'ingénieur sort de toutes pièces de son
cerveau, tandis que la conscience est une réalité donnée dont on
cherche seulement l'explication; de même encore l'ingénieur est en
présence de la matière qu'il informe à son gré, la philosophie, en face
d'une réalité vivante. Il reste néanmoins que les procédés, dans les
deux cas, ne sont pas essentiellement différents : dans l'un il s'agit
d'une construction, dans l'autre d'une reconstruction idéale du réel,
obéissant toutes deux à des lois universelles et nécessaires, s'opérant
indépendamment de tout recours à l'expérience, aboutissant à une
donnée de l'expérience [4]

Le philosophe traite les données de la vie réelle, *comme si* elles
étaient le produit d'une construction originelle telle que l'accomplit
la *Théorie de la Science*. Les lois de cette construction peuvent servir
à anticiper et à suppléer la vie réelle, et l'on peut être sûr que l'observation réelle confirmera cette anticipation. On n'a pas besoin de
vivre tous les intermédiaires, de les éprouver, de même qu'on n'a pas

1. Fichte, *S. W.*, II. Bd., *Sonnenklarer Bericht an das grössere Publicum über das eigentliche Wesen der neuesten Philosophie. Ein Versuch die Leser zum Verstehen zu zwingen,
Erste Lehrstunde*, p. 344-346. — 2. *Ibid.*, Zweite Lehrstunde, p. 346-349. — 3. *Ibid.*,
p. 355. — 4. *Ibid.*, Dritte Lehrstunde, p. 356-363.

besoin de mesurer réellement toutes les lignes fondées sur une géométrie scientifique; on peut, par le calcul, en découvrir plusieurs.

« Faire du *comme si* une affirmation catégorique, d'une fiction le
récit d'un événement réel qui se serait produit à un certain moment
du temps, cela est un grave malentendu. Croit-on donc qu'en construisant les fondements de la conscience dans la *Théorie de la
Science*, on veuille apporter une histoire des données de la conscience
avant l'existence de la conscience, l'histoire de la vie d'un homme
avant sa naissance?... Ce sont là des confusions contre lesquelles on
ne peut prendre à l'avance de précautions, parce qu'elles ne viennent
pas à l'esprit avant de s'être réellement produites [1]. »

Il en résulte que la *Théorie de la Science* ne se donne nullement
pour la vie réelle; elle est simplement une représentation de la
vie.

Ayant ainsi dissipé les malentendus et forcé le grand public à
comprendre, *clair comme le jour*, le sens propre de la plus récente philosophie, Fichte, dans un *Post-scriptum*, s'adressait aux philosophes
de profession qui avaient été jusqu'alors les adversaires de la *Théorie
de la Science*.

Certes, l'ouvrage n'avait pas été écrit pour eux; mais il tomberait
entre leurs mains, et, suivant leur pratique coutumière, ils ne le comprendraient pas, ils ne le liraient même pas, à proprement parler, ce
qui ne les empêcherait pas d'en rendre compte [2].

Fichte, qui cherchait à saisir la science dans sa source, les accusait de n'avoir pas le plus léger sentiment de son intériorité, de se
borner à faire de la philosophie comme on fait de l'histoire, en appre-
nant par cœur des formules [3], au lieu d'analyser et de construire
la science. Il terminait en reprochant à ses adversaires cette « cécité
de l'œil intérieur de l'imagination », qui les avait jusqu'ici rendus
incapables de comprendre le point de vue de la *Théorie de la Science*,
qui les rendait incapables de le comprendre davantage dans l'avenir.

« Puisqu'il en est ainsi, concluait Fichte, vous n'avez plus d'autre
alternative que de garder le silence le plus absolu sur tout ce qui
concerne la *Théorie de la Science* et, plus généralement, la philosophie [4]. »

A lire cette menace, on se croirait revenu aux jours d'Iéna, quand
Fichte, dès le début de sa carrière, prétendait « annihiler » le pro-

1. Fichte, S. *W.*, II. Bd., *Sonnenklarer Bericht an das grössere Publicum über das eigentliche Wesen der neuesten Philosophie. Ein Versuch die Leser zum Verstehen zu zwingen,
Fünfte Lehrstunde*, p. 396-399. — 2. Ibid., Nachschrift an die Philosophen von Profession, die bisher Gegner der W. L. gewesen, p. 410. — 3. Ibid., p. 413-414. —
4. Ibid., p. 417-418.

fesseur Schmid qui s'était permis de médire de la *Théorie de la Science*.

Mais combien les temps avaient changé! Schmid alors était un isolé; Fichte, dans tout l'éclat de son triomphe, en « annihilant » Schmid, pouvait espérer anéantir toutes les velléités de contradiction contre sa doctrine.

Et maintenant ils étaient légion, ceux qui ne croyaient plus à l'efficacité de la *Théorie de la Science*, à la vertu de la philosophie conceptuelle; sans parler des détracteurs habituels de Fichte, pour qui l'accusation d'athéisme fut une arme commode; sans parler même des attaques ou des sarcasmes des polémistes comme Nicolaï ou Jean-Paul, songeons aux noms de ceux qui reprochaient à la *Théorie de la Science* d'être une construction tout abstraite : Jacobi, en qui Fichte avait jadis vu un allié, Reinhold. dont la conversion à la *Théorie de la Science* avait fait éclat. Nous comprendrons alors l'effort de Fichte pour défendre la *Théorie de la Science* méconnue, devant le public, à son sens, égaré par ces critiques, nous comprendrons son désir de la justifier en montrant qu'elle était, elle aussi, une théorie de la vie, une théorie de l'expérience.

Mais Fichte n'était pas encore au bout de ses déboires : il devait connaître l'amertume d'une défection plus cruelle que toutes les autres. Schelling, son disciple préféré, Schelling, « commentateur » de la *Théorie de la Science,* allait se détacher de lui, se dresser contre lui. Et ce sera pendant treize ans un duel tragique.

CHAPITRE VIII

LA PHILOSOPHIE DE LA NATURE CONTRE LA THÉORIE DE LA SCIENCE

A. *LA THÉORIE DE L'IDENTITÉ DE SCHEL-LING.* Nous avons eu l'occasion de montrer comment Schelling, à l'époque où, encore étudiant il paraissait n'être que le génial commentateur de la *Théorie de la Science*, affirmait déjà son originalité en face de Fichte même. Par instinct autant au moins que par réflexion, il avait été frappé de l'insuffi sance de la *Théorie de la Science* sur un point : la philosophie de la nature. Un esprit nourri de Gœthe, formé à l'école des physiciens du temps, ne pouvait se satisfaire d'une conception où la nature n'a pas de vie et de réalité propres, où elle ne joue que le rôle ingrat de limite, de stimulant pour l'esprit.

Toutes les aspirations de Schelling protestaient contre une pareille conception. A peine sorti des bancs de l'Université, son dessein avoué fut de parfaire sur ce point la philosophie de son maître et de concilier ses deux idoles : la *Théorie de la Science* et la poésie de la nature, Fichte et Gœthe.

I. *LES « IDÉES POUR UNE PHILOSOPHIE DE LA NATURE ».* Dès 1796, dans ses *Idées pour une Philosophie de la Nature* (Ideen zu einer Philosophie der Natur), on l'a vu prendre nettement position.

Son but est, en réalité, de restaurer, contre le dualisme de la *Critique*, un monisme qui, tout en tenant compte des résultats de la philosophie la plus récente, s'inspire des vues de Spinoza et de Leibniz.

Dans l'opposition de la nature et de l'esprit, il voit un pur artifice de la réflexion. Sans doute, l'acte de réflexion par lequel l'homme s'arrache au monde extérieur et se pose en face de lui est la première démarche de la philosophie; mais cette séparation nécessaire à l'éveil de la conscience est un *moyen*, non un *but*, la réflexion qui la crée n'est, en tant que réflexion pure, prise comme but en elle-même et pour elle-même, qu'une « maladie de l'esprit humain [1] » : ce pouvoir de séparation qui est son essence propre détruit, à sa racine, l'*identité*, source première et profonde de la vie spirituelle [2].

Pour la vraie philosophie, la réflexion n'est qu'un moyen; elle n'a qu'une valeur toute négative, et la distinction, originelle pour la conscience, de l'objet et du sujet est simplement la condition qui permet ensuite à la liberté d'effacer à jamais cette division et de retrouver, par son progrès, l'identité nécessaire et primitive [3].

Or, le reproche que Schelling adresse à la philosophie critique, c'est de s'en être tenue à ce point de vue stérile de la réflexion du savoir abstrait qui oppose radicalement l'objet au sujet, d'avoir instauré comme un nouveau dogme le dualisme de la Chose et de l'Esprit. Sans doute elle prétend imposer au monde les lois de l'esprit humain (en cela consiste, de son propre aveu, la révolution qu'elle a opérée), mais le monde qu'elle construit ainsi, le monde de la science, est un monde de phénomènes, et, sous les phénomènes, elle admet la *Chose en soi* comme en étant la cause, peut-être d'ailleurs par une inconséquence [4].

L'hypothèse de la *Chose en soi* ouvre de nouveau la porte à ce réalisme dogmatique que Kant précisément voulait extirper; elle laisse subsister une nature, au fond, inintelligible, une nature vérita blement et essentiellement distincte de l'esprit, opposée à l'esprit, et dont on ne voit pas quel pourrait être le rapport avec l'esprit, ni comment elle permettrait à la représentation de se produire [5]

C'est bien ce que Fichte a compris, quand il s'est efforcé, dans sa *Théorie de la Science*, de ruiner le fantôme de la *Chose en soi* et de faire de la nature un pur produit du jeu de notre imagination; la nature devient alors pénétrable à l'esprit, puisqu'elle est son œuvre inconsciente, mais elle perd toute réalité propre. Schelling s'efforcera d'éviter à la fois ce réalisme et ce phénoménisme. Il tiendra sans doute la nature pour réelle, il refusera d'y voir une pure appa-rence, mais l'espèce de réalité qu'il confère à la nature ne l'oppo-sera point à l'esprit, car ce sera une réalité spirituelle, la seule réalité, en somme, qui puisse être. Il retrouvera dans la nature l'esprit

1. F.-W.-J. von Schelling, *S. W.*, II. Bd., Stuttgart und Augsburg, Cotta'scher Verlag, 1857. *Ideen zu einer Philosophie der Natur als Einleitung in das Studium dieser Wissen-schaft, 1797*. Einleitung. Ueber die Probleme, welche eine Philosophie der Natur zu losen hat, p. 13. — 2. *Ibid.*, p. 13-14. — 3. *Ibid.*, p. 14. — 4. *Ibid.*, p. 17 et note et p. 18. — 5. *Ibid.*, p. 15-18.

que seul en distingue l'artifice de la réflexion; il fera, suivant ses propres expressions, « de la nature l'esprit visible, de l'esprit la nature invisible ». Dans l'identité absolue de l'esprit *en nous* et de la nature *hors de nous* il trouvera la solution du problème de la possibilité d'une nature extérieure [1]. Par là il croira rejoindre tout ensemble Spinoza et Leibniz.

A l'encontre des plus grands penseurs de l'antiquité, qui n'osèrent pas se risquer au delà de l'opposition de la nature et de l'esprit « Spinoza, le *premier*, vit avec une pleine conscience l'unité de l'esprit et de la matière, étendue et pensée n'étant que des modifications du même principe. Son système fut la première ébauche hardie d'une imagination créatrice qui conçut le fini comme immédiatement inclus dans l'idée pure de l'Infini, en tant qu'infini [2]. »

« Spinoza, préoccupé de très bonne heure du rapport de nos idées avec les choses extérieures, trouvait intolérable la séparation qu'on avait établie entre les deux ordres. Il comprit que dans notre nature l'idéal et le réel (la pensée et l'objet) étaient intimement unis..., que nous ne pouvions prendre conscience du réel que par opposition avec l'idéal, de l'idéal que par opposition avec le réel; que, conséquemment, entre les choses réelles et notre représentation de ces choses, il ne pouvait y avoir de séparation. Les concepts et les choses, la pensée et l'étendue n'étaient pour lui que des modes d'une seule et même nature idéale. Malheureusement, au lieu de descendre dans les profondeurs de sa conscience pour y voir sortir deux mondes en nous, le monde idéal et le monde réel, il fit une envolée au-dessus de lui-même; au lieu d'expliquer par notre nature comment le fini et l'Infini, originellement unis en nous, sortent réciproquement l'un de l'autre, il se perdit aussitôt dans l'idée d'un Infini extérieur à nous. Dans cet Infini se produisaient ou plutôt existaient originellement — venant on ne sait d'où, — des affections et des modes, et, avec eux, une série sans fin de choses finies. Comme son système excluait tout passage de l'Infini au fini, il ne pouvait pas plus concevoir un commencement du devenir qu'un commencement de l'être...; il faut s'être mis soi-même à la place de la Substance infinie pour savoir que ce n'est pas hors de nous, mais en nous, que l'Infini et le fini, je ne dis pas se produisent, mais existent à la fois et inséparablement; sur cette union originelle

1. F.-W.-J. von Schelling, *S. W.*, II. Bd., *Ideen zur einer Philosophie der Natur*, Einleitung, p. 56. « Die Natur soll der sichtbare Geist, der Geist die unsichtbare Natur seyn. *Hier* also, in der absoluten Identität des Geistes *in* uns und der Natur *ausser* uns, muss sich das Problem, wie eine Natur ausser uns möglich sey, auflösen. » —
2. *Ibid.*, p. 20.

repose l'essence de tout notre esprit. Nous ne connaissons immédiatement, en effet, que notre propre essence, nous ne sommes compréhensibles qu'à nous-mêmes. Comment il existe des affections et des déterminations dans un Absolu extérieur à moi, je ne le comprends pas. Mais je comprends qu'il ne pourrait rien y avoir en moi d'*Infini* sans qu'il y eût en même temps un *fini*. Car, *en moi*, existe originellement cette nécessaire union de l'idéal et du réel, de l'activité absolue et de la passivité absolue (que Spinoza plaçait dans une Substance infinie hors de moi); elle existe sans ma participation, et en cela consiste précisément ma nature.

« Telle est la voie que Leibniz a suivie; c'est ici le point où tout ensemble il s'oppose et se rattache à Spinoza. Impossible de comprendre Leibniz sans s'y être placé. Jacobi a démontré que tout son système part du concept d'individualité et y revient. Or, dans le seul concept de l'individualité se trouve originellement uni ce que tout le reste de la philosophie sépare : le positif et le négatif, l'actif et le passif de notre nature. Spinoza était incapable d'expliquer comment il pouvait y avoir des *déterminations* dans l'Infini hors de nous; en vain chercha-t-il à éviter un passage de l'Infini au fini. Là seulement où le fini et l'Infini sont originellement unis, il n'y a pas lieu à ce passage; l'union originelle n'existe nulle part ailleurs que dans l'essence d'une nature individuelle. Leibniz ne passa donc pas de l'Infini au fini, ou inversement; tous deux se trouvèrent réalisés. pour lui du même coup dans une seule et même démarche de l'esprit — par un seul et même développement de notre nature[1]. »

Sa théorie de la perception, des petites perceptions en particulier, relia l'individu à l'univers, elle intégra l'Infini dans le fini; grâce à elle, la séparation entre l'expérience et la spéculation se trouve comblée, le système de la nature est en même temps le système de notre esprit[2].

Il convient de persévérer dans la voie où Leibniz s'est engagé; Schelling croit venu le temps de restaurer cette philosophie royale à laquelle l'école kantienne, en lui imposant ses propres inventions, faisait dire des choses précisément contraires à celles que Leibniz enseignait. Il faut bien l'avouer, rien ne pouvait être plus loin de la pensée de Leibniz que la chimère spéculative d'un monde de *Choses en soi* inaccessibles à notre esprit, agissant sur nous cependant et produisant en nous toutes les représentations. Il avait soutenu, tout au contraire de l'opinion des philosophes actuels, que les monades n'ont pas de fenêtres

---

1. F.-W.-J. von Schelling, *S. W.*, II. Bd., *Ideen zur einer Philosophie der Natur*, Einleitung, p. 35-37. — 2. *Ibid.*, p. 39.

sur le dehors, « que les représentations dans l'âme des choses extérieures ne pouvaient se produire qu'en vertu des lois propres de sa spontanéité interne, comme dans un univers particulier, comme s'il n'y avait en présence rien d'autre que Dieu (l'Infini) et l'âme (l'intuition de l'Infini) »; s'exprimant ainsi, il parlait en philosophe[1]. Il ne saurait, en effet, exister deux mondes, — qui demeureraient à jamais impénétrables, — le monde de la matière et le monde des esprits; il n'en existe qu'un : le monde où tout est esprit.

Schelling emprunte sans doute à Leibniz l'idée de cette hiérarchie de « puissances[2] » spirituelles dont les « différentielles » réalisent tous les degrés de l'être; lui-même déclare que ces unités, qui sont à la fois des absolus et des êtres particuliers, « des synthèses diverses de l'absolue identité de l'universel et de l'individuel », ne sont vraiment rien de plus que ce que d'autres ont entendu sous le nom d'idées ou de monades[3]. Mais il rejoint Leibniz en empruntant à Kant sa conception téléologique de l'univers, en reproduisant, au sujet de la nature organique, ses arguments contre le mécanisme[4]. Toutefois il fait du principe de la finalité naturelle, non plus un prin-cipe du jugement réfléchissant, un simple point de vue de l'esprit, mais le principe réel de la nature, la loi de son développement interne; il restitue ainsi un sens à la *Chose en soi*, qu'il identifie avec les *Idées* par lesquelles l'Absolu s'exprime à travers la nature[5]

En donnant ainsi à la finalité naturelle une valeur métaphysique et ontologique, Schelling conférait à la nature une existence à soi, une vie autonome et non plus cette simple existence d'emprunt qu'est une représentation de l'esprit; par là il pensait dépasser le subjectivisme de la *Théorie de la Science*.

Mais cette réalité absolue de la nature n'est pas ce qu'était la *Chose en soi* de Kant : une existence absolument étrangère à l'esprit et, au fond, entièrement inconcevable — un véritable néant; cette réalité est d'ordre spirituel, elle est idéalité, car c'est l'acte créateur de l'intelligence qu'exprime, aveuglément sans doute, la nature dans sa finalité. La nature est donc à la fois comme l'esprit : sujet-objet, *nature naturante* et *nature naturée*, productivité idéale et réalisation symbolique[6].

Par là devient possible le rapport de l'esprit avec les choses, l'esprit étant déjà dans les choses. Et c'est bien là ce que constate l'expérience; primitivement l'intelligence se confond avec l'objet, elle ne se distingue pas du monde; il a fallu, comme Schelling l'a

1. F.-W.-J. von Schelling, *S. W.*, II. Bd., *Ideen zur einer Philosophie der Natur*, Einleitung, p. 20-21. — 2. *Ibid.*, Zusatz zur Einleitung, p. 66. — 3. *Ibid.*, p. 64. — 4. *Ibid.*, Ueber die Probleme, welche eine Philosophie der Natur zu lösen hat, p. 40 et suiv. et 54 et suiv. — 5. *Ibid.*, Zusatz zur Einleitung, p. 63. — 6. *Ibid.*, p. 67.

bien vu, l'intervention de l'artifice et de la réflexion pour qu'ils puissent être opposés l'une à l'autre.

De cette forme générale de l'identité du sujet et de l'objet comme unité et totalité de la philosophie, Fichte, déclare Schelling, a sans doute bien eu d'abord l'intuition ; mais, à mesure que son système s'est développé, cette identité est devenue réduction de l'objectif au subjectif, et encore cette réduction est-elle apparue comme le but d'une tâche sans fin, comme une pure exigence pratique, en sorte que le Monisme de la *Théorie de la Science* n'a plus été qu'un Idéal ; en fait, Fichte en est resté au dualisme [1]. Or, ce dualisme paraît intenable à Schelling.

II. « *L'AME DU MONDE.* » D'autre part, Schelling ne s'était pas borné à établir, par des considérations générales et tout abstraites, l'unité de l'esprit et des choses ; ces considérations n'étaient, à ses yeux, que la conclusion de l'étude directe de la nature, dans sa réalité. C'est à cette étude qu'il consacrait et ce premier essai de philosophie naturelle et l'essai suivant, qui parut, un an plus tard, sous le titre de *L'Ame du monde* (Von der Weltseele). Dans les *Idées pour une Philosophie de la Nature*, il avait cherché, à la lumière des découvertes et des théories récentes de la physique, et par réaction contre l'ancien mécanisme, à établir le caractère dynamique des principes de la matière, à expliquer toutes les modifications physiques ou chimiques des corps par des forces telles que l'attraction ou la répulsion, par leur intensité. Dans *L'Ame du monde*, qu'il présentait comme une hypothèse de physique supérieure, destinée à l'explication de l'organisme universel, il essayait d'appliquer ces principes à la nature. Il faisait sortir du conflit et de la combinaison des deux forces primitives antagonistes, par voie de complication croissante et de transformations successives, les différents ordres de phénomènes du monde inorganique et du monde organisé, et la vie même dans toute la série de ses manifestations ; il incorporait dans son système, pour leur faire servir de lien entre les deux mondes, les expériences nouvelles sur le magnétisme animal, le galvanisme, l'irritabilité.

C'est au moment où il venait d'esquisser ce plan d'une philosophie de la nature que Gœthe, frappé de ces premiers essais, l'appelait à Iéna comme professeur extraordinaire (3 juillet 1798).

Parti de Leipzig dans la seconde quinzaine du mois d'août, il n'était arrivé à Iéna qu'au commencement d'octobre, s'arrêtant entre temps

1. F.-W.-J. von Schelling, S. *IV.*, II. Bd., *Ideen zur einer Philosophie der Natur*, p. 72.

à Dresde, où il vécut d'inoubliables journées au milieu des chefs-
d'œuvre de l'art, en compagnie d'une élite d'hommes dont il devait
subir la profonde empreinte, aux côtés d'une femme qui allait devenir
l'inspiratrice de sa vie et de son génie. C'est, en effet, à Dresde que,
pour la première fois, Schelling rencontra les Schlegel et leur ami
Hardenberg. Les Schlegel revenaient de Berlin, tout pleins de leurs
grands projets. L'organe de la nouvelle École, l'*Athénée* qu'ils
venaient de fonder, avait paru à Pâques 1798, et c'était justement
l'heure où le romantisme se développait, avec Tieck et Novalis, dans
le sens d'un réalisme d'allure mystique, tendant à restaurer, à travers la philosophie critique, l'esprit du Spinozisme. Le principe des
choses, l'esprit universel répandu à travers l'univers entier devenait, par l'action des poètes et par la magie de leur art, l'âme de la
nature, conçue comme révélation de Dieu.

La philosophie de Fichte ne pouvait plus satisfaire le « saint
cénacle ». L'heure de la *Philosophie de la Nature* avait sonné. En
Schelling les romantiques allaient trouver l'homme dont le cerveau
enfantait justement alors le système qui était la synthèse de toutes
ces tendances. Caroline Schlegel, avec son instinct génial, ne s'y
était pas trompée. Elle, qui unissait à l'intelligence de la spéculation, de la spéculation fichtéenne en particulier, le sens intime de la
nature et de la poésie, devina, dès sa première rencontre avec
Schelling, qu'il était l'homme destiné à réconcilier la philosophie et
la poésie, l'idéalisme et la nature, Fichte et Gœthe ; et tout de suite
elle aima d'amour celui en qui elle voyait la vivante réalisation de son
rêve ; elle commença par l'inspirer avant de devenir sa femme[1]. Le
rôle que lui assignait Caroline, Schelling le remplit en effet. Déjà
porté par sa réflexion personnelle et par ses goûts à édifier cette
philosophie naturelle qui manquait à la *Théorie de la Science*, il
trouva dans le cercle d'amis qu'il avait rencontrés à Dresde, qu'il
retrouva bientôt (durant l'été 1779) à Iéna, auxquels se joignit Tieck,
un milieu singulièrement propice à la formation de ses idées et qui,
s'il n'en détermina pas le sens, en hâta certainement l'éclosion
Cependant Schelling, pour avoir reçu en quelque sorte des roman
tiques l'impulsion qui féconda son génie, pour avoir appris d'eux
notamment à reconnaître chez Spinoza son second maître, n'en restait pas moins, par son amour de la nature et par son panthéisme,
éloigné du Christianisme ; après avoir étudié les origines de

---

1. En 1803, quelques mois après son divorce d'avec A.-G. Schlegel, divorce dont la
principale raison fut son inclination pour Schelling, ce qui avait accentué encore le
désaccord de son esprit avec celui de Schlegel.

la théologie chrétienne, il en avait depuis longtemps dénoncé les
« mythes » : on disait couramment de lui qu'il était enflammé d'enthousiasme pour l'irréligion. Aussi vit-il d'abord des adversaires
dans ceux des romantiques qui, comme Schleiermacher et Novalis,
cherchaient dans la religion du Christ la source de leur inspiration.
Contre leurs « énormités religieuses », il avait écrit son *Heinz Widerporst,* cette satire en vers à laquelle nous avons déjà fait allusion, et
dont l'intervention de Gœthe empêcha la publication dans l'*Athénée*;
Schelling ne se doutait pas que, quelques années plus tard, sous
l'influence des circonstances qui le forceraient à se défendre, à son
tour, contre l'accusation d'irréligion, il allait achever la *Philosophie
de la Nature* par une véritable théosophie, et devenir, lui aussi, le
fondateur d'une mystique et d'une magie nouvelles.

III. *« LA PREMIÈRE ES-
QUISSE D'UN SYSTÈME
DE PHILOSOPHIE NATU-
RELLE. »*

Pour le moment il était tout entier à la préparation de son cours; il travaillait dans ce
dessein à sa *Première Esquisse d'un Système
de Philosophie naturelle* (Erster Entwurf
eines Systems der Naturphilosophie).

Dans cette *Esquisse*, écrite à l'usage de ses auditeurs et qu'il leur
distribuait feuille à feuille, au fur et à mesure de l'impression, Schelling, pour la première fois, exposait sa téléologie naturelle, sa théorie
de l'organisation progressive du monde. Empruntant à la *Théorie
de la Science* la déduction de l'imagination créatrice pour la transposer
de l'esprit à la nature, il découvrait dans la nature une activité de
production infinie, — donc idéale, — à laquelle, pour se réaliser, il
fallait une limitation; la nature prenait ainsi la forme d'un produit,
sans qu'aucun produit (un produit ayant toujours une détermination) pût d'ailleurs jamais épuiser sa puissance, qui exige un
renouvellement incessant d'objets[1]. Du conflit des déterminations
élémentaires de cette activité, qu'une analyse parfaite multiplierait à
l'infini, puisque la nature est une évolution sans fin, Schelling prétendait faire sortir tous les caractères de la nature organique[2];
établir nécessairement ensuite, en face de la nature organique et
comme sa condition même, l'existence d'un monde inorganique[3]
dont le principe, en dernière analyse, était d'ordre dynamique encore
une attraction qui exigeait la constitution, dans le monde, d'un
système de corps ou de centres d'attraction[4]; il montrait enfin dans
l'excitabilité, qui est le plus bas degré de l'organisation, le lien entre

1. Schelling, *S. W.*, III. Bd., 1858, *Erster Entwurf eines Systems der Naturphilosophie, 1799*, p. 11-20. — 2. Ibid., 20 et suiv. jusqu'à 85. — 3. Ibid., p. 85-93. — 4. Ibid.,
p. 104-127.

les deux mondes — l'excitabilité ayant sans doute sa racine dans
l'organisation et permettant d'expliquer les différentes fonctions
organiques (sensibilité, irritabilité, fonction plastique sous toutes ses
formes : nutrition, sécrétion, croissance, reproduction), mais requé-
rant à son tour, comme sa condition, des agents organiques [1].

Après avoir établi d'autre part l'unité et l'identité de la force organique à travers tous les degrés de l'organisation, de cette force qui
s'épanouit pleinement dans les formes les plus hautes de la sensibi
lité pour se perdre graduellement jusque dans la puissance de repro
duction de la plus infime des plantes [2], Schelling entendait prouver
que la même gradation existait à travers le monde inorganique (la
lumière correspondant au penchant plastique, l'électricité à l'irritabilité, le magnétisme à la sensibilité) [3], et il concluait à l'existence
d'une racine commune aux deux mondes, d'une cause originelle identique pour la sensibilité et le magnétisme [4]. La nature était donc une
au fond, et, à travers la variété de ses formes, de la polarité magnétique à l'organisation et à la sensibilité, elle révélait, avec un dynamisme profond, l'existence d'une finalité, c'est-à-dire, en somme
d'une essence spirituelle.

IV. « *L'INTRODUCTION A*   C'est là d'ailleurs le caractère sur lequel
L'ESQUISSE D'UN SYS-   insistait Schelling dans une *Introduction à*
TÈME DE PHILOSOPHIE   *l'esquisse d'un système de Philosophie de la*
DE LA NATURE. »   *Nature, ou concept de la physique spécula-*
                                 tive et organisation interne d'un système de cette science (Einleitung

1. Schelling, *S. W.*, III. Bd., 1858, *Erster Entwurf eines Systems der Naturphilosophie,*
1799, p. 143-154 et suiv., en particulier 160-194.
   Voici le passage où Schelling résume le point capital de sa théorie :
   « Die Natur ist in ihren ursprünglichsten Produkten organisch, aber die Funktionen
des Organismus können nicht anders als im Gegensatz gegen eine anorgische Welt
abgeleitet werden. Denn als das Wesen des Organismus muss die *Erregbarkeit* gesetzt
werden, kraft welcher allein eigentlich die organische Thätigkeit verhindert wird, in
ihrem Produkte, das eben desswegen nie *ist*, sondern immer nur *wird*, sich zu erschöpfen.
   « Aber wenn das Wesen alles Organismus in der Erregbarkeit besteht, so müssen
die *erregenden Ursachen ausser* ihm gesucht werden, in einer der organischen entge-
gengesetzten, d. h. *unorganischen* Welt. Es musste also die Möglichkeit einer unorganischen Welt überhaupt, und die Bedingungen dieser Möglichkeit mussten abgeleitet
werden. Aber noch überdiess, wenn [das produktive Produkt oder der] Organismus
überhaupt nur unter Bedingung einer anorgischen Welt möglich ist, so *müssen auch
in der unorganischen Natur* schon *alle Erklärungsgründe des Organismus* liegen. Aber
diese Natur ist der organischen entgegengesetzt. Wie könnten also in ihr die Gründe
des organischen liegen ? — Man kann sich das nicht anders erklären als durch eine
prästabilirte Harmonie zwischen beiden. — Mit andern Worten : die unorganische Natur
muss zu ihrem Bestand und Fortdauer selbst wieder eine höhere Ordnung der Dinge
voraussetzen, es muss *ein* **Drittes** geben, was *organische und unorganische Natur wieder
verbindet, ein Medium, das die* **Continuität** zwischen beiden unterhält.
   « Die organische und die unorganische Natur müssen sich also wechselseitig
erklären und bestimmen », p. 143-144.
   2. *Ibid.,* p. 205-207. — 3. Ibid., p. 207-220. — 4. *Ibid.,* p. 256-257.

zu dem Entwurf eines Systems der Naturphilosophie, oder über den Begriff der spekulativen Physik und die innere Organisation eines Systems dieser Wissenschaft), qu'il écrivait après coup et où, reprenant les idées maîtresses de l'*Esquisse*, il s'efforçait d'en dégager le sens et la portée.

La nature, loin d'être un monde de phénomènes, présentait le caractère d'être une « Nature *a priori* », d'avoir une réalité absolue, une existence en soi et à soi, des lois internes, non des lois à elle imposées par notre esprit; bref, elle avait l'autonomie [1].

Or, appliquant à la nature, ainsi définie comme *a priori*, cette question de possibilité que Kant s'était posée à propos de la connaissance, que Fichte s'était posée à propos de la liberté, Schelling s'aperçut qu'une telle nature n'était concevable qu'à la condition d'être, non pas seulement un objet pour un sujet qui le pense, comme le voulait Fichte, mais d'être elle-même tout à la fois sujet et objet ; d'être en même temps une activité créatrice, une productivité (*natura naturans*) et un objet pour la conscience, une donnée, un produit (*natura naturata*) [2]. La nature prenait ainsi, pour Schelling, les caractères mêmes que Fichte avait attribués au Moi.

C'est, en réalité, cette dualité dans l'unité, cette diversité dans l'identité, qui permet d'expliquer tout le mécanisme de l'évolution dans la nature. La nature, pour prendre conscience d'elle-même comme nature, doit passer de l'état de productivité infinie, inconsciente, de l'état de subjectivité, à l'état d'objectivité consciente où elle est un produit donné. Or, ce passage ne peut s'opérer qu'en séparant et en opposant les deux caractères de la nature, son côté subjectif ou de production et son côté objectif ou de réalité, de manière à les réconcilier à travers la série des transformations qui constituaient le cycle même de son évolution [3]. De cette antithèse primitive, de ce dualisme originel, tout le système porte la marque, depuis la polarité magnétique, principe général de l'explication du monde organique, avec son opposition fondamentale d'où découlent toutes les oppositions particulières de la nature, jusqu'à la sensibilité, principe général de l'explication du monde organique, avec sa dualité d'où sortent les fonctions particulières de l'organisme. C'est à travers ces oppositions, par des synthèses de plus en plus complexes, que s'accomplit le progrès même de l'évolution, le procès dynamique du

---

1. Schelling, *S. W.*, III. Bd., *Einleitung zu dem Entwurf eines Systems der Naturphilosophie, oder über den Begriff der spekulativen Physik und die innere Organisation eines Systems dieser Wissenschaft, 1799*, § 4, p. 275-280, § 6, IV, p. 287 et suiv.
2. Ibid., § 6, II, p. 283-285.
3. Ibid., § 6, IV, p. 287 et suiv.

monde[1], suivant les trois degrés correspondant aux trois formes du passage de la différenciation à l'indifférenciation[2]. Enfin l'opposition se retrouvait encore entre le monde organique, où les produits productifs eux-mêmes réalisent, à travers leur détermination nécessaire, autant qu'il est possible, l'infinité de l'activité créatrice, et le monde inorganique, où ils sont dépourvus de ce pouvoir, opposition irréductible celle-là, et dont la solution, pour conserver à la nature l'unité foncière nécessaire à son existence même, ne peut se trouver que dans une distinction de degré ou de puissance : la nature inorganique étant un produit du premier degré, la nature organique un produit du second degré[3].

Cependant, en face de cette philosophie de la nature, Schelling se voyait dans l'obligation d'édifier une philosophie de l'esprit. La nature, en effet, n'a pas seulement une existence qui se suffit à elle-même, une existence en soi et à soi, elle existe comme l'objet de notre connaissance, elle existe pour notre pensée; or, l'explication dynamique et finaliste de la nature a beau attester l'existence d'une action spirituelle, elle ne pourra jamais fournir la raison du fait qu'elle existe pour une conscience étrangère à elle-même.

Cette philosophie de l'esprit, Schelling l'exposera un an plus tard dans le *Système de l'Idéalisme transcendantal* (System des transcendentalen Idealismus).

V. *LE « SYSTÈME DE L'IDÉALISME TRANSCENDANTAL ».*

Le *Système de l'Idéalisme transcendantal* débute par une théorie de la connaissance, qui emprunte ses principaux linéaments à la *Théorie de la Science* de Fichte; c'est le développement des actes suivant lesquels le Moi s'affirme et se réalise. Cependant elle est originale à plus d'un égard. D'abord elle ne détermine pas le Moi en tant que principe absolu du savoir, comme Fichte l'avait fait. Fichte atteignait encore le Moi pur à la façon critique, en fonction de notre pensée, de notre raison finie; il y voyait sans doute le principe qui l'explique et le justifie, mais enfin ce principe n'était pas donné d'emblée, il était l'Idéal de la conscience. L'Absolu n'était pas conçu par Fichte sous la catégorie de l'être, mais sous celle du devoir être; l'intuition intellectuelle, organe du Moi absolu, ne s'isolait que par abstraction et par analyse de l'intuition sensible, organe du Moi empirique. Schelling, au contraire,

1. Schelling, *S. W.*, II. Bd., *Einleitung zu dem Entwurf eines Systems der Naturphilosophie, oder über den Begriff der spekulativen Physik und die innere Organisation eines Systems dieser Wissenschaft, 1799*, § 6, IV, p. 308 et suiv., et *Erster Entwurf*, p. 257 et suiv. — 2. *Ibid.*, *Einleitung*, § 6, IV. Bd., p. 315 et suiv. — 3. *Ibid.*, A, B, C, p. 306-323.

entre de plain-pied dans l'Absolu; il saisit le Moi directement dans une intuition intellectuelle : il renonce en définitive au point de vue critique [1]

Sa théorie de la connaissance se différencie profondément par ailleurs encore de celle de Fichte. Le dessein de Fichte, dans la *Théorie de la Science*, avait été d'établir la phénoménalité de la Nature, afin qu'aucune existence ne fût posée en face de l'esprit et ne vînt le limiter. Montrer comment, grâce au mécanisme de l'imagination créatrice, le développement même de l'esprit engendre l'apparence d'un monde réel, comment ce monde donné à la conscience n'est qu'une condition de la limitation du Moi, voilà tout l'essentiel de la doctrine fichtéenne de la connaissance. Sans doute, suivant Schelling, à travers la succession de ses « époques » (c'est-à-dire des actes qui progressivement la déterminent en l'élevant de la sensation primitive à l'intuition productive, de l'intuition productive à la réflexion, de la réflexion à la volonté absolue [2]) l'intelligence explique les données élémentaires de la nature : elle construit d'abord la matière comme magnétisme, comme électricité, comme procès chimique (et ce sont les trois degrés du procès dynamique de la nature [3]), puis l'objet sensible avec l'espace, le temps, la causalité [4]; enfin la nature organisée et ses trois « dimensions » (sensibilité, irritabilité, penchant plastique), avec la substantialité et la réciprocité [5]. Mais Schelling établit ensuite, contre Fichte, que cette construction *a priori* ou plutôt cette reconstruction de la nature n'exclut en rien l'existence d'une nature autonome, indépendante de notre conscience, d'une nature qui n'est pas un pur phénomène; il voit dans le développement de cette nature le fondement et l'épreuve de la véracité de notre connaissance, bref une expérience *a priori* qui s'impose à notre intelligence. Il n'y a d'ailleurs pas pour cela deux mondes séparés, celui de l'esprit et celui des choses; il n'y a qu'un seul et même univers que l'on peut considérer sous un double aspect : dans l'œuvre de la production inconsciente de l'activité spirituelle, il est nature; dans la réflexion de cette activité sur elle-même, il est esprit [6].

1. Schelling, *S. W.*, III. Bd., *System des transcendentalen Idealismus, 1800*, p. 350-377, part. p. 373-376. — 2. *Ibid.*, p. 395-527. — 3. *Ibid.*, p. 427-434. — 4. *Ibid.*, p. 462-466. — 5. *Ibid.*, p. 467-477 et 491-500. — 6. *Ibid.*, p. 527-531.

B. *PREMIÈRES OBJEC-TIONS DE FICHTE.*

Dans le *Système de l'Idéalisme transcendantal* de Schelling — bien que ce fût le nom même sous lequel Fichte désignait sa propre philosophie — l'auteur de la *Théorie de la Science* pouvait difficilement reconnaître l'image de sa propre doctrine. Schelling ne commettait-il pas précisément la confusion que Fichte avait dénoncée entre le domaine de la vie et celui de la spéculation?

Fichte n'avait pas d'ailleurs attendu jusqu'à cette année 1801 pour s'apercevoir que Schelling n'interprétait pas exactement comme lui la *Théorie de la Science.*

Dès le printemps de 1800, ne disait-il pas à Gries, faisant allusion à la courte période où il lui avait été donné d'avoir Schelling pour collègue à Iéna : « Quelle belle chose ç'eût été pour moi de pouvoir encore collaborer ainsi avec Schelling! *Notre exposition est assurément différente*, mais notre esprit est un; si la marche que je suis est plus systématique, la sienne est quelque chose de plus génial [1]. »

Puis, quand il reçut les premiers écrits de Schelling concernant la *Philosophie de la Nature*, il insista davantage et tint à marquer « certaines divergences de points de vue »; à tout autre qu'à Schelling, dont il connaissait le don vraiment divin de pénétration, il aurait ouvertement donné tort [2].

D'après l'exposition de Schelling, l'existence de la subjectivité dans la Nature signifiait, au fond, que l'imagination attribuait à son produit, l'objet, quelque chose de correspondant à l'autonomie, à l'autodétermination. Mais alors le Moi ne pouvait vraiment pas trouver son explication dans cela même qu'il expliquait; Fichte ne

---

1. *Aus dem Leben v. Johann Diederich Gries*, 1855, p. 23; cité par F. Medicus : *Fichte's Leben*, Leipzig, Verlag von Felix Meiner, 1914, p. 107.
2. *Fichte's Leben*, II. Bd., Zweite Abth., IV, 18, Fichte an Schelling, s. d., p. 320. Cette divergence n'était d'ailleurs pas un secret pour ceux qui fréquentaient les deux philosophes. Steffens, qui les voyait l'un et l'autre, le savait, et l'a dit dans ses Mémoires. Citons le passage : « Fichte et Schelling avaient bien saisi leur différence, mais ils ne l'avaient pas encore déclarée. Ils ne se voyaient d'ailleurs pas fréquemment, et Fichte, quoiqu'il lui fût permis de croire que Schelling, au point de vue spéculatif, partait d'un point de vue de la conscience analogue au sien, ne pouvait cependant se trouver aucunement satisfait de la *Philosophie de la Nature* de Schelling; elle devait nécessairement répugner à celui qui construisait *a priori* l'air et la lumière, qui y voyait non des réalités ayant en elle-mêmes leur signification, mais des formes d'existence ne pouvant être tolérées qu'à titre de postulats, d'exigences de la conscience, des faits destinés à permettre aux différents Moi (Ichheiten) de se voir et de s'entendre. Il y avait assurément là, dès l'origine, le germe caché d'une différence, voire d'une scission et d'une inimitié. » (Steffens, *Was ich erlebte*, IV. Bd., p. 123.)

pouvait soupçonner Schelling d'une pareille erreur. Par contre, Fichte connaissait bien la raison de ces divergences : c'était l'impossibilité où il s'était trouvé lui-même jusqu'ici d'établir son système du monde intelligible.

La *Théorie de la Science* formait un cercle, celui du Moi comme intelligence finie — du sujet-objet — à l'intérieur duquel se produisait la conscience — et la déduction du monde. Ce cercle avait sa limite originelle dans un « sentiment matériel »; la philosophie n'avait pas le droit de le franchir, la question de l'explication nouménale de cette limitation demeurant entière. C'était toute une autre face de la philosophie. De ce point de vue, l'intelligence finie, comme esprit, était le degré plus bas de l'intelligible, en tant que noumène; la même intelligence, comme nature, la puissance la plus haute de l'intelligible, en tant que nature. Fichte ajoutait : « Si vous avez fait du subjectif dans la nature l'intelligible, — qui ne peut se déduire de l'intelligence finie — vous avez tout à fait raison[1]. »

Et, dans une lettre postérieure où il accusait réception à Schelling de sa *Philosophie transcendantale* dont il jugeait l'exposition « géniale »[2], il insistait

« Je ne suis pas encore d'accord avec vous, écrivait-il, quant à votre opposition entre la philosophie transcendantale et la philosophie de la nature. Tout me paraît reposer sur une confusion entre l'activité idéale et l'activité réelle. Pour moi la *Chose* ne s'ajoute pas à la conscience, ni la conscience à la *Chose*, toutes deux sont immédiatement unies dans le Moi, l'idéal-réel, le réel-idéal. La *Chose* apparaît, dans la philosophie transcendantale, comme trouvée, et trouvée toute faite et tout entière, non d'après ses propres lois, mais d'après les lois immanentes de l'intelligence. La science qui ne se donne la nature pour objet que par une pure abstraction, doit nécessairement poser la nature comme un Absolu, et faire que la nature se construise elle-même, par une fiction semblable à celle que la philosophie transcendantale emploie pour faire que la conscience se construise elle-même[3]. »

En signalant à Schelling ces divergences, à l'heure même où ils préparaient tous deux la fondation d'un nouveau *Journal critique*,

1. *Fichte's Leben*, II. Bd., Zweite Abth., IV, 18, Fichte an Schelling, p. 321.
2. *Ibid.*, IV, 20, Fichte an Schelling, Berlin, den 15. Nov. 1800, p. 324. Cette lettre ne fut pas envoyée sans doute sous cette forme à Schelling, car elle ne figure pas dans la correspondance de Schelling, et d'autre part la phrase sur les divergences figure exactement dans les mêmes termes dans une lettre du 27 décembre; néanmoins les objections qu'elle contient durent être faites par Fichte à Schelling ailleurs, car Schelling y répond dans sa lettre du 19 novembre.
3. *Ibid.*, IV, 20, Fichte an Schelling, Berlin, den 15. Nov. 1800, p. 324-325.

Fichte ne pensait, à aucun degré, qu'elles pussent être un obstacle à une entreprise commune[1], peut-être, comme le dit Steffens, parce que Fichte, uniquement placé alors sur le terrain de la moralité et du droit, n'avait pas de point de contact avec Schelling, et qu'il pouvait un moment cheminer avec lui sans entrer en conflit[2].

De son côté, Schelling avait sans doute à cœur de tirer au clair les points soulevés dans les lettres de Fichte et sur lesquels il leur fallait se mettre d'accord avant qu'il pût s'associer avec lui[3], points si importants pour l'Idéalisme tel qu'il le comprenait et l'avait toujours compris. Il ne pensait pas cependant que cette divergence dût empêcher leur collaboration, convaincu qu'elle se résoudrait en un complet accord[4], il essayait de montrer par quel chemin.

L'opposition qu'il avait établie, qu'il maintenait entre la philosophie transcendantale et la philosophie de la nature (disait-il dans sa réponse à Fichte) avait pour fondement quelque chose de supérieur à la distinction entre l'activité idéale et l'activité réelle, toutes deux posées dans un Moi un et identique par Schelling comme par Fichte. Ce Moi idéal-réel, en tant qu'objectif seulement, n'était lui-même, en effet, rien d'autre que la nature dont le Moi de l'intuition intellectuelle, la conscience de soi, constituait la plus haute puissance.

Schelling ajoutait qu'il mettait d'abord tout à fait à part la *Théorie de la Science*; elle se suffisait à elle-même; il n'y avait rien à y changer. Mais la *Théorie de la Science* n'était pas encore la philosophie, elle n'avait rien à voir avec la réalité, sa marche était purement logique. Elle était la preuve formelle (par opposition à matérielle) de l'Idéalisme, la science κατ'ἐξοχήν. Ce que Schelling, lui, appelait la philosophie était la preuve matérielle de l'Idéalisme. Et, si Fichte venait à répliquer que la *Théorie de la Science* était la philosophie et, inversement, que ces deux concepts s'épuisaient réciproquement, Schelling répondait : « Admettons que vous appeliez philosophie la *Théorie de la Science*, et permettez-moi d'appeler Physique (au sens des Grecs) ce que jusqu'ici j'appelais philosophie théorique, Éthique (toujours dans le même sens) ce que jusqu'ici j'appelais philosophie pratique. Ce que j'appelle philosophie de la nature est alors, précisément comme je l'affirmais, une science entièrement distincte de la *Théorie de la Science*. La *Philosophie de la Nature* ne peut jamais être opposée à la *Théorie de la Science*, mais bien à

---

1. *Fichte's Leben*, II. Bd., Zweite Abth., IV, 18, Fichte an Schelling, p. 320, et 22, Berlin, den 27. Dec. 1800, p. 332.
2. Steffens, *Was ich erlebte*, IV. Bd., p. 123.
3. *Fichte's Leben*, II. Bd., Zweite Abth., IV, 21, Schelling an Fichte, Iena, den 19. Nov. 1800, p. 326. — 4. *Ibid.*, p. 330.

l'Idéalisme et (si l'exposition de l'Idéalisme s'appelle *Philosophie transcendantale*) à la *Philosophie transcendantale*. Mais maintenant, vous le voyez, je ne considère plus la *Philosophie de la Nature* et la *Philosophie transcendantale* comme des sciences opposées, mais seulement comme des parties opposées d'un seul et même tout, du système de la philosophie; leur opposition est exactement celle qui existait jusqu'ici entre la philosophie théorique et la philosophie pratique.... »

« Dans la *Théorie de la Science*, précisément parce qu'elle est une *théorie du savoir* (et que le savoir désigne déjà la puissance la plus haute de l'esprit par opposition à la nature qui désigne la puissance de l'esprit à son degré le plus élémentaire), il faut que le philosophe considère déjà son objet comme Moi (comme doué originellement du savoir, non comme pur objet). Il n'en est pas de même dans la philosophie de la nature (partie théorique du système), qui naît par *abstraction* de la théorie de la science théorico-pratique. L'*Idéalisme transcendantal* n'a donc de valeur que pour celui qui, *dès l'origine*, s'est déjà proposé de *partir du savoir à sa plus haute puissance*, en tant qu'il est à la fois théorique et pratique.... »

« Ici je ne sais pas si nous pouvons nous mettre d'accord, si tout cela ne vous paraît pas une amplification inutile. Peut-être. Mais j'ai cru, et je crois encore que cette voie est la plus sûre pour réduire à jamais à néant tous les malentendus sur l'Idéalisme. Songez que, si je semble m'écarter de vous, ce n'est que pour m'en rapprocher entièrement; laissez-moi seulement sortir par une tangente du cercle où vous êtes forcé de vous enfermer avec la *Théorie de la Science*; je reviendrai toujours à votre centre tôt ou tard et, je l'espère fermement, avec beaucoup d'enrichissements; par là je donnerai à votre système même une extension qu'autrement, j'en ai l'intime conviction, il ne pourrait jamais obtenir[1]. »

C'est donc d'un cœur parfaitement sincère que Schelling se réjouit le jour où il reçut la *Réponse de Fichte à la Lettre du Prof. Reinhold* (J.-G. Fichte's Antwortsschreiben an Herrn Prof. Reinhold).

Dans son *Héautogonie*, Reinhold, accouplant le maître et le disciple, avait lancé contre l'*Idéalisme transcendantal* de Fichte et de Schelling l'accusation d'être un « égoïsme spéculatif », prétendant que le fameux Moi absolu n'était que le Moi individuel de ces Messieurs, aperçu à travers une intuition qui, au fond, n'était rien d'intellectuel. Fichte avait répliqué en défendant leur philosophie; il avait, dans

1. *Fichte's Leben*, II. Bd., Zweite Abth., IV, 21, Schelling an Fichte, Iena, den 19. Nov. 1800, p. 327-330.

cette réplique, employé, pour définir le Moi, les termes dont se servait
Schelling : il avait parlé d'intuition intellectuelle, d'identité du subjectif et de l'objectif. Cette affirmation publique de leur communauté
de doctrine semblait donc autoriser Schelling à écrire à Fichte :

« Je viens de recevoir, il y a seulement quelques heures, votre
réponse à Reinhold[1], je l'ai relue déjà plusieurs fois, elle m'a
empoignée et, par endroits, ému; c'est, de votre part, le témoignage
que, depuis longtemps, j'attendais, le plus beau cadeau que vous
pussiez me faire. Je suis maintenant délivré de tous mes doutes, et de
nouveau je me vois d'accord avec celui dont l'assentiment, en matière
de pensée, m'est plus précieux que ne me serait ou ne pourrait m'être
l'approbation de tout le reste du monde. Désormais je ne me trouverai
plus jamais gêné pour dire : ce que je veux, c'est uniquement ce que
Fichte pense; vous pouvez considérer mes expositions comme de
simples variations sur son thème. Je ne serai plus retenu par cette
peur de donner comme notre affirmation commune ce qui pourtant

1. Voici les passages de la réponse à Reinhold que vise ici Schelling : « Sie sagen
am Schlusse Ihrer Heautogonie, die mein Ekel mich bloss durchblättern liess, dass
meine und Schelling's Philosophie in unserer eigenen selbstsüchtigen Individualität
gegründet seyen, und versprechen Seite 138 in der Note mit den zwei Sternen
auch noch die Fortsetzung dieser sauberen Begründung.

« Lieber Reinhold, wenn Sie auch wirklich der Mann wären, der unsere Systeme
beurtheilen könnte, der Sie doch, wie Sie nun hoffentlich selbst einsehen werden,
offenbar nicht sind; wenn Sie auch in der Voraussetzung, dass unsere Wissenschaftslehre ein speculativer Egoismus und Individualismus sey, so Recht hätten,
als Sie offenbar Unrecht haben : so müssten Sie doch nicht sagen, was Gott allein
wissen, und worüber Er allein richten kann, Sie müssten nicht, was doch bloss
eine Verirrung der Spekulation seyn kann, zur absoluten Verderbtheit des Herzens
machen. Es war um so ungeschickter, dass Sie dies thaten, da ja aus diesem Hefte
hervorgeht, dass Sie selbst einem solchen speculativen Individualismus, den *unsere*
Lehre — nicht enthält, diese Jahre daher angehangen haben, sonach dasjenige, was
nur aus einer solchen Idiosynkrasie hervorgehen kann, nothwendig eine ähnliche bei
Ihnen finden musste, um Ihnen auch nur einzugehen. Nun können Sie zwar Jahr
und Tag Ihrer Wiedergeburt diplomatisch nachweisen, was Wir freilich nicht
könnten; aber es dürften einige Leser aus dem sonderbaren Aerger über diese
zweite Erlanger Recension, und dass sie Ihnen mit der — reitenden Post zuge-
schickt worden, vermuthen, daß Sie gegen Rückfälle noch nicht völlig befestigt seyen »
(Fichte, *S. W.*, II. Bd., *J.-G. Fichte's Antwortsschreiben an Herrn Prof. Reinhold*, p. 531.)
Et peut-être celui-ci où Fichte semble emprunter à Schelling ses expressions :
« Dieses — wie soll ich es nennen, Verfahren, Setzen, oder wie Sie lieber wollen
werden, diese Manifestation der absoluten Totalität, nenne ich intellectuelle
Anschauung, betrachte sie, eben weil ich über die Intelligenz auf keine Weise
hinauskann, als immanent in der Intelligenz, und nenne sie insofern Ichheit,
nicht Subjectivität, noch Objectivität, sondern absolute Identität beider; welche
Ichheit denn doch wohl hoffentlich nicht Individualität seyn möchte. Es liegt in
ihm, wie *Sie* es nennen, eine Wiederholbarkeit ins Unendliche. Und so ist mir das
Wesen des Endlichen zusammengesetzt aus einer unmittelbaren Anschauung des
absolut zeitlosen Unendlichen, mit absoluter Identität der Subjectivität und Objectivität, und aus einer Trennung der beiden letzteren und ins Unendliche fortgesetzten
Analyse des Unendlichen. In jener Analyse besteht das Zeitleben; und die Trennung
in Subject und Object, welche beide allein noch durch die intellectuelle Anschauung
zusammengehalten werden, ist der Ausgangspunckt dieses Zeitlebens. » (Fichte, *S. W.*,
II. Bd., *J.-G. Fichte's Antwortsschreiben an Herrn Prof. Reinhold*, p. 507.)

peut-être ne serait que la mienne et pourrait servir d'obstacle entre votre pensée et le public, car je le vois par votre écrit et vous avez dû le reconnaître en recevant depuis l'*Exposition de mon système* : tous les deux, nous n'admettons qu'une seule et même connaissance absolue qui, dans tout acte de connaître, demeure la même et se répète toujours; notre affaire à tous deux est d'exposer et de rendre manifeste *dans tout savoir* cette connaissance.... Nous pouvons l'exprimer différemment, nous pouvons chercher à la présenter de manière très variée; mais, en ce qui la concerne, nous ne pouvons plus jamais être en désaccord, et, si nous l'avons jamais été, j'en veux bien volontiers reporter sur moi toute la faute[1]. »

Cet accord ne dura pas longtemps. En revendiquant pour lui le droit à une doctrine originale, Schelling, dès les premiers pas, allait rencontrer Fichte pour adversaire. Depuis sa réponse à Reinhold, Fichte avait, en effet, reçu de Schelling son ouvrage dont le titre, l'*Exposition de mon Système* (Darstellung meines Systems der Philosophie), significatif par lui-même, disait assez l'intention.

C. « *L'EXPOSITION DE MON SYSTÈME* », *DE SCHELLING.*
Déjà la conclusion du *Système de l'Idéalisme transcendantal* avait un caractère absolument original et qui tranchait nettement avec les enseignements de la *Théorie de la Science.* Dans une théorie de l'histoire, sur laquelle nous aurons l'occasion de revenir, Schelling avait montré comment, par une sorte de nécessité mystérieuse, se réalisent, dans la nature, indépendamment de notre volonté réfléchie, les fins de la liberté, les « conséquences du devoir »; comment le progrès du monde exprime le développement de la Raison universelle; comment l'évolution de l'humanité est la révélation progressive de l'Absolu; comment enfin l'histoire de l'univers est en quelque sorte le poème divin. Mais si, entre le monde et l'esprit, il existe une harmonie fondamentale, si le mécanisme de la nature inconsciente réalise la finalité de l'activité réfléchie, il faut bien que, d'une certaine manière, le Moi intelligent ait conscience de ce rapport; et il existe, en effet, pour l'intelligence, une discipline où se réalise cette harmonie : c'est l'art. L'union de l'inconscient et du conscient, du mécanisme et de la finalité, que, spontanément la nature atteste dans la vie, l'intelligence la produit dans l'art. L'œuvre vraiment géniale enferme une puissance inconsciente de développement qui dépasse à l'infini la production

1. *Fichte's Leben*, II. Bd., Zweite Abth., IV, 25, Schelling an Fichte, den 24. Mai 1801, p. 336-337.

consciente d'où elle est sortie et unit ainsi à la libre création de l'intelligence comme une sorte de nécessité naturelle dont les conséquences
échappent à l'intelligence même qui l'a créée; seulement, à l'inverse
de la nature qui va de la production inconsciente à la finalité, l'art
débute par une production consciente, par la finalité de la création,
pour aboutir à une œuvre dont le sens, dont la portée ne sont plus au
pouvoir de son créateur et semblent dépendre de l'Esprit infini. Le
génie imite ainsi dans l'art l'œuvre même que l'Esprit universel
accomplit dans la nature; il unifie le réel et l'idéal. C'est pourquoi
l'art est vraiment, pour l'homme, la révélation de l'Absolu[1]; il lui
découvre la nature même de l'intuition intellectuelle dans l'unité
de la production à la fois intelligible et inconsciente : il est le véritable et éternel instrument de la philosophie[2]

L'art devenu l' « organe propre » de la philosophie, lui fournissant, avec le symbole de l'Absolu, la notion première de l'intuition
intellectuelle, on reconnaît aisément dans cette vue l'inspiration
du romantisme naissant et comme sa justification philosophique;
on aurait plus de peine à y retrouver l'esprit de la *Théorie de la
Science*. Le vertige de l'Absolu a décidément conduit l'*Idéalisme
transcendantal* à l'abîme du dogmatisme. Emporté par l'art sur les
ailes du génie, Schelling imagine complaisamment une communion
directe avec l'Absolu — mais c'est au prix de tout le labeur et de
toutes les conquêtes de la philosophie critique.

L'*Exposition de mon Système*, quoique demeurée à l'état de fragment, accentue cette orientation nouvelle.

L'Absolu, principe de l'identité et de l'unité foncières du réel et
de l'idéal, de l'objet et du sujet, mais pour qui la distinction, la
dualité de ces termes n'existe pas encore, l'Absolu dont l'intuition
intellectuelle saisit l'existence, cette vérité que le *Système de l'Idéalisme transcendantal* avait atteinte par voie de régression, Schelling,
dans l'*Exposition de mon Système*, en faisait la vérité initiale de
la doctrine, prétendant concilier le dogmatisme ontologique et
l'idéalisme critique, Spinoza et Fichte.

Il commençait par définir le principe absolu des choses comme
unité pure, comme le *Tout-Un* (All-Ein) en qui n'existe encore aucune
différenciation, puisqu'il est antérieur à toute distinction et à toute
détermination. Et c'est précisément pourquoi il n'est pas plus sujet
qu'objet; on n'a donc le droit ni de le définir en fonction du pur sujet,
comme Fichte en somme l'a fait, ni de le définir, à la suite de Spinoza,

1. Schelling, *S. W.*, III. Bd., 1858, *System des transcendentalen Idealismus, 1800*, VI,
§§ 1-2, p. 612-624. — 2. Ibid., p. 627-628.

en fonction du pur objet; on n'en peut affirmer qu'une chose : l'identité avec soi-même, la position de soi par soi. L'identité de son essence, la forme aussi du principe absolu l'exprime dans la connaissance immédiate de soi-même, dans l'acte éternel de l'intuition de soi dont la permanence s'oppose à la relation et au devenir; Schelling exprimait cette coïncidence de la forme et de la matière dans une formule où l'identité se trouve en quelque sorte redoublée, il appelait son principe : l'Identité de l'Identité; c'est cette Identité de l'Identité qui, pour lui, constituait la Raison ou encore l'Universel[1].

L'Absolu, Dieu, étant ainsi défini comme le Tout-Un, — non pas en puissance, mais en acte, la position de soi, la réalisation étant incluse en son essence, — contient en soi le monde de toute éternité, il est le monde même, et toute idée d'une création du monde qui ferait de lui un effet dont Dieu serait la cause transcendante doit être écartée[2]. Mais comment expliquer le changement, la relation, la multiplicité, la finitude, toutes ces déterminations qui caractérisent le monde, en partant d'un Dieu qui exclut toute différenciation, toute distinction entre l'objet et le sujet? Schelling se heurte ici, après Spinoza, à la pierre d'achoppement de tout panthéisme. C'est par un ingénieux subterfuge qu'il résout la difficulté. La représentation du monde impliquant une différenciation entre l'objet et le sujet, le monde d'autre part ne pouvant être, à son tour, qu'une représentation de l'Absolu, et l'Absolu ne comportant aucune différenciation entre l'objet et le sujet, il fallait, de toute nécessité, que cette différenciation ne fût rien de réel, d'essentiel, de *qualitatif*; qu'elle fût une pure apparence: or, une pareille différenciation, en quelque sorte extérieure à l'essence de l'Absolu, est-elle concevable? Oui, prétendait Schelling, si l'on admet qu'elle a son origine uniquement dans la manière de se représenter l'Absolu, dans une division de la réflexion, qu'elle est purement quantitative et formelle[3] et qu'elle consiste dans la série infinie des représentations possibles de l'Absolu; chaque point de vue de l'Absolu s'exprimerait alors dans l'être par un certain degré d'identification entre l'objet et le sujet, il comporterait une prépondérance d'un terme sur l'autre, l'ensemble des êtres représentant tous les degrés possibles, si bien que le progrès du monde, à travers l'ensemble des puissances de l'Être, exprimerait ainsi et réaliserait ce qu'est en soi et inconsciemment l'Absolu, dans son acte éternel, l'Identité du sujet et de l'objet. Cette identité de

---

1. Schelling, *S. W.*, IV. Bd., 1859, *Darstellung meines Systems der Philosophie, 1801*, §§ 1-22, p. 114-123. — 2. Ibid., §§ 32-34, p. 129-130. — 3. Ibid., §§ 23-31, p. 123-129, en particulier note du § 30, p. 126-127, §§ 37 et suiv., p. 131.

l'Absolu, fond commun de tous les êtres finis, que chacun exprime à sa manière, suivant son degré de puissance, cette identité de l'Absolu en laquelle finalement chacun doit se résoudre, constitue leur unique réalité; c'est, en d'autres termes, leur Idée de l'Absolu qui fait leur vérité; les divisions, les particularisations qu'ils expriment ne sont que des apparences [1]. Ainsi se concilie, avec la différence purement quantitative des êtres, l'identité qualitative de l'Absolu, avec l'existence de Dieu l'existence du monde; ainsi s'opère, par l'intermédiaire de la représentation et de la réflexion, grâce à leurs divisions purement formelles, le fameux passage de l'Absolu au relatif, de l'Infini au fini; ainsi s'édifie, sur une base que Schelling estime inébranlable, un nouveau panthéisme; ainsi s'accomplit le rêve de sa jeunesse, celui qu'il inscrivait en toutes lettres dans la préface de son premier ouvrage philosophique : donner un pendant à l'*Éthique* de Spinoza.

Présenté sous cette nouvelle forme, le système de Schelling n'avait plus rien de commun avec la *Théorie de la Science*; d'ailleurs, dans une préface, l'auteur avait pris soin de marquer lui-même la différence.

« Il se pourrait très bien, disait-il, que l'Idéalisme édifié en premier lieu par Fichte, et qu'il professe encore aujourd'hui, eût une tout autre signification que l'Idéalisme dont je parle; par exemple, Fichte pourrait avoir conçu l'Idéalisme dans un sens entièrement subjectif, moi, au contraire, dans un sens objectif; Fichte pourrait, dans l'Idéalisme, s'en tenir au point de vue de la réflexion, tandis que je me serais placé, en ce qui concerne le principe de l'Idéalisme, au point de vue de la production [2]. » Il ajoutait :

« Tout cela, je le dis à seule fin que le lecteur, désireux de s'informer de ma philosophie en général, se décide à lire l'*Exposition* suivante avec tranquillité et, tout bien pesé, non comme l'exposition de quelque chose de déjà connu de lui, où la forme seule pourrait l'intéresser, mais comme quelque chose d'encore entièrement inconnu de lui;... et je demande qu'on ne juge ce que j'appelle *Philosophie de la Nature* que comme une philosophie de la nature, ce que j'appelle système de l'*Idéalisme transcendantal* que comme un système de l'Idéalisme transcendantal, enfin qu'on approuve ce qu'est mon système de philosophie uniquement d'après l'exposé qui suit. En second lieu je dis tout cela pour qu'on juge mes expositions de la *Philosophie de la Nature* et de l'*Idéalisme* et surtout l'*Exposition de mon Sys-*

---

1. Schelling, *S. W.*, IV. Bd., 1859, *Darstellung meines Systems der Philosophie, 1801*, §§ 38-44, p. 131-136. — 2. Ibid., Vorerinnerung, p. 109.

'ème de philosophie, qui en est la suite, uniquement par elles-mêmes,
าon d'après d'autres expositions, qu'on ne se demande pas si elles
s'accordent avec celles-ci, mais si elles s'accordent entre elles, et si,
วui ou non, telles qu'elles sont et abstraction faite de tout ce qui
ะxiste en dehors d'elles, leur évidence éclate; je le dis spécialement
pour qu'on commence par se résoudre à considérer, chacun pour soi,
le système de Fichte et le mien; car seuls les développements ultérieurs pourront montrer si et jusqu'où nous sommes d'accord et
n'avons jamais cessé de l'être. Je dis qu'on commence par là; car,
dans ma conviction, il est impossible que cet accord n'ait pas lieu
dans la suite, quoique actuellement (toujours dans ma conviction) ce
point de rencontre n'ait pas encore apparu.

« D'après ce que je vois, Fichte n'a encore donné que les
éléments les plus généraux de sa philosophie, et ce que je dis ici
fera la joie des uns et la désolation des autres; à mon avis, ce qui
a paru jusqu'à présent n'est que le commencement de ce qui paraîtra
ultérieurement, et l'œuvre dans son ensemble est encore loin de
son achèvement[1]. »

L'aveu était formel : Fichte, cette fois, ne pouvait se dissimuler
que les « divergences » étaient irréductibles; Schelling ne se posait
plus en simple disciple de la Théorie de la Science; il parlait en
maître à son tour; il ne se bornait pas à revendiquer son originalité
propre, il poussait l'indépendance jusqu'à critiquer publiquement la
doctrine de Fichte, jusqu'à dénoncer son insuffisance, jusqu'à prétendre y remédier. Schelling se faisant le censeur de Fichte, l'audace
passait la mesure; et cela, à l'heure même où Fichte prenait devant
Reinhold la défense de leur doctrine. Que valaient, en présence de
cet acte, les belles déclarations de la lettre du 24 mai? Fichte comprit alors l'erreur qu'il avait commise en voulant faire cause commune
avec Schelling; l'équivoque avait trop duré, il était grandement
temps de la dissiper. Fichte repoussa donc le pacte d'alliance que
Schelling lui avait offert. Toutefois, « pour ne pas nuire à la bonne
cause et pour ne pas servir de la pire manière les desseins des ennemis de la science et des imbéciles », il résolut de ne pas ébruiter
encore le différend, se bornant à en faire part à Schelling, dans le
secret de leur correspondance[2].

Après lui avoir dit la joie que lui avait causée sa lettre du 24 mai,
les espérances qu'il en avait conçues, espérances d'autant plus chères

1. Schelling, S. W., IV. Bd., 1859, Darstellung meines Systems der Philosophie, 1801,
p. 110-111. — 2. Fichte's Leben, II. Bd., Zweite Abth., IV, 26, Fichte an Schelling, den
31. Mai 1801, p. 346.

que, depuis quelque temps, il les avait à peu près abandonnées, Fichte demandait à Schelling la permission de lui parler à cœur ouvert[1] ·

« L'assertion que vous avez jadis émise, dans le *Journal philosophique*, concernant deux philosophies, l'une idéaliste et l'autre réaliste, qui, vraies toutes deux, pourraient coexister, je l'ai tout de suite doucement contredite, parce que je la considérais comme fausse, et elle avait fait naître en moi le soupçon que vous n'aviez jamais compris à fond la *Théorie de la Science*; mais à cela vous ajoutiez tant de choses claires, profondes, vraies, que j'espérais vous voir réparer à temps ces insuffisances. Plus tard, vous m'avez communiqué vos vues sur la philosophie de la nature. J'y reconnus l'ancienne erreur, mais j'espérais qu'en élaborant cette science même vous retrouveriez le droit chemin. Puis m'est parvenue votre assertion qu'il était possible de déduire l'intelligence à partir de la nature. Vous dire ce que j'aurais sans aucun doute dit à tout autre, vous rappeler le cercle vicieux qui consiste à déduire de l'intelligence la nature, et inversement de la nature l'intelligence, croire possible qu'un homme tel que vous eût laissé passer sans la voir pareille chose, je ne pouvais y songer[2].

« Enfin j'ai reçu votre *Système de Philosophie* et la lettre qui l'accompagnait. Vous dites dans l'*Introduction* quelque chose de contestable sur mon idéalisme, et, dans votre lettre, vous parlez d'un point de vue habituel de l'idéalisme; il est bien possible que ce soit le point de vue habituel, mais, si vous pensez que c'est aussi le mien, vous montrez par là que vous continuez à ne pas comprendre mon système. Je n'ai point votre précédente lettre sous les yeux; cependant, si mes souvenirs sont exacts, vous y disiez que je reconnais que certaines questions n'ont pas encore été résolues au moyen des principes dont j'ai usé jusqu'à présent. Je proteste contre ce prétendu aveu. Il ne manque absolument rien à la *Théorie de la Science* en fait de principes; mais il lui manque d'être achevée. La synthèse suprême, en effet, la synthèse du monde spirituel, n'est pas encore effectuée. Quand je me disposais à le faire, on s'est mis justement à crier à l'athéisme.[3] »

Après avoir déclaré que demander « si la *Théorie de la Science* prenait le savoir dans le sens subjectif ou dans le sens objectif, si elle était un idéalisme ou un réalisme » était une question qui ne se posait pas, ces distinctions n'ayant de signification que pour et par

---

1. *Fichte's Leben*, II. Bd., Zweite Abth., IV, 26, Fichte an Schelling, den 31. Mai 1801, p. 340. — 2. *Ibid.*, p. 341. — 3. *Ibid.*, p. 341-342.

la *Théorie de la Science* même, Fichte reprochait à Schelling de partir d'un *Être* (la raison, telle qu'il la concevait, en effet, sous forme d'objet, n'était pas autre chose), au lieu de partir d'un *Acte*, l'acte de la vision spirituelle. Il essayait de montrer dans toute conscience individuelle la synthèse de cet acte qui est la forme de notre connaissance avec le donné (dans le temps), la forme étant la *raison idéale* de la matière, la matière, la *raison réelle* de la forme [1].

Il laissait entrevoir en dernier lieu comment il concevait la possibilité d'un monde d'esprits distincts et pourtant un monde organisé en système, comme aussi d'un fondement de leur séparation, réel tout en étant inconcevable, enfin d'un lien idéal de l'ensemble (Dieu). C'était la synthèse suprême. Ce fondement, impénétrable à notre raison finie, pouvait bien sans doute être qualifié par elle d'Être absolu, d'Être pur, mais il n'était pas *en soi* ce qu'il était *pour elle* : en soi il était agilité, pénétration, lumière pure [2].

1. *Fichte's Leben*, II. Bd., Zweite Abth., IV, 26, Fichte an Schelling, den 31. Mai 1801, p. 342-343.
2. *Ibid.*, p. 344-345. Deux manuscrits publiés dans le troisième volume des œuvres posthumes de Fichte, outre cette lettre, consignent encore les observations que les derniers écrits de Schelling avaient suggérées à Fichte. L'un, très court, est intitulé : *Remarques provoquées par la lecture de l'Idéalisme transcendantal de Schelling* (Bemerkungen bei der Lektüre von Schellings transcendentalem Idealismus), l'autre, un peu moins sommaire, a comme suscription : *Pour l'exposition du Système de l'Identité de Schelling* (Zur Darstellung von Schelling's Identitätssysteme).
Dans le premier, Fichte remarquait que la division adoptée par Schelling de la philosophie en deux sciences fondamentales : la philosophie de la nature et la philosophie transcendantale, reposait sur une confusion, car, disait-il, « cette nature, comme objet, il faut bien que tu la *penses*; et elle n'existe pour toi qu'en tant que tu la penses », elle fait donc partie du système de l'intelligence. (Fichte, *N. W.*, III. Bd., p. 368.)
De même, c'était une erreur de prétendre, comme le voulait Schelling, faire sortir de l'être, de la nature, la conscience, le savoir, et, quand Schelling déclarait que le savoir est une espèce d'être, Fichte répliquait que l'être n'existe que par rapport à un savoir (Ibid., p. 369). Jamais d'ailleurs, de l'être ou de la nature, qui est une pure et simple donnée, une existence toute objective, on ne pourra faire sortir le fait du retour sur soi, de la réflexion qui caractérise l'existence spirituelle, le Moi.
Le second de ces écrits : *Pour l'exposition du Système de l'Identité de Schelling*, est une analyse, faite la plume à la main, des 51 premiers paragraphes de l'ouvrage. Chemin faisant, au cours de cette analyse, des remarques critiques commentent pas à pas l'exposition. Citons-en quelques-unes des plus essentielles. D'abord cette remarque capitale qui accompagne la définition donnée par Schelling de la Raison.
« Cette explication ou *définition réelle* pose et fixe l'objet comme quelque chose de tout fait. Je ne vois pas comment on pourra passer de là à l'idée voisine et aux idées plus lointaines. On ne peut que recommencer à poser, avec un départ nouveau, quelque chose de nouveau et d'aussi fermé. Le point d'origine ne peut être que ce qu'il y a de plus indéterminé, de plus imparfait, parce qu'autrement nous n'aurions aucune raison de le dépasser et de le déterminer d'une manière plus précise par notre pensée ultérieure.
« Mais il est encore pis de ne pas voir que la Raison une et absolue, hors de laquelle rien ne doit exister, ne peut être l'*indifférence* du subjectif et de l'objectif sans être en même temps et dans la même essence indivisible la *différence* entre les deux.... »
« Et cette faute est grave de conséquences, puisque sur cette confusion repose toute la déduction.... Enfin cette définition fait de la Raison quelque chose d'entièrement

L'attaque était directe, Schelling riposta. Il se « contenta de relever quelques malentendus et quelques préjugés, dans lesquels, à en juger par sa lettre, Fichte était encore ancré ».

L'essentiel du débat entre Fichte et Schelling revenait, en somme, à une divergence dans la manière de concevoir l'Absolu. Schelling y voyait un Être, l'Être en qui la distinction du réel et de l'idéal n'existe plus, parce qu'il est supérieur aux oppositions, qu'il est indifférence absolue et unité pure ; dans cet *Être* Fichte ne voyait, lui, qu'activité absolue, qu'agilité pure, sans s'apercevoir, au dire de Schelling, qu'absolue activité et absolu repos (ou Être), c'est tout un et qu'on ne peut en faire un prédicat de l'Absolu véritable.

déterminé et de fermé, c'est-à-dire de mort. L'auteur peut bien répéter tant qu'il voudra sa proposition, il ne trouvera jamais le moyen, en restant conséquent, de sortir d'elle et d'en venir à des déterminations ultérieures. » (Fichte, *N. W.*, III. Bd., Zur Darstellung von Schelling's Identitätssysteme, p. 371-372.)

Autre remarque, à propos du paragraphe 9. En confondant la Raison avec l'identité « l'auteur a voulu implicitement insinuer cette autre proposition : l'être (qui appartient à l'identité) constitue un élément de l'essence de la Raison absolue ; mais aucune preuve ne peut être donnée de cette proposition, et il n'est possible d'affirmer de quoi que ce soit que son essence (son concept) implique déjà l'être » (*Ibid.*, p. 375-376).

Enfin, à propos de l'effort tenté par Schelling (paragraphes 12 à 35) pour passer de l'Identité pure du principe absolu, posé comme donné, au changement, au devenir, à la multiplicité, grâce à l'existence d'une différenciation quantitative conciliable avec l'unité qualitative, Fichte déclare que l'explication est arbitraire. Schelling n'avait pas le droit de passer déductivement de l'unité qualitative à la différenciation quantitative, il était obligé, ou bien d'admettre comme un fait brut et sans explication l'existence du fini, ou d'établir sa non-existence.

« Schelling veut ici introduire le *devenir*, et il considère alors les choses particulières sous un double aspect. Il se demande comment elles existent au point de vue de l'absolue totalité. Elles y sont conçues, donc détruites *en tant que* particulières : la totalité absolue ne peut disparaître, ni être détruite dans aucune de ses parties. Mais il n'y a pas encore là de déduction du principe de la finitude, du devenir et de l'écoulement éternel ; il y en a bien plutôt la négation. En partant de l'absolue totalité, il n'y a pas d'être particulier, d'être fini. Au lieu de poursuivre tout droit sa déduction, soit en tirant le fini de l'absolue totalité, soit en montrant qu'*il n'existe pas*, Schelling l'admet comme un *fait* et le laisse subsister comme tel. La démonstration prend ici à Spinoza son syllogisme bien connu : tout ce qui est, est éternel, car il existe dans l'absolue identité ; or, **en fait**, il y a un *devenir*, c'est-à-dire une naissance et une mort, il y a le particulier ; donc le devenir est éternel ; *il y a une série sans fin de choses finies extérieures les unes aux autres*. Que cette forme de raisonnement soit absolument contraire à la spéculation et insuffisante, c'est une question qu'on ne se pose même pas. S'il ne peut déduire la détermination de la finitude il faut en rester à la thèse des Éléates : *il n'y a pas de choses finies*. » (*Ibid.*, p. 384-385.)

Et, pour terminer ces citations, à propos du paragraphe 44, le jugement suivant sur le rapport de la doctrine de Schelling avec la *Théorie de la Science* :

« Ce rapport est décisif et clair, le Sujet-Objet est précisément pour lui la forme du Moi ; donc tout est dans la forme du Moi, tandis que la *Théorie de la Science* fait de la Nature seule l'objectivité pure. Il croit avoir prouvé que la forme de l'existence en général = Moi ; qu'en dehors d'elle rien ne peut avoir de réalité. Est-ce qu'ici déjà on ne pourrait pas montrer l'obscurité et la confusion ? Au commencement, et comme principe absolu des choses, non pas une conscience distincte, mais un instinct, une raison aveugle. Et la raison réelle, arrivant à la possession de soi et se réfléchissant en partant de la Raison inconsciente. Est-ce qu'on ne pourrait pas lui montrer cette contradiction sous toutes les formes ? » (*Ibid.*, p. 387.)

Fichte, dans sa lettre, parlait bien d'une synthèse suprême où apparaissait, quoique inconcevable, un fondement tout à la fois réel, à savoir de la séparation des êtres particuliers, et idéal, à savoir de leur unité; il se rapprochait donc de la conception de Schelling; il s'élevait à cet être qui n'est ni réalité ni existence, qui dépasse l'opposition du réel et de l'idéal et en est l'absolue Identité. Mais, si c'était réellement la synthèse suprême, elle était l'Absolu, l'Inconditionné dont il fallait partir.

Au fond, en posant cette dernière synthèse, Fichte sortait de la subjectivité du Moi; son procédé était analogue à celui de Kant partant de la loi morale pour postuler l'existence de Dieu. Cependant de quel droit alors critiquer ceux qui, parcourant le chemin inverse, partent de cette synthèse suprême et déclarent le principe de la *Théorie de la Science* un principe simplement provisoire, faisant de la philosophie de Fichte comme de celle de Kant une simple propédeutique?

Schelling ajoutait : « Ce qui est présentement votre synthèse suprême était pour le moins étranger à vos expositions antérieures; car, d'après elles, l'ordre moral du monde (sans aucun doute ce que vous appelez maintenant la séparation réelle des êtres particuliers et l'union idéale de l'ensemble) était Dieu même; actuellement, si j'y vois clair, ce n'est plus le cas, et cela change considérablement tout l'essentiel de votre philosophie [1]. »

Passant ensuite au second point de leur désaccord, la conception de la nature, Schelling déclarait qu'il n'y pouvait rien, si on donnait au concept de la philosophie de la nature le sens que lui attribuaient les chimistes et les apothicaires; cependant Fichte, qui avait à son service contre Schelling de tout autres armes, se faisait vraiment la partie trop belle en ne daignant le réfuter que d'après un pareil concept. Et Schelling s'étonnait de voir Fichte se faire de la philosophie de la nature une idée si arbitraire, quand il avouait lui-même que ce côté du système lui échappait encore entièrement.

Fichte s'imaginait que son système avait annihilé la nature, quand la plupart du temps il ne la dépassait pas.

« La véritable annihilation de la nature, au sens où vous l'entendez, déclarait Schelling, ne peut consister à ne lui laisser de réalité qu'au sens idéal, mais à identifier d'une manière absolue le fini à l'Infini, c'est-à-dire à n'admettre rien hors de l'Éternel et à ne laisser subsister le fini pas plus au sens réel (vulgaire) qu'au sens idéal. La

---

1. *Fichte's Leben*, II. Bd., Zweite Abth., IV, 27, Schelling an Fichte, Iena, den 3. Oct. 1801, p. 349-351.

petite région de la conscience où tombe forcément pour vous la nature, d'après le concept que vous en avez, je la connais assez bien. Elle n'a pour vous absolument aucune signification spéculative ; elle n'a qu'une signification téléologique. Mais êtes-vous vraiment d'avis, par exemple, que la lumière n'existe qu'afin que les êtres raisonnables, quand ils parlent ensemble, puissent aussi se voir, ou l'air afin que, quand ils s'entendent, ils puissent aussi se parler[1] ? »

Après avoir déclaré n'être point l'adversaire de Fichte, bien que, selon toute vraisemblance, Fichte fût devenu le sien, après avoir ajouté « qu'il ne considérait pas comme faux le système de Fichte, car il était une partie nécessaire et intégrante du sien[2] », Schelling concluait ainsi : « Votre désir de ne pas ébruiter nos divergences doit-il avoir ce sens que je me borne à attendre qu'il vous convienne de l'ébruiter, et que jusque-là je vous permette, dans les annonces de la nouvelle *Théorie de la Science*, de me réserver des louanges comme à un collaborateur plein de distinction, tout en insinuant au public, d'une manière discrète et adroite (Nicolaï et les rédacteurs de la *Bibliothèque allemande universelle* s'en aperçoivent), que je ne vous comprends pas?

« Que ma philosophie soit autre que la vôtre, je le considère comme un mal sans grande importance..., et, à la rigueur, je puis encore le supporter. Mais être accusé d'avoir voulu exposer la vôtre et de n'y avoir pas même réussi, cela, mon cher Fichte, c'est vraiment un peu fort.... Si donc vous ne voulez pas d'une déclaration formelle de nos divergences, ne me témoignez pas au moins, comme vous l'avez déjà fait dans votre dernier avertissement, la faveur que je ne mérite absolument pas de me donner pour votre collaborateur; car cette prétention que vous affichez, devant le public, tombe juste à un moment où vous pouviez suffisamment savoir que je ne poursuis pas le même but que vous.

« Tranquille sur l'issue des événements, sûr de ma cause, je laisse provisoirement volontiers à chacun le soin de découvrir le caractère de nos rapports; pourtant je ne puis vraiment pas enlever à chacun ses bons yeux ou chercher à les lui fermer.

« Ainsi vient de paraître, ces jours derniers, le livre d'un excellent esprit qui a pour titre *Différence entre le système de Fichte et celui de Schelling* (Differenz des Fichteschen und Schellingschen Systems): je n'y ai aucune part, mais je n'ai pu en aucune manière empêcher sa publication[3]. »

1. *Fichte's Leben*, II. Bd., Zweite Abth., IV, 27, Schelling an Fichte, Iena, den 3. Oct. 1801, p. 354-355. — 2. *Ibid.*, p. 352. — 3. *Ibid.*, p. 356. Ce livre était signé de

L'excellent esprit dont parlait Schelling s'appelait Hegel. Fichte sentit l'amertume de cette lettre; il y répondit tout aussitôt sans acrimonie, sinon sans tristesse et sans fermeté, protestant « que les

Hegel. Après avoir déterminé le sens du problème philosophique et exposé de quelle manière Fichte l'avait résolu, Hegel indiquait, dans une comparaison entre le principe de la philosophie de Schelling et celui de la philosophie de Fichte, les lacunes de la *Théorie de la Science* et la manière dont la *Philosophie de la Nature* les avait comblées.

Fichte, dans la *Théorie de la Science*, avait eu l'idée de ce que devait être le principe de la philosophie, l'Absolu — ce principe qu'il reprochait à Kant de n'avoir jamais formulé explicitement. Il en avait fait à juste titre l'identité du sujet et de l'objet, le Sujet-Objet. Malheureusement cette identité du sujet et de l'objet était restée dans son système une pure Idée, elle n'avait jamais été donnée comme réelle. Fichte, en effet, demeuré au point de vue du savoir de la conscience, de la réflexion dont le lieu est la division du sujet et de l'objet, n'avait d'abord pu poser cette identité comme objet d'immédiate connaissance, de science; il en avait fait un Idéal inaccessible, un pur devoir-être, un Infini à réaliser. Il n'affirmait ainsi la réalité de l'Idéal ou de l'Absolu qu'à titre de croyance, comme l'objet d'une certitude pratique. Entre l'objet et le sujet, la science de la réflexion établissait un véritable hiatus, une opposition irréductible; il fallait un décret de la Raison pratique pour postuler leur identité, et l'œuvre de la moralité consistait justement à réunir ce que la réflexion avait disjoint, l'objet et le sujet, le réel et l'idéal.

D'autre part, précisément parce que Fichte se plaçait au point de vue de la réflexion, du sujet connaissant, il avait été conduit à concevoir le rapport d'identité entre le sujet et l'objet, non comme une identification véritable des deux termes, comme une réciprocité, mais bien comme une subordination de l'un à l'autre, comme une réduction de l'un à l'autre, de l'objet au sujet, de la nature à l'esprit, la nature n'ayant, au fond, d'autre réalité que celle d'être une condition de la réalisation de l'esprit. De là le double vice de la philosophie de Fichte : en premier lieu elle laisse échapper le réel, — la réalité de l'Absolu comme la réalité de la Nature, — elle est un pur système de concepts, une philosophie idéelle, formelle; en second lieu elle supprime l'objet, elle ignore la nature; aboutissement logique du kantisme, elle est la transformation du dogmatisme de l'être en un dogmatisme de la pensée, de la métaphysique de l'objectivité en la métaphysique de la subjectivité.

C'est ce double vice de la philosophie de Fichte que la philosophie de Schelling a entendu réformer. Elle est d'abord effectivement une *Philosophie de l'Identité* : l'identité n'est plus pour elle une tâche, un but, c'est vraiment le point de départ, c'est le lieu de toute la philosophie, et cette identité n'est pas la suppression d'un des termes du couple objet-sujet en faveur de l'autre, c'est expressément la réduction de l'un à l'autre, du sujet à l'objet aussi bien que de l'objet au sujet, c'est l'indifférence des deux termes dans l'Absolu. En second lieu, la philosophie de Schelling, par cela même qu'elle part, non du savoir réflexif et de l'opposition du sujet à l'objet, mais de l'Absolu, de l'indifférence du sujet et de l'objet, permet la constitution d'une philosophie non plus seulement formelle, mais réelle, qui tient compte de l'objet autant que du sujet, qui ne fait plus de l'objet une pure construction de la réflexion, — l'opposé du sujet, — une abstraction comme le sujet même qu'elle s'oppose; abstraction à laquelle il faut ensuite, dans l'action, restituer une espèce de réalité pour que l'esprit, son opposé, puisse se réaliser. Et cette philosophie peut être tout à la fois une philosophie de l'intelligence, du savoir, et une philosophie de la matière, de la nature.

La philosophie, précisément parce qu'elle part de l'Absolu conçu comme identité réelle du sujet et de l'objet, peut constituer tout à la fois le double système des réflexions du savoir et des déterminations de l'être, chaque série ayant sa réalité propre, indépendante de l'autre, mais parallèle à l'autre et correspondant à l'autre, toutes deux étant des expressions différentes de l'Identité première de l'Absolu. Dès lors il n'y a plus entre la nature et l'esprit comme une différence de dignité; la nature est esprit, comme par ailleurs l'esprit est nature. Le dynamisme téléologique dont Kant avait fait un simple point de vue du jugement réfléchissant devient le point de vue même de la réalité. Et Schelling restitue ainsi à la Nature les titres

déclarations de Schelling à son égard et au sujet de *ses* opinions reposaient sur la méconnaissance et sur la dépréciation de son point de vue[1]. » Il commença par mettre en évidence le point capital du débat.

« Les points de divergence entre nous, lui écrivait-il, je puis vous les montrer en peu de mots. Je dis, prétendez-vous, que l'Absolu (sur lequel et sur la *détermination* duquel je suis entièrement d'accord avec vous, et dont je possède depuis longtemps l'intuition) *existe sous la forme de la différence quantitative*. Mais qui affirme cela? Vous, et j'ai trouvé faux votre système *justement pour cela*, j'ai justement pour cela écarté son exposition — aucune déduction, aucune exposition ne peuvent rendre exact ce qui n'est pas valable dans le principe. C'est aussi précisément ce que fait Spinoza et, en général, tout dogmatisme, et c'en est le πρῶτον ψεῦδος. L'Absolu ne serait pas l'Absolu, s'il existait sous une forme quelle qu'elle fût. D'où vient maintenant la forme, j'entends la *quantité* sous laquelle je demeure d'accord avec vous qu'il se manifeste? Où réside, à proprement parler, cette forme? En d'autres termes, comment l'unité devient-elle d'abord un *infini*, puis une totalité du divers? Telle est la question que la spéculation, menée à son terme, doit résoudre et que vous devez nécessairement ignorer, puisque vous trouvez, vous, déjà cette forme dans l'Absolu et en même temps que lui.

« L'idéalisme de la *Théorie de la Science* et de la *Critique* de Kant se trouve précisément dans cette région que, par votre nouveau système, vous vous êtes fermée et dont on peut dire maintenant seulement avec certitude qu'elle vous a toujours été inconnue; il n'est nullement dans les bas-fonds où vous le placez.

« Si vous vouliez bien avoir la bonté de réfléchir sur ce point qui ne peut vous échapper, de réfléchir en même temps sur la raison qui vous a fait passer à côté sans l'apercevoir, vous' auriez bientôt fait de connaître le véritable Idéalisme et de voir comment vous continuez à me mal comprendre[2]. »

Fichte ajoutait : « Votre lettre contient encore une deuxième partie à laquelle il m'est pénible de toucher. D'où vient donc que vous ne puissiez vous exprimer sans être blessant?

« ... Peut-être, pour expliquer ma répugnance à proclamer publique-

---

que Fichte lui avait déniés. (G.-W.-F. Hegel, *Werke*, hgg. von D.-C.-L. Michelet, Berlin, 1832, Verlag von Duncker und Humblot, I. Bd., *Differenz des Fichteschen und Schellingschen Systems*, Vergleichung des Schellingschen Princips der Philosophie mit dem Fichteschen, p. 250-272.)

1. *Fichte's Leben*, II. Bd., Zweite Abth., IV, 28, Fichte an Schelling, Berlin, den 15. oct. 1801, p. 357. — 2. *Ibid.*, p. 357-358.

ment notre divergence, est-il possible d'imaginer d'autres raisons que celle que vous me prêtez, de vouloir attendre qu'il me convienne de la proclamer. J'espérais que vous vous raviseriez, et, je vous l'avoue, je l'espère encore; j'espérais qu'ainsi le scandale et le désordre que produirait, sans aucun doute, un conflit public entre nous, serait évité, et qu'un esprit aussi éminent que le vôtre pourrait être conservé à ce que je considère comme la bonne cause.... En ce qui me concerne personnellement, je suis bien décidé à ne faire absolument aucune mention de vous jusqu'au jour où nos divergences seront levées, si elles peuvent l'être, ou bien jusqu'à ce qu'une attaque de vous m'y force. En ce cas, bien entendu, je suivrai la ligne de conduite conforme à mon respect pour votre talent et à nos anciennes relations d'amitié [1].

« Je désirerais vivement poursuivre ma correspondance avec vous, à une condition pourtant, c'est que vous vous absteniez d'attaques personnelles. Vous ne voudrez pas que la vue de votre écriture et de votre cachet, qui, autrefois, me faisait plaisir, doive maintenant me laisser attendre des choses amères et m'obliger à me disputer avec vous [2]. »

Et, dans la lettre suivante, la dernière qu'il lui ait écrite, Fichte renouvelle ses déclarations :

« Tant que cela me sera possible sans compromettre mes principes, vous avez et vous aurez toujours en moi l'ami le plus ardent, le plus dévoué. S'il vous arrive encore, au mépris complet de tout ce que nous sommes l'un pour l'autre, de me traiter en adversaire, comme vous l'avez déjà fait deux fois, je vous plaindrai et j'attendrai tranquillement que vous reveniez à vous-même.

« Ce ne seraient pas, en réalité, nos divergences scientifiques qui pourraient creuser entre nous un abîme, ce pourraient être seulement des injures; pour moi, je n'en ai encore jamais proférées, et je vous demande de vous en abstenir dans l'avenir; j'ai le ferme espoir que vous vous en abstiendrez [3]. »

On verra comment Fichte tint parole. Il cessa désormais de parler de Schelling. Quand il rompit ce silence, le jour où, publiquement accusé de plagiat par son ancien disciple, il eut à défendre son honneur contre une accusation imméritée, la brouille entre les deux philosophes était, en réalité, déjà consommée et ouvertement annoncée par l'apparition du *Journal critique de Philosophie* (1er janvier 1802), où Schelling avait pour collaborateur, non plus Fichte, mais Hegel.

1. *Fichte's Leben*, II. Bd.. Zweite Abth., IV, 23, Fichte an Schelling, Berlin, den 15. Oct. 1801, p. 359. — 2. *Ibid.*, p. 359-360. — 3. *Ibid.*, 29, Fichte an Schelling, Berlin, den 15. Jan. 1802, p. 363.

Cependant, dans l'intimité, Fichte ne se croyait pas tenu à la même réserve; depuis qu'avait paru le livre de Hegel, il protestait, près de ses amis, contre la prétention que Schelling émettait de compléter la *Théorie de la Science*. C'est ainsi qu'il écrivait au professeur Schad, en lui annonçant l'apparition de son prochain ouvrage : « J'espère que ma nouvelle *Exposition* (qui doit paraître à Pâques) montrera le vide absolu des allégations de M. le professeur Schelling, quand il prétend avoir *complété* un système qu'il *n'a jamais compris*. Il est bien possible que sa *Philosophie de la Nature* ne puisse pas se construire sur ma métaphysique, puisqu'il paraît viser à y annihiler entièrement le phénomène. Et que dire de son nouveau Spinozisme (un Spinozisme clarifié !) dans lequel, fort heureusement, il fait subsister l'Absolu sous la *forme quantitative*, comme le fait d'ailleurs aussi Spinoza et comme le fait tout dogmatisme. Celui qui connaît si peu la véritable origine de tout ce qui est concept de quantité et, par là, de toute diversité peut-il avoir jamais su ce qu'est l'Idéalisme critique? Assurément Schelling ne l'a jamais su. Il montre clairement maintenant qu'il a cru que la *Théorie de la Science* déduisait la *Chose* du *savoir de la Chose*, qu'il a réellement entendu dans ce sens son propre Idéalisme, que, par conséquent, il a tout juste compris la *Théorie de la Science* aussi bien que Fr. Nicolaï. » Fichte terminait ainsi sa lettre : « Je pense que ma nouvelle *Exposition* mettra fin à ces préjugés. Elle montrera qu'il faut placer à la base l'Absolu (auquel, précisément parce qu'il est l'Absolu, on ne peut ajouter aucun attribut, ni celui du savoir, ni celui de l'être, pas davantage celui de l'indifférence du savoir et de l'être), que cet Absolu se manifeste en soi comme Raison, se quantifie, se divise en savoir et en être; sous cette forme seulement il en arrive à une identité du savoir et de l'être qui se diversifie à l'infini. C'est seulement ainsi que peut se maintenir l'ἕν καὶ πᾶν, mais non comme chez Spinoza où il perd l'ἕν, quand il en vient au πᾶν, et le πᾶν, quand il a l'ἕν. Seule la Raison possède l'infinité, parce qu'elle ne peut jamais saisir l'Absolu; et seul l'Absolu, qui jamais n'entre dans la Raison, sinon en tant que *formaliter*, est l'Unité, l'unité qui demeure toujours qualitative seulement, qui n'est jamais quantitative [1]. »

1. *Fichte's Leben*, II. Bd., Zweite Abth., IV, 31, Fichte an Prof. Schad, den 29. Dec. 1801, p. 370-371. Caroline Schlegel, en parlant de cette lettre, la traitait de « manifeste »; elle déclarait que Schad en avait entretenu toute une soirée ses familiers, des dames notamment; elle ajoutait, non sans malice : « Suivant son habitude, Fichte affirme que Schelling ne le comprend pas, mais, contre son habitude, il dit encore après qu'au fond Schelling et lui sont d'accord (*Caroline, Briefe*, éd., G. Waitz, Verlag von S. Hirzel, Leipzig, 1871, II. Bd., 269, An A.-W. Schlegel, Iena, Montag den 18. Jan. 1802, p. 182-183).
La même Caroline, revenant, quelques jours plus tard, sur cette lettre à Schad,

D. *RÉPONSE DE FICHTE.*
LA « NOUVELLE EXPO-
SITION DE LA THÉORIE
DE LA SCIENCE (1801) ».

La *Nouvelle Exposition* dont Fichte annonçait au professeur Schad l'apparition comme devant mettre un terme « aux préjugés » relatifs à la *Théorie de la Science* est une réponse à ceux qui prétendaient que la doctrine de Fichte avait besoin d'un complément et qui proposaient pour l'*Idéalisme transcendantal* des développements inédits, à Bardili et surtout à Schelling [1]

Bardili avait reproché à la *Théorie de la Science* d'être un subjectivisme qui ignorait à la fois la nature de la pensée et la nature de l'être. Son principe, le Moi, c'est-à-dire au fond l'individualité empirique, était un objet comme les autres, il ne permettait point d'atteindre la pensée pure ni ses lois, il limitait la philosophie au domaine de la pensée appliquée, de la « demi-pensée » ; d'autre part, l'être véritable lui échappait autant que la pensée pure, cet être qui est l'opposé de la pensée et pourtant la condition nécessaire de son application, la matière proprement dite, principe de l'extériorité, de la multiplicité, de la succession, de l'impulsion. Tout l'effort de Bardili avait consisté à montrer comment s'opère ce passage de la pensée pure à la réalité, de l'unité à la multiplicité, à chercher entre les deux un intermédiaire.

Dans un plan différent et pour des considérations d'un autre ordre, la préoccupation de Schelling avait été analogue : d'une part, il voulait dépasser ce qui, dans la *Théorie de la Science*, lui paraissait être un Idéalisme subjectif et atteindre dans le savoir pur le principe vraiment un et absolu où seraient identifiés le réel et l'idéal, principe qui demeurait pour Fichte, de son point de vue de la conscience humaine, un but inaccessible; d'autre part il entendait aussi restituer une réalité absolue à la nature, dont Fichte avait fait un pur phéno-

qu'elle qualifie de « mauvais entr'acte », soutient l'avoir eue entre les mains, car Schad la montrait à tout le monde — et, dès sa réception, il l'avait apportée à Schelling même aux côtés duquel il déclarait se ranger entièrement (*Ibid.*, 272, An A.-W. Schlegel, Iena, d. 28. Jan. 1802, p. 188).
Schelling ne cacha pas à Fichte qu'il avait eu connaissance de cette lettre, et, la dernière fois qu'il lui écrivit, il y fit expressément allusion.
Répondant aux reproches que Fichte lui avait récemment adressés et se défendant d'avoir jamais eu à son égard d'intention personnellement blessante, il ajoutait : « Je me suis simplement permis de Vous dire à Vous ce que je pensais de nos rapports; aucune parole n'est sortie de ma bouche pour renier vis-à-vis d'un tiers le respect que je Vous dois. Moi, au contraire, j'ai eu vent, il n'y a pas encore très longtemps, d'une communication que Vous avez faite à un tiers, lui disant que Vous Vous proposez de montrer « dans toute son inanité ma prétention, etc., que je ne comprends pas mieux la *Théorie de la Science* que Fr. Nicolai », et plusieurs expressions que, de quelque manière que Vous le vouliez, Vous aurez peine à justifier tant que le mot estime aura un sens. » (*Fichte's Leben*, II. Bd., Zweite Abth., IV, 30, Schelling an Fichte, den 25. Jan. 1802, p. 368-369.
1. *Fichte's Leben*, II. Bd., Zweite Abth., IV, Fichte an Prof. Schad, den 29. Dec. 1801, p. 370.

mène; enfin il cherchait à son tour comment et par quel intermédiaire peut s'opérer le passage entre l'Absolu et le monde, entre l'Idéal et le réel, entre l'Un et le multiple.

Ce sont ces problèmes que la *Théorie de la Science de 1801* reprend pour les résoudre à sa manière; mais, « chose singulière, Fichte, qui y travaillait depuis plus d'un an, avait eu beau commencer ses recherches par tous les bouts, par les voies les plus différentes, toujours et toujours, bon gré mal gré (gegen Wissen und Wollen), il en revenait au fonds d'idées de ses premières découvertes, à l'exposition vieille de huit ans déjà, et qu'il avait pour ainsi dire totalement oubliée [1] ». Déclaration précieuse à retenir, au moment où l'on pourrait être tenté de croire que, sous l'aiguillon des objections, le système prend une orientation nouvelle, au moment où Fichte semble emprunter à ses adversaires jusqu'à leur langage même. Ces changements d'attitude s'expliquent d'ailleurs suffisamment par le caractère polémique que présenteront désormais les expositions répétées de la *Théorie de la Science*; pour répondre aux attaques de ses contradicteurs, Fichte se place sur leur terrain; pour les combattre, il se sert de leurs armes.

En défendant la *Théorie de la Science* contre l'accusation d' « insuffisance » prononcée par Bardili et par Schelling, Fichte, dans son *Exposition de 1801*, veut montrer qu'il ne manque rien à ses principes pour la connaissance intégrale, aussi bien du monde intelligible dont il n'avait rien dit encore, que du monde sensible dont il avait déjà fourni l'explication. Il établit que la *Théorie de la Science* n'est, à aucun degré, ce subjectivisme qu'on lui reproche d'être; qu'elle atteint l'Absolu, quoique non pas sans doute, comme chez Bardili et chez Schelling, à la manière renouvelée du dogmatisme; qu'elle, et elle seule, peut fournir l'explication du passage de l'Absolu au relatif, de l'Un au multiple.

D'abord il faut rétablir contre le néo-dogmatisme le sens profond de la philosophie critique. L'Absolu, en soi, nous est directement inaccessible, c'est pure fantaisie de l'imagination que prétendre le saisir dans une intuition et le définir. Toutes les déterminations qu'on en donne : savoir, être, identité, indifférence [2], récèlent à leur base le vieux péché originel du dogmatisme, l'introduction de l'objectif absolu dans le subjectif. L'indifférenciation primitive du subjectif et de l'objectif rendrait impossible toute différenciation ultérieure. L'Absolu peut-il donc se détruire lui-même, se rendre lui-

1, *Fichte's Leben*, II. Bd., Zweite Abth., 26, Fichte an Schelling, d. 31. Mai 1801, p. 346.

2. Fichte, *S. W.*, II. Bd., *Darstellung der Wissenschaftslehre aus dem Jahre 1801*, § 5, p. 13.

même relatif? Ce serait le triomphe du pur néant, de la contradiction en soi : le système de l'Identité absolue mériterait alors plutôt d'être appelé système de la nullité absolue [1]. Reconnaissons donc, avec la *Critique*, que nous ne pouvons pas sortir du savoir, ni dans la *Théorie de la Science*, ni en dehors d'elle, dans aucune science possible. Nous verrons alors que le point de départ de la philosophie ne peut être l'Absolu lui-même, extérieur au savoir, mais seulement le savoir absolu; l'Absolu en soi ne peut pénétrer dans notre conscience; il n'y peut être atteint que comme forme du savoir [2]. Et Fichte définit ainsi le véritable esprit de l'*Idéalisme transcendantal*.

« Tout être est savoir. Le principe de l'univers n'est pas le *non-esprit* (Ungeist), l'*anti-esprit* (Widergeist), ce qui rendrait son union avec l'esprit inconcevable, il est esprit. Pas de mort, pas de matière sans vie; partout la vie, l'esprit, l'intelligence, un royaume spirituel, absolument rien d'autre [3]. »

Maintenant, quel est ce savoir absolu dont la *Théorie de la Science* fait son principe? Parce que Fichte l'a défini sous les espèces du Moi, on veut y voir un subjectivisme, un individualisme, on l'accuse de laisser échapper la nature de la pensée absolue ou de la Raison universelle. On montre seulement par là qu'on n'en a pas saisi le sens, qu'on est atteint de « cécité mentale [4] ». Ce Moi, dont parle la *Théorie de la Science*, loin d'être, en effet, la conscience individuelle, n'est rien d'autre que l'acte de la spiritualité en lequel s'effacent précisément les distinctions individuelles, en lequel s'accomplit la communion des individus. Personne peut-être n'avait encore décrit cette essence de la vie spirituelle avec autant de profondeur que Fichte dans la première partie de sa nouvelle exposition. De cette analyse retenons ici seulement la conclusion : l'esprit, c'est la synthèse de la liberté et de la détermination; c'est, en réalité, l'union des deux attributs de l'Absolu. Or, si l'esprit est essentiellement vie, agilité, lumière, s'il a pour caractère d'être une activité qui s'engendre elle-même et qui se transparaît à elle-même, une production intelligible, il faut renoncer à définir l'Absolu comme chose, comme substance, comme repos dans l'Être [5], ce qui est en définitive la conception des nouveaux dogmatiques. Qu'ils en fassent la pensée pure ou la pure indifférence, leur Absolu est extérieur et antérieur au savoir, à l'esprit, il a une existence en soi et à soi. Cet Absolu-là, cet être pur, Fichte en dévoile l'origine : c'est le néant absolu, le vide qui pré-

1. Fichte, *S. W.*, II. Bd., *Darstellung der Wissenschaftslehre aus dem Jahre 1801*, § 27, p. 66. — 2. *Ibid.*, § 5, p. 13. — 3. *Ibid.*, § 17, p. 35. — 4. *Ibid.*, § 9, p. 20. — 5. *Ibid.*, §§ 9, p. 19-20; 12, p. 25; 17, p. 33-35; 18, p. 36; 19, p. 38; 23, p. 50; 24, p. 5; 25, p. 59; 26, p. 63; 27, p. 67.

cède la production même du savoir, l'acte de liberté d'où il sort;
c'est le non-être du savoir, sa limite originelle, c'est, en somme, le
pur inconscient. Sans doute, Fichte ne nie pas l'existence de cet
inconscient, il affirme même que, « chez la plupart des hommes, plus
de la moitié du système de leur connaissance reste plongé dans
l'absolu, dans l'inconscient, que, pour nous tous, toute l'infinité de
l'expérience que nous n'avons pas encore faite, bref toute l'éternité
s'y trouve[1] », mais de cet inconscient il se refuse à faire le principe
suprême; il y voit simplement la possibilité pure dont le savoir tirera
la réalité[2] dont la réflexion, par le miracle de la liberté, fera sortir
tout le progrès de l'esprit, jusqu'à la pleine possession de lui-même.

Entendons en ce sens cette déclaration de Fichte que « tout le savoir
suppose, comme son non-être, son propre être; pour se réaliser,
il faut déjà qu'il se possède[3] », sa forme impliquant sa matière, son
unité étant une unité organique indivise, grosse de tout l'univers, de
toute la multiplicité que le savoir développe successivement et progressivement en passant du zéro de la clarté, où il se borne à être
sans se connaître, à la clarté absolue, où il pénètre et habite en soi[4].
Mais Fichte refuse à la philosophie le droit de partir d'un Absolu qui
serait le néant du savoir, il reproche aux non-philosophes, aux purs
logiciens d'avoir ignoré la nature même de l'Absolu qu'ils veulent
réhabiliter[5]; il exige à bon escient que, pour demeurer fidèle au
rationalisme critique, le philosophe parte du savoir conscient, du
savoir réfléchi, lequel sort d'un acte de la liberté ou plutôt est la
liberté même, le passage du non-être à l'être[6]; il exige qu'il pose
tout être par rapport au savoir, qu'il considère le savoir comme un
système clos, comme le système unique; qu'il en fasse, en un mot,
son absolu; — et de considérer le savoir comme un absolu est le
caractère même de l'*Idéalisme transcendantal*[7].

Cette conception permet de relever une double hérésie de Schelling :
il prétend faire sortir le savoir de l'être, il prétend faire du savoir
réflexif — cet « accident absolu », cette création de la pure liberté —
un progrès nécessaire, une puissance supérieure de l'être; différence
capitale qui suffit à séparer le véritable Idéalisme, celui de la *Théorie
de la Science*, des nouveaux systèmes à la Spinoza[8]

D'autre part le savoir, tel que Fichte l'a défini, fournit la solution
du passage de l'Absolu au monde, de l'Un au multiple, que n'expliquaient, en effet, ni Bardill, avec sa distinction entre la pensée pure

---

1. Fichte, *S. IV.*, II. Bd., *Darstellung der Wissenschaftslehre aus dem Jahre 1801*, § 26,
p. 63, et § 25, p. 58. — 2. *Ibid.*, § 26, p. 63. — 3. *Ibid.*, § 27, p. 61, § 35, p. 104. — 4. *Ibid.*,
§ 4, p. 10-12. — 5. *Ibid.*, § 25, p. 58. — 6. *Ibid.*, § 29, p. 72-73; § 27, p. 67-68; § 28, p. 68-
69; § 24, p. 51 et suiv.; § 35, p. 104. — 7. *Ibid.*, § 17, p. 35. — 8. *Ibid.*, § 41, p. 131.

et la pensée appliquée, ni Schelling, avec sa distinction entre l'unité qualitative et la différenciation quantitative, puisqu'il restait toujours à rendre compte de cette distinction même. Dans les deux systèmes il est inconcevable que, partant de l'Absolu, il faille en sortir et poser le relatif comme sa manifestation. Mais la multiplicité, la « quantification », qui est à l'origine du monde, se conçoit parfaitement dans la *Théorie de la Science* : celle-ci part de la réflexion, laquelle, de l'aveu de Schelling, est le principe même de la divisibilité à l'infini. Fichte, allant plus loin encore, dira que la divisibilité à l'infini est la forme propre du savoir, qu'elle est l'expression de la liberté formelle de la réflexion [1]; le monde naît des divisions de la réflexion qui élève progressivement le savoir de l'inconscient à la conscience de soi; il est la limite nécessaire, mais incessamment mobile, que la réflexion suppose et s'oppose pour réaliser les déterminations successives du savoir [2]; il constitue, comme dit Fichte, le lieu de la lutte entre l'être et le non-être, la contradiction interne absolue; loin d'avoir une réalité en soi et à soi, il est un produit de notre imagination, une apparence qui s'évanouirait, si jamais l'infinité de la liberté pouvait s'actualiser, et qui, pour Dieu, n'existerait pas [3]. Mais il est absurde alors de prêter au monde, comme le fait Schelling, une existence absolue, ou d'en faire, comme il le prétend, un miroir, une expression, une révélation, un symbole de l'Éternel, comme si la lumière de l'Éternel pouvait se briser et se réfracter en rayons, comme si l'immuable pouvait prendre la forme du changement [4]. Cependant la divisibilité à l'infini de la réflexion n'exclut nullement l'unité, au moins formelle; elle la suppose au contraire comme nécessaire à sa détermination; le savoir tout entier consiste dans l'union indissoluble de l'unité et de l'infinité, l'unité fournissant au savoir sa forme même et sa loi — en faisant un système clos et non une série dont l'infinité se perdrait dans le vide; l'infinité, la multiplicité constituant la matière dont la réflexion tisse sa trame et qu'elle amène, par des déterminations successives, à la hauteur de la conscience [5]. Ainsi devient intelligible ici le passage de l'Un au multiple, qui restait inconcevable dans les systèmes de Bardili et de Schelling, parce que l'Absolu dont ils entendent partir est qualitativement un et ne souffre pas de quantification. La *Théorie de la Science*, grâce au principe formel de la réflexion, permet de concilier l'Unité — la forme même de l'Absolu — avec la divisibilité à l'infini,

1. Fichte, *S. W.*, II. Bd., *Darstellung der Wissenschaftslehre aus dem Jahre 1801*, § 10, p. 21; § 21, p. 47; § 30, p. 79-81; § 31, p. 82-86. — 2. Ibid., § 4, p. 10-12; § 32, p. 86-87. — 3. Ibid., § 32, p. 87; § 35, p. 104; § 48, p. 158-159. — 4. Ibid., § 32, p. 86-87. — 5. Ibid., § 4, p. 10-12; § 10, p. 22; § 32, p. 89-90; § 36, p. 106-110.

avec la quantitabilité qui est la forme du relatif et du phénoménal ;
elle résout l'antique problème que le romantisme religieux venait
de renouveler avec Novalis et Schleiermacher, et dont Schelling,
après Spinoza, avait en vain cherché la solution.

Ce n'est pas tout encore. Dans son *Exposition de la Théorie de
la Science de 1801*, Fichte ne s'est pas borné à justifier la possibilité
de l'existence du monde ; à la suite de Schelling, qui avait prétendu
construire, en partant de son principe, les éléments de la nature, il s'est
efforcé de montrer, à son tour, comment de l'union entre la réflexion
(principe de la divisibilité, du multiple) et l'unité sortent, par
voie de composition, toutes les déterminations qui constituent notre
monde dans son contenu et dans sa forme : l'espace[1], le temps [2], la
matière[3], le sentiment[4], la conscience où le savoir se réalise, où
l'universel, sans se perdre, se fixe et se détermine en se particulari-
sant dans l'individualité organique, dans le corps[5], enfin l'effort,
principe du mouvement et, une fois qu'il est réfléchi, principe de la
volonté, qui est ainsi la véritable substance du Moi et exprime notre
relation à l'univers[6].

Ainsi se trouve expliquée, du point de vue de l'*Idéalisme transcendantal*, la réalité empirique du monde sensible, réfutée l'erreur de
Schelling qui prête à la *Théorie de la Science* l'incroyable prétention de nier ce monde. Mais cette explication ruine aussi la conception d'une nature qui existerait pour soi, comme un Absolu, d'une
nature qui, ainsi que le voulait encore Schelling, servirait de fondement au savoir ; elle restitue au savoir la primauté, puisque ce sont,
en somme, les éléments même du savoir, l'unité et la divisibilité,
qui, par leurs combinaisons de plus en plus complexes, rendent
compte des déterminations du monde des apparences — de l'être
réel ; cependant elle maintient l'indépendance du monde à l'égard
de la connaissance que nous en avons, sa réalité propre extérieure à
notre conscience ; car, loin de faire des données du monde empirique
les produits d'une réflexion consciente, elle y montre l'œuvre d'une
activité spirituelle entièrement inconsciente ; dès lors le monde est
antérieur à la réflexion, il existerait, quand bien même nous n'en
aurions nulle conscience ; le monde est donc, en un sens, nécessaire
à l'existence du savoir réfléchi, et il est, en ce sens, vrai de dire, avec
Schelling, que le savoir en sort, comme l'accident sort de la substance, puisque le monde est, somme toute, simplement la position du

---

1. Fichte, *S. W.*, II. Bd., *Darstellung der Wissenschaftslehre aus dem Jahre, 1801*, § 33,
p. 90-95. — 2. *Ibid.*, § 34, p. 95-100. — 3. *Ibid.*, § 35, p. 101-104. — 4. *Ibid.*, § 37,
p. 110-115. — 5. *Ibid.*, § 37, p. 110-115, § 39, p. 118-124, et § 40, p. 126. — 6. *Ibid.*, § 39,
p. 118-122 ; § 40, p. 126 ; § 41, p. 129-132.

savoir qui précède nécessairement la réflexion du savoir sur lui-même, puisque le savoir, pour s'élever à la conscience et affirmer sa liberté, est forcé de se supposer lui-même comme déjà existant[1]

Mais il convient aussitôt d'ajouter — et c'est l'objet de toute la dernière partie de l'*Exposition de 1801* — que la nature ainsi expliquée, n'ayant pas d'existence en soi, étant et restant un monde de purs phénomènes, n'est vraiment qu'un instrument, qu'une condition de réalisation d'un autre monde, d'un monde absolument réel celui-là, parce qu'il est le monde purement intelligible. Après avoir ainsi construit la nature sans recours à d'autres principes qu'à ceux de la *Théorie de la Science*, après avoir, en passant, fait ressortir les contradictions de la *Philosophie de la Nature* et prouvé l'inanité de ses tentatives pour expliquer l'existence du monde, — Fichte oppose maintenant au naturalisme de Schelling son propre moralisme.

Dès la première partie de son *Exposition de 1801*, Fichte avait déclaré que le point de vue du Savoir était un point de vue formel, que ce point de vue, le seul positif pour nous, pourrait bien présenter par ailleurs un caractère négatif, que, « sans sortir d'ailleurs de la *Théorie de la Science* et tout en lui restant subordonné, un point de vue supérieur, un point de vue *réel* pourrait apparaître, auquel sans doute le Savoir se crée encore absolument de lui-même et, en se créant, produit tout ce qui est créé ou à créer, mais seulement quant à la forme, soumis qu'il serait, dans sa matière, à la loi même de l'Absolu. Pur moralisme, absolument identique, au point de vue de la réalité, au point de vue pratique, à ce qu'est, au point de vue de l'idéalité formelle, la *Théorie de la Science*[2]. »

Ce qu'il entendait par là se trouve expliqué dans la dernière partie de son *Exposition de 1801*. Le point de vue du naturalisme, c'est celui du monde sensible, dont le savoir réel, tel qu'il a été défini dans la première partie de l'*Exposition*, rend entièrement compte[3], mais ce point de vue implique encore le dualisme; car il est, on l'a vu, le lieu de la contradiction de l'être et du non-être, de la multiplicité et de la divisibilité; il faut alors admettre, en face de cette « quantitabilité », en face de ce devenir, l'unité qualitative qui le fixe, le détermine et l'empêche de se perdre dans l'infinité. Cette unité absolue n'est d'ailleurs accessible à aucun savoir *réel*, à aucun savoir de fait, c'est pour le savoir une pure Idée, un Idéal. Le savoir flotte entre l'unité et la multiplicité, il se meut dans la divisibilité, — où réside la réalité, — mais il tend à l'unité, et la conscience de cette

---

1. Fichte, *S. W.*, II. Bd., *Darstellung der Wissenschaftslehre aus dem Jahre 1801*, § 35, p. 104. — 2. Ibid., § 26, p. 64. — 3. Ibid., § 42, p. 132.

unité inaccessible qu'il ne cesse de concevoir, mais comme inaccessible, constitue son essence même et fait son éternité; de là vient que le savoir forme un monde, un univers *fermé* à l'égard et à l'intérieur même de son infinité[1]. « C'est toujours l'Un, l'Absolu que nous concevons, car, en dehors de lui, rien de concevable; pourtant nous concevons que jamais nous ne le concevrons entièrement, car précisément entre l'Absolu et le Savoir il y a toute l'infinité de la quantitabilité[2]. »

S'il en est ainsi, on comprend comment Fichte peut dire que l'expression de *monde* sensible enveloppe, à proprement parler, une contradiction, car il n'y a pas ici en réalité d'univers, de totalité, il n'y a qu'une infinité indéterminée, flottante, à jamais insaisissable[3]. Et, si l'unité qu'aucun savoir n'atteint et que vise tout savoir, si l'Un du Monisme est le point de vue de l'Absolu, s'il représente vraiment le monde de l'intelligible, on comprend comment Fichte peut ajouter « que c'est absolument pour la pensée qu'existe l'univers qui, par là même, en tant qu'intelligible, est un univers moral, et qu'on peut, à cette mesure, jauger certaines théories de la nature[4] ». Il faut le déclarer tout net : en faisant de la nature une sorte d'Absolu, Schelling a détruit toute l'économie de l'*Idéalisme critique*. Fichte prétend ici la rétablir en montrant dans la nature un simple instrument de réalisation de l'univers moral; prise en soi, la nature, à proprement parler, n'a pas d'existence; elle est toute phénoménale; c'est du monde moral, du monde intelligible qu'elle tire son sens et sa réalité. Toutes les déterminations du monde sensible, sous peine de se perdre dans le vide infini, ont leur aboutissement dans le monde intelligible; le monde que nous percevons, comme individus, notre rapport aux autres individus ont, comme condition dernière de leur existence, un fondement intelligible. Ce fondement intelligible se trouve, en fin de compte, dans le Savoir absolu, dans le Moi pur, autrement dit dans une Raison qui, sans cesser d'être idéalement une (et, cette Raison idéalement une, c'est Dieu même), se multiplie en se schématisant pour constituer le système des Moi. La multiplicité des Moi n'a plus rien alors de contradictoire avec l'Unité de la Raison, car c'est une multiplicité purement numérique qui n'exclut pas leur unité qualitative; la loi de ces Moi, la loi morale, consiste justement pour eux dans l'obligation de réaliser l'identité de la Raison commune, de travailler à l'avènement du Règne des Fins, du monde intelligible[5].

1. Fichte, *S. W.*, II. Bd., *Darstellung der Wissenschaftslehre aus dem Jahre 1801*, § 32, p. 87-90. — 2. *Ibid.*, § 36, p. 106. — 3. *Ibid.*, § 42, p. 135. — 4. *Ibid.*, § 42, p. 135. — 5. *Ibid.*, § 46, p. 147-150; § 47, p. 150-153.

Cette Idée de la Raison, du Moi pur, ou de la Pensée pure (trois termes identiques), qui est, pour nous, un idéal inaccessible, est cependant, en soi, la réalité suprême, c'est l'Être absolu. A cette hauteur, la distinction du savoir et de l'être n'a plus de sens, l'être est dans le savoir, le savoir dans l'être, l'idéal est réalité [1].

Fichte rejoint ici ses adversaires. Il retrouve, à son tour, le principe où la Pensée pure et l'Être pur ne font qu'un; mais ce principe est, en somme, pour lui un aboutissement — d'ailleurs tout idéal — de la philosophie, ce n'en est pas le point de départ; cette différence capitale suffit à sauver la philosophie du dogmatisme : c'est du point de vue critique, c'est en fonction du savoir, que l'Absolu est posé, que l'Idéal est réalisé. Il ne peut être atteint directement et en soi. Ceux qui reprochaient donc à la *Théorie de la Science* son insuffisance péchaient par ignorance : ils n'avaient point laissé à Fichte le temps d'achever son système, de construire ce monde intelligible où devait se trouver l'explication des problèmes que leur précipitation avait posés trop tôt, et mal posés. Fichte repoussait leur prétention de compléter la *Théorie de la Science*; il montrait l'improvisation de leurs solutions trop hâtives et l'inanité de leurs critiques.

1. Fichte, *S. W.*, II. Bd., *Darstellung der Wissenschaftslehre aus dem Jahre 1801*, p. 153.

CHAPITRE IX

LES ANNÉES 1801-1804.

A. *DIFFICULTÉS PÉCU-NIAIRES.*
L'*Exposition de 1801* inaugure l'ère des polémiques de Fichte contre Schelling. Désormais la rivalité des deux philosophes ne cessera plus de s'affirmer.

En confrontant les *Expositions* et les *Leçons* de Fichte de 1801 à 1813 avec la série des ouvrages de Schelling parus de 1801 à 1809, on se convaincra que Fichte dorénavant n'écrira plus que pour opposer la *Théorie de la Science* à la *Philosophie de la Nature*. Chacune des publications de Schelling provoquera une réplique de Fichte. Fichte sera ainsi amené à poser de nouveaux problèmes dans de nouveaux termes. Et Schelling l'accusera de changer de philosophie pour prendre la sienne. Mais nous montrerons que tout autre est le dessein de Fichte.

En face des insinuations d'abord, puis des accusations précises de Schelling, en présence du succès toujours grandissant de la *Philosophie de la Nature* et de l'espèce de discrédit où sombre de plus en plus la *Théorie de la Science*, Fichte croit que, pour satisfaire aux exigences du temps et reconquérir la faveur du public, il lui faut faire au réalisme sa part. Il se trouve dans l'obligation de fournir un Absolu qui ne soit plus un Idéal fuyant et reculant sans cesse, un Absolu qui cependant, pour demeurer fidèle aux principes de la *Théorie de la Science*, reste immanent à l'esprit et ne restaure pas l'ontologisme, le dogmatisme que Fichte ne cesse de dénoncer chez Schelling. Tâche singulièrement ardue, sinon irréalisable; car il s'agit, semble-t-il, de concilier deux conceptions opposées.

De là sans doute les difficultés que soulève l'interprétation de la pensée de Fichte sur les rapports de la Raison et de l'Absolu, de là l'espèce de flottement qu'on croit surprendre dans son esprit même.

Le spectacle de ce combat intime a quelque chose de vraiment angoissant : pour sauver la doctrine qui a fait sa gloire, dont la vérité lui apparaît certaine, dont il sent l'efficacité menacée, Fichte va, pour ainsi dire, lutter contre lui-même, s'efforçant de concilier deux points de vue peut-être irréductibles, prodiguant les ressources prestigieuses de sa dialectique pour contraindre en quelque sorte l'Absolu à se soumettre aux exigences du relativisme critique, et, comme il le disait à Jean-Paul, pour « achever » sa philosophie

Nous allons voir se préciser cette attitude de Fichte dès les leçons sur *Les Traits caractéristiques du temps présent* — le premier cours que Fichte ait professé à Berlin — pendant l'hiver 1804-1805. Depuis l'année 1801, Fichte n'avait rien écrit. Il travaillait sans relâche à cet « achèvement » de la *Théorie de la Science*. Années de gêne et presque de misère. Fichte connaissait à son tour les difficultés d'existence qui étaient celles de tant de Berlinois, et qui obligeaient maints hauts fonctionnaires de vaquer, eux et leurs femmes, aux soins du ménage ; il les connaissait, bien qu'il ait déclaré un jour que ni lui ni sa femme ne pourraient se faire à pareille vie [1].

Nous en trouvons l'aveu sous la plume même de Fichte, et l'aveu singulièrement émouvant : « Trois ans de travail sans répit à la *Théorie de la Science*, presque sans aucune occupation lucrative, l'impossibilité absolue d'interrompre cette suite de méditations, sous peine d'être obligé d'y renoncer tout à fait, ont épuisé le peu qui nous restait [2] », écrit Fichte à Schiller le 9 juin 1803.

« Encore entièrement absorbé par la *Théorie de la Science*, non pas sans doute pour la découvrir et l'améliorer, mais pour l'élever à la pleine clarté [3] », Fichte, afin de ne pas aliéner la liberté d'esprit qui, pendant un an encore, était indispensable à l'achèvement de ses projets, en fut réduit à vivre d'expédients pour se procurer les ressources nécessaires à sa subsistance et à l'entretien des siens. L'acquéreur de sa maison d'Iéna, n'ayant payé aucun acompte et à peine les intérêts, ne méritait pas de ménagements ; Fichte dut lui faire un procès ; l'avocat Salzmann était chargé de le poursuivre. Mais les procès sont longs et aléatoires ; Fichte n'avait, en attendant, pas de fonds disponibles [4].

Schiller et Gœthe prirent, suivant le mot de ce dernier, si bien à cœur les intérêts de Fichte, qu'en dépit de « la malédiction qui pèse

1. *Fichte's Leben*, I. Bd., 1. Buch, 6. Kap., p. 318. Lettre à sa femme, du 17 août 1799. — 2. Ibid., II. Bd., Zweite Abth., V, 7, Fichte an Schiller, Berlin, den 9. Juni 1803, p. 393. — 3. *Ibid.*, p. 394.
4. *Ibid.*, II, p. 393-394. La lettre de Fichte à Schiller, publiée dans le *Gœthe-Jahrbuch*, et datée du 18 août 1803, parle également de cette vente. Fichte s'excuse d'en entretenir Schiller, mais il craint que Voigt, d'ailleurs au courant de l'affaire, et

par malheur si aisément sur tout ce à quoi touchent les avocats »[1],
six semaines plus tard les affaires de Fichte paraissaient en bonne
voie; Fichte assurait Schiller « de sa reconnaissance pour l'empressement qu'il avait mis à répondre à son vœu, le remerciant du
service considérable, à maints égards, qu'il lui avait rendu[2] ».

Délivré de ce souci, Fichte put se livrer tout entier à ses études.
Il n'en distrayait que le temps nécessaire à l'éducation de son jeune
fils. Il aurait voulu être son seul maître, désireux de l'élever conformément à ses principes; mais il fut forcé de faire appel à d'autres
pour les matières où il se jugeait trop incompétent. Cependant
il n'admit leur intervention qu'en exerçant sur eux une surveillance journalière, qu'en discutant et en dirigeant leurs enseignements. Pour conserver son fils sous sa garde sans le priver toutefois du bénéfice inappréciable, à ses yeux, de la fréquentation de
condisciples, il avait formé le projet de prendre chez lui, en pension,
quelques enfants qu'il aurait traités comme les siens, et dont il
aurait fait l'éducation avec celle du jeune Hermann[3].

qui a la bonté de s'employer à sa réussite, ne soit pas encore de retour de Dresde,
que Niethammer, auquel il aurait pu aussi bien s'adresser, ne soit absent, lui aussi.
Fichte écrit sur une feuille séparée la note qui doit être remise à Voigt ou à celui
de leurs amis juristes que Schiller ou Gœthe croiront devoir intéresser au procès; il
supplie d'ailleurs Gœthe et Schiller de ne pas perdre de vue cette affaire. La cause
lui paraissant juste et d'un intérêt général, il souhaiterait qu'ils trouvassent une
heure pour lire tous deux l'instruction jointe à la lettre et mise à la portée d'un
avocat. (*Gœthe-Jahrbuch*, p.p. L. Geiger, Frankfurt a/M, Literarische Anstalt, Rütten
und Lœning, 1894, XV. Bd., I, 5, ix, Berlin, den 18. August 1803, Fichte an
Schiller, p. 44.) Enfin une lettre de Fichte à Schiller, du 23 juillet 1803, publiée en
1918 par le Dr Hans Schulz, confirme les embarras pécuniaires de Fichte et toutes
les difficultés auxquelles il se heurtait pour son procès. Fichte y expose à Schiller
l'état de la cause et lui remet le soin de ses intérêts.

Cette lettre, déjà reproduite dans la correspondance de Fichte publiée par son fils,
porte à tort la date du 20 juillet, et le passage relatif à la maison d'Iéna a été supprimé (Dr Hans Schulz, *Aus Fichte's Leben*, Berlin, Reuther und Reichard, 1918, p. 41-42).

1. Lettre de Gœthe à Zelter du 29 août 1803. *Gœthes Werke*, hgg. im Auftrage der
Grossherzogin Sophie von Sachsen, Weimar, Hermann Böhlau, 1894, IV. Abth.,
16. Bd., Briefe, 1802-1803, 4 700. An Zelter, Weimar, d. 29. Aug. 1803, p. 273-274. « Sagen
Sie, ihm (à Fichte) zugleich, dass wir seine Angelegenheit bestens beherzigen.
Leider ruhet auf dem, was Advocatenhände berühren, so leicht ein Fluch. »

2. *Fichte's Leben*, II. Bd., Zweite Abth., V, 8, Fichte an Schiller, Berlin, den 20. Juli
1803, p. 395. Un doute plane cependant sur l'issue de l'affaire. Dans une lettre de
trois mois postérieure (23 sept. 1803) Gœthe écrit, en effet, à Schiller : « Voudrez-vous
avoir la bonté de faire parvenir à Fichte la feuille incluse. Malheureusement toute
l'affaire ne marche pas à souhait. Malgré sa grande intelligence Fichte a encore cette
illusion que, devant le tribunal, on peut obtenir gain de cause par sa méthode à lui,
alors que dans cet endroit-là il s'agit essentiellement de suivre certaines formes. Il faut
aussi, vous le verrez d'après ce feuillet, se débarrasser de Salzmann, qui n'est bon absolument à rien ». (*Gœthes Werke*, IV. Abth., 16. Bd., Briefe, 1802-1803, 4 730, An Schiller,
Weimar, am 23. Sept. 1803, p. 312). — Mais peut-être s'agit-il ici simplement du procès
engagé par Fichte contre l'acquéreur de la maison, et peut-être Fichte avait-il
obtenu déjà, grâce à l'appui de Voigt et de Gœthe, le remboursement de son hypo-
thèque — ce qui expliquerait ses remerciements à Schiller pour son « grand service ».

3. Fichte, *S. W.*, VIII. Bd., 3. F. *Aphorismen über Erziehung*, 1804, p. 353, note.

B. LES « APHORISMES SUR L'ÉDUCATION », DE 1804. De ce projet et des principes du philosophe en matière de pédagogie il reste un témoignage les *Aphorismes sur l'Éducation*, que Fichte écrivit en 1804, mais ne publia pas.

Élever un homme, déclarait Fichte, c'est le mettre en état de pleine possession de l'ensemble de ses forces; toute spécialisation en vue d'une situation future est inutile, sinon dangereuse; elle est dangereuse, car elle rétrécit la volonté, qui, en fait, devient l'esclave de la prétendue situation, au lieu de la dominer; d'autre part elle limite la culture, loin de la développer; elle est inutile : celui qui est absolument maître de soi, de l'ensemble de ses forces, peut se mettre toujours facilement à portée de toutes les situations [1].

Pour la formation de l'esprit dans ce sens le plus général, les modernes n'ont rien de meilleur que l'enseignement des langues anciennes classiques. La question est de savoir, non pas si l'on aura jamais à se servir de ces langues dans la vie, mais comment l'enfant pourra discerner, au travers du brouillard de mots qu'il n'a pas faits, que, par suite, il ne comprend vraiment pas, la claire et vivante intuition des choses elles-mêmes. Or, l'étude des langues mortes, dont les mots sont précisément étrangers à l'esprit moderne, le force à *comprendre* ce qu'il dit, à dissocier le mot de l'idée, à s'élever, au-dessus de tous les signes, jusqu'à quelque chose qui est supérieur aux mots, jusqu'au concept même de la chose; elle le force à ne pas prendre des ombres pour la réalité [2]

Bien entendu, l'étude des langues mortes ne doit pas être l'enseignement exclusif; il faut faire sa part à la connaissance du monde naturel. Mais, précisément parce que ce monde est celui où nous vivons, l'enseignement se fait ici beaucoup plus par l'expérience, par l'échange des conversations, que par la culture traditionnelle et livresque; voilà pourquoi une éducation commune qui met en contact les enfants les uns avec les autres est plus profitable et plus rationnelle qu'une éducation toute solitaire [3].

Maintenant l'essentiel est que l'enfant n'apprenne pas mécaniquement les choses, qu'il exerce réellement son esprit et fasse effort pour comprendre. L'effort est nécessaire à l'éducation, et l'effort est toujours pénible; il faut donc écarter de l'éducation rationnelle la

p. 359-360. Voir aussi *Frankfurter Zeitung* du 7 février 1924, *Fichte als Pädagoge aus ungedruckten Aufzeichnungen*, mitgeteilt von Dr. Rudolf Schade. Les courts extraits dont il s'agit sont tirés des papiers du poète romantique R. von Beyer qui fut précisément un de ces jeunes gens.

1. Ibid., 1, p. 353-354.
2. Ibid., 2, p. 354-355.
3. Ibid., 4, p. 355-356.

méthode de l'enseignement facile, qui consiste à enseigner ou à apprendre en jouant. Mais, pour l'exercice de l'esprit, l'étude par excellence est celle des mathématiques, c'est elle qui devra être, dans la véritable instruction, la seconde branche capitale [1].

Ensuite viendra l'étude des langues modernes, que rendent nécessaire des besoins naturels et des besoins que nous avons artificiellement créés; cette étude sera aisée après celle des langues anciennes, du latin surtout, dont sont filles un grand nombre de langues modernes [2]. Quand l'esprit sera plus mûr, on abordera, outre les principes fondamentaux de la géométrie et de l'arithmétique, l'étude systématique des autres sciences [3]. On n'oubliera pas non plus l'éducation du corps, qui fait partie, au même titre que l'esprit, de l'ensemble des forces humaines. Sans doute il faut protester contre l'opinion vulgaire que le zèle, le travail sérieux, sont mauvais pour la santé : la culture précoce de l'esprit, pourvu que ce ne soit pas un pur et simple dressage de la mémoire, pourvu que ce soit un exercice vivant de l'imagination, sera déjà, pour le corps même, un stimulant fécond; mais, abstraction faite de cette culture, il reste que c'est un des buts particuliers de l'éducation de rendre l'enfant maître de son corps. On lui apprendra donc à développer tous les organes des sens, la vue par le dessin, l'oreille par la musique et l'harmonie, et d'une manière générale par l'exercice d'une attention soutenue, en ne supportant pas la dispersion et la distraction; on lui fera journellement respirer l'air pur, on développera ses membres par des exercices gymnastiques, par la danse, la boxe, les armes, l'équitation. Tout cela en vue d'assouplir le corps, de le rendre apte à toutes les fins de l'esprit, d'en faire un instrument parfait de la volonté [4].

Quant à l'éducation morale, il n'y en a point, au sens *positif* du mot; la moralité ne s'apprend pas avec des formules; un pareil enseignement serait la négation et la destruction de toute moralité; « c'est dans le secret et dans la pudeur de l'âme, sans bavardages et sans ostentation, que d'elle-même s'enfante la moralité, que peu à peu elle croît et se développe »; pour qu'elle s'enfante d'elle-même, il suffit d'entourer l'enfant de bons exemples, d'écarter de son regard tout ce qui est mauvais, vulgaire et bas. Le meilleur à cet égard sera que l'éducateur même pratique une moralité sévère; qu'il ait le souci de ne jamais mentir, de ne jamais parler ou agir sciemment contre sa conscience. Cette sincérité sera puissante sur l'âme de l'enfant, elle l'élèvera, elle déterminera son attitude intérieure, elle

1. Fichte, S. W., VIII. Bd., 3. F. Aphorismen über Erziehung, 1804, 5, p. 356.
2. Ibid., 6, p. 356. — 3. Ibid., 7, p. 357. — 4. Ibid., 8, p. 357-358.

sera pour lui la source inépuisable de la droiture et de toutes les vertus[1]. Développer l'esprit religieux, c'est éveiller l'aspiration à quelque chose de supérieur aux sens. Une pareille aspiration ne s'enseigne pas non plus, c'est aussi quelque chose de tout intérieur et qui sort du fond du cœur, quand est pure l'atmosphère même que l'enfant respire. L'initiation aux mystères de la religion positive, lorsque l'enfant est en âge d'y participer, doit être entièrement remise aux ministres des différents cultes — quel que soit ce culte (cela est tout à fait indifférent à l'éducateur); l'éducateur lui-même devra s'abstenir totalement et scrupuleusement de toute intrusion positive ou négative dans ce domaine[2].

C. FICHTE ET MADAME DE STAËL. — Ces *Aphorismes sur l'éducation*, suscités par le souci d'élever son fils en conformité avec ses principes, furent, avons-nous dit, la seule distraction que se permit Fichte, durant le travail ininterrompu qu'exigeait la refonte de la *Théorie de la Science*. De 1801 à 1804, pendant trois ans, Fichte vécut donc à Berlin dans le mutisme philosophique le plus absolu[3]. La méditation intense à laquelle il s'astrei-

---

1. Fichte, *S. W.*, VIII. Bd., 3. F. *Aphorismen über Erziehung*, 1804, 9, p. 358-359. — 2. *Ibid.*, 10, p. 359.

3. Nous disons mutisme *philosophique* pour être rigoureusement exact. Il parut, en effet, en 1802, quelque chose de Fichte, mais sans signature, une idylle, dans l'*Almanach des Muses* de A.-G. Schlegel et de Tieck. La voici :

> Was regst du, mein Wein, in dem Fass dich?
> « Es brachten die Lüfte mir Kunde
> Von der Inbrunst meines Erzeugers,
> Das regte das Inn're mir auf! »
> « Ich möchte die Bande zersprengen,
> Die von ihm ferne mich halten,
> Und zerfliessen und in den Düften
> Zusammenströmen mit ihm! »
>
> So bringen heimliche Stimmen
> Der Geister Psychen die Kunde
> Von der unendlichen Liebe
> Im Unendlichen, ihrem Erzeuger;
>
> Und es dehnet sich ihr das Herz aus
> In unbeschreiblicher Wehmuth,
> In unaussprechlicher Sehnsucht,
> Bis die irdische Hülle zerreisst. »

(*Musen-Almanach* von A.-W. Schlegel und L. Tieck, Tübingen, 1802, p. 170; voir Fichte, *S.-W.*, VIII. Bd., 5. B., p. 460.)

C'est sans doute à cette idylle que fait allusion A.-G. Schlegel dans deux lettres à Tieck du 28 avril et du 13 juin 1801.

Dans la première il écrit :

« Fichte m'a montré une petite poésie qu'il veut nous donner, et peut-être nous donnera-t-il encore davantage, mais probablement pas sous son nom. » *Briefe an L. Tieck* (Édition K. von Holtei, Breslau, Verlag von Ed. Trewendt, 1864, III. Bd., A.-W. Schlegel, VIII. B., d. 28. Apr. 1801, p. 245).

Dans la seconde il ajoute :

« Fichte ne m'a pas encore donné la copie de la petite poésie qu'il m'a lue 'un

gnait n'était d'ailleurs, semble-t-il, pas la seule raison que Fichte
eût de se taire ; un mot qui lui échappa découvre, à cet égard, le
fond de son cœur : le philosophe déclarait vivre actuellement, à
Berlin, au centre de la Barbarie (an dem Mittelsitze der Barbarei)[1],
et il tentait de le prouver.

Le 18 août 1803, Fichte écrivait à Schiller :

« J'ai vu deux fois la *Fille naturelle* de Gœthe, car elle a été donnée
ici en représentation, j'y ai apporté toute mon attention[2], et je crois
m'être élevé à tous les aspects sous lesquels on peut considérer cette
œuvre. Quels que soient mon respect et mon goût pour *Iphigénie*, pour
le *Tasse* et, dans un autre genre, pour *Hermann et Dorothée*, bien
que, d'autre part, j'aie à peine cru qu'il puisse y avoir quelque chose
de supérieur, je préfère encore cette dernière œuvre de Gœthe à tout
le reste, je la tiens aujourd'hui pour le plus grand chef-d'œuvre
du maître. Claire comme la lumière, insondable comme elle, et,
comme elle, à la fois, se concentrant d'une façon vivante dans toutes
ses parties jusqu'à l'unité absolue et se diffusant à l'infini[3]. »

jour et qu'il destinait à l'*Almanach*. Voilà pourquoi elle ne se trouve pas dans la liste.
Dès que je l'aurai, je vous l'enverrai » (*Ibid.*, XI. B., d. 13. Juni. 1801, p. 251).

La publication de cette idylle de Fichte, à cette date, dans l'*Almanach* est intéressante ; elle prouve qu'en dépit des dissentiments récents de Fichte avec les romantiques en général et, en particulier, de son différend avec A.-G. Schlegel à propos de
l'*Institut* critique, Fichte restait personnellement en bons termes avec eux. La secrète
tendresse de Fichte pour le romantisme sous sa forme première ne fait d'ailleurs pas
de doute, et il en demeurait quelque chose. Le fils de Fichte, dans son introduction au
tome VIII des œuvres complètes, rappelle la prédilection de son père pour le romantisme religieux, et déclare qu'il voyait chez Novalis, principalement dans ses cantiques spirituels, de nouvelles sources de poésie véritable, de poésie régénératrice
ouvertes à son siècle: d'autre part la *Sainte Geneviève* de Tieck éveilla chez le philosophe un si vif intérêt qu'il crut pouvoir donner à cette espèce de drame religieux
romantique la forme d'une exposition d'idées philosophiques. Il avait construit tout
un drame romantique, *La mort de Saint Boniface*, où il essayait de montrer le triomphe
de l'Idée, et dont le plan détaillé existe encore (Fichte, *S.-W.*, VIII. Bd., *Vorrede des
Herausgebers*, p. XVII).

1. *Fichte's Leben*, II. Bd., Zweite Abth., V, 8, Fichte an Schiller, den 20. Juli 1803, p. 396.
2. *Gœthe-Jahrbuch*, p.p. L. Geiger, XV. Bd., I, 5, Zwei Briefe von Fichte an
Schiller, hgg. von R. Steiner, IX, Berlin, den 18. August 1803. Fichte déclare (p. 44-45)
que la structure de la pièce, à raison même de ce qu'elle est un tout organique où
une partie ne peut se comprendre que dans son rapport avec toutes les autres, exige
une attention soutenue de deux ou trois heures. Et, faute de cette attention assez
rare, le sens de la pièce échappe au spectateur qui la trouve ennuyeuse.
3. *Ibid.*, p. 44. La suite de la lettre insiste sur le fait qu'il est impossible à un public
moderne de comprendre dans l'intimité de son esprit une œuvre tout à la fois aussi
profonde et aussi simple. Elle expose la raison pour laquelle la Direction, la Cour
et la Ville ont trouvé l'action languissante (p. 45), elle s'étend enfin longuement sur le
jeu des acteurs et sur l'interprétation de la pièce (p. 46-48). Ces détails très circon-
stanciés semblent faits pour être transmis à Gœthe. Et ils le furent, car, dans la
lettre à Zelter du 29 août 1803, que nous avons déjà citée, Gœthe fait allusion à la
lettre de Fichte, et le remercie (« Fichte hat einen sehr schönen und liebenswürdigen
Brief über die Eugenie an Schiller geschrieben. Danken Sie ihm dafür. » *Gœthes
Werke*, éd. de Weimar, IV. Abth., 16. Bd., Briefe, 1802-1803, 4 700, An Zelter, Weimar,
d. 29. Aug. 1803, p. 273).

Or, cet « immortel chef-d'œuvre de Gœthe » venait littéralement de
sombrer au théâtre sous les sifflets du public, qui réservait ses applaudissements et son enthousiasme pour un Brockmann, un auteur au-
dessous de toute critique. La Ville et la Cour étaient d'accord pour
trouver la pièce de Gœthe très ennuyeuse, sans action, exigeant
un effort d'attention « diabolique ». Un critique théâtral déclarait
sérieusement que de pareilles pièces étaient sans doute bonnes à lire
devant un ou deux amis, mais qu'au théâtre il s'agissait de tout autre
chose. Et celui qui parlait ainsi était le critique le plus bienveillant[1] !

Quel accueil un pareil public, incapable d'apprécier l'art le plus
noble et le plus haut, aurait-il pu faire à la *Théorie de la Science*? Le
mieux pour Fichte était de se taire. Et il se taisait. Il lui manquait,
pour se faire entendre, à la fois un public et une chaire; les salons de
Berlin, il est vrai, l'avaient accueilli avec l'empressement que l'on sait,
mais, en dépit des amabilités qu'on lui prodiguait, il s'y sentait
dépaysé, il y était un *étranger*, un hôte illustre que ses malheurs
avaient rendu intéressant, une « curiosité du moment » qu'on exposait et qu'il fallait voir. Rien de caractéristique à cet égard comme
l'entrevue de Fichte avec Mme de Staël[2].

1. *Fichte's Leben*, II. Bd., Zweite Abth., V, 8, Fichte an Schiller, Berlin, den 20. Juli
1803, p. 396. La date du 20 juillet donnée par le fils de Fichte doit être rectifiée; la
lettre est du 23 juillet (Voir Hans Schulz, *Aus Fichtes Leben*, p. 41).
2. M. J.-M. Carré a trouvé à Londres, dans les papiers de H.-C. Robinson, ami et
défenseur de Gœthe en Angleterre, étudiant à Iéna de 1802 à 1805 et qui s'était
donné pour tâche de faire connaître en Angleterre la philosophie et la littérature
allemandes, un petit inédit de Fichte, publié en 1914 par la *Revue de Métaphysique et de
Morale*, qui se rapporte évidemment à cette entrevue. Robinson avait été présenté à
Mme de Staël à Weimar, au début de 1804; il l'avait initiée à la critique kantienne,
il avait écrit pour elle quelques dissertations sur ce qu'on appelait alors la « philosophie la plus récente ». A peine arrivée à Berlin, Mme de Staël l'y avait appelé.
« Fichte ne va point à Halle, lui avait-elle écrit. Il recommence ses cours ici dans
quatre semaines. Il faut donc que Vous veniez. » Et c'est elle très vraisemblablement qui lui avait remis, soit pour les traduire, soit en témoignage de reconnaissance,
les *Aphorismes* de Fichte découverts par M. J.-M. Carré. Il s'agit d'une exposition des
rapports entre la *Théorie de la Science* et la *Critique* de Kant, identiques toutes deux
dans leur *Transcendantalisme*, comme dans leur effort pour établir l'unité de l'être et
de la conscience, mais opposées en ce que Kant part des faits qui se présentent à la
conscience empirique, de certaines *données*, se bornant à *certifier* — sans le *démontrer*
— qu'elles sont liées dans l'Unité suprême, que Fichte, lui, prétend partir d'un principe entièrement constructible et en déduire l'ensemble de la conscience empirique
dans sa diversité; il prétend partir de l'unité de l'être et de la conscience considérée
dans sa *qualité interne absolue* et montrer *que* et *comment* en sort le système du divers
qui constitue la conscience empirique.
La forme même sous laquelle se présente ce manuscrit inédit de Fichte est fort
intéressante. Ce sont des *Aphorismes*, et, en 1804, Fichte a déjà écrit des *Aphorismes* :
les *Aphorismes sur l'éducation*. Ce rapprochement semble attester une manière
d'exprimer sa pensée familière à Fichte à un moment donné. Mais, pour situer ces
Aphorismes, il suffit de se reporter à leur contenu : le sens, les formules mêmes de
ces quelques pages répondent visiblement aux préoccupations qui ont dicté à
Fichte ses leçons de 1804 sur la *Théorie de la Science*; il y a là une identité de
points de vue qui ne permet guère de doute. On peut donc affirmer avec une quasi-

Mme de Staël n'était point une visiteuse ordinaire. Elle venait er Allemagne étudier les mœurs, les hommes, les idées, avec l'intentior de les faire connaître au public français. Comment aurait-elle pu négliger Fichte? Arrivée dans les premiers jours de mars, elle dînait le 10 à la Cour; à la réception qui suivit elle rencontra G. de Brink-mann, alors ambassadeur de Suède. Elle le savait lié avec deux des personnalités les plus marquantes de Berlin, Rahel et Fichte. Curieuse par métier, elle l'interrogea sur Rahel d'abord, non sans railler un peu l'admiration qu'on paraissait lui témoigner. Elle l'avait déjà rencontrée à Paris chez les Humboldt, elle ne lui avait prêté aucune attention [1]. Elle demanda à Brinkmann s'il trouvait qu'elle eût tant d'esprit. Brinkmann lui répondit : « De l'esprit? Il vaudrait bien la peine de tant la vanter, si elle n'avait que de l'esprit. Mais, selon moi, *son génie* ferait certainement de l'effet à *Athènes* même, si la Grèce existait encore. Qui donc dit de Mme de Staël *qu'elle a beaucoup d'esprit?* » Et comme Mme de Staël répliquait : « Ah! vous la com-parez donc à moi? Cela n'est pas mal. A-t-elle *écrit* quelque chose? » Brinkmann répliqua : « Non, je crois même qu'elle ne le fera jamais, mais il serait à souhaiter qu'elle pût inspirer *son génie* à vingt auteurs qui en manquent [2]. » Mme de Staël avait compris; elle eut beau dire à Brinkmann « qu'il était fou », « fanatique en amitié comme en philosophie », elle manifesta le désir de voir « cette merveille », et elle demanda à Brinkmann de donner une soirée où elle rencontrerait Rahel; elle exprima en outre le vœu d'y faire la con-naissance de Fichte, s'informant de la manière dont elle pourrait avoir un aperçu de son système. Le prince Auguste de Prusse eut beau « chercher à la détourner d'une tâche en apparence sans espoir, Mme de Staël ne se laissa pas décourager : « Ne craignez rien, dit-elle, peu à peu cela ira. »

certitude que les *Aphorismes* sont de 1804. Et les circonstances dans lesquelles M. J.-M. Carré les a retrouvés confirment l'hypothèse qu'ils étaient bien destinés à Mme de Staël, puisque c'est précisément en 1804 que Mme de Staël rencontra Fichte et se fit initier à son système. Il est très vraisemblable que Fichte avait écrit ces *Aphorismes* à l'usage de Mme de Staël, pour lui faciliter l'intelligence de sa doctrine au moment de leur entrevue, et les lui avait remis, soit lui-même, soit par l'intermédiaire d'un ami commun.

1. C'est Rahel qui nous l'apprend dans un billet de 1804 : « Je serai assez charmée, écrit-elle, de faire la connaissance de Mme de Staël; mais je l'ai lue, et j'ai assouvie (*sic*) la curiosité qu'on a de connaître une personne intéressante. Je l'ai vue deux fois très bien et très parlante chez les Humboldt à Paris : elle m'a même parlé, et de Brinkmann aussi; mais elle m'a oubliée. Mais voilà tout! Une intime connaissance n'est presque pas possible. Mais comme elle fait la pluie et le beau temps dans ce moment, je me promènerai assez volontiers dans sa saison. Elle ne m'échappera pas! » (K.-A. Varnhagen von Ense, *Ausgewählte Schriften*, XIX. Bd., dritte Abth., *Vermischte Schriften*, Dritter Theil, Leipzig, Brockhaus, 1876; *Rahel*. Brief an Varnhagen von Ense, nach dem Tode seiner Gattin, von Gustav Freiherrn von Brink-mann, p. 235, note.) — 2. *Ibid.*, p. 235-236.

G. de Brinkmann donna donc une grande réception en l'honneur de Mme de Staël; il y avait convié Rahel, et tous ceux qui pouvaient inspirer un intérêt quelconque à l'auteur de *Delphine* : des princes du sang, des savants, des dames de la Cour, la Unzelmann, Iffland. l'acteur,... et Fichte. Mais l'entrevue avec Fichte exigeait une préparation, et Brinkmann devait d'abord inviter à dîner, en même temps que Mme de Staël, le philologue Spalding, qui lui exposerait la philosophie de Fichte. Le pauvre Spalding en était malade d'avance. La veille, rencontrant un ami, il lui disait en soupirant : « Ah! quelle dure journée pour moi, que celle de demain! Je dois à table traduire un livre que je ne comprends pas dans une langue que je ne parle pas couramment. »

Quant à la conversation, ainsi « préparée », entre Mme de Staël et Fichte, Ancillon, alors prédicateur de la colonie française de Berlin, l'a décrite en ces termes à l'écrivain américain Ticknor : « Après s'être entretenue un moment avec Fichte, Mme de Staël lui dit : «Maintenant, Monsieur Fichte, pouvez-vous me donner, dans le moins de temps possible, par exemple en un quart d'heure, un aperçu rapide, une idée de votre système, de façon à me faire comprendre ce que vous entendez par *votre Moi*, car je n'y vois absolument pas clair? »

« Cette prétention d'exposer en un quart d'heure, à quelqu'un qui avouait n'en pas connaître le premier mot, le système qu'il avait consacré sa vie à développer d'un principe fondamental jusqu'à ce qu'enfin, comme une toile sortie des profondeurs intimes de son être, il embrassât l'univers entier, cette prétention blessa la dignité du philosophe. Il céda cependant à des instances de plus en plus pressantes, et chercha à y répondre tant bien que mal dans un français défectueux. Mais à peine avait-il parlé dix minutes, que Mme de Staël, qui l'écoutait avec la plus sérieuse attention, l'interrompit soudain d'un air ravi : « Oh! cela suffit, Monsieur Fichte, cela suffit; je vous comprends à merveille. Une aventure de voyage du baron de Münchhausen est le commentaire le plus frappant de votre système. » Le visage de Fichte revêtit une expression tragique, et tous les auditeurs prirent l'air de gens qui assistent au cinquième acte d'un drame. Mme de Staël, seule, parut ne rien remarquer, et poursuivit : « Un jour, le baron arriva au bord d'un grand fleuve que ne traversaient ni ponts, ni passerelles, ni bateaux, ni barques; il fut sur le point de désespérer, quand tout à coup il eut une heureuse inspiration. D'un geste énergique il saisit sa propre manche et s'élança ainsi sur l'autre rive. C'est précisément là, si je vous comprends bien, ce que vous avez fait, Monsieur Fichte, avec *votre Moi*. »

« Cette saillie produisit un effet irrésistible sur toutes les personnes présentes, excepté Fichte, qui ne parvint jamais ni à pardonner, ni à oublier l'épisode [1]. »

Le trait était d'autant plus cruel qu'à l'heure précise où Mme de Staël tournait ainsi en ridicule la *Théorie de la Science* [2] Fichte espérait

1. Lady Blennerhassett, née comtesse de Leyden, *Madame de Staël et son temps* (1766-1817). Ouvrage traduit de l'allemand par A. Dietrich, t. III, Paris, Louis Westhausser, 1890, ch. II, p. 91-92. Voir aussi George Ticknor, *Life, letters and journals*, Boston, James R. Osgood and Company, 1876, vol. I, ch. xxv, *May* 25, p. 498.

2. Au moment même où Madame de Staël lançait contre le Moi de Fichte cette spirituelle boutade, Baggesen composait son *Faust achevé* (Der vollendete Faust) où la *Théorie de la Science* était ridiculisée avec moins de finesse.

Sous les traits de Bruno, Fichte, ou quelqu'un qui lui ressemble étrangement, visite un asile d'aliénés, et la folie d'un des pensionnaires de l'endroit consiste à se croire l'auteur d'un système — du système de Fichte — qu'il entend lui exposer tout au long. Citons le passage :

DER TOLLE.

Meine Lehre

Ichlehr' — Urlehr' — Alllehr' — Einfachheitslehre —
Mein Allerhöchstichselbstichheitssystem.

BRUNO.

Hat eine Einheitslehre Er geschrieben?

DER TOLLE.

Ein!? O! mein armes Publicum! — nicht eine;
Drei — neune — neunmalneunzig — neunmal alle
Geschrieben, längst gesetzt, gedruckt, geboten....

BRUNO.

Jetzt hab'ich gnug. Sein Diener!

DER TOLLE.

Warte! Warte!

Ich will Ihm sie vom Anfang bis zum Ende,
Das heisst, von Ewigkeit zu Ewigkeit,
Ganz kurz in einem Privatissimo
Hier öffentlich für ein geringes Ehrgeld
Gratis vorlesen. A —

BRUNO.

Spar' Er sich nur

Die Müh'! Ich weiss schon alles, lieber Freund.

(Er kehrt sich weg.)

DER TOLLE.

Den Teufel mag er wissen! Ist ein Esel!
Kein Anderer weiss etwas, als das Ich;
Und ich bin's Ich. Hör' Er nur, Monsieur Nicht-Ich!
Ich werd' Ihn zum Verstehn schon zwingen : A —

BRUNO (vor sich).

Mir wird vor'm A in diesem Munde bange;
Sein Ich macht meines schaudern. — A

DER TOLLE.

A. — A. — A.

(Bruno eilt zu einer entfernteren Zelle.)

Jens Baggesen's poetische Werke, éd. Carl und August Baggesen, Leipzig, F.-A. Brockhaus, 1836, Dritter Theil, *Der Vollendete Faust*, Erster Theil, Zweiter Auftritt, p. 29-30.

Un peu plus loin, le médecin qui prétend reconnaître la valeur des esprits à la dimension et aux protubérances des crânes, et déclare que la sagesse n'est que la folie renversée (verkehrte Tollheit), palpe et mesure le crâne du fou en question, puis

enfin trouver à Berlin un public digne de lui et auquel il s'apprêtait à livrer l'œuvre de ses trois années de méditation. Le premier janvier 1804, le *Journal* de Spener avait, en effet, publié l'annonce que voici : « Le soussigné s'offre à poursuivre, dans des leçons orales, l'exposition de la *Théorie de la Science*, c'est-à-dire de la solution complète du problème du monde et de la conscience, en y apportant l'évidence mathématique. Il choisit ce moyen de communiquer avec le public d'autant plus volontiers qu'il n'a pas l'intention d'imprimer les résultats de ses derniers travaux, fruits de beaucoup d'années d'efforts, car sa philosophie ne peut pas s'apprendre comme de l'histoire ; elle suppose, pour être entendue, l'art même de philosopher qui s'enseigne et se pratique le mieux par des expositions orales et dans des entretiens. »

Signé : *Fichte* [1].

D. *LE « BRUNO » ET « LES EXPOSITIONS ULTÉRIEURES DU SYSTÈME DE PHILOSOPHIE » DE SCHELLING.*

Le public répondit à l'appel du philosophe avec un empressement d'où la curiosité n'était sans doute pas absente. Les cours de Fichte s'ouvrirent dans sa propre maison, où il avait aménagé une vaste pièce en salle de conférence ; ils se poursuivirent quatre fois par semaine [2]. L'assistance comptait tous les familiers des salons de Henriette Herz et de

celui de Bruno qui lui dit que, si sa tête offre la moindre ressemblance avec le crâne du fou, il reconnaîtra la fausseté de son système et la vérité de celui du docteur, auquel il permettra de trancher la tête. Or, le docteur émerveillé trouve exactement la même dimension aux deux crânes, les mêmes protubérances aussi, avec cette seule différence que celles du fou sont retournées en dedans, ce qui met Bruno fort en colère (Ibid., Vierter Auftritt, p. 33-37).

Dans la seconde partie du *Faust achevé*, Fichte reparaît, cette fois sous le nom transparent de Flecht, et, avec lui, Schellings sous le nom à peine transformé de Schrelling. C'est alors de nouveau la parodie bouffonne des idées et des formules de la *Théorie de la Science* : la Liberté, le Moi, l'Absolu, la Selbstichheitslehre ; le « je suis Moi » (Ich bin Ich), le A = A, et par surcroît la Raison et la Science, tout y passe (Ibid., Zweiter Theil, Erste Abtheilung, Erster Aufzug ; Voir en particulier : Zweiter Auftritt, p. 121-123).

Enfin, au 6e acte, Flecht chante la dernière strophe du fameux poème bachique publié dans l'*Almanach de Vo*ss et qui, en 1796, avait un moment failli brouiller Fichte avec Baggesen (Ibid., Zweiter Theil, Zweite Abtheilung, Sechster Aufzug, p. 251).

Sans doute Fichte n'eut pas alors connaissance du *Faust* de Baggesen, — Baggesen n'en négocia la publication avec Cotta qu'en 1809, — mais le fait que le poète, en 1804, pouvait, après tant d'autres, se moquer aussi grossièrement de Fichte, pourtant un ami de vieille date, est un nouvel indice de la destinée qu'avait eue la *Théorie de la Science.*

1. Cité par Noack, *J.-G. Fichte nach seinem Leben, Lehren und Wirken*, Drittes Buch, 4, p. 453.

2. Ibid., p. 454, et Fichte, *N.-W.*, II. Bd., *Die W. L. 1804*, I. Vortrag, p. 91. Il semble d'ailleurs résulter d'une lettre à Schelling, du 13 novembre 1800, que Fichte avait déjà précédemment donné chez lui des conférences privées. Il y parle, en effet, de trois cours qu'il devait faire durant l'hiver 1801 (« Ich habe mit meiner neuen Bearbeitung der Wissenschaftslehre, mit einem Bericht über diese an das grosse Publikum,

Rahel, venues elles-mêmes avec leurs amis applaudir le philosophe. On y retrouvait les princes de Reuss et de Metternich, le comte de Lippe, les ministres d'État Beyme, Schrotter, Altenstein, on y retrouvait Schlegel, Bernhardi, pour ne parler que des hommes les plus en vue. Nobles, hommes politiques, savants, artistes, littérateurs, journalistes, ne dédaignaient pas de se mettre à l'école de la *Théorie de la Science*[1]. Leur attente ne fut pas déçue; le maître ne se borna pas à répéter devant eux les choses déjà dites, il renouvela l'intérêt du sujet en lui donnant une forme tout actuelle : pour la première fois il engagea publiquement la polémique contre Schelling, devenu son rival depuis qu'il avait cessé d'être son disciple.

La *Théorie de la Science de 1804* est, en effet, une réponse directe à un dialogue écrit à la manière platonicienne, le *Bruno* (1802), où Schelling, sous les traits de Bruno, avait pris à partie Fichte, représenté par Lucien — et aux *Expositions ultérieures du système de philosophie* (Fernere Darstellungen aus dem System der Philosophie), parues la même année. Dans *Bruno*, Schelling rappelle l'unité fondamentale du Vrai et du Beau en tant que modèles ou types éternels, expressions immédiates de l'Absolu, manifesté dans son intelligibilité ou incarné dans les choses. Il insiste sur les rapports étroits des Mystères et de la Mythologie, de la philosophie et de la poésie[2]. Puis il caractérise la philosophie, en tant que connaissance de la vérité. La vérité lui apparaît, dans l'unité absolue de son principe, comme supérieure aux oppositions phénoménales, à l'opposition qui comprend toutes les autres, l'opposition du sujet et

---

mit drei Collegien alle Hände voll zu thun diesen Winter »; *Fichte's Leben.*, II. Bd., Zweite Abth., IV, 70, p. 323, Fichte an Schelling, Berlin, den 15. Nov. 1800), et Fritz Medicus croit découvrir précisément dans l'*Exposition* de 1801 la trace de ces leçons (Fritz Medicus, *Fichte's Leben*, p. 137).

Il est d'autre part intéressant de savoir qu'aussitôt après l'annonce de son cours, le 3 janvier, Fichte avait adressé au cabinet du roi un mémoire où il expliquait que son expérience déjà longue du public dit littéraire lui avait enseigné la difficulté de faire comprendre la *Théorie de la Science* par l'exposition purement livresque, à laquelle il attribuait les fausses interprétations qui avaient cours; il déclarait donc vouloir se borner ici à une communication orale qui permettrait de répondre sur-le-champ aux objections et de dissiper les malentendus, avant qu'ils aient pris consistance. Il proposait d'ailleurs au roi, afin d'avoir le jugement des hommes compétents, de soumettre la *Théorie de la Science* à l'examen de l'Académie, qui pourrait désigner des commissaires pour entendre ces leçons (*Aus dem Geh. Staatsarchiv publiziert von A. Harnack, Geschichte der Kgl. Preuss. Akademie der Wissenschaften*, Berlin, 1900, p. 542-599, cité par Fr. Medicus, *Fichte's Leben*, p. 144). Quand on songe aux « compétences » philosophiques de l'Académie, notamment à Nicolaï et à Biester, on se demande s'il n'y avait pas quelque ironie dans la proposition de Fichte, ou le dessein, en faisant imposer par le roi à l'Académie cette tâche singulière, de la mettre, soit dans l'embarras, soit en ridicule posture.

1. Noack, *J.-G. Fichte nach seinem Leben, Lehren und Wirken*, Drittes Buch, 4, p. 453.

2. Schelling, *S. W.*, IV. Bd., 1859, *Bruno, oder über das göttliche und natürliche Princip der Dinge. Ein Gespräch, 1802*, p. 217-218, 226-227, 232-234.

de l'objet, car elle est, à ses yeux, antérieure à leur différenciation, elle est indifférence à l'égard du sujet et de l'objet[1] ; la vérité a pour organe un mode de connaissance qui enveloppe à la fois le réel, objet de l'intuition, et l'idée, objet du concept. C'est l' « intuition intellectuelle[2] ».

Cette détermination du principe de la philosophie permet de concilier l'opposition toute relative du réalisme et de l'idéalisme. Le réalisme qui identifie l'Absolu à la chose (point de vue matériel), l'idéalisme qui identifie l'Absolu à la pensée (point de vue formel) sont des systèmes partiels, parce qu'ils ne s'élèvent pas, par delà le dualisme de l'être et de la pensée, jusqu'à l'unité et l'identité foncières des deux termes. Schelling adressait précisément à l'idéalisme de Fichte ce reproche, d'être un idéalisme relatif qui admet encore la différence du savoir (Wissen) et de l'être (Seyn) et qui s'oppose au réalisme ; un idéalisme pour lequel il y a toujours inadéquation entre la matière et la forme de l'Absolu, et aux yeux duquel l'unité de l'être et du savoir, qui est un but, au fond, inaccessible, l'objet d'une exigence pratique et d'une croyance rationnelle, implique moins l'identification des deux termes que la réduction de l'un à l'autre. A cet idéalisme relatif Schelling oppose l'Idéalisme absolu, seul capable de s'élever au-dessus de l'opposition de l'être et du savoir, parce qu'il embrasse le savoir et l'être dans l'unité de son principe. Et, précisément pour cela, il se croit en droit de donner à son idéalisme le nom de « philosophie sans opposition aucune[3] ».

C'est le même reproche que, dans les *Expositions ultérieures*, Schelling adresse encore à Fichte, mais, cette fois, sous une forme directe, en désignant en toutes lettres la *Théorie de la Science*.

Le système de Fichte, déclare-t-il, repose sur ce postulat : il faut que le savoir parte de l'inconditionné ; c'est là l'essence même de la *Théorie de la Science* ; mais la *Théorie de la Science* en reste à ce point de départ, elle ne pousse pas jusqu'au bout l'idée de la connaissance absolue ; il y a là sans doute en elle quelque chose de purement accidentel, qui tient uniquement aux limites de la réflexion particulière de Fichte, aux défauts de son exposition, et qu'on peut faire disparaître du système sans rien modifier de son essence. C'est ce côté périssable de l'idéalisme de la *Théorie de la Science* que Schelling critique et qu'il se propose d'améliorer. Le reproche adressé par

1. Schelling, *S. W.*, IV. Bd., 1859, *Bruno, oder über das göttliche und natürliche Princip der Dinge. Ein Gespräch, 1802*, p. 236. — 2. Ibid., p. 240-242. — 3. Ibid., p. 252-258 et 321-323.

Fichte à l'*Éthique* spinoziste d'avoir outrepassé la conscience pure
qui est à la base de la conscience empirique prouve assez qu'il a
précisément conçu la « conscience absolue » comme conscience pure
immanente à la conscience empirique [1].

Sans insister sur l'erreur commise par Fichte dans son interprétation de Spinoza, qui, loin d'avoir entièrement séparé la conscience
pure de la conscience empirique, les unifie au contraire inséparablement dans la conscience absolue, Schelling accuse, à son tour, la
Théorie de la Science d'avoir, par sa prétention de ne vouloir déterminer l'Absolu qu'en fonction et par l'intermédiaire du savoir de la
conscience empirique, rendu, au fond, irréductible l'opposition du
savoir humain et de la conscience absolue. L'union du moi empirique et de la conscience pure, si l'on part de la conscience humaine,
reste une union adultère; le moi empirique ne peut jamais
s'affranchir totalement du non-Moi, le savoir humain ne peut sortir
de cette opposition qui est sa sphère, sans renoncer à lui-même, il
ne lui est donc jamais possible, en vertu de sa limitation originelle,
d'atteindre à l'unité vraie, à cette indifférenciation du sujet et de
l'objet, qui est le caractère de l'Absolu [2]. C'est pourquoi l'Absolu, l'*En
soi*, « Das An-sich », — c'est le nom qu'ici Schelling lui donne, — apparaît alors comme quelque chose d'extérieur et d'étranger au savoir
humain, comme *Chose en soi*. Fichte ne le reconnaît-il pas lui-même,
quand, dans la partie pratique de la *Théorie de la Science*, là où il
découvre le mieux le véritable esprit de son idéalisme, il fait allusion au cercle que l'esprit humain ne peut franchir, forcé à la fois et
de poser hors de lui quelque chose d'absolu, une *Chose en soi*, obligé
pourtant par ailleurs de reconnaître que cet Absolu n'existe que
pour lui (n'est qu'un *Noumène*)? Or, cette contradiction a justement
pour origine la manière, erronée selon Schelling, dont Fichte a posé
le problème, sa prétention de partir du savoir relatif pour atteindre
l'Absolu, c'est-à-dire de poser, en réalité, dès l'abord comme extérieurs
l'un à l'autre le Moi et l'Absolu. Ainsi déterminé, le problème est
insoluble: jamais le Moi et l'Absolu ne pourront coïncider; l'Absolu
demeurera effectivement — comme Fichte l'a bien vu — extérieur à
l'esprit humain; l'idole du vieux dogmatisme, la *Chose en soi*,
renaîtra de ses cendres, sans que le Kantisme puisse nous aider à en
sortir, car, en somme, il nous y ramène [3]. Pour réintégrer l'Absolu
dans notre savoir, il faudra recourir alors à la notion d'un Idéal à
jamais inaccessible, qui n'a de réalité qu'en vertu d'un décret de la

1. Schelling, *S. W.*, IV. Bd., 1859, *Fernere Darstellungen aus dem System der Philosophie, 1802*, p. 353-354. — 2. Ibid., p. 355. — 3. Ibid., p. 355-357.

Raison pratique. Ce transfert de la réalité au devoir est la négation de la nature et le triomphe du formalisme [1].

Il n'y a qu'un moyen de résoudre le problème : c'est d'échapper à l'illusion où nous plonge notre humaine nature, de rompre le cercle où nous enferme l'esprit humain. Soyons résolument « idéalistes », déclarait Schelling, affranchissons-nous de toute révélation, n'imposons plus à l'Absolu les restrictions qui viennent de notre propre limitation, cessons de chercher ce qu'il est pour nous et tâchons de saisir directement ce qu'il est en soi; nous verrons bien alors qu'il y a un point de coïncidence entre le savoir et l'Absolu, un lieu, le lieu même de la philosophie, le lieu de la certitude et de l'évidence, où la distinction de la matière et de la forme, de l'objet et du sujet n'ont plus de sens, où le moi empirique ne se confond pas sans doute avec l'Absolu, comme le voudrait Fichte, — cela n'a pas de sens, — mais où cessent les distinctions qui constituent la conscience empirique, où, en tant qu'empirique, le moi disparaît, où il n'y a plus qu'adéquation et qu'indifférenciation. Ce savoir absolu est supérieur à toutes les oppositions du savoir de la conscience — du savoir relatif, où subsiste toujours la distinction du sujet et de l'objet; pour lui, l'idéal et le réel sont encore identiques, ou plutôt ne sont pas encore différenciés. Dès lors, une fois le principe de la philosophie conçu sous les espèces de ce savoir absolu, tombe d'elle-même l'objection adressée par Fichte au *Système de l'Identité* d'être un dogmatisme incapable d'expliquer la conscience car cette identité du réel et de l'idéal n'est rien de transcendant à la conscience, elle est son fondement même. La seule question qui se pose est celle de l'origine du savoir fini, du passage de l'Absolu au relatif. Fichte, placé à l'intérieur du savoir fini, l'ignorait nécessairement. Et c'est justement le problème que le système de l'identité s'est proposé de résoudre [2].

E. *LA « THÉORIE DE LA SCIENCE DE 1804 »*. En « s'offrant à poursuivre l'exposition de la *Théorie de la Science*, c'est-à-dire la solution complète du problème du monde et de la conscience, et à y apporter l'évidence mathématique », Fichte se proposait de justifier sa doctrine contre ces dernières critiques de Schelling, et, pour la défendre, il se plaçait sur le terrain même qu'avait choisi son adversaire.

Quel est donc, pour Schelling, le péché originel de la *Théorie de*

1. Schelling, *S. W.*, IV. Bd., 1859, *Fernere Darstellungen aus dem System der Philosophie, 1802*, p. 359-360. — 2. *Ibid.*, p. 358-361; 361-363; 366-368; 372 et suiv.; 391 et suiv.

la Science? C'est de ne pouvoir sortir du domaine du savoir relatif, de la sphère de la conscience humaine où elle s'est placée d'emblée; de se trouver par suite dans l'impossibilité d'atteindre jamais l'Absolu autrement qu'en Idée, d'être réduit à en faire l'objet, non d'une science, d'une connaissance rationnelle, mais d'une pure croyance.

Or, Fichte s'inscrit en faux contre ce jugement. La tâche de la *Théorie de la Science*, comme de toute philosophie, peut s'énoncer · une exposition de l'Absolu [1]. Ce fut, si l'on veut bien s'en souvenir, l'œuvre originale de Fichte d'avoir trouvé ce principe un et absolu qu'exigeait sans doute la *Critique* de Kant, mais que son auteur n'avait jamais explicitement formulé, d'avoir mis au jour cette racine commune du monde sensible et du monde intelligible, que Kant avait déclarée inaccessible [2]. Maintenant il existe plusieurs manières de constituer l'unité, de parvenir à cet *En Soi* dont parle précisément Schelling, et ce sont ces différentes manières qui diversifient les philosophies; seulement, il n'y en a qu'une de bonne, il n'y a qu'une vraie philosophie, les autres sont fausses, et faux sont les absolus qu'elles proposent [3].

C'est ainsi que Schelling, avec ses soi-disant nouveautés, était tout simplement en train de restaurer l'idole du vieux dogmatisme, de rétablir l'Absolu, l'*En soi*, comme *Chose*.

Cet appel à la transcendance dans le nouveau réalisme résoudra-t-il au moins le problème de l'unité, qui est la pierre d'achoppement de tout système non dualiste? Nullement. Son Absolu, posé hors de tout rapport à notre conscience, son Absolu de l'intuition intellectuelle, est quelque chose de mort; il ne peut s'extérioriser, il ne peut sans contradiction s'expliciter dans nos consciences, y devenir vivant. Schelling est donc, au fond, incapable de sortir de cette alternative : sacrifier la conscience humaine ou sacrifier Dieu. Sacrifier la conscience humaine, il ne le veut pas; sacrifier Dieu, c'est inadmissible [4]. Ainsi le système est insoutenable. Il n'y a pas de solution en dehors de celle de la *Théorie de la Science*, qui concilie le dualisme nécessaire à la distinction de Dieu et du monde avec le monisme qu'exige l'intelligibilité absolue : le dualisme, en opposant — sur le

---

1. Fichte, *N. W.*, II. Bd., *Die W.-L.*, *1804*, I. Vortr., p. 94. — 2. Ibid., II. Vortr., p. 104. — 3. Ibid., I. Vortr., p. 94. — 4. Ibid., VIII. Vortr., p. 147. Dans une lettre à Jacobi, contemporaine de ces leçons, Fichte exprimait la même idée avec moins de ménagements encore. Il disait : « Si Schelling tombe dans l'Absolu, alors il y perd le relatif; s'il tombe dans la nature, alors son Absolu descend proprement au rang des champignons qui poussent sur le fumier de son imagination.... A cet homme et à tous ceux qui s'en laissent imposer par lui, on fait trop d'honneur quand on parle d'eux. » (*Fichte'sLeben*, II. Bd., Zweite Abth., 7, p. 177, Fichte an Jacobi, Berlin, den 31. März 1840.)

terrain du savoir humain, le seul qui nous soit donné — notre conscience limitée et l'esprit Absolu ; le monisme, en faisant de la conquête de l'Unité pure, du Moi absolu, le but nécessaire quoique inaccessible de notre conscience, l'Idéal du devoir.

C'est cette solution qu'expose à nouveau la *Théorie de la Science de 1804*. Le dessein de Fichte est ici d'apporter une construction, une exposition génétique de l'Absolu[1]. Or, cette construction part, non pas de l'Absolu qui, en soi, nous est inaccessible, mais du savoir, qui nous est humainement donné ; elle consiste essentiellement dans les trois moments suivants :

1º Montrer le vice originel de ce savoir, l'extériorisation de l'être par rapport à la pensée, la séparation irrationnelle du réel et de l'idéal, ce que Fichte appelle la *projectio per hiatum*[2].

2º Montrer la nécessité de leur unité dans un Absolu qui, s'il ne peut être l'objet actuel de notre connaissance théorique, devienne la loi de notre Raison pratique, l'exigence du devoir[3].

3º Montrer comment s'opère, pour nous, le passage de la forme de la conscience, qui est celle de la quantitabilité, à la forme de l'Absolu, qui est l'unité qualitative. Ce passage n'est pas un saut direct et immédiat dans l'Absolu, c'est pour ainsi dire une médiation. L'Absolu est posé par opposition. Il a pour antécédent logique le savoir réel, le savoir de la conscience, où l'être et la pensée sont deux, et il en est la négation ; l'unité pure a pour condition de réalisation l'existence du savoir relatif, dont elle est la destruction. Entre le relatif et l'Absolu l'union est inséparable : « Il faut à l'inconcevable (à l'Absolu), en tant que reposant sur soi seul, pour qu'il parvienne à la lumière, à la conscience de soi, la destruction préalable du concept, et, pour que cette destruction soit possible, il faut que le concept ait été déjà posé.... C'est dans cette destruction du concept à la lumière de la pure évidence intérieure, c'est dans la production de l'inconcevabilité, que consiste la construction vivante de la qualité pure du savoir, de son unité absolue[5]. »

Le sens de cette construction apparaît ici clairement : Fichte se propose d'établir que l'unité de l'être et du savoir, du réel et de l'idéal, où il voit, avec Schelling, le principe suprême de la philosophie, implique une véritable genèse. L'être primitivement inconscient ne parvient à la conscience de soi, l'idéal ne se réalise que par un mouvement intérieur, qu'en s'engendrant lui-même. Or, cette

1. Fichte, *N. W.*, II. Bd., *Die W.-L.*, *1804*. IV. Vortr., p. 116-121. — 2. Ibid., XIV. Vortr., p. 200-203 ; XVI. Vortr., p. 216-217. — 3. Ibid., XVI. Vortr., p. 218-220 ; XVII. Vortr., p. 225-229, et IV. Vortr., p. 114 et suiv. — 4. Ib d., IV. Vortr., p. 116-122. — 5. Ibid., IV. Vortr., p. 117.

génération et ce mouvement exigent justement l'opposition de l'être
et du savoir, l'opposition primitive de notre conscience; mais cette
opposition, en heurtant la Raison, la force à sortir de son inconscience pour chercher les conciliations, les synthèses successives, qui
lui permettent de s'élever à une unification de plus en plus haute,
jusqu'à la synthèse suprême où elle se posséderait entièrement elle
même dans sa plénitude; c'est elle, en somme, qui provoque la
réalisation, l'actuation des puissances de la Raison, le mouvement
grâce auquel l'esprit prend progressivement conscience de soi. A ce
point de vue, notre monde est donc bien la condition de réalisation de
l'Absolu, de l'unité de l'être et du savoir; cette réalisation est proprement sa tâche, sa fin, son devoir; mais l'existence de ce monde
n'a point de valeur à soi et en soi, toute sa valeur est dans la pour
suite de l'Absolu qu'il cherche, et, si l'Idéal pouvait jamais être réa
lisé, l'existence purement phénoménale du monde disparaîtrait
devant la réalité de l'Absolu [1].

Aussi Fichte proclame-t-il en ces termes le résultat de sa doctrine :
« L'existence actuelle (l'existence de fait), du plus bas au plus haut
de ses degrés, n'a pas sa raison d'être en elle-même; cette raison
d'être est dans un but absolu, dans ceci : que le Savoir absolu doit
être. Ce but est ce qui pose et détermine tout le reste; c'est seulement en atteignant ce but que le monde atteint et réalise sa propre
destination. Seul, le savoir, j'entends le Savoir absolu, a une valeur ;
tout le reste est sans valeur. J'ai dit, à dessein, le Savoir absolu, je
n'ai pas dit la *Théorie de la Science in specie*, car elle aussi n'est
que la route qui y conduit, et c'est à ce seul titre, ce n'est pas en
elle-même, qu'elle a une valeur [2]. »

Or, ce Savoir absolu auquel aboutit la *Théorie de la Science* se
distingue justement du savoir tout relatif de notre conscience en ce
qu'il n'est plus un savoir appliqué à un objet qui lui est en quelque
sorte opposé, un savoir où l'être est extérieur à la pensée, mais un
savoir où l'être est au contraire intérieur à la pensée, un savoir où
la distinction de l'être et de la pensée s'évanouit, l'être étant l'être
de la pensée, la pensée, la pensée de l'être, l'un et l'autre inséparablement; un savoir qui, précisément parce qu'il est supérieur à la
division et à la relation de l'être et de la pensée, parce qu'il est
leur lien absolu, n'est pas le savoir de quelque chose, mais le savoir
en soi dans sa qualité absolue, le savoir qui est la vérité, la certitude, l'évidence même [3].

1. Fichte, *N. W.*, II. Bd., *Die W.-L.*, *1804*, XXI. Vortr., p. 256-262: XXIV. Vortr.,
p. 283; XXV. Vortr., p. 289 et suiv. Voir aussi XIII. Vortr., p. 195. — 2. Ibid.,
XXV. Vortr., p. 290-291. — 3. Ibid., II. Vortr., p. 98-101.

Si donc la *Théorie de la Science* atteint à ce Savoir pur, antérieur à la distinction du savoir et de l'être, source de toute évidence, si Fichte, sans renier en quoi que ce soit ses principes, peut ainsi reprendre à son compte et dans leurs termes mêmes les assertions où Schelling voyait des nouveautés, que reste-t-il de l'insuffisance qui était reprochée à la *Théorie de la Science*? Rien, sinon la preuve que les prétendus réformateurs de la *Théorie de la Science* ont commencé par la juger et par la réfuter au lieu et avant de la comprendre[1].

C'est, au contraire, Fichte qui peut, à bon droit, reprocher à Schelling de n'avoir pas tenu ses promesses. D'abord, loin de compléter la *Théorie de la Science*, il l'a trahie : c'était en dénaturer complètement le sens que de prétendre poser dès le début un Moi absolu et d'en déduire tout le reste, car c'était rétablir à l'origine, comme une donnée, un Absolu ; et toute donnée, fût-elle d'ordre immatériel demeurait extérieure à la conscience, c'est-à-dire, en somme, inintelligible : elle restait un fait, une chose impénétrable à l'esprit. Or, ç'avait été justement l'œuvre de la *Théorie de la Science*, dès sa naissance, de dénoncer ce πρῶτον ψεῦδος des systèmes antérieurs : partir de *données*, de substituer à cette méthode erronée une méthode de genèse, en présentant l'esprit, non plus dans cet absolu du repos et de l'être où il nous est insaisissable, mais dans le mouvement où il s'engendre lui-même, dans son activité et dans sa vie. A ce point de vue, le Moi pur, le Moi absolu, dont la *Théorie de la Science* faisait sans doute son principe, n'avait jamais été conçu par elle sous les espèces d'une réalité perceptible par un organe quelconque, — c'eût été rabaisser l'Absolu au rang de la simple individualité, puisqu'il n'y a pour nous de donné que l'existence sensible, — il était tout simplement son Idéal, c'est-à-dire le terme où tend l'effort spirituel, l'ordre vivant que produirait la Raison, si elle pouvait jamais réaliser pleinement son essence. C'est en ce sens que le principe de la *Théorie de la Science* était, au fond, une création, son œuvre et sa tâche même[2]

Ce n'est pas tout. Schelling a sans doute eu le mérite de comprendre qu'il y a une espèce d'idéalisme intenable, l'idéalisme qu'on pourrait appeler : subjectivisme; ce subjectivisme est un pur relativisme qui pose l'objet et le sujet en fonction l'un de l'autre, il a pour contre-partie une espèce de réalisme qu'on pourrait appeler : objectivisme. Cet idéalisme tombe, — et avec lui le réalisme qui lui corres

1. Fichte, *N. W.*, II. Bd., *Die W.-L.*, *1804*, III. Vortr., p. 113.
2. XIII. Vortr., p. 194.

pond, — dès que l'on a dépassé le point de vue phénoméniste. Schelling a eu aussi le pressentiment, dans son *Système de l'Identité*, de
ce que devait être l'idéalisme vrai : celui où la relation du sujet et de
l'objet n'a plus de sens, parce que l'objet et le sujet, le réel et l'idéal,
sont un. Mais il se trompe, quand il croit par là dépasser la *Théorie
de la Science*. La synthèse suprême qu'il réclame, la *Théorie de la
Science* l'*accomplit*, quand lui se borne à l'*affirmer*, et il l'affirme
sous une forme défectueuse : car, d'une part, il fait de l'indifférence au
sujet et à l'objet le caractère de la Raison, comme si l'indifférence
ne supposait pas par elle-même la différenciation, et, d'autre part, au
lieu de montrer dans la Raison un idéal qui progressivement se réalise, il en fait une réalité existante, et par là même il l'objective, il
l'aliène et la transforme en *Chose*[1].

Entendons en ce sens la protestation de Fichte contre les réforma
teurs[2] de la *Théorie de la Science* : « Je puis, déclarait-il, ajouter,
en passant, que, partout, sauf dans la *Théorie de la Science*, même
depuis Kant, même chez les prétendus commentateurs et « continuateurs » de la *Théorie de la Science*, on en est resté à l'Être absolu
du dogmatisme ; Kant, en son véritable principe, que d'ailleurs il n'a
formulé nulle part en termes exprès, n'a pas été compris. On a beau
persister à donner à cet Être le nom de Moi, si l'on commence par
l'objectiver, par le projeter hors de soi, c'est la vieille *Chose en soi*
qu'on restaure[3]. »

Et il ajoutait : « Ce sont ces *perfectionneurs* qui, pour donner
prétexte à leur supériorité réformatrice, ont à nouveau rejeté l'Absolu
dans le côté opposé à celui (le Subjectivisme) où, suivant leur opinion, la *Théorie de la Science* le place[4].... Mais leurs traits n'atteignent
pas la *Théorie de la Science*, dont l'esprit est demeuré invisible à
leurs regards ; ils atteignent seulement les fantômes que ces gens
se sont forgés de leurs propres mains[5]. »

Cependant le succès ne leur a pas manqué ; Schelling en particulier est le héros de tous les esprits ardents, et par là de tous les
esprits déréglés et confus. Même ceux qui ne nient pas les vice
de son système, dénoncés par Fichte, — et il y en a de plus grave

1. Fichte, *N. W.*, II. Bd., *Die W.-L., 1804*, XIII. Vortr., p. 197.
2. Les prétendus réformateurs de la *Théorie de la Science* que vise Fichte dans ce
passage sont Schelling et Bardili. Il reproche à ce dernier, comme à Schelling, de
restaurer la *Chose en soi* ; car la pensée comme pensée dont il fait son principe est
aussi extérieure à la conscience que le Moi pur de Schelling et repose également
dans le vide. C'est encore une donnée de fait qui exclut tout mouvement de l'Esprit,
toute la genèse, et lui est vraiment étrangère. De cet Absolu on ne peut vraiment
rien affirmer ; il reste à jamais enfermé en lui-même dans le repos de la mort. (XIII.
Vortr., p. 187-191.)
3. I. Vortr., p. 95. — 4. Ibid., p. 96-97. — 5. III. Vortr., p. 113.

encore, — sont d'avis, ou que les conclusions sont bonnes malgré la défectuosité des principes, ou que l'ensemble est excellent bien que le détail des parties ne vaille rien, ou qu'enfin le système reste encore très intéressant, quoiqu'il ne soit ni vrai, ni bon, ni beau. « Personnellement, déclarait Fichte, je n'ai fait cette allusion qu'au point de vue historique et pour expliquer la situation où je me suis placé, nullement pour affaiblir chez qui que ce soit l'admiration de ce héros ou pour chercher à capter cette admiration. Car, s'il est des gens qui tiennent absolument à se condamner à l'erreur, je n'y puis rien[1]. »

L'heure était passée où, pour ne pas « nuire à la bonne cause et pour ne pas servir de la pire manière les intérêts des ennemis de la science et les imbéciles[2] », Fichte hésitait encore à rendre public son désaccord avec Schelling. Schelling devenu le bouc émissaire chargé de tous les péchés du romantisme, Schelling symbolisant la corruption du siècle : tel est le spectacle auquel nous allons maintenant assister.

1. XIII. Vortr., p. 198.
2. *Fichte's Leben*, II. Bd., Zweite Abth., IV, 26, Fichte an Schelling, den 31. Mai, p. 346.

CHAPITRE X

LES TRAITS CARACTÉRISTIQUES DU TEMPS PRÉSENT

A. *L'ÉVOLUTION DU ROMANTISME VERS LE CATHOLICISME.* En annonçant à Jacobi, dans une lettre du 31 mars 1804, les derniers travaüx qu'il avait entrepris sur la *Théorie de la Science*, Fichte exprimait la conviction de lui avoir donné sa forme la plus parfaite et d'être parvenu à la rendre, au plus haut degré, communicable : mais il ajoutait : « Je ne les offrirai jamais imprimés à ce siècle, je me bornerai à les communiquer oralement à ceux qui seront d'humeur à les accueillir [1]. »

· Fichte estimait, en effet, que son siècle — qu'il croyait suffisamment connaître — était le siècle de la corruption de toutes les idées ; aussi ne s'émouvait-il et ne s'étonnait-il plus de rien de ce qui se passait ; il attendait toujours quelque chose de plus détestable encore [2].

Pour sa part, il crut que le meilleur moyen de remédier au mal était de l'exposer au grand jour ; et, devant le public d'élite qui avait suivi ses leçons sur la *Théorie de la Science*, il en fit le sujet des conférences de l'hiver 1804-1805.

Que fallait-il entendre par ces idées corrompues ? Visiblement d'abord les idées qu'avec sa facilité de plume, son talent de polémiste, son inlassable ténacité, la grande influence de sa librairie, le vieux Nicolaï avait mises à la mode et dont la *Bibliothèque allemande universelle* avait empoisonné pendant si longtemps l'esprit public ; mais aussi, et surtout peut-être, les idées bien différentes, moins usées et, à l'heure actuelle, infiniment plus dangereuses de la jeune école romantique ou de la *Philosophie de la Nature*.

---

1. *Fichte's Leben*, II. Bd., Zweite Abth., II, 7, Fichte an Jacobi, Berlin, den 31. März 1804, p. 176.
2. *Ibid.*, p. 176.

Comment Fichte en était arrivé à combattre ouvertement le romantisme dont il avait commencé par être en quelque manière l'inspirateur, à dénoncer le système de Schelling, son ancien disciple et son commentateur, on a eu déjà l'occasion de le montrer. Mais, pour expliquer le sens et la portée des *Traits caractéristiques du temps présent* (Grundzüge des gegenwärtigen Zeitalters), il faut rappeler ici l'orientation générale qu'avait rapidement prise ce grand et puissant mouvement. Avec Novalis, avec Tieck, avec les Schlegel, sous l'influence du physicien Ritter et par le retour à J. Bœhme, le romantisme évoluait vers un naturalisme spiritualiste, spirite même, où la théosophie, la magie, l'alchimie s'alliaient au mysticisme pour aboutir à une apologie de la chrétienté du Moyen Age et à la restanration d'un nouveau catholicisme.

I. *L'INFLUENCE DE RITTER.* Théosophe, mage, alchimiste, physicien même, physicien d'abord, Ritter était tout cela. Il avait débuté dans l'arrière-boutique d'un apothicaire auquel il servait d'aide[1]. Quand Novalis l'avait découvert, sans doute après la conférence sur le galvanisme qui fit sa célébrité et sur laquelle nous reviendrons, Ritter vivait à Iéna, solitaire, dans une rue écartée, habitant une chambre misérablement meublée, que parfois il ne quittait pas de quatre semaines, ayant pour toute société quelques bons livres (en particulier les *Années d'apprentissage de W. Meister*, le *Don Quichotte*) et son « étonnant logeur »; c'est dans cette chambre que Novalis vint lui rendre visite. Dès les premiers mots, Ritter crut se sentir en présence d'une vieille connaissance; les deux hommes s'étaient compris sur l'heure; leurs cœurs battaient à l'unisson. Et ce fut l'origine d'une amitié durable qui avait la discrétion et la pudeur des sentiments profonds, d'une amitié que n'eut jamais soupçonnée celui qui n'était pas un vrai connaisseur d'âmes. « Ainsi a-t-on coutume, en effet, de s'adonner à ce qu'il y a de plus élevé, sans que quoi que ce soit, au dehors, puisse le faire pressentir; seule la félicité qui se répand sur la vie et sur le visage permet à l'initié de reconnaître l'orientation du cœur de l'homme. Et, si jamais l'ami ne peut rechercher ce cœur *pour lui-même*, toujours et uniquement s'unit-il à lui pour ce *quelque chose de supérieur*[2]. »

1. Steffens, *Was ich erlebte*, Breslau, im Verlage bei Josef Max und Komp., 1841, IV. Bd., p. 87.
2. Johann-Wilhelm Ritter, *Fragmente aus dem Nachlasse eines jungen Physikers. Ein Taschenbuch für Freunde der Natur*, Heidelberg, bey Mohr und Zimmer, 1810, Erstes Bändchen. Der Herausgeber, p. xx.

Cette amitié rare, fondée sur l'amour des choses supérieures,
permit à Novalis, avec une délicatesse vraiment touchante et sans
risquer le froissement d'une humiliation, de tirer Ritter de la misère
où il se trouvait alors [1]. Ritter en conçut pour lui une reconnaissance
sans bornes. Aussi lutta-t-il de son mieux contre l'entraînement qui
le poussa quelque temps vers Frédéric Schlegel, et qui l'écarta momen-
tanément un peu de Novalis [2].

Son cœur revint bien de nouveau tout entier au poète — mais trop
tard. Novalis était mourant. Une seule chose alors le tranquillisa ·
une lettre que Novalis avait commencée quelques jours avant sa
mort et qu'il n'avait pu terminer; elle l'exhortait à rester fidèle à
ses directions primitives [3]

Novalis disparu, Ritter rencontra par hasard Herder, et il subit
profondément l'influence de l'homme, de l'écrivain. L'homme, il
l'avait vu bien supérieur, dit-il, à ses œuvres mêmes, au sein de sa
famille, dans cette campagne boisée entre Weimar et le Belvédère
où, hormis les siens, nul n'était admis sans invitation expresse. Là il
apparaissait vraiment comme un Dieu se reposant de ses œuvres;
pourtant, ce n'était qu'un homme, exaltant, non ses œuvres *propres*,
mais les œuvres de *Dieu même*. Bien des fois, Ritter reconnut avoir
appris de lui ce que c'était que la nature, que l'homme en elle, que
la vraie physique, qui est immédiatement religion [4].

Ce n'était pas seulement la fréquentation de l'homme qui inspirait
Ritter : c'était la lecture de son ouvrage sur les *Origines les plus
anciennes du genre humain* (Die älteste Urkunde des Menschenge-
schlechts), lecture qu'aux passages difficiles Herder lui-même com-
mentait pour Ritter.

Si vif était le goût de Ritter pour cet ouvrage, que l'idée lui vin
— les notes marginales le prouvent — d'en faire une espèce de tra
duction où il aurait développé beaucoup d'idées sur l'histoire cos
mique, qui, chez Herder, étaient encore à l'état de germe; il aurai
alors apporté sur la nature et sur l'homme des vues d'une plénitude,
d'une variété, d'une intensité de vie, d'une originalité qu'aucune
œuvre de philosophie naturelle n'eût jamais atteintes [5].

C'était là sans doute l'esquisse de cette *Physique supérieure* dont
il parle quelque part, de cette connaissance du monde pour laquelle
l'organe est, non « la tête », mais le « cœur », ou plutôt Dieu, car

1. Johann-Wilhelm Ritter, *Fragmente aus dem Nachlasse eines jungen Physikers. Ein
Taschenbuch für Freunde der Natur*, Erstes Bändchen. Der Herausgeber, p. xix. —
2. Ibid., p. xxi-xxii. — 3. Ibid., p. xxx-xxxi. — 4. Ibid., p. xxxiii-xxxiv. — 5. Ibid.,
p. xxxvi-xxxviii.

« *Dieu même* est ce cœur, c'est en lui seulement qu'une chose peut être intégralement saisie et comprise

« Et, précisément pour cela, ceux qui sont attachés à la physique ordinaire ne verront clairement qu'à l'heure de leur mort ce qu'avec elle ils ont possédé[1]· »

Chez un savant de race (car Ritter, avec son don remarquable d'expérimentateur, en était bien un) ce mysticisme appliqué à la physique même est assez surprenant. Pour l'expliquer, il faut se reporter et aux propres travaux de Ritter, et à tout le singulier mouvement d'idées qui venait de naître des découvertes de Galvani et des expériences de Mesmer. Le galvanisme, complété par le magnétisme animal et par le somnambulisme, telle était la base scientifique sur laquelle s'édifiait alors une nouvelle conception mystique et magique de la nature. Ritter, pour sa part, y contribua grandement. En même temps que Volta, dont il ignorait alors les grandes inventions, sinon antérieurement à lui[2], Ritter avait mis en lumière des phénomènes capables de confirmer les découvertes auxquelles, sept ans plus tôt, Galvani avait dû sa gloire.

Il les avait exposées le 29 octobre 1797, à Iéna, dans une conférence faite devant les membres de la *Société de Physique*[3]

La théorie scientifique qu'il donnait du galvanisme le conduisait à y voir le signe de l'activité organique qui accompagne toutes les manifestations de la vie; non seulement ces faits étaient, suivant lui, de nature à transformer toute la physiologie, mais, outre « leur rapport immédiat à la santé et à la maladie des hommes[4] », ils apportaient, pensait-il, « une loi de la nature encore inobservée et de grande importance », car elle était susceptible d'expliquer l'ensemble des phénomènes de l'univers. Aussi Ritter « toujours et de plus en plus demeurait-il fortement convaincu qu'il ne pouvait y avoir qu'*une seule* théorie *vraie* de tous les phénomènes naturels, et que cette théorie devait forcément expliquer même les plus petites particularités[5] ».

Cette loi le conduisait, en dernière analyse, à considérer l'univers comme un immense animal, comme un organisme vivant.

Ayant défini l'organisme animal : « un système de forces agissant les unes sur les autres, où la partie est ce qu'elle est par le Tout, où

1. Johann-Wilhelm Ritter, *Fragmente aus dem Nachlasse eines jungen Physikers. Ein Taschenbuch für Freunde der Natur*, Erstes Bändchen. Der Herausgeber, p. xl-xlii.
2. Steffens, *Was ich erlebte*, IV. Bd., p. 89.
3. Johann-Wilhelm Ritter, Mitglied der naturforschenden Gesellschaft zu Iena, *Beweis, dass ein beständiger Galvanismus den Lebensprocess in dem Thierreich begleite. Nebst neuen Versuchen und Bemerkungen über den Galvanismus*. Mit Kupfern. Weimar, im Verlage des Industrie-Comptoirs, 1798. A la seconde page du livre, cette dédicace : Den grossen Männern F.-A. von Humboldt und A. Volta. *Einleitung*, p. xi. — 4. Ibid., p. xi. — 5. Ibid., p. ix.

le Tout a son fondement dans les parties, où le Tout et les parties sont réciproquement moyen et but », il déclarait « qu'un pareil système était ce qu'il était, non par lui seul, mais uniquement en tant que partie intégrante d'un système dynamique plus puissant, du plus parfait de tous les systèmes organiques, de la nature..., la nature étant l'Idéal de tous les êtres organiques, absolument close en elle-même, demeurant éternellement en soi, demeurant éternellement ce qu'elle est — la nature ». Il ajoutait : « Où existe-t-il un soleil, où existe-t-il un atome, qui ne ferait pas partie, qui n'appartiendrait pas à ce TOUT *organique* (lequel n'a de vie dans aucun temps, puisqu'il embrasse tout temps)? Que devient la différence entre les parties de l'animal, de la plante, et le métal, et le minéral[1]? »

De ce lien entre la nature inorganique, la nature organique et même l'esprit, Ritter aperçoit partout des traces.

Il remarque ainsi que sur la terre toute matière paraît être du fer décomposé; que le fer est vraiment le noyau de la terre et, suivant l'expression de Jacob Bœhme, « la source spirituelle visible de la terre » (der sichtbare Quellgeist der Erde)[2].

Or, le fer qui est, sinon peut-être absolument le seul métal magnétique, du moins le plus puissant de tous, est aussi, chose remarquable, le seul que tolèrent les corps organiques animaux. Voilà sans doute pourquoi le magnétisme que Ritter considère comme le lien organique du corps terrestre se retrouve aussi nécessairement dans le corps animal[3], le magnétisme — où il voit « la porte qui permet de quitter le monde pour pénétrer dans l'infinité de la nature[4] » et dont les périodes lui semblent en relation directe avec « les

---

1. Johann-Wilhelm Ritter, *Beweis, dass ein beständiger Galvanismus den Lebensprocess in dem Thierreich begleite*, Zweite Abth., § 26, p. 170-171.
2. J.-W. Ritter, *Fragmente aus dem Nachlasse eines jungen Physikers*, Erstes Bändchen, I, 51, p. 34.
3. *Ibid.*, Zweites Bändchen, vIII, 367, p. 5 (1798).
4. *Ibid.*, vIII, 368, p. 5 (1799).
Ritter s'est ici visiblement inspiré des découvertes de Mesmer. Dans sa dissertation : *De l'influence des planètes sur le corps humain*, donnée à Vienne en 1766, Mesmer soutenait que l'attraction exercée par les planètes les unes sur les autres s'étendait aux corps animés; il avançait « que ces sphères exercent aussi une action directe sur toutes les parties constitutives des corps animés, particulièrement sur le *système nerveux*, moyennant un fluide qui pénètre tout, déterminant cette action par l'intension et la rémission des propriétés de la *matière* et des *corps organisés*, telles que sont la *gravité*, la *cohésion*, l'*élasticité*, l'*irritabilité*, l'*électricité*... », et il nommait la propriété du corps animal, qui le rend susceptible de l'action des corps célestes et de la terre, *Magnétisme animal*. (M. Mesmer, Docteur en médecine de la Faculté de Vienne, *Mémoire sur la découverte du Magnétisme animal*, à Genève et se trouve à Paris, chez P. Fr. Didot, le jeune, libraire-imprimeur de MONSIEUR, quai des Augustins, M.DCC.LXXIX, p. 6-7.)
Il voyait dans ce *AGENT GÉNÉRAL* le seul pouvoir capable de rétablir l'harmonie dans les corps organisés — quand une fois cette harmonie avait été troublée, et il

périodes pathologiques de la terre et de l'organisme individuel [1] ».

Le magnétisme animal apparaît dès lors à Ritter comme l'inter-médiaire naturel entre le monde de l'esprit et le monde de la matière, car « dans le magnétisme animal on sort du domaine de la volonté consciente pour tomber dans celui de l'activité automatique, dans le domaine où le corps organique se comporte à nouveau comme un être inorganique et par là même nous *révèle les secrets des deux*

ne doutait pas qu'il n'existât dans la nature un principe universellement agissant qui, indépendamment de nous, opère ce que nous attribuons vaguement à l'art ou à la nature (Ibid., p. 10-11). Et, dans son *Mémoire sur la découverte du Magnétisme animal*, il formulait le résultat de ses recherches par un ensemble de propositions dont nous retenons celles-ci :

1° Il existe une influence mutuelle entre les corps célestes, la terre et les corps animés.

2° Un fluide universellement répandu, et continué de manière à ne souffrir aucun vide, dont la subtilité ne permet aucune comparaison, et qui, de sa nature, est capable de recevoir, propager et communiquer toutes les impressions du mou-vement, est le moyen de cette influence.

3° Cette action réciproque est soumise à des lois mécaniques, inconnues jusqu'à présent.

4° Il résulte de cette action des effets alternatifs qui peuvent être considérés comme un flux et reflux.

6° C'est par cette opération (la plus universelle de celles que la nature nous offre) que les relations d'activité s'exercent entre les corps célestes, la terre et ses parties constitutives.

7° Les propriétés de la matière et du corps organisé dépendent de cette opération.

8° Le corps animal éprouve les effets alternatifs de cet agent; et c'est en s'insi-nuant dans la substance des nerfs qu'il les affecte immédiatement.

9° Il se manifeste particulièrement dans le corps humain des propriétés analogues. à celles de l'aimant; on y distingue des pôles également divers et opposés, qui peuvent être communiqués, changés, détruits et renforcés; le phénomène même de l'inclinaison y est observé.

10° La propriété du corps animal, qui le rend susceptible de l'influence des corps célestes, et de l'action réciproque de ceux qui l'environnent, manifestée par son analogie avec l'aimant, m'a déterminé à la nommer *MAGNÉTISME ANIMAL*.

11° L'action et la vertu du Magnétisme animal, ainsi caractérisées, peuvent être communiquées à d'autres corps animés et inanimés. Les uns et les autres en sont cependant plus ou moins susceptibles.

12° Cette action et cette vertu peuvent être renforcées et propagées par ces mêmes corps.

13° On observe à l'expérience l'écoulement d'une matière dont la subtilité pénètre tous les corps, sans perdre notablement de son activité.

14° Son action a lieu à une distance éloignée, sans le secours d'aucun corps intermédiaire.

17° Cette vertu magnétique peut être accumulée, concentrée et transportée.

20° L'aimant, soit naturel, soit artificiel, est, ainsi que les autres corps, suscep-tible du Magnétisme animal..., sans que... son action sur le fer et l'aiguille souffre aucune altération; ce qui prouve que le principe du Magnétisme animal diffère essentiellement de celui du minéral.

21° Ce système fournira de nouveaux éclaircissements sur' la nature du feu et de la lumière, ainsi que dans la théorie de l'attraction, du flux et reflux, de l'aimant et de l'électricité.

22° Il fera connaître que l'aimant et l'électricité artificielle n'ont, à l'égard des maladies, que des propriétés communes avec plusieurs autres agents que la nature nous offre; et que, s'il est résulté quelques effets utiles de l'administration de ceux-là, ils sont dus au Magnétisme animal (Ibid., ⌐ ¯4-81

1. J.-W. Ritter, *Fragmente aus dem Nachlasse eines jungen Physike*rs Zweites Bändchen, VIII, 382, p. 11.

mondes [1] ». Il décrit avec une pénétration singulière, comme s'il en avait fait lui-même l'expérience, cet état de somnambulisme où il semble que l'âme individuelle se plonge au sein de l'âme même du monde, où, après l'abolition de la conscience centrale, apparaissent toutes les forces élémentaires de cette conscience confuse qui nous unit à tout l'univers, océan infini de l'inconscient hors duquel, par instants, émerge, comme une lueur, la conscience distincte.

Ritter montre qu'il existe une conscience dont l'exercice ne requiert plus l'usage de la volonté : celle qui accompagne le sommeil magné-tique, la conscience de l'automatisme; ici la volonté n'est plus même possible, et, chose extrêmement intéressante, la conscience morale (Gewissen) elle aussi est abolie, et son abolition coïncide avec l'apparition du plus grand bien-être corporel qui soit [2].

Ritter déclare alors que « par le sommeil l'homme retombe dans l'organisme universel [3]. Sa volonté devient immédiatement la volonté de la nature, les deux ne font maintenant plus qu'un. Alors l'homme est vraiment tout-puissant physiquement; il est un véritable magi-cien. Tout lui obéit; sa volonté même n'est sans doute qu'obéissance à l'ensemble des choses [4] ».

C'est à peu près ce qu'avait déjà dit Mesmer, quand il parlait de ce sommeil divinatoire où le sens interne devient le seul organe des sensations, de « cet état de sommeil où l'homme perçoit ses rapports avec toute la nature », de cet « état de crise où ces êtres (les somnam-bules) peuvent prévoir et rendre présent l'avenir le plus reculé, où leurs sens peuvent s'étendre à toutes les distances et dans toutes les directions sans être arrêtés par aucun obstacle; où il semble enfin que toute la nature soit présente ».

Ainsi donc, tandis qu'à l'état de veille la conscience plus ou moins distincte reste tout individuelle et en quelque sorte isolée de la nature, dans le sommeil somnambulique au contraire, il semble que les bornes de l'individualité — c'est-à-dire en somme de la personna-lité physique — se trouvent reculées à l'infini, que l'individu, dans

---

1. J.-W. Ritter, *Fragmente aus dem Nachlasse eines jungen Physikers*, Zweytes Bänd-chen, x, 477, p. 81.

2. Ibid., x, 477, p. 81. Il semble bien ressortir, en effet, de certains passages de l'introduction aux *Fragments* que Ritter était personnellement un excellent « médium » et qu'il connaissait les faits d' « automatisme » pour les avoir constatés sur lui-même : il raconte comment, au milieu de ses travaux les plus sérieux, il était tout à coup forcé de s'interrompre pour écrire, sans qu'il pût s'en empêcher, les choses les plus étranges et les plus singulières (*Fragmente*, Erstes Bändchen. Der Herausgeber, p. xcix et suiv.).

3. Ritter va jusqu'à déclarer que, dans le sommeil naturel, le magnétiseur, c'est Dieu même. *Fragmente*, Zweytes Bändchen, x, 477, p. 84.

4. *Ibid.*, x, 473, p. 79 (1806).

ces sources profondes de la vie qui ne tombent pas sous l'empire de la volonté, communie avec l'intimité de la nature, que la distinction du Moi et du non-Moi s'efface, et qu'il existe, au fond de nous-mêmes, un Moi universel dont notre Moi habituel n'est qu'une sorte d'appendice.

Dans cet état où l'homme est en quelque sorte suspendu entre les deux mondes, la nature se révélerait à lui, non plus sous son apparence purement phénoménale, qui n'en est que le dehors et comme l'hiéroglyphe, mais du dedans, dans sa réalité profonde. Alors, entre l'individu que nous sommes et l'univers, s'établiraient des rapports d'attraction d'un genre spécial, des rapports qui n'obéiraient plus aux lois ordinaires de la conscience, en particulier aux lois de l'espace et du temps. L'homme entrerait vraiment en communication avec tout l'univers. Il deviendrait maître du secret divin. Le magnétisme et le somnambulisme conduisaient ainsi à la restauration d'une véritable théosophie; ils attestaient, par les faits qu'invoquaient leurs adeptes, un rapport si étroit avec le progrès de la vérité céleste, qu'ils pouvaient lui servir de confirmation; et si, comme Swedenborg l'avait affirmé, d'après l'Écriture, l'homme était originellement constitué pour être en même temps un habitant de la terre et un citoyen du ciel, le magnétisme fournissait, à qui savait en faire un bon usage, une image, quoique très faible encore, de l'état primitif où l'homme est en communion immédiate avec l'autre monde[1]

A ceux qui doutaient de la vertu, en quelque manière divine, du magnétisme, fallait-il rappeler les guérisons vraiment miraculeuses qu'il opérait, guérisons qui semblaient réaliser la prédiction de l'Évangéliste?

Ritter, en déclarant, à propos des enseignements de Herder, que la vraie physique était immédiatement religion, se bornait donc à poursuivre une tradition qu'avaient établie les découvertes du magnétisme animal. Mais il la poursuivait avec toute l'autorité que lui conférait sa qualité de savant authentique. De là son influence et son prestige.

Autour de lui, au Belvédère, dans les environs d'Iéna, se groupaient une foule de naturalistes, philosophes et médecins, doués de pénétration et de talent, tous plus ou moins théosophes, plus ou moins mystiques, plus ou moins préoccupés de magnétisme, de magie, de télépathie. Chez eux, suivant Solger, « aussi bien dans l'orientation des sciences naturelles qu'au point de vue éthico-religieux, l'imagi-

---

1. *Der teutsche Merkur*, Année 1787, II. Bd., Viertes Vierteljahr, Nov., *An die Gesellschaft der vereinigten Freunde in Strassburg*, Stockholm, den 18. Juli 1787, p. 173.

nation papillonnait, comme en se jouant, autour des abîmes de la
conscience humaine, enveloppant les esprits d'un réseau de rêves, qui
transforment l'essence vraie des choses en mille spectres divers » ; chez
eux aussi « les aspirations à la magie étalaient à tous les yeux
leurs insanités » ; chez eux enfin « on découvrait, même aux plus profanes, une perspective déconcertante sur les secrets sacrés de la
nature aux limites de la folie et de la conscience normale, dans ces
états de magnétisme animal et autres qui ont d'autant plus d'attraits,
qui entraînent d'autant plus les esprits dans un vertige moral, qu'ils
sont moins intelligibles [1] ».

Dans ce petit groupe Solger voyait « le berceau de cette apparente
mystique qui s'efforçait de transposer les lois et les activités de
la nature dans le domaine spirituel et moral, de fonder ainsi en
quelque sorte la morale sur la physique » ; il considérait comme un
symptôme fâcheux des temps « cette illusion au plus haut point
dangereuse qui ne conduit qu'à égarer dans les tentatives de la magie
et à fausser la connaissance des choses de la nature aussi bien que
de la religion pour en faire les instruments d'un pareil délire ; il
fallait un état de dissolution comme celui de l'époque actuelle, pour
qu'une pareille illusion, sous la forme superficielle où elle se présentait, pût passer pour quelque chose de profond, d'intime et d'efficace [2] ». Steffens n'était pas beaucoup plus tendre pour le mouvement d'idées provoqué par Ritter. Il y apercevait un singulier mélange
de phénomènes scientifiques et d'obscures rêveries qui contenaient
« un écho d'idées spéculatives apprises à la volée, le tout formant
une mixture de l'espèce la plus baroque ». Quant aux adeptes de
Ritter, c'étaient « de jeunes hommes que n'intéressait pas la stricte
discipline d'une école philosophique ou l'enchaînement fatigant
des réflexions, et ils se faisaient ainsi volontiers ses disciples, sou-
lagés par de tels jeux d'esprit, qui leur procuraient à peu de frais
une grande quantité d'idées [3] ».

Tant de sévérité à l'égard de Ritter et de ses disciples s'explique
assez facilement, si l'on songe que Solger et Steffens étaient des
élèves de Schelling, que Ritter passait alors pour faire des réserves
expresses sur la valeur de la *Philosophie de la Nature* [4] et pour

1. Solger, *Nachgelassene Schriften und Briefwechsel*, éd. Ludwig Tieck und Fr. von
Raumer, 1826, II. Bd., Leipzig, Brockhaus, II, *Ueber die wahre Bedeutung und Bestimmung der Philosophie, besonders in unserer Zeit*, Vierzehntes Kap., p. 192-193.
2. *Ibid.*, Dreizehntes Kap., p. 183-184.
3. Steffens, *Was ich erlebte*, IV. Bd., p. 90-91.
4. Ritter, pour qui la philosophie n'était absolument rien d'autre que la Physique
(*J.-W. Ritter, Fragmente aus dem Nachlasse eines jungen Physikers*, Zweytes Bändchen,
XIII, 588, p. 176), ne voyait dans le système de Schelling qu'un fragment de la

mériter l'accusation de fomenter un parti contre Schelling[1], qu'enfin Schelling lui-même, dans sa jeunesse, professait le « fanatisme de l'irréligion », qu'il avait commencé par être l'adversaire déclaré de l'orientation mystique qu'avec Novalis, Tieck, Ritter, Schleiermacher, le romantisme prenait maintenant.

En ce qui le concernait, Frédéric Schlegel, pressentant le merveilleux parti que le jeune romantisme pourrait tirer des vues de Ritter, se liait d'une intimité étroite avec le physicien dont Novalis[2] lui avait parlé, et se jetait à corps perdu dans la *Physique supérieure*.

Dès 1798, comme on le voit par une lettre à Schleiermacher, Frédéric Schlegel comptait sur la puissance de la maïeutique pour parvenir à un accord complet avec Novalis sur le galvanisme de l'esprit, une de ses idées favorites. Et il attribuait à Novalis l'honneur de représenter le « Magicien », se réservant le rôle de « prophète[3] ». Deux ans plus tard, nous le voyons faire honte à Schleiermacher, encore incrédule, de ne pas vouloir de bien à la Philophysique actuelle, comme si, dans ce qu'on appelle le domaine théorique, ce n'était pas la seule chose vivante, le seul signe des temps ; il ajoute que, pour lui, « la physique n'est encore guère que la source de la poésie et le seul excitant des visions[4] » ; pendant que le physicien se fait envoyer au Belvédère, pour ses expériences, les grenouilles dont Caroline Schlegel parle à Novalis[5], n'est-il pas presque le seul homme que Frédéric fréquente, qu'il voie journellement et dont le commerce lui cause autant de joie que peut en procurer le commerce avec un mortel[6] ? C'est ainsi que Frédéric assiste aux travaux de Ritter[7], et

Physique (Ibid., XIII, 594 [1803], p. 178). Si, en effet, le Magnétisme, disait Ritter, est la polarité du temps, l'électricité, la polarité de l'espace, leur conflit, le procès chimique, Schelling, à ses yeux, ne possédait toujours que la polarité de l'espace, et n'était, à proprement parler, qu'un électricien philosophe ou un philosophe électricien. Il lui manquait d'être un philosophe magnétique, il lui manquait d'unir en lui l'électricité et le magnétisme, d'être un philosophe chimiste, le philosophe par excellence (Ibid., XIII, 587, p. 176).

1. Steffens, *Was ich erlebte*, IV. Bd., p. 90.

2. Voir J.-W. Ritter, *Fragmente aus dem Nachlasse eines jungen Physikers*, Erstes Bändchen. Der Herausgeber, p. xx-xxiii.

3. *Aus Schleiermacher's Leben. In Briefen*, éd. W. Dilthey, Berlin, 1858, Reimer, III. Bd., II, Fr. Schlegel an Schleiermacher, sans date, mais après mars 1798, p. 77.

4. Ibid., III. Bd., III, Fr. Schlegel an Schleiermacher, sans date, entre le 16 janvier et le 14 février 1800, p. 154.

5. Novalis, *Briefwechsel mit Friedrich und August-Wilhelm, Charlotte und Caroline Schlegel*, Mainz, Verlag von Franz Kirchheim, 1880, éd. J.-M. Raich, Caroline Schlegel an Novalis in Freiberg, 32, Iena, d. 4. Febr. 1799, p. 109.

6. *Briefe an Ludwig Tieck*, éd. K. von Holtei, Breslau, Verlag von E. Trewendt, 1864, III. Bd., III, Fr. Schlegel an Tieck, Iena, den 22. August 1800, p. 316.

7. *Fr. Schlegels Briefe an seinen Bruder August-Wilhelm*, éd. O.-F. Walzel, Berlin, Verlag von Speyer und Peters, 1890, IV (*Iena, 1800-1801*), 156, Iena, d. 25. August 1800, p. 434.

il ressort de leurs entretiens, pour Fr. Schlegel, qu'il faut attendre de grandes choses du physicien [1]

Tieck n'est pas moins « plein de Philophysique [2] » que Frédéric Schlegel. Mais si, à la suite de Novalis, les fondateurs du romantisme communient ainsi en Ritter et en la *Physique supérieure*, c'est que, pour eux, la physique de Ritter venait au secours de la vieille théosophie, et ce que cherchait le romantisme, ce qu'il avait cru découvrir, à travers la science moderne, c'était la restauration des vérités dont le cordonnier génial de Goerlitz, le grand mystique Jacob Boehme, avait eu la révélation.

II. *L'INFLUENCE DE JACOB BOEHME*.

Au temps de la Renaissance, à travers Paracelse, qu'il avait lu, Jacob Boehme, subissant l'influence du naturalisme italien et de la théosophie qui s'était développée depuis Nicolas de Cusa, avait tenté de réhabiliter et de diviniser la nature où les mystiques du Moyen Age voyaient le principe du mal. Non pas qu'il niât le mal ou qu'il en fît un simple non-être : il en connaissait la réalité, et partout dans la nature il apercevait la lutte du mal et du bien que Luther, avec son réalisme pessimiste, avait mise si puissamment en relief; mais lui, qui savait qu'on peut posséder Dieu, vivre la vie divine, il comprenait l'impossibilité de cette possession dans le cas où la nature devrait être radicalement et définitivement révoltée contre Dieu, car alors l'homme — faisant partie de la nature — serait à jamais incapable de renaître à la vie divine, et Dieu devrait l'anéantir. Jacob Boehme prétendait donc montrer comment s'opère la régénération de l'homme, comment Dieu peut ressusciter dans la créature corrompue par le péché que nous sommes, dans l'être déchu et séparé de Dieu.

Cette régénération était possible, parce qu'au fond la nature est d'essence divine; seule, la volonté de l'homme, dans son orgueil de s'égaler à Dieu, l'a détournée de sa vraie fin. La nature, en dernière analyse, apparaissait à Boehme comme l'image que Dieu s'oppose à lui-même pour se révéler, pour se manifester; elle était la condition de la genèse divine.

Dieu ou l'Infini n'est primitivement que l'éternel mystère, l'unité, l'identité pure, la paix et la quiétude absolues, la puissance absolue aussi; il est tout et il n'est rien. Ce n'est point le Dieu parfait, le

1. *Aus Schleiermacher's Leben. In Briefen*, éd. W. Dilthey, III. Bd., iii, Fr. Schlegel an Schleiermacher, s. d., entre le 16 janvier et le 14 février 1800, p. 154.
2. *Ibid.*, III. Bd., iii, Fr. Schlegel an Schleiermacher, s. d., entre le 16 janvier et le 14 février 1800), p. 154.

Dieu réel et vivant, le Dieu personnel et créateur du sens commun religieux. L'opposition est la loi de toute révélation. Pour que Dieu prenne conscience de soi, il faut donc qu'il s'oppose à lui-même dans une image de lui-même, comme Eckhardt l'avait entrevu; il lui faut s'extérioriser dans son contraire, pour se l'assimiler ensuite et pour le spiritualiser. Comment se produit ce développement de l'activité divine? Comment, au moyen des sept esprits organisateurs (au fond les sept essences naturelles de la Kabbale) qu'il crée à cet effet, s'opère progressivement l'ascension de la nature vers Dieu, de l'élément obscur vers l'élément lumineux (les trois premiers ramenant l'élément obscur jusqu'au contact avec l'élément lumineux, le quatrième réalisant ce contact, les trois derniers faisant régner la lumière sur la nature disciplinée), ce n'est pas ici le lieu d'y insister : il suffit à notre objet d'avoir montré dans la nature et jusque dans la matière la condition de la manifestation de l'Esprit, les formes et comme les symboles où se fixe d'une manière visible la continuelle création de l'action divine invisible [1]

III. *L' « EUROPE » DE NO-VALIS.* Que l'*Idéalisme magique* de Novalis, dont nous avons, dans un chapitre précédent, essayé de dégager le sens, ait largement puisé à cette source, on n'en peut douter. Novalis avait été initié par Tieck aux œuvres de J. Boehme; il les avait lues avec passion, il s'y était plongé tout entier. C'est pourquoi sans doute il avait attaché tant de prix à la fréquentation de Ritter, avec lequel, dès la première entrevue, il s'était senti en si intime communion d'âme qu'en se parlant l'un à l'autre ils semblaient se parler tout haut à eux-mêmes [2]; de Ritter dont la Physique était entrée dans cette voie sacrée déjà pressentie par Hemsterhuis, de Ritter enfin dont il avait écrit : « Ritter, ist Ritter, und wir sind nur Knappen. Selbst Baader ist nur sein Dichter [3] ».

Le retour à la théosophie naturaliste de Jacob Boehme, la confirmation, par les découvertes de la physique romantique, de sa conception mystique de la nature apportaient d'ailleurs à Novalis un précieux encouragement pour l'édification de ce « projet biblique [4] »

1. E. Boutroux, *Études d'histoire de la philosophie*, Alcan, 1897, *Le philosophe allemand Jacob Boehme*, p. 211-288.
2. J.-W. Ritter, *Fragmente aus dem Nachlasse eines jungen Physikers*, Erstes Bändchen. Der Herausgeber, p. XVIII.
3. Novalis, *Briefwechsel*, éd. J.-M. Raich, 30, Novalis an Caroline Schlegel in Iena, Freiberg, 20. Jänner. 1799, p. 101.
4. Ibid., éd. J. M. Raich, 26, Friedrich Schlegel an Novalis in Freiberg, Berlin, 2. December, 1798, p. 84. « Mein biblisches Projekt aber ist kein litterarisches,

dont s'entretenait depuis quelque temps avec lui son ami Frédéric
Schlegel; il ne s'agissait de rien de moins que de « fonder une religion nouvelle ».

A cette heure, en effet, Fr. Schlegel voit poindre « le plus grand
enfantement des temps nouveaux » et, comme à l'époque, où « le
Christianisme primitif allait sans bruit engloutir l'Empire Romain »,
il annonce « une autre grande catastrophe qui, se répandant de
proche en proche, absorbera la Révolution française, dont le plus solide
mérite aura été uniquement peut-être de l'avoir provoquée[1] ». Et
c'est aussi l'heure où Novalis prophétise « une nouvelle humanité »,
une « jeune Église » et un « nouveau Messie[2] ».

Que pouvaient signifier l'absorption de la Révolution française,
l'annonce d'une Église rajeunie? Pour le comprendre, il faut sé
souvenir que, par une évolution rapide, le romantisme révolutionnaire avait déjà fait place, dans l'esprit des fondateurs de l'École,
à un nouveau Catholicisme, à la restauration — contre la Révolution
française — d'un État théocratique, et — contre la Réforme — d'une
Église rajeunie. Or, qui donc est ici le promoteur de cette restauration? Novalis lui-même dont Frédéric Schlegel voulait faire « le Christ
du nouvel Évangile[3] ».

Déjà, en 1798, après la mort de Frédéric-Guillaume II de Prusse, à
l'avènement de Frédéric-Guillaume III et de la Reine Louise qui
symbolisaient la Contre-Révolution, Novalis avait publié, dans le fascicule de juillet de la première année des *Annales de la Monarchie
prussienne sous le règne de Frédéric-Guillaume III* (Jahrbücher der
preussischen Monarchie unter der Regierúng Friedrich-Wilhelms III.),
sous le titre significatif de *Foi et Amour, ou le Roi et la Reine* (Glauben
und Liebe, oder der König und die Königin), des *Fragments* qui
attestaient un revirement radical dans ses opinions politiques. A
l'enthousiasme révolutionnaire qu'il avait jadis professé succédait

sondern — ein biblisches, ein durchaus religiöses. Ich denke eine neue Religion zu
stiften, oder vielmehr sie verkündigen zu helfen. »

1. *Friedrich Schlegel's Briefe an seinen Bruder August-Wilhelm*, éd. O.-F. Walzel, III
(*Berlin, 1797-1799*), 136, 7ten May 1799, p. 421.

2. Novalis, *Schriften*, éd. E. Heilborn, 1901, Druck und Verlag von Georg Reimer,
Berlin, II. Bd., Zweiter Theil, Zweite Hälfte, *Die « Christenheit » oder « Europa »*, p. 414.
« Noch sind alles nur Andeutungen, unzusammenhängend und roh, aber sie verra-
then dem historischen Auge eine universelle Individualität, eine neue Geschichte,
eine neue Menschheit; die süsseste Umarmung einer jungen überraschten Kirche
und eines liebenden Gottes und das innige Empfängniss eines neuen Messias in
ihren tausend Gliedern zugleich. »

3. Novalis, *Briefwechsel*, éd. J.-M. Raich, 26, Fr. Schlegel an Novalis in Freiberg,
Berlin, 2. Dezember 1798, p. 85. « Doch vielleicht hast Du mehr Talent zu einem
neuen Christus, der in mir seinen wackern Paulus findet », et p. 87 : « Vielleicht hast
Du noch die Wahl, mein Freund, entweder der letzte Christ, der Brutus der alten
Religion, oder der Christus des neuen Evangeliums zu sein. »

une foi non moins ardente en l'absolutisme monarchique ; et c'était, à vrai dire, toujours la même passion quasi religieuse.

Novalis célèbre la royauté de droit divin, parce qu'elle repose sur la Foi et l'Amour, sources de tout Idéal. « Le signe distinctif de la Monarchie, c'est qu'elle se fonde sur la croyance à un homme de naissance supérieure, sur l'acceptation librement consentie d'un homme idéal.... Le roi est un homme érigé en fatalité terrestre. Être supérieur, il ne peut être choisi parmi mes semblables, soumis aux mêmes imperfections que moi[1]. »

Le roi, incarnation de Dieu sur la terre, le roi, symbole visible et vivant de l'autorité, l'amour du roi érigé en culte civique, cette conception mystique, féodale et théocratique, qui aboutit à un Catholicisme politique, voilà le régime que Novalis semble proposer en exemple. A le lire, on ne peut s'empêcher de songer au discrédit où va sombrer, chez les romantiques, ce « Protestantisme de la Révolution française », dont la sécheresse heurte maintenant, à leurs yeux, à la fois les exigences de l'art et les besoins du cœur.

Mais voici qui est plus décisif encore. En 1799, à l'automne, les deux Schlegel, Tieck et Hardenberg-Novalis se trouvaient réunis à Iéna[2], et, sous le coup de l'émotion qu'avaient produite chez eux à la fois l'accusation d'athéisme portée contre Fichte[3]

---

1. Novalis, *Schriften*, éd. E. Heilborn, II. Bd., Zweiter Theil, Erste Hälfte. *Glauben und Liebe, oder der König und die Königin*, p. 35-52 ; voir notamment p. 40.

2. Schelling y était aussi ; plus tard, le cercle s'agrandit et comprit des jeunes gens comme Gries et Cl. Brentano, qui fréquentaient encore l'Université d'Iéna ou en sortaient à peine. Voir A. Koberstein, *Geschichte der deutschen Nationalliteratur vom zweiten Viertel des achtzehnten Jahrhunderts bis zu Gœthes Tod*, fünfte umgearbeitete Auflage von Karl Bartsch, Leipzig, Verlag von F.-C.-W. Vogel, 1813, Zweiter Theil, IV. Bd., § 329, p. 662.

3. « Es war, écrit Haym, dans son *École romantique*, ein merkwürdiges Zusammentreffen, dass gerade um die Zeit, in welcher Schleiermacher seine Reden schrieb, die religiöse Frage durch die gegen Fichte erhobene Anklage auf Atheismus zur Tagesfrage geworden war. » Et il ajoute : « Der Fichtesche Handel und das Erscheinen der Reden wirkten zusammen... alles, was von Mysticismus und Enthusiasmus in unserem Schriftsteller (Fr. Schlegel) war... in Bewegung zu setzen. » (Haym, *Die romantische Schule*, Zweite Auflage, 1906, Drittes Buch, drittes Kapitel, p. 486 et 488.)

On se rappelle avec quelle passion les romantiques, notamment Frédéric Schlegel, dans sa brochure : *Pour Fichte*, prirent parti pour le philosophe persécuté ; comment il considérait que « la doctrine de Fichte n'était autre chose que la vraie religion sous forme de philosophie », et que Fichte avait eu « le grand mérite d'avoir découvert la religion » (*Fr. Schlegel's Briefe an seinen Bruder August-Wilhelm*, éd. O.-F. Walzel, III, 134, p. 416) ; on se rappelle comment A.-G. Schlegel écrivait à Novalis que « le brave Fichte combattait, à vrai dire, pour eux tous, et que, s'il succombait, les bûchers ne seraient pas loin d'eux » (Novalis, *Briefwechsel*, éd. J.-M. Raich, 29, A.-W. Schlegel an Novalis, Iéna, 12. Januar 1799, p. 99). Et ce n'était pas, de leur part, sans quelque courage, car leur zèle pour Fichte ne pouvait être agréable à Gœthe, l'instigateur du blâme qui avait entraîné la démission du philosophe.. On peut même se demander si la sentence prononcée par la Cour de Weïmar, c'est-à-dire par le parti rationaliste, libéral, et par l'orthodoxie luthérienne, ne fùt pas pour quelque chose dans l'orienta-

et les *Discours* de Schleiermacher, ils étaient alors tout à la religion [1]

« Ici, écrivait justement à Schleiermacher Dorothée Veit, le Christianisme est *à l'ordre du jour* (en français) », et elle accusait « ces gens d'être un peu fous ». Ces gens, c'étaient, outre son amant Frédéric, Tieck, « emporté par la religion, comme Schiller par le destin [2] » et Hardenberg-Novalis, qui, informé par Frédéric et par Tieck du contenu ainsi que de la portée des *Discours*, et ne voulant pas attendre l'arrivée du livre à Iéna, l'envoya chercher par un exprès [3]. Il l'avait, au dire de Frédéric, « étudié avec le plus puissant intérêt » ; il en était « absolument engoué, pénétré, enthousiasmé, enflammé », et le résultat de cette exaltation avait été « la promesse à Frédéric Schlegel, pour l'*Athénée*, d'un article sur le Catholicisme [4]. »

Cet article, intitulé : *La Chrétienté ou l'Europe* (Die Christenheit oder Europa), et qui avait la valeur d'un manifeste, ne parut cependant pas dans l'*Athénée*. Tieck, dans son édition des œuvres de Novalis, raconte qu'après lecture « les quelques amis intimes qui constituaient le petit cercle romantique et qui se reconnaissaient le droit d'exprimer franchement et sans détour leur jugement les uns sur les autres, à un degré qui se rencontre rarement chez les hommes de lettres, décidèrent à l'unanimité de ne pas laisser paraître l'article [5] ». Mais ses souvenirs, après quarante ans, le trompèrent, car il ressort de la correspondance de Schleiermacher que le rejet n'eut pas lieu sans discussion. Il paraît au contraire avéré que la majorité des voix s'était prononcée pour la publication, si bien que Frédéric pouvait en annoncer à Schleiermacher l'apparition dans un prochain fasci-

tion catholique et contre-révolutionnaire qu'allaient prendre la mystique et la théologie romantiques.

1. On trouve la trace de cette influence dans l'*Europe* de Novalis. N'y lit-on pas ceci : « Zu einem Bruder will ich euch führen der soll mit euch reden, dass euch die Herzen aufgehn, und ihr eure abgestorbene geliebte Ahndung mit neuem Leibe bekleidet, wieder umfasst und erkennt, was euch Vorschwebte, und was der schwerfällige, irdische Verstand freylich euch nicht haschen konnte.

« Dieser Bruder ist der Herzschlag der neuen Zeit; wer ihn gefühlt hat, zweifelt nicht mehr an ihrem Kommen und tritt mit süssem Stolz auf seine Zeitgenossenschaft auch aus dem Haufen hervor zu der neuen Schaar der Jünger. Er hat einen neuen Schleyer für die Heilige gemacht, der ihren himmlischen Gliederbau anschmiegend verräth, und doch sie züchtiger als ein andrer verhüllt. » (Novalis, *Schriften*, éd. E. Hellborn, II. Bd., Zweiter Theil, Zweite Hälfte, *Europa*, p. 416.) L'allusion à Schleiermacher n'est ici pas même déguisée.

2. *Aus Schleiermacher's Leben. In Briefen*, éd. W. Dilthey, III. Bd., III, Dorothea an Schleiermacher, Iena, den 15. November 1799, p. 132.

3. *Novalis Briefwechsel*, éd. J.-M. Raich, *Die Christenheit oder Europa*, Vorbericht, p. 145.

4. W. Dilthey, *Aus Schleiermacher's Leben. In Briefen*, III. Bd., III, Fr. Schlegel an Schleiermacher, ohne Datum (entre une lettre de Guillaume, du 23 septembre 1799, et une lettre de Dorothée, du 11 octobre), p. 125.

5. Novalis, *Schriften*, éd. Tieck et Fr. Schlegel, Berlin, Verlag von G. Reimer, 5e éd., 1837, I, p. xxxiv-xxxv.

cule, sans rien vouloir lui en dire, ajoutant seulement qu'il ne le lirait pas « sans étonnement[1] ». Le manifeste de Novalis devait, semble-t-il, avoir pour correctif dans le même numéro de l'*Athénée* une sorte de contre-manifeste en vers, de Schelling : *La Profession de foi épicurienne de Heinz Widerporst* (Epicurisch Glaubensbekentniss Heinz Widerporstens)[2]; cependant, comme l'annonçait, le 9 décembre 1799, Dorothée à Schleiermacher, — et elle « en remerciait mille et mille fois le ciel », — ni l'*Europa*, ni le *Widerporst* ne parurent dans l'*Athénée*. Dès le début, Dorothée, de son propre aveu, s'était montrée hostile à la publication, mais c'était « une voix dans le désert[3] ». Frédéric avait alors demandé à son frère Guillaume d'être juge. Guillaume, qui, d'abord sans doute, partagea l'opinion de Dorothée, avait un moment hésité[4]; la publication de la réplique de Schelling ne le satisfaisait d'ailleurs pas davantage, et il avait résolu de proposer à ce dernier de faire suivre le *Widerporst* d'une note critique. Schelling avait refusé; Gœthe, pris pour arbitre, s'était prononcé

1. *Aus Schleiermacher's Leben. In Briefen*, éd. W. Dilthey, III. Bd., III, Fr. Schlegel an Schleiermacher, ohne Datum (entre une lettre de Dorothée à Schleiermacher, du 13 novembre 1799, et une lettre de Frédéric à Schleiermacher, arrivée le 2 décembre), p. 133-134. « Auf den ersten (Hardenberg) hast Du (nämlich das Du der *Reden*) eine ungeheure Wirkung gemacht. Er hat uns einen Aufsatz über Christenthum vorgelegen und fürs Athenäum gegeben. Du erhältst ihn mit nächstem selbst, und darum sage ich nichts weiter darüber; ich denke Du wirst Dich doch dann und wann fast sehr über seine Bewunderung verwundern. »

2. Dans la même lettre sans date où Frédéric Schlegel annonce à Schleiermacher l'effet produit par ses *Discours* sur Hardenberg et l'article sur le Christianisme qu'il a suscité chez ce dernier, il lui parle également du réveil, chez Schelling, « de son vieil enthousiasme pour l'irréligion », réveil provoqué moins peut-être encore par ces mêmes *Discours* que par le néo-christianisme de Novalis et de Tieck, tel que le révélaient leurs dernières œuvres. C'est en manière de réaction contre ces tendances nouvelles du romantisme que Schelling avait écrit cette « *Profession épicurienne* à la manière du Hans Sachs de Gœthe ». Et Frédéric Schlegel déclarait que le poème de Schelling devait paraître dans le même numéro que l'article de Novalis, ajoutant : « Notre Philironie est très portée à l'imprimer aussi dans l'*Athénée* si la tienne n'y fait pas d'objection. » (*Aus Schleiermacher's Leben. In Briefen*, éd. W. Dilthey, III. Bd., III, p. 134.) Dans la *Profession de foi épicurienne de Heinz Widerporst*, l'allusion aux *Discours* de Schleiermacher n'est pas même déguisée. On en peut juger par les deux vers suivants :

. . . .
Reden von Religion als einer Frauen,
Die man nur dürft' durch Schleier schauen,

et, quelques vers plus loin, les allusions au nouveau Messie font inévitablement penser aux desseins de Fr. Schlegel et de Novalis. Voir *Aus Schelling's Leben. In Briefen*, I. Bd., 1775-1803. *Epikurisch Glaubensbekenntniss Heinz Widersporstens*, p. 282-289, notamment p. 288.

3 *Aus Schleiermacher's Leben. In Briefen*, éd. W. Dilthey, III. Bd., III, Dorothea an Schleiermacher, Iena, den 9. December 1799, p. 140. « Ich war gleich von Vorneherein sehr dagegen, aber das war eine Stimme in der Wüste. »

4. Ibid., Fr. Schlegel an Schleiermacher, ohne Datum (après une lettre arrivée à Schleiermacher le 2 décembre), p. 137. « Wilhelm kann heute noch nicht entscheiden, ob die Europa und der Wiederporst gedruckt werden soll. »

pour le rejet, alléguant des raisons de prudence. « Vive Gœthe! » s'était écriée Dorothée[1]. Finalement Guillaume, qui, au commencement, avait incliné dans le même sens[2], décida de « laisser dormir les deux productions dans l'abîme des impubliés[3] ».

Pourquoi ces hésitations et ces craintes? Pourquoi l'attitude de Gœthe et ses conseils de prudence? Un bref exposé de l'article qui devait être le manifeste de la nouvelle orientation religieuse et politique du romantisme va les justifier[4].

L'*Europe* commence par une réhabilitation du Catholicisme médiéval; Novalis esquisse « dans leur beauté les traits essentiels de ces temps vraiment catholiques ou vraiment chrétiens ». Temps idylliques, temps éclatants où l'Europe, dans son ensemble, formait, à travers ses différents États, ses différentes provinces unies par

---

1. *Aus Schleiermacher's Leben. In Briefen*, éd. W. Dilthey, III. Bd., III, Dorothea an Schleiermacher, Iena, den 9. December 1799, p. 140. « Endlich wollte es Wilhelm nicht ohne eine Note, die wollte Schelling nicht, Gœthe ward zum Schiedsrichter genommen, und der hat es ganz und gar verworfen! Vivat Gœthe! »

2. *Ibid.*, A.-W. Schlegel an Schleiermacher, Iena, den 16. December 1799, p. 143. « Dass die Nicht-Einruckung des Aufsatzes von Hardenberg und des Widerporst beschlossen worden, wird Friedrich gemeldet haben. Ich war schon früher dieser Meynung, wurde aber überstimmt und provocirte auf Gœthe. Dieser ist dann sehr in die Sache eingegangen, und hat mit umständlicher und gründlicher Entwicklung gegen die Aufnahme und für mich entschieden. »

3. *Ibid.*, Fr. Schlegel an Schleiermacher, ohne Datum (avant la lettre de Dorothée, du 9 décembre), p. 139.

4. Le manifeste, disons-nous, car il ne s'agit pas ici de l'expression d'une pensée tout individuelle, et le programme auquel la plume de Novalis va donner son éclat est vraiment l'affirmation des sentiments de toute l'École. Rappellerons-nous le *Franz Sternbald* de Tieck, avec sa réhabilitation du Moyen Age et de la vie du cloître; rappellerons-nous comment ici l'art conduit à la religion, mieux, au catholicisme, comment cette glorification de l'Église catholique va s'affirmer bientôt dans la *Sainte-Geneviève* (Leben und Tod der heiligen Genoveva) du même auteur? Rappellerons-nous encore qu'Auguste-Guillaume Schlegel, vers la même époque, en 1798, ressuscitait la légende de saint Luc (der heilige Lucas) et, peu après, au début de 1800, montrait le lien de l'Église et des arts, de l'Église catholique, bien entendu, qui, après la décadence de l'art antique classique, avait, au Moyen Age, fondé un art nouveau? (Voir A. Koberstein, *Geschichte der deutschen Nationalliteratur vom zweiten Viertel des achtzehnten Jahrhunderts bis zu Gœthes Tod*, Zweiter Theil, IV. Bd., § 327, p. 582, 583, § 333, p. 759, § 334, p. 791-794, et Haym, *Die romantisme Schule*, Drittes Buch, fünftes Kapitel, p. 692 et suiv.) Rappellerons-nous, dans les « *Dialogues sur la poésie* (Gespräche über die Poesie) de Fr. Schlegel, ce *Discours sur la Mythologie* (Rede über die Mythologie), véritable prélude de sa conversion au catholicisme qui réclame, pour vivifier la poésie moderne, le soutien d'une nouvelle Mythologie s'inspirant des vues de Spinoza, de Jacob Boehme, des mythes de l'Orient, de la nouvelle physique, de la *Philosophie de la Nature*? Mythologie dont Schelling esquisse, à la même époque, la théorie dans son *Système de l'Idéalisme transcendantal*. Rappellerons-nous enfin, une fois de plus, Schelling annonçant, un peu plus tard, dans le *Journal critique de philosophie*, l'apparition d'une nouvelle religion restaurant les mystères du Christianisme primitif et puisant son symbolisme dans la nature? » (Schelling, *S. W.*, V. Bd., 1802-1803, I. *Abhandlungen, Recensionen, ...* aus dem *Kritischen Journal der Philosophie*: d) *Ueber das Verhältniss der Naturphilosophie zur Philosophie überhaupt*, p. 120.)

un intérêt commun, un vaste royaume spirituel, la Chrétienté, sous la « sage domination » politique et religieuse de l'Église, qui, tout en s'opposant aux audaces d'une culture menaçante pour le salut de l'âme ou aux découvertes dangereuses d'une science prématurée, assurait « le développement harmonieux de toutes les facultés », l'accord de la vie spirituelle la plus haute et du bien-être matériel le plus complet. De là, cette prodigieuse élévation atteinte dans toutes les branches des sciences, de la vie ou des arts ; de là, cette prospérité générale des échanges, tant dans l'ordre intellectuel que dans l'ordre matériel, à l'intérieur des limites de l'Europe et jusqu'au fond des Indes[1]. Mais l'humanité n'était pas mûre pour cet âge d'or, pour ce Règne de Dieu. L'influence pernicieuse des progrès de la civilisation, l'impulsion des besoins égoïstes qui opposent les intérêts et font de la vie individuelle ou nationale une lutte, la « substitution à l'amour et à la foi du savoir et de l'avoir » rompirent l'unité de l'Europe, engendrèrent des guerres ; le sens du supra-sensible, de l'invisible s'obscurcit, l'Église elle-même donna l'exemple de la corruption ; aussi le respect et la confiance, soutiens de la foi en son autorité, étaient déjà brisés, la souveraineté proprement dite de Rome avait depuis longtemps cessé de s'exercer, quand éclata l'insurrection qui prit le nom de Protestantisme : la vieille constitution de l'Église romaine n'était plus qu'un monument en ruines. Pourtant, en sapant les bases de cet édifice admirable, la Réforme a fait une œuvre néfaste. Sans doute les protestants « établirent une foule de principes justes, introduisirent beaucoup de choses louables, détruisirent mainte institution nuisible ; mais ils négligèrent le résultat nécessaire de leur entreprise, ils séparèrent l'inséparable, ils divisèrent l'Église indivisible, ils accomplirent le crime de briser la communauté chrétienne universelle en qui et par qui seule était possible la résurrection vraie et durable ». L'individualisme et l'anarchie religieuse furent les tristes fruits de cette tentative.

La rivalité des princes s'ensuivit : mêlés aux divisions confessionnelles, ils en profitèrent pour consolider ou pour accroître leurs territoires et leurs revenus. Ils étaient singulièrement soucieux de faire obstacle à l'union intégrale des Églises protestantes ; ainsi la religion, d'une manière sacrilège, fut cloîtrée dans des frontières politiques, ce qui devait amener la disparition progressive de l'intérêt religieux cosmopolite. La religion perdit ainsi sa grande et pacificatrice influence politique et, en se perpétuant, le Protestantisme

1. Novalis, *Schriften*, éd. E. Heilborn, Zweiter Theil, Zweite Hälfte, II. Bd., 2. *Die « Christenheit » oder « Europa »*, p. 399-401.

engendra ce quelque chose de contradictoire : la permanence d'un
gouvernement de révolution.

Avec la Réforme, c'en fut fait de la Chrétienté. Désormais elle
n'existait plus[1]. Même la création de l'ordre des Jésuites, en qui
« l'esprit mourant de la hiérarchie semblait avoir versé ses derniers
dons », et qui était un modèle « d'expansion et de durée éternelle
pour toutes les sociétés éprises du désir de l'organisation », ne put
restaurer le papisme décadent[2].

Ce n'est pas tout; non seulement le Protestantisme a ruiné politiquement la Chrétienté, mais il a spirituellement desséché le Christianisme. Son rôle a été tout de destruction et de négation. Tandis que
l'ancien Catholicisme a été vraiment créateur et organisateur, le
Protestantisme s'est borné à la critique et à la polémique; il a méconnu
l'esprit de la tradition catholique qui avait enrichi le Christianisme,
il y a substitué la lettre du *Livre*, le fanatisme de la *Bible*; il a combattu tout ce qu'il y avait de vivant, de plastique, d'artistique, en un
mot de riche, dans la religion catholique, il s'est confiné dans
la sécheresse de l'exégèse, dans les polémiques d'une théologie
abstraite[3]

Cette incompréhension de l'art, du lyrisme, ce goût de la critique,
de la négation, de la discussion, ce rationalisme desséchant devaient
faire du Protestantisme l'allié naturel de la libre-pensée philosophique, en France, du philosophisme mécaniste et matérialiste de
la *Philosophie des Lumières*, en Allemagne.

Et ce fut d'abord « la haine personnelle contre la croyance catholique, qui dégénéra peu à peu en haine contre la Bible, contre la
croyance chrétienne, enfin contre la religion même ».

Bien plus, cette haine de la religion finit par s'étendre à toutes les
sources de la vie spirituelle. Et la dissolution de l'esprit religieux
qui était l'aboutissement du Protestantisme devait amener, comme
sa conséquence naturelle, l'athéisme et le matérialisme dont la
France avait donné l'exemple au monde; elle avait eu pour résultat
cette autre Réforme qu'on appelait la Révolution française : nouvelle
religion avec son culte, ses prêtres, ses mystagogues. La pauvre
humanité en avait été réduite à cette forme d'enthousiasme[4]

Mais la Révolution marque un nouveau tournant de l'histoire :
des ruines de tout ce qu'il y avait de positif dans le monde, un
nouvel et glorieux édifice religieux devait surgir; la véritable anar-

1. Novalis, *Schriften*, éd. E. Heilborn, Zweiter Theil, Zweite Hälfte, II. Bd., 2. *Die*
« *Christenheit* » *oder* « *Europa* » , p. 402-405. — 2. Ibid., p. 407-408. — 3. Ibid., p. 405-405.
— 4. Ibid., p. 408-411.

chie était le véritable ferment de la religion; les signes de la régénération apparaissaient partout, et les temps de la résurrection étaient proches. Novalis s'en faisait le prophète. Ce qu'il annonçait, ce n'était pas le retour pur et simple au Catholicisme médiéval, dont la forme contingente était, pour ainsi dire, anéantie; l'antique papauté était descendue au tombeau, et, pour la seconde fois, Rome était tombée en ruines; mais Novalis croyait « qu'à son tour le Protestantisme finirait par disparaître et qu'il ferait place à une Église nouvelle et plus durable [1] ».

La Science, à travers ses vicissitudes, aura d'ailleurs préparé cette renaissance; il conviendra d'inviter avec un sourire les Philanthropes et les Encyclopédistes à entrer dans la Loge pacificatrice, dans la nouvelle Église qui sera une sorte de réplique de l'Église du Moyen Age, car il en sera des États comme des sciences qui ont trouvé dans la *Théorie de la Science* le fondement de leur unité : du conflit même des États européens naîtra un contact plus étroit qui aboutira à la constitution d'une sorte de Théorie de la Science politique, à un État des États, qui sera le principe d'une société des États et comme une sorte « d'intuition intellectuelle du Moi politique ». A la tête de ce super-État, un pouvoir spirituel, seul capable d'équilibrer et de concilier les forces mondiales en lutte : l'attachement au passé, à la tradition, à l'autorité; le sentiment enchanteur de la liberté; le plaisir de la nouveauté; la conscience des droits de la personne et des citoyens. Et ce sera la nouvelle Europe, la nouvelle Chrétienté, l'Église visible qui réconciliera dans son sein toutes les nations, ressuscitant la communauté des esprits dans la croyance au Christ; ce sera le nouveau Catholicisme [2]

Ce fragment, que Novalis, même après le refus d'insertion dans l'*Athénée*, songeait à publier ailleurs [3], « véritable programme » et « véritable prophétie », comme dit Haym, pour les partisans de la Contre-Révolution [4], montre le mieux du monde, suivant Koberstein, « quelles idées régnaient alors dans les conversations du cercle des romantiques d'Iéna au sujet de la religion et de ses rapports avec toutes les hautes disciplines de la vie; quelles espérances on y attachait à une renaissance du vrai Catholicisme, et comment se préparèrent dans ce milieu maintes publications issues ultérieurement de

1. Novalis, *Schriften*, éd. E. Hellborn, Zweiter Theil, Zweite Hälfte, II. Bd., 2. *Die « Christenheit » oder « Europa »*, p. 419. — 2. *Ibid.*, p. 415-420.
3. *Novalis Briefwechsel*, éd. J.-M. Raich, 37, Novalis an Fr. Schlegel in Iena, Weissenfels, 31. Jänner 1800, p. 133. « Die « Europa » schickt mir wieder — ich habe eine andre Idee damit. Sie kann mit einigen Veränderungen zu einigen andern öffentlichen Reden kommen und mit diesen besonders gedruckt werden. »
4. Haym, *Die romantische Schule*, Drittes Buch, drittes Kapitel, p. 467.

l'école romantique dans le domaine poétique, religieux et politique [1]. » Koberstein ajoute : « Ni la doctrine, ni les formes ecclésiastiques du Protestantisme ne pouvaient, aux yeux des romantiques, leur fournir, dans sa plénitude ou dans sa capacité de culture, cet élément religieux dont dépendait par excellence la réussite des buts qu'ils poursuivaient.

En considérant au contraire la poésie et l'art du Moyen Age, la profondeur et l'intimité de leurs rapports avec le Catholicisme n'échappaient pas aux romantiques ; « fascinés par l'éclat, la richesse et la beauté des formes qu'ils admiraient dans la poésie et dans l'art de ce temps, notamment dans les œuvres de Calderon, ils voyaient dans la foi de la vieille Église, dans son interprétation des symboles et dans son culte, dans ses histoires de miracles et de saints le seul terrain fertile pour l'éclosion et la prospérité d'un art nouveau — art poétique ou art plastique — qui trouverait dans la religion à la fois son foyer et son rayonnement [2] ».

Nous en avons d'ailleurs la confirmation de la bouche d'un témoin de ce temps. A cette date fatidique de 1799, Steffens écrit, en effet, dans son autobiographie : « On sait qu'avec le réveil d'une poésie plus profonde la religion catholique, elle aussi, a acquis une signification particulière et plus profonde elle aussi. Le Moyen Age fut mis en relief dans toute sa puissance.... A moi également cette époque des grandes luttes, des poèmes magistraux, du recueillement intime, me parut digne d'admiration et infiniment riche, comparée à la pauvreté du temps présent [3] » ; il écrit encore : « La Vierge en particulier, — la femme Divine, — avec tout ce qu'elle comporte d'illusions, devint dans la poésie l'objet d'un culte, et, après que Tieck, A.-G. Schlegel, Novalis lui eurent conféré la consécration poétique, on vit tous les jeunes poètes s'agenouiller devant son autel [4]. »

1. A. Koberstein, *Geschichte der deutschen Nationalliteratur*, § 334, p. 799-800.
2. *Ibid.*, § 334, p. 790.
3. H. Steffens, *Was ich erlebte*, IV. Bd., p. 239-240.
4. *Ibid.*, p. 240. Voir aussi Julian Schmidt, *Geschichte der deutschen Litteratur von Leibniz bis auf unsere Zeit*, IV. Bd., 1797-1814, Berlin, Verlag von Wilhelm Hertz, 1890, Neuntes Buch, 6, p. 110-111 et suiv. Déjà, en 1797, A.-G. Schlegel célébrait la traduction de Herder des *Cantiques à Marie* (Marienlieder) du jésuite Balde.
Mais c'est durant l'été de 1798, où le petit groupe des romantiques, les Schlegel, Novalis, Schelling et Gries, puis Tieck s'étaient rencontrés à Dresde, que, dans les visites communes au Musée, devant l'immortel chef-d'œuvre de Raphaël, le culte de la Vierge s'était proprement institué, que l'exclusion par le Protestantisme de toute imagerie apparut comme une hérésie, et que le romantisme « se trouva en danger de devenir catholique ». Qu'on relise, pour s'en convaincre, les *Tableaux* (Die Gemälde), dialogue composé, à cette occasion, par Guillaume Schlegel et par Caroline. Qu'on relise aussi, dans la biographie de Steffens, les pages consacrées à sa visite, un an plus tard, au même Musée. Il y avoue devant la Vierge, son émotion poussée jusqu'aux larmes et le sentiment d'une « révélation » (Steffens, *Was ich erlebte*, IV. Bd., p. 238 et 240-241). Qu'on en rapproche la lettre qu'il écrivait de Frei-

Combien cette divinisation de la femme était, aux yeux des romantiques, propice à l'art, on le conçoit aisément, et on entrevoit aussi combien elle allait favoriser les effusions lyriques, mystiques et parfois même érotiques du romantisme. Il y avait peut-être d'ailleurs dans cette inclination pour le Catholicisme une secrète sympathie envers une théologie dont les dogmes permettaient de réhabiliter par l'amour la nature et la sensibilité humaines, comme il y avait, dans leur éloignement pour le Protestantisme, une répugnance innée pour une théologie dont les dogmes proclamaient la déchéance et la perversion originelle de l'homme, dont l'austérité et l'ascétisme avaient stérilisé l'art.

Si nous en croyons toujours Steffens, « tout ce mouvement était tourné vers la vie des sens; et la religion, justement parce qu'elle partait d'un idéal vide, éperdu de spiritualité et tout à fait confus, s'abîmait dans cette vie sensuelle »; et c'est « pour protester jusqu'au bout contre le Protestantisme que beaucoup se faisaient catholiques ». N'allait-on pas jusqu'à porter aux nues la musique catholique et à dédaigner les plus grands compositeurs, précisément parce qu'ils étaient protestants? On entendait partout admirer Leo, Pergolèse, et on parlait à peine alors de Hændel ou de Sébastien Bach [1]

L'*Europe* de Novalis marque un tournant décisif dans l'histoire du romantisme : c'est la rupture avec le Protestantisme, avec la Révolution française; c'est la glorification du Moyen Age, de l'Église, la prédiction d'un « nouveau » Catholicisme, qui d'ailleurs n'est nullement conforme aux enseignements de la croyance traditionnelle, qui s'efforce, au nom de la physique et de la mystique romantiques, de restaurer la théosophie, la magie, l'occultisme. La physique apparaît comme une religion élémentaire, la religion comme une « physique supérieure ». A l'Évangile du Christ fait place l'Évangile naturiste du nouveau Messie [2].

berg à Caroline Schlegel, le 26 juillet 1799 : « In der italienischen Sammlung sah ich bloss die Madonna — bei Gott! nichts als die Madonna.... So wirkte noch nie ein Bild auf mich. Sie sahen mich an, sie sehen mich noch an, sie stehen dicht vor mir, die grossen, hellen, blauen Augen die eine Unendlichkeit abspiegeln. Alles was ich je gefühlt und geahnde hatte, alle die unbestimmten Bilder, die, eingehullt in trüben Nebel meiner Seele Vorschwebten, das ganze bunte Gewimmel meines innern Lebens strahlte mir verherrlicht aus diesen Augen entgegen. Was ich fühlte, nenne ich Andacht, wahre religiöse Andacht, Anbetung. » (*Aus Schelling's Leben. In Briefen*, 1. Bd., 1775-1803, Steffens an Schlegels Gattin, Freiberg, den 26. Juli 1799, p. 270.) Qu'on se souvienne enfin des hymnes spirituelles de Novalis, notamment des hymnes à Marie. Voir aussi, sur le séjour des romantiques à Dresde, Haym, *Die romantische Schule*, Drittes Buch, zweites Kap., p. 368, et drittes Kap., p. 457.

1. Steffens, *Was ich erlebte*, IV. Bd., p. 395-396.
2. E. Spenlé, *Novalis. Essai sur l'idéalisme romantique en Allemagne*, Paris, Hachette, 1904, ch. VI, p. 286-296.

IV. _L'ÉVOLUTION DE LA « PHILOSOPHIE DE LA NATURE » VERS LA THÉOSOPHIE ET LA MAGIE._

Schelling et ses disciples commencèrent, il est vrai, par manifester leur hostilité contre ces nouvelles tendances. Qu'on songe à la _Profession de foi épicurienne de Heinz Widerporst_; qu'on songe aux aveux de Steffens. Si Schelling avait pu considérer d'un œil indifférent les _Monologues_ ou les _Discours_ de Schleiermacher [1], il n'avait pu contenir son indignation en présence du « paroxysme religieux » de Tieck et de Novalis [2], et il avait senti se réveiller en lui son « vieil enthousiasme pour l'irréligion [3] ». Cependant, prenons-y garde : dans le _Heinz Widerporst_ lui-même, dans cette parodie du mysticisme religieux des _Discours_ de Schleiermacher ou de la _Chrétienté_ de Novalis, en dépit des affirmations matérialistes de son héros, qui n'admet de « réel et de véridique que ce que l'on touche avec les mains », qui ne veut laisser subsister de religion que celle de la jouissance des sens, on peut pressentir que l'auteur n'est pas si éloigné qu'il en a l'air des prophètes de l'Église nouvelle. Il se garde de médire du Catholicisme traditionnel, et, si besoin était d'une religion, il avoue qu'il lui suffirait ; il le trouve même plein de poésie et de sensibilité. Schelling, sans aucun doute. avait lu Jacob Boehme, et les déclarations matérialistes de Widerporst recouvraient au fond une conception idéaliste qui prétendait diviniser la nature [4]

1. _Aus Schleiermacher's Leben. In Briefen_, éd. W. Dilthey, III. Bd., III, p. 120, Fr. Schlegel an Schleiermacher, Iena, den 16. September 1799 : « Schelling ist ernstlich dabei, Deine Reden zu lesen. Viel ist nicht zu hoffen. » Voir aussi p. 125-126, sans date (mais probablement de la fin de septembre) : « Schelling geht es mit Deinen Reden fast wie Fichte'n. Jedoch hatte er Hochachtung, und sagte mir, wenn Du nun etwa noch etwas des Inhalts oder der Art schriebst oder auch etwas zur Vertheidigung der jetzigen Schrift, so wolle er dann damit anfangen, und hernach auch die jetzige Schrift gründlich studiren, die ihm wie Fichte'n sehr schwer zu lesen und zu verstehen wird. Er ist ungefähr ebenso weit darin gekommen wie Fichte. »
2. Haym, _Die romantische Schule_, Drittes Buch, Viertes Kap., _Schelling und die Naturphilosophie_, p. 552.
3. _Aus Schleiermacher's Leben. In Briefen_, éd. W. Dilthey, III. Bd., III, p. 134, Fr. Schlegel an Schleiermacher, ohne Datum (après une lettre de Dorothée, du 15 novembre).
4. Julian Schmidt, _Geschichte der deutschen Litteratur von Leibniz bis auf unsere Zeit_, IV. Bd., 1797-1814, Neuntes Buch, 6, p. 119 et suiv. Haym, _Die romantische Schule_, Drittes Buch, Viertes Kap., p. 552-553.
Aus Schelling's Leben. In Briefen, I. Bd. (1775-1803). _Epikurisch Glaubensbekenntniss Heinz Widerporstens._ Citons, par exemple, ces passages caractéristiques :

> Sondern behaupte zu dieser Frist
> Dass nur das wirklich und wahrhaft ist,
> Was man kann mit den Händen betasten (p. 282).

Et plus loin ·

> Mein einzig Religion ist die,
> Dass ich liebe ein schönes Knie,
> Volle Brust und schlanke Hüften,
> Dazu Blumen mit süssen Düften,

Il n'est donc pas aussi surprenant qu'il le semble de voir Schelling, primitivement si hostile au mysticisme physico-religieux du romantisme, à Schleiermacher, à Tieck, à Novalis, à Ritter surtout, oublier assez vite l'espèce de complot qu'avait ourdi contre lui le petit groupe de théosophes gravitant autour du physicien, et parler maintenant avec admiration des *Discours* de Schleiermacher, en s'accusant d'une coupable paresse et d'une coupable négligence pour son indifférence de jadis, mettre leur auteur au rang des philosophes originaux de premier plan [1], enfin, devenir, à son tour, le dis-

> Aller Lust volle Nährung,
> Aller Liebe süsse Gewährung.
> Drum, sollts eine Religion noch geben,
> (Ob ich gleich kann ohne solche leben)
> Könnte mir von den andern allen
> Nur die katholische gefallen,
> Wie sie war in den alten Zeiten,
> . . . .
> Waren alle Ein Mus und Kuchen
> . . . .
> Hielten die Erde für's Centrum der Welt,
> Zum Centrum der Erde Rom bestellt,
> Darin der Statthalter residirt
> Und der Welttheile Scepter führt (p. 284).
> . . . .
> Drum ist eine Religion die rechte,
> Müsst sie im Stein und Moosgeflechte,
> In Blumen, Metallen und allen Dingen
> So zu Luft und Licht sich dringen,
> In allen Höhen und Tiefen
> Sich offenbaren in Hieroglyphen. —
> Wollte gern vor dem Kreuz mich neigen,
> Wenn ihr mir einen Berg könnt zeigen,
> Darin dem Christen zum Exempel
> Wär von Natur erbaut ein Tempel (p. 285).
> . . . .
> Ich bin der Gott, der Sie im Busen hegt,
> Der Geist, der sich in Allem bewegt.
> Vom ersten Ringen dunkler Kräfte
> Bis zum Erguss der ersten Lebenssäfte,
> Wo Kraft in Kraft, und Stoff in Stoff verquillt,
> Die erste Blüth', die erste Knospe schwillt,
> Zum ersten Strahl von neu gebornem Licht,
> Das durch die Nacht wie zweite Schöpfung bricht,
> Und aus den tausend Augen der Welt
> Den Himmel so Tag wie Nacht erhellt.
> Hinauf zu des Gedankens Jugendkraft,
> Wodurch Natur verjüngt sich wieder schafft
> Ist Eine Kraft, Ein Pulschlag nur. Ein Leben,
> Ein Wechselspiel von Hemmen und von Streben (p. 287).

1. *Aus Schelling's Leben. In Briefen*, l. Bd. (*Iena, 1798-1803*), Schelling an A.-W. Schlegel, Iena, den 3. Juli 1801, p. 345. « Il faut encore que je vous l'écrive, je suis devenu un lecteur et un admirateur très zélé des *Discours sur la religion*. Vous savez, en ce qui me concerne, ce qu'il en était à ce sujet, par suite d'une négligence ou d'une paresse impardonnables. Maintenant je révère l'auteur comme un esprit qu'on peut placer tout à fait sur le même rang que les philosophes originaux de premier ordre. »

ciple de Boehme et de Ritter, en attendant qu'il se fasse le théoricien du mysticisme naturaliste restauré par les romantiques. Aussi verrons-nous bientôt son système symboliser tout ce grand mouvement d'idées, et finir par être le bouc émissaire chargé de tous les péchés du romantisme.

Cette conversion a peut-être d'ailleurs son explication dans l'évolution même de la *Philosophie de la Nature* vers la philosophie de l'art et la philosophie de la religion ; mais il faut bien reconnaître, à côté de la logique interne du système, la part qu'y jouèrent les événements.

Songeons à cette première rencontre, en août 1798 : Schelling, les Schlegel, Novalis et Gries devant la Vierge de Raphaël, dans ce Musée de Dresde où la révélation du Catholicisme semble s'être imposée aux romantiques ; songeons aux conversations qu'ils tinrent en sa présence, à l'impression qu'ils produisirent sur lui[1] ; songeons à la visite de Tieck à Iéna, un an plus tard, à l'enthousiasme qu'il essayait de faire partager à tout le cercle romantique pour l'œuvre de Jacob Boehme, que Schelling n'était pas sans connaître déjà, au moins partiellement[2] ; songeons aux influences sentimentales qui s'exerçaient alors si puissamment sur lui pour incliner le disciple de Fichte à devenir l'héritier de Gœthe et de Spinoza[3] ; songeons

1. Nous en avons le témoignage dans une lettre qu'il écrivait alors à son père :
« Je vous dirai — mais en peu de mots — que ma vie ici a été plus heureuse que, depuis longtemps, je n'en avais l'habitude. Les trésors de l'art et de la science accumulés à Dresde, l'attrait d'une nature extraordinairement variée, l'exquise fréquentation de bons et joyeux compagnons, tout cela a rendu pour moi plus douloureuse qu'aucune autre l'heure présente, puisque, hélas ! le moment du départ va bientôt sonner. » (*Aus Schelling's Leben. In Briefen*, I. Bd. (1775-1803). Schelling an seinen Vater, Dresden, den 20. Sept. 1798, p. 240.) — 2. *Ibid.* (*Iena, 1798-1803*), p. 245 et 247.
3. Caroline Schlegel, qui allait bientôt devenir sa femme, mais qui régnait déjà sur son cœur, — et dont la « divination » (le mot est d'elle), dès qu'elle l'avait connu, lui avait dit qu'il serait le philosophe du romantisme, celui dont le génie opérerait la synthèse de la doctrine de Fichte avec la poésie de Gœthe et le sens du divin, poétique aussi, chez Spinoza, — ne lui écrivait-elle pas, en octobre 1800 : « Va voir souvent Gœthe, et découvre-lui les trésors de ton esprit. Exploite le filon magnifique dont les produits sont si durs à extraire au jour. (*Caroline, Briefe an ihre Geschwister, ihre Tochter Auguste, die Familie Gotter, F.-L.-W. Meyer, A.-W. und Fr. Schlegel, J. Schelling u. a., nebst Briefen von A.-W. und Fr. Schlegel u. a.*, hgg. von Waitz, Leipzig, Verlag von S. Hirzel, 1871, II. Bd. [IV. Braunschweig, Iena, 1800-1803], 200, An Schelling, October [1800], p. 3.) Un peu plus tard elle ajoutait : « Gœthe te cède aussi sa poésie, il te transmet sa nature ; ne pouvant te faire son héritier, il te fait une donation de son vivant. » (*Ibid.*, 201, An Schelling, Dienstag früh [1800], p. 5.)
Enfin, dans une lettre du 1er mars, on lit ces lignes bien caractéristiques : « Il m'a toujours semblé qu'avec toute son incomparable force de pensée, avec ses déductions solidement articulées, avec toute sa clarté et toute son exactitude, avec son intuition immédiate du Moi et son enthousiasme d'inventeur, il (Fichte) avait pourtant encore des limites ; cela tient, pensais-je, à ce qu'il lui manque l'inspiration divine, et, si tu as rompu un cercle dont il n'a pu sortir jusqu'ici, je croirais que tu l'as fait moins comme philosophe — si la dénomination devait être ici employée à faux, il ne faut pas me gronder pour cela — que comme esprit doué de poésie, ce qu'il n'est pas. La poésie t'a conduit immédiatement au stade de la production, comme la pénétration de son intuition l'a conduit à la conscience. Il possède la

enfin aux attaques de l'organe attitré du Criticisme, le *Journal littéraire universel d'Iéna*, contre la *Philosophie de la Nature*, survenant après la rupture entre cette même feuille et A.-G. Schlegel, amenant Schelling à lier maintenant sa cause avec celle des roman tiques dans sa polémique contre Schütz et Hufeland. Tout concordait ainsi à rendre ses relations avec le cercle des adeptes de l'École plus étroites, et le rapprochement entre les hommes contribua au rapprochement des idées. La nomination de Schelling à Würzbourg, après qu'il eut quitté Iéna, ne fut pas non plus sans influence sur l'évolution de sa pensée : au lieu de l'esprit protestant qui régnait à l'Université d'Iéna, et dont le Kantisme était là-bas l'expression philosophique, Schelling se trouvait en présence de la tradition catholique dont il avait entendu ses amis romantiques lui parler avec tant de ferveur : c'était toute une nouvelle conception du Christianisme, et comme une nouvelle conception de l'univers. Le Protestantisme avait trouvé sa justification philosophique dans le dualisme kantien; le Catholicisme, avec sa théorie de l'amour, admettait l'union de Dieu et de l'univers; il suggérait à Schelling, à travers les souvenirs de la philosophie grecque, avec tous les symboles de sa mythologie, et après les enseignements de Jacob Boehme, la conception du Dieu s'extériorisant dans son image pour triompher du mal, pour élever l'homme jusqu'à lui, du Dieu se révélant par la nature et par l'histoire; il conduisait à la philosophie de la Mythologie et à la philosophie de la Révélation. Ce n'est pas tout : les persécutions mêmes que Schelling devait à son tour connaître, venues, non plus, comme pour Fichte, des Consistoires protestants, mais du Catholicisme officiel, allaient détourner toujours davantage sa pensée de la considération exclusive de la nature, pour appeler son attention et sa réflexion sur les choses de la foi et de la religion, « le point autour duquel s'agitent toutes les questions et sur lequel doit porter tout l'effort du levier [1] ».

lumière dans sa plus éblouissante clarté, mais, toi, tu possèdes aussi la chaleur; or, la lumière ne peut qu'éclairer, mais la chaleur est *créatrice*.... Tel que je me le représente, Spinoza doit avoir eu l'âme beaucoup plus poétique que Fichte — quand la pensée n'est pas teintée de poésie, ne reste-t-il pas toujours en elle quelque chose de dépourvu de vie? Le mystère manque; je pressens très bien que quiconque est capable de saisir la géométrie peut aussi apprendre la *Théorie de la Science*, mais c'est précisément sa limite qu'elle soit si claire. » (Ibid., II. Bd., 223, An Schelling (Braunschweig), Sonntag Nachmittag, 1. März [1801], p. 40-41.)

Et, dans une lettre du 18 mai de la même année à A.-G. Schlegel, elle ajoute : « Oui! crois bien à ce qu'a de céleste l'âme de Spinoza dont l' « ἓν καὶ πᾶν » (Eins und Alles) est à coup sûr l'antique sentiment primitif qui se fait jour aussi chez Schelling. » (Ibid., II. Bd., 243, An A.-W. Schlegel [Iena], d. 18. May 1801, p. 98.)

1. *Aus Schelling's Leben. In Briefen*, II. Bd. (1803-1820). Schelling, an Windischmann, Würzburg, d. 16. Jan. 1806, p. 78.

C'est ainsi que le seul ouvrage constituant véritablement un tout qui ait été composé à Würzbourg par Schelling est le traité sur *La Philosophie et la Religion*, suscité par un écrit d'Eschenmayer, *La philosophie dans son passage à la non-philosophie*, 1803 (Die Philosophie in ihrem Uebergange zur Nichtphilosophie [1]), et où se trouve le germe de tout le développement ultérieur de sa doctrine. C'est là que Schelling, pour la première fois, montre dans la nature et dans l'histoire la révélation de Dieu; il affirme que, pour passer de l'inconscience à la conscience de soi, Dieu s'oppose la nature comme l'image où il s'extériorise; il institue la série des puissances suivant lesquelles s'opère le passage de la nature à l'esprit. Il se souvient visiblement de l'enseignement qu'il a reçu, en particulier de Tieck et de Novalis, et il s'inspire directement de Jacob Boehme. L'ouvrage s'achève enfin par un *Appendice sur les formes extérieures que prend la Religion* (Anhang ueber die äusseren Formen, unter welchen Religion existirt), où il montre la forme ésotérique de la religion dans les *Mystères* et sa forme exotérique dans la Mythologie, la poésie et l'art d'un peuple; il affirme que « la vraie Mythologie est une symbolique des Idées que seule rend possible une capacité de modeler la nature, — et une parfaite réalisation de l'Infini dans le fini, et que le merveilleux est la matière même d'une pareille religion. Qui cherche une Mythologie universelle doit s'emparer des aspects symboliques de la nature, et laisser à nouveau les dieux en prendre possession et en remplir le contenu [2] ».

Par ailleurs, c'est à la source du mysticisme naturaliste des romantiques, groupés autour de Ritter, qu'il va puiser pour la transformation ultérieure de sa philosophie en théosophie. Assurément, la théorie du sidérisme de Ritter, les expériences sur le galvanisme et le magnétisme lui ont suggéré ses vues sur la « volonté magique ». Le jour n'est pas loin où il s'étonnera que Windischmann n'ait, ou tout au moins ne paraisse avoir aucune connaissance de l'influence de la volonté (de la volonté magique, c'est-à-dire non mécanique); où

---

1. Eschenmayer y considérait la religion comme un au-delà de la philosophie, comme son complément nécessaire, lequel consiste, non point dans la connaissance, mais dans la foi, dans une intuition d'une espèce particulière que la philosophie n'atteindrait pas, bref dans ce qui est la non-philosophie.

2. Schelling, *S. W.*, VI. Bd., 1860, *Philosophie und Religion, 1804*, Anhang, p. 65-67. Déjà, plus d'un an auparavant, dans le *Journal critique de philosophie*, Schelling annonçait, « à ce tournant remarquable pour toutes les disciplines du temps, pour les sciences, pour les œuvres de l'homme..., une nouvelle religion qui déjà se manifestait dans certaines révélations comme un retour et un complément des premiers mystères du Christianisme, et où l'on pouvait voir la Nature ressuscitée comme symbole de l'unité éternelle. » (Schelling, *S. W.*, V. Bd., 1859, *Abhandlungen, Recensionen aus dem kritischen Journal der Philosophie*, d) *Ueber das Verhältniss der Naturphilosophie zur Philosophie überhaupt, 1802-1803*, p. 120.)

il parlera « du pendule, de la baguette ou de tel autre de leurs sub-
stituts qui obéissent aux décisions de la volonté (même les plus intérieures) tout comme les mouvements des muscles soumis à son
empire, les muscles n'étant d'ailleurs en fait rien d'autre que des
baguettes divinatoires »; où il déclarera que « la forme, la figure, le
nombre, etc., ont l'influence la plus décisive sur ces phénomènes »;
où il alléguera, au nom de l'observation et de l'expérience, leur étroite
parenté avec la clairvoyance magnétique, pour s'écrier enfin :
« Bref, ici ou nulle part se trouve la clé de la vieille magie; l'oppo-
sitiou dernière est vaincue, la nature tombe au pouvoir de l'homme,
mais pas à la manière de Fichte [1]. »

Pas à la manière de Fichte : le mot est à retenir; il n'a été prononcé qu'en 1807, mais le sentiment qu'il exprime date, chez Schelling, de plusieurs années; il est, au fond, le secret de la polémique
que va désormais poursuivre Fichte contre la *Philosophie de la
Nature* et contre le mysticisme naturaliste de l'école romantique.
Fichte vivait trop dans l'intimité des Schlegel pour ignorer ces nouvelles tendances. En août 1799, n'écrivait-il pas encore à sa femme
de décider A.-G. Schlegel et les siens à se rendre à Berlin, et ne
manifestait-il pas l'intention de vivre *en famille* avec les deux
Schlegel, et avec Schelling qu'on ferait venir aussi [2]? N'avait-il pas été
déjà sollicité par Tieck de se convertir aux vues de Jacob Boehme?
Et, quand il revenait à Iéna chercher sa femme et son fils, n'avait-il
point passé à Dresde au moment même où s'élaborait, chez ses amis
romantiques, l'évolution vers le Catholicisme? Il était dès lors fixé
sur la voie où ils prétendaient engager l'esprit du siècle; mais ce
qui, par-dessus tout, allait bientôt l'exaspérer, c'était de voir son
ancien disciple, « le commentateur de la *Théorie de la Science* »,
après un premier essai de résistance, se laisser peu à peu entraîner
dans le sillage et compromettre *leur* philosophie dans l'aventure.
Au lendemain du jour où un Herder ne dissimulait plus sa haine
de Kant et de ses disciples [3] et avait osé bafouer la *Critique de*

1. *Aus Schelling's Leben. In Briefen*, II. Bd., Schelling an Windischmann, München,
d. 30. Juni 1807, p. 119.
2. *Fichte's Leben*, I. Bd., II. Buch, 7. Kap., Fichte an seine Frau, Berlin, 2. August 1799,
p. 315.
3. Il écrivait, le 6 mai 1799, à son ami Knebel, qui avait approuvé sa *Métacritique* :
« Das dickste Ende steht mir nun bevor, die Verwirrungen nämlich und Absurdi-
täten, die diese Herren in die Kritik alles Wahren, Guten und Schönen, in Kunst
und Wissenchaft, ja auch in die praktischen Doctrinen, Moral, Rechtslehre, selbst
Philologie, Geschichte, Mathematik, Theologie, etc., gebracht haben auf die kürzeste,
lebendigste, fruchtreichste Weise zu zeigen. In allen Zeitungsblättern bellen und
belfern diese Doggen und Hunde, die kritischen Kanons ohne Kanon, ohne Gefühl,
Gesetz und Regel. Helfe mir Gott! Mein Symbolum aber ist : jacta est alea, rein
abe! von der Wurzel aus! Die Ohren habe ich mir mit Baumwolle und weissem

la Raison pure dans sa *Métacritique* (1799) et la *Critique du Jugement* dans *Kalligone*, les héritiers de cette même *Critique* allaient devenir, à leur tour, des ennemis, trahir ainsi l'enseignement qu'ils avaient reçu de l'auteur de la *Théorie de la Science*, et s'efforcer de restaurer, sur les ruines de l'ancien dogmatisme, un nouveau naturalisme — celui qui allait aboutir à la réhabilitation de la théosophie et de la magie. Cet outrage à la Raison, ce crime de lèse-*Critique*, qui caractérisait le début du XIXe siècle, voilà ce que Fichte entendait dénoncer comme une véritable perversion des idées.

C'est en ce sens qu'il voyait en Schelling et en son école, comme il l'écrivait quelques années plus tard à son ancien élève Erich von Berger, le principe même du mal : à strictement parler, un principe de recul et de réaction. Pour Schelling, en effet, la *Théorie de la Science*, le Kantisme, le Leibnizianisme étaient même choses vaines, il revenait aux ténèbres et aux confusions de Spinoza [1].

B. *LE COURS DE A.-G. SCHLEGEL SUR LA LITTÉRATURE ET LES BEAUX-ARTS, 1801-1802, 1802-1803.* « *L'INTRODUCTION SUR L'ESPRIT DU TEMPS.* » Que l'intention de Fichte fût de s'attaquer aux « aberrations » où sombraient à la fois le romantisme et la philosophie de Schelling, on n'en peut d'ailleurs plus douter, quand on rapproche les *Traits caractéristiques du temps présent* des *Leçons* que A.-G. Schlegel avait faites à Berlin en 1802-1803, et qui commençaient par une *Revue générale de l'état présent de la littérature allemande* (Allgemeine Uebersicht des gegenwärtigen Zustandes der deutschen Literatur).

Ce n'est point seulement la similitude des titres qui est frappante dans la description même du temps actuel, il est visible que le cours de Schlegel — Fichte l'avait probablement suivi — est présent à la mémoire du philosophe.

Ce cours public, A.-G. Schlegel, avec son esprit de propagande, l'avait entrepris pour poursuivre de vive voix l'œuvre inaugurée par l'*Athénée*, et pour la poursuivre au centre même de la citadelle des « Philistins » — à Berlin où régnait Nicolaï. Il avait quitté Iéna vers a fin du semestre d'été de l'année 1800. Pendant les vacances qu'il

---

Jungfernwachs Verstopft; sehen will ich weder links, noch rechts, bis das Werk gethan ist. Helfe mir Gott. » (*Knebel's literarischer Nachlass*, 2,278, cité par Koberstein, *Geschichte der deutschen Nationalliteratur vom zweiten viertel des achtzehnten Jahrhunderts bis zu Gœthes Tod*, § 339, p. 892.

1. *Fichte's Leben*, II. Bd., Zweite Abth., XV, 3, Fichte an E. von Berger, Berlin, d. 4. Mai 1810, p. 483.

passa en compagnie de Schelling à Bamberg, il avait conçu et, de
concert avec lui, préparé le cours; à l'automne il publiait l'annonce
de *Leçons sur la Littérature et les Beaux-Arts* (Vorlesungen über
schöne Literatur und Kunst). Les leçons commencèrent pendant le
semestre d'hiver 1801 et se continuèrent jusqu'en 1804. Schlegel y
exposait la doctrine romantique dans son ensemble. Le premier cycle
(1801-1802) était consacré à la théorie de l'art : il comprenait, en
guise d'introduction, une philosophie de l'art, ou plutôt une critique
des philosophies de l'art depuis l'antiquité jusqu'aux temps modernes,
jusqu'à la doctrine de Schelling, présentée comme l'expression de la
pensée romantique. Cette introduction contenait un examen de la *Critique du jugement* de Kant, dont Schlegel faisait ressortir les insuffisances, en particulier son ignorance d'une harmonie entre la nature
et l'esprit. A cette partie philosophique faisait suite une histoire
détaillée des Beaux-Arts : sculpture, architecture, peinture, musique,
danse, poésie. A la poésie Schlegel rattachait la Mythologie, sur
laquelle nous croyons devoir insister un moment, car, sous une forme
condensée, se résume en elle toute l'orientation nouvelle du romantisme, contre laquelle Fichte ne va plus cesser de protester, et dont le
cours de Schlegel lui permettra justement de prendre acte. Nous
avons montré plus haut comment et sous quelles influences le
romantisme préparait la restauration d'un « nouveau Catholicisme ».
La constitution de la nouvelle Mythologie était l'aboutissement
logique de ce mouvement : qui, parmi les romantiques, de Schelling
ou de Fr. Schlegel, en avait eu la première idée, il n'est pas très aisé
de le déterminer.

Dans son *Système de l'Idéalisme transcendantal* (System des transcendentalen Idealismus), qui est de 1800, Schelling fait allusion à un
travail[1] sur la Mythologie, qu'il prépare *depuis plusieurs années*[1];
il parle de la Mythologie comme du point de jonction entre la philo
sophie (ou la science), la poésie et la religion; il entrevoit la possibilité d'une nouvelle Mythologie dont il attend sans doute la constitu
tion du cours ultérieur de l'histoire, mais à laquelle il entend bien au
fond collaborer[2]. Il n'y a, pour s'en convaincre, qu'à lire l'*Article*

1. Schelling, *S. W.*, Erste Abth., III. Bd. 1858, *System des transcendentalen Idealismus.
1800.* « Die weitere Ausführung dieses Gedankens enthält eine schon vor mehrern
Jahren ausgearbeitete Abhandlung über *Mythologie,* welche nun binnen Kurzen
erscheinen soll. » (p. 629, note.)
2. *Ibid.*, p. 629. « Welches aber das Mittelglied der Rückkehr der Wissenschaft zur
Poesie seyn werde, ist im Allgemeinen nicht schwer zu sagen, da ein solches Mittelglied in der Mythologie existirt hat, ehe diese, wie es jetzt scheint, unauflösliche
Trennung geschehen ist. Wie aber eine neue Mythologie, welche nicht Erfindung
des einzelnen Dichters, sondern eines neuen, nur Einen Dichter gleichsam vorstel-
lenden Geschlechts seyn kann, selbst entstehen könne, diess ist ein Problem, dessen

sur la question de la possibilité d'une philosophie de l'expérience, en particulier de la possibilité d'une philosophie de l'histoire (Abhand_lung über die Frage ob eine Philosophie der Erfahrung, insbesondere ob eine Philosophie der Geschichte möglich sei), qui clôt *l'Aperçu général sur la littérature philosophique la plus récente* (Allgemeine Uebersicht der neuesten philosophischen Literatur) paru en 1797 et en 1798 dans le *Journal philosophique.* Schelling y montre déjà que toute théorie du monde supra-sensible est nécessaire_ment de l'histoire — l'histoire suppléant ici à la possibilité d'une explication par les lois de la nature, que pareil monde ne comporte pas; il montre que toute religion, en tant que discipline théorique, aboutit nécessairement à la Mythologie, ne peut être vraie que comme Mythologie, puisqu'elle ne peut avoir qu'une vérité poétique. Il en avait été ainsi de la Mythologie grecque, véritable schématisme historique de la nature.

Schelling n'affichait-il pas d'ailleurs la prétention d'apporter par sa philosophie de la nature tout ensemble une explication et une histoire de la nature? Et n'y avait-il pas là, selon lui, la source même de la nouvelle Mythologie, d'une Mythologie à la fois plus vraie et plus poétique que l'ancienne?

Mais, vers la même époque, Frédéric Schlegel publie ses *Dialogues sur la Poésie* (Gespräch über die Poesie), où se trouve le fameux *Discours sur la Mythologie* [1] (Rede über die Mythologie). On n'a point ici à en analyser le contenu : il suffira d'en retenir l'essentiel.

Il manque à la poésie moderne un point d'appui, il lui manque une Mythologie comme celle qui a servi de base à l'Antiquité classique, il lui manque une symbolique (*Symbolik*) de la nature. à laquelle l'imagination puise comme à sa source et qui alimente l'art en images vivantes. Il faut travailler à constituer une Mythologie nouvelle, il faut restaurer le symbolisme dans l'art. Ce ne sera plus, comme dans l'Antiquité, un produit de l'imagination spontanée surgi de la contemplation du monde sensible , mais un chef-d'œuvre

---

Auflösung allein von den künftigen Schicksalen der Welt und dem weiteren Verlauf der Geschichte zu erwarten ist. »

1. Le *Discours sur la Mythologie* est antérieur au *Système de l'Idéalisme transcendantal*, mais il semble bien qu'on trouvé, dans les propos de Ludovic sur les rapports de la nouvelle Mythologie avec la nouvelle *Philosophie de la Nature*, l'écho des conversations de Frédéric Schlegel avec Schelling. Cependant il faut reconnaître qu'avant l'époque de leur rencontre à Iéna, on trouve déjà dans les *Idées* des vues du même genre sur la pénétration de la poésie et de la religion, sur la Mythologie et sur les Mystères de l'Antiquité considérés comme le centre et le nerf de la poésie, sur la forme nécessairement mythologique ou biblique que prend la religion dans l'art et dans la culture, etc.

de l'art, tiré des profondeurs mêmes de l'esprit[1]. C'est donc à
l'Idéalisme, qui est le plus grand événement du siècle, qu'il faut
recourir, à l'Idéalisme qui est proprement l'essence de la nouvelle
Renaissance. L'humanité est comme le Phénix : sous peine de disparaître, il faut que des cendres d'une civilisation périmée elle fasse
surgir une nouvelle culture capable d'infuser aux abstractions de la
pensée un sang rajeuni; l'esprit, dans son développement, est en
perpétuelle réciprocité avec lui-même, est un perpétuel retour sur
lui-même. L'Idéalisme est précisément le ferment qui, dans les
vieilles outres, a fait bouillonner le vin nouveau. Mais, à son tour,
l'Idéalisme ne se suffit pas, et cela même est tout un enseignement.
Replié sur soi, l'Idéalisme s'épuise dans un subjectivisme stérile.
Il faut qu'il sorte de soi afin de revenir à soi fécondé : l'esprit,
suivant la loi même de sa détermination, a besoin de s'extérioriser pour se réaliser. Du sein de l'Idéalisme il est donc néces
saire que surgisse un nouveau réalisme, qui soit illimité à son tour.
L'Idéalisme n'est donc pas seulement en lui-même et dans son mode
de production un exemple pour la nouvelle Mythologie et pour l'art
symbolique, il en est encore la source d'une manière indirecte,
par le réalisme qu'il appelle. On trouve d'ailleurs presque partout, à l'heure où parle Fr. Schlegel, les traces de cette tendance, notamment dans la *Philosophie de la Nature*, dont les
détours divers doivent fournir la clé de la Mythologie de la nature,
aussi bien de l'ancienne que de la nouvelle[2]. La *Philosophie de la
Nature* est sans doute ici l'héritière de la doctrine spinoziste, qui,
depuis longtemps, a donné la formule philosophique de ce réalisme
issu de l'Idéalisme, et dont le mysticisme complète la dialectique de
la *Théorie de la Science*. Il ramène l'imagination au foyer même
de l'universel et de l'éternel, où l'individuel a son fondement; il
affranchit le sentiment de toute passion pour le confondre avec
l'amour originel du divin. Et ce reflet de l'esprit infini en l'homme,
n'est-il pas l'âme même de la poésie, l'étincelle qui l'embrase[3]?

Nous trouvons ici la source originale de la Mythologie nouvelle
qui dépasse la figuration de la nature sensible ou des passions
humaines pour symboliser l'éternel et l'infini; c'est sans doute en
ce sens qu'il faut dire que cette belle Mythologie n'est rien d'autre
« qu'une expression hiéroglyphique de la nature environnante sous la
transfiguration de l'imagination et de l'amour[4] ». Grâce à ce « chef-

---

1. Fr. Schlegel, *S. W.*, V. Bd., Wien, Im Verlag bei Ignaz Klang, 1846, *Gespräch über
die Poesie, 1800. Rede über die Mythologie und symbolische Anschauung*, p. 197. — 2. Ibid.,
p. 198-199. — 3. Ibid., p. 202. — 4. Ibid., p. 203; Voir aussi p. 205.

d'œuvre de la nature [1] » que devient ainsi la Mythologie nouvelle, nous pouvons saisir, sous une forme en quelque sorte palpable, ce qu'il y a de spiritualité dans la nature; nous voyons se constituer une espèce de Théogonie, de Cosmogonie.

Mais ce n'est pas seulement dans la philosophie qu'il faut aller chercher les origines de cette Mythologie; on en trouverait déjà la trace dans la poésie romantique, où l'imagination et le sentiment, à travers un apparent désordre et une apparente singularité, revêtent la forme de l'universel et, comme l'arabesque, décèlent, sous un chaos qui semble inextricable, un ordre et une harmonie d'un art incomparable. Ce n'était pas seulement la Mythologie classique qui pouvait servir d'exemple à la Mythologie nouvelle, c'était la Mytho logie de l'Orient, où l'on cherchait alors « le suprême romantisme ». L'Inde avait, à cette heure, pour les mystiques romantiques, plus d'attrait encore que l'Hellénisme [2].

Pour conclure, Frédéric Schlegel prête à l'un des interlocuteurs de ses *Dialogues*, à Ludovic, les paroles suivantes, qui résument bien sa pensée : « Le principe sur lequel repose tout l'art et toute la poésie, c'est la Mythologie.... Ce qui cause le plus grand préjudice à toute la poésie moderne, ce qui constitue son plus grand défaut, c'est l'absence d'une Mythologie. Or, l'essence de la Mythologie ne consiste pas dans les formes, les images, les symboles particuliers, mais dans l'intuition vivante de la nature qui leur sert de base à tous. A cette intuition vivante de la nature, la science vous ramène dès qu'elle a atteint, dans sa profondeur, la source vraiment spirituelle de la révélation intérieure. Le commencement, l'impulsion première du mouvement intellectuel nous viennent de l'Idéalisme qui en contient le germe, qui, par ce qu'il a d'unilatéral, appelle lui-même son propre contraire, qui nous ramène à cet antique système de l'unité où se trouvent le véritable fondement et l'élément naturel de l'imagination productrice, source même de toute poésie symbolique.

« Tel est le fil qui relie la *Philosophie de la Nature* à la Mythologie et, par elle, à l'art comme exposition symbolique.

« ... Cependant, l'origine et le premier fondement ont toujours leur base dans la science dont les phénomènes dynamiques laissent actuellement transpercer de toutes parts les plus merveilleuses révélations de la nature [3]. »

Ces vues, qu'elles aient ou non été plus ou moins inspirées par

---

1. Fr. Schlegel, *S. W.*, V. Bd., *Gespräch über die Poesie, 1800. Rede über die Mythologie und symbolische Anschauung*, p. 203. — 2. *Ibid.*, p. 203-204. — 3. *Ibid.*, p. 206-207.

Schelling, constituent le véritable manifeste du romantisme sur la Mythologie; elles confirment, en tout cas, et elles complètent les indications que suggérait l'auteur de la *Philosophie de la Nature*. Le mélange d'idéalisme et de réalisme qui constitue le fond de la nouvelle Mythologie, la figuration du divin cessant d'être cherchée sous des espèces purement sensibles et apparaissant comme une spiritualisation de la nature, la Mythologie orientale opposée à la Mythologie grecque et proposée, avec le Catholicisme, en exemple à la Mythologie nouvelle dont la *Philosophie de la Nature*, la poésie romantique, la physique romantique fournissent les éléments, tout cela, A.-G. Schlegel l'intègre dans sa déduction.

La justification de la Mythologie, dont les « fictions ont pour essence de prétendre à la réalité[1] », A.-G. Schlegel la trouvait dans l'explication que l'Idéalisme fichtéen donne de la croyance à la réalité par sa théorie de l'imagination productrice. « L'acte originaire, au premier chef, de l'imagination est celui grâce auquel notre existence et le monde extérieur, dans son ensemble, acquièrent la réalité[2] ». Ce produit de notre activité est d'ailleurs un produit inconscient, que seule nous découvre la spéculation. A cette activité inconsciente de l'imagination, d'où sort le monde réel, s'oppose la production esthétique de l'imagination, qui est consciente et conduite avec finalité. Si l'on considère ses produits, cette forme de l'imagination est purement idéale, elle n'a pas de prétentions à la réalité, elle n'en a pas besoin. Entre les deux se trouve la Mythologie, qui confère à ses objets une réalité idéale, c'est-à-dire une existence réelle pour l'esprit, quoiqu'on ne puisse pas les produire dans l'expérience. C'est que l'imagination créatrice des Mythes relève d'une époque de l'esprit humain où elle domine sans être parvenue à la pleine conscience de sa suprématie, où il n'y a pas encore de séparation entre elle et l'entendement. Il y a là quelque chose d'analogue à ce qui se passe dans les rêves[3]

Cependant la Mythologie, pour être une création de l'imagination, n'en est pas moins quelque chose d'essentiel à la culture humaine il faut donc qu'elle repose sur quelque vérité[4]. Quelle espèce de vérité? C'est à la religion qu'il faut en demander la clé. La Mythologie n'est, en somme, que la figuration du divin. Mais cette figuration varie suivant la conception qu'on se fait du divin. L'homme, qui est un être sensible, s'est d'abord représenté le divin sous les espèces de la

1. A.-W. Schlegel, *Vorlesungen über schöne Litteratur und Kunst*, Heilbronn, Verlag von Gebr. Henninger, 1884, Erster Teil (1801-1802, *Die Kunstlehre. Von der Mythologie*, p. 329. — 2. *Ibid.*, p. 329. — 3. *Ibid.*, p. 329-330. — 4. *Ibid.*, p. 330.

nature : ce fut une religion attachée en quelque sorte aux objets
terrestres, aux objets de la nature; cependant, au moins chez quelques
hommes, le sens du supra-sensible s'est éveillé, et sous leur influence
est née une religion de l'esprit, une religion de la sainteté [1]. De là
deux formes de Mythologie : la Mythologie réaliste et naturaliste,
dont il existe un grand nombre d'exemplaires aux différentes
époques et chez les différentes nations, plus ou moins frustes, plus ou
moins riches, mais dont la plus intéressante, la plus parfaite, au point
de vue de l'art, a été la Mythologie grecque, sous ses trois aspects,
physique, mystique, idéaliste [2], — et une Mythologie idéaliste, d'origine
orientale, diverse aussi d'inspiration et de culture, dont le Christianisme, comme certaines religions de l'Inde, a fourni les modèles [3], —
le Christianisme surtout, ou plutôt le Catholicisme, car c'est lui qui a
instauré le symbolisme du culte et de la foi dans toute sa splendeur [4];
la Réforme, au contraire, a tué la Mythologie chrétienne, et, avec
elle, au fond, toute la poésie de la religion [5]. Mais une restauration
s'annonce; elle vient notamment d'Allemagne. On en trouve l'origine et les éléments dans la poésie romantique surtout, dans la
physique romantique, dans la *Philosophie de la Nature*, de Schelling [6].

La déduction de la Mythologie fut l'un des derniers objets du premier *Cours* de A.-G. Schlegel [7]; on en pressent l'importance pour
le réquisitoire que Fichte va dresser contre l'esprit du siècle dans
ses *Traits caractéristiques du temps présent*.

Le second *Cours* eut lieu l'hiver suivant : il s'ouvrait par une
Introduction qui n'avait plus, comme la première, un caractère tout
théorique, mais bien un caractère polémique : c'était une revue générale de l'état actuel de la littérature allemande.

Nous en retiendrons seulement ici les points qui peuvent servir à
mieux comprendre les leçons de Fichte sur les *Traits caractéristiques
du temps présent*.

Ce sont d'abord les considérations sur le temps présent. Schlegel
commence par distinguer la double orientation que peut prendre la
nature humaine : orientation vers ce qu'il y a de terrestre et de corporel, vers la jouissance, orientation vers les fins idéales de l'humanité; il cherche à caractériser les dispositions et les directions origi-
nelles et permanentes de l'esprit, source de toutes les idées qui mettent

1. A.-W. Schlegel, *Vorlesungen über schöne Litteratur und Kunst*, Erster Teil (1801-1802),
Die Kunstlehre. Von der Mythologie, p. 331.
2. Ibid., p. 333. — 3. Ibid., p. 331-332.
4. Ibid., p. 351-352.
5. Ibid., p. 352.
6. Ibid., p. 354-356.
7. Ibid., p. 329-356.

dans la vie l'ordre, l'élévation, la beauté[1]; il montre enfin dans la Mythologie le lien entre la philosophie et la poésie, dans la poésie un fond moral et religieux — la poésie étant ainsi une philosophie symbolique, une moralité émancipée, une mystique devenue terrestre. Schlegel déclare alors que le caractère dominant de son siècle, c'est une méconnaissance universelle des Idées, on pourrait presque dire, dans la mesure où cela est possible, leur disparition de la terre[2]; toute spéculation véritable passe pour transcendance, toute mystique religieuse, pour superstition; toute poésie géniale, pour excentricité; à la place des idées vraies, des néants de concepts (Nichtige Begriffe[3]); partout l'affaiblissement de l'Idéalisme. En histoire, l'accumulation des faits — mais sans ce regard prophétique sur le passé qui leur donne un sens; une extension de la connaissance, mais non une véritable compréhension des choses; une érudition ostentatoire, comme si les textes étaient la seule source de l'histoire, une plate objectivité dans l'exposition. Toujours la totale incapacité de se replonger dans l'esprit des événements, partout une sorte de « libre-pensée historique », un scepticisme à l'égard de tout ce qu'il y a de grand et de remarquable, un effort pour tout niveler. Rien de ce qui constitue le vrai sens historique, rien de ce qui fait de l'histoire la poésie de la réalité. En physique, malgré tous les progrès des découvertes modernes, qui eussent sans doute dans l'antiquité fait passer les savants actuels pour des sorciers, les naturalistes d'aujourd'hui se sont, pour la plupart, tellement enfoncés dans l'analyse et le détail des phénomènes que la nature a fini par se dissoudre entièrement entre leurs mains.

Et Schlegel en appelle de cette conception du moderne naturalisme à la conception antique où, en dépit de toutes les erreurs, il y

---

1. Science — c'est-à-dire philosophie qui est la science des sciences et les conditionne toutes, même les mathématiques. Poésie qui est l'esprit de tous les beaux-arts; religion; moralité. Schlegel prétend expliquer le rapport de ces quatre tendances ou sphères (le nombre quatre n'est pas sans importance : c'est un nombre privilégié) par une comparaison avec les quatre points cardinaux : la religion — région de l'attente, de l'espérance, dont l'aurore est le symbole — c'est l'Est; la moralité, l'Ouest, région du calme et du repos après le travail du jour accompli, région aussi où les étoiles achèvent leur cours, parce que la terre se meut en sens inverse – et qui symbolise l'opposition du penchant et du commandement; la science, c'est le Nord, l'image du mieux et de l'immobilité, de l'étoile fixe, de la direction de l'aiguille aimantée, symbole aussi de l'immortalité et de l'identité, de la conscience de soi; le Sud, la chaleur et l'ardeur, représente les arts. Schlegel emploie encore une autre comparaison avec les quatre éléments : cette fois, la religion, c'est le feu qui monte au ciel et dévore les corps terrestres; la moralité, l'eau, la meilleure des choses, dit Pindare : tranquille, pure, sans trouble. La science, c'est la terre, le sol qui nous porte et qui nous nourrit de ses fruits; la poésie, l'air léger. (A.-W. Schlegel, *Vorlesungen über schöne Litteratur und Kunst*, Zweiter Teil (1802-1803), *Geschichte der klassischen Litteratur. Allgemeine Uebersicht des gegenwärtigen, Zustandes der deutschen Litteratur*, p. 44-49. — 2. *Ibid.*, p. 50. — 3. *Ibid.*, p. 51-52.

avait ce fond de vérité : l'idée d'une nature comme Tout vivant, comme organisme [1].

L'astrologie ancienne, à son tour, qui considérait l'existence de rapports dynamiques entre les étoiles et les événements terrestres, procédait d'une vue bien supérieure à celle de l'astronomie moderne qui se borne à concevoir les astres comme des masses inertes soumises uniquement aux lois du mécanisme. Et, à ce propos, le rapprochement entre les planètes et les métaux fait alors par Schelling, au nom d'une physique plus approfondie, lui paraît un heureux retour à l'astrologie [2].

Enfin, lui aussi, il réhabilite l'antique Magie : pour nous faire une idée de la force inépuisable de renouvellement et de création, nous avons besoin de concevoir les choses matérielles comme les signes et pour ainsi dire comme le chiffre d'intentions spirituelles; les actions de la nature apparaissent alors comme l'effet de paroles magiques prononcées par la bouche invisible d'en haut [3].

Après cette critique de l'état scientifique et littéraire de son temps, Schlegel en venait à la critique de la vie sociale, montrant ici encore l'absence d'idées, l'utilitarisme universel, bref, la prépondérance de « l'esprit économique »; disant, en passant, son fait au « protestantisme politique » de la Révolution française, qui ne voulait rien laisser subsister des choses du temps passé; faisant l'apologie du Moyen Age [4], il finissait par l'examen des vues et des sentiments dont

1. A.-W. Schlegel, *Vorlesungen über schöne Litteratur und Kunst*, Zweiter Teil (1802-1803), *Geschichte der klassischen Litteratur. Allgemeine Uebersicht des gegenwärtigen Zustandes der deutschen Litteratur*, p. 52-59.
2. *Ibid.*, p. 61-62. — 3. *Ibid.*, p. 62.
4. *Ibid.*, p. 62-64. Le passage mérite d'être cité intégralement, car il est caractéristique des tendances réactionnaires du romantisme, et il explique l'hostilité de Fichte — l'apologiste de la Révolution... et du Protestantisme — contre l'orientation nouvelle de ses amis.
« Es hat sich ein politischer Protestantismus aufgethan, der, wie der ihm drey Jahrhunderte vorangegangne religiöse, gegen Misbräuche eiferte; dem es aber grade wie diesem begegnete, mit den ausgearteten Formen zugleich die ursprünglich in ihnen dargestellten wahrhaften Ideen zu verkennen und zu verwerfen. Es scheint wenigstens dass die unhistorische Verfahrungsart bey der französischen Revolution, da man durchaus nichts von dem Thun der Vorwelt bestehn lassen wollte (wie es im Hamlet heisst

« als Ilnge
Die Welt erst an, als wär das Alterthum
Vergessen, und Gewohnheit nicht bekannt
Die Stützen und Bekräft'ger jedes Worts »),

sich an ihr selbst rächen, und auch von ihrem anfänglichen Beginnen keine Spur auf die Nachwelt kommen lassen dürfte. — Man glaube doch ja nicht, wie man uns hat überreden wollen, als wenn das Mittelalter hierin ganz verwahrloset und ohne achte politische Ideen gewesen wäre. Schon die einer universellen hochsten weltlichen und hochsten geistlichen Macht, welche durch die Person des Kaisers und des Pabstes reprasentirt wurden, ist sehr gross. Doch diese Trennung des Staates und

s'enorgueillit le siècle, et que résume le mot de *Lumières* (Aufklärung). Les défenseurs des *Lumières* avaient la prétention de détruire les erreurs, de répandre les concepts véridiques en toutes matières. Il y avait ainsi un gouvernement des *Lumières*, une éducation des *Lumières*, une théologie des *Lumières*, un point de vue des *Lumières* en histoire, en physique [1], en mathématiques, en philosophie, une philosophie populaire qui n'a rien de scientifique et d'abstrait, ou plus exactement rien de spéculatif, car elle perdrait alors cette intelligibilité générale qui est la doctrine même des *Lumières* et dont les *Lumières* se glorifient.

Les *Lumières!* le plus beau symbole de la toute-présence et de l'omniscience divine! Mais on peut se demander si c'est la pure joie de la lumière, l'intérêt de la vérité absolue à parler sans images, qui fait de ses adeptes des prêtres si zélés des *Lumières*, ou s'ils ne prisent tant la lumière que parce qu'elle fournit des facilités pour toutes sortes d'entreprises, car la substance de la doctrine des *Lumières*, c'est l'*utilitarisme*. On pourrait dire de ces gens que le manger et le boire n'est pas pour eux affaire d'appétit ou de goût : ils mangent et boivent, parce que c'est utile [2].

Une doctrine qui repose ainsi sur le principe économique est forcément restreinte aux choses de la terre; elle ne s'attache qu'à ce qui est fini. Ses partisans considèrent comme un éteignoir (Unaufgeklärtheit) l'irrationalité originelle qu'ils rencontrent partout sur leur chemin. Mais la lumière, ce don du ciel, n'a pas besoin d'eux pour briller, elle est ailleurs que chez eux, partout où il y a des idées, car seules les idées éclairent, et, en dépit des prétentions qu'ils affichent, cette lumière-là sort de la profondeur des ténèbres. Ce qu'enseignaient déjà les vieilles cosmogonies, à savoir que la nuit est mère de toutes choses, chaque homme, dans sa vie, peut en faire l'expérience renouvelée.

De même, la magie de la vie repose sur l'obscurité impénétrable où se perd la racine de notre existence, — et là réside l'âme même de toute poésie. Les partisans des *Lumières*, dans leur mépris de l'obscur, sont donc les adversaires les plus décidés de la poésie.

Le même principe économique — qui les fait crier à la superstition partout où se rencontre l'obscurité de la profondeur — les conduit en philosophie à écarter les spéculations des plus grands penseurs modernes, d'un Descartes, d'un Malebranche, d'un Leibniz, d'un Spinoza, pour suivre, par exemple, la psychologie empirique d'un

der Kirche ist wiederum etwas negatives; eine höhere Idee schmilzt beyde zur Einheit zusammen, und heiligt den Staat durch Religion, p. 63-64.

1. Qui s'oppose ici aux entreprises de l'alchimie, de l'astrologie, et en général de toutes les illusions de la magie. — 2. A.-W. Schlegel, *Vorlesungen über schöne Litteratur*

Locke; en morale, à traiter de visions toutes les vertus qui ne peuvent
se mesurer à l'utilité pour les affaires terrestres; c'est la morale du
bonheur, dans toute sa platitude, c'est un mépris non dissimulé
pour l'honneur, cette grande Idée du Moyen Age dont les restes
au moins sont pour nous bons à prendre, l'honneur, cette absurde
chimère selon les partisans des *Lumières* — et qui est, pour le romantisme, la moralité par excellence.

Le même principe enfin dirige la théologie des *Lumières*; elle
exige, en matière de religion, une parfaite intelligibilité; elle rejette
tous les mystères; elle méconnaît l'essence de la religion, qui ne peut
se passer de secret, dont l'organe est l'imagination, et pour qui la mythologie et l'anthropomorphisme sont des éléments constitutifs [1].

Faut-il mentionner encore leurs grands chevaux de bataille : la
tolérance, l'humanité, la liberté de penser et d'écrire? On pourrait
montrer que le parti des *Lumières* est loin d'avoir sérieusement
voulu et sérieusement pratiqué ces principes, qu'on trouverait plutôt
peut-être dans les âges anciens qu'au siècle actuel [2].

Ayant ainsi caractérisé l'esprit du temps comme la domination
usurpée de l'entendement à l'égard de la raison et de l'imagination,
ayant attribué notamment l'origine des *Lumières* à la Réforme,
A.-G. Schlegel s'en prenait à la Réforme même, comme à une des
causes de la perdition de l'Europe : les abus qu'elle a dénoncés, qui
sait si l'Église catholique ne les aurait pas abolis d'elle-même, peut-
être un peu plus tardivement et un peu plus lentement, mais d'une
manière plus universelle et plus durable? Et que dire du tort que la
Réforme a fait à la religion par son hostilité à l'égard de toute Mystique, en méconnaissant la nécessité d'une figuration sensible, d'une
Mythologie? Il comparait alors la régression vers une sorte de barbarie
des pays devenus protestants à la tranquillité et au développement
de la culture dans les pays demeurés catholiques. L'Église y devint
la « mère » des arts; la musique, la peinture, la sculpture lui ont été
redevables de quelques-uns de leurs plus beaux chefs-d'œuvre.
L'Europe qui, sous l'égide de l'Église romaine, était destinée à constituer une seule et même Nation — comme ce fut l'idéal du Moyen
Age — se divisa sous l'influence de la Réforme; l'Allemagne même
où elle était née se sépara en deux, une Allemagne du Nord et une
Allemagne du Sud, qui s'ignorent, quand elles ne se combattent pas [3].

und Kunst, Zweiter Teil (1802-1803), *Geschichte der klassischen Litteratur. Allgemeine
Uebersicht des gegenwärtigen Zustandes der deutschen Litteratur*, p. 64-68.
1. A.-W. Schlegel, *Vorlesungen über schöne Litteratur und Kunst*, Zweiter Teil (1802-
1803), *Geschichte der klassischen Litteratur. Allgemeine Uebersicht des gegenwärtigen
Zustandes der deutschen Litteratur*, p. 68-76. — 2. Ibid., p. 76-78. — 3. Ibid., p. 78-80.

En terminant son introduction, A.-G. Schlegel se faisait le prophète des temps à venir. Il rappelait qu'avec son frère et quelques amis il avait été un initiateur. Sans rompre totalement avec le passé, le romantisme apportait quelque chose d'absolument nouveau et de fécond, quelque chose qu'avait d'ailleurs préparé la philosophie critique de Kant et de Fichte; Schlegel s'efforçait de construire historiquement l'esprit de l'École romantique, il montrait aussi que l'universalité était désormais le seul moyen d'atteindre à la grandeur, que le poète d'aujourd'hui ne pouvait se contenter de connaître à fond la poésie antique ou moderne, qu'il lui fallait être, en une certaine mesure, un philosophe, un physicien, un historien[1].

Ainsi s'achève l'introduction sur l'*Esprit du temps* au second *Cours* de Schlegel à Berlin tenu pendant l'année 1802-1803.

C. LES « TRAITS CARACTÉRISTIQUES DU TEMPS PRÉSENT ». Les leçons de Fichte sur les *Traits caractéristiques du temps présent* (Grundzüge des gegenwärtigen Zeitalters) sont de l'hiver suivant. Leur date, leur titre, et jusqu'à leur idée même, suggèrent inévitablement un rapprochement. Fichte, ami et familier de Schlegel, a imité Schlegel. Imité, en apparence, oui, sans doute, comme il avait imité Fr. Nicolaï. Imité, suivant sa manière, pour combattre. D'accord sur le caractère général du temps — sur l'égoïsme et le plat utilitarisme de leurs contemporains, d'accord sur la faillite des *Lumières*, Schlegel et Fichte ne pouvaient plus, à cette heure, s'entendre sur l'orientation à donner à leur siècle. Le groupe romantique, qui, à ses débuts, se réclamait de l'idéalisme de Fichte, s'opposait maintenant à l'esprit de la *Critique* et à l'esprit de la Révolution, au rationalisme de la doctrine de la liberté; il avait sa philosophie à lui, comme il avait sa poésie sa physique, son histoire; à travers l'ensemble de ces disciplines, il poursuivait la restauration de tout ce qu'avait combattu la *Théorie de la Science* : mysticisme, naturalisme, catholicisme, césarisme[2]

C'est contre cet esprit de ténèbres et de réaction que Fichte s'élève dans les *Traits caractéristiques du temps présent*. contre la mythologie et le symbolisme, contre la physique magique, contre le naturisme mystique, contre la religion théosophique. Mais, si le *Cours* de A.-G. Schlegel lui fournit bien l'occasion de sa polémique, l'adversaire qu'il vise, c'est peut-être moins Schlegel même que Schelling,

1. A.-W. Schlegel, *Vorlesungen über schöne Litteratur und Kunst*, Zweiter Teil (1802-1803), *Geschichte der klassischen Litteratur. Allgemeine Uebersicht des gegenwärtigen Zustandes der deutschen Litteratur*, p. 86-94. — 2. Dr F. Fröhlich, *Fichtes Reden an die deutsche Nation*, Berlin, Weidmannsche Buchhandlung, 1907, note 3, p. 80-81.

son ancien disciple devenu son rival, Schelling considéré maintenant comme le philosophe attitré du romantisme, traître à la *Critique* et à la *Théorie de la Science.*

Ne nous étonnons donc point de voir Fichte consacrer toute une leçon, la huitième, à dénoncer les dangers de la *Philosophie de la Nature*, qui symbolise alors pour lui le mal romantique.

Il déclarait que le système de Schelling était, en somme, un retour au mysticisme; son principe, l'*inconnaissable*, comme tel, dont il faisait la véritable source de la guérison et de la régénération intellectuelles du siècle[1]. Cet inconnaissable, Schelling ne l'empruntait ni aux vieilles superstitions, ni même à une théologie plus moderne; c'est par le raisonnement, c'est par les efforts de la pensée libre — mais d'une pensée transformée ici en imagination et en poésie — que Schelling essayait de le faire surgir.

Qu'on se souvienne ici des dernières pages du *Système de l'Idéalisme transcendantal*, où l'intuition intellectuelle, qui est l'organe de la philosophie et qui échappe aux prises du concept, se trouve assimilée à l'art, où la science est rapprochée, dans ses origines, de la poésie[2].

La pensée transformée en imagination et en poésie, l'assimilation de la philosophie à la poésie, c'était l'esprit même qui avait poussé le romantisme à chercher dans l'art le secret de l'Absolu. Mais cette assimilation ne pouvait aboutir qu'à une adultération de la science : l'intelligibilité de la raison allait faire place aux fantaisies de la sensibilité individuelle. Du coup, la nature était confondue avec l'esprit : sous prétexte de spiritualiser la nature, la nouvelle philosophie devait naturaliser l'esprit. C'était, aux yeux de Fichte, son vice et sa condamnation.

Il y avait beau temps, déclarait Fichte, que la production de l'inconnaissable par la libre imagination avait reçu le nom de *vision*; pour comprendre la racine de ce nouveau système, il fallait donc expliquer ce qu'était, et en quoi consistait le « rêve des visionnaires ».

Le visionnaire a ceci de commun avec le vrai savant qu'il n'attribue pas la valeur suprême aux concepts de l'expérience purement sensible, qu'il cherche à s'élever au-dessus de toute expérience[3].

Seulement, entre la science et la vision il y a cette différence : la science exige, pour son principe, une entière clarté, une entière

---

1. Fichte, *S. W.*, VII. Bd., *Die Grundzüge des gegenwärtigen Zeitalters*, VIII. Vorlesung, p. 112.
2. Schelling, *S. W.*, Erste Abth., III. Bd., 1858, *System des transcendentalen Idealismus, 1800*, Sechster Hauptabschnitt, § 3, p. 624-629.
3. Fichte, *S. W.*, VII. Bd., *Die Grundzüge des gegenwärtigen Zeitalters*, p. 114.

pénétrabilité; elle prétend à l'intelligibilité jusqu'aux dernières
limites de l'intelligible, limites qu'elle reconnaît d'ailleurs, au
moins pour l'esprit humain; enfin, elle est tout entière dans une
conquête, dans un perpétuel effort pour s'élever à des vérités de
plus en plus hautes, pour reculer de plus en plus les bornes de
l'intelligibilité. Le rêve du visionnaire, au contraire, est d'atteindre
directement, dans on ne sait quelle intuition intellectuelle, une sorte
d'inconnaissable en soi, qu'on n'est pas capable de démontrer, qu'on
se borne à affirmer. Pour le faire saisir, on renvoie à cette intuition intellectuelle, qui n'a d'ailleurs rien de commun avec celle dont
parle la vraie science. Et l'on ne peut pas davantage justifier les voies
par lesquelles on atteint cette intuition, parce qu'on ne l'atteint pas
en réalité, comme avec les idées fondamentales de la science, par une
accession systématique à une clarté de plus en plus haute, mais par
la pure fantaisie du hasard. Ce hasard, qu'est-il donc au fond? Une force
aveugle de la pensée, qui, en fin de compte, comme toutes les forces
aveugles, est une force de la nature dont la pensée claire nous affranchit, une force de la nature en relation avec toutes les autres déterminations de la nature : santé, tempérament, genre d'existence ou
d'étude. De cette façon, sans qu'ils s'en doutent, à travers une philosophie d'extase, en dépit de leur orgueil de s'être élevés au-dessus de
la nature et de leur mépris profond pour toute expérience, les visionnaires ne sont que des phénomènes empiriques... un peu singuliers [1].

Il convient d'ailleurs de bien distinguer dans leurs procédés le
visionnaire, et le génie qui, lui aussi, semble agir au hasard de
l'inspiration. Dans sa marche instinctive, le génie, en réalité, ne
fait qu'obéir à la loi de la raison : il cherche l'unité des phénomènes de l'expérience, dont il part et à laquelle il revient; il
vérifie ses intuitions. Le visionnaire, au contraire, ne part nullement
de l'expérience, il ne reconnaît nullement l'expérience pour règle de
ses fantaisies, il exige que la nature se conforme à ses pensées.

Les élucubrations du visionnaire ne sont ni claires en soi ni
démontrées; elles ne sont pas vraies. Comment donc est-il possible
que leurs auteurs y croient? Il faut résoudre cette énigme [2]

Ces élucubrations sont les produits d'une force aveugle de la
nature qui se reflète dans la pensée du visionnaire; rien d'étonnant,
par conséquent, à ce que cette pensée retourne à la nature, se fixe à
son sol; rien d'étonnant à ce que toute philosophie visionnaire soit

1. Fichte, S. W., VII. Bd., *Die Grundzüge des gegenwärtigen Zeitalters*, p. 115-116.
2. Ibid., p. 117.

une *Philosophie de la Nature* [1]. Ce n'est pas tout : la pensée du
visionnaire, par cela même qu'elle est d'ordre naturel et sensible,
exprime simplement son individualité empirique, c'est-à-dire qu'en
somme elle a pour mobile, bien que caché et non avoué, une jouissance de la sensibilité. Elle n'a rien de commun avec les Idées qui
jaillissent, non pas du sol de la sensibilité, mais du fond intime
de la pensée pure, qui concernent, non les individus, mais l'espèce
entière; qui sont, non les jeux de la fantaisie individuelle, mais la
substance de l'art, de la science, de la morale, de la religion [2].
Cette distinction précise entre les Idées et les visions est d'autant
plus nécessaire que les hommes du vulgaire osent donner le nom de
visionnaires à ceux qui cultivent les Idées. Il y a d'ailleurs un crité-
rium qui permet de reconnaître si ce qu'on apporte est ou non
vision : c'est le rapport à la pratique. Apporte-t-on une doctrine de
vie? On a des Idées. Apporte-t-on des considérations sur la nature
des choses, dans l'immobilité de leur être? On a des visions [3].

Par exemple, le sens religieux, c'est l'idée d'un esprit universel en
qui et par qui nous vivons, ou plutôt en qui et par qui nous devons
vivre dans la béatitude; des hommes dépourvus de raison croient
l'avoir suffisamment discrédité, quand ils lui ont donné le nom de
mysticisme. Or, ce sens religieux a une valeur éminemment pratique;
il ne doit donc pas être confondu avec les imaginations du visionnaire
qui croit à une révélation mystérieuse de la divinité, réservée à
quelques élus, avec le mysticisme proprement dit, mysticisme aussi
étranger, dans son fond, à la morale qu'à la religion, et dont l'aboutissement est une divinisation de la nature, une véritable magie.
Qu'on ne se laisse pas leurrer par la promesse de nous introduire
dans les secrets du monde des esprits et de nous révéler les moyens
d'évoquer les anges, les archanges, Dieu même : suivant le vieil usage,
on essaie ainsi de faire surgir de ces connaissances des phénomènes
dans l'ordre naturel; cependant ces esprits ne sont plus alors des
esprits, mais des forces de la nature. Le but qu'on poursuit consiste
à trouver des charmes magiques. La religion devient une véritable
sorcellerie [4], une thaumaturgie. C'est d'ailleurs une thaumaturgie
d'ordre prétendu scientifique; son ambition est de réaliser dans la
science, par magie, quelque chose d'impossible au cours ordinaire de
la nature. Quoi? La nature a ses secrets dont elle est avare; pour les
lui arracher péniblement, peu à peu, il faut à l'esprit humain des
siècles de patience et d'efforts obscurs, qu'il s'agisse de la découverte

---

1. Fichte, *S. IV.*, VII. Bd., *Die Grundzüge des gegenwärtigen Zeitalters*, p. 118. —
2. Ibid., p. 119. — 3. Ibid., p. 120. — 4. Ibid., p. 121.

des idées, des hypothèses directrices de la science, ou des expériences qui mettent en lumière ses faits cruciaux ; or, cette philosophie prétend deviner et construire *a priori*, par une sorte de miracle intellectuel, toutes ces hypothèses ; elle se figure découvrir d'emblée l'âme du monde ; pour la saisir, elle fait appel à la faculté même de la vision, à l'imagination, qu'elle décore, pour la circonstance, du nom pompeux d'intuition intellectuelle, et, sous les espèces de la science, une pseudo-science prête à la nature toutes les élucubrations d'une imagination vagabonde, parfois même toutes les rêveries d'une ivresse artificielle. Ainsi s'est édifiée cette *Philosophie de la Nature* qu'on déclare par avance obscure en son essence, parce qu'on est incapable de la démontrer. Cette *Philosophie de la Nature* n'est pas une science, elle ne repose ni sur l'observation, ni sur l'expérimentation ; elle n'est pas davantage une philosophie : elle relève, non de la raison, mais de la sensibilité ; ses superstitions et sa théosophie en font une philosophie de thaumaturges ; le nom de Magie est le seul qui convienne à sa prétention de faire sortir, de la nature, la religion [1].

En face du mysticisme naturaliste, remis en honneur par le nouveau romantisme, Fichte prenait donc enfin publiquement position, et c'était pour condamner, au nom de la raison outragée, la thaumaturgie, la théosophie, la mythologie, la magie, que voulait ressusciter le néo-catholicisme des Schlegel et des Schelling. Le *Criticisme* allait prendre sa revanche des accusations lancées contre la philosophie de la Réforme et de la Révolution. C'est ce que va mettre en lumière l'ébauche de philosophie de l'histoire que contiennent aussi les *Traits caractéristiques du temps présent.*

D. LA THÉORIE DE L'HISTOIRE DE SCHELLING.

I. LE « SYSTÈME DE L'IDÉALISME TRANSCENDANTAL ».

Cette philosophie de l'histoire qu'esquissent, en effet, les *Traits caractéristiques du temps présent* n'est d'ailleurs aussi qu'une réplique à la théorie de l'histoire, chère aux romantiques. Cette théorie, d'inspiration herdérienne, Schelling l'avait proposée à nouveau dans ses *Leçons sur la Méthode des Études académiques* (Vorlesungen über die Methode des akademischen Studiums), professées à Iéna en été 1802, et qui parurent, imprimées, l'année même où A.-G. Schlegel faisait son cours sur l'*État présent de la Littérature allemande.*

Déjà d'ailleurs, dans le *Système de l'Idéalisme transcendantal* (1800)

---

1. Fichte, *S. W.*, VII. Bd., *Die Grundzüge des gegenwärtigen Zeitalters*, p. 122-125.

(System des transcendentalen Idealismus), Schelling avait exposé
sa théorie de l'histoire.

Elle consistait essentiellement à essayer d'intégrer dans le système
de notre connaissance les effets de nos actions, de rendre intelligibles
les conséquences inconscientes de la liberté où la philosophie critique
semblait voir une matière indifférente sinon rebelle à la moralité, de
montrer dans ces conséquences, non pas précisément un ordre moral
du monde qui serait la matière idéale de la bonne volonté, mais un
ordre réel et naturel encore, un ordre inconscient à travers lequel
se réalise dans le monde, en dehors de notre concours, le progrès
de la raison; par là même de substituer à l'exigence pratique, à la
croyance qui était, somme toute, le recours suprême de Kant et
de Fichte pour justifier Dieu, une démonstration théorique de la
Providence. Voici la substance de cette démonstration qui est
un des moments essentiels du système de l'*Idéalisme transcendantal*.

L'obstacle à l'action de la liberté, c'est le conflit des penchants
individuels, qui empêche le développement simultané et concordant
des volontés, qui oppose aux effets de la liberté le hasard de leur
caprice. Or, il existe une discipline capable d'établir l'harmonie des
penchants, conformément à des lois, en vertu d'un mécanisme analogue à celui de la causalité, et qui, par là même, institue, au-dessus de
l'ordre naturel, une nature encore, d'un ordre supérieur, il est vrai,
une « seconde nature ». C'est la discipline juridique. Elle a pour caractère essentiel d'être une œuvre de la liberté — une institution de la
volonté humaine — et pourtant d'avoir des effets nécessaires —
toute violation de la loi entraînant en quelque sorte automatiquement
une sanction, un châtiment; elle fournit ainsi l'exemple d'une liberté
produisant infailliblement ses conséquences. Et, si l'on remarque que
les différents progrès des institutions juridiques marquent, après tout,
les différentes conquêtes de la liberté et les imposent au libre arbitre
des volontés individuelles, on peut dire que le droit, dans son développement, est l'instrument que se forge la liberté pour se réaliser; il
est à la liberté ce que la mécanique est au mouvement, une machine,
un automatisme créé par la liberté sans doute en vue de certaines
fins, mais qui, une fois créé, s'exerce par un jeu entièrement indépendant de nos volontés, d'une manière tout aveugle, avec une nécessité toute pareille à une loi de la nature[1]. Cette évolution de la
liberté par l'instrument du droit est l'œuvre de l'histoire; l'histoire

1. Schelling, *S. W.*, III. Bd., *System des transcendentalen Idealismus, 1800*, Vierter
Hauptabschnitt, Zusätze, p. 581-587.

devient ainsi l'expression même du développement de la liberté[1]. La loi de l'histoire n'est pas, comme la loi des sciences physiques, une succession nécessaire à retour périodique : c'est un progrès qui concilie, avec la contingence du libre arbitre, la nécessité inhérente à la science, un progrès dont le terme serait l'état où le règne de la liberté, l'accord de toutes les volontés raisonnables serait réalisé, et que prépare le progrès même de la constitution sociale. Ce n'est pas tout : l'histoire réalise en elle la conciliation de la liberté et de la nécessité, ce qui, pour Schelling, constitue « le problème suprême de la philosophie transcendantale ».

Elle fournit à notre liberté — en soi purement formelle et subjective — le contenu qui la réalise, elle produit les « conséquences » naturelles de notre volonté ; en même temps elle accomplit justement l'accord entre l'acte réfléchi et ces actions inconscientes, véritable trame de la nécessité qui, dans leur marche aveugle et brutale, favorisent ou contrarient tour à tour les prévisions de la volonté ; à travers cette nécessité bien connue des hommes, quel que soit le nom qu'ils lui donnent : Fatalité, Destin ou Providence, elle nous apporte, par les étapes du droit, la garantie même de la liberté, la production — à l'aide et, au besoin, à l'encontre des volontés individuelles et de leurs actions contradictoires — de l'ordre universel, de la raison commune ; elle manifeste, dans son évolution continue, sous l'inconsciente action de ses lois nécessaires, la vie même de l'Absolu. Mais, d'autre part, cette réalisation de l'Absolu ne peut être que progressive, elle ne peut être qu'une oscillation perpétuelle entre les contraires, un perpétuel effort pour surmonter cette opposition sans cesse renouvelée ; car, si l'Absolu s'actualisait immédiatement, il n'y aurait plus de liberté, de vie, d'action humaines ; il n'y aurait même plus de conscience : la conscience n'existant que par la dualité du sujet et de l'objet, l'actuation de l'Absolu réaliserait leur identité ; si bien qu'au fond l'Absolu n'arrive jamais à la conscience, il est l'éternel inconscient ; on ne peut pas dire précisément qu'il est, au sens objectif que nous donnons à l'existence, mais il se révèle à travers l'histoire, et le monde, dans tout son progrès, n'est vraiment que l'épopée divine. En même temps qu'il se réalise dans un incessant devenir, il dépasse et domine le devenir de toute son éternité, car il est l'acte dont tout le devenir ne fait que manifester l'infinie puissance. Ainsi donc se concilie, au point de vue de l'Absolu, l'antinomie de la nécessité et de la liberté. Sous l'apparence d'une aveugle

---

1. Schelling, *S. W.*, III. Bd., *System des transcendentalen Idealismus, 1800*, Vierter Hauptabschnitt, Zusätze, p. 592-593.

nécessité, ce sont les fins mêmes de la liberté qui se réalisent, et l'enchaînement des événements apparaît de plus en plus comme régi par une intelligence[1].

Cette révélation de la Divinité à travers le monde comporte trois périodes qui sont aussi les trois grandes phases de l'histoire. D'abord le règne du hasard et de la force aveugle, ce qu'on pourrait appeler la période tragique de l'histoire, celle où sombre le vieux monde avec son éclat et ses merveilles; où s'effondrent ces grands empires dont il nous reste à peine le souvenir et dont nous mesurons la grandeur à leurs ruines; où disparaît l'humanité la plus noble qui ait jamais fleuri et dont le retour sur la terre ne peut être que l'objet d'un vœu éternel.

La seconde période s'ouvre quand la force aveugle et obscure qui semble dominer le hasard devient proprement une loi naturelle imposant à la liberté le plan de la nature et introduisant ainsi peu à peu dans l'histoire une législation quasi mécanique. C'est la période qu'inaugure l'extension de la grande République romaine : à travers l'amour de la conquête et de la domination commence l'unification systématique des peuples, s'établit le contact entre les différentes mœurs et les différentes lois, les diverses formes d'arts et de sciences, entre ces disciplines qui demeuraient jusqu'alors isolées en quelque sorte les unes des autres suivant le destin des peuples qui en avaient le précieux dépôt. Ainsi, bon gré mal gré, plus ou moins inconsciemment, s'accomplit le plan naturel dont l'achèvement doit produire l'unité de tous les peuples dans l'empire universel. Tous les événements de cette époque sont des événements de la nature, jusqu'à la chute de l'empire romain, qui est naturelle, elle aussi, qui n'a rien de tragique ni de moral.

La troisième et dernière période sera celle où le hasard de la première, la nature de la seconde se transformera en Providence. Quand commencera cette période, on ne saurait le dire. Mais on peut affirmer que, le jour où elle aura commencé, aura aussi commencé le Règne de Dieu[2].

II. *LES «LEÇONS SUR LA MÉTHODE DES ÉTUDES ACADÉMIQUES ».* Trois ans après avoir exposé ces vues sur la philosophie de l'histoire, Schelling, dans ses *Leçons sur la Méthode des Études académiques*, complétait sur deux points sa théorie.

Le premier point concerne l'origine et le développement même de l'histoire. L'histoire étant l'expression du progrès de la Raison uni-

---

1. Schelling, *S. W.*, III. Bd., *System des transcendentalen Idealismus, 1800*, Vierter Hauptabschnitt, Zusätze, p. 593-603. — 2. *Ibid.*, p. 603-604.

verselle dans le monde, comment concevoir le passage de l'instinct ou de l'animalité, qui est l'état primitif de l'humanité, à la conscience et à la raison? Ce passage semble d'abord pouvoir s'expliquer d'une manière conforme à l'enseignement qu'a immortalisé l'antique tradition : l'humanité actuelle aurait été à l'école d'une espèce supérieure qui l'aurait précédée; elle aurait reçu la Raison des dieux ou de quelques héros bienfaisants. C'est, en langage philosophique, l'hypothèse d'un *Urvolk*, d'une race élue, attestée par les traces d'une civilisation supérieure dans la préhistoire, et dont les restes, défigurés déjà, se trouvent après la première division des peuples; cette race élue aurait été l'éducatrice du genre humain [1]

Mais cette explication tout empirique est insuffisante, elle ne fait que reculer la difficulté sans la résoudre; car il reste toujours à montrer comment la raison est née dans cette race élue, il reste à rendre compte du premier commencement; or, dans l'ordre empirique, il n'y aura jamais de premier commencement [2]. La seule explication satisfaisante est une explication métaphysique : elle con-

---

1. Schelling, *S. W.*, Erste Abth., V. Bd., 1859, *Vorlesungen über die Methode des akademischen Studiums, 1803.* « Es ist undenkbar, dass der Mensch, wie er jetzt erscheint, durch sich selbst sich vom Instinkt zum Bewusstseyn, von der Thierheit zur Vernünftigkeit erhoben habe. Es musste also dem gegenwärtigen Menschengeschlecht ein anderes Vorgegangen seyn, welches die alte Sage unter dem Bilde der Gotter und ersten Wohlthäter des menschlichen Geschlechts verewigt hat. Die Hypothese eines Urvolks erklärt bloss etwa die Spuren einer hohen Kultur in der Vorwelt, von der wir die schon entstellten Reste nach der ersten Trennung der Volker finden, und die Uebereinstimmung in den Sagen der ältesten Volker, wenn man nichts auf die Einheit des allem eingebornen Erdgeistes rechnen will, aber sie erklärt keinen ersten Anfang und schiebt, wie jede empirische Hypothese, die Erklärung nur weiter zurück. » (II. Vorlesung, p. 224-225.) Cette hypothèse de l'*Urvolk* n'est point une invention de Schelling. On la trouve déjà, en propres termes, chez Novalis. Voici le passage des *Disciples à Saïs* (Die Lehrlinge zu Sais) où elle est exprimée : « Voll Sehnsucht und Wissbegierde hatten sie (die Fremden) sich aufgemacht, um die Spuren jenes verlohren gegangenen Urvolks zu suchen, dessen entartete und verwilderte Reste die heutige Menschheit zu seyn schiene, dessen hoher Bildung sie noch die wichtigsten und unentbehrlichsten Kenntnisse und Werkzeuge zu danken hat. » (Novalis, *Schriften*, éd. E. Hellborn, I. Bd., Erster Theil, 1901, *Di Lehrlinge zu S*ais, p. 242).

La composition de l'ouvrage remonte à 1798, les leçons de Schelling sont de 1803. Il est donc infiniment probable, étant données les relations de Schelling et des romantiques, que Schelling a emprunté l'idée à Novalis.

Il est d'ailleurs à noter qu'une idée analogue se retrouve chez des écrivains antérieurs de moindre envergure. K.-G. Anton, dans son *Histoire de la nation allemande* (Geschichte der teutschen Nazion, I. Teil, Geschichte der Germanen, 1793), parle d'une *Urnation* dont sont sortis les Arméniens et les Perses, les Gaulois et les Grecs, les Germains et les Slaves. Il n'est pas sans intérêt de faire ces rapprochements en songeant au sort que les historiens, parfois dans un intérêt politique, ont fait à l'*Urvolk*, quand ils le remontent aux origines du pangermanisme, et à la légende qui attribue à Fichte, dans ses *Discours à la Nation allemande*, la paternité de l'idée. Nous y reviendrons, dans la dernière partie de cet ouvrage, quand nous étudierons la formation et le sens de ces *Discours*.

2. Schelling, *S. W.*, V. Bd., *Vorlesungen über die Methode des akademischen Studiums, 1803*, II. Vorl., p. 224-225.

siste à faire de la succession des générations dans le temps le véhicule
de la Raison universelle et impersonnelle, du Savoir éternel; l'espèce
humaine est ici le substrat qui établit la continuité du progrès de la
Raison dans le devenir [1].

Le second point regarde le sens historique du Christianisme. Le
Christianisme considère l'univers comme un règne moral, un règne
de la liberté; il le classe dans la catégorie de l'histoire : par là même
il s'oppose à la représentation de l'univers qui caractérise le paganisme, le paganisme grec en particulier : l'univers conçu sous la
catégorie de la nature. De cette opposition fondamentale résultent
des distinctions particulières. La nature formant un tout fermé,
déterminé, une totalité finie, le paganisme ne conçoit l'infinité divine
que sous la forme de la nature, comme une infinité finie, comme une
somme infinie de dieux : c'est le polythéisme naturaliste. Le Christianisme transforme cette conception de la nature et de l'infinité. L'infinité de Dieu n'y est plus numérique, elle est qualitative, elle est un
Absolu : l'Un-Infini, auquel le fini est tout entier subordonné. C'est
l'idée du Dieu-esprit, du Dieu intérieur à la conscience : la nature,
comme pure nature, perd ici sa divinité, elle n'a plus qu'une valeur
symbolique; son sens et son secret sont dans l'histoire, c'est-à-dire
dans la révélation progressive de l'esprit, de la liberté, du mystère
divin. Cette réalisation de l'esprit à travers la nature, cette pénétration de l'Infini au sein du fini, cette révélation de Dieu dans le
monde est possible grâce à l'existence et au sacrifice du divin médiateur, de l'Homme-Dieu, du Christ [2]

E. *LA THÉORIE DE
L'HISTOIRE DE FICHTE
DANS LES « TRAITS
CARACTÉRISTIQUES DU
TEMPS PRÉSENT ».*

Que, dans les *Leçons sur les traits caractéristiques du temps présent*, Fichte se soit
visiblement inspiré de la théorie de l'histoire
esquissée par Schelling dans le *Système de
l'Idéalisme transcendantal* et, plus récem-
ment, dans les *Leçons sur la Méthode des Études académiques*; qu'il
se soit approprié cette doctrine pour lui donner un sens nouveau,
conforme aux principes de la *Théorie de la Science*, est-il permis d'en
douter? Ne sont-ce pas les mêmes idées qui reparaissent, et parfois
jusque dans les mêmes termes? D'abord, cette idée que la raison d'être
du développement de l'histoire est le passage de l'instinct à la raison.

1. Schelling, S. W., V. Bd., *Vorlesungen über die Methode des akademischen Studiums,
1803*, p. 224. — 2. *Ibid.*, VIII. Vorlesung, *Ueber die historische Construktion des Chris-
tenthums*, p. 287-295.

Au commencement même de sa première conférence, Fichte déclare que le « but de la vie de l'humanité sur la terre est de se conformer librement à la raison dans toutes ses relations [1] »; il distingue dans l'histoire de l'humanité deux périodes essentielles : l'une, celle où la raison est encore purement inconsciente, instinctive, l'âge de l'innocence — l'autre, où la raison se possède pleinement elle même et domine librement, l'âge de la justification et de la sanctification, le *Règne des Fins.* Toute l'évolution historique se justifie par l'effort de la raison pour passer de l'instinct, de l'inconscience primitive, à la conscience de la liberté. Fichte en marque ici les différentes époques. La première époque est l'époque de l'instinct, où la raison, à l'état de nature, gouverne la vie humaine sans la participation de la volonté. La seconde est l'époque de l'autorité, où l'instinct de la raison s'exprime et se formule avec plus de force en quelques puissantes individualités — les hommes supérieurs : ceux-ci imposent par la contrainte la raison à une humanité incapable de se conduire elle-même; cette ère, où la crainte du châtiment empêche seule la violation de la loi, est celle du péché naissant. Avec la troisième époque la faute est consommée : c'est l'ère de la révolte contre l'autorité, de l'affranchissement à l'égard de l'instinct aussi, puisque le règne de l'autorité n'en est qu'une expression particulière. Sous l'effet de la réflexion le libre arbitre s'éveille en l'homme; mais sa première manifestation est une critique négative de toute vérité, de toute règle, une exaltation de l'individu au mépris de toute loi, de toute dépendance — un égoïsme réfléchi. Puis vient la période de la réflexion qui reconnaît sa loi : le libre arbitre accepte une discipline universelle; c'est la quatrième époque, l'ère de la moralité, où la réhabilitation commence; elle s'achèverait par la justification et la sanctification, lorsque la loi de la raison, cessant d'être pour nous un simple idéal, un devoir-être, deviendrait, dans une cinquième époque, le règne des fins.

Ces cinq époques, qui d'ailleurs ne se prêtent pas à séparation complète, qui sans cesse interfèrent entre elles, constituent les cinq moments essentiels du progrès de la raison, du passage de l'inconscience à la conscience de soi. C'est cette marche que figure symboliquement l'Écriture. Elle proclame l'éveil de l'humanité à la vie dans un paradis, où, sans science, sans travail, sans art, sa conduite était droite. Mais, à peine s'est-elle risquée à vivre d'une vie indépendante, que, l'arrachant à son état d'innocence et de paix, l'ange arrive, avec

1. Fichte, *S. W.*, VII. Bd., *Die Grundzüge des gegenwärtigen Zeitalters*, I. Vorlesung, p. 7.

un glaive de feu, pour la contraindre à suivre le droit chemin. Errante et fugitive, elle traverse en tout sens le vide du désert, osant à peine fixer ses pas quelque part, de peur que le sol ne s'effondre sous ses pieds. Enhardie par la nécessité, elle s'installe enfin misérablement; elle arrache, à la sueur de son front, les épines et les ronces du sol inculte pour obtenir les fruits désirés de la science. La jouissance de ce fruit lui ouvre les yeux, donne à sa main des forces, et elle se reconstruit son paradis sur le modèle du paradis perdu. L'arbre de la vie croît devant elle, elle étend la main pour cueillir le fruit; elle en mange, et elle vit pour l'éternité [1].

Dans ce progrès de l'inconscience à la science, Fichte, après Schelling encore, montre une révélation de Dieu : le développement de la civilisation à travers la raison humaine, qui est une explicitation de la puissance divine, remplit la succession du temps et constitue cette dynamique de l'expérience à laquelle on donne le nom d'histoire, comme on donne le nom de nature à une autre forme de la révélation divine, à la production inconsciente du savoir qu'exprime l'expérience dans la fixité de ses lois statiques, et qui constitue le monde de notre connaissance [2].

Ce n'est pas tout : Fichte, qui semble avoir emprunté à Schelling l'idée du passage de l'instinct à la raison, en tant qu'origine de l'histoire, et l'idée d'une révélation progressive de Dieu à travers la civilisation, sous la forme de l'histoire, lui emprunte encore l'idée d'un peuple élu, d'un *Urvolk*, éducateur du genre humain. Il est impossible, déclare-t-il, que l'humanité, dont le caractère essentiel est de s'élever librement à la hauteur de la raison, ait *acquis* à un moment donné la raison : rien ne sort de rien; de l'absence de raison on ne pourra jamais faire sortir la raison. A un moment de son existence il faut donc qu'il y ait eu quelque part, sous une de ses plus anciennes formes, une humanité chez qui la raison ait été l'état de nature. *A un moment, quelque part*, dit Fichte, car pour l'humanité le but de l'existence, ce n'est pas de posséder purement et simplement la raison, — d'être instinctivement raisonnable, — c'est de conquérir la raison par la liberté. De là l'hypothèse d'un peuple-norme qui, sans science et sans art, se serait trouvé, par le seul fait de son existence, en possession d'une civilisation purement rationnelle [3]. Mais rien n'empêche

1. Fichte, *S. W.*, VII. Bd., *Die Grundzüge des gegenwärtigen Zeitalters*, I. Vorlesung, p. 8-12. — 2. *Ibid.*, IX. Vorlesung, p. 130-131. Cf. Schelling, *S. W.*, III. Bd., *System des transcendentalen Idealismus, 1800*, p. 603. « Die Geschichte als Ganzes ist eine fortgehende, allmählich sich enthüllende Offenbarung des Absoluten.... » Voir aussi, V. Bd., *Vorlesungen über die Methode des akademischen Studiums*, VIII. Vorlesung, passim.

3. Cf. Schelling, *S. W.*, V. Bd., *Vorlesungen über die Methode des akademischen Studiams, 1803*, II. Vorl., p. 214-225.

d'admettre en même temps, répandus sur toute la surface de la terre, des sauvages grossiers et farouches sans autre culture que celle qui est indispensable à la conservation de l'existence matérielle; l'éducation de la raison, chez ces sauvages fils de la terre, aurait été faite aisément par le peuple-norme.

Bien plus, il a fallu le conflit primitif entre la sauvagerie et la civilisation instinctive, il a fallu l'opposition des peuples incultes et du « peuple élu », pour que devînt possible la libre évolution de l'humanité, pour que pût s'effectuer un progrès de la raison[1]. Sur la manière dont s'est opérée cette évolution, sur les différents stades de l'histoire, Fichte semble aussi suivre à dessein Schelling pas à pas.

L'accession à la raison s'est exprimée socialement par la soumission de l'individu au Tout dont il faisait partie, à l'organisme social représenté par l'État. Et cette soumission a pris trois formes différentes. D'abord, la soumission n'a pas été universelle : il y a eu domination d'un homme ou d'un peuple de civilisation privilégiée, soumission de l'ensemble des autres à cet homme ou à ce peuple, à l'exclusion de tout droit, de toute égalité. Ce fut l'ère de l'esclavage, du despotisme, dont l'Asie nous a donné l'exemple. Avec la civilisation grecque est née la liberté civile, qui inaugure le règne du droit, mais pas encore l'ère de l'égalité politique. Tous les citoyens ont les mêmes droits, mais tous les habitants de la Cité ne sont pas des citoyens. C'est à Rome que revient l'honneur d'avoir réalisé l'unité politique : elle conçut le projet de faire du monde entier un seul et même monde, de tous ses habitants les citoyens d'un même empire. Son histoire intérieure (la lutte entre plébéiens et patriciens) ou extérieure (les guerres au dehors) n'est que la conquête de cette unité[2]. Cependant l'égalité politique n'est pas encore l'égalité universelle qu'exige la raison. Pour fonder l'égalité, non plus sur le caractère de citoyen, mais sur la qualité d'homme, sur la reconnaissance d'une communauté d'essence, d'une spiritualité identique en tous, il a fallu plus qu'une transformation politique, une révolution morale et religieuse : telle a été l'œuvre du Christianisme[3]. Réaliser l'unité de la cité chrétienne, l'accession de tous les hommes à la dignité de l'esprit, voilà le but que poursuit la civilisation moderne. Le peuple privilégié, détenteur de l'esprit chrétien, l'éducateur des autres peuples, a été ici le peuple germain, issu, comme le prouve l'étude comparée des langues, de la même souche que le peuple grec, héritier naturel

---

1. Fichte, S. W., VII. Bd., *Die Grundzüge des gegenwärtigen Zeitalters*, IX. Vorlesung, p. 134-135. Voir aussi, XII. Vorlesung, p. 175 et suiv. — 2. Ibid., XII. Vorlesung, p. 174-185. — 3. Ibid., XIII. Vorlesung, p. 188-189.

de la civilisation antique. Grâce à lui, l'esprit chrétien se développa
dans le monde, la Chrétienté se constitua sous forme d'une pluralité
d'États indépendants sans doute, mais tous unis dans la même foi,
tous prêts à la défendre, au besoin par les armes, quand elle était
menacée. Ce n'est d'ailleurs pas seulement contre les Infidèles et dans
les Croisades que la Chrétienté a eu à lutter pour se maintenir ; il lui
a fallu aussi triompher des Chrétiens eux-mêmes : de la féodalité qui,
au mépris de l'esprit chrétien, avait établi la division des seigneurs
et des vassaux, de l'Église qui, pour assurer sa prééminence politique,
favorisait la féodalité. Ce triomphe aboutit à la destruction du régime
féodal (à la suppression de la vassalité) et à la réforme de l'Église.
La Réforme, en brisant, au nom du principe de liberté, le pouvoir
politico-religieux de l'Église, de la Papauté, a détruit le rêve d'un
Saint-Empire universel. Si l'unité morale de l'humanité demeure
toujours l'idéal de la Chrétienté, cette unité ne peut venir du dehors,
être imposée, au nom de l'autorité, par une Église universelle ; elle
ne peut se réaliser qu'à l'intérieur même des différents États et par
leur effet propre [1].

Dans ces emprunts, dans ces allusions à peine déguisées à la
doctrine de Schelling, faut-il voir une concession aux entraînements
de la mode régnante? Fichte serait-il devenu à son tour le disciple
inattendu de la *Philosophie de la Nature*? Mais il suffit de lire avec
quelque attention les *Leçons sur les traits caractéristiques du temps
présent* pour écarter cette hypothèse. Fichte y prend sans cesse à
partie la *Philosophie de la Nature*, et même il a consacré toute une
leçon à la dénoncer comme le type des erreurs du siècle.

Comme on le voit, par l'opposition systématiquement poursuivie
entre l'esprit de l'Église romaine et celui de la Réforme germanique
Fichte reproduit les vues de Schelling pour les combattre ; il continue
la polémique qu'il a engagée avec lui depuis 1801, il emploie la même
méthode et les mêmes artifices.

Ici encore, pour comprendre la genèse et la portée de l'œuvre
fichtéenne, il convient que nous revenions un peu en arrière. La
philosophie de l'histoire n'est pas une invention originale de Schelling;
elle est dans Herder, elle existe chez Kant. Fichte, en entreprenant à
son tour d'esquisser cette philosophie, n'est donc nullement le disciple
de Schelling; s'il choisit, pour exposer ses vues sur l'histoire, l'heure
même où l'auteur de la *Philosophie de la Nature* vient d'esquisser

---

1. Fichte, *S. W.*, VII. Bd., *Die Grundzüge des gegenwärtigen Zeitalters*, XIII. Vorlesung, p. 193-198, et XIV. Vorlesung, p. 199-202. Cf. Schelling, *S. W.*, Erste Abth.,
III. Bd., *System des transcendentalen Idealismus, 1800*, p. 603-604, et V. Bd., *Vorlesungen
über die Methode des akademischen Studiums, 1803*, VIII. Vorlesung, p. 290-293.

les siennes, c'est à dessein; il s'agit pour lui de restituer sur ce point encore le véritable sens de la philosophie critique déformée par Schelling, il s'agit de revenir à Kant méconnu.

La philosophie de l'histoire, telle que la conçoit Schelling, est essentiellement, en effet, une réaction contre le moralisme kantien, un retour aux vues de Herder et au Spinozisme.

La polémique qui s'était engagée entre Kant et Herder après le compte rendu de Kant, dans le *Journal littéraire universel d'Iéna*, des *Idées sur la philosophie de l'histoire de l'humanité* (Ideen zur Philosophie der Geschichte der Menschheit)[1] avait montré déjà, en dépit de leur accord sur le sens général de l'histoire (expression du progrès de la civilisation humaine) et sur son but (proclamation du Règne de la Raison), une opposition fondamentale des points de vue. Herder croit à l'immanence du divin dans la nature, et il fait entrer dans la nature, avec l'homme, tout le développement historique de l'humanité, toute l'histoire de la civilisation; il appuie ces considérations sur l'examen des conditions physiques qui ont présidé à l'apparition de l'homme, et des événements qui ont caractérisé l'évolution de l'humanité, à travers le temps. L'ordre de la Raison, but de l'humanité, est ainsi, pour lui, le couronnement et le terme de l'ordre naturel; la vie spirituelle n'est que l'achèvement de la vie physique; la moralité et la religion sont, en somme, le produit des propres causes qui ont déterminé toute l'organisation animale. Mais l'ordre de la Raison, par là même, n'implique nullement le sacrifice des penchants, la renonciation au bonheur, car le bonheur est, en réalité, la fin de l'activité humaine. Herder croit au progrès : le progrès n'est, à ses yeux, que le développement des

---

1. *Allgemeine Literatur-Zeitung*, 1785, IV, p. 171-181, 181-191. Voir Kant, *Gesammelte Schriften*, hgg. von der Koniglich Preussischen Akademie der Wissenschaften, Erste Abth., *Werke.*, VIII. Bd., *Recensionen von J.-G. Herders* Ideen zur Philosophie der Geschichte der Menschheit, 1785, Theil 1-2, p. 45-66.

Le compte rendu de la première partie de l'ouvrage contenait, avec des éloges mérités, une critique assez vive de certaines conceptions de Herder, en particulier de ses vues sur l'immortalité. Défendu d'abord par Reinhold dans un article du *Mercure Allemand* (Teutscher Merkur), Herder avait répondu lui-même à Kant dans la seconde partie de son livre; il attaquait les métaphysiciens abstracteurs de quintessence, étrangers à la réalité des choses, dépourvus du sens historique; il proclamait la dépendance de l'esprit à l'égard de la nature, et faisait du bonheur la loi de l'activité humaine; il protestait contre l'affirmation de Kant que « l'homme est un animal qui a besoin d'un maître », de l'État (Herder, *Idées sur la philosophie de l'histoire de l'humanité*, trad. E. Quinet, t. II, liv. VIII, 5, p. 137, et liv. IX, p. 196), contre sa thèse du progrès dans l'espèce. Kant, dans le compte rendu de cette seconde partie, se défendait à son tour; il accusait Herder de manquer de discernement, d'envelopper les obscurités de sa pensée sous le lyrisme de son style; il maintenait que l'homme a besoin d'un maître, que le bonheur n'est pas la fin de l'humanité, que dans l'espèce seulement, dans la succession des générations, non dans l'individu, peut s'accomplir la destinée de l'homme.

puissances de la nature humaine; dans la continuité du genre humain, à travers la succession du temps et la multiplicité du devenir, il exprime la perfection divine. Il y a plus : Herder invoque l'idée du progrès pour fonder la croyance à l'immortalité, l'ascension de l'organisation se poursuivant au delà de la mort même dans une série infinie de degrés. L'histoire, comme d'ailleurs la nature, atteste partout la présence de Dieu, elle en est la perpétuelle révélation. Les conflits et les discordes dont l'histoire est toute pleine ne sont donc, à la vérité, que les accidents d'un jour; ils se détruisent et s'annulent entre eux, ils contribuent à la production de l'harmonie finale; mais, si l'ordre peut ainsi naître du désordre, c'est précisément parce que la nature est d'essence divine, que le mal n'y est rien de positif, que la nature tend, d'elle-même et sans l'artifice d'aucune contrainte, à la réalisation de la Raison universelle.

Ainsi se prépare, au sein même de ce monde, l'avènement d'une humanité de plus en plus haute, de plus en plus raisonnable, d'une humanité divine. Tel est, suivant Herder, l'enseignement de l'histoire[1].

Tout autre est celui qu'en tire Kant. Kant croit au mal radical de la nature humaine, c'est-à-dire, en somme, à la perversion originaire de la volonté. Il ne saurait admettre que de la nature puisse spontanément surgir cette liberté morale qui exprime en nous la praticité de la Raison et qui est comme l'affirmation du divin dans nos consciences; nature et raison ne sont ni dans le même plan, ni du même ordre. Si donc l'histoire constate le progrès de la raison ou de la liberté dans le monde, c'est dans la mesure où la raison parvient à imposer à la nature sa loi, dans la mesure où la nature est susceptible d'exprimer l'ordre rationnel : le progrès consiste ici dans une subordination des penchants à la raison. Prétendre faire, comme Herder, de la raison un épanouissement de la nature, c'est méconnaître le prix infini de la liberté, c'est ignorer, avec son caractère supra-sensible, la signification profonde de la moralité. Il s'agit, au contraire, de comprendre par quel artifice la liberté peut se réaliser dans une nature qui lui est, au fond, sinon toujours hostile, du moins étrangère, par quel artifice un ordre conforme à la raison peut sortir des actions discordantes d'hommes qui obéissent à leur égoïsme naturel et poursuivent des fins tout individuelles. Or, il semble qu'il y ait dans la nature

---

1. Herder, *Idées sur la philosophie de l'histoire de l'humanité*, trad. E. Quinet, t. I, liv. IV et V, p. 163-303, t. II, liv. VIII et IX, p. 57-214, t. III, liv. XV, p. 85-155. Voir aussi Delbos, *Le problème moral dans la philosophie de Spinoza et dans l'histoire du spinozisme*, II° partie, chap. III, *Herder*, p. 285-293, et *La philosophie pratique de Kant*, chap. III, p. 285-290.

même un *dessein* raisonnable qui tourne à ses fins l'activité humaine se déployant en dehors de tout plan rationnel. Le jeu simple des penchants naturels, des penchants antagonistes, — penchant social et penchant égoïste, — est le moyen dont elle se sert à cet effet. Du conflit de ces deux penchants, également nécessaires au développement humain, également impérieux, naîtra la constitution d'un ordre rationnel, l'ordre juridique, qui, par la contrainte, imposera une restriction réciproque aux libertés individuelles et permettra ainsi leur « compossibilité » : en consentant à limiter ses désirs dans la mesure où ils ne sont pas compatibles avec l'exercice de la liberté des autres, l'individu peut vivre en société. Il ne risque plus de voir à chaque instant sa propre liberté violée par de plus forts que lui.

Dans cette transformation de la liberté arbitraire et sans frein en liberté disciplinée et conforme à une loi, dans cette substitution aux caprices et aux violences des volontés particulières d'une volonté générale qui les soumet à des règles communes consiste l'ordre du droit. Mais cette transformation, cette substitution, qui a sa condition dans le conflit des penchants de la nature, n'est pas l'œuvre de la nature : c'est une création de la liberté, de la volonté, c'est un contrat exprès ou tacite des individus pour rendre possible la vie en commun et pour garantir — dans la concurrence des activités — la réciprocité des libertés ; cet ordre n'est pas non plus un ordre dont l'autorité s'impose d'elle-même, il a besoin d'un interprète chargé de son exécution. Dans l'état actuel des mœurs, en présence des violences toujours possibles, il faut que le droit soit servi au besoin par la force ; il faut qu'il puisse être imposé, au besoin, par la contrainte ; « lorsqu'il vit parmi ses semblables, l'homme est un *animal qui a besoin d'un maître* », dit Kant en propres termes[1]. C'est le rôle du souverain, gardien de la constitution. Le règne du droit, l'établissement de la liberté dans les relations humaines, n'est donc point le résultat d'une harmonie de la nature ; il est imposé à la nature par la raison, et il transforme la nature en la mettant en opposition avec elle-même. Ce n'est d'ailleurs pas entre les seuls individus que surgit le conflit auquel met fin le droit ; c'est aussi entre les États que se montre l'antagonisme des intérêts. Et on peut espérer que les mêmes maux susciteront les mêmes remèdes. Les fardeaux qu'engendre l'entretien des armées, les horreurs de la guerre, les bouleversements économiques qui en sont la suite, amèneront progressivement les peuples,

---

1. Kant, *Gesammelte Schriften*, hgg. von der Königlich Preussischen Akademie der Wissenschaften, Erste Abtheilung, *Werke*, VIII. Bd., *Idee zu einer allgemeinen Geschichte in weltbürgerlicher Absicht, 1784*, sechster Satz, p. 23. « Der Mensch ist ein *Thier, das*, wenn es unter andern seiner Gattung lebt, *einen Herrn nöthig hat.* »

pour éviter des luttes sauvages, à chercher une organisation ration
nelle et juridique des rapports internationaux, une fédération qu
assurera à tous la sécurité et la justice, non point par l'arbitraire de
la force de chacun, mais par la volonté collective des États con-
fédérés [1].

L'histoire, ainsi comprise comme le progrès du droit, devient pour
Kant la matière de la moralité : l'ordre juridique qui tend à réaliser
la liberté considère les individus comme des personnes, et, si le but
du développement historique est bien la constitution d'une Cité où
régneraient dans l'humanité entière la raison et la liberté, cette société
des êtres raisonnables serait justement l'idée du *Règne des Fins*
dont la Raison pratique requiert la réalisation, en sorte que l'exigence
de la conscience anticipe le terme même de l'histoire [2].

C'est contre cette conception qu'est dirigée, à son tour, la théorie de
Schelling. Les apparences peuvent tromper : ne retrouve-t-on pas chez
lui quelques-uns des traits qui caractérisent la doctrine kantienne?
Antinomie de la liberté et de la nécessité, du devoir et de ses conséquences phénoménales ; idée que le droit est l'instrument créé par
la liberté afin de se réaliser au sein de la nature en instituant un mécanisme analogue à la causalité pour discipliner les penchants antagonistes ; idée que le développement de l'histoire est le progrès même
de la civilisation, que son but est l'avènement du Règne de l'Esprit.

Mais en même temps Schelling se sépare nettement de ses premiers
maîtres et revient visiblement aux enseignements de Herder. La
Philosophie de la Nature est une protestation contre le dualisme et
contre le moralisme de Kant. Schelling restitue à la nature ses titres
divins : à tous ses degrés, dont le plus haut est l'humanité et, dans
l'humanité, la raison, la nature est une manifestation de Dieu, d'un
Dieu qui lui est intérieur. La théorie schellingienne de l'histoire
est, à proprement parler, a-t-on dit, la révélation progressive de la
divinité à travers la nature. Derrière l'enchaînement des événements,
régis, en apparence, par une aveugle fatalité, à travers les actions
inconscientes qui constituent la matière même de l'histoire, dans le

1. Delbos, *La philosophie pratique de Kant*, chap. III, p. 271-281, 289-290. Voir aussi :
Kant, *Gesammelte Schriften*, Erste Abth., *Werke*, VIII. Bd., *Idee zu einer allgemeinen
Geschichte in weltbürgerlicher Absicht, 1784*, Vierter, fünfter, sechster, siebenter, achter,
neunter Satz, p. 20-31, et Erste Abth., *Werke*, VI. Bd., *Die Religion innerhalb der Grenzen
der blossen Vernunft, 1793*, Erstes Stück, *Von der Einwohnung des bösen Princips neben
dem guten, oder Über das radicale Böse in der menschlichen Natur*, p. 17-53.

2. Kant, *Gesammelte Schriften*, Erste Abth., *Werke*, VI. Bd., *Die Religion innerhalb der
Grenzen der blossen Vernunft*, Drittes Stück, *Der Sieg des guten Princips über das böse
und die Gründung eines Reichs Gottes auf Erden*, p. 93-100. Voir V. Bd., *Kritik der
Urtheilskraft*. *Kritik der teleologischen Urtheilskraft, 1790*, Zweiter Theil, Zweite Abth.,
Anhang. *Methodenlehre der teleologischen Urtheilskraft*, § 83. *Von dem letzten Zwecke
der Natur als eines teleologischen Systems*, p. 429-434.

« destin » qui emporte le monde en dehors de nos volontés, Schelling aperçoit les traces d'une Providence : il montre, à travers les grandes périodes de l'histoire, les différents actes de l' « épopée divine ». Mais ce progrès, qui commence par le règne du hasard et de la force, par la guerre des individus et des peuples, pour s'achever par le *Règne des Fins*, par l'ère où les individus forment la communauté des Saints, est tout entier un progrès de la nature, non un progrès sur la nature. L'esprit divin n'est pas transcendant au monde, il ne triomphe pas par une conquête tragique où la nature serait définitivement domptée : il sort peu à peu des profondeurs mêmes de la nature, et son éclosion n'est que l'avènement de la nature à sa vie supérieure, à sa plus haute puissance.

Dans ces vues il est impossible de ne pas voir une réfutation du moralisme kantien. Schelling apporte désormais au romantisme tout l'appui de sa philosophie pour combattre l'esprit de la Réforme et pour soutenir les efforts du néo-Catholicisme. A l'idée du mal radical, au conflit de la liberté et de la nature, l'un des dogmes essentiels du Protestantisme, qui est à la base du dualisme kantien, Schelling oppose tout ce qui, dans la théologie catholique, tend à réconcilier la nature avec l'esprit, pour les ramener à la conscience de leur identité. La construction historique du Christianisme, que Schelling esquisse à la huitième de ses *Leçons sur la Méthode des Études académiques*, montre que le point de départ du monde moderne, c'est l'idée de la chute, de la rupture de l'homme avec la nature. Sans doute, dans l'abandon inconscient à la nature, il n'y a pas précisément péché, il y a même là cet état d'innocence qui constitue l'âge d'or. Seule la conscience d'une opposition entre la nature et l'esprit nous arrache à notre innocence et fait naître en nous l'idée du péché ; mais précisément cette opposition exige une réconciliation consciente de la nature et de l'esprit, qui se substitue à leur identité inconsciente primitive [1]. Comment s'opère cette réconciliation? L'Infini, en revêtant les espèces du fini, ne le divinise pas, mais bien au contraire il sacrifie en sa personne le fini à Dieu, et il le rachète par ce sacrifice même : c'est l'idée du Médiateur, du Rédempteur, du Dieu-Homme, l'idée foncière du Christianisme [2]. Et, pour Schelling, elle se révèle, dans le monde des phénomènes, comme l'œuvre de la Providence, comme un ordre moral, sous la forme d'une loi de l'histoire, d'un développement dans le temps. Chaque moment du temps est ainsi une manifestation de Dieu [3].

---

1. Schelling, *S. W.*, Erste Abth., V. Bd., *Vorlesungen über die Methode des akademischen Studiums, 1803*, VIII. Vorlesung, p. 290. — 2. Ibid., p. 292-294. — 3. Ibid., p. 287-291 ; 293.

Mais Schelling ne se borne pas à cette conception générale : il
poursuit sa lutte contre le formalisme et le rationalisme religieux du
protestantisme kantien[1] en instaurant un mysticisme naturaliste,
qui, à ses yeux, vivifie la religion, et en ressuscitant, avec un nouveau symbolisme, la mythologie où il voit la forme exotérique de
toute religion. Nous avons déjà signalé, dans l'article de 1798 *Sur la
possibilité d'une philosophie de l'histoire* et dans le *Système de l'Idéalisme transcendantal*, les vues de Schelling sur les rapports de la
Mythologie et de la Religion. Il y revient, avec de nouvelles précisions,
dans cette même huitième *Leçon sur la Méthode des Études académiques*, consacrée à la construction historique du Christianisme, et
dans la neuvième *Leçon*, consacrée à l'étude de la théologie. Dans la
première de ces deux leçons, il déclare « qu'en dehors des mystères
proprement dits de la religion, il y a nécessairement une Mythologie
qui en est le côté exotérique, et qui se fonde sur elle[2] »; cette
Mythologie est constituée par l'Église avec les symboles de ses dogmes,
notamment celui de la Trinité[3]. Dans la seconde, il rappelle, en bon
romantique, qu'aux origines la religion et la poésie étaient inséparables, ce qui explique suffisamment les mythes, et il insiste sur ce
que le Christianisme doit à cet égard à la fois à l'Inde et à la Grèce[4].
Rappelons que, dans la huitième *Leçon*, Schelling prétend restaurer
l'Idée de l'Église universelle; il y voit le seul symbole susceptible de
représenter, comme phénomène, à travers l'histoire qui est la révélation de Dieu, à la fois l'unité et l'infinité essentielles à l'intuition de
l'Absolu[5]. Il reproche au Protestantisme, qui fut sans doute un moment
nécessaire de l'histoire, d'avoir précisément brisé l'unité de l'Église et
interrompu la continuité du développement du Christianisme, pour
le plus grand dommage de la Chrétienté, sans avoir été capable de
reconstituer cette unité et cette continuité sous la forme symbolique
d'une nouvelle Église, d'avoir sombré, avec toutes ses sectes, dans
un individualisme ou, mieux, dans un « anti-universalisme » stérile,
d'avoir, avec l'exégèse, confiné la religion dans un empirisme
purement historique, enfin, par cette exégèse et cet empirisme aidés
d'une psychologie sans profondeur et d'une morale sans consistance,

1. Il lui reproche notamment de réduire la religion au moralisme et de laisser
échapper ce qui en est l'essence même, la connaissance directe, la science de la
possession du divin. Schelling, *S. W.*, Erste Abth., V. Bd., *Vorlesungen über die
Methode des akademischen Studiums*, IX. Vorlesung, p. 299-300.
2. *Ibid.*, VIII. Vorlesung, p. 293.
3. *Ibid.*, p. 287-288 et 292-294.
4. IX. Vorlesung, *Ueber das Studium der Theologie*, p. 298. Voir aussi VIII. Vorlesung, p. 293.
5. VIII. Vorlesung, p. 288-289 et p. 293.

d'avoir éliminé du Christianisme tout ce qu'il avait de spéculatif, tout ce qu'il contenait à la fois de subjectif et de symbolique, et d'avoir substitué à une autorité vivante, efficace, l'autorité d'un *Livre*, c'est-à-dire de la lettre morte, faisant surgir un nouvel et bas esclavage, l'esclavage des symboles [1]

Il n'y a donc pas à s'y méprendre : Schelling peut bien conserver en apparence quelques-uns des grands cadres de la philosophie critique, il peut même bien lui emprunter certains éléments de sa construction. Mais, sous prétexte de parer à ses insuffisances et de parachever son œuvre, c'est un nouvel esprit que Schelling cherche à infuser dans ces moules. Faut-il dire un nouvel esprit? N'est-ce pas plutôt le vieil esprit de l'ontologisme et du dogmatisme, que Kant et Fichte n'avaient cessé de combattre? Le progrès que Schelling annonce n'est, en définitive, qu'un retour aux traditions périmées de la philosophie, de l'histoire et de la religion. C'est le triomphe de la réaction.

Cela, Fichte l'avait compris tout de suite. Quand il entreprit, en réponse à Schelling, d'esquisser à son tour la théorie de l'histoire, ce ne fut point par vanité ou par dépit, pour montrer que la *Théorie de la Science* avait, elle aussi, son mot à dire sur la question; ce fut par principe, pour rappeler Schelling au respect de la *Critique* et de la *Théorie de la Science*, au respect de l'esprit de la Réforme et de la Révolution.

A ce point de vue, l'insistance que met Fichte à reprendre à son compte les principaux arguments de Schelling s'explique aisément : il s'agit pour lui de les réfuter.

C'est d'abord l'idée du passage de l'instinct à la raison. En appa rence, Fichte semble emprunter à Schelling une vue du *Système de l'Idéalisme transcendantal*, reproduite dans les *Leçons sur la Méthode des Études académiques* [2]. Mais, en allant au fond des choses, on s'aperçoit que Fichte entend rétablir contre Schelling le sens de la pensée kantienne. Pour Schelling, le passage de l'instinct à la raison est une évolution, véritablement naturelle et nécessaire, ce sont les conditions de cette évolution que fournit la théorie de l'histoire; il n'y a là, suivant l'expression même de Schelling, rien de « tragique ni de moral ».

Mais, bien avant Schelling, dès 1786, dans ses *Conjectures sur le*

---

1. Schelling, *S. W.*, Erste Abth., V. Bd., *Vorlesungen über die Methode des akademischen Studiums*, IX. Vorlesung, p. 301-302. Cf. IV. Bd., 1859, *Fernere Darstellungen aus dem System der Philosophie, 1802*, § 1, p. 330-331. [Dass der Kriticismus zu seiner eignen Existenz den Dogmatismus postuliren musste (ungefähr wie der Protestantismus darum nie universell werden kann, weil, wenn er es würde, nichts mehr seyn würde, wogegen er protestiren könnte).]

2. Voir plus haut, p. 441.

commencement de l'histoire de l'humanité (Muthmasslicher Anfang der Menschengeschichte) Kant, on l'a vu, avait proposé une interprétation de l'origine de l'histoire. Or, cette interprétation, dirigée précisément contre la Théorie de la Genèse d'après le dixième livre des *Idées* de Herder, avait pour caractère essentiel d'être une explication morale du passage de l'instinct à la raison [1].

Kant admet primitivement un état de nature, qui est un état d'innocence, où l'homme, en suivant son instinct, trouve son bien, sans doute parce que la nature n'est pas encore corrompue par le péché, qu'elle porte toujours la marque de sa divine origine, et, suivant l'expression même de Kant : « L'histoire de la nature commence par le bien, car elle est l'œuvre de Dieu [2]. »

Mais l'histoire ne commence pour l'humanité que le jour où, usant de la raison et de la liberté qui travaillent sourdement en lui, l'homme s'est arraché à la nature pour vouloir et pour agir lui-même, et, dit encore Kant : « C'est l'histoire de la liberté qui part du mal, car elle est l'œuvre de l'homme [3]. »

Alors la réflexion modifie radicalement la direction naturelle de ses penchants, elle ne borne plus leur satisfaction aux objets nécessaires à ses besoins primitifs, elle apprend à chercher le plaisir pour lui-même, et elle invente les moyens de se le procurer; elle se crée des désirs et des besoins artificiels : c'est l'ère du péché et de la tentation qui commence avec l'exercice de notre raison, de notre liberté, mais d'une raison qui n'a pas encore pris conscience de sa véritable essence, d'une liberté qui ignore encore sa loi.

Le progrès consiste pour l'homme à comprendre la supériorité de la raison, à ne plus mésuser de la liberté, en faisant d'elle un simple instrument de ses jouissances, mais à s'affranchir de ses désirs, à se libérer de la nature, à considérer la raison comme une fin absolue, à vouloir la réaliser pour elle-même, à la respecter chez tous les êtres qui portent une figure humaine. Le fondement de la Société est dans ce respect de la raison, — avec la restriction réciproque des désirs individuels qu'elle comporte, — et non pas, comme on l'a dit, dans un penchant naturel, sympathie ou amour. Après la chute, quand l'homme, par l'usage contre nature de sa liberté, a consommé sa rupture avec l'humanité et poursuit sa pauvre destinée individuelle qui n'est plus la destinée du genre humain, ce n'est pas en revenant à l'état de nature, à l'ignorance et à la simplicité instinctives, c'est seulement en luttant contre la corruption originelle, en travaillant

---

1. Kant, *Gesammelte Schriften*, Erste Abth., *Werke*, VIII. Bd., *Muthmasslischer Anfang der Menschengeschichte*, *1786*, p. 109-123. — 2. Ibid., Anmerkung, p. 115. — 3. Ibid., p. 115.

et en peinant, qu'il peut reconquérir son humanité et retrouver, dans la communauté des êtres raisonnables, son paradis perdu[1].

Fichte propose donc le retour aux idées de Kant. Pour lui. comme pour Kant, le passage de l'instinct à la raison, qui explique l'évolution de l'histoire, c'est le passage de l'état d'innocence de la raison purement instinctive, où la nature n'est pas encore corrompue, au *Règne des Fins*, à l'état de grâce; mais, pour Fichte comme pour Kant, l'homme ne parvient à cet état qu'après la faute, après le mauvais usage de la liberté, qui, viciant toute la nature, a mis l'individu en opposition avec le genre humain, et par l'effort continu et pénible de la moralité qui, domptant la nature mauvaise, rétablit l'unité perdue. C'est l'institution de la société des êtres raisonnables au sein du monde réhabilité. Et, comme pour enlever toute prise au doute sur ses intentions, Fichte appuie expressément sa théorie sur le symbole de l'Écriture dont Kant s'était inspiré, le symbole du Paradis perdu[2].

C'est encore, en dépit des apparences, revenir à Kant que de donner à l'histoire le sens d'une révélation divine. Schelling voyait dans les divisions de l'histoire les périodes mêmes de la révélation de Dieu, les moments de sa réalisation; il cherchait à montrer dans ces grands événements qui semblent régis par une aveugle fatalité les traces d'une Providence : Dieu était pour lui intérieur au monde, il se manifestait justement par la finalité qui tournait, au triomphe de la liberté et de la raison, les actions inconscientes de l'humanité.

Or, Fichte rejette expressément cette conception de l'histoire. Ce ne sont point les étapes empiriques de l'histoire qui peuvent nous rien apprendre du plan divin, des époques par lesquelles la raison se réalise. Ces époques peuvent être déduites entièrement *a priori* de la nature même de la raison; leur succession, qui constitue, si l'on veut, l'histoire *a priori*, peut être caractérisée sans aucun recours à l'histoire empirique; cela est si vrai qu'il est certaines d'entre elles dont la raison affirme l'existence comme nécessaire et qui n'ont point encore leur place dans l'histoire des faits. Le philosophe qui suit *a priori* le tracé du plan du monde l'établit en toute clarté, en dehors de toute histoire proprement dite; l'histoire n'a donc nulle ment pour lui la valeur d'une preuve, elle n'a que la valeur d'une illustration : elle montre dans la vie ce qui n'avait pas besoin de l'histoire pour être compris[3]. L'histoire empirique n'a donc vrai-

1. Kant, *Gesammelte Schriften*, Erste Abth., *Werke*, VIII. Bd., *Muthmasslicher Anfang der Menschengeschichte, 1786*, p. 114-115. V. Delbos, *La philosophie pratique de Kant*, p. 291-295, chap. III.

2. Ibid., *Muthmasslicher Anfang der Menschengeschichte*, p. 114-115.

3. Fichte, *S. W.*, VII. Bd., *Grundzüge des gegenwärtigen Zeitalters*, IX, Vorl., p. 139-140.

ment rien à apprendre à la raison; ceux qui, comme Schelling,
y cherchent les moments de la liberté, le plan de l'histoire *a
priori*, ne les y découvriront pas plus qu'ils ne trouveront dans
le monde physique les principes de leur philosophie naturelle,
de la physique *a priori* [1]. Ainsi la raison, loin de devoir à l'histoire
son progrès, lui prescrit ses catégories [2]. Dès lors, il est possible
de comprendre le sens dans lequel Fichte fait de l'histoire une
révélation de Dieu : ce n'est point à la manière de Herder et de
Schelling, en montrant comment la civilisation humaine sort de
l'évolution graduelle de la nature; c'est à la manière de Kant, en
imposant à la nature les fins de la liberté. L'histoire ne fait donc pas
naître la liberté par son progrès; l'histoire se borne à confirmer et à
vérifier les exigences d'une raison et d'une liberté qui se suffisent
à elles-mêmes, elle leur fournit seulement un contenu [3]

Sur le troisième point enfin, la construction historique du Christianisme, où Fichte paraît encore suivre Schelling, il ne fait, au fond,
que restituer la doctrine kantienne.

Pour Schelling, le règne de la religion ou du Christianisme est
l'aboutissement naturel de l'histoire; c'est la dernière des grandes
périodes de son développement, celle qui succède à la période qu'il
appelle romaine, à la domination de l'état purement juridique, au
mécanisme de la législation civile où la liberté prend, pour se réaliser, la forme d'une loi de la nature. Le caractère essentiel du Christianisme, suivant Schelling, c'est d'avoir transformé le concept
antique de la nature, conçue comme un système clos, en y introduisant, avec la catégorie de l'histoire, l'idée d'infini, en en faisant le
lieu de la réalisation de la liberté. Le progrès de l'histoire n'est précisément autre chose que l'élévation du fini à l'Infini, élévation que
le Christ, l'Esprit fait nature, a rendue possible par son sacrifice.

Mais, quand Fichte, à son tour, esquisse une théorie historique du
Christianisme, ce n'est pas pour montrer comment la nature peut
devenir esprit, c'est pour maintenir l'opposition radicale de la nature
et de la liberté, c'est pour établir comment peut s'opérer rationnelle-
ment la subordination de l'individu à la communauté et, grâce au progrès dans l'espèce, la réintégration de l'homme dans l'humanité. Par
l'usage d'une liberté qui ignore sa loi, l'homme s'est arraché à
l'innocence de la raison instinctive; il a cherché dans la nature la
satisfaction de son égoïsme, il a opposé son individualité aux autres,

---

1. Fichte, *S. W.*, VII. Bd., *Grundzüge des gegenwärtigen Zeitalters*, IX. Vorlesung, p. 136.
2. *Ibid.*, p. 131-132.
3. V. Delbos, *La philosophie pratique de Kant*, chap. III, p. 269 et 296.

il s'est violemment séparé de l'espèce. Toute l'histoire n'est que la conquête de cette unité perdue par la faute originelle; ses moments expriment les différentes formes de la soumission de l'individu à l'espèce dont il fait partie, à l'organisme social représenté pas l'État : ère du despotisme asiatique; ère de la civilisation gréco-romaine, de l'égalité juridico-politique; enfin ère du Christianisme, où, par une rénovation morale, l'individu cesse d'être opposé aux autres, où il reconnaît la communauté spirituelle qui le rend inséparable des autres, inconcevable sans les autres, où le lien qui unit l'individu à la société humaine, ce n'est plus la force, ni même le droit, c'est l'amour, le sacrifice de l'individualité à la raison figurée par la société des êtres raisonnables.

Cette idée d'une faute originelle qui a séparé chez l'homme la destinée de l'individu de la destinée de l'espèce, cette idée de la réconciliation entre ces deux destinées, non par la négation du dualisme de la nature et de la raison ou par une prétendue pénétration de la raison dans la nature, mais par l'établissement de la morale et de la religion, manifeste précisément un retour aux vues de Kant sur le développement historique du Christianisme[1].

Ce n'est pas tout encore. Il y a, dans l'interprétation historique du Christianisme que propose Fichte, une réplique à peine déguisée à la restauration d'un nouveau Catholicisme politique tel que le rêvait, nous l'avons vu, Novalis, dans son *Europe*, et, à sa suite, les romantiques plus ou moins convertis. Fichte admet bien sans doute, avec eux, que le Christianisme doit servir de principe directeur et créateur à l'État des temps modernes, mais ce n'est nullement dans le sens qu'ils préconisent. Ce que Fichte demande, c'est que l'esprit du Christianisme — l'amour du bien, de la moralité, de l'égalité — règle, comme toute la conduite humaine, les relations politiques; mais il condamne, de toute son énergie, la mainmise de la religion sur l'État ou l'emploi de la religion par l'État. Cette confusion de la religion et de l'État ne peut aboutir qu'à la pire des tyrannies, à un autoritarisme de droit divin, pour ainsi parler, qui est le contraire de l'amour, de l'essence même du Christianisme[2]. Derrière cette conception de l'État théocratique où Dieu apparaît aux hommes

---

1. Kant, *Gesammelte Schriften*, Erste Abth., *Werke*, VIII. Bd., *Muthmasslicher Anfang der Menschengeschichte, 1786*, Anmerkung, p. 115. Voir aussi V. Delbos. *La philosophie pratique de Kant*, ch. III, la philosophie de l'histoire, p. 293 et 297, et Kant, *Gesammelte Schriften*, Erste Abth., *Werke*, VI. Bd., *Die Religion innerhalb der Grenzen der blossen Vernunft*, I. Stück, Von der Einwohnung des bösen Princips neben dem guten, oder Über das radikale Böse in der menschlichen Natur; III. Stück, Der Sieg des guten Princips über das bose und die Grundung eines Reichs Gottes auf Erden, I. Abth. et II. Abth. *passim*.
2. Fichte, *S. W.*, VII. Bd., *Grundzüge des gegenwärtigen Zeitalters*, XII. Vorl., p. 188.

comme un justicier redoutable et hostile, il y a un retour aux religions
de l'Orient, à leur despotisme et à leurs mystères; il y a aussi la
thèse paulinienne de l'expiation et de l'Église médiatrice entre Dieu
et l'homme; il y a enfin tout le césarisme romain au service de la
superstition [1]. Or, on doit précisément au peuple germanique
cette Réforme qui, contre l'Église romaine, a restauré le sens originel du Christianisme, qui a substitué à l'esprit féodal, à l'esprit de
domination et de vasselage, un esprit de liberté et d'égalité. En
brisant le pouvoir politique de l'Église, le Papisme, en anéantis-
sant le rêve d'un Saint-Empire universel, la Réforme a fondé la
véritable Chrétienté, la République des peuples, pour qui l'Idéal du
Christ constitue l'unité morale de l'humanité, une unité qui ne
s'impose pas du dehors par la souveraineté d'une Église, mais qui
provient d'un équilibre interne des États, fondé sur leur volonté
réciproque de justice, de liberté, d'amour [2].

On ne pouvait combattre plus clairement toute l'orientation politique et religieuse qu'avait prise récemment l'École romantique.

Le retour à Kant, au Protestantisme, au libéralisme, voilà donc ce
que Fichte opposait à Schelling, quand il reprenait une à une ses
thèses essentielles. Loin de le suivre, comme il apparaissait au
premier regard, il ne cessait, en réalité, de le contredire. Cependant,
quelque ardeur qu'ait mise Fichte, dans les *Traits caractéristiques
du temps présent*, à poursuivre la lutte contre la *Philosophie de la
Nature*, il reconnaît néanmoins que cette philosophie a, sinon sa
justification, du moins son excuse.

Elle est sans doute une des aberrations du siècle, mais c'est une
aberration généreuse. Elle est une réaction contre un des vices du
temps, ce « plat rationalisme » que Fichte, après A.-G. Schlegel,
dénonce en termes cinglants.

Si l'on considère, en effet, le caractère du siècle, on y retrouve
aisément les traits essentiels de la troisième époque de l'humanité,
celle de la révolte contre l'autorité de la raison, celle où notre
liberté naissante ignore encore sa loi et, dans l'orgueil de
ses premiers efforts, érige en règle commune les caprices du sens
individuel; c'est, en littérature, avec le romantisme, le triomphe de
l'individualisme anarchique, la glorification du plaisir; mais c'est
aussi, sous prétexte d'affranchissement intellectuel, le triomphe du
plat et médiocre rationalisme, de Nicolaï et de son École. Par haine
du principe d'autorité, on prétend n'incliner sa raison que devant ce

---

1. Fichte, *S. W.*, VII. Bd., *Grundzüge des gegenwärtigen Zeitalters*, II. Vorl., p. 190-191.
2. *Ibid.*, p. 193-196, et XIV. Vorl., p. 200-205 et *passim*.

qu'elle comprend clairement; la clarté devient la règle suprême;
toutefois, de quelle clarté parle-t-on? Non pas de cette clarté supérieure, de la clarté des idées — qui dissipe l'obscurité des profondeurs en résolvant les difficultés des problèmes; mais de cette clarté
toute de surface, qui se borne à éclairer le dehors des choses, ignorant
tout ce qui dépasse le sens vulgaire, le « bon sens », et rejette,
comme inaccessible à notre regard, tout supra-sensible [1]. De là,
dans la science, le culte de l'expérience, prise comme unique source
de connaissance, la négation de tout apriorisme. De là ce positivisme, « ce plat rationalisme » qui n'est, somme toute, qu'un assez
grossier réalisme. Uniquement attentif aux faits, étranger aux
idées, ignorant toute autre évidence que l'évidence sensible, reje-
tant, au nom du libre examen, toute autorité, c'est-à-dire toute discipline, faisant du sens individuel qu'il décore du titre de sens
commun la mesure de toute chose, il se perdait dans la superstition
des faits, sans jamais en embrasser l'unité, sans jamais remonter aux
principes; il ignorait l'art des démonstrations rigoureuses, se bornant aux « expositions populaires » [2]. Ce mépris que professe le
positivisme pour tout idéal avait conduit l'enseignement à un funeste
utilitarisme : les études dispersées au hasard des intérêts individuels,
la culture classique et désintéressée à l'abandon, et, pour terminer
cette belle instruction, l'irrémédiable ennui né du vide de l'esprit,
de l'absence d'idées. Pour tromper cet ennui, le positivisme à la
mode avait fait de la plaisanterie son occupation favorite. Mais ce
rire contempteur de tout supra-sensible, ce rire grossier et matériel encore, attestait mieux que tout sa pauvreté, et, si la saillie
est vraiment comme le sel de l'esprit, si elle est vraiment une
« étincelle divine », cette plate raillerie n'était que la prostitution
de l'esprit, un esprit en folie auquel manquait justement l'aliment
divin : la vérité [3].

Ce n'est pas tout : né de la révolte contre la tradition et de
l'orgueil de la liberté conquise, mais d'une liberté encore toute formelle, incapable de s'élever d'emblée à la raison, le positivisme, avec
sa foi aveugle dans le sens individuel, avait formé ces faux savants
dont la prétention n'avait d'égale que l'insuffisance : ignorant tout,
ils croyaient à leur compétence universelle; convaincus de leur originalité en chaque chose, ils n'hésitaient pas à écrire *de omni re sci-
bili*. Ainsi les livres succédaient aux livres; la production littéraire
à outrance avait créé — ce qui n'était pas le moindre des maux du

1. Fichte, *S. W.*, VII. Bd., *Grundzüge des gegenwärtigen Zeitalters*, II. Vorl., p. 18-20;
25-26. — 2. Ibid., V. Vorl., p. 66-72. — 3. Ibid., p. 72-77.

positivisme à la mode — l'industrie des *Bibliothèques* et des *Revues critiques*. L'état d'esprit des lecteurs n'était d'ailleurs pas de meilleur aloi que l'état d'esprit des auteurs. On lisait sans choix et sans réflexion ; on lisait, non pour s'instruire, mais par mode, on s'enivrait de lectures comme de tabac ou d'alcool[1].

Contre cette déformation du rationalisme, contre ce positivisme grossier et toutes ses funestes conséquences, l'insatiable besoin d'un « Au-delà », d'un « Idéal », qui est enraciné au fond du cœur humain avait bien protesté ; mais, en l'absence de toute discipline rationnelle, il s'était exprimé par un appel à l'inconnaissable, par un mysticisme qui avait revêtu les formes les plus singulières : ainsi était née la *Philosophie de la Nature*, et l'on sait comment elle avait abouti à la magie et à la théosophie[2]. Étrange palliatif, qui ne faisait qu'ajouter au mal déjà existant ! Pour guérir le siècle de ses erreurs, pour l'arracher à l'individualisme anarchique qui divinise les fantaisies des sens, au positisme courant qui demeure tout attaché aux faits, au mysticisme qui dégénère en superstition, il n'y avait qu'une voie de salut : la lumière de la Raison.

Et cette lumière, il fallait la demander à la *Théorie de la Science* héritière légitime de la *Critique* kantienne.

Or, ce que la *Théorie de la Science* enseigne comme remède général aux vices du temps, c'est la vie conforme à la raison ; cette vie ne fait plus de la personne individuelle son centre, de l'instinct son organe, de l'égoïsme sa devise, du plaisir son but ; ce qu'elle enseigne encore, c'est que l'individu, en tant qu' « individu », n'est rien, qu'il doit vivre pour le genre humain, c'est-à-dire pour l'Idéal. qui est celui de l'humanité[3].

Tout ce qu'il y a dans notre existence de bon et de grand provient uniquement de ce qu'il y a eu des hommes de cœur qui ont fait à cet Idéal le sacrifice de toutes les jouissances de la vie

Le passage de la sauvagerie à la civilisation, de la guerre à la paix, de l'ignorance à la science, de la superstition à la religion, nous le devons à ces héros de l'humanité, qui furent les martvrs de l'Idéal[5].

Si l'on vient nous dire qu'un mobile d'ordre humain, l'honneur, désir de la gloire ou d'immortalité, a inspiré ces sacrifices, et non pas le culte des Idées, on peut répondre sans crainte : d'où vient donc le souci du jugement de la postérité, le souci d'un blâme ou d'une louange que nous n'entendrons pas et qui retentiront sur nos tom-

1. Fichte, *S. W.*, VII. Bd.. *Grundzüge des gegenwärtigen Zeitalters*, VI. Vorl., p. 85 et suiv. — 2. *Ibid.*, VIII. Vorl., p. 111 et suiv. — 3. *Ibid.*, III. Vorl., p. 36-37. — 4. *Ibid.*, p. 41. — 5. *Ibid.*, IV. Vorl., p. 49.

beaux? De ce que nous n'attribuons de prix à une vie que dans la mesure où elle peut mériter l'approbation de l'humanité entière, que dans la mesure où c'est une vie de dévouement au genre humain, aux Idées que réalise le genre humain [1].

Et, sans doute, cette définition de la béatitude, en tant que vie pour les Idées, est entièrement incompréhensible pour quiconque n'a sous aucune forme éprouvé en lui ce jaillissement de l'Idée ; mais cette vie de l'esprit n'en existe pas moins pour quiconque n'est pas affligé de cécité mentale ; elle existe d'abord dans la matière même, et c'est elle que l'art manifeste, quand il fixe une idée dans le marbre, ou qu'il l'exprime sur un tableau, ou quand il traduit en sons les mouvements de l'âme ; elle existe ensuite, plus rare, dans la vie sociale, et c'est l'amour de la justice, inspirant l'héroïsme le plus sublime, celui qui va jusqu'au sacrifice de la vie ; elle existe encore sous les espèces de la science qui, pour comprendre l'univers, le reconstruit idéalement ; elle existe enfin comme religion, dans cet effort suprême de l'homme pour s'identifier par la pensée avec le principe universel, pour atteindre à la source de la vie et de l'activité spirituelles [2].

Cette vie pour les Idées, c'est donc l'exigence suprême de la *Théorie de la Science* : le règne de l'esprit.

Mais en quoi consiste-t-il au juste? Il a pour caractère essentiel la subordination de l'individu à l'humanité ; tous les individus *sans exception*, avec toutes leurs facultés et toutes leurs forces, sont un et forment une véritable communauté d'intelligence, de volonté, de sentiment, d'action. Alors vraiment l'individu atteint à la *personne*, il réalise *l'Idée*. Plus d'individualités : l'humanité [3].

De cette cité idéale, où l'égalité naît justement de la reconnaissance d'une communauté d'essence, le Christianisme nous fournit le modèle ; il nous enseigne le sacrifice de l'individu à la communauté, il nous enseigne la conquête de l'unité spirituelle par l'élévation de tous les hommes à la dignité de la raison [4] ; celui des États chrétiens modernes qui s'approche le plus de cet Idéal et atteint à la plus haute civilisation, celui-là est vraiment, pour son temps, la véritable patrie du genre humain. Et quand, à son tour, il aura perdu la suprématie et qu'un autre l'aura supplanté à la tête de la civilisation, c'est vers celui-là que se tourneront, comme vers la Cité idéale, les regards de tous les hommes bien nés. « Sans doute les enfants de la terre, qui voient leur patrie dans la glèbe, le fleuve ou la mon-

---

1. Fichte, *S. W.*, VII. Bd., *Grundzüge des gegenwärtigen Zeitalters*, II. Vorl., p. 50. — 2. *Ibid.*, p. 58-60. — 3. *Ibid.*, X. Vorl., p. 144-147. — 4. *Ibid.*, XIII. Vorl., p. 188-189 et suiv.

tagne demeureront les citoyens de l'État déchu, ils conserveront ce qu'ils voulaient, ce qui fait leur bonheur; mais l'esprit, fils du soleil, sera irrésistiblement attiré, pour s'y rendre, là où brillent la lumière et le droit. Animés de ce sens cosmopolite, nous pouvons, nous et nos descendants, considérer, avec une pleine sécurité, les agissements et le sort des États jusqu'à la fin des siècles[1]. »

La tâche de l'État, c'est donc de travailler, autant qu'il est en lui, par sa législation, par ses mœurs, à l'avènement du règne de la Raison; sa véritable force se mesure à la puissance de sa culture plus encore qu'au nombre de ses canons : les sciences, les lettres, les arts, la justice, l'industrie font aussi des conquêtes[2]. A une condition pourtant, c'est que l'État dont on parle soit en équilibre avec les États voisins : celui qui est menacé dans son existence ou dans sa sécurité n'a ni la liberté, ni le loisir de songer aux fins désintéressées de la culture humaine[3].

Mais, s'il est vrai qu'on reconnaît le degré de civilisation d'un peuple à l'élévation de ses mœurs, si l'élévation des mœurs a elle-même pour condition les progrès de la législation, si ce progrès consiste, en matière civile, dans l'abolition des privilèges et dans l'égalité des droits, fondées sur la reconnaissance de l'égalité spirituelle de tous les hommes, s'il est fait, en matière criminelle, de l'adoucissement des peines, de la substitution progressive de la justice à la violence[4], on peut mesurer à quelle distance le siècle se trouve de la vraie civilisation : criante est encore l'inégalité des droits, flagrante l'opposition des classes, et le Code pénal, par sa barbarie manifeste, porte la marque de cet état de guerre[5].

Le siècle ne se trouve pas moins éloigné de la vraie religion. Confiné qu'il est dans l'égoïsme, étranger à l'idéal, ignorant la loi du sacrifice, sa religion ne dépasse pas l'individu : elle a son refuge dans la sensibilité, elle se satisfait trop aisément de mystère et de superstition[6] Transformer ce besoin tout sentimental en discipline rationnelle, montrer le lieu de la véritable religion dans l'ordre où la pure mora-

1. Fichte, S. W., VII. Bd., Grundzüge des gegenwärtigen Zeitalters, XIV. Vorl., p. 212. Paroles mémorables où il faut voir une protestation de Fichte, au nom de l'humanitarisme de la Révolution française et du rationalisme de la Théorie de la Science, contre l'apologie du germanisme et du nationalisme ethnique prôné récemment par les Romantiques. Paroles où l'on retrouve le souffle et l'accent de l'Appel aux Princes, quand Fichte s'écriait: « Croyez-vous qu'il importe beaucoup à l'artiste ou au paysan allemand que l'artiste ou le paysan d'Alsace ou de Lorraine trouve dorénavant dans les livres de géographie le nom de sa ville ou de son village au chapitre de l'Empire allemand, et que, pour l'y porter, il jettera bas son poinçon ou sa bêche? » A dix ans de distance, c'est toujours la même inspiration. — 2. Ibid., p. 204-206. — 3. Ibid., p. 211. — 4. Ibid., XV. Vorl., p. 217-221. — 5. Ibid., p. 219 et p. 222-224. — 6. Ibid., XVI. Vorl., p. 227-229.

lité a ses conséquences, — un ordre qu'elle exige, mais qu'elle ne fournit pas, — c'est, après la *Critique* de Kant, l'œuvre que s'est proposée la *Théorie de la Science*. La religion ainsi définie ouvre à l'esprit humain un horizon nouveau ; le devoir nous soumet aveuglément à la loi morale dont il ignore la destinée. C'est cette lacune que vient combler la religion : elle fournit à l'homme la signification de son devoir ; elle lui révèle l'existence de la vie éternelle, elle donne à la loi son contenu. Par là même elle transforme le caractère de la conduite : à l'obéissance impérative d'une loi toute formelle, elle substitue l'amour qui naît à la vue du bien suprême, et l'effort douloureux d'une poursuite sans but fait place à la félicité de la possession[1]

C'est à ses fruits qu'on juge l'arbre : on jugera de la valeur des discours de Fichte au retentissement qu'aura eu sa parole dans l'âme de ses auditeurs. Si elle a éveillé en eux, avec la lumière de la vraie religion, l'amour de la vie éternelle, si elle les a conduits à la paix et à la béatitude, Fichte aura le droit de se dire que sa voix ne se sera pas perdue dans le vide, qu'elle aura eu de l'efficacité dans le temps, que ses efforts n'auront pas été entièrement stériles[2]

1. Fichte, *S. W.*, VII. Bd., *Grundzüge des gegenwärtigen Zeitalters*, XVI. Vorl., p. 231-235.
2. *Ibid.*, XVII. Vorl., p. 250-254.

CHAPITRE XI

LES CONFÉRENCES SUR L'ESSENCE DU SAVANT

A. *FICHTE A ERLANGEN.*
Fichte ne tarda pas à s'apercevoir que son appel avait été entendu, que son action était efficace. Le 3 janvier 1804, il avait adressé au cabinet du roi une requête aux fins d'obtenir des autorités l'amphithéâtre de l'Académie pour l'exposition de sa philosophie qu'il recommandait à l'attention du public. En dépit de l'opposition du vieux Nicolaï, pressentant en lui le rival qui allait précipiter sa chute et supplanter sa gloire dans la ville où, depuis si longtemps, il était l'unique arbitre de toute la culture, cette autorisation fut accordée à Fichte. C'est devant un public d'élite composé « de noblesse étrangère, de professeurs, d'hommes d'État et d'hommes d'affaires, de conseillers intimes du roi » qu'il avait esquissé les *Traits caractéristiques du temps présent.* Quand, après la dix-septième séance, terminant ses leçons, il descendit de sa chaire, au bruit d'applaudissements enthousiastes, deux de ses auditeurs ordinaires, — deux auditeurs de marque, les ministres d'État Beyme et Altenstein, — frappés de l'influence qu'exerçait le philosophe-orateur et appréciant les services que pouvait rendre l'action d'un pareil homme, résolurent de le conserver définitivement. Berlin n'avait pas alors d'Université ; ils ne purent donc offrir à Fichte que la chaire de philosophie d'Erlangen, avec la faculté d'y professer durant le semestre d'été seulement, et de poursuivre à Berlin, l'hiver, la série de ses conférences. On lui attribuait comme honoraires 1 200 *Gulden* et cinq cordes de bois, plus ses frais de déplacement, estimés à 300 *Thaler*[1].

L'offre arrivait à point. Fichte, après avoir épuisé l'argent provenu

---

1. L. Noack, *J.-G. Fichte nach seinem Leben, Lehren und Wirken*, III. Buch, 4, p. 460. Voir aussi Dr Franz Fröhlich, *Fichte's Reden an die deutsche Nation*, Berlin, Weidmannsche Buchhandlung, 1907, p. 43-45, et *Fichte's Leben*, II. Bd., XVIII, 33, au Mehmel, den 2. März 1802, p. 558.

de la liquidation de sa maison d'Iéna, était, « pour un philosophe, dans la singulière posture d'un homme à vendre ; et deux amateurs avaient déjà entamé des pourparlers avec lui [1] ». L'un était le recteur de l'Université de Kharkow en Russie, le comte Potocki ; mais l'offre n'était guère tentante : Fichte détestait le régime des tsars ; en outre, son ignorance de la langue russe rendait à peu près impossible l'action philosophique qu'il rêvait toujours d'exercer ; enfin le climat et l'éloignement le séduisaient peu [2] ; il eût fallu, pour le décider, qu'on l'achetât à prix d'or, pas à moins de 4 000 roubles [3]. L'autre amateur était le prince-électeur du Palatinat de Bavière, la chaire vacante, celle de l'Université de Landshut, les conditions, 2 200 florins, avec, en cas de décès, une pension pour la veuve du quart du traitement, pour l'enfant de 100 florins, enfin 1 000 *Thaler* assurés pour le cours. De tels avantages n'étaient pas à dédaigner. Le bruit circulait déjà dans les journaux locaux de l'acceptation du philosophe. L'Université en escomptait un grand éclat [4] ; Fichte toutefois, avant de consentir au marché, crut loyal d'indiquer ses intentions. Il les communiqua à un ami qu'il avait là-bas, Moshamm, en le priant d'en faire part au curateur de l'Université, le conseiller intime Zentner [5]. « Je ne souhaite pas, écrivait-il, en général, une place de professeur de philosophie n'importe où et à n'importe quel prix ; j'ai un plan de vie plus haut. »

Et Fichte exposait ses convictions à cet égard : il rejetait l'enseignement de la philosophie par les livres ; ce serait, à l'époque actuelle, sa perte ; il voyait dans la philosophie un art et une sorte de pratique exigeant des *Écoles*, comme aux temps où, dans l'ancienne Grèce, la philosophie fut fondée. Il proposait, en conséquence, la constitution d'un séminaire qui devait être annexé à l'Université. Ce séminaire ne serait d'ailleurs ouvert qu'aux étudiants ayant déjà une culture scientifique approfondie.

Pour la réussite de ce projet, il fallait, avec la liberté absolue d'enseigner et d'écrire, l'appui complet du gouvernement [6].

Le projet n'eut sans doute pas le privilège de plaire au gouvernement de Bavière ; car, en dépit de l'appui de Jacobi, en dépit de l'annonce des journaux, la nomination de Fichte ne se fit pas ; les circonstances politiques et, dit-on, de hautes influences, puissantes à Munich, travaillaient contre lui [7].

---

1. *Fichte's Leben*, II. Bd., Zweite Abth., V, Anhang A. An Wolzogen, 2, Berlin, den 3. Sept. 1804, p. 400. — 2. *Ibid.*, I. Bd., III. Buch, 2. Kap., p. 333. — 3. *Ibid.*, II. Bd., Zweite Abth., V, Anhang A. An Wolzogen, 2, Berlin, den 3. Sept. 1804, p. 401. — 4. *Ibid.*, XVIII, 35, Moshamm an Fichte, Penzing, den 22. Sept. 1804, p. 560. — 5. *Ibid.*, 34, Moshamm an Fichte, Landshut, den 4. Juli 1804, p. 558-559. — 6. *Ibid.*, I. Bd , III, 2, p. 354-56. — 7. *Ibid.*, II. Bd., Zweite Abth., XVIII, 34 et 35, Moshamm an Fichte, den 4. Juli u. den 22. Sept. 1804, p. 558 et 560.

Sur ces entrefaites, Beyme et Altenstein, ayant eu vent du départ possible de Fichte, allèrent trouver le ministre de l'Instruction publique, Hardenberg, pour le prier de s'attacher Fichte[1]. Autour d'eux, tous ceux qui avaient quelque crédit à la ville ou à la Cour multiplièrent les démarches en sa faveur; ils avaient même, pour retenir Fichte à Berlin, conçu l'idée ingénieuse de le faire nommer à l'Académie, en demandant au roi de lui assurer une pension suffisante pour vivre. Une élection devait justement avoir lieu, le 28 mars, par suite du décès d'un de ses membres. Ils comptaient sans le vieil ennemi de Fichte, Nicolaï, qui n'était pas homme à oublier les traits dont le philosophe l'avait accablé. Membre extraordinaire de l'Académie depuis 1799, il avait été nommé membre ordinaire le 25 octobre 1804; il fit contre lui une campagne si vive qu'il manqua deux voix à l'auteur de la *Théorie de la Science* pour être élu : Fichte obtint 13 voix contre 15; il partageait ainsi le sort de Kant, son maître, auquel, quelques années plus tôt, l'Académie avait préféré Moïse Mendelssohn. On avait donné comme prétexte à son échec la neutralité que l'Académie était tenue d'observer en matière de philosophie; les amis de Fichte ripostèrent qu'alors l'Académie l'avait sans doute exclu en qualité de philosophe original[2]. Fichte d'ailleurs allait avoir une revanche : en avril 1805 un décret le nommait professeur de philosophie à l'Université d'Erlangen[3].

Dès le mois de mai, Fichte prit possession de sa chaire[4]. Les étudiants étaient trop inexpérimentés en philosophie pour pouvoir suivre avec profit l'exposition de la *Théorie de la Science*, qu'il avait faite un an auparavant, à Berlin, devant un auditoire d'élite. Il renouvela sa méthode d'enseignement, ayant cru apercevoir « la véritable cause pour laquelle l'intelligence de sa doctrine faisait si peu de progrès et pour laquelle ses prétendus disciples ou les *perfectionneurs* de sa doctrine apportaient de si extraordinaires balivernes[5] ».

Descendant résolument des hauteurs de la philosophie transcendantale. il borna son enseignement à un cours de logique générale.

1. *Fichte's Leben*, I. Bd., III, 2, p. 357.
2. *Ibid.*, p. 357-358; II. Bd., Zweite Abth., V, Anhang A. Briefe an Wolzogen, den 3. Sept. 1804, p. 401. Voir aussi Dʳ Franz Frohlich, *Fichte's Reden an die deutsche Nation*, p. 44 et 50.
3. *Fichte's Leben*, I. Bd., III, 2, p. 357, et L. Noack, *J.-G. Fichte nach seinem Leben, Lehren und Wirken*, III. Buch, 4, p. 460. Au sujet de cette nomination, des difficultés soulevées par Fichte à propos de la traduction latine de l'annonce de ses cours, de sa protestation relative au rang qui lui avait été assigné à la Faculté, voir les documents publiés par le Dʳ Hans Schulz, notamment la lettre de Fichte à Altenstein (mars 1806) et le décret royal du 13 avril. (Dʳ Hans Schulz, *Aus Fichte's Leben*, Reuther und Reichard, Berlin, 1918, p. 46-49.)
4. *Fichte's Leben*, I. Bd., III, 2, p. 358, et Noack, *J.-G. Fichte nach seinem Leben, Lehren und Wirken*, III. Buch, 4, p. 460. — 5. *Ibid.*, p. 355.

Ce cours avait pour titre *Instituliones omnis philosophiæ*, pour objet la distinction entre l'évidence de fait et l'évidence génétique, entre l'histoire et la science ; c'était une sorte d'encyclopédie philosophique où, partant des sciences positives concrètes, le philosophe s'efforçait de découvrir les principes qui étaient à leur base et de les ordonner systématiquement[1] ; il enseignait aussi à ses auditeurs « l'art de lire et d'écrire les livres avec des exemples et des exercices[2] ».

Signe des temps, pour la première fois dans sa carrière Fichte connut l'insuccès : il avait commencé par avoir 82 auditeurs au bout de quelques leçons ils n'étaient plus que 40 ; la moitié avait déserté le cours. Avec la loyauté qui le caractérisait, Fichte, loin de chercher, comme d'autres, à dissimuler son échec, l'avoua franchement ; il eut ce courage, assez rare pour un professeur, d'en rechercher la cause devant les assistants qui lui étaient demeurés fidèles.

« Depuis la Pentecôte, leur déclara-t-il dans une allocution, notre assemblée a fondu de moitié. Pourquoi ? »

Le cours manquait-il d'attrait ? On serait tenté de le croire, puisqu'une partie du public ne le suivait plus ; mais il était curieux de noter que la moitié des assistants restants, professeurs, fonctionnaires, docteurs, hommes cultivés, étrangers de passage à Erlangen, déjà versés dans la logique, étaient précisément ceux qui avaient qualité pour en apprécier la valeur, et ils y trouvaient sans doute quelque intérêt, car ils continuaient de le fréquenter. Seuls, de nom breux étudiants l'avaient déserté.

Fallait-il alors inculper le talent du maître ? Jusqu'alors il n'avait jamais été mis en cause : aux étudiants d'Erlangen revenait l'honneur d'avoir découvert que Fichte était un mauvais professeur.

Peut-être était-ce l'objet traité qu'on incriminait ? Fichte avait entendu déjà crier au paradoxe..., mais c'était par Nicolaï et par les Nicolaïtes.

Mettait-on en cause l'obscurité de son enseignement ? Il avait été trop clair, de peur d'être ennuyeux. D'ailleurs Fichte avait institué après le cours, pour parer au danger d'être obscur, des conversations où il s'offrait à tous les éclaircissements.

Alléguait-on l'heure tardive de ses conférences, l'après-midi ? Mais, dans les Universités les plus florissantes et les plus studieuses, à Iéna, à Göttingen, on faisait des cours jusqu'à sept et huit heures ; Fichte avait professé à Iéna entre six à sept heures, devant des centaines

---

1. *Fichte's Leben*, I. Bd., III, 2, p. 358.
2. L. Noack, *J.-G. Fichte nach seinem Leben, Lehren und Wirken*, III. Buch, 4, p. 460-461.

d'auditeurs qui étaient demeurés fidèles jusqu'au bout. S'il en était autrement à Erlangen, si on prétendait qu'il en était autrement dans l'Allemagne du Sud et en Franconie, Fichte avait sa réponse prête : c'est que, dans l'Allemagne du Sud, comme en Franconie, comme à Erlangen, la platitude et le vide de l'esprit avaient élu domicile. Que penser d'étudiants pour qui la moitié de la vie se passe à ne rien faire?

Un dernier motif était plus plausible : le cours, en dépit de sa clarté, était, au fond, d'ordre philosophique; il exigeait, pour être saisi, l'esprit philosophique. Or, chez beaucoup d'auditeurs cet esprit n'était pas suffisamment exercé, l'histoire absorbait tout. Mais cela aurait dû être une raison de plus pour eux de suivre le cours de Fichte, et d'exercer un organe qui sommeillait.

Fichte pouvait-il regretter de pareils étudiants et souhaiter leur retour? Assurément non. Mais il devait cette explication à ceux qui lui étaient restés fidèles; il la leur devait pour qu'ils pussent clairement voir en eux-mêmes les raisons de leur conduite et continuer de faire, en pleine conscience, ce qu'ils avaient fait spontanément. Aux autres il souhaitait seulement de rentrer en eux-mêmes et de rougir de leur mollesse[1].

Était-ce bien l'absence de sens philosophique chez les étudiants, le défaut de préparation, ou même la paresse qui expliquaient leur désertion? Mais à Würzbourg, pas bien loin d'Erlangen, Schelling professait la philosophie avec un immense succès, devant un auditoire chaque jour plus nombreux, qui était tout entier conquis par le prestige de son talent, tout entier soumis à son influence.

Ce simple rapprochement se passe de commentaire.

Les étudiants d'Erlangen n'étaient ni moins zélés, ni moins avides de philosophie qu'ailleurs; mais la *Théorie de la Science* était passée de mode. Fichte n'intéressait plus; on allait à Schelling.

Fichte le sentait bien lui-même. Quand, sous prétexte de reprendre et d'améliorer les vues que, douze ans plus tôt, il exposait dans ses leçons sur la *Destination du Savant*[2], il fit aux étudiants d'Erlangen, pour les retenir, une série de conférences sur l'*Essence du savant et ses manifestations dans le domaine de la liberté* (Ueber das Wesen des

---

1. Ces documents si curieux et si importants sont tirés du petit livre fort intelligent que le petit-fils de Fichte, Ed. Fichte, a consacré à la mémoire de son grand-père. L'allocution dont nous parlons a été trouvée dans les papiers du philosophe qui, presque toujours, mettait par écrit le plan détaillé de ses leçons, avant de les faire. (Ed. Fichte, *Johann Gottlieb Fichte. Lichtstrahlen aus seinen Werken und Briefen nebst einem Lebensabriss*, Leipzig, F.-A. Brockhaus, 1863, p. 81-88.)

2. Fichte, *S. W.*, VI. Bd., *Ueber das Wesen des Gelehrten und seine Erscheinungen im Gebiete der Freiheit*, Vorrede, p. 349.

Gelehrten und seine Erscheinungen im Gebiete der Freiheit), il les mettrait précisément en garde contre la doctrine de Schelling, qui, en déifiant la nature, s'imaginait dépasser la *Théorie de la Science*. Il leur déclarait que la *Philosophie de la Nature* était une philosophie de mort et de perdition. Il les adjurait de ne pas se laisser « aveu_ gler » par elle. L'avertissement était dénué d'artifice. Il est vrai qu'en essayant d'opposer aux erreurs de la *Philosophie de la Nature* la vérité de la *Théorie de la Science*, Fichte ne faisait que répondre aux attaques de Schelling.

B. *NOUVELLE RÉPONSE AUX « LEÇONS SUR LA MÉTHODE DES ÉTUDES ACADÉMIQUES » DE SCHELLING.* — Dans la première de ses *Leçons sur la Méthode des Études académiques*, Schelling s'était efforcé de montrer que chaque science particulière est une participation à l'Absolu ou au Savoir absolu qui lui est identique, et que notre connaissance tout entière, notre connaissance en son unité organique, est une image de ce Savoir éternel[1]

« Or, déclarait-il, tout ce dont la racine plonge directement et immédiatement dans l'Absolu est soi-même quelque chose d'Absolu ; c'est donc, non pas un moyen pour une fin, mais une fin en soi[2]. » Si donc la science est une expression, une révélation de Dieu (comme d'ailleurs la nature en est une autre), que faut-il penser de la doctrine de Fichte qui, loin de reconnaître dans le Savoir un absolu, une fin en soi, en fait un pur instrument d'action ?

« Agir, agir, c'est l'appel qui retentit de bien des côtés ; ceux qui le lancent avec le plus de force, ce sont ceux qui ne veulent pas des progrès du savoir. Il est en soi très recommandable sans doute d'inviter à l'action. Agir, pense-t-on, chacun le peut, car cela ne dépend que de notre libre volonté. Mais savoir, particulièrement savoir en philosophe, ce n'est pas l'affaire de tout le monde, et, en dehors de toute autre condition, la meilleure volonté du monde n'y peut rien[3]. »

Mais qu'est-ce donc qu'une action vis-à-vis de laquelle le savoir n'est qu'un moyen, et, inversement, qu'est-ce qu'un savoir vis-à-vis duquel l'action est une fin ?

Il y a là une séparation et une subordination purement artificielles. L'opposition du savoir et de l'action est toute provisoire, elle tient seulement à nos limites ; dans l'Absolu le savoir est identique à l'acte, comme l'idéal est identique au réel ; d'un terme à l'autre, il y a non

---

1. Schelling, *S. W.*, V. Bd., 1859, *Vorlesungen über die Methode des akademischen Studiums, 1803*, I. Vorl., p. 215-217. — 2. *Ibid.*, p. 218. — 3. *Ibid.*, p. 218-219.

subordination, mais harmonie. Le savoir et l'action ne sont que des
expressions diverses du même Absolu, entre les deux il'y a parallélisme. Ceux-là donc qui font du savoir un moyen, de l'action une
fin, rabaissent la dignité du Savoir, et montrent, au fond, qu'ils n'en
ont pas d'autre idée que le vulgaire.

Ils ne connaissent rien à la vraie science, à la science pure et désintéressée; ce qui les inspire, c'est un tempérament d'apôtre, c'est
un désir de moraliser le monde. Ils mettent la science au service de
l'action, parce qu'à leurs yeux il ne suffit pas de bien penser pour
bien faire; mais ils oublient trop que, si la science n'est pas toujours
et nécessairement efficace, ce n'est point à cause de son impuissance,
c'est à cause de notre infirmité[1].

C. *RÉPLIQUE DE FICHTE : « LES LEÇONS SUR L'ESSENCE DU SA-VANT ».* L'attaque était publique; Fichte y répondit
publiquement, du haut de sa chaire. Dès
les premières leçons, il enseigna aux étudiants d'Erlangen ce que la science était
à ses yeux. Il admettait, lui aussi, que la science se rattachât, comme
à son principe supérieur, à « l'idée divine »; la science, c'était l'explication du monde; or, le monde, avec toutes ses relations et toutes ses
déterminations, avec l'humanité qu'il renferme, n'était pas ce que
l'apparence semble montrer : un pur phénomène; sous le phénomène
se cache quelque chose de supérieur à lui et qui le fonde : le divin[2].
Le monde, dont notre savoir est la représentation, se manifeste à
nous comme l'extériorisation de la vie divine ou de l'Absolu, comme
sa manifestation (Darstellung); il est la manière dont l'Absolu, qui,
en soi, est une unité fermée, immobile, vide, s'explicite en un progrès
sans fin, et ses déterminations successives constituent, pour notre
conscience finie, des approximations de plus en plus hautes de l'Unité
suprême, qui nous permettent de donner un contenu à cette idée[3].

Reste à préciser en quel sens le savoir se rattache à Dieu; et c'est
ici que Fichte opposait la *Théorie de la Science* à la *Philosophie de
la Nature.*

D'abord, si la nature a sans doute son fondement en Dieu, elle
n'a en elle-même rien d'absolu, rien de nécessaire; c'est un moyen et
une condition pour une autre existence; la vie humaine et le progrès
de cette vie consistent à empiéter de plus en plus sur la nature, à
la restreindre. « Ne vous laissez donc pas, déclarait-il à ses étudiants,

1. Schelling, *S. W.*, V. Bd., 1859, *Vorlesungen über die Methode des akademischen Studiums, 1803*, I. Vorl., p. 220-222.
2. Fichte, *S. W.*, VI. Bd., *Vorlesungen über das Wesen des Gelehrten und seine Erscheinungen im Gebiete der Freiheit*, I. Vorl., p. 351. — 3. *Ibid.*, II. Vorl., p. 361-363.

aveugler ni tromper par une philosophie qui se décerne à elle-même le nom de *Philosophie de la Nature* et qui croit dépasser toutes les philosophies antérieures, parce qu'elle fait de la nature un Absolu et une sorte de Dieu. A chaque époque, la source aussi bien de toutes les erreurs théoriques de l'humanité que de toutes ses défaillances morales a eu pour cause la fausse attribution des noms d'être et de réalité actuelle (Dasein) à ce qui n'a ni être, ni actualité : la recherche de la vie et de la joie de vivre chez ce qui porte en soi la mort. Cette philosophie, loin donc d'être un progrès vers la vérité, ne fait que rétrograder jusqu'à la plus antique et à la plus répandue des erreurs [1]. »

Mais si, contrairement aux affirmations de Schelling, la nature n'a rien de divin, la science qui en est la représentation n'est pas non plus un Absolu : l'argument qu'il tirait du parallélisme entre la nature et la science se retournait contre lui.

Ce qu'il faut dire, c'est que Dieu ou l'Absolu est l'Idéal de la conscience humaine, que l'existence de la nature, que les déterminations de notre savoir sont, du moins pour des esprits limités tels que nous, les conditions de réalisation de cet Idéal. En ce sens, et en ce sens seulement, on peut chercher au monde un fondement divin. Le rapport de la science à l'Absolu n'est donc à aucun degré, comme le prétendait Schelling, un rapport de participation ; c'est bien, ainsi que Fichte l'avait toujours soutenu, un rapport de subordination, un rapport de moyen à fin : le but, l'exigence du devoir et la loi de la volonté, c'est l'élévation de l'homme à Dieu; l'instrument, c'est notre connaissance du monde. Sans doute, le rapport du savoir à l'acte n'a qu'une valeur purement humaine, il est la manière dont notre raison finie est forcée de se représenter les choses, et l'on peut concevoir qu'en Dieu et dans l'Absolu il n'y a pas de distinction entre le savoir et l'acte, entre la représentation et ce qui est représenté, que l'un est une expression directe et immédiate de l'autre; mais la question est justement de décider si nous avons le droit de dépasser les limites de notre raison, de sortir du point de vue critique [2]

Mais si, pour la philosophie critique, l'Absolu est l'idéal de la conscience humaine, c'est cet idéal que le savant incarne : il représente sur la terre, par opposition à la vie de la pure nature et à ses discordes, l'unité de la vie spirituelle, l'idée de Dieu. Sa tâche propre, c'est de réaliser, autant qu'il est en lui, le divin dans le monde, grâce aux disciplines qui préparent l'unité finale : droit, science, morale,

---

1. Fichte, *S. W.*, VI. Bd., *Vorlesungen über das Wesen des Gelehrten und seine Erscheinungen im Gebiete der Freiheit*, II. Vorl., p. 363-364. — 2. *Ibid.*, p. 366-638.

religion. Le monde n'est donc nullement, en lui-même et directement, l'expression immédiate de Dieu, ainsi que le soutenait
Schelling; il devient, en se pliant aux vues du savant qui l'informe,
l'expression de Dieu, c'est-à-dire de la raison. Dieu est étranger au
monde; il ne l'a pas créé à son image; mais le savant porte dans sa
conscience l'image de Dieu, et c'est par lui que le monde, dont il fait
partie, devient conforme à Dieu. Les actes de l'homme divin, voilà
ce qui est divin. Tout ce qui s'est produit de nouveau, de grand, de
beau dans le monde depuis qu'il existe, tout ce qui arrivera de tel
jusqu'à sa fin est arrivé et arrivera en vertu de l'Idée divine qui
s'exprime, au moins en partie, chez quelques élus[1]

Quels sont donc les devoirs qu'impose au savant cette mission
incomparable et vraiment surnaturelle? En dehors de l'inspiration
divine, de cette représentation de l'Esprit universel dans l'esprit
individuel qui constitue proprement le génie et se manifeste sous les
formes spéciales les plus diverses, génie philosophique, génie
poétique, génie scientifique, génie politique, etc.[2], en dehors de ce
don qui se cultive par une application soutenue et par des efforts
incessants[3], qui a des règles de clarté et liberté[4], mais qui ne
s'acquiert pas, il est des vertus que le futur savant peut et doit
acquérir : modestie, pudeur « virginale », inhérente au vrai talent,
tenant à l'écart ceux qui s'admirent et se louent eux-mêmes[5]; puis
la constante application au travail, l'amour passionné de la science,
par-dessus tout la probité intellectuelle qui est la vertu propre du
savant et qui sanctifie sa vie[6]; cette vertu fait qu'il cultive la science
pour elle-même, d'un cœur désintéressé, en dehors de toute considération d'utilité; toute recherche, même la plus élémentaire, même la
plus obscure, acquiert ainsi, grâce à l'esprit qui l'anime et lui permet
de participer à la dignité de la science, une valeur infinie; elle est
l'égale des spéculations les plus hautes, car elle est, au même titre
qu'elles, une expression de l'Idée divine. On peut dire ainsi que la
sainteté de la science sanctifie de plus en plus la personne du savant,
et qu'inversement la sainteté de la personne du savant sanctifie de
plus en plus la science[7]

Un seul trait suffit à caractériser le savant qui a conscience de sa
mission : il fuit l'approche de tout ce qui est vulgaire et bas; il ressemble à ces plantes délicates qui se rétractent au contact des
doigts[8]. Vulgaire et bas, tout ce qui abaisse l'imagination, tout

---

1. Fichte, S. W., VI. Bd., *Vorlesungen über das Wesen des Gelehrten und seine
Erscheinungen im Gebiete der Freiheit*, II. Vorl., p. 368-371. — 2. *Ibid.*, III. Vorl., p. 373-374.
    3. *Ibid.*, p. 375. — 4. *Ibid.*, p. 376. — 5. *Ibid.*, III. Vorl., p. 379. — 6. *Ibid.*,
IV. Vorl., p. 382-386. — 7. *Ibid.*, p. 389-390. — 8. *Ibid.*, V. Vorl., p. 395.

ce qui émousse le goût pour la sainteté[1]. Vulgaire et bas, tout ce qui affaiblit les forces de l'esprit : il s'agit de l'oisiveté, car il serait indigne, dans ces considérations, de parler de l'ivresse et de la débauche[2].

Le rôle du savant dans le monde consiste à y faire pénétrer l'Idéal divin, dont il est porteur. Or, l'Idéal est en opposition avec le réel, et, précisément parce que le savant qui s'efforce de le faire triompher entre en conflit avec les mœurs existantes, les prescriptions d'un Code, où seul est fixé ce qui est entré dans les mœurs, où ce qui n'a pas même encore de réalité dans le monde est nécessairement ignoré, ne lui fourniront aucun appui ; ses contemporains qui sont étrangers à son Idéal ne lui apporteront aucun concours ; il ne peut donc puiser qu'en lui-même toutes ses ressources : de là cette nécessité d'être un initiateur, d'avoir foi en soi, de conduire l'opinion, au lieu de la suivre.

Mais, pour qu'il puisse remplir sa mission, il faut au savant une liberté spéciale, « la liberté académique » qui assure, avec la liberté de la pensée, de la plume, de la parole, la possibilité du progrès moral D'ailleurs, par cela même qu'il travaille à réaliser l'idéal, le savant n'use pas de sa liberté pour enfreindre les lois ; il en use bien plutôt pour anticiper les prescriptions du Code futur. Il est bon de le rappeler à ceux qui deviendront des savants : car, trop souvent, les étudiants ont entendu la « liberté académique » dans un sens déplorable. Ils ont cru que leur privilège les mettait au-dessus des lois ; et au mépris de tout honneur, de toute dignité, ils les ont, dans leurs Associations, violées avec la dernière impudence, malheureusement aussi avec la plus entière impunité[3].

La liberté académique vient d'être définie comme la condition qui permet au savant d'accomplir sa tâche d'éducateur. Cette tâche est double : pratique et spéculative. D'une part, le savant peut être au gouvernement : il sera lui-même le prince, ou le conseiller immédiat du prince ; s'il n'est l'un ou l'autre, il se consacre à l'examen des problèmes politiques et sociaux, il en propose la solution ; sans titres, ni fonctions spéciales, il travaille à l'amélioration progressive de la vie commune. D'autre part, le savant est un savant, au sens ordinaire du mot, il cultive et perfectionne sans cesse les grandes disciplines de l'esprit : science, art, morale, religion, expressions diverses de l'Idée divine. Il y a d'ailleurs pour le savant de cette espèce deux fonctions possibles : celle du professeur, celle de l'écrivain[4]

---

1. Fichte, *S. W.*, VI. Bd., *Vorlesungen über das Wesen des Gelehrten und seine Erscheinungen im Gebiete der Freiheit*, V. Vorl., p. 396-397. — 2. *Ibid.*, p. 397-398. — 3. *Ibid.*, VI. Vorl., p. 401-409. — 4. *Ibid.*, VII. Vorl., p. 415-416.

Mais tous les savants, politiques, professeurs, écrivains ont des devoirs : d'abord la poursuite d'un idéal de plus en plus haut; car l'idéal recule à mesure qu'on s'élève, ensuite l'effort et le travail ininterrompus, dans l'âge mûr comme dans la jeunesse, pour le savant comme pour l'étudiant, jusqu'à l'épuisement des dernières forces[1].

Cependant, à côté de ce devoir général, le savant a des devoirs spéciaux, suivant la mission spéciale qu'il remplit.

En tant que politique ou, mieux, en tant que souverain (Régent), le savant a pour premier devoir de connaître son temps, afin de le diriger; de connaître aussi la Constitution, afin de la réformer; toute Constitution est, en effet, une œuvre imparfaite, contingente, susceptible d'une amélioration toujours plus grande à mesure que l'idéal, dont elle exprime une forme passagère, revêt un caractère de plus en plus haut.

Le devoir essentiel du savant-souverain, c'est la justice : il ne sacrifiera donc jamais l'individu, si infime soit-il, aux intérêts de l'État, si hauts soient-ils; il respectera scrupuleusement les droits de chacun. Toutefois il y a un cas où il pourra risquer la vie d'un certain nombre de citoyens pour sauvegarder l'existence de l'État : c'est quand le droit sera menacé, quand l'idéal sera en péril. Alors la guerre sera légitime et sainte, ce sera vraiment la guerre voulue par Dieu; le savant-souverain, qui est le représentant de Dieu sur la terre, aura le devoir de la déclarer. Mais lui seul peut le faire, parce que seul il est détenteur de l'idéal : les souverains ordinaires n'ont pas qualité pour cela, car, attachés à des intérêts tout matériels, ils ignorent quels sont les cas légitimes de guerre; ils n'ont pas le droit de sacrifier des vies humaines à leurs ambitions. En ce qui les concerne eux-mêmes les peuples sont seuls maîtres de leurs destinées et juges des intérêts de leur propre conservation.

Le savant-souverain a donc une place à part dans l'État, parce qu'il est un être à part : sa personne s'efface devant l'Idée; ses mobiles n'ont plus rien d'égoïste. Il vit dans la gloire de Dieu, avec lequel il se confond et dont il accomplit l'œuvre. Il ne voit rien que sous la forme de l'universel et de l'éternel[2].

Parallèlement au savant-souverain, il y a le savant proprement dit, le professeur, l'écrivain. Le professeur a pour devoir primordial de conserver et d'inspirer le respect de sa fonction. S'il est pénétré de ce respect, s'il parvient à le communiquer à ses élèves, le professeur

1. Fichte, S. W., VI. Bd., Vorlesungen über das Wesen des Gelehrten und seine Erscheinungen im Gebiete der Freiheit, VII. Vorl., p. 413-414.
2. Ibid., VIII. Vorl., p. 422-427.

aura rempli l'essentiel de sa tâche : il aura instauré le culte de la science. Après cela, il peut être original, renouveler la science, présenter les idées sous un aspect qui lui soit propre, il en acquerra sans doute une valeur éminente. Mais l'originalité n'est qu'un devoir accessoire et conditionné [1]

Les devoirs de l'écrivain sont assez différents : l'écrivain ne s'adresse pas à un auditoire auquel il faille inculquer la vérité par le moyen d'une bonne pédagogie. Son œuvre n'est pas appropriée à un temps déterminé, à une culture déterminée, à un public déterminé ; l'intérêt doit en durer autant que l'humanité. Quels sont donc les caractères particuliers de son devoir? Sa conscience lui interdira d'écrire pour ne rien dire ou pour ne dire que des choses déjà connues. Il ne prendra donc la plume que s'il a fait œuvre de création, que s'il apporte sa pierre à l'édifice de la science ou sa contribution au progrès de la moralité. Et, quand il écrira, il devra donner à ses idées une forme définitive, les présenter avec le caractère de l'universalité. Il faudra qu'il soit assez maître de sa langue pour que ses idées trouvent leur expression adéquate, au besoin pour forger des mots nouveaux. Il ne visera plus seulement, comme le professeur, à la clarté; il s'efforcera de rendre sa pensée dans toute sa profondeur, et la profondeur ne va pas toujours sans quelque obscurité. Surtout il mettra toute sa conscience à s'effacer devant son œuvre, à lui donner un caractère impersonnel, à en extirper tous les vestiges de son individualité [2].

D'après cet idéal, Fichte juge les écrivains de son temps, non sans quelque sévérité, notamment ces fabricants de livres faits à la hâte, uniquement pour satisfaire aux besoins de la vente, aux exigences de la clientèle, à l'enrichissement des libraires; il dénonce, en outre, la surproduction livresque, qui, devant l'impossibilité pour le public de tout lire, a créé un genre nouveau de littérature : *Revues, Bibliothèques*, dont l'objet essentiel est de condenser sans distinction de qualité la multitude des livres parus. Encourager de telles entreprises, qui ne sont, après tout. que des entreprises commerciales, est donc un crime de lèse-humanité; car lire des comptes rendus, c'est pour l'esprit une occupation entièrement stérile, quand ce n'est pas une occupation corruptrice. Une pareille industrie ne peut préparer à aucun degré un public pour la science et pour la vérité. On en a sous les yeux un frappant exemple : il a paru en ce temps une œuvre excellente, la philosophie de Kant; l'industrie en question,

1. Fichte, *S. W.*, VI. Bd., *Vorlesungen über das Wesen des Gelehrten und seine Erscheinungen im Gebiete der Freiheit*, IX. Vorl., p. 431-435. — 2. *Ibid.*, X. Vorl., p. 443-446.

l'industrie du marché littéraire, l'a tuée, pervertie, dégradée, à ce
point que l'esprit qu'elle contenait s'en est enfui, qu'à sa place erre
un fantôme auquel personne ne prête attention [1].

* *

D. *UN PLAN D UNIVER-
SITÉ MODÈLE.*
L'appel de Fichte, dans ses *Leçons sur
l'Essence du Savant*, ne fut pas entendu. Cette
parole, qui jadis enthousiasmait les étudiants
d'Iéna et les amenait à renoncer à leurs corporations, restait sans
écho à Erlangen : le nombre des auditeurs de Fichte diminuait de
jour en jour. Le contraste est frappant; il ne pouvait échapper à
Fichte. Cette fois, la défection de la jeunesse ne pouvait plus,
comme pour le cours de *Logique*, s'expliquer par le manque de
pénétration philosophique. Fichte n'était pas habitué à pareille
mésaventure; il eut un sursaut de révolte. Il considéra comme un
affront personnel le défaut d'assiduité des étudiants; il résolut de
suspendre ses leçons « jusqu'à ce qu'il eût trouvé un moyen de les
transformer en un cours fermé, gratuit (*privatum gratuitum*), réservé
à une élite de jeunes gens qu'il trouverait dignes de l'entendre » [2].
Fichte d'ailleurs ne donna pas suite à son projet; il se rendit aux
instances des auditeurs qui lui étaient restés fidèles et qui lui adres-
sèrent une supplique pour qu'il terminât son cours [3]

Mais Fichte songeant à interrompre ses leçons sur l'*Essence du
Savant*, parce qu'elles n'étaient pas suffisamment suivies : quel aveu,
et quelle humiliation !

1. Fichte, *S. W.*, VI. Bd., *Vorlesungen über das Wesen des Gelehrten und seine
Erscheinungen im Gebiete der Freiheit*, IX. Vorl., p. 439-442.
2. Ed. Fichte, *Johann Gottlieb Fichte: Lichtstrahlen aus seinen Werken und Briefen*,
p. 81 et 87-89.
3. Voici le texte de cette pétition :

« Très honoré maître,

« Il nous est trop pénible de ne pas devoir entendre jusqu'à leur achèvement
vos leçons si pleines sur la *Destination du savant* pour que nous puissions nous
retenir de vous adresser, en vue de leur continuation, la prière instante que voici :

« Un grand nombre des auditeurs de vos *Institutiones omnis Philosophiæ* ne suit
pas, il est vrai, avec persévérance et régulièrement vos conférences, mais nous
vous prions de bien vouloir considérer que :

« 1° Beaucoup de ces auditeurs ne sont pas des étudiants, au sens strict du mot,
mais des professeurs, des docteurs, des marchands que leurs affaires empêchent
parfois de venir, ou qui, après quelques leçons, se sont sentis incapables de
s'assimiler votre doctrine.

[Ceci, remarquons-le, contredit l'affirmation de Fichte déclarant que c'était là
précisément le public qui lui était demeuré fidèle : faut-il en conclure que, parmi
ce public, de nombreuses défections s'étaient aussi produites?]

« 2° que même si un grand nombre d'étudiants, par paresse ou par trop d'inclination au plaisir, ne savent pas apprécier vos leçons à leur haute valeur, néanmoins

Une consolation lui restait : à défaut de la jeunesse qui semblait lui échapper, ses collègues lui manifestaient une déférence particulière; ils se faisaient un devoir de suivre assidûment ses cours. C'étaient Mehmel, son collègue en philosophie, Stutzmann, un ancien disciple de Schelling, cherchant à concilier la *Théorie de la Science* et la *Philosophie de la Nature*, le mathématicien Rösling, le chimiste Hildebrand, le statisticien Lips, le Prof. Marheineke, le pasteur La Pique, le Dr Ohm, etc.

Ils ne se bornaient pas à suivre ses conférences publiques : ils réclamèrent de lui des leçons particulières sur la *Théorie de la Science*. Touché de leurs prévenances, Fichte rendit à ses collègues leur politesse. Il se mit lui-même à suivre leurs leçons; il était particulièrement assidu aux cours de physique et de chimie du professeur Hildebrand; mais la supériorité de Schelling en ces matières n'était pas sans doute étrangère à son empressement. Alors on admira sa modestie, et on lui en sut gré [1]

Il profita de ces dispositions pour tenter, avec l'assentiment de ses collègues, la réalisation d'un projet qui lui tenait à cœur : la création d'une Université modèle. Peut-être croyait-il trouver dans une organisation nouvelle de l'Université d'Erlangen le moyen de reconquérir la popularité qui lui échappait.

De retour à Berlin, pour la reprise de ses conférences de l'hiver (1805-1806), Fichte s'entretint aussitôt de ce plan avec le ministre Hardenberg, dont il obtint l'adhésion, et qui le chargea d'un rapport sur la question. Ce rapport a été publié dans les œuvres posthumes sous le titre : *Idées pour l'organisation intérieure de l'Université d'Erlangen* (Ideen für die innere Organisation der Universitat Erlangen) [2]

Fichte le soumit à l'approbation du Ministre; il ne manquait plus que sa signature pour que fût enfin tentée la réalisation de l'Université modèle dont Fichte avait rêvé toute sa vie. Mais, une fois de plus, au moment même où Fichte croyait toucher le but, le destin contraire bouleversa tous ses projets. Les événements de l'année 1806 qui mettaient en péril l'existence même de la Prusse, allaient donner au gouvernement des soucis plus urgents.

---

un *nombre très appréciable* d'entre eux les écoute avec une application suivie et une attention soutenue. Quand vous vous en serez convaincu, vous ne voudrez certainement pas faire expier aux innocents la faute des coupables.
                                        « Erlangen, le 8 juillet 1805. »

Parmi les signataires de l'adresse se trouvaient les noms des professeurs Marheineke et Hildebrand, du pasteur Le Pique, des Drs Ohm, Rosling, Lips. (Ed. Fichte, *Johann Gottlieb Fichte. Lichtstrahlen aus seinen Werken und Briefen nebst einem Lebensabriss*, p. 88-89.)

1. *Fichte's Leben*, I. Bd., iii, 2, p. 360-361.
2. Voir l'Appendice.

APPENDICE

Fichte commence par constater un vice essentiel dans l'organisation des Universités actuelles, l'absence de toute communication entre les maîtres et les élèves : d'où la stérilité de l'enseignement. A ce compte, le maître parlerait aussi profitablement devant des bancs vides, les livres présenteraient sur les cours de sérieux avantages, et les étudiants feraient bien mieux, pour travailler, de rester dans leurs familles. Ils y gagneraient du temps, épargneraient de l'argent, ils éviteraient la sauvagerie des mœurs corporatives. Organisation absurde à laquelle Fichte oppose sa conception pédagogique.

Si la fonction du professeur est essentiellement *l'art de communiquer la science*, art tout à fait distinct de la science même, la véritable méthode de l'enseignement n'est pas la leçon proprement dite, le monologue, forme nécessaire de l'exposition livresque : c'est le dialogue, l'échange de conversations avec les auditeurs. De la sorte, le maître suscite la réflexion des élèves, il les force à exprimer devant lui leurs pensées, il apprend à les connaître ; il peut rattacher à leurs réponses le fil de ses propres idées ; l'auditoire entier devient ainsi le collaborateur du maître, et les progrès de chaque élève servent au progrès de tous les autres [1].

Des devoirs appropriés seraient la sanction de cet enseignement. Ils permettraient au professeur de connaître, par une sorte d'expérimentation, la valeur personnelle des différents étudiants ; de s'assurer qu'ils ne se bornent pas à répéter des phrases apprises, mais possèdent vraiment leurs connaissances. Une Revue, les *Annales des progrès dans l'art d'enseigner la science à l'Académie d'Erlangen* (Jahrbücher der Fortschritte der wissenschaftlichen Kunst auf der Akademie Erlangen), consignerait, dans un volume annuel, l'exposé et les résultats de cette méthode pédagogique. L'exemple ainsi donné par l'Université d'Erlangen serait, il faut le souhaiter, suivi par les autres Universités de la Prusse ; on pourrait espérer de voir s'établir entre elles une émulation qui serait éminemment profitable au progrès de la culture générale, chaque Université cherchant à acquérir la suprématie et à attirer les élèves. Mais, pour que cette concurrence profitable pût s'établir, la première condition à réaliser, c'était la suppression des barrières entre les diffé-

1. Fichte, *N. W.*, III. Bd., *Ideen für die innere Organisation der Universität Erlangen*, p. 277-278.

rentes Universités, de cet absurde protectionnisme universitaire qui, pour conserver un public permanent et de crainte d'amoindrir les ressources des centres Universitaires, fermait les Universités, interdisant aux étudiants d'une province de fréquenter les maîtres d'une autre province.

Pour être efficace, l'abolition des interdictions devrait d'ailleurs s'étendre, avec réciprocité, à tous les pays de langue allemande, faire l'objet d'un contrat d'au moins un siècle entre les souverains de ces différents pays, aboutir à l'engagement solennel — inscrit dans les Constitutions des États ainsi unis — de garantir à tous leurs sujets la libre fréquentation de toutes les Universités allemandes pendant la durée de ce contrat. Chaque État y trouverait son avantage. La Russie, en ce qui concerne ses provinces allemandes, ne peut sans doute guère compter voir les sujets prussiens, ou même les Allemands du Sud, fréquenter pour leurs études les Universités de Dorpat, de Cracovie, de Kharkow, de Kazan; mais qu'elle considère la forte émigration d'étudiants allemands qui se produit depuis cent ans dans son empire, qu'elle se souvienne qu'autrefois elle faisait venir d'Allemagne tous ses gouverneurs et, récemment encore, tous ses professeurs. L'Autriche qui, par ailleurs, est tenue de donner aux protestants de Hongrie et de Transylvanie la liberté de fréquenter les Universités allemandes, pourrait être gagnée par l'espoir que les catholiques de Prusse ou des autres pays allemands vinssent à ses Universités; sa faculté de médecine en particulier serait ouverte à tous. La France, en ce qui concerne la rive gauche du Rhin, pourrait se considérer comme suffisamment dédommagée par l'affluence des Allemands à Paris, où elle pourrait s'attendre à voir les princes et les grands venir faire leur éducation, et permettre toujours aux savants allemands de maintenir chez leurs concitoyens, en face de l'esprit français qu'elle inculquera aux grands, le sens national allemand. Les maisons de Saxe, qui avouent tout haut, à qui veut les entendre, leur absolue incapacité de soutenir la concurrence académique, accepteraient sans doute un accommodement avec la Prusse : en échange de quelques droits de curatelle et d'entretien qu'on leur conférerait sur les Universités de Prusse, elles renonceraient peut-être totalement à leurs trois Universités. Quant à la Bavière, avec la bonne opinion qu'elle a de ses propres établissements, elle verrait dans ce projet une mine d'or et l'accepterait des deux mains [1]

A ce rapport, Fichte joignait un projet d'organisation de la *Revue des progrès dans l'art d'enseigner la science*.

Cette *Revue*, qui aurait pour objet de mettre en lumière les progrès ininterrompus de la culture allemande à l'Université d'Erlangen, devait être le fruit de la collaboration entre les professeurs et les auditeurs de l'Université, relater l'ensemble de leurs travaux, être publiée dans la ville même.

Les travaux devaient émaner soit des maîtres, soit des élèves. Aux

1. Fichte, *N. W.*, III. Bd., *Ideen für die innere Organisation der Universität Erlangen*, p. 279-287.

maîtres on demanderait de donner au Recueil de l'Université exclusivement leurs mémoires originaux (les seuls écrits qu'un maître puisse juger
dignes d'être imprimés), ceux qui faisaient vraiment avancer la science
soit dans sa matière, soit dans sa forme, c'est-à-dire au point de vue des
méthodes; on pourrait même faire de cette contribution une condition
de leur nomination. Aux élèves on accorderait l'honneur de faire figurer
dans le Recueil des Actes leurs travaux les plus distingués.

Quant aux conditions purement matérielles, Fichte demandait qu'on ne
déterminât d'une manière fixe ni la longueur des articles, ni le format
de la *Revue*, ni la date de son apparition, afin de laisser aux auteurs la
faculté de développer leur pensée dans toute son ampleur, à la *Revue* la
possibilité d'une extension variable avec l'abondance des matières, aux
éditeurs le choix du moment opportun pour son apparition.

Fichte, en terminant, réglait la question des frais d'édition, celle des
bénéfices possibles, des honoraires des collaborateurs, et jusqu'à celle des
droits de leurs héritiers [1]

1. Fichte, *S. W.*, VIII. Bd., *Plan zu einem periodischen schriftstellerischen Werke an
einer deutschen Universität*, p. 207-214.

CHAPITRE XII

L'INITIATION A LA VIE BIENHEUREUSE

A. « *PHILOSOPHIE ET RELIGION* », DE *SCHELLING*. De retour à Berlin, Fichte reprit, durant le semestre d'hiver, la série de ses confé-renees. Il traita de *l'Initiation à la Vie bien heureuse ou Théorie de la Religion* (Die Anweisung zum seligen Leben oder auch die Religionslehre). Et c'était encore une réponse directe à un ouvrage récent de Schelling.

En 1804, Schelling publiait un court écrit intitulé *Philosophie et Religion* (Philosophie und Religion), où il soutenait que le problème religieux est le problème philosophique par excellence. Il était conduit à identifier philosophie et religion à la fois par l'évolution interne de son système et par les événements auxquels il venait d'être mêlé.

Son système l'obligeait à effacer toute distinction entre la philo-sophie et la religion; car, s'il subsistait entre elles une différence, il aurait fallu admettre deux Absolus, l'Absolu de la philosophie et un autre Absolu, pour elle inaccessible, l'Absolu de la religion : ou plutôt, il aurait fallu opposer à la réalité de l'Absolu l'idée de l'Absolu que fournit la philosophie; si, au contraire, comme l'affirmait le *Sys-tème de l'Identité*, la philosophie saisissait de l'Absolu autre chose qu'un concept, qu'une pure forme, si elle avait vraiment de l'Absolu une intuition immédiate, une connaissance où la forme et le con-tenu se compénètrent inséparablement, alors on ne pouvait plus distinguer la philosophie et la religion. Ainsi Schelling, qui avait commencé par combattre, au nom du naturalisme, le mysticisme religieux, devait, au nom de la logique, aboutir à ce mysticisme et justifier ainsi l'évolution du romantisme. Il semble d'ailleurs que les événements aient travaillé à hâter ce revirement.

Schelling, après Fichte, avait connu l'accusation d'athéisme. Elle
venait cette fois des catholiques. Appelé à Würzbourg pour renouveler l'esprit des études, au moment où Mongelas, ministre partisan
des *Lumières*, tentait de secouer le joug des jésuites et d'affranchir l'Université de la tutelle de l'Église, Schelling, philosophe protestant, faisant profession de rationalisme, vit aussitôt l'évêque
interdire ses cours aux élèves du séminaire. La mesure n'était pas
inattendue, puisque l'État était en lutte avec l'Église. Mais, ce qui
était plus inquiétant, les catholiques éclairés, ennemis des jésuites
et initiateurs des réformes, les soutiens du gouvernement eux-
mêmes, virent rapidement en Schelling « l'ennemi ». Ne prétendait-il
pas imposer, comme un nouveau dogme, son système : mixture, contraire au sens commun, de matérialisme et de panthéisme, de paganisme et de mysticisme, qui restaurait, sous une forme nouvelle,
l'obscurantisme et la superstition dont on avait voulu s'affranchir?
N'allait-on pas jusqu'à parler d'un véritable charlatanisme? Et ceux
qui proféraient ces accusations opposaient volontiers à ce pseudo-
rationalisme le rationalisme critique, le moralisme de Kant et de
Fichte ; ils rédigeaient dans cet esprit des pamphlets contre Schelling.
Ainsi le recteur du gymnase de Munich écrivait ses *Instructions pour
la libre considération de la philosophie* (Anleitung zur freien Ansicht
der Philosophie), le professeur J. Salat, sa *Philosophie en lutte
avec les Obscurantistes et les Sophistes* (Die Philosophie mit Obscu-
ranten und Sophisten im Kampfe), et surtout le célèbre théologien
Franz Berg son dialogue : *Sextus ou la connaissance absolue de
Schelling* (Sextus oder über die absolute Erkenntniss von Schelling).
Ils provoquaient, dans le *Journal de Munich*, une vive campagne de
presse, ils forçaient le gouvernement qui avait nommé Schelling à
prendre position contre lui et à lui infliger un blâme[1].

Schelling fut ainsi conduit à aborder nettement le problème religieux. Il se fit fort d'établir, contre ses adversaires, que le seul
point de vue tenable était celui de l'identité entre la philosophie
et la religion. Il revendiquait, pour la philosophie, le droit de
fournir une explication totale de l'univers, et par suite d'être essentiellement une religion, la religion. A ceux qui lui reprochaient son
mysticisme et son obscurantisme, il répliquait qu'en refusant à
la science d'atteindre l'Absolu, ils la mutilaient, qu'une philosophie
bornée à l'explication des phénomènes n'était pas une philosophie
intégrale.

1. Kuno Fischer, *Geschichte der neueren Philosophie*, VI. Bd., I. Buch, p. 135 et
147 et suiv.

Déjà, dans ses *Leçons sur la Méthode des Études académiques* (1803), Schelling avait signalé l'erreur d'une doctrine qui sépare radicalement le savoir de l'action, c'est-à-dire au fond l'intelligence de la moralité : l'Absolu, réputé inaccessible à notre connaissance, était confiné dans le domaine de la croyance; la religion s'opposait à la science [1]. Dans *Philosophie et Religion*, il indiquait l'origine de ce divorce. Il le faisait dater du jour où la religion avait été adultérée par des superstitions étrangères nées des croyances populaires; pour conserver sa pureté, la philosophie avait été dans la nécessité de se séparer d'elle, d'opposer son ésotérisme à l'exotérisme religieux. Plus récemment, Kant avait accentué le conflit : pour échapper au dogmatisme, il avait réduit le champ de notre connaissance au monde de l'expérience, refusant à notre raison finie toute intuition des choses supra-sensibles; obligé néanmoins d'en reconnaître la nécessité idéale, il faisait de leur réalité l'objet d'une affirmation pratique. Mais, s'il est vrai que ce sont là les problèmes philosophiques par excellence, la *Critique* aboutissait au singulier résultat de restreindre la philosophie à l'examen des questions qui n'ont pas de prix pour la raison, à laisser sans réponse pour elle ce qu'il y a de vraiment philosophique dans la philosophie [2]. Schelling n'acceptait pas qu'il en pût être ainsi : revenant aux premiers temps où « la religion, distincte des croyances populaires, était conservée dans les mystères comme un feu sacré et où la philosophie avait un sanctuaire commun avec elle [3] », il prétendait lui restituer la connaissance de son véritable objet, de l'Absolu.

Au lieu de « maintenir hors de la philosophie un espace vide que l'âme pourrait remplir par la croyance et par la piété [4] », il s'efforçait de montrer comment, grâce à l'intuition intellectuelle, une science de l'Absolu était possible, une connaissance, non plus toute formelle, et qui posait l'Absolu comme Idéal, mais une connaissance directe et immédiate [5]; comment par suite il devenait possible de comprendre le passage de l'Absolu au relatif et le rapport des choses finies avec l'Infini [6]. Mais alors il fallait renverser la relation établie par la philosophie critique entre la morale et la religion; on ne pouvait plus s'en tenir à une moralité exigeant la réalisation d'un bien qu'au fond elle ignore, qui, de par la nature de l'esprit humain, lui échappe; il fallait répudier décidément une doctrine qui, privée de

1. Schelling, *S. W.*, Erste Abth., V. Bd., 1859, *Vorlesungen über die Methode des akademischen Studiums, 1803*, 1. Vorl., p. 218-222, et VII. Vorl., p. 276-279.
2. VI. Bd., 1860, *Philosophie und Religion, 1804*, Einleitung, p. 16-18. — 3. *Ibid.*, p. 16. — 4. *Ibid.*, Idee des Absoluten, p. 21. — 5. *Ibid.*, p. 21-27. — 6. *Ibid.*, Abkunft der endlichen Dinge aus dem Absoluten und ihr Verhältniss zu ihm, p. 28 et suiv.

l'intuition de l'Absolu, lui substitue une exigence pratique dont elle n'est pas même capable de réaliser l'objet; il fallait définitivement renoncer à faire de la religion la servante de la conscience morale, servante dont la fonction serait de suppléer aux insuffisances de cette conscience.

« La réalité de Dieu n'est pas une exigence que puisse uniquement poser la moralité; mais celui-là seul qui professe Dieu, de quelque manière que ce soit, est vraiment moral. En somme il n'y a monde moral que si Dieu existe : faire exister Dieu *pour* qu'il y ait un monde moral est une conception qui ne devient possible que par un renversement complet des rapports vrais et nécessaires [1]. »

De même encore, au dire de Schelling, il fallait rejeter cette morale toute formelle de l'impératif catégorique, ne prescrivant que contraintes, morale de dupes qui opposait, comme irréductibles, la liberté et la nature et s'épuisait dans la poursuite d'un Idéal à jamais inaccessible; il fallait lui substituer une morale qui eût pour loi, non plus l'obéissance, mais la pure liberté; pour fin, non plus la recherche, mais la possession; pour caractère, non plus la souffrance, mais la félicité; pour sanction, non plus une récompense, mais une satisfaction.

« Disons-le franchement, écrivait Schelling, oui ! nous croyons qu'il existe quelque chose de supérieur à *votre* vertu, de supérieur à *la* moralité dont *vous* parlez d'une façon si pitoyable et si débile : nous croyons qu'il existe un état d'âme où, pour elle, il n'y a ni commandement de la vertu, ni récompense à la vertu, car elle ne fait qu'agir conformément à la nécessité interne de sa nature. Le commandement s'exprime par un devoir, il suppose le concept du mal à côté de celui du bien. Pour conserver néanmoins le mal (puisque d'après ce qui précède il est le fondement de votre existence sensible), vous devez concevoir la vertu comme une soumission, plutôt que comme une absolue liberté. Que, dans ce sens, la moralité ne soit pas le bien suprême, vous pouvez déjà le voir par ce fait même que, suivant vous, elle s'oppose à la félicité. La destination de l'être raisonnable ne peut consister à être soumis à la loi morale, comme les corps divers sont soumis à la pesanteur; on rencontre ici une différence : l'âme n'est vraiment morale qu'à la condition de l'être avec une liberté absolue, c'est-à-dire quand la moralité est en même temps pour elle béatitude absolue. Être, ou se sentir malheureux, c'est être vraiment immoral; de même, la béatitude n'est pas un accident de la vertu, c'est

1. Schelling, *S. W.*, Erste Abth., VI. Bd., *Philosophie und Religion, 1804*, Freiheit, Sittlichkeit und Seligkeit, p. 53.

la vertu même. La moralité absolue ne consiste pas à vivre une vie dépendante, mais une vie libre en même temps que conforme à la législation.... La moralité, c'est la tendance de l'âme à s'unir à son centre, à Dieu; ou, mieux, la moralité est, comme la béatitude, un attribut infini de Dieu. On ne peut penser en lui une moralité qui ne serait pas une nécessité découlant des lois éternelles de sa nature, c'est-à-dire qui ne serait pas en même temps une félicité absolue. Inversement, la béatitude est fondée, au regard de Dieu, sur la nécessité absolue et, en ce sens, sur la moralité absolue[1]. »

Et parce qu'en Dieu s'accomplit la moralité vraie, moralité qui est aussi béatitude, la morale ne se distingue pas, en réalité, de la religion. La vertu suprême, c'est l'acte qui confère à notre âme individuelle, en même temps que l'indépendance à l'égard du corps, une existence éternelle, l'acte de la Raison qui nous identifie à l'Universel; alors nous possédons Dieu, nous vivons vraiment de sa vie. Étrange est donc l'erreur de ceux qui, incapables de s'élever à la vie religieuse et pourtant désireux d'éternité, se représentent la vie future comme le prolongement de la vie présente. Croient-ils donc qu'une pareille immortalité puisse être autre chose qu'une mortalité prolongée? Croient-ils encore qu'elle puisse être, au lieu de l'esclavage qui dure, un affranchissement de leur âme? Croient-ils enfin, ceux qui n'ont pas su, en cette vie même, conquérir leur éternité, qu'ils ne mourront pas tout entiers en descendant au tombeau[2]?

Mais comment admettre cette éternité des âmes particulières en face de l'existence de Dieu? A la seule condition que leur participation à l'infinité soit, non la négation, mais bien au contraire la révélation de Dieu. De là l'ingénieuse hypothèse de l'Image, du Concept, où Dieu, pour se révéler, s'oppose à lui-même, où il se redouble et s'extériorise. Cette image de l'Absolu n'est d'ailleurs, à aucun degré, un principe nouveau qui s'affirmerait en face de Dieu pour le contredire et le limiter, puisque c'en est l'exacte représentation; toutefois usant de la liberté qui lui vient précisément de ce qu'elle représente l'Absolu, l'Image de Dieu, oubliant en quelque sorte qu'elle a pour caractère propre d'être une pure image, cherche à s'attribuer une existence à soi et prétend se poser comme un Absolu[3]. Cet acte, par lequel elle se détache de son principe, c'est proprement la chute, le péché originel. — Or, c'est de cet acte que part la philosophie de Fichte[4]

1. Schelling, S. W., Erste Abth., VI. Bd., Philosophie und Religion, 1804, p. 55-56.
2. Ibid., Unsterblichkeit der Seele, p. 60-62. — 3. Ibid., Abkunft der endlichen Dinge aus dem Absoluten und ihr Verhaltniss zu ihm, p. 30-33. — 4. Ibid., p. 38-42.

« Ce rapport entre l'Absolu et son Image, d'où naît la chute, aucun des philosophes contemporains ne l'a exprimé aussi clairement que Fichte, quand il place le principe de la conscience finie, non dans une donnée (That-Sache), mais dans un acte (That-Handlung).... Ce qu'exprime le Moi (Ichheit), au degré le plus élevé de sa puissance, c'est exactement le fait que l'Image (où l'Absolu s'oppose à lui-même) prétend, en dépit de sa finitude, à l'existence pour soi[1].... Le *Moi*, suivant les paroles mêmes de Fichte, n'est que *son propre produit, que son acte propre*, il n'est *rien*, abstraction faite de cet acte, il n'est que *pour soi*, il n'est pas *en* soi. On ne pouvait pas exprimer avec plus de précision que le principe de toute la finitude ne se trouve pas dans l'Absolu, mais en elle-même[2]. »

« La signification d'une philosophie qui prend ainsi pour son principe propre l'orgueil, exprimé dans sa plus haute universalité, ne saurait être suffisamment prisée, surtout après le dogmatisme antérieur qui confondait les Idées avec les concepts du fini. Sans doute, ce prin-cipe, considéré comme celui de l'ensemble de la science, ne peut engendrer qu'une philosophie négative, mais c'est déjà un gain con-sidérable que le règne du néant soit, par une limite tranchée, séparé du règne de la réalité, le négatif de ce qui est le seul positif; car cette séparation était nécessaire pour que le principe positif recom-mençât à briller de tout son éclat. Quiconque croit connaître le prin-cipe du bien en ignorant celui du mal se trouve dans la plus grande de toutes les erreurs; car, en philosophie comme dans le poème de Dante, c'est l'abîme qui conduit au chemin du ciel[3]. »

Schelling indique ensuite comment de cette philosophie du néant, issue du *Moi* de Fichte, peut sortir, par opposition, la philosophie du réel.

La chute, qui est la condition de la régénération, du retour de l'individu au principe universel, est en même temps le moyen par lequel s'opère la pleine révélation de Dieu. La chute résulte. en effet, de ce que les esprits finis ont mal usé de la liberté qui leur vient de Dieu; mais il fallait ce sacrifice pour conférer aux Idées que Dieu porte en lui, et qu'expriment les esprits finis, la vie indépen-dante qui leur manquait en son sein; il fallait qu'elles devinssent capables du retour à l'Absolu dans l'autonomie qui est le caractère de la moralité parfaite[4].

« Il fallait que les Idées et les esprits se fussent écartés de leur

---

1. Schelling, *S. W.*, Erste Abth., VI. Bd., *Philosophie und Religion, 1804*, Abkunft der endlichen Dinge aus dem Absoluten und ihr Verhältniss zu ihm, p. 42. — 2. *Ibid.*, p. 43. — 3. *Ibid.*, p. 43. — 4. *Ibid.*, Unsterblichkeit der Seele, p. 63.

centre, il fallait qu'une fois installés dans la nature, qui est la sphère universelle de la chute, ils fussent amenés à la *particularité*, pour qu'ensuite, et en tant qu'êtres particuliers, ils revinssent à l'*indifférence*, et que, réconciliés avec la nature, ils pussent coexister en elle, sans la détruire. » Ce double mouvement de l'humanité — éloignement à partir du centre jusqu'au point extrême, puis retour au centre — constitue l'évolution historique. On peut dire, en ce sens, que « l'histoire est la révélation progressive et successive de Dieu — une épopée, conçue dans l'esprit divin[1]... ».

Or, pour que cette élévation des êtres finis à l'infinité de Dieu soit, non la négation, mais la révélation de Dieu, il faut, suivant Schelling, que la chute ait en Dieu le fondement, sinon de sa réalité, du moins de sa possibilité[2] : autrement, on serait forcé d'admettre en face de Dieu un principe du mal, ce qui serait limiter la toute-puissance divine. D'autre part, il faut qu'entre le monde et Dieu il n'y ait plus opposition, mais compénétration, que Dieu ou l'Absolu professe à l'égard de l'Image où il se réfléchit cette parfaite indifférence, « cette absence de jalousie, que Spinoza exprime excellemment dans la formule : Dieu, dans l'amour intellectuel, s'aime

---

1. Schelling, *S. W.*, Erste Abth., VI. Bd., *Philosophie und Religion, 1804*, Freiheit, Sittlichkeit, und Seligkeit, p. 57.
2. *Ibid.*, Abkunft der endlichen Dinge aus dem Absoluten und ihr Verhältniss zu ihm, p. 40.
« Der Grund der *Möglichkeit* des Abfalls liegt in der Freiheit und, inwiefern diese durch die Einbildung des absolut-Idealen ins Reale gesetzt ist, allerdings in der Form, und dadurch in dem Absoluten; der Grund der **Wirklichkeit** aber einzig im *Abgefallenen* selbst, welches eben daher nur *durch und für sich selbst* das Nichts der sinnlichen Dinge producirt. »
Voir aussi : Freiheit, Sittlichkeit und Seligkeit, p. 51-52. « Nach unserer Vorstellung ist das Wissen eine Einbildung des Unendlichen in die Seele als Objekt oder als Endliches, welches dadurch selbstständig ist und sich wieder ebenso verhält, wie sich das erste Gegenbild der göttlichen Anschauung verhielt. Die Seele lost sich in der Vernunft auf in die Ureinheit und wird ihr gleich. Hierdurch ist ihr die *Möglichkeit* gegeben, ganz in sich selbst zu seyn, sowie die Moglichkeit, ganz im Absoluten zu seyn.
« Der Grund der *Wirklichkeit* des einen oder des andern liegt nicht mehr in der Ureinheit, sondern einzig in *der Seele selbst*, welche demnach aufs Neue die Möglichkeit erhält, sich in die Absolutheit herzustellen, oder aufs Neue in die Nicht-Absolutheit zu fallen und von dem Urbild sich zu treunen....
« Wie das Seyn der Seele in der Ureinheit und dadurch in Gott für sie keine reale Nothwendigkeit ist, wie sie vielmehr in jener nicht seyn kann, ohne eben dadurch wahrhaft in-sich-selbst und zugleich absolut zu seyn, so vermag sie hinwiederum nicht wahrhaft frei zu seyn, ohne zugleich im Unendlichen, also nothwendig zu seyn. Die Seele, die, sich in der Selbstheit ergreifend, das Unendliche in sich der Endlichkeit unterordnet, fällt damit von dem Urbild ab, aber die unmittelbare Strafe, die ihr als Verhängniss folgt, ist, dass das Positive des in-ich-selbst-Seyns ihr zur Negation wird, und dass sie nicht mehr Absolutes und Ewiges, sondern nur Nicht-Absolutes und Zeitliches produciren kann. Wie die Freiheit der Zeuge der ersten Absolutheit der Dinge, aber eben desshalb auch die wiederholte Möglichkeit des Abfalls ist, so ist die empirische Nothwendigkeit eben nur die gefallene Seite der Freiheit, der Zwang, in den sie sich durch die Entfernung von dem Urbild begibt. »

lui-même d'une manière infinie ». Cette image de l'amour de
Dieu pour lui-même est ainsi la meilleure représentation de l'objec
tivation du sujet; elle montre comment l'Univers sort de lui, quel
est son rapport à lui dans toutes les formes de religion dont l'esprit
a pour essence la moralité[1]

Mais cette union parfaite des âmes avec Dieu dans l'amour intel
lectuel n'est pas leur état originel; c'est l'œuvre de la rédemption
après la chute initiale. Suivant Schelling, l'effort moral aboutit à la
vie religieuse, comme à l'initiation à la vie bienheureuse[2].

B. « L'INITIATION A LA VIE BIENHEUREUSE », DE FICHTE.

L'Initiation à la Vie bienheureuse, c'est le titre même des conférences que Fichte donne pendant le semestre d'hiver 1805-1806. Il se propose d'y répondre publiquement aux dernières accusations de Schelling contre la philosophie critique. Et, comme toujours, pour le combattre, Fichte emprunte à Schelling ses propres formules, qui sonnaient elles-mêmes comme un écho de l'*Éthique* spinoziste.

La *Philosophie critique*, la *Théorie de la Science* étaient insuffisantes, avait dit Schelling, parce qu'elles ne pouvaient fournir une
doctrine de vie absolue et de félicité. Erreur vraiment singulière
chez un ancien disciple, et qui devient pourtant compréhensible, car
Schelling n'a jamais saisi le sens de la *Théorie de la Science*. La
preuve en est précisément dans sa conception de la Vie absolue.
Schelling, comme presque tous les philosophes, a conçu l'Être absolu
sous la forme de la Chose. Or, l'Absolu une fois conçu ainsi, Schelling
a beau faire et beau croire, il ne parvient jamais à lui conférer
la vie : cet Absolu reste nécessairement quelque chose d'inerte, de
fixe et de mort. La faute n'en incombe pas à l'Être absolu, — qui, en
soi et par soi, loin d'enfermer l'immobilité de la mort, est tout entier
autonomie, activité, vie, — elle incombe à celui dont l'intelligence a
apporté un concept mort de l'Être, elle incombe au spectateur sans
vie dont le regard porte en soi la mort. Cette erreur est la source de
outes les autres, elle ferme pour toujours à l'esprit le monde de
la vérité, le royaume de Dieu[3].

1. Schelling, *S. W.*, VI. Bd., *Philosophie und Religion, 1804*, Unsterblichkeit der Seele, p. 63-64. — 2. *Ibid.*, Einleitung, p. 17. « Ausser der Lehre vom Absoluten haben die wahren Mysterien der Philosophie die von der ewigen Geburt der Dinge und ihrem Verhältniss zu Gott zum vornehmsten, ja einzigen Inhalt; denn auf diese ist die ganze Ethik, als die *Anweisung zu einem seligen Leben*, wie sie gleichfalls in dem Umkreis heiliger Leben vorkommt, erst gegründet und eine Folge von ihr.
3. Fichte, *S. W.*, V. Bd., *Die Anweisung zum seligen Leben oder auch die Religionslehre*, I. Vorlesung, p. 404.

Mais, si la vie ne se trouve pas dans l'Absolu considéré comme une *Chose*, elle n'est pas davantage dans le monde des phénomènes, où nous plonge notre naissance. Dans l'apparence on ne trouve rien, sinon changement, succession, multiplicité, devenir, rien d'absolu, rien d'éternel, rien d'infini, rien de ce à quoi l'homme aspire. En vain poursuit-il le bonheur à travers les objets que les sens lui présentent, la marche est sans fin ; nulle part il ne trouve à se fixer et à se satisfaire, sa vie est une perpétuelle angoisse. S'il s'interroge, une voix lui répondra du plus profond de son cœur · — Ta vie est toujours aussi vide qu'avant, aussi mal satisfaite ; rien de ce qui existe sous la voûte des cieux, rien de ce qui est fini ne peut te donner ce que tu cherches ; si par malheur tu croyais trouver dans un objet fini ta satisfaction et ton repos, tu serais irrémédiablement rejeté du sein de la divinité, lancé dans la mort éternelle du néant. Faut-il donc renoncer aux espoirs de la jeunesse, à sa joie d'exister? Faut-il, assagi par les ans et par l'expérience, s'avouer qu'on ne peut trouver sur la terre un bien qui rassasie? Faut-il désespérer du bonheur et de la paix? Faut-il appeler sagesse ce désespoir, salut, ce doute du salut, bon sens, cette assurance d'une humanité privée du bonheur, vouée au labeur dans le néant et pour le néant? Ou faudrait-il abandonner la recherche de la béatitude terrestre, se laisser séduire par l'enseignement d'une antique tradition perpétuée jusqu'à nos jours, croire que la félicité se trouve par delà le tombeau? Lamentable illusion. Assurément la béatitude se trouve aussi par delà le tombeau, mais pour ceux qui ont commencé de l'atteindre ici-bas et pas autrement qu'ils ne l'ont atteinte, à chaque instant, ici-bas; on la cherchera, dans toute la suite des vies futures, aussi vainement qu'on l'a cherchée en ce monde, tant qu'on continuera de la placer ailleurs que dans l'éternel, car cet éternel — déjà ici-bas — est si près de nous que, jamais, à travers toute l'infinité des temps, on ne pourra s'en approcher davantage[1].

C'est qu'il existe, au sein même du monde phénoménal, une vie éternelle : la vie spirituelle, l'union avec le principe un et immuable. Cette vie en Dieu — la vraie — apporte avec elle la béatitude, liée à l'accomplissement de l'acte intelligible. Et, précisément parce qu'il s'agit ici de l'acte et de l'intelligibilité suprêmes, de la Raison productrice, la théorie de la vraie vie, qui est une théorie de la béatitude, est aussi une théorie du savoir. Cette vie inaccessible en soi et directement, l'homme y atteint, autant qu'il est en lui, indirectement,

---

1. Fichte, *S. W.*, V. Bd., *Die Anweisung zum seligen Leben oder auch die Religionslehre*, I. Vorlesung, p. 408-409.

négativement pourrait-on dire, par la moralité, en se soumettant à
la loi universelle, à la loi divine : il renonce à la vie purement
sensible qui le disperse dans le multiple, dans le devenir, et qui est
la source de ses malheurs, pour rentrer en soi-même et se recueillir·
il tue ce qui est mortel en lui, il s'affranchit de son esclavage et fait
place nette à la vie spirituelle; alors, d'elle-même, celle-ci naîtra en
lui et viendra le régénérer : s'affranchir de sa misère, c'est pour
l'homme le seul moyen de se préparer la béatitude. Tel est l'enseignement que Fichte se propose de donner, après Kant et conformément au Christianisme[1], — enseignement populaire, accessible aux
ignorants aussi bien qu'aux savants, parce que la connaissance de
Dieu n'exige pas de préparation spéciale, n'est pas le privilège d'une
élite[2], mais se trouve à la portée de tous les hommes.

Entreprise assurément difficile, dans un temps où certaine philosophie s'est emparée de toutes les sources de l'enseignement public,
des catéchismes et des livres de classe, des conférences religieuses, de
tout ce qu'on écrit, où elle a tenté cette gageure de lire à l'envers —
parce qu'elle ne le comprenait pas — le livre de la nature et de la
connaissance, pour voir si, par hasard, cela ne lui donnerait pas un
sens[3]; tâche ardue, dans une société si étrangère aux choses de
l'esprit, si éloignée de la religion vraie, qu'absorbée dans l'unique
souci du bien-être, elle combat avec fanatisme ceux qui osent troubler sa quiétude, qu'elle traite en hérétiques, dignes de l'excommu-
nication, en mystiques dangereux pour l'ordre public, ceux qui ont
l'impertinence de professer le culte de l'Idéal[4]

La vie vraie, la vie en Dieu, se définit par opposition à la vie des
sens : la pensée, au lieu d'y être comme voilée à elle-même dans
l'intuition des objets sensibles, y transparaissant à soi-même dans
l'intuition intellectuelle, se saisissant directement, immédiatement
en son activité productrice, grâce à la compénétration de l'acte et de
l'idée, de l'Absolu et de son affirmation. Là est sans doute la source
de toute vie, de toute intelligibilité; mais il s'en faut qu'une pareille
intuition nous soit accessible : pour l'esprit humain, et c'est la
marque même de sa finitude, la réflexion s'oppose à l'être, l'Absolu
demeure extérieur à son affirmation. Dieu reste donc impénétrable à
la conscience dans l'intimité de son essence, il ne pénètre en elle et
ne se révèle à elle que sous la forme de l'idée, du concept, c'est-à-dire
que sous la forme de la raison. Or, précisément parce que la raison

_____

1. Fichte, *S. W.*, V. Bd., *Die Anweisung zum seligen Leben*, I. Vorlesung, p. 411-413;
voir aussi II. Vorl., p. 418. — 2. *Ibid.*, II. Vorl., p. 419-420. — 3. *Ibid.*, II. Vorl.,
p. 424-425. — 4. *Ibid.*, p. 426-429.

est pour nous une idée, une forme susceptible d'une réflexion à l'infini, l'Absolu, pourtant en soi un et indivisible, peut être ainsi affirmé par la multiplicité indéfinie des consciences. L'idée de l'Absolu, image de l'Absolu en même temps que forme de la conscience, devient donc l'intermédiaire capable d'opérer le passage de l'Absolu au monde; le monde est vraiment l'œuvre du concept[1].

Dieu, centre de la vie vraie; Dieu dont l'essence — union indissoluble de l'être et de la pensée — n'est saisissable que dans l'intuition intellectuelle; Dieu s'opposant à lui-même pour rendre possible en face de lui l'existence du monde, s'extériorisant dans une image, dans le concept qui porte en soi, avec la liberté de la réflexion, le principe de la diversité, ne reconnaît-on pas là les vues mêmes que Schelling avaient exprimées dans *Philosophie et Religion*? Et voici de nouveau Fichte suspect de renoncer au *Criticisme* pour remonter, à la suite de Schelling, jusqu'à Jacob Boehme. Il demeure vrai pourtant qu'ici encore Fichte ne se souvient que de lui-même. Schelling l'avait accusé d'avoir érigé son Dieu en *Moi*, sans s'apercevoir qu'il commettait ainsi le péché capital, le péché d'orgueil; il l'avait accusé de n'avoir pas vu que notre raison n'était qu'une pure forme, qu'en usant de sa liberté pour se détacher de son principe, pour s'élever elle-même à l'Absolu et s'attribuer une capacité de création, elle contredisait sa propre nature, sa relativité essentielle, qu'elle renonçait à sa destinée. La théorie qu'expose Fichte, dans son *Initiation à la Vie bienheureuse*, est tout justement une protestation contre cette accusation. Fichte distingue nettement le point de vue de l'Absolu, où l'être et la pensée se compénètrent, et le point de vue de l'esprit humain, d'un esprit limité qui sépare l'être de la pensée, l'Absolu de son affirmation, de la forme par laquelle il se manifeste et se réalise[2], qui est, Fichte le dit en propres termes, notre propre raison[3]. Loin donc d'identifier le Moi et Dieu, Fichte les distingue avec soin, et ce souci tient au cœur même de sa doctrine : la philosophie critique se refuse à admettre que nous puissions atteindre directement l'Absolu; elle nous interdit de sortir de la forme de notre pensée, elle nous réduit à ne connaître tout ce qui est, fût-ce l'Absolu, qu'à travers elle, que dans sa relation à elle. L'objection de Schelling ne porte donc pas; bien plus, elle se retourne contre lui. Schelling reproche à Fichte de n'avoir pas fait ce saut, qu'il a lui-même accompli et auquel Fichte

1. Fichte, *S. W.*, V. Bd., *Die Anweisung zum seligen Leben*, II. Vorlesung, III. Vorl., p. 433-446; IV. Vorl., p. 448-460. — 2. *Ibid.*, IV. Vorl., p. 452. — 3. III. Vorl., 443-446; IV. Vorl., p. 448 et suiv., et Schelling, *S. W.*, Erste Abth., VI. Bd., *Philosophie u. Religion*, p. 53.

s'est toujours refusé : il se place en Dieu. Mais l'Absolu qu'il atteint
et qu'il affirme, n'est-ce pourtant pas avec son esprit qu'il le pose?

Fichte cependant ne déclare-t-il pas que le monde naît du concept?
D'où résulte, semble-t-il, que l'esprit humain devient créateur. Schel
ling triomphe. Non pas. Car l'existence du monde n'a pas le même
sens pour Fichte et pour Schelling. Schelling prête au monde une
existence en soi, il croit à la réalité absolue de la nature, il refuse
d'en faire simplement l'œuvre de l'esprit. Mais Fichte n'attribue au
monde qu'une existence toute phénoménale, et c'est précisément
l'espèce d'existence qu'il appartient à notre esprit de donner.

Quelle est exactement la signification de cette différence? Refusant
de se placer d'emblée, comme Schelling, au cœur de l'Absolu, Fichte
fait de l'Absolu, non pas une donnée, mais un Idéal; il assigne à la
conscience humaine la tâche de l'accomplir, et il cherche à déterminer les conditions de cet accomplissement. La moralité, l'effort
pénible du devoir dans les consciences individuelles, est, pour lui,
l'intermédiaire nécessaire de cette réalisation, la voie douloureuse
qui y conduit; c'est pourquoi il voit, dans l'existence du monde,
comme sphère de nos devoirs, une exigence pratique. Ainsi l'existence
du monde n'a pas dans la philosophie de Fichte le sens que lui
attribue Schelling. Elle n'est pas un effet de la chute, elle est au contraire la condition du salut. Schelling, sur les ailes de son imagination vagabonde, élève la morale jusqu'à la sphère de l'Absolu; il croit
la transfigurer, parce qu'il en exclut l'effort et la souffrance. Il ne fait
que la supprimer; il en détruit les caractères essentiels. La morale
n'a pas de sens, aux yeux d'un Absolu qui réalise spontanément
la liberté et jouit de sa béatitude; elle n'existe que comme la lutte
de l'être relatif, de l'homme, pour s'élever au-dessus de ses limites
et atteindre l'Absolu dont sa raison porte l'empreinte. Ici encore
Schelling mérite précisément le reproche qu'il adresse à la philosophie critique : « celui de renverser les rapports vrais et nécessaires ». La religion n'est pas le lieu de la moralité; mais la moralité
est la condition de la religion : Dieu existe pour nous, *parce qu'il* y a
un monde moral[1]. L'accession de l'homme à l'unité de la vie spirituelle suppose qu'il s'est élevé au-dessus de la sphère de la sensibilité. de la jouissance aussi; elle suppose encore dépassé le point de
vue du droit, de la soumission extérieure à la loi qui règle le conflit
des libertés; elle suppose enfin le sacrifice de ce qu'il y a de purement individuel dans l'exercice de sa liberté, de tout son orgueil, le

1. Fichte, *S. W.*, V. Bd., *Die Anweisung zum seligen Leben*, V. Vorl., p. 465-472, et
VII. Vorl., p. 494-501.

sacrifice qui le rend, autant qu'il est en lui, impersonnel; capable de réaliser la communauté spirituelle. Ayant accompli purement et simplement son devoir, mais impuissant à en supputer lui-même les conséquences, l'homme se fie alors, pour ce qui dépasse le domaine de son action et ne dépend plus de sa volonté, à la croyance en cet ordre moral du monde, en cette providence qui est le lieu de la religion. Cette croyance *que le Règne de Dieu s'accomplit* lui procurera la béatitude[1]. Ainsi, en dépit de ce que soutient Schelling, c'est par la moralité, par elle seule que l'homme peut s'élever à la vie bienheureuse.

La vraie religion n'est donc pas ce qu'imagine le rêve et l'erreur du mysticisme : une pure contemplation couvant de pieuses pensées; ce n'est pas une union directe avec Dieu, état qui n'appartient pas à notre humaine faiblesse et qui n'est pour elle qu'une dangereuse illusion, ce n'est pas une possession immédiate et immobile; c'est une conquête, qui est le prix de toute notre vie pratique.

En ce sens, il est permis de dire que la religion véritable consiste dans la conscience que Dieu vit et agit en nous, que par nous il accomplit son œuvre. La question de l'existence de Dieu, insoluble du point de vue de son concept qui n'est qu'une ombre vide, reçoit ici sa solution : Dieu est dans l'œuvre accomplie par celui qui s'inspire de lui; si tu veux voir Dieu face à face, ne le cherche pas au delà des nuages; tu peux le trouver partout où tu es. Contemple la vie de ceux qui se consacrent à lui, c'est lui que tu contempleras; voue-toi à lui, tu le trouveras au fond de ton cœur[2].

Dans cette *Théorie de la Religion*, Fichte voit la justification du Christianisme, tel que l'interprète le plus philosophique des Évangiles et le plus profond, celui de saint Jean.

Saint Jean substitue à l'idée vulgaire de la création — à l'erreur des fausses métaphysiques et des fausses religions, à l'erreur du paganisme et du judaïsme — la théorie du Logos, de la Raison, du Verbe créateur du monde et intermédiaire entre Dieu et le monde.

A la parole des anciens livres saints affirmant qu'au commencement *Dieu créa* le monde, Jean oppose une conception nouvelle et contraire. Il ne dit pas : au commencement Dieu créa le monde; Dieu n'avait besoin de rien créer : il lui suffisait d'être. Il dit : au commencement était le Verbe, le Logos; il était en Dieu, il était Dieu même; du Verbe est né tout l'univers.

Ainsi donc, pour l'Évangéliste, ce n'est pas de Dieu, c'est du Verbe, expression directe, révélation immédiate de Dieu, son affirmation

---

1. Fichte, *S. W.*, V. Bd., *Die Anweisung zum seligen Leben*, V. Vorl., p. 473. — 2. *Ibid.*, p. 472.

même, que sort le monde. C'est là le secret de la création : la nécessité de la médiation pour expliquer le rapport du monde à Dieu. Et telle est aussi l'interprétation proposée, en termes équivalents, par Fichte dans sa *Théorie de la Religion*. Ce que saint Jean appelle le Verbe, il l'appelle le Concept, et il attribue dans le même sens au Concept la création du monde. Faire du Verbe la manifestation ou révélation de Dieu, n'était-ce pas d'ailleurs montrer assez clairement dans cette manifestation l'expression spirituelle de Dieu? N'était-ce pas signifier que, pour attester sa présence, Dieu se faisait conscience et raison? C'est là sans doute le sens qu'il faut attribuer à l'existence historique du Christ. Jésus de Nazareth, fils unique et premier-né de Dieu, représente le Verbe incarné, l'Esprit Saint, le Médiateur entre l'homme et Dieu. L'homme ne s'unit pas directement à Dieu, qui lui demeure inaccessible; sa destinée est de communier en Christ, en l'Esprit Saint, lequel est l'immédiate expression de Dieu et, à vrai dire, ne se distingue pas de Dieu. Personne, dit l'Écriture, n'a vu Dieu; le premier-né de Dieu, le fils qui est au sein de son père, nous l'a révélé. La *Théorie de la Religion* confirmait ici encore la parole évangélique; Fichte avait dit : en elle-même l'essence divine nous demeure impénétrable; elle ne se manifeste que sous la forme du savoir, identique, en vérité, à cette essence.

L'Écriture ajoutait : le Fils ne peut rien faire de lui-même que ce qu'il voit faire à son Père; ce que fait le Père, le Fils le fait aussi. Fichte disait que toute la vertu du Concept était dans la vie même de Dieu. L'Écriture attribue à Jésus ces paroles : « Si vous ne mangez pas la chair du fils de l'homme, si vous ne buvez pas son sang, il n'y aura pas de vie en vous; quiconque mange ma chair et boit mon sang possède la vie éternelle. Ma chair est la vraie nourriture, mon sang, la vraie boisson. Quiconque mange ma chair et boit mon sang, demeure en moi comme moi en lui. » Que veut donc dire l'Écriture, sinon ceci : il faut penser absolument comme Jésus, c'est-à-dire comme si, lui, pensait, et non pas nous; vivre absolument comme lui, c'est-à-dire comme s'il vivait à notre place[1]. Et n'est-ce pas là, encore une fois, l'enseignement même que donne Fichte, l'initiation à la vie bienheureuse, le renoncement à soi-même, un renoncement total; la substitution à la volonté particulière individuelle de la volonté de l'universel, la transformation du monde sensible sous la loi du monde intelligible[2].

1. Fichte, *S. W.*, V. Bd., *Die Anweisung zum seligen Leben*, VI. Vorl., p. 479-489.
2. *Ibid.*, VIII. Vorl., p. 518-519; IX. Vorl., p. 523-524.

L'homme cesserait alors d'être un individu, il aurait conquis l'impersonnalité par la vertu, — car cette soumission à l'ordre uni_ versel est la moralité même; il serait vraiment devenu l'expression ou l'image de Dieu. La prière du Christ dit : « que ton Règne s'accom_ plisse », — ce vœu se réaliserait donc, la volonté de Dieu s'accom_ plirait sur terre[1]

Ici même il reste cependant au philosophe une difficulté à résoudre. On voit bien comment l'homme pourrait devenir l'Image de Dieu : il lui suffirait de devenir ce qu'il est dans son essence intime, de devenir raison. Cette raison, qui est la forme de notre conscience, est aussi la révélation, la manifestation de Dieu. Cependant cette mani_ festation de l'Absolu est tout ce que notre esprit peut atteindre; la réalité intime de l'Absolu lui échappe; l'Absolu n'est jamais pour nous ce qu'il est en soi : notre limitation même exige cette sépara_ tion entre Dieu et son Verbe, entre l'Absolu et son extériorisation_ Or, il est de l'essence même de Dieu qu'il y ait compénétration entre lui et le Verbe, entre l'Absolu et sa forme. Tant qu'il en reste ainsi à cette distinction, l'homme n'est pas entièrement uni à Dieu, il n'est pas parvenu à la vie suprême. Peut-il y atteindre? Peut-il s'absorber en Dieu sans sortir de ses limites, sans renoncer à la raison? C'est là que Fichte tente l'effort suprême de sa philosophie. Il existe un point de vue où la réflexion, faisant abstraction de tous ses objets, prend conscience de son caractère de pure réflexion. Elle aperçoit donc ici sa propre limite; en se posant elle-même, elle se nie comme réalité en soi, pareille négation est, par opposition, la reconnaissance même de l'existence de l'Absolu. Cette renonciation, ce sacrifice, est l'acte suprême de la raison, l'acte où la raison, remontant jusqu'à son origine, se comprend véritablement elle-même et reconnaît son caractère de pure Forme. Un tel sacrifice est un sacrifice fécond, car il rattache justement la raison à l'Absolu par un lien autre sans doute que le concept et supérieur à tout concept, à toute réflexion, par un lien qui cependant n'en est pas moins réel et moins profond, par un sentiment, mais par un sentiment d'ordre rationnel encore.

L'effacement de la réflexion, d'où jaillit en quelque sorte la présence de l'Absolu, c'est exactement l'amour dont parle le Christianisme, l'amour intellectuel. La révélation de Dieu, conformément encore à la tradition, naît ainsi du renoncement du Verbe, la raison cessant de se poser orgueilleusement comme autre chose qu'une forme, de s'ériger en Absolu. Alors, il y a vraiment fusion entre l'Absolu et la forme qui l'exprime, entre Dieu et sa manifestation dans la conscience

1. Fichte, S. W., V. Bd., Die Anweisung zum seligen Leben, IX. Vorl., p. 532-536.

humaine[1]. Mais l'amour intellectuel, ainsi compris, n'a plus le sens
que lui attribuait Schelling lorsqu'il y voyait la condition nécessaire
pour concevoir la coexistence d'un Absolu primitivement posé et de
son extériorisation; l'amour n'est plus l'acte en vertu duquel Dieu
renonce en quelque manière à lui-même et consacre sa propre dégradation; c'est le sacrifice auquel l'esprit humain consent, afin de
réaliser l'Idéal qui est au fond de sa conscience et qui est Dieu même,
le sacrifice de son individualité, de sa limitation, de sa relativité, le
sacrifice aussi de son orgueil.

Cette théorie n'est pas nouvelle dans la doctrine de Fichte. Dès 1794,
il l'exposait dans les *Principes de l'ensemble de la Théorie de la
Science*. A la fin du chapitre de la déduction de la représentation, il
parle de cette abstraction suprême où le sujet réfléchissant a pris
conscience de ce qu'il est, de son essence de réflexion pure. Il montre
que cette réflexion, antérieure à tous les objets, antérieure à la
position de l'objet, exige un contenu : par cela même qu'elle est
une réflexion, elle est la réflexion sur quelque chose, et, comme il
s'agit ici de la réflexion originelle. ce quelque chose ne peut être rien
de ce qu'elle pose et qui est toujours relatif à elle; ce sera donc
ce qu'il y a de foncièrement opposé à elle, l'Absolu; la réflexion, qui
est le pouvoir de la détermination, de la conscience, implique, en
effet, l'existence de la liberté infinie, indéterminée, inconsciente
aussi, qui est justement ce qu'elle cherche à déterminer. Il y a bien en
présence deux principes élémentaires irréductibles : la liberté et la
pensée, principes pourtant inséparables, car ils se conditionnent
réciproquement. La liberté est nécessaire à la pensée; il faut à la
réflexion une limitation; mais, quand il s'agit de la réflexion pure, il
faut que ce qui la limite soit une activité illimitée, supérieure et
antérieure à toute limitation, à tout concept, il faut la liberté
pure; et réciproquement la pensée est nécessaire à la liberté : elle est
la condition de sa réalisation, ce qui la fixe et la détermine, ce qui
lui permet de passer de l'inconscience à la conscience de soi. Or,
précisément parce qu'elle reconnaît dans la liberté pure sa limite, —
l'absolu, l'inconscient, — la pensée, qui est réflexion, ne peut la saisir
en elle-même; la liberté réfléchie, transformée en concept, cesserait
d'être infinie, cesserait d'être liberté. Nous avons donc le sentiment
de notre dépendance vis-à-vis de l'Absolu. Mais nous ne pouvons
jamais comprendre l'Absolu en lui-même : nous ne pouvons l'atteindre
que par le détour du Discours.

C'est cette vue profonde que Fichte avait développée dans l'*Expo-*

---

1. Fichte, *S. W.*, V. Bd., *Die Anweisung zum seligen Leben*, X. Vorl., p. 539-542.

sition de 1801 : il montrait dans le principe absolu un néant pour la réflexion, un non-être du savoir, un Être pur, absolu inséparable cependant de la réflexion, à laquelle il fournit sa loi et sa tâche, qui sera de l'amener progressivement à la conscience. C'est cette même idée que Fichte reprend dans la *Théorie de la Science de 1804*, quand il s'y efforce de faire voir dans l'Absolu la négation et la destruction du Concept, qui supposent cependant la position antérieure du Concept. Ici encore la science, la réflexion, apparaît comme relative et phénoménale, comme formelle, et pourtant comme condition nécessaire à la réalisation de l'Absolu. Les vues qu'expose *l'Initiation à la Vie bienheureuse* ne sont donc pas des vues de circonstance, suscitées par les besoins d'une polémique : elles tiennent au cœur même du système, et depuis ses origines; elles ont pris seulement ici une forme plus populaire, appropriée aussi au but spécial que poursuit Fichte en combattant Schelling. Loin d'être en contradiction avec la doctrine primitive, elles ne font que la confirmer. Il n'était pas inutile de le rappeler au moment où Schelling va s'appuyer sur ces Conférences pour accuser Fichte d'avoir transformé son système en plagiant la *Philosophie de la Nature*.

CHAPITRE XIII

RUPTURE DÉFINITIVE AVEC SCHELLING

A. *FICHTE ACCUSÉ DE PLAGIAT PAR SCHELLING.* Les *Traits caractéristiques du temps présent*, les *Leçons sur l'Essence du Savant*, *l'Initiation à la Vie bienheureuse* rappellent le poème de Dante : la philosophie de Fichte a maintenant son Enfer, son Purgatoire, son Paradis [1]

Ainsi s'exprimait à peu près Schelling, profondément irrité des attaques répétées de son ancien maître, et qui s'apprêtait à faire un éclat.

Après la publication des *Leçons sur l'Essence du Savant* (1805), dans un compte rendu paru en 1806 dans le *Journal littéraire universel* d'Iéna, il avait sans ambages accusé Fichte de contredire ses propres principes et d'avoir changé de doctrine pour adopter la *Philosophie de la Nature*; il lui reprochait en outre de s'être fait, inconsciemment d'ailleurs, une conception manifestement absurde et fausse de cette philosophie et d'avoir cherché à propager cette interprétation erronée.

Ce n'est point un mystère que la philosophie critique refusait jusqu'alors de partir de l'Absolu; qu'elle opposait l'être, rejeté par elle dans le domaine de l'inconnaissable, à l'acte, comme sa négation même. Or, Fichte, dans ses *Leçons sur l'Essence du Savant*, affirmait dans l'Absolu l'identité de l'acte et de l'être; il partait de cet Absolu même, comme de la seule réalité. Se plaçant maintenant en Dieu, — contrairement à ses anciens principes, — Fichte rencontrait le problème embarrassant de l'existence du monde. Comment expliquer cette existence? Deux solutions se présentent : l'idée que

---

1. Schelling, *S. W.*, VII. Bd., 1860, Erste Abth., *Darlegung des wahren Verhältnisses der Naturphilosophie zu der verbesserten Fichteschen Lehre*. Eine Erläuterungsschrift der ersten, *1806*, p. 87.

le monde est une extériorisation de Dieu, et l'idée qu'en somme la représentation du monde est un néant. Fichte escamotait la difficulté · il parlait bien du monde comme d'une extériorisation de Dieu, mais il n'expliquait nullement en Dieu la possibilité même de cette extério- risation. Ce n'est pas tout : s'il y a pour Kant et pour Fichte une vérité établie, c'est la *subjectivité* du temps. Et voici que, pour Fichte, la vie divine, en s'extériorisant, devenait inséparable de l'infinité du temps, que cette expression de la réalité absolue se trouvait confondue avec l'*Ens imaginationis* [1]

Examinons maintenant la conception que Fichte se faisait de la nature. Elle n'était ni plus satisfaisante ni moins contradictoire.

Fichte commençait par dénier à la nature toute réalité. Pourtant il fallait expliquer l'existence de la nature. Voici par quel expédient : la Vie divine, dans son extériorisation, est un progrès sans fin. La condition de tout progrès, c'est une limitation; autrement, il n'y aurait pas progrès, mais actuation immédiate. Cette limitation, — au fond cette négation, — c'est la nature, la « prétendue nature », comme l'appelle Fichte. Pourquoi refuser ainsi à la nature l'être et la vie? Pourquoi faire du monde un fantôme vide? C'est que la nature n'est, dans le système de Fichte, qu'une création de la réflexion. Et pourtant, Fichte ne pouvait pas anéantir la nature, comme c'était évidemment son désir; il était obligé de la conserver pour les besoins de la moralité. Morte, il fallait qu'elle le fût pour se prêter à l'action, mais il ne fallait pourtant pas qu'elle disparût tout à fait [2].

Après cela, Fichte « mettait ses auditeurs en garde contre les prétentions d'une philosophie qui s'attribuait le nom de *Philosophie de la Nature* et qui prétendait dépasser toutes les philosophies jusque-là existantes, précisément parce qu'elle tendait à faire de la nature l'Absolu et Dieu ».

Or, cette accusation reposait sur une pure pétition de principe; elle revenait à supposer que Schelling se faisait de la nature l'idée populaire qu'en avait Fichte : celle d'une limitation de notre vie, d'un objet de notre activité. Pour déifier une chose, il faut admettre qu'elle n'est pas déjà divine; mais si Dieu est tout l'être? S'il n'y a pas d'être en dehors de Dieu [3] ''

D'où venait donc, chez Fichte, cette incapacité de comprendre l'idée d'une *Philosophie de la Nature*? Elle résultait du besoin qu'il

1. *Allgemeine Literatur-Zeitung*, n°* 150, den 26. Junius 1806, p. 585-592, et 151, den 27. Junius 1806, p. 593-598. Voir aussi Schelling, *S. W.*, Erste Abth., VII. Bd., *Darlegung des wahren Verhältnisses der Naturphilosophie zu der verbesserten Fichteschen Lehre*. Vor- bericht. *Ueber das Wesen des Gelehrten*. In Vorlesungen von *Johann Gottlieb Fichte*, Berlin, 1806, p. 4-8. — 2. *Ibid.*, p. 9-11. — 3. *Ibid.*, p. 12.

avait d'un monde fini, d'un monde qui fût pour lui un pur objet. Il
ne voulait pas d'une nature vivante, il avait besoin d'une nature sans
vie, afin de pouvoir agir sur elle, de la façonner, de la fouler aux
pieds. Si le monde cessait pour lui d'être un pur objet, le sujet même
s'évanouirait; si le monde n'était pas une chose morte, le sujet ne
serait plus quelque chose de vivant. A ses yeux, la nature n'existait
que comme moyen, elle était la servante de la moralité, l'instrument
de la liberté; le principe sous lequel Fichte la considérait, c'est le
principe économico-téléologique; il avait beau dire ensuite que la
moralité la vivifiait, il lui déniait, en réalité, toute vie propre, il en
faisait une pure chose dépourvue de spontanéité [1].

Ainsi donc Fichte méconnaissait tout l'esprit de la *Philosophie de
la Nature*; pourtant il lui empruntait visiblement ses principes en
renonçant aux siens propres. De cela, quelle conclusion tirer?
« Quand on voit un homme, dont l'esprit forçait notre respect et
auquel on ne pouvait refuser la claire conscience des problèmes les
plus hauts de la spéculation, soutenir, chemin faisant, des assertions
dont il nous faut reconnaître l'erreur, les soutenir de bonne foi, en
toute rigueur de raisonnement, avec le franc mépris de ce qui est
vulgaire, on ne pourra cesser de le respecter et de se sentir fortifié
par sa personne. Mais, quand on le voit ramener ses vrais principes
originaux à des principes dont ils ne peuvent plus découler en aucune
manière et dont il ne prétend ni les tirer ni avoir jamais songé à les
tirer; quand on le voit, sous la pression du temps, abandonner son
point de vue propre, sans en acquérir un nouveau, finir par tomber
au niveau de ce vulgaire que sa propre doctrine eût autrefois méprisé,
il en résulte forcément un sentiment de dépression [2]. »

En demandant au *Journal littéraire universel d'Iéna* l'insertion
d'un compte rendu aussi acerbe des *Leçons d'Erlangen* (alors qu'une
première appréciation singulièrement plus élogieuse, « un véritable
modèle de ménagements », — c'est le nom qu'elle méritait, — en avait
été donnée déjà par la même feuille [3]), Schelling, semble-t-il, avait
tenu à faire retentir sa protestation contre les nouveaux procédés
de la philosophie de Fichte. Il ne connaissait encore ni les *Traits
caractéristiques du temps présent*, ni l'*Initiation à la Vie
bienheureuse*.

---

1. Schelling, *S. W.*, Erste Abth., VII. Bd., *Darlegung des wahren Verhältnisses der Naturphilosophie zu der verbesserten Fichteschen Lehre*. Vorbericht. *Ueber das Wesen des Gelehrten*. In Vorlesungen von *Johann Gottlieb Fichte*, Berlin, 1806, p. 16-18. — 2. *Ibid.*, p. 8.
— 3. Dans les numéros 91 et 92 de la même année : n° 91, den 17. April 1806, p. 113-120,
et n° 92, den 18. April 1806, p. 121-125. Voir aussi Schelling, *S. W.*, VII. Bd., *Darlegung
des wahren Verhältnisses der Naturphilosophie zu der verbesserten Fichteschen Lehre*, p. 33.

La préface aux *Leçons sur l'Initiation à la Vie bienheureuse* contenait ce passage : « Réunies à celles qui viennent de paraître à la même librairie sous le titre de *Traits caractéristiques du temps présent* et à celles qui ont paru sur l'*Essence du Savant*, les présentes *Leçons* constituent, sous leur forme populaire, une doctrine complète. Dans leur ensemble, fruit d'une réflexion de six ou sept années, elles se bornent à poursuivre et à développer sans relâche, avec plus de maturité seulement et de loisir, le point de vue philosophique adopté par moi treize ans déjà auparavant; point de vue qui, pour avoir, je l'espère du moins, changé quelque chose en l'auteur, n'a en soi-même subi, depuis cette époque, aucune modification dans aucune de ses parties [1]. »

Ces lignes, écrites en avril 1806, comme pour prévenir l'accusation de Schelling, n'avaient pu modifier l'opinion de l'auteur de la *Philosophie de la Nature* à l'égard de son ancien maître, qu'il accusait maintenant de plagiat. Après cette triple publication, le scandale de la rupture publique éclata.

Exaspéré de voir ses idées travesties, furieux « des traits lancés contre sa doctrine devant les femmes de Berlin, les conseillers de cabinet et les marchands, des calomnies répandues dans l'ombre des conférences privées qui ne permettaient aucune justification [2] », Schelling, renonçant à la discussion purement scientifique où il s'était tenu jusqu'alors, n'hésita plus cette fois à donner au débat un caractère personnel : aux attaques dissimulées dans le secret de cours fermés, répondit une riposte publique et cinglante.

Elle parut en 1806 sous ce titre : *Exposition du vrai rapport de la Philosophie de la Nature à la doctrine améliorée de Fichte* (Darlegung des wahren Verhaltnisses der Naturphilosophie zu der verbesserten Fichteschen Lehre).

Schelling commençait par rappeler les premiers enseignements de Fichte : « Une connaissance de l'« En soi » ou de l'Absolu est éternellement impossible pour l'homme. Nous ne pouvons rien savoir que dans et par notre savoir, nous ne pouvons sortir de notre savoir comme tel; nous devons forcément y demeurer; la nature est une objectivité vide, un pur monde des sens; elle consiste uniquement dans les affections de notre Moi, elle repose sur une limitation que nous ne pouvons comprendre et où ce Moi se sent enfermé; essentiellement irrationnelle, profane, impie, elle est finie de toutes parts, absolu-

---

1. Fichte, *S. W.*, V. Bd., *Die Anweisung zum seligen Leben*, Vorrede, p. 399.
2. Schelling, *S. W.*, Erste Abth., VII. Bd., *Darlegung des wahren Verhältnisses der Naturphilosophie zu der verbesserten Fichteschen Lehre*, p. 125.

ment morte. La base de toute réalité, de toute connaissance est la
liberté personnelle de l'homme; le divin ne peut être qu'un objet de
croyance, non de connaissance; cette croyance est d'ordre purement
moral, et, si son contenu dépasse ce qu'on peut tirer du concept
moral, il devient absurdité et idolâtrie [1]. »

Voilà quel était, sinon à la lettre, du moins dans son esprit, l'essentiel du système de Fichte. Fichte, il est vrai, accusait Schelling de ne
pas l'avoir compris; plaisante accusation, vraiment, de la part d'un
homme dont les derniers écrits empruntaient à Schelling la plupart
de ses idées; il fallait bien que Schelling eût compris Fichte, et
sans doute mieux que Fichte ne se comprenait lui-même, car c'est
ainsi que Schelling a devancé la pensée de Fichte, Fichte n'ayant
fait siennes qu'en 1806 les propositions édifiées systématiquement,
dès 1801, par la *Philosophie de la Nature*[2].

Et le seul moment où Schelling pût un instant douter de comprendre Fichte, parce qu'il cherchait dans la *Théorie de la Science*
quelque chose de plus profond et de plus élevé que ce qui s'y trou-

1. Schelling, *S. W.*, Erste Abth., VII. Bd., *Darlegung des wahren Verhältnisses der
Naturphilosophie zu der verbesserten Fichteschen Lehre*, p. 21.
2. *Ibid.*, p. 23. Le tableau suivant en faisait foi. (*Ibid.*, p. 82-83, note).

Philosophie und Religion.

P. 28. Das Absolute wird sich durch
die Form nicht in einem bloss idealen
Bilde von sich objectiv, sondern in einem
Gegenbilde, das zugleich es selbst, ein
wahrhaft *anderes Absolutes* ist. Es über-
trägt in der Form seine ganze Wesenheit
an das, worin es objectiv wird, u. s. w.
[VI, p. 34].

P. 36. Das auschliessend Eigenthüm-
liche der Absolutheit ist, dass sie ihrem
Gegenbild mit dem Wesen von ihr selbst
auch die Selbständigkeit verleiht. Dieses
in-sich-selbst-Seyn, diese eigentliche
und wahre Realität des ersten Ange-
schauten ist *Freiheit*, und von jener
ersten Selbständigkeit des Gegenbildes
fliesst aus, was in der Erscheinungswelt
als Freiheit wieder auftritt, welche noch
die letzte Spur und gleichsam das Siegel
der in die *abgefallene* Welt hineinge-
schauten Göttlichkeit ist [P. 39].

P. 41. Das für-sich-selbst-Seyn des
Gegenbildes drückt sich, durch die End-
lichkeit fortgeleitet, in seiner höchsten
Potenz als *Ichheit* aus. Wie aber im

Anweisung zum seligen Leben.

P. 228. Das Absolute Seyn stellt in
seinem Daseyn sich selbst hin als absolute
Freiheit und Selbständigkeit sich selber
zu nehmen und als Unabhängigkeit von
seinem eignen innern Seyn; es erschafft
nicht etwa eine Freiheit ausser ihm
selber, sondern es ist selber, in diesem
Theile der Form, diese seine eigne
Freiheit ausser ihm selber; und es
trennt in dieser Rücksicht allerdings
Sich — in seinem Daseyn — von Sich — in
seinem Seyn, und stösst sich aus von sich
selbst, um lebendig wieder einzukehren
in sich selbst.

P. 112. Der Grund der Selbständigkeit
und Freiheit des Bewusstseyns liegt
freilich in Gott; aber eben darum und
deswegen, weil er in Gott liegt, ist die
Selbständigkeit und Freiheit wahrhaft
da und keineswegs ein leerer Schein.

P. 228. Die allgemeine Form der
Reflexion ist Ich, demnach... ein Ich und,
was allein ein Ich gibt, ein selbstän-
diges und freies Ich gehört zur absoluten

vait en fait, est le moment précis où Fichte ne mettait pas en doute que Schelling le comprit, portant aux nues Schelling, en qualité de commentateur et de disciple [1].

Et voici une chose assurément singulière : Fichte, s'appropriant sans vergogne les vérités nouvelles, fait maintenant de l'être la Vie, l'Absolu, Dieu, — lui qui avait dit expressément de l'être que c'était un concept tout négatif (la négation de l'activité) et refusé d'y recon naître un attribut de l'Absolu [2]. Il affirme que Dieu est et qu'en dehors de lui rien n'est, alors que jadis il jugeait contradictoire de poser l'existence de Dieu en elle-même, Dieu ne pouvant se définir que dans son rapport à notre pensée, ne pouvant être qu'une Idée (l'ordre moral du monde). Il parle de l'amour supérieur à la raison et à la réflexion ; il exige la destruction du concept, du savoir, comme condition de la révélation de Dieu, alors qu'il avait banni de la *Théorie de la Science* tout ce qui dépassait la raison, alors qu'il avait fait de la raison son Absolu, son Dieu. Il initie à la vie bienheureuse, à la vie religieuse, c'est-à-dire à la possession même de l'éternité en cette vie, alors qu'il avait traité d'aberration toute appréhension immédiate de la réalité absolue, faisant du progrès indéfini, de la poursuite incessante de l'Idéal le point de vue suprême, celui de la moralité déclarant inaccessible à l'homme le point de vue de la possession et de la vie absolues [3]

En prenant ainsi à son compte l'idée de Dieu, la connaissance immédiate de l'Absolu, la vie bienheureuse, l'amour, Fichte reconnaît pour des vérités ce qu'il traitait autrefois d'erreurs. Cette amélioration de son ancienne philosophie était sans doute le plus bel hommage qu'il pût rendre aux idées de Schelling. Loin donc de se plaindre que Fichte se fût enrichi à ses dépens et de revendiquer sa part dans les nouvelles acquisitions de la *Théorie de la Science*, Schelling se réjouit de trouver en Fichte une si éminente recrue, il se réjouit de

Planetenlauf die höchste Entfernung vom Centro unmittelbar wieder in Annäherung übergeht, so ist der Punkt der äussersten Entfernung von Gott auch wieder der Moment der Rückkehr zum Absoluten, der Wiederaufnahme ins Ideale [P. 42].

P. 40. Die Selbständigkeit, welche das *andere Absolute* in der Selbstbeschauug des ersten, der Form, empfängt, reicht nur bis zur *Möglichkeit* des realen in-sich-selbst-Seyns, aber nicht weiter [P. 42].

Form und ist der eigentliche *organische Einheitspunkt* der absoluten *Form* des absoluten Wesens.

P. 229. Freiheit ist gewiss, und wahrhaftig da, und sie ist selber die Wurzel des Daseyns : doch ist sie nicht unmittelbar real ; denn die Realität gebt in ihr nur bis zur Moglichkeit.

1. Schelling, *S. W.*, Erste Abth., VII. Bd., *Darlegung des wahren Verhältnisses der Naturphilosophie zu der verbesserten Fichteschen Lehre*, p. 22-23. — 2. Ibid., p. 25. — 3. Ibid., p. 25-27.

le voir tromper les espérances de ces gens timides qui s'imaginaient que l'auteur de la *Théorie de la Science* en reviendrait à nier la connaissance du divin et à détrôner le Dieu de joie et de félicité au profit d'obscures idoles pour le triomphe de la subjectivité, qui était aussi celui d'une plate morale. Il se réjouit de ces idées vivantes, de ce ton spécial à la vraie science, qu'on rencontre maintenant chez Fichte : il y voit comme un témoignage indirect de la vérité de sa propre doctrine. En considération de tout cela, il eût oublié volontiers les injures grossières, les calomnies dont l'abreuvait Fichte et qui rompaient le dernier lien que la mesure et la politesse pouvaient encore maintenir entre des hommes d'opinions opposées. Mais il ne peut admettre, et il considère comme un véritable vol l'usage que Fichte se permet de faire de ses idées en dénaturant leur sens véritable pour étayer les ruines et cacher les vices de son propre système[1].

S'agit-il, par exemple, des rapports de l'être et du savoir, de Dieu et de son Verbe, Fichte distingue toujours, en somme, les deux termes comme deux Absolus. S'il semble maintenant conférer à l'être la réalité absolue, faire du savoir l'image de cet être, il continue, en effet, à considérer le savoir comme le principe de l'intelligibilité, comme la condition de réalisation de l'être. Le savoir demeure en définitive pour lui la raison humaine, la forme de la réflexion, extérieure encore à l'être. Le savoir, tel qu'il le conçoit, n'est donc pas ce Savoir absolu, identique à l'être, dont parlait Schelling, cette appréhension immédiate de l'être par l'intuition, qui nous place d'emblée au cœur de l'Absolu et nous plonge à la source même de sa vie — c'était une connaissance par le concept, par ce qui, justement, s'oppose à l'être. Quand Fichte affirme Dieu, il l'affirme à travers une pensée qui n'est pas identifiée à Dieu, à travers une pensée encore tout humaine ; sa connaissance de l'Absolu demeure toujours formelle ; Dieu reste pour lui extérieur et, en définitive, inaccessible [2].

Pourtant, si Dieu et sa forme, si l'être et la pensée restent en réalité encore distincts, le nouveau système de Fichte exigeait leur unité et leur identité. Comment l'obtenir ? Il ne pouvait être question d'une union intelligible ; il fallait alors procéder par un véritable saut dans l'irrationnel en recourant à cet amour supérieur à la réflexion qui unit ce qu'en effet la réflexion ne peut concilier. Mais s'agit-il bien d'une conciliation ? Il faudrait plutôt parler de subordination ; car enfin, dans cette mystérieuse opération de l'amour, les deux termes à unir ne conservent plus la même dignité ni la même valeur ; l'un

1. Schelling, *S. W.*, Erste Abth., VII. Bd., *Darlegung des wahren Verhältnisses der Natur-philosophie zu der verbesserten Fichteschen Lehre*, p. 2"-29. — 2. *Ibid*, p. 34 ; p. 65-68.

s'efface et disparaît devant l'autre : le savoir de la réflexion — nécessaire sans doute à l'Absolu pour qu'il prenne conscience de lui-même
— finit cependant par s'anéantir soi-même et par s'abîmer dans
l'Absolu[1]. Ainsi Fichte ne conçoit au fond l'unité que comme la
suppression d'une des formes de la dualité. Une telle unité est vide
et stérile, parce qu'elle est purement formelle ; en détruisant l'un des
termes de l'opposition, elle détruit la réalité même de la vie. L'erreur
initiale de Fichte pèse jusqu'au bout sur son système. Pour avoir
commencé par distinguer la pensée de l'être, pour avoir refusé de se
placer d'emblée dans l'Absolu où ils sont vraiment et indissolublement
unis, Fichte s'est condamné à ne jamais atteindre leur unité. Il faut
donc enfin reconnaître, avec Schelling, la nécessité de concevoir
une unité supérieure à toute opposition, une unité qui ne comporte
encore aucune différenciation, qui soit tout à la fois les deux termes
dans leur indistinction et leur identité primitives ; si cette unité
admet virtuellement une différenciation ultérieure, l'indistinction
première subsiste dans cette différenciation, l'unité et la multiplicité
sont, non pas deux, mais une ; la multiplicité est l'unité, l'unité est
la multiplicité. C'est justement cette identité ou ce *lien* de l'unité
avec elle-même, comme multiplicité, qui constitue l'existence proprement dite, l'extériorisation, le passage, qui demeure inintelligible
pour Fichte, de l'Absolu à sa manifestation[2].

Le vice initial de la philosophie de Fichte — la séparation de l'être
et du savoir — explique encore la conception qu'il s'est faite de la
nature, conception diamétralement opposée à celle de Schelling.
Fichte fait du monde entier l'œuvre du savoir, d'un savoir purement formel, puisqu'il est, à l'origine, distinct de l'être. Le monde
n'est plus alors que la dispersion de ce savoir à travers le prisme
de la conscience et les divisions de la réflexion, il est l'objet infiniment multiple, incessamment mobile, que le sujet s'oppose pour se
réaliser — monde d'images et de reflets, tissu d'abstractions, véritable royaume des ombres, qui n'est rien de réel, rien de vivant[3].

Fichte a dit de Schelling que son regard portait la mort en lui ·
il l'accusait ainsi de vouloir dépasser la sphère où se meut l'esprit
humain — seule réelle pour nous — et de prétendre atteindre directement la réalité absolue. Fichte oubliait que l'être dont il parlait ne
pouvait consister alors qu'en une pensée, en une abstraction vide, en
une chose sans vie. Schelling retourne ici contre Fichte son accusation, et dans les mêmes termes. Ce qui est mort, c'est la réflexion, le

1. Schelling, *S. W.*, Erste Abth., VII. Bd., *Darlegung des wahren Verhältnisses der
Naturphilosophie zu der verbesserten Fichteschen Lehre*, p. 6C-73. — 2. Ibid., p. 52-64.
Voir aussi p. 30-32. — 3. Ibid., p. 75-80.

savoir qui est à la base de toute la philosophie de Fichte : lui-même n'en fait-il pas, en définitive, le Concept créateur du monde, c'est-à-dire justement l'abstraction, ouvrière de mort, tant reprochée à Schelling? Ce n'est pas Schelling, c'est Fichte qui n'atteint l'être que par le concept. Et il prétend faire de cette forme vide le Verbe de Dieu, l'expression de la vie divine. Qui donc oserait reconnaître dans ce savoir froid et vide le *Logos* de saint Jean, venu pour dissiper les ténèbres, non pour les répandre, le *Logos*, source de vie, non de mort? Si, comme le déclare Fichte, l'être qui porte en soi la vie n'est changé en mort que par le regard mort de celui qui le contemple, en ce cas le Moi absolu de Fichte est le principe de la mort, est mort lui-même; il est vraiment le principe du mal dans l'univers, mais non pas le vrai Dieu; le méchant créateur du monde suivant les gnostiques, non le sauveur du monde, le fils de Dieu. Et, si la religion consiste à tout contempler en Dieu, à vivre en Dieu, la conscience absolue (le Moi absolu) est le véritable principe de l'irréligion, de ce qu'il y a chez l'homme de mauvais, de contraire à Dieu. Ceux qui se fient au diable voient changer les espèces bien sonnantes en pièces de braise qui ne rendent plus de son; la conscience absolue de Fichte, la réflexion, est le vrai diable qui prend l'or pur de la vie divine, pour en faire effectivement une braise sans vie [1].

Voilà pourquoi le monde qu'il considère — le monde né de la réflexion — est quelque chose d'abstrait et de mort, une construction tout aussi formelle que celle de la mathématique, à l'image de laquelle d'ailleurs il la conçoit; voilà pourquoi la théorie de l'univers, la physique de Fichte, tout inspirée de Cartésianisme, ne voit partout que mécanisme aveugle, universelle nécessité, et, ignorant le dynamisme profond de la nature, la vide de raison et d'esprit, en en faisant un pur et simple objet de la pensée [2].

Cette conception est l'origine de toutes les polémiques de Fichte contre la philosophie de Schelling [3]. Elle a d'ailleurs elle-même sa source dans les profondeurs du système. Héritier de la pensée de Kant, Fichte a vu dans la nature l'obstacle à la liberté, la racine du mal. De là cet effort pour priver la nature de toute réalité, pour lui retirer toute vie propre et indépendante, pour la réduire, en fin de compte, à n'être plus qu'un instrument de la liberté. De là son mépris et sa haine pour la nature; de là tout l'ascétisme de sa philosophie [4].

Mais cette haine et ce mépris provenaient d'une profonde ignorance

---

1. Schelling, *S. W.*, Erste Abth., VII. Bd., *Darlegung des wahren Verhältnisses der Naturphilosophie zu der verbesserten Fichteschen Lehre*, p. 87-88. — 2. *Ibid.*, p. 97-99 et 101-103. — 3. *Ibid.*, p. 98. — 4. *Ibid.*, p. 110-113.

de la physique moderne, d'une radicale inintelligence de la nature [1]. Fichte, convaincu qu'il expliquait la nature par ses concepts, n'avait pas aperçu, derrière cette construction toute formelle et sous le méca nisme qui n'est que l'apparence, le dynamisme interne qui en est l'âme et qui manifeste son essence divine. La nature n'est pas, comme le prétend Fichte, l'œuvre d'un savoir tout formel : elle porte en elle la marque de l'Absolu; elle n'est pas un pur phénomène; elle a une existence à soi et en soi, et toute existence se rattache à Dieu, car rien n'est hors de lui : c'est donc le souffle divin qui l'anime tout entière [2].

La différence qui sépare Fichte de Schelling est ainsi bien plus profonde encore que ne l'imaginait Fichte. Il ne s'agit pas de savoir si, dans leur objectivité pure et dans leur fixité, les choses sont vraiment hors de nous, ou bien si elles sont en nous (comme Fichte croyait l'avoir découvert); cela ne fait plus question; il s'agit de tout autre chose, de savoir si, même *en nous*, elles ont une réalité.

Ce que Fichte appelait nature n'existe donc pas pour Schelling, non que celui-ci ignore cette nature dont parle Fichte, mais plutôt parce qu'il sait très bien qu'elle est un simple fantôme de sa réflexion; inversement, ce que Schelling appelle nature n'a pas d'existence pour Fichte, mais, cette fois, par ignorance manifeste de la part de Fichte [3].

Pour avoir ainsi dévoilé le sens caché de la nature, pour y avoir montré le sceau de l'Esprit divin, Schelling avait été traité de visionnaire, et accusé d'avoir pris pour principe de sa philosophie l'inconcevable comme tel, l'inconcevable par amour de l'inconcevable. Il est piquant de laisser à Fichte le mérite de cette décou-verte. Mais oubliait-il donc que jadis la même accusation avait été portée contre sa *Théorie de la Science* par les Nicolaïtes dont — ironie singulière — il semblait maintenant prendre pour modèle la superficielle clarté [4]? Oubliait-il qu'elle lui avait fait pousser les hauts cris? Oubliait-il comment il leur avait répondu : de tous temps les savants d'une époque ont traité de la sorte les précurseurs; ils ont appelé vision ce qu'ils ne comprenaient pas. Faut-il donc s'étonner qu'à son tour la *Philosophie de la Nature* mérite ce reproche pour avoir dépassé la scolastique et le formalisme kantiens, pour avoir atteint à ce sens du divin qui demeurait inintelligible aux hommes de son temps, pour avoir dépassé la sphère des abstractions de l'enten-dement et révélé à la raison son véritable organe : l'intuition intel

---

1. Schelling, *S. W.*, Erste Abth., VII. Bd., *Darlegung des wahren Verhältnisses der Naturphilosophie zu der verbesserten Fichteschen Lehre*, p. 102. — 2. Ibid., p. 95-97. Voir aussi p. 113-114. — 3. Ibid., p. 97. — 4. Ibid., p. 36 et suiv. et p. 118.

lectuelle de l'Absolu ; pour avoir montré que toutes les erreurs de
l'entendement proviennent d'une vue incomplète des choses, négli-
geant dans la considération de l'univers le principe qui fait à la fois
son unité et sa totalité ; pour avoir identifié enfin le réel et l'intelligible [1] ?

A ce compte, Schelling pourra aisément se consoler ; il est en
illustre compagnie : tous ceux qui ont vu le divin dans la nature sont
des visionnaires ; visionnaires, les Leibniz, les Kepler, les Newton [2].
Ou plutôt, visionnaire, son accusateur lui-même ; visionnaire par sa
doctrine et par sa méthode, visionnaire, au sens où l'entendaient
Luther et ses contemporains, parce qu'il érige en vérités universelles les fantaisies du sens individuel. Et n'était-ce pas, en effet, là
tout le secret de la philosophie de Fichte [3] ? Son système entier
n'était que subjectivité pure, que tissu d'abstractions nées de sa
réflexion particulière, sans rapport à la réalité des choses. C'est ce
monde construit de toutes pièces par une imagination vagabonde, ce
monde fait à mesure de son Moi, c'est sa pensée individuelle, que
Fichte donnait pour la nature réelle. Voilà le rêve et la vision [4]. La
magie ne consiste pas pour Fichte à transfigurer la nature sous le
souffle de l'esprit : elle est dans l'art de cacher le vide et les contradictions de sa pensée sous le flot d'une rhétorique pompeuse et
trompeuse ; elle est dans ce génie verbal capable de donner l'illusion
de la clarté. Faiseur de beaux discours, incomparable orateur, si l'on
veut, mais qu'eût répudié un Socrate qui avait le malheur de ne rien
comprendre aux grands discours [5]

Ainsi l'accusation lancée par Fichte se retournait contre lui ; cette
accusation d'ailleurs ne pouvait être qu'hypocrisie : au temps où
Schelling passait pour le disciple attitré de la *Théorie de la Science*,
Fichte ne contestait ni sa clarté d'esprit, ni sa perspicacité, ni son
bon sens ; il lui avait suffi, pour perdre subitement tous ces heureux
dons, pour devenir un rêveur, un visionnaire, de prétendre à une
pensée originale. Chose plus grave, ces idées que Schelling apportait
comme des nouveautés, Fichte, maintenant, les revendiquait comme
siennes, et il suffisait qu'elles eussent traversé sa propre pensée
pour cesser d'être des visions méprisables, pour recouvrer la certitude
scientifique [6]

Fallait-il enfin parler des attaques personnelles prodiguées par
Fichte contre Schelling ? Schelling respectait Fichte d'un cœur trop
sincère pour voir dans l'emploi volontaire de pareilles armes autre

1. Schelling, *S. W.*, Erste Abth., VII. Bd., *Darlegung des wahren Verhältnisses der Naturphilosophie zu der verbesserten Fichteschen Lehre*, p. 36-49. — 2. *Ibid.*, p. 110-120. — 3. *Ibid.*, p. 44. — 4. *Ibid.*, p. 47-48. — 5. *Ibid.*, p. 51. — 6. *Ibid.*, p. 121-122.

chose qu'une sorte de nécessité physique, une manière d'échapper
aux étouffements qui l'étranglaient, pour en éprouver autre chose
qu'une douloureuse tristesse. Il ne pouvait en ressentir contre Fichte
ni haine, ni colère; l'unique effet que ces injures pouvaient produire
sur lui, c'était de lui faire regretter tous les mots qu'il avait pu écrire
contre Fichte.

A sa connaissance, d'ailleurs, il n'avait jamais été blessant pour
Fichte; il avait toujours conservé à son égard les relations personnelles les plus correctes. Sa seule faute envers lui consistait à avoir
osé le dépasser en matière de science. Schelling ne croit d'ailleurs
pas être tel que Fichte se le représentait à lui-même et le représentait au monde : avide de nouveautés, d'originalité. S'il avait eu ce
besoin si pressant de se distinguer de son maître, aurait-il donc écrit,
dans la préface de l'*Exposition de mon Système* : « Dans ma conviction,
il est impossible que, dans la suite, Fichte et moi ne soyons pas d'accord »? C'eût été assurément un singulier moyen de réclame. Et
même quand une fois Schelling se fut convaincu de l'absolue impossibilité de cet accord, il n'avait, contre la doctrine de Fichte, rien dit
que le strict nécessaire à l'explication de son propre point de vue;
encore avait-il procédé plutôt par contraste que par désignation
directe.

« Pourquoi donc, déclarait-il en terminant, Fichte me force-t-il à
mettre en pleine lumière mon opposition avec lui? Pourquoi me
force-t-il à user envers lui de paroles dures, alors que je voudrais
n'avoir à la bouche que des paroles de douceur? Pourquoi viole-t-il
lui-même la règle qu'en son nom comme au mien, comme au nom de
n'importe lequel de nos disciples qui franchirait les limites de la
Théorie de la Science, il avait eu la hauteur d'esprit de formuler en
termes si frappants et d'une portée qui dépassait de si loin sa pensée
d'alors? « A l'heure où les défenseurs de la métaphysique anté-kantienne n'ont pas encore cessé de dire à Kant qu'il s'occupe à de
vaines subtilités, il est dans l'ordre que Kant nous fasse le même
reproche. A l'heure où ils assurent contre Kant que leur métaphysique
est encore intacte, parfaite, immuable pour l'éternité des siècles, il
est dans l'ordre que Kant affirme la même chose de la sienne contre
nous. Qui sait où vit déjà le jeune et bouillant esprit dont les recherches
s'efforceront de dépasser le principe de la *Théorie de la Science*, de
montrer ses inexactitudes et ses imperfections? Le ciel nous
accorde la grâce de ne pas nous obstiner à considérer ces critiques
comme des arguties stériles et à refuser d'y prêter l'oreille! Que l'un
de nous ou, si nous ne devions plus en être capable, que l'un de nos

disciples se lève, soit pour démontrer le néant de ces innovations, soit, s'il ne le peut, pour les accepter, avec reconnaissance, en notre nom. » Pourquoi la grâce du ciel a-t-elle abandonné Fichte au point qu'il veuille donner au monde le spectacle d'une discorde personnelle, pleine de fiel et de calomnies de sa part, plutôt que d'un débat franchement scientifique? Pense-t-il que ce soit mon intention de l'emporter personnellement sur lui? Comme il me connaît mal! Dans le présent écrit même je l'ai sans doute ménagé : j'ai montré que dans sa polémique contre mes idées il part d'une pure imagination, d'un concept arbitrairement forgé; j'ai montré qu'il insulte ma doctrine sans cependant la connaître; il m'a fallu découvrir les contradictions, la superficialité, la faiblesse à peine croyable de son système actuel. Mais je sais aussi que tout cela, ce n'est pas lui-même. Je respecte son être véritable, caché sous les voiles de sa réflexion, son être infiniment supérieur à toutes ses manifestations comme à lui-même, considéré à travers ces manifestations. Ce que j'ai dit de dur et de désagréable contre lui, je ne l'ai pas dit pour des raisons de sentiment, mais pour des raisons de principe. Ce n'est pas le Fichte primitif, c'est le Fichte tel qu'il se montre dans ses *Traits caractéristiques* et dans ses autres écrits tout récents, que j'ai dû traiter comme je l'ai fait, en toute connaissance de cause, sans pouvoir agir autrement [1]. »

B. *RIPOSTE DE FICHTE.* « *L'IDÉE DE LA THÉORIE DE LA SCIENCE ET LA DESTINÉE QU'ELLE A EUE JUSQU'ICI.* » De Schleiermacher, qui venait de prendre directement à partie la *Critique* de Kant et la *Théorie de la Science*, Fichte avait pu dire qu'il n'avait pas eu le temps de le lire [2]. Mais, bien que Schelling l'accusât volontiers de n'avoir regardé à fond aucun de ses ouvrages et de n'en parler que

---

1. Schelling, *S. W.*, Erste Abth., VII. Bd., *Darlegung des wahren Verhältnisses der Naturphilosophie zu der verbesserten Fichteschen Lehre*, p. 122-125. Il y a dans les dernières phrases une allusion au titre des conférences de Fichte sur *L'essence du savant et ses manifestations dans le monde*.

2. L. Noack, *J.-G. Fichte nach seinem Leben, Lehren und Wirken*, III. Buch, 4, p. 452. Dans l'*Esquisse d'une critique de la Morale telle qu'elle a été formulée jusqu'à ce jour*, publiée à Berlin, en 1803, Schleiermacher affirmait que, seuls parmi les philosophes, Platon et Spinoza avaient compris le problème moral; pour eux, en effet, la connaissance de Dieu était le fondement de la vie pratique et non son but, ils avaient cru possible d'atteindre méthodiquement cette connaissance suprême. Au nom de Platon et de Spinoza, Schleiermacher combattait donc le dualisme de la théorie et de la pratique, du réel et du rationnel, introduit dans la philosophie par le fondateur de la *Critique*, et qu'exprime l'impératif catégorique. Schleiermacher critiquait le formalisme impuissant, en somme, à réaliser la loi morale dans le monde; en prétendant à la « pureté de la Raison » il ignore le mobile même de la Volonté et l'instrument de l'action : le désir, le penchant. Schleiermacher montrait ensuite qu'après les Stoïciens, Kant et Fichte, en dépit de leurs principes, furent obligés

par ouï-dire[1], Fichte, du moins. se flattait-il de ne pas les ignorer, car il y faisait de perpétuelles allusions. En 1801, il est vrai, lors de l'affirmation de leur divergence, Fichte avait bien déclaré qu'il était personnellement décidé à ne plus parler de Schelling jusqu'au jour où leur désaccord serait levé, s'il pouvait jamais l'être, à moins que, par une attaque directe, Schelling ne l'y contraignît[2]. Et il avait tenu parole en ce sens que, dans sa polémique contre la *Philosophie de la Nature*, il avait jusqu'alors procédé en affectant de ne jamais prendre directement à partie Schelling et sans le nommer jamais. Mais la publication du *Vrai rapport de la Philosophie de la Nature à la Théorie de Fichte améliorée* constituait l'*attaque* qui le dégageait de sa promesse; il n'était pas homme à laisser sans réplique pareil réquisitoire. Il y répondit en écrivant son *Rapport sur l'idée de la Théorie de la Science et la destinée qu'elle a eue jusqu'ici* (Bericht über den Begriff der Wissenschaftslehre und die bisherigen Schicksale derselben), où. pour la première fois, il mettait Schelling nommément en cause. Schelling avait accusé Fichte d'avoir, dans sa *Trilogie*, amélioré son système en plagiant les idées de la *Philosophie*

de faire sa part à la nature sensible, afin de donner à la moralité un contenu, Kant, par sa théorie du bonheur, prix de la vertu, et du sentiment intellectuel, du respect, comme condition nécessaire d'une application possible de la loi formelle à notre volonté; Fichte, par sa théorie du penchant naturel comme matière et comme instrument de la liberté du penchant pur. Schleiermacher ajoutait qu'en fait la Raison pratique, la Raison agissant s'appliquant au réel n'existe pas en tant que forme de la Raison pure, mais en tant que forme vivante, en tant que force de la nature, que d'ailleurs la nature, loin d'être hostile à la moralité, à l'Idéal, comportait dans la série de ses manifestations, pour qui savait déchiffrer le secret de ses lois, une continuelle conformité à l'Idéal, en sorte que la moralité, loin d'être une lutte incessante de la raison contre la nature, était une réalisation perpétuelle et indéfiniment progressive de la raison à travers la nature. Ce que Schleiermacher combattait donc dans la philosophie critique (celle de Kant ou celle de Fichte), — et il y revient presque à chaque page, — c'était, outre le dualisme, l'espèce de discrédit où elle tenait la nature, au nom de la pure Raison, d'une Raison tout abstraite et formelle. Il protestait, au regard de la conscience individuelle, contre le formalisme et l'universalisme de la théorie du devoir (avec les idées qu'elle implique de l'homme Fin en soi, du *Règne des Fins*), théorie où il voyait l'expression d'une conception purement juridique. A cette théorie il opposait la réalité de la vie morale qui individualise le devoir, qui tient compte de la diversité des cas et des consciences et de la multiplicité indéfinie des déterminations possibles. Et cette particularisation, cette individualisation du devoir était si réelle que, pour plier leur formalisme aux faits, Kant et Fichte avaient dû recourir à l'idée d'une casuistique. Voir Fr. Schleiermacher, *S. W.*, Berlin, G. Reimer, 1846, Philosophie und Vermischte Schriften, 1. Bd., *Grundlinien einer Kritik der bisherigen Sittenlehre*, p. 1-344. Voir encore 11. Bd., *Ueber den Unterschied zwischen Naturgesetz und Sittengesetz*, passim. Voir enfin Delbos, *Le problème moral dans la philosophie de Spinoza et dans l'histoire du spinozisme*, II⁰ partie, chap. VI, *Schleiermacher*, p. 349-356.

1. Schelling, *S. W.*, Erste Abth., VII. Bd., *Darlegung des wahren Verhältnisses der Naturphilosophie zu der verbesserten Fichteschen Lehre*, p. 89.

2. *Fichte's Leben*, II. Bd., Zweite Abth., IV, 28, Fichte an Schelling, Berlin, den 16. Oct. 1801, p. 359.

de la Nature; mais, chose assez singulière, ce qu'il lui reprochait, c'était moins des emprunts que la déformation de ses idées. Fichte, concluait-il, en parlant le langage de la *Philosophie de la Nature,* était, d'après lui, demeuré, dans ses derniers écrits, étranger au véritable point de vue de l'Identité : il ne parvenait pas à se placer dès l'abord dans l'Absolu où la pensée et l'être se compénètrent; il posait encore le savoir comme extérieur à l'être et, somme toute, comme condition de sa réalisation; il concevait encore le monde, la nature, comme l'œuvre de la pure réflexion, dépourvue de toute existence absolue, simple moyen de réaliser par sa propre négation l'Absolu. En un mot, Schelling reprochait à Fichte, dans son effort pour s'approprier les idées de la *Philosophie de la Nature,* de n'avoir pas, au fond, renoncé au point de vue de la *Théorie de la Science,* et de s'être engagé par là dans d'insurmontables contradictions.

Or, la prétention de Fichte était de n'avoir point changé de système, d'être, dans ses derniers écrits, demeuré fidèle à sa philosophie première. Il entendait montrer, une fois de plus, dans la *Destinée de l'idée de la Théorie de la Science,* que jusqu'alors il n'avait pas été compris.

Le reproche capital qu'adressait à la *Théorie de la Science* celui qui prétendait l'améliorer, c'était son subjectivisme : le principe dont elle faisait son Absolu n'était, déclarait-il, en dernière analyse, qu'une pure forme, une réflexion, qui laisse échapper l'être, le réel. Sous ce reproche il y a une perpétuelle équivoque; on attaque la *Théorie de la Science* sur un terrain où elle refuse le combat, on lui prête une hypothèse qu'elle n'admet pas. On continue, en effet, à concevoir l'Absolu sous la forme de la *Chose,* sans s'apercevoir que cette forme est une illusion de l'imagination; Fichte, pour avoir représenté son principe sous les espèces du Moi, est accusé d'avoir exclu de l'Absolu l'objectivité, la *Chose en soi.* Or, ce qu'à la suite de Kant Fichte avait toujours soutenu, c'était l'impossibilité de connaître l'Être en soi, l'Absolu-objet. Un tel être, par essence, était pour nous impensable, puisque penser, c'est déterminer, et que toute détermination est relation; il ne pouvait être posé que par opposition à la pensée et comme un néant pour elle; il échappait donc nécessairement aux prises de la réflexion; l'objection qu'adressait Schelling à la *Théorie de la Science* était insoutenable. Fichte devait-il donc lui rappeler une fois de plus qu'il n'y avait pas, pour le philosophe critique, d'être en dehors du savoir, que toute la réalité était dans l'activité de l'esprit, qu'il n'y avait pas à rechercher, pour l'activité du Moi, et au delà d'elle, une substance, un support? On venait reprocher à la *Théorie de la Science* de n'être pas, sous prétexte de *s'améliorer*, tombée dans l'erreur même qu'elle avait toujours dénoncée, de n'avoir pas restauré le fantôme de la *Chose en soi*. On venait lui reprocher d'être une forme vide, parce qu'elle s'efforçait, en effet, de démasquer l'illusion de ceux qui croyaient naïvement à la réalité des produits de la simple réflexion, qui attribuaient une existence absolue à de pures images. Or, toute la nature n'est que cela. Le public, disait-on, voulait de la *réalité*; il reprochait à la *Théorie de la Science* d'ignorer ou plutôt de détruire la réalité au profit d'un idéalisme tout subjectif; là était le fond du débat; mais ce débat reposait sur un malentendu; la réalité, la *Théorie de la Science* l'exigeait aussi; et pourquoi même détruisait-elle la prétendue réalité du vulgaire, sinon parce que cette réalité n'était qu'une apparence, parce qu'elle voulait substituer à cette apparence la réalité absolue, la vie de l'esprit? Seulement, pour comprendre cette existence qu'on ne voit pas, qu'on ne touche pas, il faut avoir le sens de l'esprit : son absence seule empêche la *Théorie de la Science* d'être comprise et perpétue le malentendu[1]

Il n'y avait donc pas lieu d'améliorer la *Théorie de la Science*, et elle n'avait pas été améliorée ; elle enseignait aujourd'hui ce qu'elle avait toujours enseigné, son essence consistait, aujourd'hui comme alors, à affirmer que la forme du Moi ou la forme absolue de la réflexion est le fondement et la racine de tout savoir, que d'elle dérive tout ce qui peut jamais devenir présent au savoir, et sous la forme où il le devient[2]

On avait, il est vrai, tiré argument contre la *Théorie de la Science* de ce qu'à un moment donné elle s'était affirmée comme une *Théorie de la Vie*; et le reproche était venu de ceux qui donnaient la vie à ce qui n'est pourtant qu'un pur concept, qu'un fantôme véritable, l'être abstrait et mort qu'avait forgé leur imagination, à cet Absolu suspendu dans le vide et posé hors de tout rapport avec l'esprit humain. Mais l'Absolu ne peut vivre qu'au fond de nos consciehces, il ne peut se réaliser qu'à travers elles; il est leur Idéal, et c'est sa vie même qu'elles vivent en le poursuivant; ainsi, et ainsi seulement, l'Absolu cesse d'être une pure projection de la pensée, une abstraction, la plus vide et la plus générale de toutes; il est vraiment activité productrice, et c'est justement pourquoi la

1. Fichte, *S. W.*, VIII. Bd., 3, G. *Bericht über den Begriff der Wissenschaftslehre und die bisherigen Schicksale derselben*, Erstes Capitel, p. 361-369.
2. Ibid., Erstes Capitel, p. 369.

Théorie de la Science, qui est l'explication de la conscience, du savoir, est en même temps la théorie de la vie[1].

Telle a été sa destinée que le siècle ne l'a pas comprise : le sens de l'esprit qu'avec Kant, qu'après lui elle s'était efforcée de révéler à l'humanité, était demeuré lettre close. C'est pitié de voir ce siècle aussi ancré qu'auparavant dans son réalisme grossier, dans son dogmatisme matérialiste, aussi étranger qu'avant à la vraie science, — à celle qui n'a plus d'œil pour l'être, mais ne voit partout que la loi, — aussi enfoncé qu'auparavant dans sa lâcheté, dans sa frivolité, dans son égoïsme. D'un pareil siècle, qu'attendre, sinon ce qui est arrivé?

Comment donc s'étonner que, dans un temps si étranger à la vérité, les expressions et les formules de la *Théorie de la Science* aient été tournées en ridicule, l'auteur bafoué, injurié, calomnié avec toute la fureur de la haine, accusé d'orgueil, d'ambition, de cupidité, les seuls mobiles que le siècle connaisse?

Fichte s'attend à ce que le présent écrit ne soit pas mieux compris ni mieux traité que les autres : sans doute on accusera encore son auteur de n'avoir cherché qu'à « donner de l'air aux passions qui l'étouffent »[2].

De l'incapacité générale de son époque pour les choses de l'esprit, pour la philosophie en particulier, on pourrait donner maints exemples frappants. Fichte en proposait un; mais il insistait sur sa portée générale, ne voulant pas que l'homme dont il allait donner le nom pût croire que Fichte le trouvait digne d'une réponse personnelle.

La *Critique* kantienne et la *Théorie de la Science* avaient, sinon retourné contre le dogmatisme les hommes qui y avaient grandi, du moins donné à plusieurs des penseurs de la génération suivante cette conviction, à laquelle ils paraissaient se tenir, qu'il fallait placer la réalité, non pas du tout dans les choses, mais dans la pensée et dans ses lois. C'est alors qu'un des cerveaux les plus égarés que l'égarement du siècle eût produits, Frédéric-Guillaume-Joseph Schelling, agita le spectre du subjectivisme de la *Théorie de la Science*, — et ce spectre, dans sa grande absurdité, il se l'était forgé de toutes pièces. Il usa de son autorité pour ramener ces jeunes hommes vers l'erreur qu'ils avaient trop de sens pour commettre d'eux-mêmes. Il réussit à les effrayer et à les faire reculer de Kant et de la *Théorie de la Science* jusqu'à Spinoza et à Platon. L'absolue ignorance que l'homme attestait par là de ce qu'était la spéculation apparaissait

---

1. Fichte, *S. W.*, VIII. Bd., 3, G. *Bericht über den Begriff der Wissenschaftslehre und die bisherigen Schicksale derselben*, Zur Vorläufigen Erwägung, I, p. 369-373. — 2. *Ibid.*, Zweites Capitel, I, p. 373-384.

avec évidence, et, d'après tout ce que Fichte venait de dire, il n'était pas besoin d'autre preuve. Cependant, pour mettre en garde le public contre la dangereuse illusion que pouvaient faire naître son talent de dialecticien et d'écrivain, son esprit sophistique et son habileté, Fichte croyait nécessaire une brève explication. Reprenant l'argumentation qu'il avait déjà esquissée dans son article sur l'*Exposition du Système de l'Identité*, il dénonce les contradictions où Schelling était acculé par sa définition de l'Absolu. Si l'Absolu est l'indifférence du subjectif et de l'objectif, il est absurde de poser ensuite quelque part une différence entre eux ; contradictoire de poser cette indifférence sans par là même affirmer déjà l'existence de la différence ; il est impossible de sortir de l'Absolu, une fois défini et clos comme il l'était, et d'en affirmer ensuite quoi que ce soit ; si bien que, le nouveau héros de la philosophie avait beau répéter à volonté son premier principe, il ne pouvait jamais, en raisonnant d'une manière conséquente, trouver le moyen d'en venir à un second principe [1]. Quoi de plus singulier enfin que la fiction qui, au mépris du principe dont Schelling était parti, tirait la diversité spécifique des choses de la diversité des rapports quantitatifs entre le subjectif et l'objectif, car, si la raison est l'absolue indifférence du subjectif et de l'objectif et s'il n'existe pas d'être hors de la raison, cette indifférence ne peut s'abolir chez aucun être pour faire place à une différence quantitative. Dès lors, l'explication de Schelling, entièrement arbitraire, était une hypothèse vaine [2].

Puis Fichte aborde l'examen de l'écrit intitulé : *Religion et Philosophie*, que Schelling lui-même considérait comme sacré au point d'arrêter les profanes au seuil en leur disant à son tour : « N'y touche pas, cela brûle », et qui était vraiment, pensait Fichte, l'un des moins mauvais parmi les nombreux écrits de Schelling. Laissant de côté la plus grande partie de l'ouvrage, pour n'en retenir que l'essentiel, Fichte présente les observations suivantes. A considérer la définition de l'Absolu et la façon dont Schelling déduisait les choses finies, l'Absolu était maintenant caractérisé comme ce qui ne peut recevoir l'être que de son concept, autrement il faudrait qu'il fût déterminé par quelque chose d'extérieur à lui — ce qui serait absurde. Mais par là Schelling ne renonçait-il pas à cette unité pure dont il avait fait d'abord le caractère essentiel de son Absolu ? N'y introduisait-il pas la dualité de l'être et du concept, du déterminé et du déterminant, et, dans son système, cette disjonction n'était-elle

---

1. Fichte, *S. W.*, VIII. Bd., 3, G. *Bericht über den Begriff der Wissenschaftslehre und die bisherigen Schicksale derselben*, Zweites Capitel, II, p. 384-386. — 2. Ibid., p. 390.

pas purement arbitraire? Ou plutôt, Schelling, en dépit de ses assurances, n'attestait-il point par là son impuissance radicale à pénétrer directement et d'emblée au cœur de l'Absolu? Il se bornait, et il ne pouvait vraiment pas faire autrement, à déterminer l'Absolu dans sa forme par opposition à la forme du Non-Absolu, à *concevoir* l'Absolu, d'une manière qui était d'ailleurs la manière commune, comme l'idée même de l'Idéal. Et, de ce concept construit par son esprit, de cette pure forme, il prétendait faire la réalité de l'Absolu en soi, une réalité indépendante de notre pensée [1].

Était-ce tout? S'étant formé cette conception de l'Absolu, pourquoi Schelling voulait-il que l'Absolu sortît de lui-même, s'extériorisât dans une forme, d'ailleurs co-éternelle à lui? Si, au lieu de partir comme Fichte, de l'idée de l'Absolu, on commençait par se placer dans l'Absolu même, d'où venait à l'Absolu la possibilité de sortir de soi? On ne le voyait pas, ou plutôt on le voyait fort bien [2]. Car, s'il n'y avait là aucune nécessité rationnelle, il restait l'exigence de l'empirisme le plus aveugle, de la croyance la plus naïve. Il fallait expliquer l'existence du monde. Or, l'Absolu, considéré en lui-même, n'expliquait nullement le passage aux êtres finis [3]. On imaginait alors je ne sais quelle chute, imputable, non sans doute à l'Absolu, mais au fait même de son extériorisation dans la forme, en sorte que cette forme devenait l'intermédiaire nécessaire entre Dieu et le monde. Singulière explication : car, pas plus que la dégradation, l'idée d'une extériorisation, d'un redoublement et d'une division de soi-même n'était contenue analytiquement dans le concept de l'Absolu [4].

Tout le grand effort de la *Philosophie de l'Identité* aboutit donc, en définitive, à un dualisme, « dualisme matérialiste » qui confère l'être à la nature, à la matière, comme à l'esprit. Schelling, traité de visionnaire, avait invoqué contre l'autorité de Fichte l'autorité de Leibniz; Fichte lui réplique par cette apostrophe :

« Ce n'est pas la *Théorie de la Science*, ce n'est pas Kant, c'est toi, divin Leibniz, qui dois prier pour lui. Comment donc ce personnage, dans cet état d'esprit, pourrait-il songer à se défendre contre ceux qui persistent à voir dans l'Unité de l'Absolu, dans l'Idée, la seule réalité possible? Il ne trouvera jamais d'autre moyen que celui dont il se sert effectivement : faire appel, second Nicolaï, au témoignage de ses sens et du sens commun des hommes; jurer tout haut qu'il

---

1. Fichte, *S. W.*, VIII. Bd., 3, G. Bericht über den Begriff der Wissenschaftslehre und die bisherigen Schicksale derselben, Zweites Capitel, II, p. 391-393. — 2. Ibid., p. 394-397. — 3. Ibid., p. 396. — 4. Ibid., p. 399-400.

faut bien que les objets matériels existent, puisqu'il les voit, qu'il les entend, et que jamais personne ne pourra lui faire croire le contraire. Parvenu à ce point, le masque à demi détaché de la spéculation tombe entièrement du visage de ce personnage; ici apparaît la peau naturelle de l'empirisme le plus grossier, le plus ineptement crédule, qui n'élève pas le moindre soupçon sur la réalité en soi de la matière [1]. »

Et ce sophiste maladroit, ce gâcheur d'idées, est l'homme qui a réussi à égarer les philosophes de ce siècle!

Ce serait pourtant une injustice de finir par des paroles amères, et Fichte n'admettrait pas qu'on pût attribuer le jugement qu'il venait de porter à un ressentiment personnel [2]; ayant eu, à un certain moment, une opinion moins défavorable de Schelling et ayant été, au su de tous, en relations personnelles avec lui, il ne voulait pas qu'on pût croire à une condamnation ne visant point exclusivement le philosophe.

En ce qui concerne la philosophie de Schelling, Fichte, dès le début, avait reconnu les premières traces de son erreur; il les avait signalées en note d'un article paru dans la première année du *Journal* dont il était l'éditeur; cependant il avait fait crédit à Schelling, il avait espéré le voir s'amender et revenir à la vérité; mais Schelling s'était laissé de bonne heure corrompre par des flatteurs inintelligents; depuis, il n'avait fait que cultiver son orgueil et sa vanité. Pouvait-on légitimement reprocher à Fichte d'avoir été trompé dans ses espérances?

Pas plus qu'à une vengeance personnelle Fichte n'admettra qu'on croie de sa part à une partie liée avec certains adversaires que Schelling avait rencontrés dans sa nouvelle résidence et dont il avait eu à se plaindre [3]. Fichte tenait à se séparer d'eux par une déclaration formelle. Sans doute le système du personnage en question, poursuivi presque jusque dans ses dernières conséquences, ne

---

1. Fichte, *S. W.*, VIII. Bd., 3, G. *Bericht über den Begriff der Wissenschaftslehre und die bisherigen Schicksale derselben*, Zweites Capitel, II, p. 402.
2. Fichte protestait même, à ce propos, contre les insinuations d'une feuille publique, suivant laquelle Schelling aurait été l'un de ceux qui, au moment de la révocation de Fichte, lui aurait manqué de parole et ne l'aurait pas suivi dans sa retraite; il déclarait expressément n'avoir pas tenu Schelling au courant de ses projets, reportant sur Paulus toute la responsabilité des fausses démarches qui avaient abouti à sa destitution.
3. Kuno Fischer, *Geschichte der neuen Philosophie*, I. Bd., VI, p. 171. C'était le moment où, après la paix de Presbourg, l'évêché de Würzbourg fut remis aux mains du grand-duc Ferdinand de Toscane et où, avec la domination autrichienne, la réaction cléricale devenait imminente, menaçant tous les professeurs protestants et Schelling, déjà suspect, plus que tout autre. Schelling dut, en effet, donner bientôt sa démission.

laissait subsister d'autre Dieu que la nature, d'autre moralité que
les phénomènes de la nature. Mais les mots que prononcent les
hommes ne sont rien, seule la vie a une signification. Or, à l'égard
de la religion intime de Schelling, Fichte s'abstenait, en bonne conscience, de tout jugement, et il lui paraissait convenable que le
reste du public en fît autant.

Il faut ajouter enfin que le but poursuivi par Schelling, à travers
ses spéculations, n'était rien de mauvais, ni de vulgaire; c'était ce
que l'homme peut désirer de plus haut : atteindre à l'unité de
tout être avec l'être divin. Son intention était donc digne de respect; l'auteur de la *Théorie de la Science* n'avait jamais eu lui-
même d'autre but. Ce qu'on pouvait seulement reprocher à Schelling,
et ce que Fichte lui reprochait, c'était de tourner autour du sujet, de
ne pas mener à bien sa tâche, de barrer la route à ceux qui pourraient
le faire; d'égarer les autres, qui, sans lui, entendraient peut-être; de
haïr la prudence, qui est la seule sauvegarde contre l'erreur, de la
fuir systématiquement, parce qu'il la tenait pour une clarté vide, de
faire ainsi de l'irréflexion la maxime expresse et le fondement d'un
réalisme qui attendait son salut d'une nature aveugle. Or, c'était là
vraiment et absolument l'*aphilosophie*, l'*antiphilosophie*. Tant que
Schelling s'obstinerait dans cette maxime, tout ce qu'il pourrait produire serait entièrement et nécessairement faux, trompeur et fou; il
ne pourrait pas entrer dans son âme une lueur de spéculation. Ainsi,
laissant à l'homme toute sa valeur, il fallait prononcer l'exclusion
totale et absolue du philosophe. Ce n'était qu'un artiste, et, comme
artiste, c'était le plus grand bavard qui eût jamais jonglé avec les
mots[1]

Pourquoi, ayant écrit cette véhémente riposte à l'attaque publique
de Schelling, Fichte s'abstint-il de la faire imprimer aussitôt? Était-
ce par un reste d'égards pour une ancienne amitié, ou par crainte de
faire le jeu des ennemis de la philosophie critique dont Schelling
avait été l'un des plus brillants adeptes? Était-ce encore, comme
Fichte lui-même l'avait déclaré quelque part dans cet article, qu'il
n'écrivait pas pour ce siècle, mais pour des temps meilleurs où sa
pensée serait enfin comprise[2]? Ce fut plutôt, tout porte à le
croire, en raison des circonstances extérieures. En cette même
année 1806, éclata la guerre entre la Prusse et la France, sus-
pendant les travaux et les publications de Fichte. comme elle avait

1. Fichte, *S. W.*, VIII. Bd., 3, G. *Bericht über den Begriff der Wissenschaftslehre und die bisherigen Schicksale derselben*, Zweites Capitel, II, p. 403-407.
2. Ibid., Erstes Capitel, I, p. 383.

empêché, avec son retour à Erlangen, la réalisation du beau projet de l'Université modèle[1]

Durant cette période où se joue le sort de l'Allemagne, il n'est plus question de querelle d'école, il n'est même presque plus question de doctrine. Un autre Fichte semble se révéler : réaliste intempérant, disciple de Machiavel, écrivain politique, orateur patriote, administrateur combatif, uniquement soucieux de sauver le peuple allemand en suscitant sa régénération morale. Mais ce Fichte nouveau n'est qu'une apparence. En réalité, c'est toujours le même Fichte, idéaliste impénitent, rationaliste impénitent, révolutionnaire impénitent, appliquant ses idées et son action aux circonstances tragiques de l'époque, justifiant le moralisme de la *Théorie de la Science* par son efficacité pratique, prophétisant la libération de l'Allemagne par la chute des rois et par l'avènement de la démocratie.

1. A la fin de la guerre, en effet, Fichte songea de nouveau à éditer un journal dont il serait cette fois l'unique rédacteur, et il se proposait d'y publier ce « Rapport sur le concept de théorie de la Science et sa destinée jusqu'à ce jour ».

TABLE DES MATIÈRES

LIVRE TROISIÈME

FICHTE A BERLIN
(1799-1813)

PREMIÈRE PARTIE

Lutte contre l'esprit de réaction
(1799-1806)

et de l'esprit, pur artifice de la réflexion. — L'identité
essentielle de la nature et de l'esprit, solution du problème de la connaissance. — *Nature naturante* et *Nature
naturée*. — II. *L'Ame du Monde* : la *Philosophie de la Nature*
et les récentes expériences sur le magnétisme animal et
sur le galvanisme. — L'influence du romantisme.
III. La *Première Esquisse d'un Système de philosophie naturelle*.
— La téléologie de la *Philosophie de la Nature*. — L'application de la déduction de l'imagination créatrice de la
Théorie de la Science à la construction de la nature.
IV. L'*Introduction à l'Esquisse d'un Système de philosophie de la
Nature*. — La question de la possibilité de la nature.
Le passage de la productivité inconsciente à la conscience
de soi. — Le procès dynamique du monde. — La *Philo-
sophie de la Nature* et la Philosophie de l'Esprit. — V. Le
Système de l'Idéalisme transcendantal. — Les emprunts à la
Théorie de la Science. — L'opposition entre Fichte et
Schelling. — L'intuition intellectuelle. — L'autonomie de
la nature. — Répudiation du point de vue critique.

Le Moi, simple forme de l'Absolu. — La distinction de Dieu et du Verbe. — La *Théorie de la Science* et l'*Évangile de saint Jean*. — L'union du Verbe et de Dieu. — La théorie de l'Amour et la béatitude.

91-14.   Coulommiers. Imp PAUL BRODARD.   5-24.

Lightning Source UK Ltd.
Milton Keynes UK
UKOW06f0951181017
311194UK00013B/869/P

9 780243 323807